지식재산권총론

중국연구총서 시리즈 1

지식재산권총론 제4판

초판1쇄 발행 2025년 11월 28일

지은이 오한동(吳漢東)
옮긴이 황보명국(皇甫明國)
펴낸이 이길안
펴낸곳 세종출판사

주소 부산광역시 중구 흑교로 71번길 12 (보수동2가)
전화 463 – 5898, 253 – 2213~5
팩스 248 – 4880
전자우편 sjpl5898@daum.net
출판등록 제02-01-96

ISBN 979-11-5979-829-0 93360

정가 28,000원

중국연구총서 시리즈 1

지식재산권총론

제4판

오 한 동(吳 漢 東) 著
황보명국(皇甫明國) 譯

동아대학교 경영대학

세종출판사

지식재산권과 함께 한 40년

책을 읽고, 학생들을 가르치며, 나와 지식재산권의 동행은 어느덧 40년 가까이 되었다. 평생 독서하고 강의하고 그리고 집필하며 줄곧 학자의 길을 걸었으며, 중국 지식재산권 법학계의 연구자이자 선구자라고 감히 자부한다. '법을 배우고, 법을 말하고, 입법에 참여하며,[1] 법치의 이상을 실현한 중국 지식재산권 분야의 살아있는 증인이자 개척자이다'(광명일보). 나는 '문화대혁명' 이전인 1967년에 중학교를 졸업하고, 대학수능시험이 재개된 후 1977년 대학교에 입학하였다. 1982년부터 학생들을 가르친 이래로, 로마법부터 민법까지 두루 섭렵한 후 지식재산권으로 연구 분야를 전향하였다. 나의 첫번째 교재인 <지식재산권 개론>(1986년 집필, 1987년 출판), 제1편 <민법통칙의 중국지식재산권 제도 논의>(1986년)는 물론, 신중국 최초의 지식재산권 전문 석사학위 논문(1986년)[2]의 발표를 시작으로, 나의 연구 성과는 지식재산권 영역에 집중되었으며, 오늘날까지 10여 권의 저서와 100여편의 논문을 썼고, 100여회의 강연을 하였다.

지난 40년 동안 나는 지식재산권 연구에 전념하였으며 크게 두 가지 방면에 집중하였다. 첫째는 지식재산권 법학의 기초이론 체계이다. 둘째는 지식재산권 제도 구축에 있어 중대한 현실적 문제이다. 자유로운 탐구, 과제지향적, 학리적 탐구, 응용력을 견지하면서 전공연구와 학제간 융합을 고수하는 것은 법학자로서 당연한 자질이자 학문적 소양이라고 생각한다. 지식재산권의 이론과 실무의 연계라는 측면에서 지식재산권의 학술연구는 책상에서 이론만을 논의하여도 안되고, 그렇다고 현장에서 실무만 논의하여도 안되며, 반드시 이론과 응용의 연구를 결합해야 한다는 것이다. 저명한 교육가 차이위안페이 선

1) 필자는 후베이성 인민대표대회 상임위원회 위원, 후베이성 인민대표대회 법제위원회 부주임위원으로 선임된 바 있으며, 다수의 지식재산권 법안 자문 전문가로서 지방 입법 활동과 국가 입법 활동에 참여하였다.

2) 参见杜学亮主编：≪著作权研究文献目录汇编≫, 北京, 中国政法大学出版社, 1995.

생은 학술을 '학리(学理)'와 '술용(术用)'으로 해석했다. 즉, '전자는 후자에 응용되고, 후자는 전자를 기본으로 해야 한다'는 것이다. 내가 이해하는 지식재산권 학문연구는 반드시 응용을 목표로 해야 할 것이며, 만약 순수하게 이론만 탐구하고 응용의 목적이 없으면 학술은 건전한 생명의 활력을 잃는다. 마찬가지로 지식재산권의 응용연구는 반드시 학리를 지침으로 삼아야 하며, 만약 응용연구에 심도 있는 학리적 연구가 부족하면 지속가능한 발전을 위한 학문적 생명의 기반이 사라지기 마련이다. 그래서 지식재산권 학자는 반드시 학문연구와 응용연구를 긴밀하게 결합하여야 한다. 학문연구 중에서는 법학적 낭만주의, 탐미주의, 공상주의를 피해야 하며, 응용연구 중에서는 법기계주의, 교조주의, 형식주의를 피해야 한다.

지난 40년 동안 한 길 만을 고집하여 비록 결실은 있을지라도 크게 완성했다고 말할 수는 없다. 2010년, 중국인민대학출판사의 배려로 나의 저술이 '중국현대법학가문고'에 수록되었다. 2년간 정리하고 다듬어서 6권의 책이 연달아 출판되었다. 그로부터 5년 후, 이미 출판된 책이 모두 절판되었고, 곧 새로운 책이 출판될 예정이다. 중국인민대학출판사의 법률지사는 나의 예전 책들을 개정하여 다시 새롭게 출판하였다. 이 중에 <저작권의 합리적 사용제도에 관한 연구>, <지식재산권 총론>, <무형재산권 기본문제 연구>, <지식재산권 기초문제 연구>(논문집), <지식재산권 최신문제 연구>(논문집), <지식재산권 응용문제 연구>(논문집), <지식재산권 사업을 위한 조언>(강연, 인터뷰집)이 있다. 이 책들은 지식재산권 기초이론 연구와 지식재산권 주요제도 연구를 아우르며, 동시에 민법과 법치 관련된 문제를 담고 있다. 집필의 시기는 20세기 1980년대부터 21세기 현재까지 계속되고 있으며, 대부분은 1990년대 중반 이후의 연구성과로서 지식재산권 교육, 연구 활동과 관련 법률 실무의 여정을 고스란히 반영한다.

이 시리즈의 출판과 재발행은 나와 함께 해준 많은 지식재산권 동료들,학생들 그리고 많은 독자들의 도움과 지지의 덕분이다. 문집의 양장본 출판에 큰 지원을 해주신 텐센트 재단에 감사드린다. 심혈을 기울여 편집해 주신 중국인민대학출판사의 모든 편집인들에게 감사드린다. 문집의 초판 및 재발행의 인쇄, 교정, 자료 조사에 수고해준 제자 슝치(熊琦) 박사, 리루이덩(李瑞登) 박사, 취하오후이(瞿昊晖) 박사, 쑤어푸타오(锁福涛) 박사, 장잉(张颖) 박사, 쑹거(宋戈) 박사, 박사과정 류신(刘鑫), 저우펑(周澎), 스마항(司马航), 리안(李安), 그리고 석사과정 샤좡좡(夏壮壮), 완쥔(万俊), 장첸(张倩), 웨이샤오린(魏宵林), 가오징(高婧)에게도 감사드린다. 또한 법학계 전체, 특별히 지식재산권 분야의 동료들과 독자들이 나의 저술에 보내주신 큰 사랑과 관심에 다시 한번 감사드린다.

지난 40년 동안 나는 줄곧 지식재산권 분야에서 학생들을 가르치고 집필했으나, "교습(教習)"은 출세의 길이 아니었고, "학구(學究)"는 생계 수단이 아니었다. 위챗에서 "오늘 했고, 내일도 하고 싶은 일은 '사업(事业)'이고, 오늘 했고 내일도 해야 하는 일은 직업'직업(职业)'이다."라는 말이 있다. 나는 "학문을 천직으로 삼는다"(막스 베버의 말)라는 태도로, 내가 추구한 '사업'과 내가 좋아하는 '직업'을 하나로 융합할 수 있었으니, 행복한 까닭에 고통 중에 즐거움이 있고, 그 즐거움 덕분에 결코 지치지 않았다. 나의 학문적 여정은 여전히 계속되고 있으며, 이미 이순(耳顺)의 나이를 지났지만, 늘 스스로를 '70후(70后, 70년대생)'라 여기고 있다. 앞으로도 책과 벗하고, 책과 함께 인생을 살아가며, 법과 동행하고, 법과 더불어 세상을 나아가고, 지식재산권 제도의 '정(正) 에너지'를 발산하며, 지식재산권 사업의 '좋은 목소리'를 내는 것, 이것이 바로 나와 중국의 지식재산권 학자들의 영광이자 꿈일 것이다.

오한동

2019년 여름, 우창의 집에서

| 목차 |

서론

범주는 인간의 사유가 현실 세계를 반영하는 가장 보편적이며 본질적인 연결과 관계에 대한 논리적 개념이다.[1] 범주는 학문 이론의 기본 요소이며, 이론의 과학성은 범주와 그 내용의 과학성에 달려 있다. 범주 체계를 구축하는 것은 학문의 발전을 위해서 반드시 필요하므로 매우 중요하다고 할 수 있다.[2] 법리학 연구에서 법학의 범주 체계는 일반적으로 여섯 가지로 구분된다.

실체론적 범주(즉, 법의 존재와 그 본질에 대한 인식 전체), 진화론적 범주(즉, 법의 생성부터 발전의 역사과정 및 법칙에 대한 인식 전체), 운영론적 범주(즉, 법의 운영은 법의 제정부터 실행에 이르는 모든 부분에 대한 인식 전체), 주체론적 범주(즉, 법의 세계에서 실천 주체와 가치 주체 및 그 상호관계에 대한 인식 전체), 객체론적 범주(즉, 법이 규율하는 객체 및 권리의무의 지향, 영향, 작용 대상의 인식과 반영), 가치범주론(즉, 주체의 법적 필요성, 주체에 대한 법의 의미, 주체의 요구를 충족시키는 법률 인식과 평가 전체)이 있다. 법의 일반 이론이 제시하는 범주의 분류와 서술은 각 구체적인 법학분야나 모두 구체적인 지도적 의미를 가지고 있다. 그러나 후자의 연구가 전자의 연구를 단순히 대체해서는 안 되며, 부문 법학의 범주연구는 법리학 범주의 질적 규정성을 유지하는 동시에 그 자체 범주의 질적 특수성을 반드시 고려해야 한다.

지식재산권은 새로운 유형의 민사권리로서, 재산소유권과는 구별되는 일종의 무형재산권이다. 민법에서 규정하는 모든 기본 원칙과 일반제도는 모든 사적 권리 제도에 적용되어야 하며, 여기에는 지식재산권도 포함된다. 그러나 지식재산권은 지식이라는 재산의 권리형태로서 유형동산과 부동산을 선형으로 하는 소유권과는 분명한 차이가 있다.

본 편은 법제도적 차원의 정적인 권리를 중심으로 한 지식재산권의 개념, 성질, 특성,

1) 参见丕之、汝信：≪黑格尔范畴论批判≫, 1页, 上海, 上海人民出版社, 1961.
2) 参见张文显：≪法哲学范畴研究≫, 10页, 北京, 中国政法大学出版社, 2001.

주체, 객체, 이용, 한계, 보호, 체계의 기본 범주를 주요 내용으로 다룬다. 이는 지식재산권의 구성요소와 본질적 속성, 법률 관계와 운영 방식, 보호 범위와 체계적 구조 등을 논하는 것이다.

제1편

기본 범주의 연구

(기본 범주 연구)

제1장

지식재산권의 개념

의미(语义)는 법학 이론 연구의 논리적 출발점이다. 지식재산권의 의미는 지식재산권의 속성, 주체, 객체, 이용, 제한, 보호 등과 함께 지식재산권기본범주 연구의 주요 내용을 구성한다.

민사권리 제도 체계에서 지식재산권의 용어는 전통적인 재산소유권과는 구별된다. 영어 'Intellectual Property', 프랑스어 'Propriété Intellectuale', 독일어 'Gestiges Eigentum'으로 각각 표기되며, 본래 '지식(재산)소유권' 또는 '지혜(재산)소유권'을 의미한다. 지식 활동 영역에서 발생하는 일체의 권리를 포괄적으로 '지식재산권'이라 칭한 것은 17세기 중엽 프랑스 학자 카푸조프(Kapzov)의 저작에서 최초로 나타난다. 이후 이 개념은 벨기에의 저명한 법학자 피카르디(Picard)에 의해 발전되었다. 피카르디는 지식재산권을 일종의 특수한 권리 범주이며 근본적으로 물권적 소유권과는 다르다고 여겼다. "소유권은 원칙적으로 항구적인 권리이며, 사물의 생성과 소멸에 따라 소유권은 발생하고 종료한다. 그러나 지식재산권은 이러한 시간의 제한이 없다. 특정 대상의 재산권은 매순간 마다 개인에게 속해 있다(또는 특정 사람-공유재산). 반면에, 지식 산물을 이용할 권리는 무한히 재생되기 때문에 사람의 수를 제한하지 않는다.[1]" 지식재산권의 학설은 이때부터 국제적으로 광범위하게 퍼졌다. 1967년 「세계지식재산권기구(WIPO) 설립 협약」이 체결된 이후에 지식재산권의 개념이 세계 대다수 국가와 많은 국제기구의 승인을 얻었다. 중국 법학계에서는 '지적성과권'이라는 표현을 오랫동안 채택하여 사용하고 있다.[2] 1986

---

1) 转引自[苏] E. A. 鲍加特赫等 :≪资本主义国家和发展中国家的专利法≫, 载 ≪国外专利法介绍≫, 第1册, 2页, 北京, 知识出版社, 1980.

2) 대표적인 저술로는 고(故) 유명 법학자이자 중국 인민대학교 교수였던 동유 선생이 주편한 <민법원리>가 있다. 이 책은 전국 통합 교재로 사용되었으며, 1983년 법률출판사에서 출판되었다.

년「중화인민공화국 민법통칙」이 공포된 이후부터 비로소 '지식재산권'이라는 명칭을 공식적으로 채택하였다. 한편, 대만에서는 지식재산권을 '지혜재산권'으로 부른다.

Ⅰ. 지식재산권의 정의

1986년「중화인민공화국 민법통칙」이 공포된 이후부터 비로소 '지식재산권'이라는 명칭을 공식적으로 채택하였다. 한편, 대만에서는 지식재산권을 '지혜재산권'으로 부른다.[3] 따라서 개념의 확정은 지식재산권 연구의 첫 걸음이자 성질과 특성을 탐색하는 것은 중요한 기초이며 각론 연구의 중요한 전제이다.[4]

지식재산권의 개념을 정의하는 방법에 관하여 주로 '열거주의'와 '개괄주의' 두 가지가 있다. 열거주의란, 보호 조항을 체계적으로 열거함으로써 지식재산권의 개념을 명확하게 하는 방법이다. 개괄주의란, 보호대상을 추상적으로 개괄하여 설명함으로써, 다시 말해, 개념의 속성과 본질적 차이를 간략하게 서술하여 지식재산권의 정의를 제시하는 방법이다. 지식재산권의정의에 관하여 외국 문헌들은 '열거주의'의 방법을 많이 채택하고, 중국 학자들은 주로 '개괄주의'의 방법을 채택한다.

1. 열거주의 정의 방법

'열거주의'의 방법은 지식재산권 국제협약에서 광범위하게 볼 수 있다.「세계지식재산권기구(WIPO) 설립 협약」제2조 제8항 규정에 따르면, 지식재산권의 유형에는 저작권 및 저작인접권, 특허권, 발명권, 발견권, 디자인권, 상표권 및 기타 표장권, 부정경쟁 방지권 및 기타 지식 활동에 기초하여 생기는 권리가 있다. 또한「WTO 무역관련지식재산권협정」(이하 지식재산권협정 또는 TRIPs협정) 제1부 제1조 규정에서는 동 협정에서 보호되는 지식재산권을 제2부 제1절과 제7절에 열거된 저작권 및 저작인접권, 상표권, 지리적 표시권, 디자인권, 특허권, 집적회로 배치설계권, 영업비밀권으로 규정하였다. 일부 학자들은 "집적회로의 배치설계 및 비공개 정보(영업비밀 포함)와 같이 새로운 유형의

3) 参见张文显：≪法哲学范畴研究≫(修订版), 19页, 北京, 中国政法大学出版社, 2001.
4) 参见吴汉东主编：≪中国知识产权理论体系研究≫, 44页, 北京, 商务印书馆, 2018.

필요에 비교적 부합한다고 평가한다. 그러나 그 구체적인 유형은 데이터화한 면에서는, 국제적 공약이라는 특성상 각국이 비교적 받아들인 기존 유형에 중점을 두고 있으므로, 이미 지식재산권의 모든 유형을 망라한 것으로 해석할 수는 없다.[5]" TRIPs협정은 논리적으로 「세계지식재산권기구(WIPO) 설립 협약」 제2조 제8항이 규정한 부정경쟁 방지권을 직접적으로 흡수하지 않고, 단지 지식재산권과 관련한 구제수단으로만 다루고 있다. 또한 '무역과 관련된 지식재산권'이라는 협정의 성격상, 동 협정은 모든 지식재산권 유형을 포괄하려는 목적을 가지고 있지 않다. 따라서 지식재산권의 보호 객체가 이 협정에서 완전히 열거될 수는 없다.

국제협약 외에도, 외국에서도 이러한 열거주의 방식을 채택하는 학문적 견해가 있다. 지식재산권 제도가 가장 일찍 생겨난 영국의 가장 대표적인 학문의 메카인 케임브리지 대학교의 W. R. Cornish 교수는 그가 저술한 지식재산권 책에서 '기술적 발명과 디자인을 보호하는 특허권', '문학, 예술적 창작을 보호하는 저작권', '영업 표지를 보호하는 상표권'을 열거하여 이를 총칭해 지식재산권이라 규정하였다.[6] 미국의 유명한 학자인 Miller와 Davis 역시 저서 *Intellectual Property : Patents, Trademarks and Copyrights*에서, 다음과 같이 말했다. 추상적인 재산 개념을 고려하여 지식재산권의 이름을 특허, 상표, 저작권 세 가지 법 영역을 열거하고, 이를 지식재산권의 이름으로 나열했다.[7]

'열거주의'의 방법은 서술이 명확하고 구체적인 특징을 가지지만 미흡한 부분이 있다. 첫째, 개념을 열거형으로 설명하면 범위가 다양하고 번거롭다. 경제와 사회가 발전함에 따라 지식재산권의 내용이나 범위가 계속 확장되어 개념의 불안정성을 초래하고 정의의 과학성에 영향을 미친다. 전통적인지식, 비즈니스 모델, 실험 데이터 등의 내용이 지식재산권 보호의 객체가 되는지는 학계에서 논란의 여지가 있으며 국제지식재산권조약에도 아직 명확한 규정이 없다. 둘째, 지식재산권은 역동적이고 개방적인 법제도 체계이기 때문에 열거방식으로는 누락된 부분이 생기기 마련이다. 셋째, 열거방식은 사물의 본질속성을 드러내기 어렵기 때문에 한 사물을 다른 사물과 명확하게 구별할 수 없다. 예를 들어, 열거식은 "왜 서로 다른 범주의 권리가 '지식재산권'이라는 이름으로 총칭될 수 있는가?", "이들 권리 사이의 내재적 공통 특성은 무엇인가?"와 같은 문제에 대해 답을 제시

5) 蔡明诚：≪网际网路智慧财产权的问题与展望－－－以台湾法律为例≫, 载≪台湾大学法学论丛≫, 2001(5).
6) See W. R. Cornish, Intellectual Property : Patents, Copyright, Trade Marks And Allied Rights, fourth edition, London, Sweet & Maxwell, 1999, p. 3.
7) 参见 [美] 阿瑟·R. 米勒等：≪知识产权法概要≫, 周林等译, 4页, 北京, 中国社会科学出版社, 1997.

하지 못한다.[8)]

2. 개괄주의 정의 방법

중국 법학계는 지식재산권 개념을 설명하기 위해 주로 '개괄주의' 방법을 채택하고 있다. 오랫동안 지식재산권 보호 대상 곧 지식 창조 성과의 추상적인 인식에 근거하여, 많은 중국 학자들은 지식재산권이란 그 창조적인 지식 성과에 대해 법으로 누리는 독점적 권리로 정의한다.[9)] 외국 학자들도 다음과 같이 표현한다. "대체로 지식재산권은 일종의 법률적 관념의 창조물로 정의될 수 있다. 국가가 개인에게 일정한 시간의 법적 독점권을 주고 타인이 사용하지 못하게 막는 것이다.[10)]" 이 외에도 세계지식재산권기구에서 발행한 <지식재산권열람자료>에서 지식재산권을 정의할 때 개괄적인 방식을 채택한다. "지식재산권을 일반적으로 말하자면, 산업, 과학, 문학과 예술 영역에서 모든 지식 활동의 합법적인 권리를 의미한다.[11)]" 20세기 1990년대 이후로 일부 학자들은 이 정의 방식에 의문을 제기하는 바, 지식재산권의 이름으로 통솔되는 모든 권리는 지식 창조의 성과에 근거하는 것이 아니라는 것이다.

예를 들어, 1992년 일본 도쿄에서 열린 국제보호산업재산권협정총회(AIPPI)에서는 지식재산권을 '창조적 성과에 관한 권리'와 '식별적표지에 관한 권리'로 구분하였다. 이로써 지식재산권이 모두 '지식 창조 성과'의 권리는 아닌 것이다. 이러한 점을 감안하여 학자들은 정의의 대상에 대하여 새롭게 일반화하였는데, 대표적인 관점은 크게 세 가지이다. (1) '지식재산권은 창조적 지식 성과와 상공업 표시가 법에 의하여 생기는 권리의 총칭이다.[12)]' (2) '지식재산권은 사람들 스스로가 지식 활동으로 창조한 성과와 경영관리활동에 대한 표시이며 법에 의하여 누릴 수 있는 신용과 명예이다.[13)]' (3) '지식재산권

---

8) 参见张勤：≪知识产权基本原理≫, 3~4页, 北京, 知识产权出版社, 2012.

9) 参见吴汉东、闵锋编著：≪知识产权法概论≫, 北京, 中国政法大学出版社, 1987; 郑成思主编：≪知识产权法教程≫, 北京, 法律出版社, 1993; 黄勤南主编：≪新编知识产权法教程≫, 北京, 中国政法大学出版社, 1995.

10) Micheal Blakeney , Trade Related Aspects of Intellectual Property Rights : A Concise Guide to the TRIPs Agreement, Sweet & Maxwell, 1996, p.10.

11) 转引自郭寿康主编：≪知识产权法≫, 5页, 北京, 中共中央党校出版社, 2002.

12) 刘春田主编：≪知识产权法≫, 3页, 北京, 高等教育出版社, 2002.

13) 吴汉东主编：≪知识产权法学≫, 1页, 北京, 北京大学出版社, 2000.

은 민사 주체가 법률 규정에 근거하여 지식 활동과 관련한 정보를 지배하고 그 이익을 누리고 타인의 간섭을 배제할 권리이다.[14]'

'개괄주의' 방법은 고도의 추상성을 띠며, 간결하게 표현할 수 있다는 장점이 있다. 그러나 그 핵심 문제는 일반화가 정확하고 적절하며 최대한 포괄성을 갖고 있는지에 달려 있다. 현재 지식재산권의 '개괄주의' 정의는 여러 가지 유형이 있으며 아직 완전히 일치된 견해가 형성된 것은 아니다. 영국학자 코니시(Cornish)는 '지식재산권'을 전문 용어로 평가하면서, "모든 대상을 만족스럽게 포함할 수 있는 별도의 용어는 없다."라고 하였다. '산업재산권'은 대부분의 경우 저작권을 배제하는 경우가 대부분이다. '지식재산권'은 상표 및 경영적 표시를 거의 기술하지 않는다.[15]

3. 지식재산권 정의의 기타 방식

지식재산권이 무엇인가에 대하여 다른 각도와 관점을 통하여 다양하게 설명할 수 있다. 일부 학자는 지식재산권 규제 대상에 대하여 일반화하고 추상화하여, 정신적 재산의 객체 관점에서 지식재산권을 정의하였다. 즉, 추가 '자연인과 법인이 과학기술, 문화예술 영역 내에서 창출하는 정식적인재산에 대하여 법률이 정하는 바에 따라 누릴 수 있는 전유권'이라는 것이다.[16] 그리고 정보 객체의 시각에서 보는 학자들은 지식재산권은 '특정 유용한 정보에 대한 민사 주체의 법정지배권과 명예권'으로 정의한다.[17] 그리고 정보 객체의 시각에서 보는 학자들은 지식재산권은 '특정 유용한 정보에 대한 민사 주체의 법정지배권과 명예권'으로 정의한다.[18]"

4. 지식재산권을 정의하기 위한 적절한 방법

이론적으로 볼 때, 전통적인 '열거주의'와 '개괄주의'는 물론 기타 정의방법에서도 지

---

14) 张玉敏主编：≪知识产权法教程≫, 1页, 重庆, 西南政法大学出版社, 2001.

15) W. R. Cornish, Intellectual Property : Patents, Copyright, Trade Marks And Allied Rights, 3 (3rd ed. 1996), Sweet & Maxwell. 转引自金海军: ≪知识产权私权论≫, 8页, 北京, 中国人民大学出版社, 2004.

16) 何山林：≪世界知识产权源流与著作权比较考略≫, 載 <探索≫, 1997(4).

17) 粟源：≪知识产权及其制度本质的探讨≫, 載 ≪知识产权≫, 2005(1).

18) Gramham P. Cornish, YORKSHIRE, Electronic Information Management and Intellectual Property Right, Information Service & Use, 2005, Vol.25, Issue 1, p.59.

식재산권의 정의에 대해 일치된 의견을 형성하기 매우 어렵다. 완전한 정의는 정의된 객체의 하위 공통성 및 상위개념을 포함해야 한다.[19] 그리고 정보 객체의 시각에서 보는 학자들은 지식재산권은 '특정 유용한 정보에 대한 민사 주체의 법정지배권과 명예권'으로 정의한다.[20] 일본 학자 나카야마 노부히로(中山信弘)는 지식재산권 상위개념의 정의에 대하여 다음과 같이 말한다. "소위 지식재산이란 부당한 모방으로부터 보호되는 정보이다. 구체적으로는 인간의 지식, 정신적 창작성과의 창작물(예:발명과 저작물)과 경영상 신용도가 높은 경영표지(예:상표와 상호)의 총칭이다.[21]" 지식재산권을 정보적 관점에서 바라보는 것은 비교적 독특한 방법이다. 그러나 현 단계에서는 국제법에서 통용되는 지식재산권을, 다학문적 맥락에서 사용되는 정보 및 정보재산권과 동렬로 논하는 것은 여전히 추가적인 연구가 필요하다.

지식재산권은 그 본질에 기초하여 과학적 방법으로 접근하여 적절하게 정의해야 한다. 첫째, 지식재산권은 사적 재산권이다. 예를 들어, 저작권, 특허권, 상표권 등과 같이 지식재산권 위에 설정된 사적 재산권으로, 특정 주체가 누릴 수 있는 절대성, 배타성을 가진 권리이다. 과학기술 보상제도에서 공공적 성격을 가진 발명권, 발견권과는 다른 것이다. 둘째, 지식재산권은 지식 성과권과 같지 않다. 지식재산권 명의로 총칭되는 모든 권리는 지식 분야에서 나오는 것이 아니며 모두 지식 성과에 의해서 생기는 것도 아니다. 권리의 발생 원천 관점에서 볼 때, 이러한 권리는 주로 지식활동과상공업 경영활동 등 분야에서 발생하며 그 객체의 창조적 성과, 경영성 표시, 신용도 및 기타 지식 정보로 구성되어 있다. 셋째, 지식재산권은 법정의 권리이다. 그 생성은 일반적으로 법에 의해 인정되어야 한다. 모든 지식산물이 곧바로 지식재산권의 보호 대상이 되는 것은 아니다. 역사적 시기에 따라 나라마다 경제, 과학기술, 문화 등의 영향으로 지식재산권의 범위가 차이가 난다. 바꿔서 말하면, 창조적 성과와 상공업 표시에 가해지는 모든 행위가 지식재산권 규제의 객체가 되는 것은 아니며, 법률은 경제관계에 상당한 영향을 미치는 일부 관계만을 선택하여 규율할 수 있다.

---

19) 参见粟源：≪知识产权及其制度本质的探讨≫, 载 ≪知识产权≫, 2005(1).
20) 参见 [美] 阿瑟 · R. 米勒等：≪知识产权法概要≫, 周林等译, 4页, 北京, 中国社会科学出版社, 1997.
21) [日] 中山信弘：≪多媒体与著作权≫, 张玉瑞译, 1页, 北京, 专利文献出版社, 1997.

5. 「민법전」상 지식재산권 조항의 정의에 대한 평석

2017년 3월 채택된 「중화인민공화국 민법전」 제123조는 "민사주체는 법에 근거하여 지식재산권을 향유한다. 지식재산권은 사적 권리이며 다음 객체와 관련하여 권리자가 누릴 수 있는 독점적인 권리이다. 1) 저작물 2) 발명, 실용신안, 디자인 3) 상표 4) 지리적 표시 5) 영업비밀 6) 직접회로 배치설계 7) 식물 신품종 8) 법률 규정의 기타 객체"라고 규정하고 있다. 이 조항을 법학계에서 '지식재산권 조항'이라 부른다.

'지식재산권 조항'은 「민법전」에서 지식재산권을 설정한 선언적이고 일반적 조항으로, 민사적 권리의 체계적 구축과 지식재산권의 사법적 회귀를 나타낸다. 이러한 조항은 '열거 규정'+'포괄 규정'의 방식으로 지식재산권이란 무엇인지 객체의 관점에서 설명한다. 「민법전」에는 여러 재산권 조항에 대한 개념 설명이 있다. 제114조는 '민사주체는 법에 따라 물권을 가진다. 물권은 권리자가 법에 근거하여 특정사물에 대하여 직접 지배하고 배타적인 권리를 갖는 것인데 소유권을 포함하여 용익물권과 담보물권 등이 있다.'고 규정하였다. 제118조는 '민사주체는 법에 따라 채권을 가진다. 채권은 계약, 불법행위, 사무관리, 부당이득 및 법률 기타 규정으로, 권리자가 특정 채무자에게 행위를 요청하거나 일정한 행위를 하지 않을 권리이다.'고 규정하였다. 위의 조항들은 재산권 정의에 대한 일반적인 구조이다. 1) 민사주체로 개칭되는 권리주체는 모두 '사적인 권리'임을 나타낸다. 2) 사물 또는 행위로 분류되는 권리객체로서 그들은 서로 다른 유형의 '사익의 권리'를 나타낸다. 3) 지배권과 청구권의 상이한 권리 속성은 그들은 서로 다른 유형이지만 '사유의 권리'임을 의미한다.[22] 지식재산권 조항은 '민사 주체', '객체 대상', '독점적 권리'의 의미 구조로서 재산권 정의의 문제에 대하여 법률적 차원으로 대답한다.

1986년 「민법통칙」의 상표등록은 주체자격의 제한을 삭제하였다. 둘째, 객체 열거식 관점에서 지식재산권을 규정하면서도 포괄조항을 두어, 지식재산권 보호 범위에 미래 발전을 위하여 제도적 여지를 남겨 두었다. 셋째, 지배권적 속성을 가진 물권과 청구권적 속성을 가진 채권과 구별하여 지식재산권을 '독점적인 권리'로 규정함으로써, 무형재산권 고유의 성격을 나타낸다. 물론, '지식재산권 조항' 자체와 지식재산권에 대한 입법 정의에는 일부 미흡한 부분이 있다. 일부 학자들이 지적했듯이, 이 조항은 「지식재산권협

22) 吴汉东：≪知识产权的多元属性及其研究范式≫, 載 ≪中国社会科学≫, 2011(5).

정」의 관련 규정을 참고한 경우가 많고, 기타 국제조약과 관련 규정에 충분히 주목하지 못하였다. 예를 들어, 「산업재산권 보호를 위한 파리협약」, 「세계지식재산권기구(WIPO) 설립협약」에 규정된 '상호와 영업표시' '부정경쟁방지' 등이다.23) 이것은 '열거주의' 입법 정의 자체의 한계이기도 하다.

제도적 실증기반이 부족한 정의는 이론적인 의미만 있을 뿐이고 학술 연구와 제도적 실무 활용에 있어서는 도움이 되지 않는다. 그러나 우리는 지식재산권 연구, 즉 의미 범주에 대한 논의가 이로 인해 중단되거나 멈출 것이라고 보지는 않는다. 지식재산권 발전 과정에서의 변동성과 미래의 개방성은 관련 학문의 진보와 제도 구축의 초석이며 이에 대한 높은 관심이 필요하다.

Ⅱ. 지식재산권과 무체재산권

정신영역의 민사권리 범위에서, 무체재산권(또는 무형재산권으로 칭함, Intangible Property)은 지식재산권의 또 다른 명칭이다. 일부 서구 국가에서 관련 입법과 학설은 지식 창조적 성과에 대한 독점적 권리를 무체재산권으로 포괄해 왔다. 대륙법계 민사권리 전통적인 구조에서는 민법은 평등한 민사 주체 간의 재산관계와 개인관계를 조정하고, 재산법은 유체물을 주요 대상으로 한다. 그러나 학자들은 민법 이론 연구에서 로마법의 무체물 개념은 제도적 산물이나 정신적 산물 등 새로운 객체를 해석하는 사상적 도구로 자주 활용되어 왔다. 1875년 독일학자 코라는 최초로 '무체재산권'이라는 개념을 처음 제시하면서, 기존 학설이 무형물에 대한 권리를 소유권으로 오인한 점을 비판하고, 이를 유체재산권과 구별되는 별도의 권리, 즉 '무체재산권(Immaterial Giiterrecht)'으로 요약했다.24) 정신 영역의 민사권리 범위에서, 무체재산권(또는 무형재산권으로 칭함, Intangible Property)은 지식재산권의 또 다른 명칭이다. 일부 서구국가에서 관련 입법과 학설은 지식 창조적 성과에 대한 독점적 권리를 무체재산권으로 포괄해 왔다. 대륙법계 민사권리 전통적인 구조에서는 민법은 평등한 민사 주체 간의 재산관계와 개인관계를 조정하고, 재산법은 유체물을 주요 대상으로 한다. 그러나 학자들은 민법 이론 연구에서 로마법의

23) 参见李明德：≪≪民法总则≫知识产权条款述评≫, 载 ≪中国知识产权≫, 2017(4).
24) [日] 吉藤幸朔：≪专利法概论≫, 宋永林、魏启学译, 405页, 北京, 专利文献出版社, 1990.

무체물 개념은 제도적 산물이나 정신적 산물 등 새로운 객체를 해석하는 사상적 도구로 자주 활용되어 왔다. 1875년 독일학자 코라는 최초로 '무체재산권'이라는 개념을 처음 제시하면서, 기존 학설이 무형물에 대한 권리를 소유권으로 오인한 점을 비판하고, 이를 유체재산권과 구별되는 별도의 권리, 즉 '무체재산권(Immaterial Giiterrecht)'으로 요약했다.[25] 일본 학자 오노 마사노부는 '무형재산권'(즉 '무체재산권'-인용자 주)은 독일법에서 사용하는 전문용어로서 재산의 법적 성질에 초점을 두는 반면, '지식재산권'은 정신적 산물, 즉 '지식재산'에 대한 권리이며 '무형재산권'이라고도 한다.[26] 따라서 무체재산권은 지식재산권에 또 다른 명칭으로 볼 수 있다.

1. '지식' 의미를 초월한 무체재산권

지식재산권은 로마법 이래로 사권 영역에서 이루어진 심오한 제도적 혁신과 변화로서, 지식제품의 재산화와 지식재산의 법률화에 따른 재산의 '비물질화 혁명'이다. 지식재산은 일종의 새로운 재산으로서, 종래의 사물을 절대 지배하는 재산이 아니라 '비물질화되고 제한된 재산'이다.[27] '비물질화'의 결과, 재산법이 활용되는 범위를 크게 넓혀, 권리의 객체는 재산으로 간주될 수 있는 모든 물질적, 비물질적 대상을 포괄하게 되었다. 새로운 과학기술과 현대 상품경제 발전의 시대에 재산의 '비물질화 혁명이 멈추지 않았고, 사회 부의 구조에 더 심층적인 변화가 발생하였으며, 더 많은 재산이 무형화 되고 비물질화 되었다.[28]' 따라서 '우리는 전통적으로 재산 또는 재산권으로 간주하지 않은 권리에 대하여 더 많은 관심을 갖고 보호해야 한다.[29]' 현대 사회경제 발전으로 무형재산의 지위가 점점 높아지고 있고, 일부 무형재산은 비록 비물질적인 특징을 갖고 있지만 반드시 지식과 지적창조와 관련된 것은 아니다. 실제로 지식재산권 제도체계는 수많은 새로운 무형재산을 포괄하기 어렵다.

이러한 현대 상품경제 발전과 사회적 부의 형태 변화로 인한 비물질 재산의 확장으로

---

25) 参见世界知识产权组织编：≪知识产权纵横谈≫, 4页, 北京, 世界知识出版社, 1992.

26) [日] 小野昌延：≪知识产权100点≫, 李可亮、马庆田译, 5页, 北京, 专利文献出版社, 1992.

27) [美] 肯尼斯·万德威尔德：≪19世纪的新财产：现代财产权概念的发展≫, 王战强译自≪布法罗法学评论≫ 1980年 第29期, 草末校, 载 ≪社会经济体制比较研究≫, 1995(1).

28) 尹田：≪法国物权法≫, 19页, 北京, 法律出版社, 1998.

29) [美] 罗纳德·波士顿, 张礼红译：≪美国财产法的当前发展趋势≫, 载 ≪外国法译评≫, 1994(3).

지식재산권이라는 용어가 수많은 무체재산 앞에서는 미흡한 부분이 많다. 우리는 재산형태 중에서 비물질적인 특성을 갖고 있지만 지식재산권의 범주로 분류될 수 없는 특정한 권리들이 실제로 존재한다는 것을 알 수 있다. 또한 사회가 발전됨에 따라 다른 새로운 형태의 무체재산 형태도 나타날 수 있으므로 이러한 새로운 재산 형태에 대하여 체계적으로 정리하여 제도적인 혁신을 도모할 필요가 있다. 국내외 경제계와 관련하여 '무형자산' 분류[30] 및 구분을 참조하면, 법률적 의미면에서 무체재산권은 다음과 같이 세 가지 유형으로 나눌 수 있다. 첫째, 창조적 성과권으로서 저작권, 특허권, 영업비밀, 집적회로 배치설계권, 식물 신품종권 등이다. 둘째, 경영적 표시권으로서 상표권, 상호권, 원산지 표시권, 기타 및 부정경쟁방지와 관련된 식별적 표시권 등이다. 셋째, 경영적 신용권으로서[31] 신용권, 영업상 신용권, 퍼블리시티권(이미지권) 등이다.

학자의 저술에서 무체재산권과 지식재산권이 포괄하는 범위는 완전히 동일하지 않다. 일본학자 고지마 쓰네카즈가의 저서 『무형재산권』에서는 예를 들어, '상품의 형태, 영업상의 신용' 등은 무체재산권의 범주에 속하며, 그 권리의 범위는 전통적인 지식재산권에 관련된 범주보다 넓다고 보았다.[32] 중국 민법학자 윤전의 저서 『프랑스 물권법』에서는 무체재산권을 '영업독점권(지적 창조 성과에 관한 권리와 식별 표지에 관한 권리를 포함)'과 '고객의 권리' 또는 '영업재산권(고객을 유치하는 상업적 신용의 영향으로 형성된 권리)'으로 구분한다.[33] 정성사 선생은 일반적인 인격권과 저작권 사이에서는 물론, 표시권, 영업상 신용권, 일종의 해당 권리들은 기존의 어느 범주에도 적절히 귀속시키기 어렵기 때문에 새로운 권리를 부여할 필요가 있다고 주장하였다. 위의 논의들은 모두 '지식'을 넘어선 무체재산권의 문제를 다루고 있다.[34]

한마디로 말하면, 지식재산권이라는 이름으로 통솔되는 제반 권리는 모두 지식 분야에서 나온 것이 아니며, 무형재산 분야에는 여전히 '지식'과 무관한 새로운 권리 형태들이 존재한다. 따라서 우리는 이들을 아우를 수 있는 보다 상위 개념의 무체재산권이 필요하며, 이를 통해 이론적 자족성과 제도적 혁신의 요구를 실현해야 한다.

---

30) 参见蔡吉祥：≪无形资产≫, 深圳, 海天出版社, 1996.
31) 자세한 내용은 본편 제9장 'Ⅲ'을 참조.
32) 参见[日]小岛庸和：≪无形财产权≫, 序言, 47页, 东京, 创成社, 1998.
33) 尹田：≪法国物权法≫, 59～65页, 北京, 法律出版社, 1998.
34) 参见郑成思：<世界贸易组织与贸易有关的知识产权≫, 44～45页, 北京, 中国人民大学出版社, 1996.

2. 독점적인 속성을 가진 무체재산권

무체재산권과 지식재산권은 모두 독점적인 민사권리다. 채권에 비하여 이들은 소유권과 마찬가지로 배타성과 절대성의 특성을 갖고 있다. 첫째, 무체재산은 타인의 협조 없이 권리자가 직접 이익을 지배하고 향유한다. 둘째, 무체재산은 권리자가 독점하거나 전유하여 타인의 방해를 배제한다. 위에서 언급한 기본 속성으로부터 지식재산권을 포함한 무체재산권은 유체재산 소유권과 동일한 법적 효력을 갖는다. 이는 독립적으로 지배하는 자물권, 이익을 공유하는 타물권, 그리고 권리구제를 받을 수 있는 청구권을 포함한다.

필자는 20세기 1990년대 이래로, 현행 지식재산권 범위보다 더 넓은 무체재산권 체계를 구축하여, 모든 비물질적 형태에 기초하여 발생하는 권리를 포괄해야 한다고 주장해왔다.[35] 예를 들어, 영업상 신용권, 신용권, 퍼블리시티권(이미지권) 등은 모두 비물질적 속성을 갖고 있지만 지식재산권의 범주에 포함될 수 없는 재산권이라고 본다. 사회생활이 날로 발전함에 따라 새로운 형태의 무체재산권이 나타날 수 있다. 따라서 객체의 물질성과 비물질성의 분류를 기준으로, 지배적 재산권 영역에서 유체재산권과 무체재산권이라는 두 가지 유형을 개괄할 수 있을 것이다.

여기서는 재산권의 '무체' 문제를 논할 필요가 있다. 즉, "무체"란 권리를 객체(無體物)로서 바라보는 것인지, 아니면 정신적 산물을 객체로서 바라보는 것인지를 뜻한다. 젊은 학자 원수정 박사는 필자의 무체재산권 이론을 논평한 바 있는데, 그 중 많은 견해가 눈에 띄었지만, 그가 무체재산권의 범위에 채권, 어음권리로 확장했다는 견해[36]에 대하여 필자가 동의할 수 없는데 그 이유는 다음과 같다. 첫째, 유체재산권과 무체재산권의 구분은 지배적, 절대적 재산권 범주 내에서 이루어져야 한다. 독일 민법학자 라렌츠의 견해에 따르면, 해당 권리 객체는 1순위 권리 객체로 유체물과 무체물의 정신적 산물을 포함하는 반면에, 채권, 어음권리(즉, 특별채권)등은 청구적이고 상대적인 재산권에 속한다. 또 다른 독일학자 메디쿠스는 채권과 청구권은 본질적인 차이가 없으며 그 객체는 지배적이

---

35) 参见笔者的相关著述：≪无形财产权的若干理论问题≫, 载 ≪法学研究≫, 1997(4)；≪无形财产权制度研究≫, 北京, 法律出版社, 2001；≪财产的非物质化革命与革命的非物质财产法≫, 载 ≪中国社会科学≫, 2003(4).

36) 参见袁秀挺：≪正本清源－－评 ≪无形财产权制度研究≫之 ≪"基本理论编"≫, 载 ≪私法≫, 第2辑, 第1卷, 北京, 北京大学出版社, 2002；≪知识产权在财产权体系中的定位≫, 载 ≪华中科技大学学报(社会科学版)≫, 2003(2).

고 절대적인 재산권의 객체와 다르다고 주장한다.[37] 따라서 일부 중국 학자들이 채권을 무체재산권으로 보는 것은, 실제로 지배권과 청구권을 혼동한 것이다. 둘째, 채권, 어음 권리 자체가 권리 객체로 있을 때 무체물로 간주될 수 있다. 유체물과 무체물은 로마법, 프랑스법에 따른 객체물에 관한 분류인데, 무체물은 특별히 소유권을 제외한 재산권을 가리킨다. 독일법에 규정된 '물'은 오직 유체물만을 의미하며, 독일 학자들은 때때로 정신적 산물을 무체물이라고 부르지만, 이러한 객체들은 지식재산권법에 의해 규범 되어야 하고 물권법에 의해 규범 될 것은 아니라고 강조한다.[38]

따라서 로마법과 프랑스법에서 채권 등이 무체물 명의로써 다른 권리(예: 상속권, 주주권)의 객체로 삼을 수 있지만, 이러한 무체물(즉, 권리의 객체)로부터 그것이 무체재산권(즉, 권리의 본체)이라는 결론을 내릴 수 없다. 반면, 독일법에서 채권 등은 무체물로 간주될 수 없는데, 무체물은 오로지 무체의 정신적 산물을 지칭하기 때문이다. 결론적으로 지식재산권과 무체재산권을 구분하고, 위에 언급된 권리의 객체속성을 명확히 정의하는 것은 필수적이다.

Ⅲ. 지식재산권과 정보재산권

민사권리의 기본 범주 중에서 지식재산권과 정보재산권은 사람들이 논의하는 중요한 문제 중의 하나이다. 인류는 산업사회에서 정보사회로 전환하는 시대적 변혁을 겪고 있다. 마이크로컴퓨터 혁명, 인터넷 혁명과 통신 혁명은 주요한 신기술혁명로서 인류사회를 산업화에서 정보화의 새로운 시대로 이끌어 가고 있다. 이는 지식재산권의 범위가 현대 정보사회 배경하에서 '정보재산권'으로 확장되는 경향을 보이고 있다. 20세기 1980년대, 미국의 사회학자 앨빈 토플러(Alvin Toffler) 자신의 저서에서 정보와 사회변혁 사이의 관계를 설명하였다. 신기술혁명의 제3의 물결에서 "우리는 여전히 토지, 기계라는 유형재산이 필요하지만, 이러한 재산들은 이미 정보로 전환되었다. 이것은 재산의 형태를 바꾸어 무형으로 만든 하나의 혁명적 전환점이다"라고 주장하였다.[39]" 산업사회에서 정

37) 参见[德] 迪特尔·梅迪库斯：≪德国民法总论≫, 邵建东译, 68页, 北京, 法律出版社, 2000.

38) 参见孙宪忠：≪德国当代物权法≫, 3页, 北京, 法律出版社, 1997.

39) 马海群、葛晓春、李松梅：≪知识产权与信息管理≫, 221页, 哈尔滨, 黑龙江人民出版社, 1997.

보사회로 변화하는 과정에서 정보의 생산과 전파가 사회경제, 정치, 문화 등 방면에 미치는 영향이 확대되고 심화되는 것은 물론, 이는 전통적 법제도의 여러 변혁을 가져올 것이라는 것은 의심의 여지가 없다. 정보화 과정에서 정보는 물질, 에너지와 마찬가지로 경제, 기술, 사회 발전을 촉진하는 중요한 자원이 되었고, 정보인격적 이익과 정보재산적 이익은 함께 법적 의미를 지니는 민사상의 객체가 되었다. 따라서 정보재산권은 지식재산권과 모두 전통적인 물권과는 구별되는 새로운 형태의 재산권으로 자리매김하게 되었다. 이하에서는 지식재산권 이론 관점에서 정보 개념 체계의 세 가지 기본 범주에 대하여 살펴보고자 한다.

1. 사회적 자원으로서의 정보

정보는 물질, 에너지와 더불어 인류사회 발전의 3대 자원으로 불린다. 정보이론 중에서 정보는 여러 유형이 있다. 미국 학자 버클랜드(Buckland)는 정보를 '과정으로서의 정보', '지식으로서의 정보' 및 '사물로서의 정보'로 분류한다.[40] 중국 학자 왕딩딩은 '지식은 이해된 정보'이며, 만약에 지식이 포함된 정보를 이해할 수 없다면 그것은 지식이 아닌 단지 정보일 뿐이라고 말했다.[41] 인식론적 의미에서의 정보란, 주체가 사물의 운동 상태와 그 상태 변화 방식에 대해 인식하고 이를 표현한 것을 말한다.[42] 위의 논의는 지식으로서의 정보나 창조적 산물로서의 정보는 지식재산권 또는 정보재산권의 객체와 관련될 수 있음을 보여준다. 반면에, 자연적으로 존재하는 정보나 사물로서의 정보는 기타 민사권리와 관련된 이익과 관련이 있지만 지식재산권이나 정보재산권의 보호 대상이 되지 않는다.

입법례상 관련 국가정보법은 정보란 무엇인가에 대해 규정하고 있다. 러시아 「정보기본법」 제2조는 "정보는 사람, 사물, 사실, 사건, 현상과 과정에 관한 것으로 그 표현 형태와 무관한 지식"으로 규정하고 있다. 미국 「통일컴퓨터정보거래법」 제102조는 "정보는 데이터, 텍스트, 이미지, 소리, 컴퓨터 집적회로 또는 컴퓨터 프로그램 및 그 집합체이며, 지식은 사실에 대한 실질적인 이해"로 규정하고 있다. 따라서 법률적 의미의 정보는 지

40) 转引自周庆山等：《信息法》, 2～3 页, 北京, 中国人民大学出版社, 2003.
41) 参见汪丁丁：《制度分析基础讲义Ⅱ》, 178~179页, 上海, 上海人民出版社, 2005.
42) 参见钟义信：《信息科学原理》, 47页, 北京, 北京邮电大学出版社, 2002.

식에 내포된 정보이며, 표현 형식(저장장치)과는 무관한 지식으로서 가치 또는 이익의 인식 표현이라고 할 수 있다.[43]

2. 민사 객체로서 정보 이익

사법 영역에서의 정보는 반드시 가치 있는 정보 이익이어야 하며, 그것은 정보 인격 이익이거나 정보 재산 이익이어야 한다. 정보 사회에서 정보는 물질과 에너지를 대체하여 가장 중요한 사회적 자원이 되었으며, 그것은 정부의 정책 의사결정에 근거를 제공할 뿐만 아니라 기업의 이윤을 창출할 수 있다. 사법적 관점에서는 민사 주체가 누릴 수 있는 합법적인 권익이 된다.

중국의 「민법전」은 세 가지 측면에서 법률의 보호를 받는 정보 이익을 규정하고 있다. (1) 개인정보: 개인정보는 개인 데이터라고도 불리는데, <사이버보안법> 제76조 제5항은 다음과 같이 입법으로 정의를 내리고 있다. "개인정보란 전자적 또는 기타 방식으로 기록된, 단독으로 혹은 다른 정보와 결합하여 자연인의 개인 신상을 식별할 수 있는 각종 정보를 말하며, 여기에는 자연인의 성명, 생년월일, 주민등록번호, 개인 생체인식 정보, 주소, 전화번호 등이 포함되나 이에 한정되지 않는다." 개인정보는 개인의 기본적인 신상정보 및 위치 정보, 행동 데이터 등이 포함되며, 이는 민사 주체로서 자연인만의 인격적 이익으로서, 정보 주체의 인격적 존엄성과 자유를 지키는데 중요한 가치를 지닌다. 「민법전」제111조에 따르면, 자연인의 개인정보는 법률의 보호를 받으며 모든 조직과 개인은 적법하게 취득한 개인정보의 안전을 보장해야 하고, 타인의 개인정보를 불법적으로 수집, 이용, 처리, 전송해서는 안 되며, 불법적으로 매매, 제공 또는 공개해서도 안 된다. (2) 프라이버시 정보: 민법에서 규정하는 프라이버시는 사생활의 비밀과 평온을 포함한다.[44] 사생활의 비밀은 정보에 속하므로, 즉 법률에 의해 보호되는 프라이버시 정보이다. 개인정보와 프라이버시 정보는 겹치는 부분이 있다. 개인정보와 관련된 중요한 부분 또는 민감한 부분은 사생활의 비밀 정보, 즉 프라이버시에 해당한다. 법률상 프라이버시는 당사자가 타인이 알기를 원하지 않거나 타인이 알기에 적절하지 않은 개인성보를 의미한다. 프라이버시는 프라이버시권의 보호객체, 즉 사적 정보의 비밀로서 타인에 의해 불법

43) 参见齐爱民：≪私法视野下的信息≫, 19页, 重庆, 重庆大学出版社, 2012.

44) 参见张新宝：≪≪中华人民共和国民法总则≫释义≫, 219页, 北京, 中国人民大学出版社, 2017.

침탈, 인지, 수집, 이용 및 공개되지 않아야 하며, 그 권익은 인격권의 범위에 속한다. 중국 「민법전」 제110조는 자연인이 누리는 프라이버시권 및 기타 인격권에 대해 명확히 규정하고 있다. (3) 지식정보 : 창조적인 의미를 가진 정보 또는 법정지식 유형의 정보로서 동산, 부동산과 구별되는 지식재산, 곧 정보재산이며, 지식재산권이나 정보재산권의 객체가 될 수 있다. 앞에서 언급한 바와 같이, 지식재산권 이론에서 학자들은 이러한 객체를 '지적 성과', '지식제품', '지적 활동과 관련된 정보'라고 표현한다. 지식재산권에 관련된 대상은 비물질적인 형태의 지식정보로 볼 수 있다. 특허법에 의해 보호되는 '새로운 기술 방안'은 특정 분야의 최신 기술에 대한 정보를 제공한다. 상표법에 의해 보호되는 '식별적 표지'는 그 자체로 상품이나 서비스를 구별하는 정보이다. 저작권법에 의해 보호되는 '독창적 표현'은 신문, 서적, TV광고, 인터넷 네트워크 등 각종 매체의 전파를 통해 가장 주요하고 광범위한 정보원이 된다. 이러한 의미에서 지식재산권법이라고도 할 수 있다.[45] 중국 「민법전」 제123조는 객체의 열거방식을 통해 물권과 구별되는 무체재산권, 즉 지식재산권을 규정하고 있다. 종합적으로 볼 때, 정보 이익은 정보재산 이익과 정보인격 이익으로 나눌 수 있는데, 이들은 서로 다른 민사권리가 지향하는 객체에 속한다.

3. 민사권리로서의 정보재산권

정보재산권은 정보사회에서 등장한 새로운 형태의 재산권이다. 이 권리는 소유권과 구별되는 무체재산권으로, 지배성과 배타성의 특성을 지녔지만 그 객체는 비물질적인 정보재산이다. 동시에, 정보재산권은 '지식재산권의 상위개념'이기도 하다. 학자들에 따르면, 그것은 "지식재산권에 비해 더 객관적이고, 시대에 발맞추며, 포용성 등의 이점이 있다"고 한다.[46]

입법례 관점에서, 정보재산권에 대한 법적 보호 방식은 크게 두 가지 모델이 있다. 첫째, '정보자원 소유권 모델'이다. 러시아 「정보기본법」은 정보자원이란 재산의 구성요소이자 소유권의 객체라고 명확히 규정하고 있다. 이 법은 정보자원의 소유권 관계가 러시아 민법전에 의해 조정하도록 강조한다. 둘째, '지식재산권의 거래 모델'이다. 미국 「컴

45) 参见[日] 中山信弘：≪多媒体与著作权(一)≫, 载 ≪电子知识产权≫, 1997(5)；冯晓青：≪知识产权法基础理论若干问题研究≫, 载 ≪湘江法律评论≫, 第4卷, 湘潭, 湘潭大学出版社, 2001.
46) 郑成思、朱谢群：≪信息与知识产权≫, 载 ≪西南科技大学学报 (哲学社会科学版)≫, 2006(1).

퓨터 정보 거래법」은 최종 사용자가 자신이 구입한 컴퓨터 정보에 대해 가지는 정보재산권은 지식재산권 뿐만 아니라, 허가에 근거하여 지배하고 통제할 수 있는 권한도 포함한다고 규정하고 있다. 위에서 언급한 두 가지 모델은 전통적인 소유권 보호 방법과 고전적인 지식재산권 보호 방법을 채택한 것이다. 그러나 일부 학자들은 이 같은 분류는 바람직하지 않다고 보고, 새로운 독립적인 정보재산권 제도를 확립할 것을 주장한다.[47]

필자는 지식재산권과 정보재산권은 서로 관련이 있으면서도 또 구별되는 법적 개념이라고 본다. 정보재산 중에 지식재산과 관련된 정보는 세 가지 유형이 있다. 첫째, 저작권, 특허권, 상표권에 의해 보호되는 창조적 가치가 있는 지식 정보이다. 둘째, 공개하지 않고 비밀을 유지하면서 그 재산의 가치를 유지하는 영업정보이다. 셋째, 비독점 영역에 속하지만 여전히 가치가 있는 정보이다. 여기서 주목할 점은, 뒤의 두 가지는 정보재산이지만 전통적으로는 지식재산권의 보호 대상이 아니었다는 것이다. 1993년「지식재산권협정」에서 '미공개정보(영업비밀)'을 지식재산권 보호 체계에 명확히 포함시켰고, 1996년 유럽연합의「데이터베이스 법적 보호에 관한 지침」에서는 데이터나 정보 자료가 모여 만들어진 데이터베이스에 대해 저작권과 유사한 특별 보호를 부여할 것을 제안하였다. 물론 이러한 데이터베이스 권리의 주체는 정보자료의 소유자와 제공자가 아닌 정보자료의 정리자 즉 데이터 베이스의 제작자이다. 어쨌든 정보재산과 지식재산은 복잡하게 얽혀 있어 일부 학자들은 "지식재산권이 곧 정보재산권"이라고 말하기도 한다.[48] 그러나 지식재산권 보호 대상인 지식재산은 동산, 부동산과 구별되는 무형재산으로서, 법적 보호 요건을 갖춘 지식류 정보재산이다. 이로 인해 지식재산권은 소유권과 다르고, 정보재산권과도 구별된다. 지식재산권의 객체로 분류할 수 없는 일부 정보재산은 다음과 같다. 1) 지식재산권에 기초하여 발생한 비물질화된 정보제품, 예를 들어 전자 정보제품, 빅데이터 거래 정보이다. 2) 지식재산권의 보호 요건을 갖추지 못한 정보제품, 예를 들어 공공분야에 있는 기술 정보, 법정 보호 기간이 만료된 사상, 표현 등이 있다. 3) 창조적 지식정보와 무관한 정보제품, 예를 들어 사무정보, 금융 관련 정보, 온라인 게임의 가상화폐 등이 있다. 요컨대, 지식재산권은 일정한 정보재산권의 속성을 지니고 있지만, 양자는 같은 권리 유형이 아니다. 국제적으로 정보재산에 관하여 '정보자원 소유권 모델'과 '지식재산권 거래 모델'이 채택되고 있는 것은, 마치 기존 법률이 정보재산에 대하여 이미 상당

47) 参见齐爱民：≪私法视野下的信息≫, 396页, 重庆, 重庆大学出版社, 2012.

48) 郑成思：≪知识产权≫, 第3版, 53页, 北京, 法律出版社, 2005.

한 보호를 제공하고 있음을 보여준다. 다시 말해, 독립적인 정보재산권을 창설해야 한다는 주장은 아직 성숙하지 못한 상태이다.

위의 내용은 비물질적 재산 영역에서 권리 범주의 변화를 서술한 것일 뿐, '지식재산권', '무체재산권', '정보재산권'이라는 용어들의 우열을 논하려는 의도가 아니다. 관련 국제협약, 국내 법률 규정과 중국 법학계의 관행을 고려할 때, 우리는 '지식재산권'이라는 개념을 계속 사용할 수 있다. 다만, 전통적인 권리체계의 좁은 이해에 얽매여서는 아니 된다. 지식재산권의 개념적 의미를 분석하면, 지식재산권과 전통적인 소유권은 무체재산과 유체재산을 구별하는 서로 다른 용어이다. 지식재산권과 정보재산권은 서로 관련이 있지만 구별되는 비물질적 재산권의 개념임을 알 수 있다. 지식재산권 개념의 외연적 정의는 열거식을 취하면 전체 범위를 포괄하기 어렵기 때문에, 간략하게 설명하는 개괄적 접근이 더 적절하다.

제2장

지식재산권의 성질

지식재산권의 기본 속성에 대하여 중국 학자들의 관심은 아직 부족한 편이다. 20세기 1980년대 교과서와 관련 저술들은 지식재산권을 일체양권, 즉 지식재산권은 재산권과 인격권의 이중적 속성을 가진다고 보았다. 20세기 1990년대의 지식재산권 학설은 일반적으로 민사권리 체계에서 출발하여, 지식재산권을 재산 소유권과 구별하고 무체재산권으로서의 성격을 분석하였다. 이러한 상황은 지식재산권의 성질에 대한 중국 학자들의 논의가 지속적으로 심화되고 이론적으로 성숙해지고 있음을 보여준다. 그러나 지식재산권에 대한 이러한 인식은 여전히 불완전하다. 따라서 「지식재산권협정」과 「세계인권선언」의 규정, 전통적인 학설과 관련 이론을 참고하여, 우리는 사권과 인권이라는 두 가지 측면에서 지식재산권의 기본적인 속성을 파악할 필요가 있다.

Ⅰ. 지식재산권의 사적 권리 본질

「지식재산권협정」은 그 서문에서 '지식재산권은 사적 권리이다'으로 선언하고, 사적 권리라는 명목으로 지식재산권의 사유적 법적 성격을 강조하고 있다. 권리 본체의 사적 권리성은 지식재산권이 민사권리 범주로 분류되는 기본적인 근거이다. 사적 권리는 공권과 대비되는 개념으로, 사인(私 : 자연인, 법인, 기타 단체 포함)이 누릴 수 있는 각종 민사적 권리를 말한다. 소위 사적 권리란, '사인의 권리'를 뜻하며, 다음과 같은 여러 측면에서 이해할 수 있다. 첫째, 이는 개인의 권리이다. 여기서 '개인'이란 민사법률관계의 주체로서, 동등한 위치에 있는 사람을 의미한다. 설령, 국가가 어떤 상황에서 민사 주체가 되더라도, 다른 민사 주체들과 상호 평등한 관계를 형성한다. 둘째, 이는 사유의 권리이다. 여기서 '사유'란 민사권리가 특정민사주체에게 귀속됨을 의미한다. 소유권은 특정인이 소유물을 직접 지배하는 권리이며, 채권은 특정인이 다른 특정인에게 특정 행위를 청구할 권리이다. 이는 사적 권리가 모든 사람들이 함께 누릴 수 있는 공권이 아닌, 특정인이 누리는 개인적 권리라고 설명할 수 있다. 셋째, 이는 사익의 권리이다. 여기서 '사익'이란 공익과 대비되는 개인의 이익을 뜻한다. '개인은 자신의 의사에 따라 상호간의 경제적 관계와 기타 관계를 형성할 수 있다.[1]'는 사법원칙에 근거하여 합법적인 사익을 추구할 수 있다. 지식재산권이 사적권리에 속하는 이유는, 그것이 사적 권리에 대한 일반적인 기준을 갖고 있기 때문이다. 즉, '사적이익에 관한 각종 권리(이익설)', '평등한 주체 상호간의 권리(관계설)', '사법상 확정된 권리(법률설)[2]'이 바로 그것이다. 지식재산권의 생성, 행사 및 보호에는 민법의 기본 원칙과 제도를 적용할 수 있다. 지식재산권이 민사권리체계를 벗어나면 근거 없는 물과 같고, 뿌리 없는 나무와 같아 본래의 귀속을 찾을 수 없다.

공권과 사권의 구분은 로마법으로 거슬러 올라간다. 고대 로마의 시민은 공권과 사권을 포함하는 독점적인 권리인 '시민권(statuscivitatis)'을 누렸다. 여기서 공권에는 시민법에 규정된 선거권(즉, 각종 의회 법률 제정권 및 선거권)과 피선거권(즉, 공무원 또는 의원으로 선출될 권리)가 있다. 사권에는 혼인권, 재산권, 유언능력, 소송권이 있다.[3] 고대 로마의 사권 체계에서 재산권 제도는 '물(物)'에 기초를 두고 있었는데, 그 객체는 주로 외형이 있는 물질이 대상(유체물)이며, 외형이 없는 제품(무체물)도 포함하였다.[4]로마법 시대에는 정신적 산물을 보호하기 위한 재산권, 즉 근대적 의미의 지식재산권이 아직 생성되지 않았지만, 로마법이 남긴 사법 원리와 규칙, 특히 '무체물' 이론은 후대의 지식재산 법률을 해석하는데 중요한 사상적 자료를 제공했다. '무체물' 이론의 본래 의미는, 특수한 권리를 권리의 객체로서 물건과 유사하게 보는 것으로, 주관적 가상물을 권리의 객체로 삼는다는 뜻이다. 이는 반드시 직접적으로 존재하거나 유체적 형태를 가진 물건에만 국한되지 않아야 함을 의미한다. 근대 법률에서 지식재산을 인정한 것은, 재산권

1) [德] 米·科斯特：≪私法自治及其限制≫, 载 ≪中德经济法研究所年刊≫, 1994年 第5期, 南京, 南京大学出版社, 1994.

2) ≪中华实用法学词典≫, 326页, 长春, 吉林大学出版社, 1988；≪北京大学法学百科全书≫, 宪法·行政法学卷, 149页, 北京, 北京大学出版社, 1999.

3) 参见周枏：≪罗马法原论≫(上册), 99～100页, 北京, 商务印书馆, 1994.

4) 参见陈朝壁：≪罗马法原理≫(上册), 84页, 北京, 商务印书馆, 1936.

이 구체적 대상에서 추상적 대상으로 전환되었음을 나타낸다. 이는 곧 재산의 추상화와 비물질화이다. "지식재산권의 경우, 논의되는 '물'은 추상물이다. 우리가 알다시피, 추상물은 존재하지 않거나, 존재하지 않는다고 말할 수 있다. 지식재산권에서 추상물은 법적으로 가상적 형태를 취한다. 법은 일부 추상물에 권리가 존재한다고 가정한다. 페니실린의 분자식과 화학 구조가 추상물의 예이며, 많은 사람들이 이를 사용하고 의존해야 한다.5)" 호주 학자 Drahos의 주장에 따르면, "추상물에 기초하여 형성된 새로운 재산권 형태가 생겼는데, 이것은 기존의 전통적인 재산권과 구별되는 지식재산권"이다.

'지식재산권은 사권이다'라는 인식은 근대 사회의 법률 혁명과 제도 변천의 결과이다. 지식재산권 제도의 형성은 봉건적 특허권에서 자본주의 재산권으로 변화되는 역사적 과정을 거쳤다. 봉건적 특허권에는 인쇄 전매권과 상품 전매권이 포함되었는데, 이는 군주의 칙령이나 정부의 영장 형식으로 인쇄업자에게 출판 독점 허가를 부여하거나, 특정 영업자에게 특정 상품을 제조, 판매할 권리를 부여하는 방식이었다. 이러한 특허권 보호는 법적인 권리보호가 아닌 '군주'의 행정적 비호이다. 이후 봉건왕조의 쇠락과 사권 관념의 진화로 인해, 시민 계급은 인쇄물, 전매품에 대한 새로운 권리, 즉 '정신적 소유권'을 부여해야 한다고 주장하였다. 영국의 출판업자들은 자연법 사상을 바탕으로 자신들의 독점적 출판권에 새로운 이론적 정당성을 부여하려 하였다. 즉, 출판물에 대한 독점적 보호는 왕이 특권을 부여하여야 성립하는 것이 아니라, 저작자의 정신적 소유권 양도에 근거하여 성립한다는 것이다. '정신적 소유권' 이론은 저작자와 출판업자가 작품과 그 작품의 결과물인 책에 대해 모두 소유권을 가지고 있으므로, 이 권리를 소유권의 일종으로 간주한다.6) 소유권의 절대적 개념은 1789년 프랑스대혁명 때 확립된 이후, 그 의미가 계속 확장되는 경향을 보였다. 이러한 개념의 확장은 지식재산권 분야에서 "그 객체와 그 표현에 대한 법률관계 및 서로 다른 다양한 대량의 지배권 범주에 적응하기 위해" 사용되었다. 여기에서 '정신적 소유권은 배타적이고 모든 사람에 대항할 수 있는 권리이며, 소유권의 일종'으로 간주되었다.7) 사권 제도 구축에 있어서 '정신적 소유권론'은 제도적 혁신이 아니라 단순한 개념의 모방에 불과했으며, 그 이론에는 분명한 흠결이 있다. 첫째,

---

5) Peter Drahos, A Philosophy of Intellectual Property, Dartmouth Publishing Company Limited, 1996.

6) See L. Ray Patterson, Stanley W. Lindberg, The Nature of Copyright : A Law of Users' Right, The University of Georgia Press, 1991 ; [日] 阿部浩二：≪各国著作权法的异同及其原因≫, 载 ≪法学译丛≫, 1992(1).

7) 尹田：≪法国物权法≫, 122页, 北京, 法律出版社, 1998.

소유권 개념을 비물질적 재화의 권리 형태에 적용함으로써, '그것을 기술적으로 정확하게 이해하는 내용의 범위를 훨씬 넘어서는 결과'를 초래하였다.[8] 비록 소유권과 정신적 산물에 관한 권리가 일정한 공통 특성을 지니고 있기는 하지만, 후자는 성질이 다르며, 즉 비물질화된 재산권은 소유권 제도와는 구별되는 다른 법적 규율에 따르는 것이어야 한다. 둘째, 소유권의 본래 의미에서 볼 때, 지식재산 소유권은 전통적인 의미의 소유권이 아니다. 그것은 사물 위에 설정된 것이 아니라, 비물질적인 대체 객체인 창조적인 지식제품에 근원을 두고 있으며, 후자는 비물질적인 대체적 객체이다. 따라서 학자들은 "개인의 단순한 물품 소유권이라는 재산권 개념의 구속으로부터 자유로워질 필요가 있고", "유형적 객체와는 매우 다른 권리 형태를 만들어 낼 필요가 있다."라고 생각했다.[9] 이러한 권리의 형태는 바로 지식재산권이다. 지식재산권 제도의 확립은 비물질적 재산의 권리형태를 특허권에서 법정 권리로의 제도적 변혁을 완성하였으며, 그 결과 지식재산권은 새로운 형태의 사적 재산권으로 전환되었다.

'지식재산권은 사권이다'라는 명제는 제도적 차원에서 개인에게 재산을 취득하는 새로운 방식을 제공하였다. 지식제품은 전통적인 의미의 사물과는 별개의 객체이며, 지식제품을 보호 대상으로 삼는 지식재산권은 유체재산 소유권과 구별되는 새로운 재산법 제도이다. 마르크스는 경제와 법률의 관계를 서술하면서 이렇게 말했다. "산업과 상업의 발전이 새로운 교류 형태를 만들 때마다... 법은 그것들을 재산을 취득하는 새로운 방식으로 인정하지 않을 수 없다.[10]" 바로 상품경제와 과학기술의 발전으로 인해, 유체재산과는 다른 새로운 형태의 재산이 생겨났다. 이 제도는 최초로 근대 자본주의국가에 의해 가장 먼저 인정되었으며, 이후에는 현대 각국에서 보편적으로 받아들여졌다. 우리는 지식재산권은 사권이며 이 사권은 사실상 무체재산권이라고 말한다. 지식재산권을 무체재산권으로 이해하는 것은 우리가 지식재산권의 체계적 범위를 정확히 파악하는 데 중요한 의미가 있으며, 이것은 주로 발견권, 발명권의 문제로 귀속된다. 일부 학자는 모든 지적 창조 활동에서 발생하는 권리를 지식재산권에 포함시켜야 한다고 주장하며, 그 근거로 「세계지식재산권기구설립협약」의 규정과 중국 「민법전」에서 위 권리들을 명확히 보호 대상으로 삼고 있다는 점을 든다.[11] 또 다른 일부 학자들은 지식재산권을 단순히 무체재

8) [法] 茹利欧·莫兰杰尔：≪法国民法教程≫, 载 ≪外国民法资料选编≫, 231页, 北京, 法律出版社, 1983.
9) [美] 格雷：≪论财产权的解体≫, 载 ≪经济社会体制比较≫, 1994(5).
10) ≪马克思恩格斯全集≫, 中文1版, 第3卷, 72页, 北京, 人民出版社, 1960.
11) 参见刘春茂主编：≪中国民法学·知识产权≫, 2～4页, 北京, 中国人民公安大学出版社, 1997.

산권으로 정의해서는 아니 되며, 지식재산권에는 무체재산권의 지식재산권과 정신적 권리의 지식재산권을 모두 포함해야 하며, 발견권, 발명권은 후자에 속한다고 주장한다.[12] 반면, 이에 대해 상반된 견해도 있다. 어떤 학자는 과학적 발견이 지식재산권의 보호 대상으로 적절치 않으며, 세계 대다수 국가의 법률 및 국제협약은 과학적 발견에 사권적 성격의 재산권을 부여하지 않았다고 주장한다.[13] 더 나아가 일부 학자는 발견권, 발명권 및 기타 과학기술 성과권은 지적 성과의 독점적 사용권이 아니라, 명예를 얻고 보상을 획득하기 위한 권리에 불과하므로, 이러한 제도는 과학기술법에 귀속시켜야 한다고 본다.[14]

필자는 사권이 재산 사유의 법적 형태이며, 지식재산권의 본래 의미에 비추어 볼 때, 이러한 지식재산은 사유적 권리에 속한다고 본다. 지식제품은 과학, 기술, 문화 등 정신 분야에서 인류의 창조적 제품의 총칭이지만, 획일적인 사적 재산권 형태를 채택하지 않는다. 과학기술 성과와 일부 기술 성과(즉, 발견과 발명)의 경우, 그것들은 비시장적 메커니즘의 재산권 형태에 해당한다. 발견권, 발명권 제도는 과학 성과나 일부 기술 성과가 창출한 사회적, 경제적 효익을 평가하여, 국가가 이를 보상하는 방식으로 운영된다. 즉, 발견, 발명 명예증서, 메달, 상금 등을 수여하는 제도이다. 이에 반해, 발견, 발명 성과의 소유권은 명목상 국가에 속하더라도, 실제로는 누구나 무상으로 사용할 수 있다는 것이다. 이는 비시장적 보상 제도를 통해 과학 성과에 대한 사회적 공유재산권을 확보하는 방식이다. 따라서 발견권, 발명권 등 공적 재산권을 지식재산권 체계에 포함시킨다면, 지식재산권의 사권적 속성, 지식재산권의 독점적 특성, 지식재산권의 무체재산적 의미 등이 더 이상 존재하지 않게 되고, 이 그 제도적 구조와 학리적 기초 또한 전혀 다른 모습으로 변질될 것이다.

지식재산권의 기본적 속성에 관하여, 중국 학계의 인식은 끊임없이 심화되고 있다. 그러나 '일체양권', '무체재산권', '보통인권' 등 여러 학설에도 불구하고, 지식재산권에 대한 학계의 인식은 사권 성질의 기본 범주를 벗어나지 않는다. 최근 몇 년 동안 일부 학자들은 현대의 지식재산권 제도의발전과 변화를 감안할 때, 지식재산권의 사권적 속성을 인정하면서도 동시에 지식재산권 공권화의 문제를 제기하였는데, 이는 지식재산권이

12) 参见郭庆存：≪知识产权的属性、范围及有关问题的哲学思考≫, 载 ≪北大知识产权评论≫, 第1卷, 北京, 经济出版社, 2002.

13) 参见刘春田主编：≪知识产权法教程≫, 3页, 北京, 中国人民大学出版社, 1995.

14) 参见吴汉东主编：≪知识产权法学≫, 2页, 北京, 北京大学出版社, 2000；张玉敏主编：≪知识产权法教程≫, 14页，重庆, 西南政法大学出版社, 2001.

'사권의 공권화된 권리'로 탈바꿈했거나 '사권속성과 공권속성을 겸비한 권리'로 이해되어야 한다는 주장이다. 사권의 공권화 문제는 현대 사권 발전의 한 경향을 묘사한 것으로, 전통적 사법의 권리본위, 개인본위의 이념이 흔들리고 있음을 보여준다. 사법의 공법화는 경제 생활에 대한 국가의 개입에서 비롯된다. 구체적으로 말하자면, 사법의 공법화란, 첫째, 새로운 법률부서와 법률제도의 출현으로 '외부화'하는 것이다. 예를 들어, 고용주와 피고용인의 관계에 대한 국가의 개입으로 노동법을 제정하였고, 기업활동에 대한 국가의 지원과 조정으로 반독점법과 부정경쟁방지법을 제정하였으며, 생산자와 소비자 관계에 대한 국가의 개입으로 제조물책임법과 소비자권익보호법을 제정하였고, 국가와 자연환경의 조화는 에너지법과 환경법 등을 제정하였다. 둘째, '내부화'는 사법 자치 원칙의 한계이다. 사법 자치의 본래 뜻은 사적으로 권리를 누리고 의무를 설정하는 것이고, 일체의 민사행위란 당사자의 뜻에 따르며 국가와 타인은 개입하지 않는다는 것이다. 사법자치원칙은 각종 민사권리 제도에 걸쳐 있는데, 이는 구체적으로 사유재산(소유권 제도), 계약의 자유(계약 제도), 혼인의 자유(혼인 제도), 유언의 자유(상속 제도), 단체 설립의 자유(법인 제도) 등으로 나타난다. 사법의 공법화로 인하여 사법자치원칙이 제한되는 결과를 낳았지만, 그렇다고 해서 민법, 즉 사법의 본질이 훼손되는 것은 아니다. 이와 마찬가지로, 지식재산권 제도에 대한 국가의 개입은 지식재산권의 권한과 효력 범위 측면에서 일정한 제한을 받는 것으로 나타난다. 역사적으로 지식재산권 제도는 그 생성 초기부터 오늘날까지 발전하였고 권리보호와 제한 사이에서 법적 조정을 거쳐 왔다. 지식재산권에 대한 국가의 제한을 강조하거나 창작자의 개인의 이익을 위해 균형을 구축하는 것, 이러한 조치들로 인해 지식재산권이 사권에서 '내부화'되어 사권과 공권의 혼합체가 되는 것은 아니다.

마지막으로 지적할 필요가 있는 것은, 「지식재산권협정」은 지식재산권을 사권으로 선언하고 선진국의 지식재산에 대한 사권보호 주장을 강화하는 동시에, 개발도상국이 제기한 지식재산권의 공공정책적 목표 또한 함께 고려했다는 점이다. 서구 국가에서 사권의 신성함은 기본적인 법원칙이다. 지식재산권을 사권으로 인정하는 것은 지식재산권이 다른 유체재산 소유권과 마찬가지로 같은 사권적 지위에 있음을 의미하므로, 따라서 사상적, 제도적 차원에서 지식재산권에 신뢰할 수 있는 법적 보장을 제공할 수 있게 된다.[15)]

15) 参见孔祥俊：≪WTO 知识产权协定及其国内适用≫, 72页, 北京, 法律出版社, 2002.

지식재산권 보호의 기준과 수준을 높이는 것은 지식경제 여건에서 기술 혁신과 문화 혁신을 촉진하기 위한 필연적인 결과이지만, 선진국 주도의 이런 지식재산권의 사권화는 국내법과 국제법 분야에서 확대될 경우, 예측하기 어려운 결과를 초래할 수 있다. 한편으로, 국내법 영역에서 지식재산 사권화의 확장은 필연적으로 원래 사람들이 공유하던 생산, 기술, 시장지식과 기술이 사적 영역으로 분류되기 시작하고, 지식재산의 공적 영역이 상대적으로 축소된다. 그 결과 지식창조자 개인적 이익과 지식이용자의 공공이익 간의 충돌을 초래한다.[16] 다른 한편, 국제법 분야에서 지식재산 사권화의 강화되면서, 경제, 기술, 문화가 낙후된 개발도상국들은 불가피하게 사권 보호 범위를 확대하고 사권 보호 기준을 높이는 것을 발전방향으로 하는 새로운 국제 지식재산권 체제를 받아들일 수밖에 없게 된다. 이는 개발도상국과 선진국 간의 불균형을 초래하게 될 것이다. 따라서 「지식재산권협정」은 '지식재산권은 사적 권리'임을 강조하면서도 동시에 "각국 지식재산권 보호 제도의 기본적인 공공정책 목표, 즉 발전 목표와 기술 목표를 인식하고 있으며", "가장 개발도상국 회원국들이 국내 법률 및 행정의 시행에 있어 최대한의 유연성을 필요로 한다는 점도 인식하여, 그들이 건전하고 실현 가능한 기술 기반을 창출할 수 있도록 한다"고 명시하고 있다.[17] 그러나 지식재산권 사권보호가 높은 수준에 비하여 「지식재산권협정」의 공공정책 목표에 대한 관심은 아직 충분하지 않다. 국제 인권단체들은 「지식재산권협정」의 이행과 경제적, 사회적, 문화적 권리의 실현 사이의 충돌이 존재한다고 본다. 따라서 각국 정부들이 관련 법률을 제정할 때, 지식재산권의 사회적 역할이 그들의 국제 인권 의무에 부합하도록 유의해야 한다고 강조하고 있다.

Ⅱ. 지식재산권의 인권적 의미

「세계인권선언」과 기타 주요 국제인권 협약은 지식재산권과 그 관련 권리에 인권적 의미를 부여한다.[18] 이것은 두 가지 내용을 포함한다. 첫째, 창작자가 자신의 지적 창조 결

16) 参见袁泳：≪知识产权法与技术、文化创新≫, 载 ≪北京大学学报 (哲学社会科学版)≫, 1997 (5).
17) <지식재산권 협정> 서문
18) 参见 [美] 奥德丽·R·査普曼：≪将知识产权视为人权：与第15条第1款第3项有关的义务≫, 载 ≪版权公报≫, 2001(3)

과에 대한 권리이고, 둘째, 대중이 지적 창조 활동에서 가져온 이익을 공유할 권리이다. 이 두 가지 권리는 서로 밀접하게 연결되어 있으며, 모두 국제사회가 인정하는 기본적인 인권이다.

근대 계몽사상가들의 재산권과 인권 사이의 관계에 대한 설명은 지식재산권이 인권적 함의를 내포하는 중요한 사상적 연원이 되었다. 로크부터루소에 이르기까지 재산권을 모두 천부인권의 이론적 틀에 안에 두고, 그것에 독립적이고 핵심적인 중요한 지위를 부여했다. 이러한 사상의 주요 특징은 다음과 같다. 첫째, 추상적 인성론에 기초하여 인간의 본질을 구현하므로 인권을 초시대적, 초사회적인 보편적인 권리이자 영구적이고 박탈할 수 없는 권리로 간주한다. 둘째, 개인의 권리를 강조하여, 개인을 사회, 국가와 대립시키는 것이다. 계몽학자들은 "인권이란 곧 개인이 국가에 대항하는 권력" 다시 말해, "천부인권은 주로 국가에 맞서기 위한 것"으로 이해했다.[19] 셋째, 재산권을 천부인권의 핵심 내용으로 보고 개인의 이익 보호하는 것을 강조하였다. "오직 개인주의적인 개인만이 현실적인 인간"과 "감각적이고 개성적이고 직접적인 사람"으로 강조하였다.[20] 한마디로 천부인권은 개인주의적인 권리이며 사유재산은 신성불가침의 권리라는 것이다.[21] 역사적으로 이런 천부인권 이론은 지식재산권의 기본 속성을 이해하는데 의의가 있다. 첫째, 인권으로서의 지식재산권은 '천부적'인, 즉 '태생적'이며, 국가의 특허에 의해 생성되어서는 아니 된다. 둘째, 인권으로서의 지식재산권은 '보편적'인 것으로, '하나의 '보편적인 권리 요구'에 해당하며, 결코 개별적이거나 부분적인 행정적 보호가 불가능하다. 요컨대, 지식재산권은 자본주의적 재산권이며 봉건적인 특허권이 아니다. 그러나 천부인권으로 지식재산권을 설명하는 데에는 뚜렷한 결함도 있다. 지식재산권의 인권이란 지식재산의 사적인 권리를 보호할 뿐만 아니라 지식재산의 이익을 합리적으로 공유해야 한다는 분명한 부분이 존재한다. 단지 전자만을 강조하는 것은 불완전하다. 왜냐하면 정신적인 생산이란 이전 사람들이 축적한 지식을 노동 자료로 삼으면서, 추상적인 지식제품을 노동대상으로 삼는 생산활동이기 때문이다. 이 과정에서 노동자의 지식 보유량과 창조적 사고가 노동과정에 밀접하게 결합되어 있는 것이다.[22] 따라서 지식제품은 창작자의 개인적

19) [英] 洛克：≪政府论≫(下篇), 叶企芳等译, 北京, 商务印书馆, 1964；[法] 卢梭：≪社会契约论≫, 何兆武译, 北京, 商务印书馆, 1982.

20) ≪马克思恩格斯全集≫, 中文1版, 第1卷, 443页, 北京, 人民出版社, 1956.

21) 关于天赋人权理论的特征描述, 可参见郑杭生等主编：≪人权史话≫, 96～97页, 北京, 北京出版社, 1994.

재산이자 동시에 사회적 재산의 일부이다. 다시 말해, 지식재산은 일정한 조건 범위에서만 개인에게 독점적 권리로 누릴 수 있으며, 법으로 제한된 이익은 사회 전체의 공동재산이라는 것이다.

역사적으로 여러 시대에 걸쳐 다양한 법률 문서들은 각기 다른 입법적 지향에 따라 지식재산권의 인권적 함의를 설명해 왔다. 서구 국가들은 헌법 성문에 규정된 시민의 기본권과 자유를 실정법에 자연적 권리라는 이름으로 반영하였으며,[23] 이는 지식재산권 제도가 인권적 의미를 지니게 되었다. 1789년 프랑스의 「인권선언」은 "사상과 의견의 자유로운 교류는 가장 소중한 인권 중의 하나이므로, 모든 국민들은 법률에서 정하는 바에 따라 자유의 남용에 대한 책임을 지는 경우를 제외하고는 자유롭게 발언, 저술, 출판할 수 있다."라고 선언했다. 이것은 의심할 여지없이 저작권을 기본적인 '인권'의 숭고한 위치까지 높여 주었다. 미국의 헌법제정자들은 '지식보급, 공공분야 보존, 창작자의 권리보호', 이 세 가지에 대하여 지식재산권 정책을 만들었다.[24] 헌법 수정안에는 두 가지 중요한 조항이 있다. 첫째, 국가가 시민의 언론, 출판의 자유 및 기타 자유 권리를 박탈하는 관련 법률을 제정해서는 아니 된다. 둘째, 국가가 법률을 제정하여 저작자나 발명자의 독점적 권리에 대해 일정 기간 보호를 실시하도록 권한을 부여한다. 캐나다의 「권리법안」에는 기본 인권에 관한 두 가지 조항이 있다. 첫째, 모든 사람은 예술과 과학의 발전을 누리기 위하여 사회문화 생활에 자유롭게 참여할 권리가 있다. 둘째, 모든 저작자는 자신의 과학, 문학 및 예술작품에서 발생한 정신적 이익과 물질적 이익을 보호할 권리가 있다.[25] 보편적 인권의 관점에서 볼 때, 지식재산의 범주에서 시민의 기본권리는 크게 두 가지로 나눌 수 있다. 첫째, 창작자가 자신의 지식제품에 대해 가지는 독점권, 즉 지식재산권이다. 둘째, 사회 대중이 타인의 지식제품을 이용할 권리, 즉 미국 헌법에서 말하는 지식재산권 전용 영역에 대한 '진입권', 캐나다 「권리장전」에서 말하는 사회적 정신적 부의 공유에 대한 '참여권'이다.

---

22) 关于知识产品的社会属性, 可参见张和生：《知识经济学》, 沈阳, 辽宁人民出版社, 1992.

23) 参见胡锦光、韩大元：《当代人权保障制度》, 1～2页, 北京, 中国政法大学出版社, 1993.

24) 일부 미국 학자들은, 앞서 언급한 세 가지 정책에는 사실 네 번째 정책이 내포되어 있다고 본다. 바로 '접근권'(the right of access) 정책으로, 사회 일반 구성원들이 일정한 조건 하에서 저작권 작품을 사용할 권리를 가진다는 것이다. See L. Ray Patterson, Stanley W. Lindberg, The Nature of Copyright : A Law of Users' Right, The University of Georgia Press, 1991 pp.49-55.

25) See A. A. Reyes, Copyright and Fair Dealing in Canada : Fair Use and Free Inquiry, Ablex Publishing Co., 1980, p.213.

20세기 이전까지 인권 문제는 각국의 권리선언과 헌법에 의해 정해졌다. 지식재산 보호와 지식 이익 공유의 문제는 종종 국가의 정치, 경제, 문화 등 제도의 구체적인 상황에 따라 헌법적 문서로 규정되어 있었으며, 이는 국내 인권이었다. 20세기 들어와서는 「유엔헌장」을 시작으로 일련의 국제적이고 지역적인 인권 헌장이 제정되었다. 인권이 국제법의 조정 대상 중의 하나가 되었고, 지식재산권 관련 문제는 국제 인권적 의미를 갖게 되었다. 1948년에 채택된 「세계인권선언」과 1976년에 발효된 「경제적, 사회적, 문화적 권리 국제협약」은 유엔이 수립한 인권의 원칙과 기준을 계승하고, 「아메리카 인권과 의무 선언」을 참조하여, 지식재산권의 의미의 세 가지 인권을 제시하였다. 그것은 곧 '사회문화 생활에 참여할 권리', '과학 발전 및 그로 인한 이익을 누릴 권리', '자신의 지적 성과에 대한 법적 보호를 받을 권리'가 그것이다. 자료에 따르면, '사회문화와 과학 발전'이라는 인권 조항은 각국에서 보편적으로 받아들여졌지만, 지식재산권이 기본적 인권으로 인정하는지 여부에 대해서는 각국의 입장이 달랐다. 찬성론자들은 유엔이 다양한 형태의 노동성과를 보호하기 위한 도덕성과 권위가 있으며, 유형재산과 마찬가지로 지식재산도 보호되어야 한다고 주장한다. 그러나 반대론자들은 사회 대중이 문화와 과학 발전의 이익을 향유하는 권리와 개인이 지식에 대해 가지는 독점적 권리를 동일시할 수 없으며, 이러한 권리는 사회 대중이 지적 성과의 이익을 공유하는 것을 제약할 수 있다고 본다. 결국 지식재산권 조항이 국제인권규약에 의해 수용된 것은, 그것이 다른 인권을 실현하는 데 기여하기 때문이다. 즉, 창작자의 권리를 보호하는 것은, 사회 대중의 문화적 자유를 실현하고 과학 발전의 이익을 얻기 위한 기본적 전제라는 점이 고려된 것이다.[26] 주목해야 할 것은 지식재산권에 관한 국제인권 협약의 세 가지 조항은 서로 밀접하게 연결되어 있으며 불가분이라는 점이다. 지식재산권 제도는 창작자의 지식재산권이 보호되도록 보장해야 하며 동시에, 이러한 권리가 문화생활에 참여하고 과학 발전의 이익을 대중에게 공유하도록 장려해야 하며, 결코 이를 제약해서는 안 된다. 바꿔 말하면, 창작자의 권리와 사회 대중의 권리는 배타적이지 않고 상호 의존적이며, 창작자의 권리를 존중하면 사회 대중이 보다 풍부한 지적 성과를 얻는 것을 보장한다. 국제인권 협약의 이 세 가지 관계에 대한 설명은 선언적이고 개괄적일 뿐, 창작자의 권리 범위와 대중의 일반적인 이익 공유에 대해 구체적인 규정을 두지 않았다. 그러나 제도적 측면에서 이 문제는 관련 법률

26) 相关资料参见 [美] 奥德丽 · R · 查普曼：≪将知识产权视为人权：与第15条第1款第3项有关的义务≫, 载 ≪版权公报≫, 2001(3).

의 지식재산권의 보호와 제한으로 나타나고 있다.

인권 사회에서는 지식재산권의 개념과 제도적 기능은 보다 포괄적이고 숭고한 의미를 갖는다. 첫째, 지식재산권은 보편적인 인권으로 규정되어 있다. 이것은 지식재산권이 중세의 특허적 권리가 아니라, 문명사회의 보편적 권리라는 것이다. 평등 정신은 지식재산권이 갖는 인권 속성의 직접적인 반영이다. 지식재산권법의 평등은 창조적 활동에 참여하는 자유로운 선택이며, 창작자가 권리를 취득할 기회가 균등하며, 국가는 국민에게 동등한 기회를 제공할 책임이 있다. 지식재산권이 보편적 인권이라는 사회적 요구는 다음과 같다. 한 국가의 범위 내에서 누구나 창조적 노동을 통해 지식재산권을 취득할 수 있으며, 모든 지식재산권 주체는 평등하게 보호된다는 것이다. 대외적인 지식재산 관계에서는, 공동으로 가입한 국제협약이나 대등 원칙에 따라 외국인에게 '국민대우'의 평등한 보호를 제공해야 한다. 지식재산권 국제 보호 체계에서는 모든 민족과 인종의 지적 성과를 평등하게보호하는데 주의를 기울이고, 각국의 과학, 기술 및 문화의 발전을 촉진해야 한다. 둘째, 지식재산권의 보호 대상은 인간의 존엄성과 가치를 반영하는 지적 성과다. 인권이론에 따르면, 문학, 예술, 과학기술과 같은 지식제품은 상품이 될 수 있지만, 그것들이 무엇보다도 먼저 상품인 것은 아니다.[27] 지식 창작자가 정신적 생산에 종사하여서 얻어낸 사상의 결정체로서, 개인의 창조 정신을 담고 있으면서도 이전에 이미 창조된 성과를 흡수한다. 지식제품은 특정 분야의 체계적인 지식으로서, 특정한 형태로 표현된 어떤 자연과학, 사회과학의 성취이기도 하며, 상품경제 조건에서 대부분은 상품의 일반적인 속성을 갖고 있다.[28] 이것은 지식제품은 특정 조건에서만 지식재산권의 객체가 될 수 있다는 것을 보여준다. 바꿔서 말하면, 법률은 지식재산권의 보호 범위를 제한해야 하고, 일부 지식제품은 사권적 객체에서 제외되어야 한다. 예를 들어, 사회 공공이익, 공공질서, 공서양속에 어긋나는 지식제품은 지식재산권의 보호 대상이 될 수 없다. 상품의 기본적인 속성이 없거나 비시장적 방식으로 보호되는 지식제품은 사권적 의미에서 지식재산으로 인정될 수 없다. 또한 법정 보호 기간이 만료되면 독점권을 누리는 지식제품은 사회의 공공재산이 된다. 마지막으로, 지식재산권의 보호 방식과 수준은 다른 인권의 실현에 기여해야 한다. 제도적 기능과 관련하여, 인권 협약은 창작자의 권리와 '문화생활에 참여하

27) 参见 [美] 奥德丽 · R · 查普曼：≪将知识产权视为人权：与第15条第1款第3项有关的义务≫, 载 ≪版权公报≫, 2001(3).

28) 参见张和生：≪知识经济学≫, 294～295页, 沈阳, 辽宁人民出版社, 1992.

는 권리', '과학 발전과 그로부터 파생된 이익을 누릴' 권리가 조화롭게 일치되어야 한다고 요구한다. 이러한 인권적 요소는 '지식재산권법의 단순한 경제적 운영' 보다 우위에 있어야 한다.[29] 이념에서 벗어나 지식재산권법의 가치는 이원화된 요구를 반영해야 한다. 즉, 입법 목적으로는 과학기술, 문화 사업의 발전을 촉진하는 것과 창작자의 이익을 보호하는 것이 병행되어야 하며, 독점권 측면에서는 '보호'와 '제한' 이 모두 중시되어야 한다. 필자는 이러한 균형 원칙을 현대 지식재산권법의 기본 정신으로 개괄한 바 있다. 이 균형은 지식재산권자의 권리와 의무 간의 균형, 창작자, 전파자, 사용자 3자 간 관계의 균형, 공공이익과 개인이익 간의 균형이 포함된다.[30]

Ⅲ. 사권과 인권의 통일된 법률관

사권과 인권의 통일된 맥락에서 지식재산권을 연구하는 것은 의미가 있다. 지식재산권의 인권적 함의를 이론적으로 가정하는 것은 지식 창조 활동과 지적 성과 가치를 존중하는 인문주의 정신을 어느 정도 반영한다. 학계에서는 지식재산권을 인권으로 보는 관점에 반대하는 목소리도 있다. 일부 학자는 새로운 인권의 관점에서, 인권을 기본적이고 보편적이며, 도덕적이고 궁극적인 권리로 해석하는데, 지식재산권이란 국가에서 부여하는 것으로서 양도성, 경제성 및 도구적 성격을 갖고 있다고 본다.[31] 또 다른 학자들은 창작자의 권리를 두 가지로 나누어야 한다고 주장한다. 하나는 재산권으로서의 지식재산권이고, 다른 하나는 문화권으로서의 지식재산에 대한 인권이다.[32] 심지어 지식재산권이 인권적 함의를 가진다고 보는 학자들 사이에서도 논점이 일치하지 않는다. 「세계인권선언」 제17조가 폐지되지 않는 한, 지식재산권을 인권으로 보호하는 것은 당연하다고 보는 학자도 있다. 인권으로 간주되는 지식재산권은 주로 표현의 자유와 관련된 저작권이며, 강렬한 경제적 성격을 가진 특허권, 상표권 등은 이에 포함되지 않는다.[33] 또 다른 견해는

29) [美] 奥德丽 · R · 查普曼：≪将知识产权视为人权：与第15条第1款第3项有关的义务≫, 载 ≪版权公报≫, 2001(3).
30) 参见吴汉东：≪著作权合理使用制度研究≫, 9～13页, 北京, 中国政法大学出版社, 1996.
31) 参见宋慧献等：≪冲突与平衡：知识产权的人权视野≫, 载 ≪知识产权≫, 2004(2).
32) 参见郑万青：≪知识产权与人权的关联辨析≫, 载 ≪法学家≫, 2007(5)
33) 参见张乃根：≪论TRIPs协议框架下知识产权与人权的关系≫, 载≪法学家≫, 2004(4).

지식재산권이 인권으로 간주되는 이유는 지식재산권 제도가 '발전권'의 속성을 갖고 있기 때문이다. 즉, 지식재산권 제도의 궁극적 목적은 발전이다. 개인의 발전, 사회의 발전과 국가의 발전, 나아가 전 인류의 공동 발전에 있다는 것이다.[34] 필자는 계몽사상가들의 재산권과 인권의 관계에 대한 설명을 통해 지식재산권에 인권적 함의를 부여하고, 지식재산권 제도 구축의 정당성을 확립했다고 본다. 또한 국제인권조약의 재산권에 관한 규정은 특정 지식재산권을 인권으로 간주되는 국제법적 근거를 제공한다. 나아가 지식재산권을 발전권과 같은 특별한 인권으로 이해하는 것은 우리가 이상적인 지식재산권 제도를 구축하는 데 적극적인 사상적 의의를 가진다. 따라서 우리는 단순히 지식재산권과 인권을 분리할 수 없으며, 두 가지의 유기적 연계를 모색해야 한다. 결국, 사권과 인권의 통일된 범주에서 지식재산권을 합리적으로 파악하고 인식하는 것은 현대 지식재산권 제도의 가치 이념과 사회적 기능을 전면적으로 고찰하는데 도움이 된다.

지식재산권을 사권으로 규정하고 인권적 의미를 부여하며 이를 통일된 법적 가치체계 속에 구축하는 것은 단순히 학자의 이론적 선호일 뿐만 아니라, 더 중요하게는 현실 사회 발전의 필요이기도 하다. 국제 인권 기구는 지식재산권이 거의 모든 경제 생활의 중심이 되는 점에 주목한다. 이는 지식재산권과 관련된 국제조약, 국가 법규 및 사법 판결이 인권의 보호 및 증진에 중대한 영향을 미친다는 것을 의미한다. 인권 협약에 규정된 경제적, 사회적, 문화적 권리는 더욱 그렇다.[35] 이러한 영향은 때로는 부정적인 영향을 미치는데, 즉 지식재산권으로서의 인권과 사회적, 경제적 권리로서의 다른 인권들 사이에 실제적이거나 잠재적인 충돌이 존재하기 때문이다.

첫 번째 갈등의 원인은 신기술의 혁명이 인권에 영향을 미치기 때문이다. 1968년 국제인권회의는 현대 과학기술이 인권에 미치는 영향을 주제로 「테헤란 선언」을 발표했다. "최근의 과학적 발견과 기술적 진보가 경제, 사회, 문화에 더욱 광범위한 전망을 열어 주지만, 이러한 발전은 동시에 개인의 권리와 자유를 위협할 수 있으므로, 이에 대한 지속적인 관심을 가져야 한다." 테헤란 회의는 유엔이 다음과 같은 문제를 연구할 것을 제안했다. (1) 녹음 기술의 발전을 감안하여 사생활을 존중한다. (2) 생물학, 의학, 생화학의 발전을 고려하여 인격과 신체적, 정신적 건강을 보호한다. (3) 특징 진자제품 시용이 인

---

34) 参见吴峰：≪知识产权、人权、发展≫, 载 ≪上海理工大学学报(社会科学版)≫, 2005(3).

35) 参见 [美] 奥德丽 · R · 查普曼：≪将知识产权视为人权：与第15条第1款第3项有关的义务≫, 载 ≪版权公报≫, 2001(3).

권에 미칠 수 있는 영향과 그것이 민주주의 사회에서 사용될 때 설정해야 할 제한이다. (4) 일반적으로 과학과 기술의 발전과 인류의 지적, 정신적, 문화적, 도덕적 발전 사이에 균형을 이루어야 한다.[36] 과학기술의 발전은 인간의 존엄성, 표현의 자유, 교육권, 생명권, 환경권 등에 직접적인 영향을 미치는 바, 이들 권리는 모두 국제사회에서 널리 인정받아야 하는 인권이다. 그리고 녹음 기술, 생명공학, 전자제품 등은 모두 지식재산권 보호의 대상이 된다. 따라서 위와 같은 과학기술이 주는 긍정적인 영향과 부정적인 영향을 검토하고, 제반 권리 간의 충돌을 조정하는 문제는 인권주의자들과 각국 입법자들이 공통으로 관심을 갖는 문제가 되었다.

두 번째 갈등의 원인은 새로운 국제무역체제가 인권에 영향을 미치기때문이다. 1994년 세계무역기구(WTO)의 설립과 1995년「지식재산권협정」의발효는 세계적인 지식재산권의 보호 체계를 더욱 강화하였다. 세계무역기구의 제도적 틀에서 각국의 입법자들은「지식재산권협정」의 기준에 따라 국내법을 개정할 수밖에 없었으며, 그 결과 지식재산권 보호는 새로운 국제무역체제에 편입되었다. 2000년 유엔의 인권 증진 및 보호 소위원회는 "지식재산권과 인권"에 관한 결의안을 발표했다.「지식재산권협정」이 국제인권에 미치는 영향을 검토하고 선언하였는데 다음과 같다. "지식재산권 협정의 이행은 모든 인권의 기본적 성격과 전체성을 충분히 반영하지 못하고 있으며, 여기에는 모든 사람이 과학의 발전과 그로부터 발생하는 이익을 향유할 권리, 보건의료를 향유할 권리, 식량을 향유할 권리, 그리고 자기결정권 등이 포함된다. 따라서 지식재산권 협정의 지식재산권 제도와 국제인권법은 명백한 충돌을 일으킨다."[37] 인권 사회의 관점에서 볼 때, 창작자의 권리는 개인, 집단 또는 공동체에 상관없이 인권으로 간주되어야 한다. 동시에 지식재산권 보호는 인간의 존엄성을 지키고 다른 인권의 실현과 일치해야 한다. 인권 의무의 지위는 모든 경제 정책과 협정보다 상위에 있어야하며, 구체적으로 국제 지식재산권 협약의 이행은 국제인권협약에 규정된 의무를 전면적으로 고려해야 한다. 또한 각국이 지식재산권을 입법적으로 보호할 때, 그 사회적 기능은 국제인권 의무에 부합해야 한다.

한 국가의 범위 내에서 지식재산 분야의 모든 당사자들 간의 이익균형과 조화는 지식

36) 参见联合国促进和保护人权小组委员会：≪知识产权与人权≫(第52次会议决议, 2000年8月17日). 转引自 [美] 奥德丽·R·查普曼：≪将知识产权视为人权：与第15条第1款第3项有关的义务≫, 载 ≪版权公报≫, 2001(3).

37) 联合国：≪国际人权会议的最后行动≫. 转引自 [斯里兰卡] 威拉曼特里编：≪人权与科学技术发展≫, 2页, 北京, 知识出版社, 1997.

재산권의 보호와 제한 제도를 통해 실현된다. 각국 입법자들은 자국의 사회 발전 현황을 바탕으로 경제, 문화, 교육, 과학기술 정책에 따라, 일정 기간은 보호에 중점을 두고, 다른 기간에는 제한을 강조하기도 한다. 이러한 제도 설계는 국제협약을 위반하지 않는다는 전제하에서는 어렵지 않게 달성할 수 있다. 문제는 오늘날의 지식재산권 국제협약 자체에서 지식의 창작자와 사용자 간의 상호 이익을 충분히 고려했는지, 사회와 경제, 권리와 의무의 균형에 도움이 되는지를 충분히 따져볼 필요가 있다는 것이다. 국제무역체계에서 지식재산권은 이미 선진국이 기술 독점적 지위를 유지하고, 무역 이익을 보호하며, 국가 경쟁력을 강화하는 강력한 무기가 되었다는 것이다.[38] 세계무역기구 제도 틀 안의 <지식재산권 협정>은 선진국의 이익과 요구를 더 많이 반영하고 있으며, 그 결과 선진국과 개발도상국 사이에 권리와 의무의 불균형을 초래하였다.

최근 몇 년 동안 지식재산권과 공중보건 문제를 둘러싼 분쟁이 발생하였는데, 제3세계의 적극적인 노력으로 세계무역기구(WTO) 장관급 회의는 2001년 11월 도하에서 「지식재산권 협정과 공중보건 문제에 관한 선언」을 채택했다. 도하 회의에서 남아프리카공화국을 대표로 한 개발도상국들의 생명권, 건강권 존중, 공익보호를 호소하였고, 이에 대해 선진국들도 지식재산권 분야에서 우호적으로 응답하였다. 도하 선언은 많은 개발도상국과 최빈국들을 고통스럽게 하는 공중보건 문제의 심각성을 확인하였고, 새로운 의약품 개발에 대한 지식재산권 보호의 중요성을 강조하는 한편, 이러한 보호가 약값에 미치는 영향과 그로 인한 우려를 인정하였다. 또한「지식재산권협정」은 이 회원국들이 공중보건을 보호하기 위해 취하는 조치의 장애물이 되어서는 안 된다고 합의하였다. 이러한 조치에는 각 회원국이 '강제실시권'을 행사할 권리, 어떠한 상황이 '국가 비상사태 또는 기타 긴급한 상황'에 해당하는지 판단할 권리, 자체적인 '권리 소진'제도를 구축할 권리가 포함된다. 도하 선언의 탄생은 국제 지식재산권 분야의 중대한 사건이었다. 첫째, 이는 중요한 이정표로서, 선진국과 개발도상국 간의 이해 상충과 조화를 반영하였으며, 공공보건이라는 기본적인 인권이 지식재산권 분야에서 주목받게 되었고, 일정 부분 지식재산권 국제보호가 경제적, 기술적으로 낙후된 국가의 이익을 더 많이 고려하도록 하였다. 둘째, 이는 하나의 좋은 출발점으로서, 개발도상국의 입장과 견해가 현행 국세 지식재산권제도하에서 주류 의식으로 반영되었음을 보여주었고, 이는 전통지식, 생물다양성, 지리적 표

38) ① 参见高胜：≪正义是社会制度的首要价值≫, 载 ≪中国对外贸易≫, 2002(4).

시 등 보다 더욱 광범위한 권리보호와 이익 조정의제도적 공간을 새롭게 열어주었다.

결론적으로, 사권과 인권의 통일된 범주 내에서 한 국가의 지식재산권제도를 설계하고, 나아가 전체 국제 지식재산권보호 체계를 구축하는 것은 매우 중요하고 반드시 필요하다. 사권과 인권이 융합된 법의 빛은 지식 창작자의 이익을 보장하고 정신적 부의 성장을 도와주는 지혜의 빛이 될 뿐만 아니라, 사회 공공의 이익을 유지하고 지식과 기술의 확산을 촉진하는 이성의 빛이기도 하다.

제3장

지식재산권의 특성

지식재산권의 특성을 설명하려면 전통적인 재산소유권과 구별해야 자세히 설명할 수 있다. 지식재산권의 기본적 특성에 관하여 학자들은 많은 논의를 해왔으며, 이러한 특성에 대한 개괄은 여러 저서마다 다소 차이가 있으나 기본적인 특성은 대체로 '독점성', '지역성', '시간성'으로 요약된다. 사실 다른 재산권 특히 소유권과 비교할 때, 이러한 특성은 모두 지식재산권의 고유한 아니다. 다만, 객체의 비물질성만이 지식재산권의 본질적인 특징이라고 할 수 있다.

Ⅰ. 객체의 비물질성 : 본질적인 특성

지식재산권의 객체, 즉 지식제품(또는 지적 성과)은 형체가 없는 정신적 재산이며, 객체의 비물질성은 지식재산권의 본질적인 속성이다. 일부 학자들은 지식재산권과 다른 재산권의 근본적인 차이점은 무형성에 있으며, 그 밖에 법적 특성으로는 독점성, 시간성, 지역성 등이 파생된다고 주장한다.[1] 엄밀히 말하자면, 권리는 주체가 법률에 따라 특정 이익을 실현하기 위한 행위의 한계와 범위를 뜻하며, 일반적으로 실체가 없는 주관적인 제도이다. 바로 이러한 의미에서 로마 법학자에서 현대 민법학자에 이르기까지 일정한 재산적 내용을 가지는 권리(소유권 제외)로 불려왔다. 따라서 지식재산권과 관련 권리의 본질적 차이점은 권리의 무형성이 아니라, 그 권리 객체인 지식제품의 비물질성에 있다. 이에 대해 대만학자 증세웅 선생과 필자는 같은 견해를 갖고 있다. 즉, 재산권이 유형이

---

1) 参见郑成思主编：≪知识产权法教程≫, 45页, 北京, 法律出版社, 1993.

냐 무형이냐 하는 문제는 권리 자체를 가리키는 것이 아니라, 권리가 지배하는 생활 자원, 곧 객체에 외형이 존재하는지 여부에 달려 있다는 것이다. 예를 들어, 주택 소유권은 권리 자체에 유형, 무형이 없으며, 문제는 주택이 유형물이라는 것이다. 저작권 역시 권리 자체가 유형, 무형을 구분하는 것이 아니라, 작품이 지적 산물로서 비물질적 형태에 있다는 데 그 본질이 있다.[2] 지식제품의무형성은 동산, 부동산의 유형성에 대비되는 개념이며, 존재, 이용, 처분의 형태가 다르다. 첫째, 유형적 지배를 통한 점유가 발생하지 않는다. 지식제품은 물질적 형태가 없고 일정한 공간을 차지하지 않기 때문에, 사람들의 점유는 실재적이고 구체적인 점유가 아니라, 특정 지식과 경험에 대한 인식과 체험으로 나타난다. 지식제품은 비록 비물질적인 특성을 띄고 있지만, 항상 일정하고 객관적인 형태를 통해 표현되어야 하며, 그 표현 형식의 물화된 매체는 지식재산권이 아닌 유체재산 소유권에 속한다. 둘째, 유형물의사용처럼 소모가 발생하지 않는다. 지식제품의 공개성은 지식재산권 생성의 전제조건이다. 지식제품은 사회에 공개되고 발표되어야 하고, 사람들은 이를 통해 관련 지식을 얻어 이용할 수 있다. 또한 일정한 시, 공간적 조건에서는 다수가 공동으로 이용할 수 있다. 이 같은 이용은 유형물의 사용처럼 소모를 발생시키지 않는다. 만약, 권한 없는 무권리자가 타인의 지식제품을 무단으로 이용하는 경우에는 원상회복을 위한 민사책임을 적용할 수 없다. 셋째, 지식제품은 실물 소비로 인한 소멸이나 유형적 인도의 법률적 처분이 발생하지 않는다. 지식제품은 물리적인 소비로 인해 그 자체가 소멸될 수 없으며, 단지 기간(즉, 법적 보호 기간)의 만료로 인해 독점재산과 사회 공공재산으로 구분될 뿐이다. 또한 유형적 제공은 법적처분과 관련이 없다. 즉, 무권리자가 법적 절차를 거치지 않고 자신이 실제로 점유하지 않은 타인의 지식제품을 '처분'하는 것도 가능하다. 이러한 특성을 바탕으로 국가는 지식제품의 창작자에게 지식재산권을 부여하고, 그 권리에 대해 전통적인 재산권 제도와는 다른 법적 보호를 시행할 필요가 있다.

Ⅱ. 독점성 : 기본 특성(1)

지식재산권은 독점적인 민사상의 권리이다. 채권에 비하여 소유권과 마찬가지로 배타

---

2) 参见曾世雄：≪民法总则之现在与未来≫, 151页, 台北, 三民书局, 1983.

적이고 절대적인 특성을 지닌다. 지식재산권의 이와 같은 속성에 대해 프랑스 학자들은 순수 학술적인, 다소 형식적이고 '학구적인논의'를 전개한 바 있다. 일부 학자들은 무체재산권을 일종의 '재산권'(소유권)이라고 보았다. 이러한 권리의 또 다른 용어는 '지식재산권', 즉 '지식소유권'이다. 그러나 대부분 학자들은 무체재산권이 진정한 소유권 인지에 대해 의문을 가진다. 그들은 해당 권리의 객체 및 내용상의 특성을 근거로 무체재산권을 총칭하여 독점권 또는 전유권이라고 하였다.[3] 일본 학자들의 견해 역시 대부분 프랑스 학자들과 일치한다. 고지마 요카즈는 무체재산권은 소유권과는 다른 '전혀 새로운 특수한 권리'이며, 이를 '전유권'과 '금지권'으로 나눌 수 있다고 하였다. 전자는 주로 대상을 독점적으로 점유하고 지배하는 권리를 말하며, 이러한 권리로는 저작권, 특허권, 상표권, 상호권, 반도체회로 배치설계권, 식물 신품종권 등을 포함한다. 후자는 부정경쟁행위를 제재할 수 있는 금지권을 말하며, 이러한 권리로는 영업비밀권, 상품이미지권, 영업상 신용권 등을 포함한다.[4] 사실 독점성, 즉 배타성과 절대성은지식재산권과 소유권의 공통적인 특징이다. 양자의 차이점은 전자가 '독점권'이고 후자가 '재산권'이라는 것이 아니라, 전자가 '지식재산'의 소유권이고 후자가 '유체재산'의 소유권이라는 것이다.

지식재산권의 독점성은 주로 두 가지 측면에서 나타난다. 첫째, 지식재산은 권리자가 독점하고, 권리자는 이러한 권리를 독점하고 엄격하게 보호받는다. 법률 규정이 없거나 권리자의 허가 없이 누구도 권리자의 지식제품을 사용할 수 없다. 둘째, 동일한 지식제품에 대해 동일한 속성을 가진 두 개 이상의 지식재산권이 공존할 수 없다. 예를 들어, 동일한 발명품 두 개가 존재할 경우, 법률 절차에 따라 특허권은 그중 한 사람에게만 부여될 수 있으며, 이후의 발명이 기존 기술과 비교하여 두드러진 실질적 특징과 현저한 진보가 없다면, 해당 권리를 취득할 수도 없다.

지식재산권과 소유권은 독점적 효력 측면에서도 차이가 있다. 첫째, 소유권의 배타성은 소유자가 비소유자들에게 소유물이 불법적으로 점유, 방해, 훼손당하는 것을 배척하는 반면에, 지식재산권의 배타성은 주로 비독점자들에게 지식제품을 불법적으로 복제, 위조, 표절하는 것을 배척하는 것이다. 둘째, 소유권의 독점성은 절대적이다. 즉, 소유자가 모든 사람에게 대물의 권리를 행사하는 것으로 타인의 간섭을 허용하지 않고 타인의 적극적인협조도 필요하지 않다. 또한 소유물이 소유자의 지배하에 있는 경우, 지역 및 시

3) 参见尹田：≪法国物权法≫, 56～58页, 北京, 法律出版社, 1998.
4) 参见 [日] 小岛庸和：≪无形财产权≫, 5～9页, 东京, 创文社, 1998.

간에 제한이 없다. 반면에, 지식재산권의 독점성은 상대적이다. 이러한 독점적 권리는 (예: 저작권의 합리적인 사용, 특허권에서의 일시적 경과사용, 상표권의 선사용권자 사용 등) 권능적인 제약을 받는 경우가 많다. 동시에, 지식재산권의 독점성은 일정한 지역과 유효 기간 내에만 효력이 발생한다.

독점성은 지식재산권의 법적 특성이지만, 각 유형의 지식재산권마다 그 표현의 형식과 내용은 동일하지 않다. 저작권의 독점성은 권리자가 자신의 저작물에 대해 가지는 전유적 사용권으로 나타나며, 복제, 배포, 전시, 공연, 방송, 제작, 연출 등 다양한 형태로 저작물을 독점적으로 사용할 권리가 포함된다. 유네스코가 집필한 책자에는 저작권의 독점성을 다음과 같이 나타낸다. "일부 예외적인 경우를 제외하고 작품의 사용은 모두 저작자의 권한이다. 저작자는 각 권리를 개별적으로 소유할 수 있고, 각 권리를 개별적으로 사용할 수 있다. 제품을 사용할 때마다 해당 권리에 따라 저작자의 동의를 얻어야 한다.[5]" 특허권이란 문자 그대로 권리자의 '이익'에 대한 독점권, 즉 발명창조의 전유적 실시권을 의미한다. 여기에는 특허 제품을 사용, 제조, 판매, 수입할 권리가 포함된다. 세계지식재산기구(WIPO)가 펴낸 자료에서 특허권의 독점성을 다음과 같이 설명하고 있다. 발명 특허권은 그 소유자를 이러한 법적 지위에 두는데, 즉 그의 허락이 있어야만 특허 발명을 이용할 수 있다. 이러한 허가를 받지 않고 사용하는 것은 불법이다. 이러한 방식으로 발명 특허권자는 다른 사람이 발명특허를 사용하는 것을 막을 수 있다. 이러한 차단은 발명 특허권자가 별다른 조치를 취할 필요가 없으며 그가 허가하지 않는 사용은 불법이다. 발명 특허권자가 발명특허를 사용하지 못하도록 하는 권리를 '독점권'이라고 한다."[6] 상표권은 상표 전용권이라고도 하며, 권리자의 독점적 사용권과 타인의 사용을 배제하는 금지권은 이 독점권의 완전한 내용을 구성한다. 지식재산권 보호를 위하여 국제기구에서 작성한 「개발도상국 상표, 상호 및 부정경쟁행위 모범법」은 등록상표로 취득한 권리를 상표전용권(제4조)이라고 하고, 등록상표 소유자는 제3자가 다음의 행위를 하지 못하도록 규정하고 있다. 첫째, 등록상표와 동일하거나 유사한 표시를 관련 상품 또는 서비스에 사용하여 대중에게 오해를 불러 일으키는 행위를 금지한다. 둘째, 등록상표를 정당한 이유 없이 다른 방법으로 사용하여 등록상표 소유자의 이익을 해치는 행위를 금지한다. (제18조).[7]

---

5) 联合国教科文组织编：≪版权基本知识≫, 19页, 北京, 中国对外翻译出版公司, 1984.
6) 世界知识产权组织编：≪知识产权纵横谈≫, 93页, 北京, 世界知识出版社, 1992.

Ⅲ. 지역성 : 기본 특성(2)

지식재산권은 일종의 독점권으로서 그 효력은 공간적으로 무한한 것이 아니다. 이는 지역적 제한을 받으며, 즉 엄격한 영토성을 가지고 있으며 그 효력은 자국 내로만 제한되어 있다. 지식재산권의 지역성의 특성은 유체재산의 소유권과 구별된다. 일반적으로 소유권에 대한 보호는 원칙적으로 지역성의 제한이 없다. 즉, 시민이 한 국가에서 다른 국가로 재산을 옮기거나, 법인이 투자, 무역을 통해 한 국가에서 다른 국가로 재산을 이전하더라도, 여전히 권리자의 소유로 인정되며 소유권이 법적 효력을 상실하는 문제는 발생하지 않는다. 이는 유체재산 분야에서 국제적으로 '국제적 물권 평등 원칙'을 따르고 있기 때문이다. 즉, '권리 추정'을 통해 한 국가에서 취득한 동산을 다른 국가에 들어오면, 그 주체가 여전히 유효하게 점유하는 한, 그 동산이 들어온 국가에서는 자국의 점유제도에 따라 합법적인 소유자로 추정하고 보호한다는 것이다. 그러나 지식재산권은 다르다. 한 국가의 법률에 따라 인정되고 보호받은 권리는 해당 국가의 범위내에서만 법적 효력을 가진다. 지식제품의 비물질성으로 인하여 권리자는 실질적인 점유를 할 수 없기 때문에, 유체재산처럼 점유에 따른 '권리 추정'을 적용하여 지식재산권이 해외에서 보호받도록 할 수 없다. 따라서 국제협약 또는 양자 간 상호 협정이 체결된 경우를 제외하면, 지식재산권은 역외의 효력이 없으며, 다른 국가는 그 권리를 보호할 의무가 없다. 누구든지 자국 내에서 자유롭게 그 지식제품을 사용할 수 있으며, 권리자의 동의를 얻을 필요도 없고, 권리자에게 보상을 지급할 의무도 없다.

일반적으로 지역성은 지식재산권만의 고유한 특성으로 간주된다. 그러나 사실 역사적으로 민사권리의 많은 영역에서 지역성이 존재했다. 국제사법학자들의 연구에 따르면, 침해소송은 대부분 침해행위법원의 관할 하에 있으며 침해행위법이 적용된다. 채권계약 분야에서도 법률의 지역성으로 인해 법률적용이 경직되고 판결은 국외에서 집행되기 어려웠다. 이러한 현상의 원인은 권리생성초기부터 대부분의 국가는 봉건적이고 폐쇄적인 상태에 있었고, 대외경제 및 무역교류가 드물었으며 가끔 발생하는 외국 관련 분쟁은 국내법을 통해 해결할 수 있으므로, 권리의 역외 효력에 의존할 필요가 없었다.[8] 이러한 상황에서 위와 같은 민사권리들이 일정한 지역성을 띠지 않을 수는 없었다.

---

7) 参见国家工商行政管理总局商标局等编：≪外国商标法≫, 北京, 中国社会科学出版社, 1984.

8) 参见刘家瑞等：≪知识产权地域性冲突法评述≫, 载 ≪中央政法管理干部学院学报≫, 1998 (6).

지식재산권의 생성은 상기 제도와 동일한 역사적 배경을 가지고 있다. 유럽 봉건제도 말기에는 원시적 저작권과 독점권은 군주의 은사이며 이는 특허권으로 나타났기 때문에, 이 권리는 군주가 관할하는 지역 내에서만 행사될 수 있다. 이런 원시적 지식재산권의 지역성은 오로지 봉건법의 지역성을 반영한 것이다. 근대 부르주아법이 발전함에 따라 비로소 지식재산권은 봉건적 특허권의 형식에서 벗어나 일종의 법률에서 규정한 정신적 재산권이 되었다. 그러나 자본주의 국가는 국가 주권 원칙에 따라, 자국법에 따라 취득한 지식재산권만을 보호하였기 때문에[9], 지역성은 지식재산권의 특징으로 계속 남아 있게 되었다. 한 국가에서 지식재산권을 획득한 권리자가 다른 국가에서 법적 보호를 받으려면, 반드시 해당 국가의 법률에 따라 등록을 하거나 검토 및 승인을 받아야 한다.

19세기 말부터 과학기술의 발전과 국제무역의 확대로 지식재산권 거래에 관한 국제시장도 형성되고 발전되기 시작했다. 이렇게 지식제품의 국제적인 수요와 지식재산권의 지역적 제한 사이에 큰 모순이 나타났다. 이러한 모순을 해결하기 위해 각국은 앞다투어 일부 지식재산권 보호를 위한 국제협약을 체결하고, 국제적 또는 지역적 국제기구를 설립했으며, 전세계적으로 지식재산권 국제 보호 제도를 구축했다. 지식재산권에 대한 국제적 보호에는 다음과 같은 세 가지 중요한 원칙이 있다. 첫째, 최소한의 보호 원칙이다. 즉, 각국 정부 간의 국제적 또는 지역적인 다자 협상을 통해 특정 지식재산권 보호를 위한 실체적 국제 기준을 마련하고, 이를 각국 국내법에 수용함으로써 국제적으로 비교적 통일된 지식재산권 보호 제도를 형성하는 것이다. 최소한의 보호 원칙에 따라, 체약국은 지식재산권 보호의 객체 범위, 권리 내용, 보호 기간 등에 있어서 국제 공약이 규정한 수준보다 낮을 수 없다. 둘째, 독립성의 원칙이다. 즉, 체약국 국민이 동일한 지식제품에 대해 취득한 권리는 독립적이고 서로 관여하지 아니한다. 국제협약의 최소 보호요건을 충족한다는 전제하에서, 해당 지식제품 소유자 권리에 대한 보호 수준, 사법적 구제방식 등은 권리를 보호하는 해당 체약국의 법률이 적용된다. 국제사법 이론에 따르면, 저작권 보호는 '권리 청구지법', 산업재산권 보호는 '권리 등기지법[10]'을 적용한다. 독립성의 원칙은 관련 국제협약이 지식재산권의 지역성을 넘지 않았음을 보여준다. 셋째, 국민대우의 원칙이다. 즉, 각 체약국은 지식재산권의 국제적 보호에 있어서 서로 상대국 국민에게 동등한

9) 지식재산권 보호의 지역성은 단지 각국 주권의 영토적 한계에서 기인할 뿐만 아니라, 지식재산권 부여의 지역적 제한(예: 국가 심사나 국가 등록을 거쳐야만 권리가 부여됨)에서도 비롯된다. 参见张乃根：≪国际贸易中的知识产权法≫, 52页, 上海, 复旦大学出版社, 1999.

10) 郑成思：≪版权公约、版权保护与版权贸易≫, 16页, 北京, 中国人民大学出版社, 1992.

대우를 부여하여, 체약국 국민이 모든 체약국 내에서 그 자국민과 동등한 대우를 받게 하는 것이다. 국제협약에서 규정한 국민대우의 원칙은 지식재산권의 지역적 한계에 대한 중요한 보완이자 조정이다. 이 원칙은 한 국가가 인정하거나 부여한 지식재산권이 국제협약에 따라 체약국 내에서 역외 효력을 발생할 수 있도록 한다. 그러나 지식재산권의 지역적 특성은 변하지 않고, 권리부여 여부, 권리보호 방법 등은 여전히 각 체약국이 그 국내법에 따라 결정해야 한다.

20세기 후반에 이르러, 지역 경제 일체화와 현대 과학기술의 발달로 인하여, 지식재산권 입법은 현대화되고 일체화되는 경향을 보였으며, 이에 따라 지식재산권의 엄격한 지역성도 도전을 받게 되었다. 이러한 현상은 주로 두 가지 측면에서 나타난다. (1) 초국가적인 지식재산권의 출현이다. 지역 경제 일체화로 여러 국가가 연합하여 통일된 대규모 시장에서 상품, 자본, 인력, 노동서비스의 자유로운 유통을 실현하였고, 이는 관련 국가들이 지식재산권 보호의 통합을 추진한다. 예를 들어, 1968년 베네룩스 경제연합이 제정한 「베네룩스 통일 상표법」, 1977년 아프리카 지식재산권기구가 채택한 「방기협정」등이 있는데, 이를 통해 한 국가에서 출원하거나 등록한 특허나 상표가 모든 체약국에서 동시에 독점권을 인정받게 되었다. 그러나 가장 대표적인 것은 1991년 유럽공동체 회원국들이 체결한 <마스트리히트 조약>이다. 경제일체화라는 목표를 달성하기 위해 유럽공동체가 취하는 중요한 조치 중 하나는 산업재산권과 저작권 분야에서 광범위한 유럽보호제도를 구축하는 것이다. 즉, 지역 경제 일체화에 힘입어, '유럽 공동 지식재산권의 비전'을 실현하기 위한 노력이다.[11] 유럽법원은 어떤 사건에서 권리소멸의 원칙[12]의 지역적 제한은 공동시장의 범위 내에서 해석되어야 한다고 판시하였다. 즉, 한 국가에서 처음으로 판매되는 상품은 공동체 전체에서 권리가 소멸된다는 것이다.[13] 이는 지식재산권이 한 국가의 지역적 한계를 넘어 여러 국가에서 동시에 효력을 발생하게 되었음을 의미하며, 일정 부분 그 권리의 지역적 특성을 흔들어 놓았다. (2) 국제적 지식재산권의 관할권과 법률 적용의 발전이다. 오랫동안 국제적 지식재산권 분쟁은 일반적으로 권리 청구지 법

11) [德] 阿道夫·迪茨：≪欧洲共同版权是幻想吗≫, 载 ≪法学译丛≫, 1986(4).

12) 권리 소멸의 원칙이란, 권리자의 동의 하에 시장에 유통된 작품 원본 또는 복제물에 대해, 권리자가 해당 원본이나 복제물의 재사용이나 재판매를 통제할 권리가 없음을 의미한다. 마찬가지로, 특허권자가 제조하거나 특허권자의 허가를 받아 제조된 특허 제품이 판매된 이후에는, 권리자가 해당 특허 제품의 재사용이나 재판매를 통제할 권리가 없다.

13) 参见吴汉东等：≪西方诸国著作权制度研究≫, 20页, 北京, 中国政法大学出版社, 1998 .

원의 전속 관할에 속했다. 그러나 위성 기술, 네트워크 기술, 녹화 기술의 발전으로 인해, 현대 기술과 관련된 침해행위가 여러 국가에서 동시에 발생할 수 있고, 권리 청구지도 증가하게 되었다. 만약 권리자가 이러한 지역마다 일일이 소송을 제기하면 큰 불편을 초래하게 된다. 이에 따라 완전히 새로운 관할권 이론이 생겨났는데, 한 국가 법원은 자국 영역 내의 지식재산권 분쟁뿐만 아니라, 타국에서 일어나는 관련 분쟁을 관할할 수 있다는 것이다. 이와 관련하여, 지식재산권의 준거법으로 권리 청구지법을 적용하는 방식에도 변화가 생겼다. 지식재산권 침해 행위가 여러 국가에서 동시에 발생하는 상황에서 권리 청구지법을 엄격히 고수하면, 동일한 사건에 대해 여러 개국의 서로 다른 준거법이 적용되는 불합리한 현상이 나타날 수 있다.[14] 따라서 가장 밀접하게 관련된 법률을 새로운 준거법 원칙으로 적용하는 것이 최선의 선택일 수 있다.[15] 국제적 지식재산권 분쟁에 관여하는 배타적 관할과 지식재산권 법률 적용의 다양화는 모두 이 권리의 지역적 특성에 중대한 영향을 미칠 수 있다. 요컨대, 현대 사회에서 지식재산권의 지역적 특징은 존재하지만 여전히 큰 도전을 받고 있다. 봉건법부터 현대법에 이르기까지 고유한 법적 특징이 완전히 깨질 수 있는지 여부는 계속 관찰하고 연구해야 한다.

Ⅳ. 시간성 : 기본 특징(3)

지식재산권은 무한한 공간의 절대적 독점권도 아니며 시간적 제약이 없는 영원한 권리도 아니다. 지식재산권의 시간적 특성에 따르면 이러한 권리는 법률이 규정한 기한 내에서만 보호되고, 법률이 정한 유효 기간을 초과하면 그 권리는 스스로 소멸되고 관련 지식제품은 곧 사회 전체의 공동재산이 되어 전 인류가 공동으로 사용할 수 있게 된다.

시간적 특성은 지식재산권과 소유권의 주요 차이점 중 하나이다. 주지하다시피 소유권은 시간에 구애를 받지 않고 객체가 손실되지 않는 한 권리는 법적으로 보호를 받는다. 소멸시효나 취득시효에 따라 발생하는 법적 효과는 단지 재산권 주체의 변동에만 관련될

14) 参见刘家瑞等：≪知识产权地域性冲突法评述≫, 载 ≪中央政法管理干部学院学报≫, 1998(6).

15) 20세기 초, 국제사법학자 화예(Pillet)와 니보예(Niboyet)는 지식재산권 보호에 있어서는 권리 청구지법을 적용하고, 권리의 발생과 존속은 원시국가의 법(즉, 권리가 최초로 부여된 국가의 법)의 지배를 받아야 한다고 주장한 바 있다. 参见李双元等： <中国国际私法>, 281页, 北京, 海洋出版社, 1991.

뿐, 재산(유체물) 자체가 권리의 객체로서 가지는 지위는 변하지 않는다. 이러한 소유권의 시간적 특성에 대해 로마법 학자들은 이를 '영속성'이라고 개괄하면서, 즉 "소유권의 운명은 그 목적물의 운명과 함께 시작되고 끝난다." 로 표현하였다. 그것은기간이 설정된 타물권(예: 근저당권, 지역권)이나 운명의 본질을 소멸시키는 채권(예: 계약채권)과 다르다.[16] '영속성'은 절대성, 배타성과 함께 소유권의 3대 특성을 이룬다. 그러나 사실상, 많은 경우 소유권의 영속성은 유지될 수 없다. 이는 해당 권리의 영속적 상태가 그 대상의 존재를 전제로 하기 때문이다. 만약 그 물건이 멸실되거나 훼손될 경우 '아무것도 소유하지 못하는' 상황에 처할 수 있다. 이와는 반대로, 지식재산권의 객체인 지식제품은 비물질적 형태의 지적인 산물로서 손괴되거나 소멸될 수 없으므로 사실적 의미에서의 '영속성'을 지니지만, 법은 엄격하게 이러한 권리가 일정한 기간 동안만 유효하다고 제한하고 있다.[17]

지식재산권의 시간성은 다른 물권, 채권의 '시간성'과도 전혀 다른 의미가 있다. 물권의 설정은 특정 주체들 사이에서 발생한다. 예를 들어, 지역권에서는 공여지 소유자와 요역지 소유자 사이, 저당권에서는 저당권자와 저당권설정자 사이에서 발생한다. 또한 물권의 설정은 소유권의 존재를 전제로 하며, 그것은 소유권에서 분리되어 독립적으로 존재할 수 없다. 채권의 경우에는 채권자와 채무자 사이의 이해관계가 관련된다. 채권은 이행과 상환을 목적으로 하므로, 당연히 법률은 채권의 영구성을 인정하지 않는다. 그러나 지식재산권의 시간성은 다르다. 서양학자들의 해석에 따르면, 지식제품의 소유자는 일정 기간 동안 독점적인 사용할 권리를 가지는 대신, 동시에 그 지적 성과물을 대중에세 공개할 의무가 있다. 이는 일종의 사회계약으로, 국가의 형태를 띤 사회가 지식제품 소유자와 체결하는 특별한 계약에 해당한다.[18]

지식재산권의 시간적 유한성은 세계 각국이 과학, 문화 발전을 촉진하고 지적 성과의 공개를 장려하기 위해 보편적으로 채택된 원칙이다. 지식재산권 제도를 구축한 목적은 지식제품의 창조나 사용에 따른 사회적 관계를 특별한 법적 수단으로 조정하는 데 있다. 이 제도는 과학, 기술, 문화의 광범위한 확산을 촉진하는 동시에, 지식제품 창작자의 합법적인 이익을 보호하고, 지식재산권의 독점성과 지식제품 사회성 간의 갈등을 조정해야

16) 参见周枏等：≪罗马法原论≫(上册), 北京, 商务印书馆, 1994；陈允、应时：≪罗马法≫, 北京, 商务印书馆, 1931.

17) 参见郑成思：≪知识产权论≫, 88页, 北京, 法律出版社, 1998.

18) 参见 ≪国外专利法介绍≫, 第1册, 12页, 北京, 知识出版社, 1980.

한다. 이를 바탕으로 지식재산권 제도는 사회 발전의 촉진, 권리자의 이익 보호, 사회 공정성 실현 등 다양한 가치의 목표를 실현하는 과정에서, 여러 상충될 수 있는 요소들을 균형 있게 조정할 때, 비로소 그 입법 목표를 실현할 수 있다. 그런 의미에서 균형 원칙은 근대법부터 현대법에 이르기까지 지식재산권 제도의 기본 정신 중 하나이다. 저작권법을 예를 들면, 초기 「안나법령」은 저작자의 권리를 보호하면서 (동시에 추가) 다른 주체의 이익과 사회적 공익을 보호하는데 중점을 두었다. 이 법은 이른바 '문화예술의 공공영역(the public domain for literature)'을 설정했는데, 이는 세 가지 규칙에서 비롯된다. (1) 창작물은 저작권을 취득하는 필수 조건으로 규정(기존 저작물을 출판사에서 회수하지 못하도록 보호), (2) 저작권 보호 기간을 규정(출판사의 영구 저작권 주장을 방지), (3) 저작권자가 인쇄, 출판, 판매에 대하여 가지는 제한된 권리를 규정(즉, 저작물의 2차 사용 시 권리 소진)이다.[19)20)] 「안나법령」이 공포된 후, 출판사들은 이러한 제한적인 저작권에 만족하지 않고, 약 40년에 걸친 '서적상 운동'을 벌였다. 이들은 법정 저작권 기간이 만료된 후에도, 일반법상 저작자의 '영구 저작권'을 찾아 이를 양도받아 다시 권리를 획득함으로써 작품이 공적 영역으로 넘어가는 것을 막으려 했다. 이 기나긴 투쟁은 결국 '일반법 저작권'의 영구 금지령 철회하는 것으로 끝났으며(영국은 1911년에 공식적으로 해당 저작권을 폐지),[21)] 영국과 달리 미국은 지식재산권의 시간 제한을 헌법조항을 통해 규정하고 있다. 미국 헌법은 다음과 같이 규정한다. "의회는 … 저작자 또는 발명가에게 그 개인 작품 또는 발명에 대한 독점권을 일정 기간 부여하여 과학과 예술의 발전을 촉진할 권한을 가진다." 위의 헌법조항은 미국 학자들에 의해 '3P'정책으로 요약된다. 즉, '지식 증진 정책(the promotion of learning)', '공공 분야 보존 정책(the preservation of the public domain)', '창작자 보호 정책(the preservation of the author)[22)]'이다. 여기서 '공공 분야 보존'은 저작권과 특허권에 대한 시간과 범위의 제한을 의미한다.

지식재산권의 시간적 제한 규정은 이 새로운 민사권 제도를 구축하기 위한 사회적 필요와 공익을 반영한다. 각국은 각종 지식재산권의 종류, 특성 및 자국의 사정에 따라 저

19) See L.Ray Patterson, Stanely W. Lindberg, The Nature of Copyright : A Law of Users' Right, The University of Georgia Press, 1991, pp. 49-55.

20) 世界知识产权组织编：≪知识产权纵横谈≫, 93页, 北京, 世界知识出版社, 1992.

21) 参见吴汉东：≪著作权合理使用制度研究≫, 12页, 北京, 中国政法大学出版社, 1996.

22) L.Ray Patterson, Stanely W. Lindberg, The Nature of Copyright : A Law of Users' Right, The University of Georgia Press, 1991, pp. 49-55.

작권, 특허권, 상표권 등에 대해 보호기간을 달리 규정하고 있다. 저작권의 보호기간은 주로 저작재산권에 관한 것으로, 즉 저작권자는 일정 기간 동안만 저작물에 대한 독점적 사용권과 보상권을 누릴 수 있다. 역사적으로 포르투갈과 니카라과에는 무기한 '영구적 저작권'이라는 규정이 두었으나, 현재는 미발표 작품의 저작권을 제외하고, 각국 저작권법은 발표된 작품에 대해 한정된 보호기간을 규정하고 있다. 저작권보호기간은 일반적으로 저작자의 생존 기간과 사후 몇 년을 더하는 계산법을 취한다. 이러한 규정은 저작자의 평생과 저작자 자녀의 평균 수명을 더한 기간을 바탕으로 한다. 저작인격권, 즉 저작자가 독점적으로 누리는 비재산적 권리에 대해서는 일부국가는 무기한으로 영구히 존재한다고 규정하고 있고(예: 프랑스), 반면에, 일부국가는 저작인격권의 존속 기간을 저작재산권과 동일하게 규정한다(예: 독일). 특허권의 보호 기간에 대해 각국의 특허법 기간은 모두 다른 구체적인 규정을 두었는데, 그 규정의 근거는 크게 두 가지이다. 첫째, 사회적 이익과 권리자의 이익의 조화이고, 둘째, 발명 기술의 가치 수명(즉, 기술 수명의 주기)이다. 특허권 기간의 장단은 당사자와 일반 대중의 이익과 직접 관련이 있다. 보호 기간이 길면 장기적인 기술과 중대한 발명품에 대한 투자를 장려하고 유치하는 데 도움이 되지만, 대중이 이른 시일 내에 자유롭게 발명을 사용하는 것을 제한한다. 반면에, 보호기간이 짧으면 대중은 일찍이 발명을 자유롭게 사용할 수 있지만, 발명 창조를 장려하고 막대한 비용이 드는 복잡한 첨단 기술에 대한 투자를 유인하는 데는 불리하다. 상표권의 보호기간에 관해서도 각국은 서로 다른 유효기간을 정하고 있다. 그중 '선등록 원칙'을 채택하는 국가는 상표권의 유효기간은 등록일로부터 계산하고, '선사용 원칙'을 취하는 국가는 상표가 사용된 후에만 독점권이 발생하므로, 사용일로부터 유효 기간이 계산된다. 지식재산권의 시간적 특성 중 상표권은 저작권, 특허권과 달리 유효기간이 만료되면 갱신이 가능하며, 끊임없는 갱신을 통해 상표권은 실제유효기간을 연장할 수 있다. 법률이 이렇게 규정하는 이유는 문학예술작품과 발명창조가 사회 과학 및 문화 사업의 발전에 더욱 중요한 의미를 가지고 있기 때문이다. 따라서 일정한 보호기간을 두어, 지식 제품이 개인의 독점 재산에서 적시에 인류 공통의 정신적 자산으로 전환되도록 해야 한다.

위에서 언급한 지식재산권의 특성은 다른 재산권, 특히 소유권과 비교할 때 상대적으로 이해되는 개념으로, 상대적 의미에서의 개괄적 서술에 해당한다. 이것은 모든 종류의 지식재산권이 이러한 특성을 모두 갖추고 있다는 것을 의미하지 않으며, 각 기본 특성에는 몇 가지 '예외'가 존재한다고 볼 수 있다. 예를 들어, 지리적 표시권은 완전한 의미의 독점성을 가지지 않으며, 상호권의 지역성은 고유한 특별 규정이 있으며, 영업비밀권은 시간의 구애를 받지 않는다. 본질적으로, 지식재산권의 공통된 법적 특성은 객체의 비물질성에만 있다고 할 수 있다.

제4장

지식재산권의 주체

권리 관점에서 볼 때, 지식재산권의 주체는 저작권자, 특허권자, 상표권자 등을 포함한 권리의 소유자이다. 법률관계 관점에서 지식재산권의 주체는 권리자 및 권리자 이외의 의무자이다. 본문에서 언급하는 권리 주체는 다양한 종류의 지식재산권의 소유자이다. 여기서 말하는 '인(人)'은 자연인 또는 법인이며 일정한 조건하에서는 비법인단체에서 국가까지도 포함한다. 일반 민사주체와 달리 지식재산권 제도에서 '인'에 관한 용어는 모두 자연인과 법인을 의미한다. 소위 '저작권자, 특허출원자, 상표등록자' 등은 사실상 이러한 권리를 누리는 자연인과 법인을 말한다.

Ⅰ. 주체 자격 개설

지식재산권의 주체가 어떤 자격을 갖추어야 하고, 어떤 권리를 향유하는지는 국가 법률에 의하여 직접 규정된다. 주체자격은 민법상(지식재산권제도 포함) 민사 주체의 법적 인격을 말하며, 이는 자연인과 그 조직이 민사 주체가 되기 위한 법률의 전제조건이다.[1] 법적 지위의 평등과 주체의 인격적 독립은 민사 주체 자격을 확인하는 기본 원칙이다. 그 중에서 지위의 평등은 인격적 독립의 필수 전제이고, 인격적 독립은 지위평등의 구체적 인표현이다.

사법관계에서 평등원칙은 구체적으로 다음과 같이 표현된다. 시민의 민사적 권리능력은 일률적으로 평등하고, 민사 주체는 민사법률관계에서 권리를 향유하면서도 법에 따라

1) 参见李开国：≪民法基本问题研究≫, 54页, 北京, 法律出版社, 1997.

의무를 부담한다. 민사주체는 평등하게 법의 보호를 받는다.[2] 지식재산권 제도의 평등정신은 본질적으로 일반적인 의미의 사법상 평등원칙과 동일하지만, 동시에 고유한 법적 성격을 가지고 있다. 이것은 주로 두 가지 측면에서 나타난다. 첫째, 지식재산권 제도의 평등이란 주체가 창조적 활동을 할 수 있는 자유로운 선택이며, 창작자의 권리를 얻을 수 있는 기회의 균등이다. 현대 민법의 실현은 사회가 사람들에게 평등한 기회를 제공하면 평등이 실현된다는 절차적 의미의 평등관이다. 바꿔서 말하면, 평등은 기회의 평등이지, 사람들이 민사활동을 통해 얻는 결과는 개인의 천부적 자질, 재능, 기회에 의해 결정되는 것으로, 그 차이는 인정되어야 한다.[3] 지식재산권의 원시적 취득은 주로 주체의 창조적인 행위(창작, 발명 등 포함)에서 비롯된다. 창조적인 행위는 일반적인 의미의 민사법률행위가 아닌 사실행위에 해당하고, 민법행위능력에 영향을 받지 않는다. 주체가 자신의 창조적인 행위로 지식제품을 완성하면 창작자로서 법률에 따라 권리를 취득할 수 있다. 둘째, 지식재산권 제도의 평등은 일종의 당사자 간 권리와 의무 관계의 조정이자 사회적, 정신적 재산을 합리적으로 공유하는 것이다. 지식재산권 제도의 역사적 발전은 단일한 권리 주체에서 다원적 권리 주체로 확장되는 과정을 거쳤다. 저작권 분야에서는 저작자의 권리보호를 바탕으로 공익과 사권의 관계를 조정하고, 과학 및 문화 전파라는 목표 하에 모든 당사자의 관계를 조정하는 것이 저작권 입법의 기본적 고려사항이다. 사회적, 정신적인 재산의 창출, 보급 및 사용의 측면에서 저작권제도는 창작자, 보급자, 이용자 등 여러 주체를 설정하고, 그들이 저작물에 대한 권익을 공유하도록 규정하였다. 그래서 미국 학자들은 현대 저작권법을 각 주체들의 권리관계를 조율하는 '균형법'으로 설명한다.[4] 특허권 분야에서는 전용실시, 법정실시, 강제실시 또는 자유실시 제도의 존재로 인해 둘 이상의 주체가 동일한 발명 창작을 각각 이용하면서 이익을 향유하는 상황이 나타난다. 지식제품의 사회적, 비물질적 특성으로 인해 다수의 주체는 이런 지적성과를 활용할 수 있다. 지식재산권 제도는 사회적 분배의 정의를 보장하고 촉진하며, 이러한 분배원칙을 법적 권리, 의무로 연계시킴으로써 정신적 자원을 권위적으로 공정하게 분배한다. 바로 위의 두 가지 이유로 인하여 일반재산권 주체제도와 구별되는 지식재산권 주체 제도의 중요한 특성이 형성되었다.

---

2) 参见佟柔主编：≪民法总则≫, 16页, 北京, 中国人民公安大学出版社, 1990.

3) 参见彭万林主编：<民法学≫, 34页, 北京, 中国政法大学出版社, 1994.

4) See L. Ray Patterson, Stanley W. Lindberg, The Nature of Copyright : A Law of User's Right, The University of Georgia Press, 1991, p.2

Ⅱ. 원시주체

원시적 취득은 재산권의 최초 발생 또는 원소유자의 권리에 의존하지 않고 재산권을 취득하는 것을 말한다. 일반 재산소유권의 원시적 취득은 생산, 과실, 선점 등의 방식이 있으며, 그 원시적 취득은 주체의 특정한 신분 요건이 없고, 부동산 및 개별 동산을 제외하고는 국가기관의 특별승인도 필요하지 않다.

지식재산권의 원시주체는 원시적 취득과 다르다. 그 권리 발생의 법률상 사실은 두 가지 측면을 포함하는데, 즉 창조자의 창조적 행위와 국가기관의 권한적 행위이다.[5] 지식제품의 생산, 개발활동에서 창작행위 또는 발명행위는 본질적으로 사실행위에 속하므로, 누구나 자신의 지적 노동을 통해 지식제품 창작자의 신분을 취득할 수 있다. 사법관계에서 신분은 특권을 뒷받침하는 것이었고, 평등의 반대 개념이었다. 고대 사회의 종법제도에서는 개별 가족 간의 교제보다 가족 내의 연결이 더 많았고, 가족은 법률 조정의 기본단위였다. 로마법은 부모에게 완전한 독립적인 인격을 부여하였으며, 가장이 누리는 모든 공권과 사권은 특정 신분에 기초하여 생성된다.[6] 이와 달리, 지식재산권 주체 제도의 신분원칙은 두 가지 특성을 가진다. 첫째, 창작자의 정체성은 일반적으로 창조적 지적 노동에 종사하는 자연인에 속하지만, 경우에 따라서는 창작활동을 주도하고 그 의지를 구현하거나 상응하는 책임을 지는 법인에게 귀속될 수도 있다. 고대 사회의 가장신분이나 현대사회의 소비자 신분, 고용노동자 신분과 달리, 자연생명체와 사회조직 모두 창작자의 신분을 취득할 수 있다. 둘째, 창작자의 신분은 일반적인 신분에 의존하는 혈연관계, 혼인관계 또는 기타 사회적 관계와 무관하다. 이것은 지적이고 창조적인 활동이라는 사실행위의 결과일 뿐만 아니라, 행위자의 지식재산권 취득의 전제가 된다. 관련 권익분쟁에서 창작자 신분의 확인은 권리원천을 파악하고 소유권을 판단하는데 중요한 의미가 있다.

또한 지식재산권의 원시적 취득에서 국가기관의 위임행위는 권리 주체의 자격을 최종적으로 확인하기 위한 필수절차이다. 권한 부여 행위는 성격상 행정법률행위에 해당한다. 그것은 창조적인 행위와 마찬가지로 권리의 원시적 취득에 중요한 의미를 가진다. 비

---

5) 모든 지식재산권은 국가 법률의 인정을 받아야 하며, 대부분 국가 부여적 성격을 가진다. 그러나 지식재산권 체계 내에서도 저작권, 영업비밀권 등은 국가 기관의 심사나 승인을 거칠 필요가 없다.

6) 参见[英] 梅因：≪古代法≫, 沈景一译, 第5章, 北京, 商务印书馆, 1959.

국 학자의 표현에 따르면, 창조적 활동은 권리 발생의 '근원(source)'이고, 법(국가기관의 권한 부여 활동)은 권리 발생의 '기초(origin)'이다.[7]'이다. 지식재산권은 법에 따라 관할 기관에서 부여하거나 확인해야만 발생하는데, 이는 객체의 비물질적 성질에 의해 결정된다. 지식제품은 전통적인 객체와는 다르기 때문에 유형적으로 통제하거나 점유하는 것은 불가능하고, 창작자의 손에서 벗어나 타인이 쉽게 이용할 수 있다. 다시 말해, 지식제품이 세상에 공개되는 한 다른 사람들은 불법경로를 통해 쉽게 이익을 얻을 수 있다. 따라서 지식제품의 소유자는 창조적 활동의 사실행위만으로 당연하게 유효한 권익을 취득, 향유 또는 행사할 수는 없다. 반드시 국가법률의 특별한 보호에 의존해야 한다. 즉, 관할 기관의 심사와 승인을 거쳐 독점권이나 전유권을 부여 받아야만 한다.

Ⅲ. 승계 주체

민법 이론상 승계취득은 원시취득과 구별되는 두 가지 기준이 있다. 첫째, 의지적 특성이다. 승계취득은 사물(또는 지식제품)의 원소유자의 의지에 따라 발생할 수 있다. 둘째, 권리 원천이다. 승계취득은 원소유자의 권리를 근거로 권리 이전방식을 통해서만 발생한다. 재산소유권 제도에서는 '일물일권주의' 원칙에 따라, 동일한 객체물 위에 두 개 이상의 동일한 내용의 소유권을 설정할 수 없다. 승계취득의 경우, 일방이 권리를 양도하면, 곧 권리 주체의 자격상실을 의미한다. 상대방이 권리를 승계하면 새로운 재산 소유권자가 되었음을 의미한다. 또한 이 원칙에 근거하여, 일물 위에는 여러 물권(예: 용익물권 또는 담보물권)이 존재할 수 있지만, 각 물권 간에는 서로 모순되어서는 아니 된다. 다시 말해, 동일한 객체물이나 그 일부에 대해 성질이 동일하면서 서로 독립적인 수개의 물권을 설정할 수는 없다.[8]

지식재산권 분야에서는 승계취득사유에 따라 동일한 지식제품 위에 여러 권리의 주체가 존재하는 경우가 흔하며, 이를 크게 세 가지로 분류할 수 있다. 첫째, 특정 유형의 권리 주체가 지식제품에 대해 재산권과 인격권을 모두 갖는 경우, 승계취득의 권리는 단지 재

7) L. Ray Patterson, Stanley W. Lindberg, The Nature of Copyright : A Law of User's Right, The University of Georgia Press, 1991.

8) 参见王利明 : ≪民商法研究≫, 第三辑, 191～192页, 北京, 法律出版社, 1999.

산권에 한정된다. 즉, 승계 주체는 창작자에게만 귀속되는 인격권을 취득할 수 없다. 이렇게 하면 동일한 지식제품에 대해 생성된 인격권과 재산권은 서로 다른 주체에 의해 공유된다.[9] 둘째, 일부 지식재산권은 불완전한 양도일 수 밖에 없고, 승계 주체는 약정된 재산권 항목에서만 이익을 누릴 수 있다. 이는 마치 소유권과 그 권능이 분리되는 것과 같아서, 원시적 주체가 여전히 존재하는 상황에서 하나 혹은 여러 명의 불완전한 권리 주체가 발생하여 일부 권능만을 보유하게 된다. 즉, 재산권의 여러 권능이 서로 다른 주체에게 분산되어 공유되는 것이다. 물론 이러한 권리와 권능의 분리는 지식재산권과 소유권 사이에서 전혀 다른 내용과 의미를 갖는다. 소유권의 객체는 독립적인 특정 물건이며, 일정한 시공간에서 오직 특정한 주체만이 통제하고 사용할 수 있다. 따라서 소유권과 권능의 분리되면, 점유자 즉 비소유자로서 물건의 실질적 지배자가 되고, 원소유자는 물건을 직접 통제하지 않는 '공허한 권리 주체'에 불과하다. 그러나 지식재산권의 객체는 비물질적 형태의 정신적산물이며, 일정한 시공간에서 다수의 주체가 이를 이용할 수 있으며, 여기에는 원시적 주체 자신이 사용하는 경우와 승계 주체에게 허락하여 함께 사용하는 경우도 포함된다. 셋째, 일부 지식재산권의 양도는 동시에 서로 다른 지역 범위에서 이루어지기도 한다. 예를 들어, 저작권자가 여러 국가에서 각각 저작권을 양도하거나 특허권자는 다른 국가들에 각각 특허를 양도하는 경우, 둘 이상의 독립된 권리주체가 발생한다. 그러나 일부 양수인은 각자의 유효한 지역 내에서만 권리를 행사할 수 있으며, 각 주체의 지위는 독립적이고, 권리는 서로 관련이 없다. 이러한 경우 비록 원래 지식재산권 소유자가 주체 자격을 상실하더라도, 서로 다른 지역에서 동일한 새로운 지식재산권자가 여러 명 생겨나게 되며, 각 승계 주체는 동일한 지식산물에 대해 동일한 성질의 권리를 독립적으로 향유하게 된다.

지식재산권에서 승계취득은 원시취득보다 더 중요한 의미를 갖는다. 오늘날 상품경제가 발달하고 재산권이 점차 사회화됨에 따라, 소유권의 행사와 실현은 종종 비소유권경로(예: 물권의 설정 및 채권 발생)를 통해 진행된다. 일부 학자들의 주장처럼, 사회경제적 생활의 재산관계는 정적인 소유권 중심에서 동적인 채권 중심으로 전환되었으며, 소유권은 각종 권리로 전환되어 본래의 지위를 상실했다.[10] 지식재산권은 더욱 그러하다. 그 권

9) 지식재산권 체계에서 저작권은 전형적인 일체양권이다. 현실 생활에서는 저작자가 저작인격권은 보유하면서 저작재산권을 타인에게 양도하는 사례가 존재한다.

10) 参见董开军：≪所有权转换现象研究≫, 载≪法律科学≫, 1991(1).

리의 가치실현은 창작자가 지식제품을 직접 지배하는 것이 아니라, '창조-전파-이용'의 과정으로 나타난다. 현대 정보화 사회에서는 사회적 분업이 세밀하고, 하나의 저작물이나 발명을 창작자가 혼자서 다양한 형태의 이용을 하는 것은 거의 불가능하다. 따라서 지식제품 소유자는 종종 타인의 의지와 행동을 통해 자신의 이익을 실현해야 한다. 이것이 바로 지식재산권 승계취득이 소유권 관련제도와 구별되는 사회적 의미가 되는 것이다.

Ⅳ. 외국인 주체 자격

민사주체는 국적에 따라 자국인과 외국인으로 구분할 수 있다. 외국인의 민사적 지위와 관련하여, 고대국가는 불승인주의를 채택하였다. 즉, 외국인들은 자국인의 권리능력을 가진다고 인정하지 않았다. 고대로마에서는 노예가 되지 않은 외국인은 자유인의 신분을 가지고 있더라도, 시민법에 규정된 각종 권리를 누릴 수 없었다. 다만, 국제무역이 발전함에 따라, 각국은 점차 '상호주의' 원칙을 채택하기 시작했는데, 이는 양국 간 조약이나 법률에 따라 서로 상대방 국민이 자국 국민이 상대국에서 누리는 권리를 향유하는 것을 인정하는 것이었다.[11] 외국인이 평등한 민사상 지위를 갖는다고 국내법의 형태로 최초로 인정한 것은 1804년 「프랑스 민법전」이다. 여기에는 "외국인은, 그 본국과 프랑스가 조약을 체결하여 프랑스인이 그 나라에서 일정한 민사권리를 누릴 수 있도록 허락한 경우, 프랑스에서도 동일한 민사권리를 누릴 수 있다"라고 규정되어 있다. 고전 자연법학파의 영향을 받아, 1829년 「네덜란드 민법전」도 평등주의로 전환하여, 원칙적으로 외국인에게 자국인과 동등한 대우를 부여하였다. 이후 각국의 법률은 잇따라 국민대우원칙을 확인했지만, 외국인이 누리는 권리에 대해서는 일정한 제한을 두었다. 예를 들어, 외국인은 토지권, 채광권, 어업권 취득을 불허하고, 자국민만 할 수 있는 특정 직업 등에는 종사하지 못하게 하는 등 이는 제한된 국민대우라 할 수 있다.

지식재산권 제도는 외국인의 주체자격에 대해 별도규정이 있다. 저작권법의 일반적인 규정은 외국인이 만든 저작물이 한 국가 내에서 먼저 발표된 경우, 해당 국가의 국민 저작물에 준하는 보호를 받아야 한다는 것이다. 만약 해당 국가에서 먼저 발표되지 않은 경

11) 参见 ≪中国大百科全书≫, 法学卷, 830页, 北京, 中国大百科全书出版社, 1984.

우, 해당 국가 간의 양자 조약 또는 공동으로 가입한 국제협약 또는 상호주의 원칙에 따라 보호한다. 산업재산권법의 일반적인 규정은 자국 내에 상주하거나 사업장을 둔 외국인은 자국인과 동등한 대우를 받는다는 것이다. 반면, 국외에 거주하는 외국인은 그가 속한 국가와 본국이 체결한 양자 조약이나 공동으로 가입한 국제협약, 또는 호혜원칙에 따라 처리한다. 이러한 규정들은 지식재산권 제도가 주로 조건부 국민대우 원칙을 채택하고 있음을 보여준다. 즉, 위의 조건 중 하나에 해당하는 하면, 외국인도 자국민과 동일한 권리를 누릴 수 있으며, 그 권리의 범위와 내용에 대해서는 제한을 두지 않는다.

국민대우원칙은 국제 지식재산권 제도의 기본 원칙이다. 이 원칙은 두 가지 의미를 포함한다. 첫째, 지식재산권 보호에 있어서 국제협약의 회원국은 다른 회원국의 국민에게 법적으로 자국민과 동일한 대우를 해야 한다. 둘째, 비회원국 국민에 대해서도 그들의 작품이 국제협약 회원국의 영역 내에서 먼저 발표된 경우(저작권법)나, 그 국가에 상설 거소가 있거나, 실제로 상공업 활동을 영위하는 영업소가 있는 경우(산업재산권법)에는 해당 회원국 국민과 동일한 대우를 부여해야 한다. 국민대우 원칙은 지식재산권의 지역적 효력의 한계를 뛰어넘어, 한 국가의 권리자가 다른 나라에서도 보호받을 수 있도록 한다. 외국인에게 자국민과 동일한 민사적 지위를 허용하는 것은 본국 국민의 해외 지식재산권 이익이 침해되지 않도록 보호하기 위한 것이며, 동시에 외국의 선진 기술과 우수한 문화를 유치하기 위한목적도 있다. 따라서 이 원칙은 세계 각국의 확인과 인정을 받고 있다.

관련 국제협약에 의해 확인된 국민대우원칙은 "법 앞에 모든 사람이 평등하다"라는 사상을 국제법에 반영한 것이다. 이 원칙은 외국인과 자국인모두 국민으로 동일시하여, 외국인을 보호하기로 선택한 국가에서 그 국가국민과 동일한 권리를 향유하도록 한다. 즉, 자격을 갖춘 주체는 자국에서만 지식재산권을 누릴 뿐만 아니라, 다른 협약 회원국에서도 이에 상응하는 권리를 누린다. 국민대우원칙은 17세기부터 점차 각국에서 받아들여졌으며, 오늘날까지 많은 변화가 있었다. 첫째, 국민대우원칙의 확장이다. 특정 협약 회원국의 국민이 다른 회원국에서 누릴 수 있는 권리가 자국 내에서 누릴 수 있는 권리와 서로 일치하지 않아 권리 향유의 불균형이 발생하자, 국제협약은 각 회원국의 관련 입법이 공약이 요구하는 최저 기준을 충족하도록 요구하게 되었다. 이는 국제협약에시의 국민대우원칙의 확장이라 할 수 있다. 둘째, 국민대우원칙의 제한이다. 우선, 이러한 제한은 호혜 원칙에서 비롯되는데, 회원국 간 보호수준의 현저한 차이에 대하여 '이익 균형의 대등성'을 실현하기 위해 일부 영역에서는 국민대우 원칙이 더 이상 적용되지 않는다. 다음으로, 회원국이 국제협약에 가입할 때 '유보' 조항을 두어 특정 권리나 몇몇 권리에 대해 유보를 선언하는 경우, 국민대우 원칙의 적용에 영향을 미치게 된다. 이러한 상황은 국민대우원칙이 도전에 직면해 있음을 보여준다.[12]

12) 关于国民待遇原则的演变, 可参见 S.M Stewart, International Copyrights and Neighbouring Rights, Butterworth and Copublishers Ltd., 1983；曹新明：≪试析国际著作权公约中的国民待遇原则≫, 载≪法商研究≫, 1995(1).

제5장

지식재산권의 객체

지식재산권의 객체는 로마법이래 객체물의 이론으로 해석하기 어렵다. 근대독일 법철학자 헤겔은 정신적 기능, 과학지식, 예술, 발명 등은 사물처럼 거래하고 계약을 체결할 수 있지만 이것은 정신적 산물이기 때문에 이성적으로 법적 성질을 논하는 것이 어렵다고 말했다.[1] 현대 법학자들은 이미 재산적 의미에서의 '지식'과 이 지식을 표현하는 '운반체'를 구별하였다. 그들은 지식노동의 창조물을 '지식' 재산으로 불리는 것은 각종 정보와 관련이 있다고 보았다. 사람들은 이 정보를 유형운반체와 결합시키고 동시에 여러 장소에서 대량으로 복제하였다. 지식재산은 위의 복제품에 포함되지 않고 반영된 정보에 포함되어 있다.[2] 즉, 지식재산권 객체 문제의 논의는 지식재산과 물질재산의 차이를 설명하고 지식재산권과 전통적인 소유권 간의 본질적인 구별을 설명하는 것을 목적으로 한다.

Ⅰ. 지식재산권 객체의 개념

지식재산권의 객체에 대하여 학계에서 논란이 되고 있다. 권리 객체에 대한 이해가 다르기 때문에 지식재산권 객체의 정의 및 일반화의 차이가 발생한다. 지식재산권의 객체와 대상은 서로 다른 범주라는 견해가 있다. 지식재산권의 객체는 지식재산권 대상의 통제, 이용, 지배행위에 기초하여 생기는 이해관계나 사회적 관계를 말한다. '지식재산권의

1) 参见 [德] 黑格尔 : <法哲学原理>, 范扬、张企泰译, 第43节附译, 北京, 商务印书馆, 1961 ; 吕世伦 : <黑格尔法律思想研究>, 32页, 北京, 中国人民公安大学出版社, 1989.

2) 参见世界知识产权组织编 : <知识产权纵横谈>, 4页, 北京, 世界知识出版社, 1992.

대상은 바로 지식 그 자체이다.[3]' 이러한 이론은 객체를 추상적이고 이성적인 범주로 보는 반면에, 대상은 구체적이고 객관적인 범주로 본다. 또 다른 관점은 지식재산권의 객체가 대상과 같은 범주라는 것이다. 다수의 민법 저서에서 권리의 객체, 목표, 대상을 모두 동일한 개념으로 사용하고 있다.[4] 이를 바탕으로 학자들은 지식재산권의 객체를 다르게 정의하는데, 가장 대표적인 것은 '지적 성과, 지식제품, 지식정보' 등이다.

민법학 이론에서는 민사 객체란 민사권리와 민사의무가 공통으로 지향하는 사물로 여긴다. 그럼 사물이란 무엇인가? 이에 대한 설명은 다양하지만 일반적으로 추상적이고 이성적인 사회적 관계를 객체로 취급하지 않는다. 민사 객체로서의 사물은 다음과 같은 조건을 갖추어야 한다. 첫째, 객관성이다. 객체는 일정한 물질적 이익 또는 정신적 이익을 반영하여야 한다. 사물의 객관성은 객관적 실재성 즉 객관화할 수 있는 물질의 실체로 표현된다. 지식제품의 객관성은 인지성, 재현성 즉 객관화가 가능한 지식체계로 나타난다. 둘째, 대상성이다. 객체는 민사주체 간의 권리와 의무 즉 민사법률관계의 내용과 연결되어야 한다. 지식재산권 분야에서 창조적 성과, 경영적 표시, 신용을 객체로 보지 않는다면 권리의무관계가 발생할 수 없고 존재의 의미도 상실한다. 셋째, 지배성이다. 객체는 주체가 통제하고 이용하는 사물이다. 이러한 종류의 사물은 물질적 형태이든 지식적 형태이든 일정한 가치와 이용가치를 갖고 있다. 전자는 자연적으로 존재하거나 인위적으로 만들어진 물질적 재산이고, 후자는 지적노동에 의해 창출되는 비물질적 재산이다. 필자는 지식재산권의 객체와 대상을 동등한 개념으로 보고 있다.

지식재산권의 객체를 이론적으로 연구하는 외국 학자들은 많지 않다. 소련의 민법학자들은 일찍이 정신제품을 사물과 구별되는 대체 객체로 삼으려 했다. 그들은 자국의 민사입법정신에 따라 이러한 권리의 대상을 '창작활동의 성과'로 총칭한다. 이런 창작활동의 성과는 크게 두 가지 범주로 나뉜다. 하나는 과학, 문학 및 예술작품이다. 다른 하나는 공업용 실용신안 기술을 포함하여 공업제품의 기술과 미(美)를 통합하는 새로운 예술의 발견, 발명 및 합리적인 제안이다.[5] 그러나 소련학자들이 만든 '창작활동의 성과'라는 개념에는 두 가지 큰 흠결이 있다. 첫째, 지식재산권 분야의 각종 권리가 지향하는 공통 대상을 추상적으로 요약하지 못하고, 그 분류에 특허, 상표 등 산업재산권 객체를 포함하지

---

3) 刘春田主编：<知识产权法>, 4页, 北京, 高等教育出版社, 2000.
4) 参见靳宝兰等主编：<民事法律制度比较研究>, 64页, 北京, 中国人民公安大学出版社, 2001.
5) 参见 [苏] B. Л. 格里巴诺夫等主编：<苏联民法>(上), 177～178页, 北京, 法律出版社, 1984.

않았다는 것이다. 둘째, 객체의 지적창조 속성을 강조하지만 재산적 가치는 피한다는 것이다. 이러한 분류는 재산권 속성이 없는 발명권 및 발견권도 객체에 포함시키는데 이 학설은 본질적 특성을 간과한 것으로 보인다.

저명한 법학자 きたがわぜんたろう(北川善太郎)은 일본의 '지식재산권' 개념을 주도하는 대표적인 학자이다. 전통적으로 학자들은 '무체재산권'과 '무체재산'이라는 표현을 사용하여 권리와 권리 객체를 표현했다. 그러나 きたがわぜんたろう(北川善太郎)은 「일본민법전」 제85조에 규정된 유체물과 비교했을 때, '무체물'은 어감상의 문제가 있는 것 같아 보편적으로 받아들여질 수 없다고 주장했다. 이를 위해 1988년 "반도체집적회로의 법적 보호-새로운 지식소유권의 탄생"이라는 글에서 '지식재산'이라는 용어를 제시했다.[6] 이와 거의 동시에 다른 학자들도 경쟁적으로 이 용어를 사용하였고 이 개념은 일본에서 널리 보급되었다. 지식재산이론에서 지적 노동의 창조물을 지식재산으로 부르는 것은 그 재산이 각종 정보와 관련이 있기 때문이라고 주장한다. 사람들은 이 정보를 유형 운반체와 결합시키고 동시에 여러 장소에서 대량으로 복제한다. 지식재산은 위의 복제품에 포함되지 않고 복제품에 반영된 정보에 포함된다.[7] 또 다른 일본학자인 こじまようわ(小島庸和)는 무체재산권이라는 학설에 근거하여 '무체재산' 이론을 제시했다. 그는 『무형재산권』이라는 책에서 지식재산과 무체재산을 동등한 개념으로 보고 이를 지식재산권법의 대상으로 지칭했다. 그는 "무형재산은 본래 시대의 흐름에 따라 끊임없이 생겨나고 발전했으며 지금도 계속 생겨나고 있는 다양한 새로운 지식형태의 산물(원문은 지식의 산물로 표현)"이라고 주장했다.[8] こじまようわ (小島庸和)는 무체재산을 무체재산법의 객체로 강조하고 이를 창작(creation)과 마크(mark)로 구분했다. 이것은 '무형재산은 유형재산(예: 빛, 전기 등)과 비교하여 고유한 특성을 가진다.[9]' 일본 민법은 '물(物)은 반드시 형태를 가진다'는 원칙을 따르는데, 이른바 무체재산은 지적산물이나 지적 성과를 말하며 이들은 사물(유체물)에 상응하여 존재하며, 각각 무체재산권(또는 지식재산권)과 일반재산 소유권의 객체가 된다. '지식재산' 또는 '무체재산'의 의미에 객체의 비물질성과 재산성을 강조하는 것은 바람직한 측면이 있다. 그러나 과거부터 오늘날까지 '재산'이라는 용어는 여러 가지 의미에서 자주 사용되며, 때로는 재산소유권 사체를 가리킬 때도

---

6) 参见 [日] 北川善太郎 : <技术革新与知识产权法制>, 国家科委政策法规与体制司译, 3页, 1998.
7) 参见世界知识产权组织编 : <知识产权纵横谈>, 4页, 北京, 世界知识出版社, 1992.
8) [日] 小岛庸和 : <无形财产权>, 2页, 东京, 创文社, 1998.
9) [日] 小岛庸和 : <无形财产权>, 2页, 东京, 创文社, 1998.

있고 소유권 객체 (즉, 소유물)을 가리킬 때도 있다.10) 이 경우, 권리본체와 권리 객체는 모두 '재산'이라는 용어를 채택하므로 모호함을 초래할 수 있다.

1980년대 초반, 중국의 많은 학자들은 정신적 부에 관한 권리를 '지적 성과권'이라고 불렀기 때문에 이러한 권리 객체를 '지적 성과'로 규정하고 그 가치를 화폐로 측정할 수 없다고 강조했다.11) 위 학설은 물론 흠결이 있는데 이것은 이론적 흠결이 아니라 역사적 한계에서 비롯된 측면이 있다. 상품경제 특히 기술의 상품화가 확립되거나 형성되지 않은 상황에서 법학이론이 이러한 객체의 정신적 속성에 집중하기 어려웠다는 사실을 이해할 수 있다. 요컨대, 지적성과에 대한 전통적인 학설은 본래의 상품속성과 재산적 가치를 부각시키지 못하고 지식재산권 객체의 본질적 특성을 반영하지 못하므로 검토와 반성이 필요하다.

필자는 지식재산권의 객체를 '지식제품'으로 요약하고 '지식제품'의 이론적 범주 구축을 강력하게 주장했다.12) 다른 학자들도 자신의 학문 분야에서 지식제품의 개념을 설명했다. 이른바 지식제품이란 과학, 기술, 문화 등 정신분야에서 사람들이 만든 제품으로서 발명창조, 문학예술창조 등 다양한 표현형태를 가지고 있으며 물질제품(유체물)과 구별되어 독립적으로 존재하는 객체 범주이다. 위에 언급한 제안 및 이론은 현실 사회적 기반을 갖고 있다. 1984년 중국공산당 중앙위원회의 「경제체제개혁에관한결정」과 1985년 「과학기술관리체계개혁에관한결정」은 중국의 현 상품경제에 대한 올바른 설명을 제공할 뿐만 아니라 처음으로 "기술이 사회적 상품 가치에서 많은 역할을 하고 더 많은 기술이 독립적인 지식형태의 상품이 되었다."라고 처음 명시적으로 인정했다. (주의 : 필자가 강조 추가함) 1986년 중국의 「민법통칙」이 제정되어 '지식재산권'이라는 개념을 공식적으로 사용함으로써 '지적 성과권'이라는 기존의 학설을 대체하였다. 위의 결론과 규정은 지식제품의 범주 확립을 위한 이론적 기초와 법적 근거를 제공한다. 사실 지식제품이라는 전문용어에 대해서는 이미 외국 학자들이 이와 비슷한 표현을 하였다. 지식재산권 개념의 주창자이자 벨기에 법학자인 Pikadi(皮卡第)는 지식재산권을 '지식제품을 사용할

---

10) 根据 <牛津英语大辞典>的解释, "property"即 "财产"主要有三种含义 : (1)被拥有或可能被拥有的事物, 如财富、财物、土地等 ; (2)所有权 : 唯一拥有、享用和使用某物的权利 ; (3)归某人合法所有之物 : 受法律保护而私人享有的有形资产权和无形财产权.

11) 参见 <民法原理>, 383页, 北京, 法律出版社, 1983.

12) 参见吴汉东、闵锋编著 : <知识产权法概论>, 34页, 北京, 中国政法大学出版社, 1987 ; 钱明星 : <物权法原理>, 26页, 北京, 北京大学出版社, 1994 ; 张和生 : <知识经济学>, 294页, 沈阳, 辽宁人民出版社, 1992.

권리'라고 불렀다.[13]' (주의 : 필자가 ' ' 추가함). 필자는 사물이나 지적 성과에 비해 지식제품은 지식재산권 객체의 본질적인 특징을 더 일반화할 수 있다고 생각한다. 사물의 개념이 두드러지는 것은 신체 이외의 물질대상이며 가공되지 않은 자연물일 수도 있고 인간의 물질노동의 창조물일 수도 있으며 이는 객체의 물질성을 분명하게 나타낸다. 반면에, 지식제품은 지식형태 제품의 본질적 의미를 요약하고 이러한 유형의 객체는 과학, 기술, 문화 등 정신적인 분야에서 발생하며 인간 지식의 창조물로서 객체의 비물질성을 분명하게 보여준다. 동시에 지식제품의 함축은 상품생산조건에 따른 상품속성과 재산적 성질을 부각시키고 저작권, 상표권, 특허권의 재산권 내용을 반영하며, 권리대상으로서의 지적 성과는 '지식재산권(Intellectual Property)'에 포함된 '지식소유권'의 본래 의미를 명확히 가리키기 어려워 비물질적 재산가치와 사용가치가 있는 상품의 형태를 밝힐 수 없다. 따라서 우리는 지식재산권의 객체를 사물이나 지적 성과가 아닌 지식제품으로 표현해야 한다.

1990년대 이후 중국의 일부 학자들은 지식재산권 객체들에 대해 새로운 이론을 일반화하였다. 어떤 학자들은 지식재산권의 보호 대상이란 '형식적'으로 존재하는 지식이라고 주장한다.[14] 다른 학자들은 지식재산권 보호 대상을 지적활동과 관련된 비물질적인 정보라고 주장한다.[15] 또 다른 학자들은 지식재산권 보호의 객체를 지식재산과 그와 관련된 정신적 권익으로 묘사하기도 한다.[16] 상술한 내용이 학계에서 아직 일치된 의견은 형성하지 못했지만 이러한 논의는 학술적 가치가 있으며 그 기본적인 의의는 다음과 같이 세 가지로 표현된다. 첫째, 지식과 정보는 사물과 구별되는 대체 객체로 비물실적 부의 범주에 속한다. 둘째, 지식과 정보는 사람들의 지적활동과 관련되어 지식 또는 정신 영역에서 발생한다. 셋째, 지식과 정보는 민사 객체로서 지식재산권법이 보호하는 이익을 구성한다.

13) [苏] E. A. 鲍加特赫等 : <资本主义国家和发展中国家的专利法>, 载 <国外专利法介绍>, 第 1册, 12页, 北京, 知识出版社, 1980.

14) 参见刘春田主编 : <知识产权法>, 5页, 北京, 高等教育出版社, 2000.

15) 参见张玉敏主编 : <知识产权法教程>, 20页, 重庆, 西南政法大学出版社, 2001.

16) 参见蒋志培 : <论知识产权的概念、历史发展及其法律保护的含义>, 见 www.civillaw.com.cn

Ⅱ. 지식재산권 객체의 분류

전통적인 저서에서는 지식재산권의 객체를 지적 창조적 성과로 포괄적으로 표현하였는바, 이미 많은 학자들이 이 표현은 미흡하다고 지적하고 있다. 그들은 지식재산권의 객체를 두 가지 범주로 나눠야 한다고 생각한다. 하나는 지적성과이고 다른 하나는 경영적 표시이다.[17] 현대사회의 무형재산의 발전상황을 고려하여 전통적인 객체의 범위와 다른 새로운 지식재산 체계를 구축할 것을 제안한다. 즉, 지식제품을 구체적으로 세 가지로 구분한다. 첫째, 작품과 매개체, 산업기술이다. 둘째, 경영적 표기이다. 셋째, 경영적 신용이다. 그 중 첫 번째 유형은 과학기술 및 문화분야에서 발생하고 두 번째, 세 번째 유형은 산업 및 상업분야에서 발생한다. 현행법에서 지식재산권의 객체는 주로 창조적 성과와 경영적 표기이다. 이에 대해서는 별도로 설명한다.

작품과 매개체는 문학예술분야에서 다양한 표현형태로 출현하여 독창적인 창작성과(저작권 객체), 작품을 전파하는 과정에서 발생하는 창작물과 관련된 각종 제품, 물품 또는 기타 전파매체(인접권 객체)를 말한다. 저작권 객체로서의 저작물은 문학작품, 예술작품, 과학작품으로 나눌 수 있다. 인접권의 객체로서의 매개체는 주로 예술공연, 영상녹화, 방송프로그램을 포함한다. 이러한 유형의 지식제품의 공통적인 특징은 모든 문화영역에서의 지식창작의 결과물이며 창작자의 창작활동 및 전파활동과 관련이 있다. 또한 문학 또는 기호 형식, 이미지 형식, 음향 형식 및 관련 기술 표현 형식을 포함한 창작자의 아이디어 결정의 객관적인 표현 형태를 포함한다.

산업기술은 일반적으로 공업, 농업, 상업 등 산업분야에서 이동할 수 있는 물질화된 지식과 기술을 말한다. 이것은 과학적 원리와 실제 생산경험에 따라 개발하고 발전된 공정 운영의 방식, 기술, 생산도구 및 기타 물질시설이다. 산업기술은 과학적 성과와는 다르다. 과학적 성과는 인간의 실제 경험과 인식에 대한 일반화이자 집약체로서 자연과 사회, 사고에 대한 다양한 이론적 지식과 연구결과이다. 과학기술은 모두 지식의 형태로 나타나며 사회의 정신적 부에 속한다. 과학의 기능은 자연계(사회 또는 사고)와 기술의 가능성을 이해하는데 있으며 보다 예측 가능하고 심오하다. 반면에, 기술은 생산과정과 직접 연결되어 있으며 그 기능은 자연계의 통제와 이용에 있으며 보다 실천적이고 응용적이다.

17) 参见刘春田主编 : <知识产权法教程>, 1页, 北京, 中国人民大学出版社, 1995.

법적으로 산업기술은 산업재산권을 취득하는 모든 종류의 특허기술로 표현될 수 있으며 기타 지식재산권을 취득한 기술비밀과 새로운 지식재산권 즉 산업저작권의 보호를 받는 공산품으로도 표현될 수 있다.

산업로고는 일반적으로 산업, 농업, 상업 등 산업분야에서 제품 출처와 제조업체의 특정 인격을 표시할 수 있는 구별마크를 말한다. 상표, 상호, 원산지 이름 등을 포함한 산업로고는 사람들이 살면서 가장 많이 보는 표시이다. 산업로고는 예술의 일반적인 특징을 가지고 있다. (1) 표식성: 산업로고의 주요 기능은 상품과 상품을 생산하는 제조업체를 구별하여 사람들이 쉽게 식별하고 오해를 방지하는데 있다. (2) 홍보성: 산업로고는 주로 특정 상품의 제조업체 또는 원산지에 대한 홍보효과를 위해 상공업 활동에서 사용된다. (3) 적응성: 산업로고는 다양한 상황에서 사용할 수 있으며 상품 또는 관련 자료에 표시할 뿐만 아니라 다양한 홍보매체의 제작에도 사용될 수 있다.[18] 산업로고는 산업재산권과 기타 지식재산권의 객체로서 기업의 중요한 무형재산이다.

경영적 신용은 사업체가 경영활동에서 가지고 있는 경영자격, 경영우위, 그리고 특허 프랜차이즈 자격, 특허 거래자격, 신용 및 영업권 등 사회에서 얻은 상업적 신용을 말한다. 경영적 신용의 구성측면에서 본질적인 요소는 주체의 경영능력이다. 경영능력은 경제상황, 생산능력, 제품품질, 시장점유율 등 매우 광범위한 개념이다.[19] 이러한 경영능력은 특정 주체가 동종업계 일반기업보다 높은 초과이윤을 형성한다. 외부요인은 특정 조직이나 기관에서 부여한 자격 또는 대중의 평가와 신뢰라는 두 가지 측면으로 나타난다. 이러한 유형의 권리 객체와 관련된 자격, 능력 또는 신용도는 명백한 재산적 이익의 요소를 포함하지만 정신적 이익의 내용도 포함한다. 문학예술작품, 산업기술, 산업표시와 달리 경영적 신용의 재산가치가 아직 사람들에게 완전히 인식되지 않아 이와 관련된 입법적 보호는 미흡하다. 이런 이유로 일부 학자들은 이런 객체를 발전 중인 무체재산이라고 부른다.[20]

---

18) 参见吴汉东主编：<工业产权法的理论与实践>, 6页, 北京, 中国政法大学出版社, 1989.
19) 参见杨立新：<人身权法论>, 638页, 北京, 中国检察出版社, 1996.
20) 参见曾世雄：<民法总则之现在与未来>, 137页, 台北, 三民书局, 1993.

Ⅲ. 지식재산권 객체의 기본특징

지식재산권 객체는 창조적 성과, 경영적 표시, 경영성 신용 등 다양한 형태로 표현되며 다음과 같은 기본적인 특징을 모두 갖고 있다.

1. **창조성**: 지식제품은 물질제품과 달리 기존 제품의 단순한 반복이 아니라 혁신적이고 돌파구가 있어야 한다. 창조성은 지식제품이 법적 보호를 받기 위한 요건인 반면에 일반재산법에서는 창조성을 요구하지 않는다. 여기서 지식제품이 창조성의 특징을 강조한다고 해서 물질제품에 창조성이 없다는 뜻은 아니다. 핵심은 지식제품이 지식재산의 객체가 되기 위해서는 창조성이라는 요건이 필요한데, 물질제품이 유형재산의 소유객체를 구성할 때는 창조성이라는 요건이 없다는 것이다. 구체적인 지식제품에 따라 그 창조성의 정도에 대한 요구는 다르다. 일반적으로 발명특허는 가장 높은 창조성을 요구하는 바, 이는 기술분야에서 선진적인 과학기술 성과여야 하며, 그것이 구현한 기술사상, 기술 방안은 어느 한 분야의 기술을 질적으로 발전시켜야 한다. 저작권 저작물이 요구하는 창조성이란 저작물이 저작자의 창조적인 노동의 결과물이어야 하지만, 어떤 저작물이든 독자적으로 구상하고 창조한 것이라면 그 생각의 내용이 타인의 저작물과 같거나 유사한지 여부에 관계없이 독자적인 저작권을 취득할 수 있다. 상표가 요구하는 창조성은 구별하기 쉬운 정도 즉 상표는 식별이 용이하고 뚜렷한 특징을 가져야 하며 문자, 도형 또는 그 조합은 타인의 상표구성과 혼동되지 않아야 한다. 보호 대상에 따라 요구되는 창조성의 정도가 다르다는 것을 알 수 있다. 서양학자에 따르면 특허권은 '기술적 선진성'(또는 '불명확성')을 요구하며, 저작권은 저작물에 '독창성'(또는 '창조성')을 요구하고, 상표권은 상표가 '식별성'(또는 '구별용이성')을 요구한다.

2. **비물질성**: 지식제품은 물질제품과 달리 지식형태의 정신제품으로서 내적가치와 사용가치가 있지만 외적형태는 없다. 비물질성은 지식제품이 유형재산인 소유권 객체와 구별되는 주요 특징이다. 소위 비물질성이란 지식제품이 일정한 형태(예: 고체상태, 액체상태, 기체상태 등)를 갖지 않는 것 즉 일정한 공간을 차지하지 않는 것을 의미한다. 사람들의 '점유'는 현실적이고 구체적인 통제가 아니라 인식과 사용으로 나타난다. 어떤 물질제품은 일정한 시공간적 조건에서 특정 개인 또는 사회조직에 의해서만 실제로 점유하거나

사용할 수 있으며, 소유자는 자신의 유형재산을 효과적으로 관리하여 타인의 불법점유를 배제시킬 수 있다. 이와 달리 지식제품은 여러 주체가 동시에 점유하고 공동으로 사용할 수 있다. 지식제품은 일단 유포되면 제3자가 불법적인 경로를 통해 '점유'할 수 있다. 지식제품은 비물질적인 특징이 있지만 지식제품 창작자 이외의 사람들이 이해할 수 있도록 항상 일정한 객관적인 형태로 표현되어야 하며, 이러한 객관적인 표현은 지식재산권을 보호하기 위한 조건 중의 하나이다. 예를 들어, 작품은 저술, 무대공연, 회화, 조각, 음향 등으로 표현되고, 발명 및 창조는 서술, 디자인 도표, 모양 구조 등으로 표현되며, 상표는 패턴, 색채, 기호, 문자 등으로 표현된다. 이러한 객관적인 형태는 지식제품을 물질화 시킨 것이다. 이는 지식제품의 표현형태는 매개체이지 결코 지식제품이 아니라는 점을 분명히 해야 한다. 지식제품은 정신적인 제품이며 그 효능과 가치는 그 매개체가 완전히 포함하고 있으나 실제로 구현하는 것은 쉽지 않다.

3. 공개성: 지식제품은 물질제품과 달리 사회에 공시, 공표하고 대중에게 알려야 한다. 공개성은 지식제품 소유자가 지식재산권을 취득하는 전제조건인 반면에, 민사법률의 일반규정에 따르면 유체재산 소유자는 그 재산을 공개할 의무가 없다. 다양한 지식재산권 중에서 그 객체들은 모두 공개적인 특징을 보인다. 저작자가 작품을 만드는 목적 중 하나는 이를 전파시키고 전파를 통해 권리를 행사하고 이익을 얻기 위함이다. 발명 창작자가 자신의 권리 범위를 정하려면 특허의 기술내용을 공개해야 한다. '특허'(patent)의 라틴어 'patere'는 원래 '공개' 또는 '열람'을 의미하며, 이 어원은 특허 받은 기술내용이 공개되어야 함을 뜻한다. 상표소유자는 자신의 상품을 다른 사람의 상품과 구별하기 위해 자신의 상표로고를 사용해야 한다. '사용우선원칙'을 채택하는 국가든지 '등록우선원칙'을 채택하는 국가든지 상표를 먼저 사용하거나 상표등록을 먼저 신청하는 행위는 다른 공개적인 연관성을 갖고 있다. 일반적으로 지식재산권의 발생조건은 다음과 같다. 지식제품 소유자가 자신의 작품의 발명 및 창조 등을 공개하여 대중이 보고 전문지식을 얻을 수 있도록 하고, 대중은 일정 기간 지식제품을 사용하면서 지식제품 소유자의 독점적 권리를 인정한다. 지식제품은 공개되지만 누구도 사용할 권리가 없으며 그렇지 않으면 침해에 해당한다. '지식은 공개적이지만, 권리는 독점적'이라는 것은 바로 지식제품 공개성과 지식재산권에 대한 독점성을 형상화한 말이다. 서양법학자들은 이 현상을 계약관계로 해석하는데 즉 국가의 모습으로 나타난 사회와 지식제품 창작자 사이에 체결된 특수계약으로

해석한다. 창작자는 지식제품을 공개할 의무가 있고 이에 따라 일정 기간 동안 독점적인 사용권을 취득하게 된다.[21] 주의할 점은 지식형태 제품에 속하는 기술비밀은 공개하지 않고 독점적 권리를 유지하기 위하여 기밀을 유지해야 한다. 서양 민법이론에서 특허기술은 보호 기간동안 효력이 발생해온 법정 독점권이며, 기술비밀은 권리자의 비밀유지기간에 따라 권리효력을 결정된다. 법제도에서 기술비밀은 전통적인 지식재산권의 보호를 받지 않고 계약법 또는 침해법에 의해서만 보호받았다. 그러나 기술비밀은 무체재산의 본질적 특징을 갖고 있으며 현대 입법의 동향은 기술비밀이 이제는 지식재산권의 보호대상이 되었음을 보여준다.

21) 参见 <国外专利法介绍>, 第1册, 12页, 北京, 知识出版社, 1980.

제6장

지식재산권의 이용

지식재산권의 이용은 비권리자가 법률 규정이나 계약에 근거하여 타인의 지식재산권을 이용하는 다양한 상황을 포함하는 것이다. 이 제도를 통해 지식재산권의 창작자, 전파자 및 이용자 간의 이해관계를 조정하여 개인의 정신적 재산을 동적으로 이용하고 사회의 정신적 재산이 이동하는 가치가 실현된다.

Ⅰ. 지식재산권 이용의 의의

권리의 정적지배와 동적이용은 재산권 제도의 두 가지 주요 구성요소이다. 어떤 의미에서 보면 지식재산권의 이용은 전체 정신권리 분야에서 가장 활발하고 영향력 있는 제도라고 할 수 있다. 제도의 기능적인 측면에 따른 그 사회적 의의는 다음과 같이 나타닌다.

1. 지식재산권의 가치를 실현하는 방법

전통적 이론은 소유권의 개인적 자기만족과 자기실현에 편중된 개념이었다. 로마법은 소유권을 '소유물에 대한 완전한 지배권[1]'으로 간주하고 사물에 대한 완전한 지배, 관리 및 통제를 강조하였다. 그러나 상품경제가 나날이 발전하고 소유권이 점차 사회화되고 있는 오늘날에는 소유권 관계는 사람의 물건에 대한 단순한 지배에서 소유권자와 비소유

1) 周枏 : <罗马法原论>(上册), 299页, 北京, 商务印书馆, 1994.

권자의 권리의무 관계를 나타내는 개념으로 확대되었다. 소유권의 행사와 이익의 실현은 종종 비소유권 경로(예: 타물권의 설정 및 채권의 발생)를 통해 이루어진다. 이것은 바로 사회경제 생활의 재산관계가 정적인 소유권 중심에서 동적인 채권 중심으로 바뀌고 소유권이 여러가지 권리로 전환되면서 본래의 지위를 상실했다는 것을 의미한다.2)

이러한 변화에 발맞춰 지식재산권 제도는 설립 당시부터 지식제품화의 기초에 뿌리를 두고 있었으며, 그 재산적 이익과 사회적 가치실현은 권리자의 지식재산권의 지배로 나타나는 것이 아니라, 개인의 창조-타인의 전파-사회적 이용의 과정으로 나타났다. 현대 정보화사회에서는 동일한 주체의 소유권 지배적 방식으로는 작품이나 기술 스스로 전파하거나 이용하는 것은 거의 불가능하다. 따라서 지식재산권 소유자는 종종 타인의 전파 또는 이용에 의존하여 자신의 이익을 실현하며 이를 통해 지식재산권이 법적 의미뿐만 아니라 실질적인 가치도 갖게 된다. 즉, 지식재산권 이익의 실현은 타인의 합법적 이용에 달려 있다는 것이다.

2. 창작자, 전파자 및 이용자 간 이해관계 연결

전통적 이론은 소유권의 정적 귀속성과 본체의 완전성을 선호한다. 로마법에 따르면 '기본적인 출발점은 재산귀속의 문제를 해결하는 것'이라고 규정했다.3) 지배권은 소유권의 핵심이자 영혼으로 간주되고, 각 기능의 분리는 단지 일시적인 분리일 뿐 결국 지배권의 부름에 따라 다시 소유권으로 복귀한다. '일물일권원칙'에 따라 동일한 물건에는 하나의 소유권만 존재할 수 있으며 이 법칙은 재산권의 상대적 확정을 보장하였다. 그러나 이것은 재산의 동적인 이용의 측면을 고려하지는 못했다.4) 로마법 이후 등장한 게르만법상의 소유권은 추상적인 지배권으로 간주되지 않았다. 게르만인들은 집단본위의 사상에 기초하여 각종 사물의 이용형태에 따라 각각의 권리를 인정하는 '이용' 중심의 물권 체계를 구축하였다.5) 부르주아 혁명의 승리 후 로마법의 개인 본위 및 절대적인 소유권 관념이 자유자본주의 발전에 적합하게 됨에 따라, 대륙법계 국가들은 점차 로마법의 소유권

2) 参见董开军：<所有权转换现象研究>, 载 <法律科学>, 1991 (1).

3) 孟勤国：<中国物权制度的基本构思>, 载杨振山主编： <罗马法 · 中国法与民法法典化>, 北京, 中国政法大学出版社, 1995.

4) 参见吕来明：<从归属到利用>, 载 <法学研究>, 1991 (6).

5) 参见 [日] 我妻荣：<物权法>, 3页, 东京, 岩波书店, 1995.

관념을 채택하게 되었다.[6] 영미법계 국가에서 게르만법은 재산권 제도에 지대한 영향을 미쳤다. 19세기 후반 들어 소유권의 절대적이고 무제한적인 성격은 개인의 이익과 사회적 이익 사이의 충돌을 심화시켰다. 따라서 개인의 소유권 관념이 점차 희미해졌고 이는 개인의 소유권 개념과 사회의 조화로운 소유권 사상 즉 소유권 행사는 사회적 공익을 고려하고 사회복지를 증진하는데 물적 효용을 충분히 발휘해야 한다는 것이다. 현대 재산권 제도의 입법 목적은 재산에 대한 권리 주체의 점유 및 지배를 확인하는 것뿐만 아니라 재산의 동적이용을 촉진하는 것이다. 소유권의 역동적인 운영을 통해 일물일권의 한계를 벗어나 서로 다른 주체가 동일한 재산에 대해 각각 특정 내용의 권리를 향유하는 상황이 가능해졌다.

지식재산권 분야에서는 객체의 '가상 점유'와 기능의 다양화 특성을 바탕으로 '일물다권(一物多權)'과 '일물다주(一物多主)'의 상황이 종종 나타나면서 지식재산권의 이용은 유형재산의 이용보다 주체 및 기능 면에서 더욱 다양해졌다. 첫째, 지식제품의 무형적 특성으로 인해 지식재산권 소유자의 지식제품 점유는 '실제 통제'가 아니라 '가상 점유'일 수밖에 없으므로 지식제품에 대한 이용은 반드시 매개체를 통해 실현되어야 한다. 동일한 지식제품은 여러 개의 동일하거나 다른 저장장치에 저장될 수 있으므로 많은 주체가 동일한 지식제품을 동시에 이용하는 상태가 나타날 수 있다. 둘째, 모든 종류의 지식재산권의 기능은 다양성을 갖고 있다. 일부 학자들은 특허권을 특허실시권, 허가권, 양도권, 표시권 및 기타 권리로 구분하고 상표권을 상표전유권, 양도권, 허가권 및 갱신권으로 구분하는 등 다양한 권리의 특성에 따라 내용을 매우 상세하게 구분한다.[7] 이러한 방식으로 각 권리의 각 권능은 동일한 주체 또는 다른 주체가 이용할 수 있다. 따라서 객체의 가상 점유와 기능의 다양성은 지식재산권의 지배기능을 객관적으로 약화시키고 그 이용기능을 강화하게 된다. 따라서 입법의 초점은 지식재산권과 모든 종류의 재산권 이용자의 관계를 규범화 하는 데 있으며, 지적발명에 동기를 부여하는 효과와 다른 사람들이 새롭고 유익한 지식제품을 이용할 수 있도록 허용하는 사회적 효용은 상호 균형을 이루어야 한다.[8]

---

6) 王利明 : <物权法论>, 217页, 北京, 中国政法大学出版社, 1998.

7) 参见蒋言斌、蒋美仕 : <论知识产权的权利体系>, 载 <知识产权>, 1997 (4).

8)[美] 迈克尔 · D · 贝勒斯 : <法律的原则一个规范的分析>, 113页, 北京, 中国大百科全书出版社, 1996.

3. 지식재산권 행사의 효력을 제한하는 방식

전통적 이론은 소유권의 절대성, 배타성, 영속성 등 효력의 특성에 대하여 일반화와 추상화를 선호한다. 로마법에는 소유권의 정의에 대하여 명문화된 규정이 없으나 법학자들은 소유권이 물권 중 가장 강한 권리라고 보았다.[9] 1804년 「프랑스민법전」에서는 '소유권은 사물에 대한 절대적 무제한 이용, 수익 및 처분의 권리가 있으나 법에서 금지하는 이용은 이러한 제한을 받지 않는다.'고 규정하여 소유권의 절대 무제한 원칙을 확립하였다. 1896년 「독일민법전」은 소유권의 권능을 '법률과 제3자의 권리를 위반하지 않는 한, 물건의 소유자는 그 물건을 마음대로 처분하고 타인의 어떠한 간섭도 배제한다.'고 규정하고 있다. 이는 사유재산 불가침 원칙을 고수하면서도 '신성불가침', '절대적', '무제한적'이라는 표현은 지양한 것이다. 현대 민법은 소유권의 관념을 수용하지만 로마법 및 「프랑스민법전」처럼 소유권을 절대적 권리로 간주하지 않고 사회 발전의 필요에 따라 소유권의 공간적 효력 제한, 인접 관계의 제한, 소유권 행사 방식의 제한 등 사회 발전에 필요에 따라 적절하게 제한한다. 이러한 제한은 대부분 소유권의 효력에 대한 소극적인 제한으로 나타나며 극히 드물게는 이용자의 권리설정에 대하여 제한하기도 한다.

지식재산권은 설립 초기에는 자연적 권리로 취급되었지만 결코 무제한적인 권리는 아니었기 때문에 일부 학자들은 이 권리를 '제한된 독점권'이라고 불렀다. 지식재산권은 처음에는 시간과 지역에 의해 제한되었고 나중에는 권리행사에 의해 제한되었지만 이러한 제한은 소유권의 제한과는 분명히 달랐다. 소유권 남용 금지는 소유권의 행사로 타인의 정당한 이익을 방해해서는 아니 되며, 지식재산권의 남용 금지는 종종 타인이 합법적인 방식으로 지식재산권 소유자의 정당한 이익에 '적절한' 접근을 허용하는 것을 의미한다. 그래서 유형재산의 이용은 약정된 방식으로만 나타날 수 있으며, 지식제품의 이용은 약정된 이용방법 외에 강제 허가, 합리적 이용, 법정 허가에 따른 이용 등 법적 이용방식이 존재한다. 법적 이용은 약정된 이용이 실현되지 않는 경우 발생하며 지식재산권에 대한 법적 한계이다. 이 제한을 통해 지식재산권의 독점적 방해를 방지하고 지식제품에 대한 대중의 이용권을 확립한다. 따라서 법적 이용은 지식재산권의 제한 방식으로 나타난다.

---

9) 参见丘汉平：<罗马法>, 36页, 上海, 上海会文堂新记书局, 1935.

Ⅱ. 지식재산권 이용의 대상

지식재산권 이용의 대상은 '지식제품' 인지 '권리' 인지 지식재산권 제도에 있어 오랫동안 논란이었다. 현재의 지식재산권법은 통상 직접적이고 구체적인 조항의 형태로 타인의 지식제품을 이용하는 문제에 대해 규정하고 있으며, 주체(사람)가 객체(지식제품)를 지배하는 형식을 띄고 있다. 이러한 입법방식은 학계에도 많은 영향을 미치고 있으며, 현재 출판된 대부분의 교과서 및 저서에서 지식재산권의 이용을 작품 이용, 특허기술의 이용, 상표 이용, 영업비밀 이용 등으로 기술하고 있다. 입법자가 '지식제품의 이용'이라고 표현하는 것은 직접적이고 규정에 용이하다는 특징이 있지만, 지식재산권법의 조정대상을 연구할 때는 '지식제품의 이용'과 '지식재산권의 이용' 사이에 분명한 차이가 있음을 알 수 있다.

첫째, 지식제품을 근거하여 발생하는 지식재산권의 이용관계는 '사람과 사물' 간의 관계가 아니라 '사람' 간의 관계이다. 마르크스는 일찍이 프랑스 철학자 Proudhon(普鲁东)의 재산권 사회관에 대해 언급하면서, '실물은 사람을 위한 존재이고 사람의 실재이며 동시에 타인을 위한 사람이기도 하고 타인 간의 관계이며 사람 간의 사회적 관계이다.'라고 언급하였다.[10] 마르크스는 소유권의 본질이 사람과 사물 간의 관계가 아니라 사람 간의 사회적 관계에 있다고 보았다. 일본학자 Woqirong(我妻荣)은 자본주의 사회에서 각종 재산의 효용을 살펴본 결과, 자본주의 경제구조에서 소유권의 역할은 물질적 객체가 아니라 자본을 이용하여 이익을 얻는 것 즉 "소유권의 역할은 물건에 대한 지배가 아니라 사람에 대한 지배"라고 지적했다.[11] 지식재산권의 이용관계도 동일한 성격을 가진다. 인간과 지식제품 간의 이용관계는 하나의 표상일 뿐이며, 그 이면에는 지식제품 창작자와 전파자, 그리고 이용자 간의 사회적 관계가 숨겨져 있다. 따라서 지식재산권을 단순히 인간과 지식제품 간의 관계로 볼 것이 아니라 지식재산권법 조정 대상의 본질을 정확히 파악해야 한다.

둘째, 지식제품의 이용과 지식재산권의 이용은 불가분 관계에 있다. 지식제품은 무형자산에 속하며, 사람들은 지식제품에 대해 산문읽기, 시 낭송, 상표부착, 특허기술을 동한 기계제작 등 유형자산을 '기능적으로 이용' 할 수 있다. 이러한 이용 과정에서 재산권

10) <马克思恩格斯全集>, 中文1版, 第2卷, 52页, 北京, 人民出版社, 1957.
11) [日] 我妻荣 : <债权在近代法中的优越地位>, 8页, 北京, 中国政法大学出版社, 1999.

자는 지식제품 그 자체의 특성과 이용 가치에 따라 이용을 늘려갈 수 있으며 그 과정에서 흔히 타인의 협력을 필요로 하지 않는다. 이 때문에 이러한 이용을 지식재산권의 자아실현 내지 자기만족의 과정이라고 부르기도 한다. 그런데 지식제품은 일정한 저장장치에 저장해야만 이용 가능하며, 지식제품의 저장과정에서 제3자가 이를 탈취하여 지식제품 창작자의 지적 성과를 빼앗을 수 있다는 사실을 간과해서는 아니 된다. 전통적인 민법이론에서 물건은 반드시 사람이 지배할 수 있어야 하고, 사람이 지배할 수 없는 물건은 물리적인 물건일 뿐 법률적인 물건은 아니다.[12] 지식제품도 예외는 아니다. 지식제품의 저장장치는 통제 가능하므로 소유권의 대상이 될 수 있지만 지식제품의 비물질성은 통제가 불가능하므로 직접적인 거래 대상이 될 수 없다.

지식제품의 창조 목적은 사회에 봉사하고 인류에 혜택을 주는 것이므로, 지식제품의 거래를 촉진하기 위한 수단을 법적으로 강구하면서 '지식재산권'이라는 제도적 장치가 탄생하였다. 일찍이 중세 유럽에서 봉건 군주는 봉건적 특허의 방식을 통해 지식제품의 창작자에게 독점적 권리를 부여하였고, 자본주의 사회를 거치면서 이러한 독점적 특허권은 점차 법률로 보호되는 특허권, 저작권, 상표권 등의 지식재산권으로 변모하였다. 지식재산권 제도의 확립은 지식재산권의 창작자로 하여금 지식재산권의 통제를 통해 지식재산을 활용하고 타인의 지식재산권 불법이용을 배제할 수 있게 되었으며 이를 통해 지식재산권은 마침내 거래의 대상으로 변화하게 되었다. 바로 이러한 의미에서 필자는 지식재산권이 거래할 가치가 있다고 생각한다.

지식재산권이 거래대상으로 변한 것은 매우 중요한 의미를 가진다. 첫째, 지식제품 저장장치의 거래는 지식재산권의 거래와 완전히 다르다. 지식제품 저장장치의 거래는 소유권 이전문제와 관련되고, 지식재산권의 거래는 지식재산권의 다양한 기능의 이용문제와 관련된다. 예를 들어, 특허제품의 판매는 일반적으로 제품 소유권의 이전과 관련이 있으며, 만약 특허제품이 처음 판매되는 경우 특허권의 판매이전과 관련이 있다. 지식재산권자는 지식제품의 전파를 통제하는데 어려움을 겪지만 지식재산권의 행사를 통해 지식제품의 저장장치를 통제할 수 있다. 위의 예처럼 지식재산권자는 특허권 중 '최초 판매권'을 행사하여 특허제품의 판매를 통제할 수 있다. 이러한 의미에서 구매자가 특허제품의 기술적 성과를 향유할 때 특허기술 성과의 이용은 특허권의 행사와 불가분의 관계에 있

12) 参见梁慧星：<民法总论>, 81页, 北京, 法律出版社, 1996.

다. 따라서 지식제품의 이용은 실제로 지식재산권의 행사와 밀접한 관련이 있다. 둘째, 지식제품의 이용과 지식재산권의 이용은 동의어가 아니다. 지식제품의 성질과 용도에 따른 이용자의 '기능적 이용'(예: 상표 이용, 노래 부르기, 특허기술을 이용한 제품생산 등)은 경우에 따라서 법적인 결과를 초래할 수도 있고 초래하지 않을 수도 있다. 당사자가 지식제품을 사용하는 방법은 일반적으로 법률에서 고려하지 않는다. 이에 반해, 지식재산권의 이용은 지식재산권과 대중 간의 관계와 관련이 있으며, 주체 간의 권리와 의무관계는 당연히 법률의 조정 범위에 있어야 한다.

셋째, 지식제품이 모두 재산적 의의를 갖는 것은 아니며 지식재산권만이 재산적 의의를 갖는다. 역사적인 전통, 경제 및 문화의 영향을 받아 지식제품은 '공유영역', '배제영역', '독점영역' 등으로 구분되며, 앞의 두 가지는 이미 사회 전체의 공공재가 되어 누구나 자유롭게 이용할 수 있다. '독점영역'으로서의 지식제품의 이용은 지식재산권자의 권리와 관련되며 그 이용만이 법적 의의를 갖는다. 따라서 모든 지식제품이 재산적 의의를 갖는 것은 아니며 법적으로 보호되는 지식제품에 설정된 지식재산권이 사람들에게 이용의 대상이 될 수 있을 경우에만 재산적 의미를 갖는다.

종합하면, 지식재산권 이용의 대상은 지식제품이 아닌 일정한 권리이다. 권리자가 허가에 따른 이용, 양도, 담보 등을 통해 지식재산권의 전부 또는 일부를 양수인에게 이전할 때 양수인은 지식제품의 전부 또는 일부 기능을 취득하고 지식제품의 특성에 따라 '기능적으로 이용' 할 수 있다.

Ⅲ. 지식재산권 이용의 유형

지식재산권의 이용은 두 가지 범주로 나뉘는데, 하나는 계약 약정에 기초한 이용이고 다른 하나는 법률 규정에 기초한 이용이다. '약정 이용'과 '법정 이용'은 모두 재산 이용의 방식이지만 양자 사이에는 현저한 차이가 있다.

1. 적용범위의 차이

'약정이용'은 재산 이용의 일반적인 방법으로서 '법정 이용'은 재산 이용의 특별한 방법이다. 소유권과 지식재산권은 모두 절대적인 권리이며, 법률이 정한 경우를 제외하고는 누구든지 타인의 재산을 무단으로 이용할 수 없다. 권리자는 그 재산에 대한 자주적 지배권을 가지며 또한 약정을 통해 타인이 그의 재산을 이용하도록 허가할 수 있다. 의사자치원칙 하에서 재산의 자주성은 계약의 자유를 의미하며, 약정의 방식으로 재산을 이용함으로써 재산소유자와 이용자 간의 의사의 자유를 충분히 존중하고 재산권자의 정당한 권익을 보호하며 재산의 효율적이고 합리적인 이용을 촉진할 수 있다. 따라서 재산이든 지식재산이든 약정 이용은 보편적으로 적용되는 제도이다. 반면에, 법정이용은 재산 이용의 일종의 예외에 불과하다. 유체재산에 대하여는 법정이용을 허용하는 경우가 극히 드물다. 소유권의 행사는 인접관계의 제한, 국가가 부과하는 제한, 환경보호의 제한 등과 같은 일정한 제한을 받지만, 이러한 제한은 일반적으로 소유자에게 부작위 의무를 가하는 형태로 나타나며 이용자에게 일정한 권리를 부여하는 것은 아니다. 중국의 일부 학자들은 인접권이 법률 규정에 따라 직접 발생하는 부동산 물권에 속한다고 생각한다.[13] 그러나 대부분의 학자들은 지역권이 인접 소유자와 이용자의 합의에 의해 발생하는 독립적인 물권인 반면, 인접권은 법률 규정에 의해 발생하는 것으로 본다. 인접권은 소유권에 대한 제한과 확장이므로 인접권은 독립적인 물권이 아니라 소유권의 내용이라고 본다.[14] 이처럼 유체재산의 법정이용은 매우 제한적이고 반드시 일정한 물권의 형태를 갖출 필요는 없다는 것을 알 수 있다. 반면에, 지식재산은 법적 이용이 지식재산권 행사 효력의 제한일 뿐만 아니라 약정 이용방식에 보완이 필요하다. 이러한 방식을 통해 지식재산에 대한 사회 대중의 이용이 생겨났다. 이러한 이용은 기본적으로 3요소 즉 이익, 자유, 의사를 필요로 하며, 우리는 이용자가 법에 따라 타인의 지식제품을 이용함으로써 향유할 수 있는 이익을 '이용자 권리'라고 부른다.[15] 비록 지식재산의 법정이용은 비교적 제한적이지만 그 범위는 유체재산의 법정 이용보다 훨씬 광범위하다.

2. 의사자치 정도의 차이

약정이용에서 이용 대상, 범위, 기간, 장소 등의 조건은 당사자의 자유 약정에 의해 결

---

13) 参见张俊浩主编：<民法学原理>, 476页, 北京, 中国政法大学出版社, 1991.

14) 参见余能斌、马俊驹主编：<现代民法学>, 645页, 武汉, 武汉大学出版社, 1995；王利明：<物权法论>, 420页, 北京, 中国政法大学出版社, 1998.

15) 吴汉东：<著作权合理使用制度研究>, 135页, 北京, 中国政法大学出版社, 1996.

정되며 법률은 이에 간섭하지 않는다. 반면에, 법정 이용에 있어 의사표시는 제한된 범위 내에서만 당사자에게 영향을 미친다. 예를 들어, 법정 허가에 따른 이용 중 '승인'은 법률에서 직접 규정하고 있지만 이용자는 보수를 지불해야 하며 그 지불 금액, 방법, 시간 등에 대해서는 여전히 '의사'가 필요하다. 강제 허가에 따른 이용의 '승인'은 담당기관의 승인이 필요하지만 보수지급 관련 조항은 당사자 간의 합의로 정할 수 있다. 또한 합리적 이용에서 의사표시는 개별적인 상황에서만 유효하다.[16] 그 이유는 법정 이용이 담당기관의 지식재산권에 대한 제한이며 제한의 적절성은 종종 지식재산권자의 중요한 이익과 관련 있기 때문이다. 이를 위해 법률은 지식재산권자의 부당한 피해를 막기 위해서 법정 이용의 상황, 방식, 지역 및 기간을 구체적으로 규정해야 한다.

3. 주체의 차이

약정이용에서 권리자는 지식재산권자이고 이용자는 지식재산권자로부터 이용 동의를 받은 사람이다. 법정이용에서는 지식재산권자의 권한 부여가 불필요하며, 법률 규정에 따른 조건을 충족하는 모든 불특정 다수가 이용자가 된다. 예를 들어, 합리적 이용과 법정 허가에 의한 이용의 주체는 불특정 다수이나, 강제 허가를 받은 이용주체는 지식재산권 당국에 신청하여 강제 허가를 받은 특정인으로 범위가 좁아진다. 유체재산은 특정한 소수의 이익과 관련이 있으므로 주로 약정 이용이 적용되고, 지식재산권은 주로 사회 공공의 이익과 관련이 있고 특정한 제한이 부과되므로 입법을 할 때 약정 이용과 법정 이용이 양립한다. 또한 지식제품의 비물질성은 불특정 다수에게 동시에 공유될 수 있으므로 이러한 특성은 법정 사용을 현실화한다. 계약약정에 기초한 이용은 주로 다음과 같다.

(1) 양도: 지식재산권 소유자가 재산권의 전부 또는 일부를 양수인에게 양도하여 양수인이 지식재산권의 전부 또는 일부의 새로운 소유자가 되도록 하는 법률행위이다. 지식재산권의 양도 가능성을 인정하는 것은 저작권 양도의 입법사례에서만 예외가 있는 관련 법률의 일반적 관행이다.[17] 지식재산권의 양도는 내용상 전부 양도와 일부 양도로 나눌

16) 例外情形有, 著作权人得以事先声明的方式禁止他人转载或重播其关于政治、经济、宗教问题的时事性文章, 禁止他人刊登或播放其在公众集会上的演讲.

17) <德国著作权法>从 “一元论”的观点出发, 主张著作人身权与著作财产权不可分离. 由于著作人身权不可转让, 因而著作权也无法单独转让.

수 있다. 전부 양도란 지식재산권 소유자가 그 재산권을 양수인에게 전부 양도하여 양수인이 원래의 권리자를 대신하여 지식제품 이용에 대한 각종 독점권을 행사하는 것을 말한다. 일부 양도란 지식재산권 소유자가 그 재산권의 일부를 양수인에게 양도하고 자신도 양수인과 함께 지식제품을 이용할 권리를 보유하는 것을 말한다. 지식재산권의 양도는 시기적으로 무기한(无期限) 양도와 유기한(有期限) 양도로 나눌 수 있다. 이른바 무기한 양도란 지식재산권의 유효 기간 내에 지식제품의 재산권을 타인에게 양도하고 양수인은 지식재산권 보호 기간이 종료될 때까지 그 권리를 행사하는 것을 말한다. 한편, 유기한 양도는 지식재산권 보호 기간내의 약정기간 내에 지식재산의 재산권을 양도하는 것으로 양수인의 독점적 이용권은 약정기간의 만료로 인해 종료되며, 기간이 만료되면 권리는 종래의 지식재산권 소유자에게 반환된다. 지식재산권의 양도가 허용되는 국가에서는 일반적으로 자유 양도의 원칙에 따르고 있으며 지식재산권의 소유자는 전부 또는 일부 양도가 가능하다. 반면에, 저작권의 양도에 있어서는 개별법에 의해 제한된다.[18)]

(2) 승인에 따른 이용: 지식재산권 소유자가 재산권의 전부 또는 일부를 다른 사람이 이용할 수 있도록 승인하는 법률행위이다. 승인에 따른 이용은 본질적으로 권리를 설정하려는 의도를 가진 의사표시 행위이며, 당사자의 의사표시의 내용에 따라 효력이 발생한다. 즉, 법률에 따라 허용하는 승인에 따른 이용 행위의 효력은 승인권자와 피승인권자간에 형성되는 효력의 의사에 따른다. '승인에 따른 이용'이라는 법률행위는 통상 이용계약을 체결하는 것으로 나타나고, 지식재산권 소유자는 이용 계약을 통해 재산권 중 하나 또는 그 이상의 재산을 타인에게 이용하도록 할 수 있으며, 동시에 피승인권자에게 일정 금액의 지식재산권 사용료를 징수한다. 이러한 상황을 '지식재산권 라이센스 거래'라고 한다. 승인된 이용은 지식재산권 이용의 보편적인 방식이며 지식재산권 소유자가 그 재산상 이익을 실현하는 주요한 방법이다.

(3) 질권 설정: 질권이란 채권자가 채권담보로 채무자 또는 제3자로부터 재산을 인도받아 점유하고 그 재산에 관하여 우선하여 변제 받을 권리를 말한다. 질권은 통상 동산담보물권이다. 프랑스 민법은 질권을 동산 질권과 부동산 질권으로 구분하고 권리 질권

---

18) <突尼斯著作权法>只允许部分转让, 不能全部转让, 尤其是不能在整个保护期内无限制地全部转让.

은 인정하지 않고 있는데, 이것은 프랑스 민법이 채권·지식재산권·지분 등을 동산 또는 무체동산으로 보기 때문이다. 따라서 동산 질권에는 이미 권리 질권이 포함되어 있다. 독일 민법의 질권은 동산 질권과 권리 질권으로 나뉘며 지식재산권을 포함한 권리는 질권의 대상으로 이용할 수 있지만 이론상 권리 질권을 준질권(准质权) 이라고 부른다. 질권은 계약 체결에 따라 발생하며,[19] 계약 체결 후 계약서에 특별한 규정이 없는 한 질권자는 해당 지식재산권을 행사하거나 처분할 수 없고 채권이 소멸되면 지식재산권은 질권자에게 반환된다.

(4) 신탁 설정: 신탁은 본래 보통법계의 특유한 제도로서, 수탁자가 위탁자로부터 신탁재산을 교부 받아 약정한 목적에 따라 관리하거나 그 밖의 처분을 하는 법률행위이다. 이 법률관계에서 수탁자는 실제로 재산을 관리하지만 동시에 위탁자의 이익을 위해 재산을 이용할 의무가 있다. 신탁 대상 재산에는 동산 및 부동산, 유체 재산 및 무체 재산이 포함된다. 신탁의 역할은 재산 경영과 관리를 재산의 수익 향유와 분리하여 당사자의 특별한 요구를 충족시키는 것이다. 신탁관계에서 지식재산권은 수탁자에게 귀속되지만 수탁자는 신탁 목적에 따라 권리를 행사해야 한다. 최근 신탁 설정은 저작권 이용의 경우에 많이 나타나는데, 독일·미국·영국·일본 등의 저작권 관리 법인은 이러한 이용 방식을 채택하고 있다. 법률 규정에 의한 이용은 주로 다음과 같다.

① 합리직 이용: 특정한 조건하에서 제3자가 지식재산권자의 동의를 얻지 않고 지식재산을 자유롭게 이용할 수 있도록 하고 보상도 지불할 필요가 없는 제도이다. 지식제품은 개인의 합법적 재산수익의 만족 문세뿐만 아니라 시회과학, 문화 사업의 발전과도 밀접한 관련이 있는 특수한 상품으로서 각국은 지식재산권 행사에 대해 엄격한 제한을 두고 있다. 합리적 이용은 다른 사람의 지식제품을 이용할 때 상대방의 동의를 구하거나 보수를 지불하지 않아도 되는데 이것은 지식재산권에 대한 가장 엄격한 제한이다. 예를 들어, 저작권 분야에서의 적절한 인용, 특허권 분야에서의 과학적 연구와 실험을 위한 이용, 임시 통과 이용, 식물 품종권 분야에서 농민의 자가번식 자료, 집적회로 레이아웃 설계권 분야에서의 개인 학습을 위한 이용 등이 이러한 제한에 속한다.

19) <德国民法典> 将权利质押分为约定方式和法定方式, 但后者 "在当代德国民法实践中基本不起作用". 参见孙宪忠 : <德国当代物权法>, 351页, 北京, 法律出版社, 1997.

합리적 이용의 법적 속성과 관련하여 세 가지 이론이 있다. 첫째, '권리제한설'이다. 즉, 합리적 이용을 저작권의 제한으로 보는 것이다. 이 견해는 행위주체의 관점이 아닌 행위대상의 관점에서 설명하며, 그 시각은 이용자가 아닌 저작권자와 관련되어 있고 지식재산권 행사의 적극적인 내용이 아닌 소극적인 내용에 대한 것이다. 국내외의 학자들은 대부분 이러한 견해를 갖고 있다.[20] 둘째, '침해방지설'이다. 이 견해는 합리적 이용이 지식재산권 침해의 위법을 저지하는 사유라고 본다. 즉, 합리적 이용을 우선 침해행위로 가정하고 법률 규정에 따라 그 위법함이 효력을 잃은 것으로 추정하여 타인의 지식재산권을 침해하지 않는다고 본다. 미국, 일본, 대만의 일부 학자들은 이러한 이론을 주장한다.[21] 셋째, '이용자 권리설'이다. 이 견해에 따르면 합리적 이용은 이용자가 법에 따라 타인의 지식제품 이용을 향유하는 것으로 본다. 이 견해는 합리적 이용 행위주체의 관점에서 합리적 이용이 합법적인 행위라는 인식에 입각하여 주체의 법적 '이익'을 '특권' 및 '권리'라고 한다. 미국 학자들이 이 이론을 제기한 바 있다.[22] 중국 학자들은 더 나아가 합리적 이용은 타인의 재산에 대해 향유하는 이익이자 이용자의 권리일 뿐만 아니라 타인의 재산에 대한 부담이자 지식재산권의 제한이라고 주장한다.[23]

② 법정허가에 따른 이용 : 법률의 직접적인 규정에 따라 이미 출판된 작품을 특정한 방식으로 이용할 경우에는 저작권자의 허락없이 이용하되 저작권자에게 이용료를 지급하고 저작권자의 권리를 존중하는 제도이다. 법정 허가에 따른 이용은 저작권 영역에만 존재한다. 법정허가에 따른 이용은 합리적 이용에 비해 지식재산권에 대한 제한이 다소 완화되어 있다. 이는 법정허가에 따른 이용은 이용자 대부분이 영리를 목적으로 하는 경우가 많고 지식제품 이용의 수도 비교적 많으며, 시장에서 지식재산권의 승인에 따른 이용과 경쟁 구도가 형성되므로 법정 허가에 따른 이용에 있어 지식재산권자의 이익권을 보호해야 한다. 행위주체로 볼 때, 법정 허가의 상황은 원작자와 일반 이용자의 관계와

---

20) 表性著述有 John S. Lawrence , Fair Use and Free Inquiry : Copyright and The New Media, Ablex Publishing Co.,1980, p271 ; 郑成思主编 : <知识产权法教程>, 124页, 北京, 法律出版社, 1986 ; 杨崇森 : <著作权法论丛>, 177页, 台北, 华欣文化事业中心, 1983.

21) 代表性著述有 [日] 胜本正晃 : <权利的合理使用>, 载日本 <独协法学>, 1977 (10) ; 张静 : <著作权法评析>, 241页, 台北, 水牛图书出版事业有限公司, 1983.

22) 代表性 著 述 有 Paul Goldstein, Copyright Principles : Law and Practice , Little, Broun and Company (Canada) Limited, 1989, p.182 ; L Ray Paterson, Stanely W.Lindberg, The Nature of Copyright : A Law of Users' Right, The University of Georgia Press, 1991, pp.2, 4, 193.

23) 参见吴汉东 : <著作权合理使用制度研究>, 131～135页, 北京, 中国政法大学出版社, 1996.

관련되는 것을 제외하고 그 이용자는 대부분 출연자, 음반 제작자, 방송 조직자 등이다. 즉, 이러한 허가에 따른 이용은 주로 저작권자(작품 창작자)와 인접 권리자(작품 전파자)의 관계와 관련이 있다. 이러한 제도의 도입목적은 저작권 절차를 간소화하고 작품을 광범위하고 신속하게 보급하기 위함이다. 행위대상으로 볼 때, 법정 허가에 따른 이용은 사실상 작품의 '2차 이용'이며 이러한 이용은 저작권자의 발표권을 침해하지 않는다. 저작권자가 사전에 이용 금지를 선언한 경우에는 법정허가에 따른 이용은 성립될 수 없다. 이러한 선언은 법정허가에 대한 일종의 '보류권'이다. 행위성격으로 볼 때, 법적 허가에 따른 이용은 준법률행위이다. 이는 엄밀한 의사표시는 아니지만 상대방에게 의사를 표시하는 행위도 있어 법률행위와 동일한 결과를 초래하는 법률관계가 발생한다.[24] 허가에 따른 이용에서 '허가'의 뜻은 법률에 직접 규정되어 있으나 법률은 사실행위를 규정하는 것처럼 구체적으로 설명하고 있지는 않다. 즉, 법률에서는 보수를 지급하도록 규정하고 있지만 지불 금액, 방법 및 시간 등은 여전히 의사에 따라 정해야 한다. 면허 소지자는 의사로 정한 행위가 있는 한 법정허가에 따른 사용이 성립된 것으로 본다. 의사표시는 법정허가에 따른 이용에서 법적인 의미가 있으므로 허가에 따른 이용과 유사한 법적 효력을 발생시킬 수 있다.

③ 강제허가에 따른 이용 : 특정한 조건하에서 지식재산권 담당 기관이 상황에 따라 지식재산을 특수하게 이용할 권리를 획득한 이용자에게 부여하는 제도이다. 국제협약에서 강제 허가에 따른 이용은 '강제 허가증'이라고도 하며, '비자발적 허가'에 속한다. 현재 저작권 분야와 특허권 분야, 식물 신품종 보호 분야에 강제 허가에 따른 이용 제도가 있다. 처음에는 음반 제작자가 음악 작품을 녹음하는 경우에만 적용되었다. 즉, 음반 제작자가 주관 부서의 승인을 받아 사용료를 지불하는 대가로 타인의 음악 작품을 녹음할 수 있고 해당 저작권자는 이를 거부할 수 없도록 하였는데 점차 다른 분야로 확대되었다.[25] 각국의 입법례를 보면, 1909년 미국이 처음으로 성문법의 형태로 저작권법을 제정하였다. 강제허가에 따른 이용 제도는 현재 전세계 국가에서 보편적으로 채택하고 있으며, <문학및예술작품보호에 관한 베른협약>과 <세계저작권협약>은 모두 이 제도의 관련 조항을 포함하고 있다. 마찬가지로 다른 국제협약 및 대부분 국가의 특허법에도 강제 허가

24) 参见史尚宽 : <民法总论>, 台北, 正大印书馆, 1979.
25) 参见张静 : <著作权法评析>, 230页, 台北, 水牛图书出版事业有限公司, 1983.

에 따른 이용 제도가 규정되어 있다. <지식재산권협정> 제31조도 당사국의 법으로 강제허가제도를 허용하고 있다. 강제허가에 따른 이용 기능은 강제허가를 통해 지식재산권자의 독점적 권리를 제한하고 대중의 지식제품에 대한 접근과 이용 가능성을 보장하며 모든 사회와 정치, 경제, 과학, 문화의 발전을 촉진한다. 지식재산권 법률제도에서 지식재산권의 합리적 이용은 이용자에게 엄격한 제한 조건을 두고 있으며, 이용자가 이용할 수 있는 지식재산권의 수는 극히 제한적이고 지식재산권자는 이러한 확산으로부터 어떠한 이익도 얻을 수 없다. 반면에, 강제허가에 따른 이용은 합리적 이용과 마찬가지로 비자발적 허가이지만 고유한 기능이 있으며, 지식재산권자의 보상권을 유지하는 조건하에서 지식제품 이용의 양과 방식에 대한 이용자의 요구를 보장한다. 동시에 일부국가에서는 창작자의 독점적 이용권과 대중의 작품 이용 수요 사이의 모순을 법정 허가제를 통해 완화하는 경우가 많지만, 법정허가제를 시행하지 않는 국가(미국, 일본 등)의 경우 강제 허가에 따른 이용 방식을 통해 이 문제를 해결한다. 즉, 강제허가에 따른 이용은 법정허가에 따른 이용을 대체하는 역할을 하며, 지식재산권자와 이용자 양자 간의 이익을 균형있게 하고 창작자의 권리를 보장하며 과학·문화 사업의 발전을 촉진하는 입법 목적을 달성하였다.

제7장

지식재산권의 제한

지식재산권법의 기본적인 기능 중의 하나는 권리자가 독점적 권리를 행사하는 것, 지식과 기술의 광범위하게 전파할 때 발생하는 모순을 조정하고 조정하는 것 그리고 지식재산 소유자, 전달자, 사용자의 이해관계를 조정하는 것이다. 제도적 규범측면에서 지식재산권의 보호와 제한은 직접적인 관련이 있다. 이른바 지식재산권의 제한이란 지식재산 소유자에 대한 독점적 권리행사에 대한 제한을 말한다. 일반적으로 지식재산권의 지역성과 시간성은 권리의 존재적, 공간적 효력 및 존속기간의 효력에 대한 제한으로 이해할 수 있다. 본 장에서 언급하는 제한은 특히 권능효력에 대한 제한이다. 즉, 지식재산권의 행사에 대한 제한이자 독점적 권리의 내용에 대한 제한이다. 지식재산권 제도는 독점적 권리를 보호하고 이에 필요한 제한을 설정하며, 법률이 지식재산과 관련된 모든 이익에 대해 인식하고 조정하여, 사회관계의 객관적 이익현상이라는 목적성을 갖고 방향성 있게 규제하여 이익을 형성하고 발전시키는 것이다.[1)]

Ⅰ. 지식재산권 제한의 기본 법리

지식재산권 제한의 기본 법리를 연구하는 것은 세 가지 문제와 관련 있다. 첫째, 지식재산권 법률관계의 이익 구성이다. 둘째, 지식재산권 기본 속성의 '법적 역설'이다. 셋째, 지식재산권법의 이익균형 목표이다.

지식재산권 분야에서 현대국가는 지식재산권 법률의 인센티브 기능 즉 지식재산권 법

1) 参见孙国华 : <论法律上的利益选择>, 载 <法律科学>, 1995 (4).

률의 위임체계를 사용하여 지식재산권을 국가 발전정책과 결합하는 데 중점을 두고 있으며, 일부국가에서는 지식재산권을 국가의 전략적인 단계로 여기면서 중시하고 있다. 대륙법계의 전통과 현대국가의 정책적 고려를 바탕으로 법학자들은 권리요소를 지식재산권 법률관계의 본질로 보는 경향이 있지만, 그렇다고 해도 법정책이 권리자의 이익에 치우쳐 있는 것은 아니다. 지식성과의 사회적 가치, 정보제품의 사회적 공유도 법이 지향하는 목표 중 하나라고 할 수 있다. 이러한 '권리 독점, 정보 공유'라는 법적사상의 지배하에서 지식제품과 그 권리를 둘러싸고 형성되는 주체 간의 권리의무 관계는 자연스럽게 지식재산권 법적관계의 중요한 부분이 된다. 지식재산권의 제한은 서로 다른 주체 간의 이해관계를 조정하는 특별한 제도이다. 결국, 본질은 지식기반제품에서 발생하는 다양한 이익을 어떻게 인식하고 합리적으로 분배하느냐 문제이다. 따라서 지식재산권의 제한에 대한 연구는 권리이익에 대한 평가에서 출발해야 한다. 이익은 권리의 기본적 요구사항이다. 뿐만 아니라 권리의 기초이자 본질적인 내용이며, 권리의 목표 지향이자 사람들이 법 제도의 마련을 위해 달성하고자 하는 목적(시작 동기)이다. 이익은 객관적인 영역인바, '이익은 법률의 생성, 발전 및 운영을 결정하고, 법률은 이익의 실현 정도 및 발전 방향에 영향을 미친다.[2)]'

지식재산권의 법률관계는 다양한 주체의 이익과 관련되어 있다. 학자들은 주체의 이익에 대해 서로 다르게 구분한 적이 있다. 저작권 법률관계를 예로 들면 어떤 학자는 그것을 저작자의 이익과 사회의 이익으로 나누고,[3)] 어떤 학자는 그것을 작품 창작자의 이익, 작품 전파자의 이익, 작품 사용자의 이익으로 나누며,[4)] 또한 어떤 학자는 그것을 저작자의 이익, 출판사, 판매자와 작품 사용자의 이익, 최종 소비자(즉, 일반 대중)의 이익 및 사회의 이익으로 구분하기도 한다.[5)] 일반적으로 지식재산권법은 사회적 관계를 조정할 때 반드시 다양한 분야의 이익을 고려해야 한다. 즉, 지식자원 제공자의 이익, 지식제품 창작자의 이익, 지식제품 이용자의 이익 및 사회 일반 공중의 이익을 고려해야 하며, 지식재산권법의 목표는 이익 간의 균형을 이루고 이익을 극대화하는 것이다.

---

2) 孙国华 : <论法与利益之关系>, 载 <中国法学>, 1994 (4).

3) 参见郑成思 : <知识产权教程>, 106页, 北京, 法律出版社, 1990.

4) See L. Ray Patterson, Stanley W. Lindberg, The Nature of Copyright : A Law of Users' Right, The Universitoof Georgia Press, 1991, p.12 ; 吴汉东、王毅 : <中国传统文化与著作权制度略论>, 载 <法学研究>, 1994 (1).

5) 参见 [美] E. W. 鲍曼、L · 克拉克 · 汉密尔顿 : <现代版权概念和版权制度的比较分析>, 载 <外国法学研究>, 1998 (3).

지식재산권 법률의 이러한 균형 목표 및 조정 기능은 그 제도적 규범 안에 반영된다. 예를 들어, 저작권법은 '출판된 작품을 특정한 조건하에서 사용할 경우 저작권자의 승인 없이 대가를 지급하지 않고도 사용할 수 있지만 저작자의 이름과 작품명을 명시해야 하고 저작권자가 법에 따라 향유하는 권리를 침해해서는 아니 된다.'고 규정하고 있다. 특허법은 '유전 자원을 사용하여 완성된 발명 및 창작의 경우 특허 출원 시 출처를 표시할 의무가 있다.'고 규정하고 있다. 지식재산권법은 지식자원의 제공자, 지식제품의 창작자, 지식정보의 보급자, 소비자를 포함한 대중 간의 이해관계를 조정하고 있음을 알 수 있다. 이러한 이해관계는 법적차원에서 권리의무관계로 나타난다. 각 주체의 이해관계 조정은 지식자원에 대한 사회적 분배와 관련되며, 이는 법률상 권리 배분 즉 지식재산권 소유자와 다른 주체의 권리와 의무를 설정하여 달성된다.

지식재산권은 조건부 독점성, 제한적 배타성, 한정적 시간성으로 나타난다. 권능의 효력에 관한 한 지식재산권은 독점성과 유한성의 '이율배반성[6)]'의 특징을 가지고 있는데 즉 권리주체가 지식재산을 '독점'하지만 이러한 독점은 일정한 제한을 받는다. 이는 정보재산권이 설정한 '경제학적 역설'과 놀라울 정도로 유사하다. 경제학자들은 합리적인 독점이 없으면 충분한 정보가 생성되지 않지만 합법적인 독점이 있으면 많은 정보가 이용되지 않는다고 주장했다.[7)] 이러한 경제적 딜레마를 해결하는 법적 방법은 지식재산권보호를 기반으로 해당 권리에 필요한 제한을 가하는 것이며, 지식재산권의 독점성과 제한성에 대한 '법적 역설'을 구축하는 것이다.

지식재산권의 독점성은 영어로는 통상 'exclusive' 또는 'monopoly'라로 표현하고, 중국의 지식재산권 저작물은 '독점성' 또는 '독과점성'으로 번역한다. 그 의미는 지식재산권 소유자가 창출한 지적 성과 및 경영 관리 활동에서 얻은 지식경험 또는 표기를 말하며, 법률규정에 따라 배타적인 사용권을 향유하고, 누구든지 권리자의 허락 없이 권리자의 지식제품(법률에 별도로 규정된 것은 제외)을 사용할 수 없으며, 동일한 지식제품에 대해 둘 이상의 양립할 수 없는 권리가 동시에 존재할 수 없음을 뜻한다. 자세히 말하자면, 지식재산권의 독점성은 다음 두 가지 측면으로 나타난다. 첫째, '권리 주체의 유일성'이다. 동일한 지식제품에 둘 이상의 양립할 수 없는 권리가 동시에 존재할 수는 없다. 둘째, '권

6) "二律背反"(antinomies), 是18世纪德国古典哲学家康德提出来的哲学基本概念, 意指双方各自依据普遍承认的原则建立起来的, 公认为正确的两个命题之间的矛盾冲突.

7) [美] 罗伯特·考特、托罗斯·尤伦 : <法和经济学>, 张军译, 185页, 上海, 上海三联书店, 1994.

리행사의 배타성'이다. 권리자의 허락 없이 타인은 지식제품을 무단으로 사용할 수 없다. 지식재산권의 독점성은 법률규정이나 국가의 권한부여에서 비롯되고, 이는 지식재산권자의 지식재산 이용에 있어 법적 전제조건이며, 독점성의 핵심은 권리자의 지식재산 이용에 대한 통제에 있다. 재산소유권 제도에서 권리자는 종종 법률의 권한부여 없이도 자신이 물품을 실제로 소유하고 이용할 수 있다. 따라서 유체재산의 이용방식에 대하여는 법률의 개입없이 권리자의 의사자치원칙에 따라 약정하는 경우가 많다. 반면에, 지식제품의 이용에 관하여 법률은 종종 일정한 한계를 정하여 권리자가 일정한 범위 내에서 권리를 행사하고 의무를 부담하도록 요구한다. 요컨대, 이러한 독점권의 부여는 지식제품 창작자의 노동을 크게 보상하고 창조적인 열정을 자극함으로써 사회 전체의 정신 문명과 물질 문명의 발전을 촉진한다. 따라서 지식재산권 제도에서 지식제품 창작자의 이익은 지식제품 보급자 및 사용자의 이익의 전제조건이 되며, 만약 창작자의 이익이 보호되지 않는다면 다른 사람의 이익 역시 보호를 받을 수 없게 된다.

지식재산권의 제한성 또는 지식재산권의 효력에 대한 제한은 다음의 세 가지 측면에서 나타난다. 첫째, 공공영역의 보존이다. 지식재산제도는 지식형태 자원의 독점영역과 공공영역을 설정하고 있는데, 전자는 권리자가 타인의 사용을 통제하여 독점권을 행사하는 영역이고, 후자는 무권리자가 전자의 독점권을 제한함으로써 자유롭게 사용할 수 있는 영역이다. 영국의 「안나법령」은 세계 최초의 저작권법으로서 '문학·예술 분야에 있어 공적인 영역'(the public domain for literature)을 설정하였다. 그 요지는 저작권 보호 기간(출판사의 영구 저작권 주장에 대항하여 작품을 일정 기간 동안 자유롭게 사용할 수 있도록 보장)을 규정한다. 저작권자가 인쇄, 출판 및 판매에 대해 제한된 권리를 향유하도록 규정한다(즉, 저작자가 작품을 재판매 할 때 기존 권리 소멸).[8] 미국 헌법의 지식재산권 조항은 저작자와 발명자에게 그들의 창작물에 대한 제한된 독점권을 부여함으로써 과학과 예술의 진보를 촉진시켰다.[9] 또한 '공공영역의 보존'(the preservation of the public domain)을 규정하여 창작자의 독점권을 일정한 시간과 범위 내로 제한하였고, '접근권'(the right of access) 정책을 통해 무권리자에게 일정한 조건 하에서 타인의 지식제품을 이용할 수 있는 권리를 부여하였다.[10] 정신생산의 영역에 있어서 모든 지식제품의 창

8) See L. Ray Patterson, Stanley W. Lindberg, The Nature of Copyright : A Law of Users' Right, The University of Georgia Press, 1991, p.49-55.

9) 参见冯晓青 : <知识产权利益衡平理论>, 85页, 北京, 中国政法大学出版社, 2006.

10) See L. Ray Patterson, Stanley W. Lindberg, The Nature of Copyright : A Law of Users' Right, The

조는 기존의 지식자원을 참고하고 활용에서 비롯되므로, 이러한 창조적인 성과에 대해 새로운 창조활동을 방해할 수 있는 무기한 독점권을 부여할 수 없다. 이와 같은 공공영역 자원의 이용과 독점권에 대한 '진입' 정책은 민법의 대가원칙과 부합한다. 둘째, 권리행사의 제한이다. 지식재산권의 행사는 행위 방식, 정도, 범위, 한계 및 표준과 관련되며, 권리자가 지식제품을 통제하고 활용하는 행위의 자유를 포함한다. 권리행사 또는 지식제품의 이용에 대한 행위의 자유는 제한된 자유이며, '자유는 법률이 허용하는 모든 것을 할 수 있는 권리이고, 만약 어떤 사람이 법률이 금지하는 것을 할 수 있다면 그는 더 이상 자유롭지 않다. 다른 사람도 똑같이 그렇게 할 권리가 있기 때문이다.[11]' 동시에 행위의 자유에는 그에 따르는 책임이 있다. '자유는 제도적인 어떠한 조직체이며 권리와 의무를 규정하는 공개적인 규범체계이다.[12]' 즉, 권리자가 권리를 행사할 수 있는 자유는 지식제품을 사용할 수 있는 자유와 사용하지 않고 통제할 수 있는 자유를 포함하며, 이러한 자유는 절대적이고 임의적이며 무제한적인 것이 아니다. 행위의 자유와 자유로운 행위의 경계 문제는 지식재산권 제도 내에서 권리의 보호와 제한의 문제이고, 사회권리체제 중에서 권리 간의 충돌 및 조정과 관련되어 있다. 예를 들어, 데이터베이스 저작권을 보호하는 동시에 데이터 주체 즉 프라이버시 주체의 정당한 권익을 충분히 고려해야 하며, 공중보건권 보존의 필요성으로 인해 의약품 특허에 대한 강제 사용허가를 실시할 필요가 있으며, 유전자 기술에 특허를 부여하되 정당한 사용을 전제로 하여 사람들의 환경권을 침해해서는 아니 된다. '법익우선보호'의 원칙에 따라 프라이버시, 건강권, 환경권 등은 우월한 지위에 있으므로 특별히 보호되어야 하고, 기타 일반권리도 존중되어야 하며, 지식재산권의 행사로 인해 타인에게 손해를 끼쳐서는 아니 된다. 셋째, 권리남용의 금지이다. 권리자의 권리행사는 법에 의해 보호되어야 하는 바, 로마법에는 '자신의 권리를 행사하는 것은 어느 누구에게도 불법이 아니다.'라는 개념이 있다. 프랑스혁명 이후에는 권력의 절대성이 강조되었는데, 이러한 개념 아래에서 권리자의 부당한 권리행사는 타인에게 손해를 입힐 수 있고 이는 사회에 불이익을 줄 수 있어 '권리남용금지원칙'이 생겨났다.[13]

사법상의 원칙은 당연히 지식재산권 분야에도 적용되어야 하는 바, 지식재산권이 합법

University of Georgia Press, 1991, p.49-55.

11) [法] 孟德斯鸠 : <论法的精神>(上册), 张雁译, 192页, 北京, 商务印书馆, 1982.

12) [美] 罗尔斯 : <正义论>, 何怀宏、何包钢、廖申白译, 192页, 北京, 中国社会科学出版社, 1998.

13) 参见魏振瀛主编 : <民法>, 29页, 北京, 北京大学出版社, 2004.

적인 독점이라 하더라도 권리자의 권리행사는 시장독점을 초래할 수 있고 지식재산권의 남용에 해당할 수 있다. 지식재산권의 남용은 지식재산권의 정당한 행사와 비교하여, 권리자가 지식재산권을 행사할 때 법률이 허용하는 범위 또는 정당한 한계를 초과하여 타인의 이익과 사회의 공익을 해치는 상황을 의미한다. 지식재산권을 남용하는 행위가 지식재산권 자체를 무효화하는 것은 아니다. 왜냐하면 권리남용의 권리 그 자체는 법률에 의해 인정되고 이익의 실현이 보장되는 것으로서, 합법적이지 않은 권리 또는 부당하게 취득한 권리는 아니기 때문이다. 권리남용에 의해 권리 자체가 무효가 되지는 않지만 남용에 의해 두 가지 법적 결과가 발생할 수 있다. 첫째, 지식재산권 제도규범의 위반은 사법상 제약의 결과를 초래할 수 있다. 사법영역에서 지식재산권 남용행위는 그 자체로 기소될 수 있는 침해행위는 아니지만 권리자는 권리사용료 또는 금전적 배상을 포함하는 구제 청구의 가능성을 상실하게 된다. 둘째, 반독점법의 위반은 공법상 제약의 결과를 초래할 수 있다. 이러한 권리남용은 시장지배력을 남용하고 시장경쟁을 제한하는 공공정책에 속하므로 반독점법을 통해 규제할 필요가 있다.

이익 간의 균형은 지식재산권의 입법 목표로서 당사자 간, 권리와 의무 주체 간, 개인과 사회 간의 이익은 공정한 가치개념에 부합해야 한다. 지식재산권법의 목적은 창작자의 정당한 권익을 보호하고 지식제품의 광범위한 보급을 촉진하는 것이다. 이러한 이원적 가치목표는 권리보장을 위한 인센티브체계를 기반으로 하여 이익균형의 조정 메커니즘을 수단으로 하여 달성된다. 지식재산권은 사상, 정보, 지식의 표현 및 확산과 밀접한 관련이 있다. 창작자의 권익을 보호하면서 지식의 광범위한 보급과 사회문명의 발전을 촉진하는 공익적 목표를 고려해야 한다. 미국 학자들이 저작권법을 평가할 때 언급하듯이 저작권법은 사회적, 정치적, 경제적, 교육적, 예술적 측면에서 저작자의 권리보호에 집중하기보다는 대다수의 이용자의 이익을 고려해야 한다.[14] 지식재산권 법률은 창작자의 이익뿐만 아니라 다른 주체의 이익과 사회 공익에도 동시에 관심을 기울여야 한다고 볼 수 있다.

이익균형의 가치를 목표로 하여 지식재산권 제한 제도의 조정기능은 다음과 같은 측면에 중점을 두어야 한다. 첫째, 독점적 권리 및 후속 창작의 자유에 중점을 두어야 한다. 지식재산권 소유자의 지식제품에 대한 독점권은 재창조의 방해가 되어서는 아니 된다. 지

14) See Edward W. Ploma, L. Clark Hamilton, Copyright : Intellectual Property in the Information Age, Routledge and Kegan Paul Ltd . , 1980 .

식제품의 창작활동은 끊임없는 역사적 과정이며 실제 지식제품은 종종 여러 사람들의 성과를 모두 수용한 결과라고 할 수 있다. 따라서 지식제품의 창작자가 자신의 독점권을 갖고 타인의 지식제품의 재창조를 막는 것은 적절하지 않다. 이를 위해각국의 법은 후대의 재창조권을 보호하기 위한 여러 제도를 마련했다. 예를 들어, 저작권법은 후손이 이전의 제품을 적절한 인용하는 것을 '합리적 사용'의 범주에 포함하고, 특허법은 과학연구 또는 실험목적으로 타인의 특허 기술을 사용할 경우 특허권 침해로 보지 않으며, 식물신품종 보호법은 과학연구 또는 실험을 위해 번식하는 식물 신품종이 보호를 받는 것 등이 이에 해당한다.

둘째, 개인의 권리와 공교육 정책에 중점을 두어야 한다. 교육을 발전시키고 시민들에게 충분하고 완전한 교육기회를 제공하는 것은 모든 국가에서 보편적으로 시행하는 공공정책이며 교육을 받을 권리는 헌법에 규정된 시민의 기본권이다. 따라서 지식재산권 소유자의 개인 권리를 보호하는 한편, 이러한 독점적 권리가 시민의 교육을 방해하는 장벽이 되어서는 아니 된다. 만약 저작권에 대해 제한을 두지 않으면 저작자와 그 자손까지 이익을 얻으면서 사회 대중의 권리를 제한할 수 있는 바, 이것은 사실상 저작자, 소유자 및 그 자손의 권리와 인류사회의 접근권 간의 충돌이라고 할 수 있다.[15] 따라서 각국은 일반적으로 저작권 법률에서 저작권이 있는 저작물을 교육목적으로 자유롭게 사용할 수 있지만 상업적 목적으로는 사용할 수 없도록 규정했다.

셋째, 개인의 권리와 경제발전에 중점을 두어야 한다. 과학기술의 최신 성과를 이용하여 한 나라의 경제 발전을 촉진하는 것은 그 나라 국민의 공통된 염원일 뿐만 아니라 발전이라는 기본인권의 명확한 표현이기도 하다. 자국의 경제를 발전시키기 위해 사회는 항상 현대 최고의 기술을 적용하기를 원하지만 이러한 기술은 일반적으로 특허권을 취득한 경우가 많고 특허권자가 권한 부여를 원하지 않으면 일반대중은 그 사용이 어려운 경우가 많다. 이러한 모순을 해결하기 위해 각국의 법률 및 국제협약은 지식재산권 행사에 대한 제한을 규정하고 있다. 예를 들어, 각국은 일반적으로 특허법에서 특허기술의 적용을 촉진하기 위해 강제허가, 국가비상사태에서의 사용 등의 제도를 규정하고 있으며, 신품종보호법에서는 농민들이 농업생산을 늘리기 위해 번식재료를 자가 생신 할 수 있도록 하고 있다. 이러한 제한을 통해 한 국가의 최신 과학기술 성과의 사용을 보장하고 국가의

15) 曹新民 : <试论"均衡原理"对著作权法律制度的作用>, 载 <著作权>, 1996 (2).

경제발전을 촉진한다.

넷째, 독점적 권리와 무역의 자유에 중점을 두어야 한다. 지식재산권은 독점적인 권리이며 권리자는 지식제품의 적용을 통제할 수 있지만 이러한 통제범위와 강도는 지식제품 유통의 과정과 영역에 직접적으로 영향을 미친다. 특허제도 성립초기 서유럽에서는 특허제도에 대한 논쟁이 크게 벌어져 특허제도의 확산을 지연시킨 바 있다. 1850년 전후 자유무역의 옹호자들은 반독점이라는 이름으로 특허제도를 공격했고, 특허권이 국내 경제활동에 영향을 미치고 국가 간 관세장벽의 역할을 하여 국제무역의 발전을 저해하므로 특허제도를 철폐 운동을 벌였다.[16] 지식재산권 소유자의 자유로운 권리행사를 제한없이 허용하면 권리자가 권리를 남용하고 지식제품 유통의 모든 단계에서 많은 장벽을 설치하여 지식제품 유통과 보급을 차단할 우려가 있다고 본 것이다. 이를 위해 각국 입법자들은 권리고갈(权利穷竭, the exhaustion of exclusive rights) 제도를 비롯한 각종 규제조치를 취하고 있다. '권리고갈' 제도는 권리자가 제품을 최초로 판매할 때만 통제할 수 있기 때문에 이 이론을 '최초 판매' 이론이라고도 한다. 권리고갈에 관한 규정은 저작권법, 상표법, 특허법 및 기타 법률에 산재해 있으며, 이 제도가 확립되면서 지식제품의 재유통에 대한 통제가 크게 약화되었고 무역의 자유로운 거래에 크게 기여하였다.

Ⅱ. 지식재산권 제한 제도의 구성

각국의 지식재산권 제한 규정은 여러 제도에 산재되어 있는데 예를 들어, 저작권의 제한에는 합리적 사용, 법정허가에 따른 이용, 강제허가에 따른 이용, 권리 고갈 등이 있고, 특허권의 제한에는 강제 허가에 따른 이용, 특허권 고갈, 과학연구를 위한 사용, 선용권자의 사용, 임시 통과 등이 있으며, 상표권의 제한에는 권리고갈, 선(先)사용, 병행수입 등이 있고, 식물 신품종권의 제한에는 과학실험을 위한 사용, 농민의 자가번식 재료사용 등이 있으며, 집적회로 레이아웃 설계권의 제한에는 강제 허가, 선의의 사용 등이 있다. 여기서 우리는 구체적인 제도의 특정 규정에 얽매일 필요가 없고 포괄적 접근을 통해 지식재산권 제한 제도의 구성을 분류하면 다음과 같다.

16) 参见汤宗舜：<专利法教程>, 10页, 北京, 法律出版社, 1996.

1. 지식제품 권리 이용의 제한

일반적으로 소유자는 자신의 재산에 대해 법률이 정하는 범위 내에서 자신의 의사에 따라 자유롭게 사용하거나 법률 또는 계약에 따라 타인에게 양도할 수도 있는데, 후자를 독점적 권리의 이용이라고 한다. 지식재산권을 제한하는 상황에서 소유자의 권한에 근거하지 않고 동의 없이 지식제품을 사용할 수 있는 것은 독점적 권리 이용의 제한이며, 주요 제도로는 합리적사용과 비자발적 허가에 따른 사용이 있다.

합리적 사용은 지식재산권에 대한 가장 엄격한 제한이다. 합리적 사용은 법률이 규정한 조건 하에서 권리자의 동의를 구하거나 대가를 지급할 필요가 없으며 정당한 목적에 따라 타인의 지식제품을 사용하는 행위를 말한다. 일반적으로 타인의 재산을 사용하려면 소유자의 동의를 얻고 대가를 지불해야 한다. 이것이 유체재산과 무형재산의 사용에 대한 일반적인 규칙이며 상품등가교환 원칙의 법률상 구현이다. 그러나 지식제품은 일종의 특수한 상품으로서 개인의 합법적인 재산 이익의 만족뿐만 아니라 지식보급 및 과학문화사업의 발전과도 관련이 있으므로 각국은 지식재산의 행사에 대해 엄격하게 제한하고 있다. 타인의 지식제품을 사용할 때 상대방의 동의를 구하거나 대가를 지불할 필요가 없는 것은 지식재산권에 대한 가장 엄격한 제한이라고 할 수 있다. 예를 들어, 저작권 분야와 집적회로 배치 설계분야의 합리적 사용, 특허권 분야의 과학적 연구와 실험을 위한 사용, 임시국경 사용, 농민들이 허가받은 새로운 식물품종의 번식 재료 등이 모두 이러한 제한에 속한다. 법률은 합리적 사용에 대하여 엄격한 적용조건을 규정하고 있다.

첫째, 합리적 사용은 법적근거가 있어야 한다. 합리적 사용은 법률의 직접적인 규정에 근거하며 지식재산권자의 권한에서 유래하는 것이 아니다. 따라서 사용자의 권리는 법률 규정에서 직접 도출되는 것이라고 볼 수 있다. 둘째, 합리적 사용은 정당한 목적에 근거해야 한다. 합리적 사용에 대해서는 사용목적이 영리인지 비영리인지가 문제해결의 핵심이 된다.[17] 사용자가 영리목적으로 지식재산을 사용하는 경우라면 이러한 사용 목적은 지식재산권에 대해 제한을 설정하려는 본래 취지에 어긋난다. 반대로 사용자가 '학습 및 연구', '교육', '과학실험', '평가' 등 비영리 목적으로 지식재산을 사용하는 경우라면 이는 정당한 사용에 해당한다. 셋째, 합리적 사용은 일정한 수량의 제한이 있어야 한다. 이

17) See Pierre N. Leval, "Toward a Fair Use Standard", Harvard Law Review, Vol. 103 : 1105, 1990.

러한 제한은 지식재산권자의 이익을 박탈할 수 있기 때문에 과도한 사용은 필연적으로 지식제품의 시장 판매에 영향을 끼칠 수 있다. 이를 위해 각국 법률은 일정한 수량제한을 두고 있다. 예를 들어, 타인의 작품을 인용할 때 일정 수량을 초과해서는 아니 되며, 교육 목적으로 복제되는 도서는 일정 부수를 초과해서는 아니 된다. 넷째, 합리적 사용이 지식제품의 시장 판매에 잠재적인 위협을 초래해서는 아니 된다. 각국의 법률은 사용의 결과 측면에서 이를 제한한다. 예를 들어, 농민은 허가된 새로운 식물 품종의 번식재료를 허가 없이 사용할 수 있지만, 새로운 식물품종의 판매를 통해 권리자와 경쟁해서는 아니 되며, 다른 사람에게 번식 재료를 무상으로 제공하여 새로운 식물 품종의 시장 판매를 손상시켜서는 아니 된다. 다섯째, 합리적 사용시 지식재산권자의 법적이익을 손상시키지 않아야 한다. 이러한 제한 관련하여 법률은 사용자에게 일정한 범위의 사용권만을 부여하고 사용자는 타인의 작품을 인용할 때 출처를 밝혀야 하며, 저작권이 있는 작품을 무료로 공연할 때 적절한 방법으로 저작자의 신분을 밝혀야 하는 등 지식재산권자의 합법적인 권리를 존중해야 한다.

비자발적 허가에 따른 사용은 지식재산권 제한의 중요한 제도이다. 비자발적 허가에 따른 사용이란 법률 규정에 따라 지식재산권자의 권한 부여없이 사용자가 지식제품을 이용할 수 있지만 권리자에게 적절한 대가를 지급해야 하는 행위를 말한다. 지식재산권 분야에서 비자발적 허가에 따른 사용과 자발적 허가에 따른 사용은 상호 대응되는 두 가지 행위이며, 그 구별의 핵심은 권리자의 동의가 필요한지의 여부이다. 비자발적 허가에 따른 사용은 다음과 같은 특징이 있다.

첫째, 비자발적 허가에 따른 사용은 법적근거가 있어야 한다. 이러한 허가에 따른 사용은 승인에 따른 이용과 달리 지식재산권 행사에 대한 간섭과 제한에 근거가 있어야 하며 '의사에 따른 결정(意定)'이 아니라 '법에 따른 결정(法定)'에 해당한다. 법률에 직접적인 규정이 없으면 비자발적 허가에 따른 사용이 성립되지 않는다. 둘째, 비자발적 허가에 따른 사용은 독점적으로 시행되거나 사용되지 않는다. 그것은 권리자의 권리행사에 한정된 제한을 가하는 것이므로 비자발적 허가에 따른 사용이 존재하는 경우에도 권리자는 스스로 지식제품을 사용하거나 다른 사람에게 사용하도록 할 수 있다. 셋째, 비자발적 허가에 따른 사용은 권리자에게 적절한 대가를 지불해야 한다. 즉, 대가에 대한 부담이 필요하며 이는 비자발적 허가에 따른 사용과 합리적 사용 간의 중요한 차이이다. 비자발적 허가에 따른 사용은 행정적 승인절차를 거쳤는지 여부에 따라 승인이 필요한 경우와 승인이 필요하지 않은 경우로 나눌 수 있다.[18] 전자는 강제 허가에 따른 이용이고 후자는 법정 허가에 따른 이용이다. 저작권 강제 허가에 따른 이용, 특허권 강제 허가에 따른 이용, 특허권의 지정 허가에 따른 이용, 집적회로 레이아웃 설계의 비자발적 허가에 따른 이용, 식물 신품종권의 강제 허가에 따른 이용 등은 행정기관의 승인을 얻어야만 취득할 수 있다. 그 중 일부는 특허권 남용을 방지하기 위해 특허 강제 허가에 따른 이용(중국 특허법 제48조 참조)과 같이 사용자의 신청에 따라 행정기관이 승인하고, 일부는 특허권의 지정 허가에 따른 이용(중국 특허법 제49조 참조)과 같이 법률이 규정한 상황에 따라 행정기관이 주도적으로 승인한다. 법정 허가에 따른 이용은 저작권 분야에만 적용되며, 승인이 필요하지 않은 비자발적 허가에 따른 사용의 일종으로, 사용자가 저작권법의 규정에 따라 저작권자의 작품을 직접 사용할 수 있으며 행정기관의 승인을 필요로 하지 않는다(중국 저작권법 제23조 참조).

2. 지식제품의 물질화 저장장치의 유통 제한

지식재산권은 합법적인 독점적 권리이다. 권리자는 법이 허용하는 범위 내에서 사용방법, 위치, 시간 등을 포함하여 지식제품의 사용을 결정할 수 있으며 이는 독점적 권리의 효력이다. 그러나 무형적인 지식제품이 물질화 저장장치의 형태로 등장한 오늘날, 지식재산의 독점권이 물질화 제품의 소유권에 대항할 수 있는가? 이것은 입법자가 반드시 해결해야 할 권리충돌의 문제이다. 일반적으로 지식재산권자는 자신이 창조한 지식제품에 대한 독점권을 가지며 그는 스스로 지식제품의 사용과 판매를 결정할 수 있지만, 지식제품이 물질화 저장장치에 부착되어 상품으로 판매될 때의 지식재산권 주체는 종종 권리의 독점적 효력이 판매된 후의 상품에까지 확대하기를 원한다. 반면에, 상품의 구매자는 유체재산에 대한 소유권으로 항변한다. 따라서 지식재산권 주체가 지식제품에 대해 향유하는 독점권과 유체재산권 주체가 지식제품의 물질화 저장장치에 대해 향유하는 소유권 간의 충돌이 발생한다. 이러한 권리의 충돌을 해결하기 위한 법적 해결방안으로 지식재산권의 독점적 효력을 제한하고 지식제품의 물질화 저장장치의 상품유통을 유지하도록 하는 제도를 '권리고갈'이라고 한다.

---

18) 参见陶鑫良、袁真富：<知识产权总论>, 231页, 北京, 知识产权出版社, 2005.

권리고갈이란 지식재산을 포함한 상품이 합법적으로 판매 또는 유통된 이후, 상품이 누구의 손에 넘어가든지 지식재산권자는 상품의 유통을 통제할 권리가 없는 것을 말한다.[19] 권리고갈 제도는 지식재산권자가 상품을 처음 판매할 때만 통제할 수 있기 때문에 이 이론을 '최초판매' 이론이라고도 한다. 권리고갈에 관한 규정은 저작권법, 상표법, 특허법 및 기타 여러 법률에 산재해 있다. 예를 들어, 「독일저작권법」제17조 제2항은 작품의 원본이나 복제본이 그 법의 적용지역 내에서 판매권한을 가진 자의 동의를 얻어 소유권이 이전되는 방식으로 유통 영역에 들어올 경우, 그 작품에 대한 추가 판매는 법률로 인정된다고 규정하고 있다. 즉, 저작권자가 작품을 판매하기로 동의한 경우 원본이나 복제본이 유통 영역에 들어오면 다른 사람이 작품을 더 이상 판매할 수 없도록 통제할 수 있는 권한이 없다. 중국 「특허법」제69조 제1항에서도 특허권자가 제조하거나 특허권자의 허가를 받아 제조한 특허 제품을 판매한 후 그 제품을 사용하거나 판매할 경우 특허권을 침해한 것으로 보지 않는다고 규정하고 있다. 즉, 중국의 특허법은 특허제품이 합법적으로 시장에 출시되면 중국에서 특허제품의 판매권과 사용권은 '고갈'되는 것이다. 상표권의 고갈은 다수 국가의 법에서도 인정하고 있다.

3. 우선사용권과 우선권에 의한 제한

우선사용권은 특정한 지식제품의 우선사용자가 동일한 지식제품에 대해 나중에 취득한 지식재산권에 대항할 수 있는 것을 말하며, 이때의 우선사용은 나중에 취득한 지식재산권에 대해 권리를 제한하는 역할을 한다.

특허제도에서 우선사용권은 특허권이 부여되기 전에 기술을 먼저 사용하는 자의 이익을 보호하는 데 적용된다. 중국 <특허법> 제69조 제2항은 특허 출원일 이전에 동일한 제품을 제조하거나 동일한 방법을 사용하거나 제조와 사용에 필요한 준비를 하고 원래의 범위 내에서만 계속 제조 및 사용하는 경우에는 침해로 보지 않는다고 규정하고 있다. 우선사용권은 특허권에 대한 일종의 제한으로 선행 발명자 또는 설계자의 이익을 보호하는 데 도움이 될 뿐만 아니라 '선출원 원칙'으로 인해 발생하는 단점들을 제거할 수 있다. 이 제도가 없으면 특정 집단 또는 개인이 특정 발명 및 창작에 대해 특허권을 취득할 경우,

19) 参见郑成思：<版权法>, 272页, 北京, 中国人民大学出版社, 1990.

다른 집단 또는 개인은 발명 및 창작을 완료하기 위해 많은 인력, 물적, 재정적 또는 지능을 투자하고 출원일 전에 동일한 제품을 제조하기 시작했거나 동일한 방법을 사용했거나 제조 및 사용에 필요한 준비가 되어 있더라도 계속 제조 또는 사용할 수 없게 된다. 이것은 과학기술 진보에 도움이 되지 않을 뿐만 아니라 경제 발전에도 도움이 되지 않는다. 따라서 특허법은 우선사용권제도를 규정함으로써 특허인의 이익과 우선사용인의 이익을 모두 합리적으로 보호하는 것이다. 우선사용권은 법률이 선발명자에게 부여한 권리이며 선발명자는 이 권리를 행사할 때 엄격한 제한을 받는다. 즉, 제품을 원래의 범위 내에서만 계속 제조 및 사용할 수 있다.

선행권리는 특정한 지식재산권을 취득하기 전에 이미 존재하거나 취득한 권리를 말한다. 일부 학자들은 선행 권리와 선행 사용 권리를 엄격하게 구분하는데, 이러한 구분은 이론적으로는 유익하지만 선행 권리의 존재는 후속 지식재산권의 취소 또는 무효를 야기할 수 있으므로 후속 지식재산권에 대한 권리의 제한으로 보아서는 아니 되며,[20] 이러한 판단은 논의할 가치가 충분히 있다. 일반적으로 나중에 취득한 권리가 다른 사람의 선행 권리와 충돌하는 경우 법률에 따라 취소되거나 무효가 될 수 있다. 예를 들어, 특허권자가 취득한 실용신안특허와 타인이 이전에 취득한 실용신안특허는 중복 권한에 속하며, 상표권자가 등록한 상표표시가 타인의 이전 미술작품의 저작권을 침해하는 것은 모두 나중에 취득한 지식재산권에 대한 제한이 아니라 권리의 소멸로 이어질 수 있다. 그러나 예외도 있다. 동일한 로고의 경우 한 주체가 이를 기업명으로 먼저 등록하여 상호권을 우선 권리로 취득할 수 있는 반면, 다른 주체는 이를 상표로 등록하여 법에 따라 상표권을 취득할 수 있다. 이 경우 상호권은 나중에 취득한 상표권의 금지 효력에 영향을 받지 않고 등록된 행정구역 내에서 원래 승인된 사용 범위에 따라 계속 존재할 수 있다. 요컨대, 선행 권리는 후속 지식재산권에 대하여 제한하는 것이다.

Ⅲ. 지식재산권 규제의 법적 개혁

지식재산권의 제한은 사적 이익과 공적 이익의 균형을 이룬 결과이다.이익균형은 그 자

20) 参见陶鑫良、袁真富：<知识产权总论>, 231页, 北京, 知识产权出版社, 2005.

체로 역동적인 과정이며 전체적으로는 불확실한 상태에 있다.[21] 따라서 객관적인 조건의 변화로 인해 이익균형 패턴이 변경되면 지식재산권 제한체계도 그에 따라 변경된다.

1. 국제협약은 권리제한의 적용원칙을 명확하게 규정함

개정된 국제협약과 새로 체결된 국제협약은 지식재산권에 대한 제한은 지식재산권자의 정당한 이익을 해치지 않아야 한다고 규정하고 있다. 1967년 개정 전 「문학및예술작품보호에관한베른협약」은 저작권의 제한에 대해서만 "공정한 관행에 부합해야 한다."라는 총체적인 규정을 두고 있다. 1967년 스톡홀름 수정본은 "복제가 작품의 정상적인 사용을 저해하면 복제는 절대 허용되지 않는다. 복제가 작품의 정상적인 사용에 해를 끼치지 않으면 복제가 저작자의 정당한 이익을 침해하는지 여부를 조사해야 한다. 저작자의 정당한 이익을 훼손하지 않는 경우에만 일정한 특수상황에서 강제 허가증을 사용하거나 무상으로 사용할 수 있다.

여러 목적을 위해 사용되는 사진의 복사를 예로 들 수 있다. 만약 대량복사를 한다면 작품의 정상적인 사용을 훼손할 수 있기 때문에 허용되지 않는다. 공기업에서 상당한 수량을 복사하여 사용하고 법에 따라 합당한 대가를 지급한다면 저작자의 정당한 이익을 이유 없이 침해하는 것은 아니다. 특히 개인적으로 사용하거나 과학 연구를 위해 사용할 경우에는 적은 양을 복사한다면 대가를 지불하지 않고도 허용할 수 있다.'라고 규정하고 있다. 스톡홀름 수정본은 "본 동맹의 회원국은 저작물의 정상적인 사용을 저해하거나 저작자의 정당한 이익을 이유 없이 침해하지 않는 한 특별한 상황에서 저작물을 복제할 수 있도록 법으로 허용해야 한다."고 강조한다. 「지식재산권협정」은 "지식재산의 제한에 대한 포괄적인 원칙을 제시했는데 즉 제한은 지식재산의 정상적인 이용과 상충되어서는 안되며 권리보유자의 정당한 이익을 부당하게 해쳐서는 안된다."고 하였다. 이 협정은 지식제품의 정상적인 이용을 존중하고 권리보유자의 정당한 이익을 보호한다는 전제하에 지식재산권을 제한할 것을 요구하고 있으며, 반대로 기존 제한조치가 지식재산권자의 정당한 이익을 훼손할 경우 이를 금지해야 함을 알 수 있다.

이 원칙을 구현하기 위해 「지식재산권협정」은 많은 구체적인 조항을 입법화함으로써

---

21) 参见陶鑫良：<网络时代知识产权保护的利益平衡思考>, 载 <知识产权>, 1999 (6).

지식제품의 사용을 규정하고 있다.

2. 합리적 사용제도 적용의 제한

서구국가들은 합리적 사용 규칙의 남용을 막기 위한 적극적인 조치의 일환으로 원래의 합리적 사용 시스템을 수정하거나 제한했으며 특정 분야의 합리적 사용을 취소하기도 한다. 예를 들어, 네덜란드는 1972년 「복제법」을 공포해 "개인적 사용을 위한 일부 복제" 조항을 삭제했고, 독일은 1985년 「저작권법」을 개정해 "책 또는 정기 간행물을 기본적으로 모두 복제하는 경우에는 필사하지 않는 한 항상 권리자의 동의를 얻어야 한다."라고 규정했다. 또한 오스트리아, 프랑스, 헝가리, 포르투갈, 러시아 등에서도 자국의 저작권법을 개정해 합리적 사용 제한에 대해 유사한 규정을 만들었다.

합리적 사용에 대한 입법의 변화와 함께 각국은 복제권에 대한 보호와 구제를 강화했다. 현대 통신기술은 복제품이 은밀하게 만들어지는 구조이기 때문에 예전에 비하여 복제권이 침해 받기 쉬울 뿐만 아니라 전통적인 소송방식으로는 보호받기 어렵다. 이에 따라 서구국가들은 다른 구제방안을 강구하기 시작하였는데, 그것은 바로 복사 로열티와 녹화 로열티를 징수하는 것이었다. 복사 로열티 징수란 특정기관이 복사작업에 종사하는 단체 및 개인에게 로열티를 부과하는 것을 말한다. 미국, 네덜란드, 스웨덴 등의 국가는 복사자에게 사용료를 부과하는 전문 기관이 있다. 녹화 로열티 징수란 특정기관이 녹화에 종사하는 단체 및 개인에게 로열티를 부과하는 것을 말한다. 독일에서 사적사용이나 기타 자체사용을 목적으로 복제하는 행위에 대하여 저작권자는 그 장비 및 오디오(비디오) 저장장치 제조업체에 보상을 주장할 권리가 있으며, 이 규정은 그러한 장비와 오디오(비디오) 저장장치를 상업적으로 수입하거나 재수입하는 딜러들에게도 적용된다. 아직 많은 국가들은 저작권자의 요구사항을 충분히 충족하는 합리적 사용 제도의 표준을 구축하지 못하였지만, 합리적 사용을 제한하고 로열티 징수제도를 마련하는 것은 저작권 입법에 있어 서구 국가들의 추세가 되었다.

특허권, 식물 신품종 보호권 및 기타 분야에서 합리적 사용 규칙도 같은 제한을 받고 있다. 예를 들어, 임시통과원칙에 따라 사용되는 특허제품은 판매에 사용할 수 없고, 과학연구를 위해 사용되는 식물 신품종을 확산해서는 안 된다.

3. 법정 허가의 사용 범위 확대

신기술 혁명의 영향으로 전통적이고 합리적 사용의 일부 유형이 법정 허가의 사용으로 변경되었다. 1970년대 이후 독일·영국·스웨덴·네덜란드·호주등은 도서관에서 저작권이 있는 도서를 대여할 때 저작자에게 대출 로열티를 지급하도록 하는 공공 대출권을 잇따라 도입하였다. 개인 복제와 가정 녹화에 관해서는 많은 서구국가에서 인세제도를 채택하고 있다. 녹음 로열티와 관련하여 독일, 오스트리아, 스웨덴 등 국가의 규정은 녹음 및 녹화 장비뿐만 아니라 오디오(비디오)의 공백 저장장치에도 적용한다. 복제 로열티와 관련하여 일본, 영국, 프랑스, 독일, 이탈리아 등은 사적 목적의 이용을 위해 타인의 작품을 복제하는 경우 저작권자에게 법정 대가를 지급하도록 규정하고 있다. 위에서 언급한 새로운 로열티 징수는 일부 복제 및 녹화 분야에서 합리적인 사용을 법정 허가사용으로 전환했다.

4. 법정 무료사용 제도의 폐지

법정 무료사용이란 특정기관이 다른 사람의 작품을 비영리적으로 사용할 수 있도록 법으로 허용하고, 권리자의 허가가 필요하지 않고 대가도 지급할 필요가 없는 제도이다. 법정 무료사용 제도를 시행하는 국가는 주로 구 동유럽의 몇몇 공유제 국가들이다. 이들 국가에서는 라디오 방송국 등이 비영리단체에 속하기 때문에 저작권자에게 사용료를 지불하지 않는데, 만약 저작물을 사용할 경우 사전에 저작자의 동의를 얻도록 하면 홍보효과의 적시성이 저하될 수 있다. 따라서 이들 국가의 저작권법은 이미 발표된 저작물을 TV, 방송 등을 통해 전파하는 경우 권리자의 허가를 받지 않아도 되며 그에 대한 대가를 지급하지 않아도 된다고 규정하고 있다. 법정 무료사용은 실제 위에서 언급한 국가의 합리적 사용의 범주에 속하지만 다른 대부분의 국가에서는 이러한 규정을 두지 않았으며, 저작권 관련 국제협약의 최근 규정에서는 이러한 법정 무료사용 규정이 불합리하다고 시사하였다. 1971년 개정된 세계저작권협약으로 법적 무료사용 제도가 폐지됨에 따라 회원국은 더이상 이러한 방식으로는 작품을 사용하지 못하며, 자국민에게만 무료사용 제도를 시행할 수 있다.[22]

---

22) 参见郑成思：<版权法>, 269页, 北京, 中国人民大学出版社, 1990.

5. 국가계획 특허 허가에 대한 제한 조건 규정

일부국가의 「특허법」은 특허 기술의 보급을 촉진하기 위해 '국가계획 허가 사용' 제도를 규정하고 있다. 1992년 중국 「특허법」제14조에 따르면, 국무원 소관 부서와 성, 자치구, 직할시 인민정부는 국가계획에 따라 본 제도 또는 관할 전국민 소유단위가 보유한 중요한 발명창조 특허는 지정된 단체에서 시행할 수 있도록 결정하도록 할 권리가 있으며, 시행 단체는 국가규정에 따라 특허권을 보유한 단체에 사용료를 지불하도록 하고 있는데, 이는 계획 경제의 색채가 강하고 의사자치의 원칙에 반하여 지식재산권자의 합법적인 이익을 보호하는 데 도움이 되지 않는다. 이에 따라 중국에서 2000년에 통과된 「특허법」제14조는 '국유기업 사업장의 발명특허는 국익 또는 공익에 중대한 의의가 있는 경우 국무원 관련 주관부서와 성, 자치구, 직할시 인민정부는 국무원의 승인을 받아 승인범위 내에서 보급 및 응용을 결정하고 지정된 단체로 하여금 시행할 수 있도록 하며 시행단체는 국가의 규정에 따라 특허권자에게 사용료를 지급할 수 있다.'고 규정하고 있다. 이러한 국가계획 허가 사용제도를 적용할 때 조건부 제한 즉 국익 또는 공익에 중요한 의미가 있는 특허기술에 국한되고 국무원으로부터 승인을 받아야 한다는 절차적 제한이 있다.

6. 강제 허가에 따른 사용 조건의 제약

「문학및예술작품보호에관한베른협약」과 「세계저작권협약」은 강제허가증 발급의 기본조건에 대해 엄격하게 규정하고 있다. 만약 어떤 회원국이 유엔총회의 관례에 따라 개발도상국에 해당되고 그 국가가 두 협약의 회원국이라면 그 국가는 번역 및 복제 허가 제도상의 권리를 사용할 권한이 있다. 또한 이러한 국가는 반드시 '그 경제 상황 및 사회, 문화적 필요에 의해 이 협약의 본문에 규정된 모든 권리를 보호하기 위한 조치를 취할 수 없다고 판단되는 국가'여야 하며, 이러한 기준에 부합하여 혜택을 받기를 원하는 회원국은 반드시 각 협약에 참가할 때나 참가한 후에 각 협약의 수탁자에게 통지해야 한다. 협약에 따르면, 번역권 또는 복제권 소유자의 이익을 위해 허가증을 발급할 때 저작권자에게 공평하고 합리적인 대가를 지급해야 하며, 회원국은 그 대가가 저작권자에게 전달되도록 법을 제정하여 보장해야 한다. 저작권 국제협약에 따르면, 개발도상국은 소위 '특혜조항'을 통해 번역권과 복제권에 대한 강제 허가증을 취득할 수 있다. 하지만 신청 주기가 길고 절차가 복잡한데다 국제통용 통화로 지불해야 한다는 점 때문에 개발도상국은 사실상 이러한 '특혜'를 누리기 어렵다. 또한 「지식재산권협정」제31조는 특허 강제허가에 대한 제한을 상세히 열거하고 있는데 다음의 내용을 포함하고 있다. (1) 강제허가에는 사안별로 협의가 필요함 (2) 합리적인 기간 내에 특허권자의 허가를 받지 못한 경우 (3) 강제허가의 사용범위와 기간은 승인된 날짜에 국한함 (4) 강제허가의 사용은 독점적이지 않고 양도가 허용되지 않음 (5) 사용에 대해 적절한 대가를 지불해야 함 (6) 강제허가 사용조건이 종료한 경우 강제 허가 종료의 당위성 등이 포함된다. 이러한 제한조항이 14개에 달하기 때문에 일부 학자들은 "강제 허가에 따른 사용에 대해서는 협정이 권리제한을 규정하기보다 권리제한의 제한을 규정한 것이다," 라고 주장한다.[23)]

7. 중대한 변화에 직면한 권리고갈 제도

권리고갈제도는 지식재산권의 독점성이 제품의 자유로운 유통에 미치는 부정적인 영향을 제거하고 무역의 발전을 촉진했다. 그러나 권리고갈 제도의 남용은 지식재산권자의 이익에도 피해를 줄 수 있다. 이러한 단점을 보충하기 위해 일부국가는 저작권법에 대여권을 규정하고 특허법에 수입권을 설정함과 동시에 지식제품의 병행수입에 대한 새로운 법적 기준을 마련하였다.

첫째, 대여권의 문제이다. 출판업이 막 등장했을 때는 작품의 대여 건수가 많지 않아 저작권자의 이익에 위협이 되지 않았고 따라서 대여업의 개설은 권리고갈 원칙과 상충되지 않았다. 그러나 기술의 진보하고 발전함에 따라 저작물의 대여는 저작물 판매를 대체하는 추세에 이르렀고, 이는 저작권자의 재산상 이익을 위협하게 되어 각국에서는 권리고갈 원칙을 재검토를 하기에 이르렀다. 이와 관련하여 유네스코는 1984년 녹음물에 관한 법률을 개정할 때 각국이 참고할 수 있도록 두 가지 권고 원칙과 보충의견을 발표했다. 그 주요내용은 저작권자가 원작뿐만 아니라 녹화된 영상물에 포함된 자신의 작품에 대해서도 저작권을 가진다는 것이다. 이는 저작권자가 항상 자신의 작품이 담긴 녹음물을 타인에게 대여할 수 있는지 여부에 대하여 결정할 권리가 있음을 나타낸다. 만약 녹음물이 저작권의 원작을 포함하지 않는 경우 첫 번째 녹음자는 녹음물에 대한 인접권을 갖게 되

23) 郑成思：<世界贸易组织与贸易有关的知识产权>, 200页, 北京, 中国人民大学出版社, 1996.

며, 이는 인접권자가 자신의 녹음물을 대여하기 위해 다른 사람의 녹음물을 복사, 복제, 대여하는 것을 금지할 권리가 있음을 나타낸다. 이러한 권리는 저작권자 또는 영상제작자를 대표하는 특정 단체가 대신 행사한다.[24)] 유네스코의 권고는 대여권을 확인하고 저작물 제작자와 배포자 간 이익의 균형을 유지하고 사회에 전파기술을 적용하여 저작권자에게 가한 손해를 배상하는 것을 목적으로 한다.

최근 몇 년 동안 대여권은 새로운 유형의 권리로서 여러 국가의 저작권법에 규정되었다. 대여권에 관한 입법모델에는 크게 두 가지가 있는데, 하나는 대여권을 작품 유통의 한 방법으로 간주하고 대여권을 유통권에 포함시키는 것이다. 예를 들어, 미국 「저작권법」 제106조는 유통권에 대해 '매각이나 소유권 이전 등 방식이나 임대 또는 대여를 통해 저작권이 있는 작품의 사본이나 복제물을 대중에게 유통한다.'고 설명하고 있는데, 이 조항에 규정된 유통권은 대여권을 포함하고 있음을 알 수 있다. 다른 하나는 대여를 독립된 작품 사용방식으로 간주하여 대여권과 유통권을 분리하는 것이다. 예를 들어, 독일 「저작권법」 제27조는 복제물의 임대 또는 대여를 규정하고 있다. 반면에, 제17조에 규정된 전파권은 주로 유통권을 가리키는데, 두 권리가 서로 관련이 없다는 것을 알 수 있으며 러시아 등의 저작권법에도 비슷한 규정을 두고 있다.

대여권의 출현은 권리고갈의 원칙을 일정 부분 약화시킨 것으로서, 저작권의 제한 원칙에 반대되는 제한을 가하는 것을 의미한다. 권리고갈의 원칙에 따라 저작물이 처음 판매된 후 그 저작물의 재판매, 배포 또는 기타 사용에 대해서는 저작권자는 통제할 권리가 없다. 이 원칙은 상품의 자유로운 유통을 촉진하지만 작품 대여는 작품 복제물의 이전하지 않으므로 상품의 자유로유 유통과는 무관하다. 입법자는 대여권을 설정하여 저작권자가 저작물 판매 후 일정 범위 내에서 대여를 통제할 수 있도록 함으로써 저작권자의 이익을 최대한 보호하고 저작권 제한의 부정적인 영향을 줄인다. 일부 학자들은 이 현상을 '소유권 제한에 대한 저작권의 확대'로 보는데, 그 이유는 과학기술 발달로 저작권에 포함된 권리와 이용형태가 크게 증가하여 상대적으로 저작물에 부착된 유체물의 소유권이나 역할에 중대한 제한이 가하기 때문이다.[25)] 즉, 저작권의 내실이 증가함에 따라 저작권과 저작물의 원본 또는 그 사본의 소유권이 충돌할 때, 소유권의 역할이 저작권에 의해 크게 제한된다는 것이다. 대여권의 설정이 이에 해당한다고 할 수 있다.[26)] 입법자의 본래

---

24) 参见郑成思：<信息、新型技术与知识产权>, 97~98页, 北京, 中国人民大学出版社, 1986.
25) 杨崇森：<著作权法论丛>, 207页, 台北, 华欣文化事业中心, 1983.

의사에 비추어 볼 때, 대여권 제도의 확립은 저작권자에게 경제적 보상을 하여 사회의 공정을 기하는 것이지 저작권의 효력이 무제한적으로 확대되는 것을 의미하는 것은 아니다. 사실 저작권법은 새로운 기능을 설정함에 있어 이미 어떠한 제한을 두고 있고 이는 주로 두 가지 측면에서 나타난다. 하나는 적용범위의 제한이다. 대여권은 주로 법률에 특별히 규정된 유형의 작품으로 제한되며 모든 작품에까지 미치는 것은 아니다. 「지식재산권협정」제11조는 계약 당사자에게 대여권을 인정하되, 이를 컴퓨터 소프트웨어, 사진 작품 및 오디오 제품의 범위로 한정하도록 하고 있다. 다른 하나는 법정 허가에 따른 사용의 제한이다. 대여권은 저작권의 다른 기능들과 마찬가지로 법정 허가 사용제도를 적용해야 한다. 영국에서는「저작권법」제66조에 따라 "대여인은 국무장관의 명령에 따라 저작권자의 허가를 받지 아니하고 저작물을 대여할 수 있으나 그에 합당한 대가를 지급하여야 한다."라고 규정하고 있다.

특허법 및 상표법 분야에서 특허제품의 임대와 상표가 부착된 상품의 임대는 지식재산권자의 이익에 미치는 영향이 미미하므로 대부분의 관련 법률은 이러한 분야에 임대권을 규정하지 않는다.

둘째, 병행수입과 수입권 문제이다. 소위 상품의 병행수입이란 지식재산권자의 동의 없이 제3자가 지식재산권이 포함된 상품을 수입하여 판매하는 것을 말한다. 예를 들어, A는 중국과 미국에서 특허권을 가지고 있고, B는 A의 허락 없이 중국에서 구입한 특허 사본을 미국으로 수입하여 판매한다. 한편, A는 C에게 미국에서 특허권을 부여하고, B는 A 또는 C의 동의 없이 중국에서 구입한 특허 제품을 미국으로 수입하여 판매하는 것이다.

병행수입의 쟁점은 병행수입 상품이 지식재산권 침해에 해당하는지 여부이다. 현재 대부분 국가의 전문가들은 병행수입이 합법인지 여부를 판단할 때 '권리고갈'의 원칙에서 검토를 시작하는 경우가 많다. 병행수입에 찬성하는 이유는 권리자가 지식제품이 포함된 상품을 처음 판매하거나 배포한 후 지식재산권자의 권리는 고갈되며, 타인이 상품을 처분하는 행위를 과도하게 통제해서는 안되기 때문이다. 반면, 병행수입에 반대하는 이유는 지식재산권은 지역성이 있기 때문에 지식재산권의 '권리고갈'에도 지역적 제한이 있기 때문이다.[27] 따라서 지식재산을 포함하는 상품이 한 국가에서 판매되거나 유통되는

26) 参见吴汉东等 : <西方诸国著作权制度研究>, 204页, 北京, 中国政法大学出版社, 1998.

27) 参见郑成思 : <世界贸易组织与贸易有关的知识产权>, 85页, 北京, 中国人民大学出版社, 1996 ; 吴汉

경우 해당 권리가 다른 국가에서 상실되는 것은 아니며, 권리자는 여전히 타국에서 통제권을 가지고 있으므로 병행수입도 지식재산권 침해를 구성한다고 보아야 한다.

이 문제를 해결하는 쟁점은 '권리고갈'의 효력 범위를 어떻게 볼 것인가에 있다. 만약, 권리고갈의 효력이 국내로 한정되면 병행수입은 지식재산권 침해가 되고, 권리고갈의 효력이 국외로 확대되면 병행수입은 지식재산권을 침해하지 않는다. 국내외의 입법관행으로 볼 때 특허권과 저작권에 관한 한 대부분의 국가는 한 국가에서의 권리고갈이 국제 시장에서 고갈로 이어지지 않는다고 본다. 예를 들어, 중국과 미국이 합의한 지식재산권 보호 양해각서에 따라, 중국은 「특허법」을 개정해 특허권자의 '수입권'을 규정하고, 미국 역시 「특허법」에서 '수입권'을 규정하고 있다. 최근 몇 년 동안 많은 나라들이 특허법과 저작권법에 규정된 '수입권'은 사실상 입법의 형태로 권리가 고갈되는 지역성을 확인했다. 수입권 제도의 출현은 권리고갈 원칙의 효력을 어느 정도 약화시켰고, 지식재산권 제한에 반대되는 규제이기도 하다. 권리고갈에 대한 지역적 제한이 없는 경우, 지식재산권자는 특정 국가의 특허권과 저작권을 취득하더라도 다른 국가의 합법적인 특허제품 또는 저작물 사본의 영향을 받아 경제적 이익이 손상될 수 있다. 반대로, 입법자는 '수입권'을 설정하여 권리고갈의 지역성을 명확히 인정하여 지식재산권자가 한 국가의 지식제품 거래시장을 통제할 수 있도록 함으로써 권리자의 독점적 이익을 보호하고 권리를 진정한 '독점권'으로 만들 수 있게 된다. 하지만 이것은 국제무역에 어느 정도 방해가 될 수 있다. 최근 공포된 국제협약에서 「지식재산권협정」 제28조는 특허권자의 '수입권'을 명시해 사실상 특허권 고갈의 지역성을 확인하였다. 반면에, 1996년 세계지식재산권기구의 '저작권 조약'과 '공연 및 녹음제품 조약'은 모두 논란이 되었던 저작권의 지역성 문제에 합의에 이르지 못했다.

이와 달리, 각국의 상표권 고갈 여부에 대한 논쟁은 매우 뜨겁다. 멕시코는 1991년 「산업재산권법」 제92조에 '권리고갈' 원칙을 규정하였고, 멕시코 법원은 상품의 '병행수입'이 상표권을 침해하지 않는다고 판단했다. 호주법원은 1986년 판례에서 '병행수입'이 특허권 또는 저작권 침해를 구성할 수 있지만, 상표권 침해를 구성할 수는 없다고 판결했다. 이에 반해, 미국 판례는 전통적으로 '병행수입'이 상표권을 침해한다고 판시해 왔으며, 상표법도 상표권이 한 번 사용되더라도 고갈된다고 보지 않고 있다. 이와 관련하여 중국

东主编：<知识产权法>, 206页, 北京, 北京大学出版社, 1998.

학자들은 상표는 한 기업의 제품이 다른 기업의 제품과 구별되는 표시로서 이를 어느 국가에서 사용하든지 변경해서는 안 된다고 본다. 그렇지 않으면 소비자가 동일한 출처의 상품에 대해서도 '다른 출처'인 것으로 오해를 할 수 있고, 시장 안정은 물론 상표권자 자신에게도 도움이 되지 않는다고 보기 때문인데, 이는 상표권의 지역성과 상충되지 않는다.[28] 그러나 이러한 해석은 상표의 식별효과에 대한 설명일 뿐 상표권과 병행수입 사이의 관계에 대한 완전한 설명은 아니다. 필자는 특허권 및 저작권 분야의 병행수입이든 상표권 영역의 병행수입이든 그 본질은 '권리고갈'의 효력 범위를 확정하는 문제라고 생각한다. 이 문제를 해결하려면 입법자는 지식재산권자의 지식재산에 대한 독점적 이익, 구매한 상품의 소유권에 대한 유통업체의 지배적 이익, 상품의 자유로운 유통을 촉진하는 국가의 사회적 이익과 같은 요소 등을 종합적으로 고려할 필요가 있다. 특허권과 저작권에 관한 지식창조 노동은 특허제품과 저작물의 가치에서 매우 중요한 위치를 차지하고 있으며, 특허권자와 저작권자가 투자한 창출 비용은 시장에서 판매되어야 보상을 받을 수 있다. 만약 병행수입의 합법성이 인정될 경우, 특허권자와 저작권자는 제품 수입국의 시장 점유율을 상실하고 그 이익이 심각하게 손상될 것이다. 이를 위해 많은 국가에서 특허권자와 저작권자의 수입권을 속속 인정하고 있다. 상표권 분야에서도 병행수입이 상표권자의 이익에 어느 정도 피해를 주지만, 이러한 피해는 특허제품과 저작품의 병행수입보다는 훨씬 적다. 합법적인 상표가 붙은 상품이 한 나라에 수입될 때 침해로 판단되면 너무 가혹할 수밖에 없다. 상품의 자유로운 유통을 장려한다는 관점에서 아직은 많은 국가에서 이러한 병행수입을 불법으로 간주하지 않고 있다. 그러나 앞으로 국제사회가 상표권 보호를 위해 더 엄격한 조치를 취할 것인지 상표권 분야의 병행수입에 제지할 것인지 앞으로 지켜봐야 한다.

---

28) 参见郑成思：<知识产权论>, 343页, 北京, 法律出版社, 1998.

제8장

지식재산권의 보호

지식재산권은 국가기관이 권한을 부여하는 즉시 법률의 보호를 받는다. 지식재산권은 그 보호대상의 특수성으로 인하여 전통적인 재산권 보호제도로는 충분히 보호받기 어렵기 때문에 기존 제도와는 다른 특별한 수단을 강구할 필요가 있다.

Ⅰ. 지식재산권의 보호 범위

지식재산권을 보호하려면 우선 각종 권리의 효력범위를 명확히 해야 한다. 지식재산은 비물질적 형태의 특수재산으로서 그 소유를 전통적인 민법상 점유방식으로 통제할 수 없다. 제3자의 지식제품을 이용하는 것이 합법인지 불법인지의 여부, 권리침해에 해당하는지 여부는 법률에 의해 규정된다. 따라서 지식재산권의 효력범위는 침해행위에 대한 법석책임과 국가기관의 보호조치를 확인하는 근거가 된다. 이에 대해 법률은 전통적인 소유권 제도와는 다른 규정을 두고 있다.

재산소유권의 객체는 물리적인 유체동산 또는 부동산이다. 이러한 유형의 객체는 권리의 보호 범위를 설정할 수 있으므로 법률은 이에 대해 특별한 규정이 없다. 일반적으로 재산의 크기와 형태, 부동산의 위치와 모양은 사물 간의 차이를 나타내고 본인의 권리와 타인의 권리를 나누는 경계가 된다. 법률은 소유자가 소유재산에 대해 점유, 사용, 수익 및 처분을 할 수 있는 권리를 보호하며 객체의 내용, 성능, 용도 및 가치와 무관하게 소유자가 재산에 대해 갖는 권한은 동일하므로 소유권제도의 보호 범위를 정의하는 특별조항이 없다.

반면에, 지식재산권의 대상이 되는 물건은 무체재산이므로 그 자체로는 보호 범위를 확정할 수 없어 법률에 특별한 규정을 마련할 필요가 있다. 제한된 보호 범위 내에서 권리자는 자신의 지식제품에 대해 독점적 권리를 행사할 수 있으나 그 범위를 초과하면 권리자의 권리는 효력을 잃게 되므로 이때 제3자의 지식제품에 대한 합법적인 사용을 배척할 수 없다.

저작권의 보호범위는 창작자의 사상표현형식과 연계하여 존재한다. '사상표현형식(思想表現形式)'은 '표현형식(expression)'이라고도 하는데, 이는 저작권 이론에서 가장 기본적인 논리적 개념으로 문학예술과 과학창작분야에서 작품으로 나타난다. 저작자의 창작활동은 두 가지 부분으로 명확하게 구분되는데, 그 중 하나는 저작자의 머릿속에 존재하는 사상이고 다른 하나는 저작자의 사상표현형식이다.[1] 이러한 사상표현형식은 작품 완성의 최종 형태이며 그 기본 구성요소는 문자, 언어, 색채, 선, 운율, 악보 등을 표현형식으로 하는 기호이지만, 그것이 법적으로 보호되는 작품이 되기 위해서는 '독창성'과 '복제가능성'이라는 두 가지 요건을 갖추어야 한다. 이것이 바로 저작물의 '저작권 요구사항(copyright ability)'이다. 여기서 일정한 표현형식은 저작권법의 특정한 보호대상이다. 저작권법의 보호범위는 다음과 같다. 첫째, 표현형식은 사상의 내용과는 관련이 없다. 각국의 저작권법은 사상의 내용 자체를 보호하지 않고 사상의 표현을 보호하는 기본원칙을 따른다. 현재 학계에는 사상의 내용과 표현형식의 구성에 대해 여전히 논란이 있으나 분명한 점은 작품 보호를 사상, 절차, 방법, 체계, 조작방법, 개념, 원리 또는 발견으로 확대하지 않고 그 내용이 작품에서 어떤 형태로 묘사되고 설명되는지는 문제 삼지 않는다는 것이다.[2] 둘째, 표현형식의 유형은 보호범위와 관련이 있다. 작품의 유형이 다르거나 표현형식이 다르면 저작자가 향유하게 될 재산권도 다를 수 있다. 대다수 국가들은 작품의 유형을 문자, 구술, 음악, 미술, 도형, 전자 등으로 구분한다. 저작자가 작품을 사용하는 방식 내지 향유하는 이익은 작품의 유형에 따라 일정한 제한을 받는다. 예를 들어, 구술 작품에는 전시권이 없고, 그래픽 작품은 연출권과 무관하며, 미술작품에 대해서는 연출권을 행사할 수 없다. 셋째, 표현형식은 법적 제한을 포함하지 않는 작품이다. 일반적인 의미에서 작품은 외연이 매우 넓고 다양하다. 심지어 권리를 침해한 작품과 공공영역에 있는 작품, 저작권법의 보호를 받지 못하는 작품을 포함한다.[3] 하나는 반동, 외설, 공

---

1) 参见金渝林 ：<论 "同一作品的两种不同表现形式">, 载 <中国版权研究会学术年会论文选编>, 22页, 西安, 西北大学出版社, 1993.

2) 参见 <美国版权法>第102条 (b)款.

3) 根据著作权自动取得原则, 作品 (包括违禁作品)自创作完成之日起即依法自动产生著作权. 如果某一作

서양속 위반 등 법에 따라 출판과 유통이 금지된 작품이고, 다른 하나는 법률 규정 및 공식 번역문, 시사뉴스, 일반양식 등 저작권법의 적용을 받지 않는 대상이 있다.

특허권의 보호범위는 특허출원의 청구범위에 따른다. 특허권의 대상은 창의적인 아이디어를 구체화하는 물건이나 방법이다. 그 보호범위는 발명 및 창의적인 아이디어 범위에 대해 특허 당국이 부여한 의미 해석에 따라 결정된다.[4] 다시 말해, 특허청구서를 구체적인 해석기준으로 한다. 특허청구서는 특허출원의 중요한 문서이다. 승인 전에는 출원인이 특허로 보호받고자 하는 권리의 요청이며, 승인 후에는 특허청이 특허권 보호범위를 결정하는 근거가 된다. 특허권자의 독점 실시권의 범위는 특허권이 적용되는 발명 창조의 기술적 특징과 범위에 따라 결정된다고 할 수 있다. 각국의 법률은 특허권의 보호범위를 결정할 때 세 가지 원칙에 따른다. 첫째, 주변 한정의 원칙이다. 이 원칙에 따라 특허청구서는 특허 보호의 범위가 되며 특허청구서의 기재 사항에 따라 엄격하고 충실하게 해석되어야 한다. 미국은 이 입법례를 채택하고 있다. 둘째, 중심 한정 원칙이다. 이 원칙에 따라 청구범위를 해석할 때 특허청구서의 문언상 기재 내용에 얽매일 필요가 없으며 특허청구서를 중심으로 발명의 목적, 성질, 설명서 및 설계도를 종합적으로 고려하여 주변의 특정 범위 내의 기술도 특허보호의 범위에 포함되어야 한다. 독일은 이 법안을 채택한 적이 있다. 셋째, 절충의 원칙이다. 앞선 두 원칙의 절충형태이다. 이 원칙에 따라 특허권의 보호 범위는 특허청구서의 내용에 따라 결정되며 설명 및 도면은 특허청구서를 해석하는데 사용할 수 있다. 이 원칙은 특허권자의 이익과 제3자의 이익을 모두 고려하여 두 원칙의 부족한 부분을 극복한다. 중국은 이 입법례를 채택하고 있다.

상표권의 보호 범위는 승인된 등록상표 및 승인된 상품과 관련이 있으며 그 효력은 법률에 명확하게 규정되어 있다. 일반적으로 상표권은 사용권과 금지권의 두 가지 측면을 포함한다.[5] 전자는 상표권자가 그 등록상표에 대하여 충분한 지배와 완전한 사용을 향유할 권리를 말하며, 후자는 상표권자가 제3자가 자신의 허가 없이 그 등록상표를 함부로 사용하는 것을 금지할 수 있는 권리를 말한다. 법적으로 사용권과 금지권을 구별하는 이

品被有关机关依法认定为“禁止出版、传播的作品”, 即成为不受著作权法保护的对象

4) 参见何孝元：<工业所有权之研究>, 224页, 台北, 三民书局, 1997.

5) 我国有些学者对此分类存有异议. 有的认为, 未注册商标与注册商标一样, 也具有使用权；还有的认为, 商标权就其本质而言是一专有使用权, 排他权是其当然内容. 笔者认为, 未注册商标的“使用权”是不完全、不充分的, 它的使用只是一种自然的事实, 而非法定的权利. 当未注册商标与注册商标发生冲突时, 前者的继续使用即告非法；同时, 注册商标的使用权与禁止权的区别, 有助于判明其效力的差异. 我国<商标法>对此有明确的规定.

유는 둘의 효력범위가 다르기 때문이다. 입법례에 따르면, 등록자의 독점 사용권은 승인된 등록상표 및 승인된 상품에 한정된다. 즉, 등록자의 독점 사용권 행사는 두 가지 측면에서 제한을 받는다. 첫째, 상표 주관기관이 승인한 상품에 한정되며 다른 유사한 상품에까지 확대하여 사용할 수 없다. 둘째, 상표 주관기관이 승인한 문자, 도형에 한정되며, 승인 범위를 초과하여 유사한 문자나 도형을 사용할 수 없다. 그러나 금지권의 효력 범위는 이와 다르며, 등록자는 타인이 허가 없이 등록 상품과 동일하거나 유사한 상품에 등록된 상표와 동일하거나 유사한 상표를 사용한 경우 금지권을 행사할 수 있다. 다시 말해, 금지권의 효력은 (1) 동일한 상품에 동일한 상표를 사용한 경우 (2) 동일한 상품에 유사한 상표를 사용한 경우 (3) 유사한 상품에 동일한 상표를 사용한 경우 (4) 유사한 상품에 유사한 상표를 사용한 경우의 네 가지 상황과 관련이 있다. 등록상표의 독점권은 승인된 문자, 도형 및 승인된 상품에 국한되며 이러한 제한은 상표권자의 독점권 행사 범위이지 상표권의 보호 범위가 아니라는 점에 유의해야 한다.[6]

Ⅱ. 지식재산권 침해행위의 대상과 속성

지식재산권 침해행위와 관련하여 전반적으로 거의 연구가 되지 않고 있으며, 각 유형별 구체적인 침해행위에 대한 설명은 여러 법률에 산재해 있다. 침해행위의 지향점이나 침해대상에 대한 학자들의 견해는 일치하지 않으며, 일부 학자들은 침해행위가 타인의 지식제품을 무단으로 사용하는 것이라고 강조한다. 이 주장에 따르면, 저작권 침해행위는 '저작자나 다른 저작권자의 허가 없이 저작권법의 보호를 받는 작품을 무단으로 이용하는 행위'를 가리킨다.[7] 등록상표 전용권의 침해는 등록상표를 권리자의 허가 없이 사용하거나 그 상표의 주요부분을 자신의 상표로 사용함으로써 상표 혼동을 초래하고 소비자를 기만하는 행위를 가리킨다.[8] 어떤 학자들은 침해행위란 본질적으로 타인의 독점적 권리를 무단으로 이용하는 것이라고 강조한다. 이 주장에 따르면, 저작권 침해행위는 '저작권자의 허가 없이 법률이 허용하는 범위 외에 저작권을 무단으로 사용하는 행위'를 뜻

6) 参见何孝元：<工业所有权之研究>, 224页, 台北, 三民书局, 1997.
7) 黄勤南主编：<新编知识产权法教程>, 448页, 北京, 中国政法大学出版社, 1995.
8) 参见夏淑华：<商标法要论>, 246~247页, 北京, 中国政法大学出版社, 1989.

한다.[9] 특허권 침해는 '특허권자의 허가 없이 그 특허를 실시하는 행위'를 뜻한다.[10] 상표권 침해는 '타인의 등록상표권을 불법적으로 침해하는 행위'를 뜻한다.[11] 필자는 법률 규정을 위반하여 지식제품 소유자의 독점적 권리를 침해하는 모든 행위가 지식재산권 침해라고 생각한다. 여기서 부연설명이 필요한데 침해행위가 주로 독점적 권리를 향유하는 지식제품에 대한 무단사용으로 나타나지만, 지식제품의 무단 사용이 모든 침해행위를 포괄하지는 않는다는 것이다. 예를 들어, 저작권 분야에서 타인의 서명을 위조한 작품을 제작하거나 판매하는 행위는 법률에 의해 저작권 침해를 구성하는데, 이를 통해 침해행위가 타인의 저작권이 있는 작품에 직접 작용하는 것은 아니다. 즉, 타인의 '저작물'을 사용한 것은 아니며 타인의 '권리'를 무단으로 행사한 것임을 알 수 있다. 또 다른 예로, 특허권 분야에서는 특허권 공유자가 다른 공유자의 동의없이 타인에게 특허 기술을 사용할 수 있도록 허가하는 행위를 들 수 있고, 상표권 분야에서는 타인의 등록상표 전용권을 침해하는 것을 알고 있거나 알 수 있었던 상품을 판매하는 행위 등을 들 수 있다. 이러한 행위는 간접 침해행위에 해당하며 지식제품의 사용으로 인한 직접적인 침해는 아니지만 타인의 직접적인 침해를 적극적으로 유도하거나 촉진하여 타인의 독점권을 침해한다. 따라서 침해의 대상에 관하여 침해행위를 '법률에 의해 보호되는 지식제품의 무단사용'보다 '지식제품 소유자의 독점적 권리에 대한 무단사용'으로 표현하는 것이 더 정확하다.

지식재산권을 침해하는 행위는 불법 사실행위에 해당한다. 현대 민법학계의 학자들은 사실행위에 따라 침해행위의 성질을 이해하고, 금지성 규범은 "위반행위의 사실행위 가치에 중점을 두고 그 행위를 금지하는 것을 목적으로 한다."라고 주장한다.[12] 심지어 모든 위법행위는 "항상 특정 사실행위이다."라고 주장한다.[13] 필자는 지식재산권 침해행위란 지식재산권 창작 행위와 동일하게 사실행위이지만 그 성질이 다르며, 전자는 불법 사실행위이고 후자는 적법한 사실행위이다.[14] 여기서 필자는 침해행위가 갖는 사실행위의 일반적인 특징을 다음과 같이 요약하고자 한다. 첫째, 침해행위는 의사표시를 구성요

9) 郑成思主编：<知识产权法教程>, 112页, 北京, 法律出版社, 1993.
10) 刘春田主编：<知识产权法教程>, 250页, 北京, 中国人民大学出版社, 1995.
11) 参见刘剑文主编：<现代中国知识产权法>, 289页, 北京, 中国政法大学出版社, 1993.
12) 史尚宽：<民法总论>, 296页, 台北, 正大印书馆, 1980.
13) 董安生：<民事法律行为>, 117页, 北京, 中国人民大学出版社, 1994.
14) 有学者曾撰文说明反动淫秽的作品不为法律肯定和保护, 其理由在于创作内容违法的作品, 即属于无效的民事行为. 这一观点有失精当, 创作行为与侵权行为一样, 不以意思表示为要素, 皆为一种法律构成行为.

건으로 하지 않으며 일종의 객관적인 행위 즉 이미 실시되어 객관적으로 외부에 영향과 결과를 초래하는 행위이다. 둘째, 침해행위의 법적 결과는 법률의 직접적인 규정에 의해 발생하며 행위자가 추구하는 목적에 따라 발생하거나 행위자가 예상하는 대로 효력이 발생하는 것이 아니다. 셋째, 침해행위는 법에서 정한 사실요건에 부합하여 성립한다. 이른바 '침해 없이, 법적 허가 없이, 타인의 독점적 권리를 행사하거나 이용할 수 없다'는 것은 권리침해법에서 규정하는 구성요소이다. 따라서 이 행위는 본질적으로 법적 구성행위이다. 그 행위의 내용이 불법이기 때문에 해당 행위는 법률 사실의 범주에서 또 다른 불법 사실행위에 속한다.

Ⅲ. 지식재산권 침해배상의 귀책원칙

귀책원칙은 침해자에게 책임을 부담시키는 근거이다. 침해행위법에서 책임은 특정한 의미를 가지며 침해채권, 침해손해배상 등 규범적인 내용이 부여되는 경우가 많다. 중국 학자들은 귀책원칙의 속성에 대해 '침해행위의 귀책원칙', '침해행위법의 귀책원칙', '침해책임의 귀책원칙' 등이라 칭하며 서로 다른 견해를 가진다. 일부 지식재산권 전문가는 귀책원칙의 '책임'을 확대 해석하여 '침해중단'과 '손해배상'을 모두 무과실책임의 결과로 귀결시켰다.[15] 독일학자 Larenz(拉伦茨)는 귀책이란 "부담행위의 결과는 피해자에게 그가 입은 피해를 보상해 주는 것"이라고 하였다. 간단히 말해서 귀책원칙은 손해배상의 귀책원칙이어야 한다.[16]

대륙법계와 영미법계의 침해법은 모두 과실과 책임의 결합점에서 침해행위에 대해 설명하고 있다. 대륙법계 국가들의 침해행위에 관한 규정에는 두 가지의 현저한 특징이 나타난다. 첫째, 구성요소의 규정에 중점을 두고 있다. 침해행위는 채무발생 근거 중 하나로 특정 행위가 법률이 규정한 구성요건을 충족하는 경우에는 특정 당사자 사이에 재산급부를 내용으로 하는 민사법률관계(채권)가 발생한다. 둘째, 과실(불법성) 요건을 부각시키는 것이다. 침해행위의 제반 요건 중 과실과 책임은 밀접한 관련이 있으며 이는 현대 민법의 기본 지도 원칙 중 하나인 과실책임의 원칙에 의해 결정되었다.[17] 영미법계 국가

15) 参见郑成思：<民法与知识产权>, 载 <中国知识产权报>, 2001-05-23.
16) 转引自王泽鉴： <民法学说与判例研究>(5), 258～259页, 北京, 中国政法大学出版社, 1998.

에는 통일된 책임요건에 대한 입법규정이 없으며, 그 귀책원칙의 정신은 사법판례에 존재한다. 영국 침해법 이론은 침해행위가 배상을 요구하는 민사소송으로 이어진다고 보며 이러한 손해배상은 소송에서 확정되어야 하고 계약 위반, 신탁 위반 및 범죄 결과와 구별되는 전형적인 배상이라고 본다.[18] 이와 같이 대륙법계와 영미법계 모두 손해와 배상에 초점을 맞추고 있음을 알 수 있다. 과실책임과 무과실책임 두 가지 모두 귀책원칙이지만 귀책방식은 서로 다르다. 과실책임은 주관적 귀책원칙 즉 사람의 주관적인 과실을 확정책임 귀속의 근거로 삼고 과실이 있으면 책임을 지고 과실이 없으면 책임을 지지 않는 것인데 일반적으로 침해행위는 이 귀책원칙을 적용한다. 무과실책임은 객관적 귀책원칙 즉 사람의 주관적인 과실 이외의 어떤 객관적 사실을 확정책임 귀속의 근거로 삼고 특정한 손해사실이 존재하는 한 그에 상응하는 책임을 지는 것으로 법에서 특별히 규정하는 침해행위자에게 이 원칙을 적용한다. 침해법은 역사적으로 가해책임에서 과실책임으로 다시 무과실책임으로 발전해 왔는데, 모두 손해배상의 가능 유무와 손해배상의 주체와 관련이 있고 그 귀책원칙은 대체로 사법배상제도의 기본규칙이다.

지식재산권 침해의 귀책원칙에 관하여 중국법에는 명확한 규정이 없으며 이에 대한 법학계의 주장은 엇갈리고 있다. 일부 학자들은 지식재산권 침해를 일반적인 침해행위로 보고 과실책임의 원칙을 적용하자고 주장한다.[19] 이것을 '일원적 귀책원칙'이라고 한다. 다수 학자들은 과실책임의 원칙을 기반으로 하되 다른 귀책원칙을 보완해야 한다고 주장하며 이를 '이원적 귀책원칙'이라고 한다. 이원적 귀책원칙은 두 가지 견해로 나뉘는데, 첫 번째 견해는 무과실책임의 원칙을 보완원칙으로 해야 한다는 견해이다. 일부 학자들은 지식재산권 침해의 영역에서 무허가로 복제하거나 공연 등 직접 전파의 첫 단계로 작품을 이용하는 행위, 허가 없이 발명품을 제작·사용하여 특허를 창조하는 행위에 대해서는 무과실책임의 원칙을 적용하고 그 외의 지식재산권 침해행위에 대해서는 과실책임의 원칙을 도입해야 한다고 주장한다.[20] 이러한 주장의 요지는 직접적인 침해행위는 무과실책임의 원칙을 적용하고 간접적인 침해행위는 과실책임의 원칙을 적용하는 것이다.[21]

17) 参见王家福主编 : <民法债权>, 北京, 法律出版社, 1991 ; 江平主编 : <民法学>, 北京, 中国政法大学出版社, 2000.
18) 参见徐爱国 : <英美侵权行为法>, 北京, 法律出版社, 1999.
19) 参见刘波林等 : <侵害著作权的过错责任>, 载 <著作权>, 1996 (4).
20) 参见郑成思 : <侵害知识产权的无过错责任>, 载 <中国法学>, 1998 (1).
21) 参见孟祥娟 : <论版权侵权的构成>, 载 <著作权>, 2000 (6).

두 번째 견해는 과실추정책임을 보완 원칙으로 해야 한다는 견해이다. 일부 학자들은 과실책임의 원칙의 적용을 기초로 하고 과실추정책임의 원칙을 보완적으로 적용해야 한다고 주장하는데, 이는 과실 인정에 있어 증거에 따라 추정하는 방법을 택하고 침해자가 입증책임을 지는 것을 뜻한다. 침해자는 증거를 제시하지 못하거나 증거가 성립되지 않는 경우 배상책임을 지게 된다.[22)]

이상의 세 가지 관점은 여전히 논쟁 중이며 학계에서 견해가 통일되어 있지 않으나 간단히 논평하면 다음과 같다.

과실책임의 원칙은 과실의 유무 또는 크기를 책임부담 여부나 책임부담 정도의 근거로 하며 일반적인 침해행위에 있어 '주장하는 자가 입증책임을 진다'는 원칙이 적용된다. 과실책임은 원칙적으로 자연법칙으로서 자신의 과실로 인해 발생한 손해에 대해 배상책임을 지는 것은 당연하고 자명한 이치이다. 지식재산권 침해 분야에 있어 과실책임의 원칙을 적용하는 데에는 국내법과 국제법상의 근거가 있다. 중국의 '민법통칙'은 침해행위에 대한 이원적 귀책원칙 체계를 채택하고 있는데, 일반 침해행위에 대해서는 과실책임의 원칙이 적용되고 법률에 특별한 규정이 있는 경우에만 무과실책임의 원칙을 적용한다. 일반적으로 지식재산권 침해는 법률에 규정된 특별한 상황에 해당하지 않으므로 과실책임의 원칙이 적용된다(민법통칙 제18조 참조). 각국의 관련 입법에 대한 일반적인 지침인 「지식재산권협정」제45조 제1항은 "사법기관은 침해자로 하여금 권리소유자에게 충분한 손해배상을 하도록 명하여 침해자의 지식재산권 침해로 인한 손실을 보상하도록 해야 하며, 침해자는 자신이 침해행위를 하였음을 알고 있거나 알고 있을 만한 충분한 이유가 있어야 한다."고 규정하고 있는 바, 이는 지식재산권에 대한 손해배상의 요건이 침해자가 침해행위를 하였음을 알고 있고 있어야 함을 나타낸다. 다시 말해, 과실책임의 원칙은 지식재산권 침해의 일반적인 귀책원칙인 것이다. 그러나 과실책임의 원칙을 전면적으로 적용하는 것에 대해서는 검토가 필요한데 그 이유는 입증책임의 분배문제 때문이다. 과실책임의 원칙은 '주장하는 자가 입증책임을 진'는 원칙을 채택하고 있는데, 이는 원고 즉 권리자에게 불리한 제도이다. 지식재산권 소유자는 일정한 기간 동안 독점적인 권리를 향유하지만 그 지식제품을 공개할 것이 요구되므로 타인의 지식제품 이용을 통제하거나 타인의 이용 과정에서 과실을 입증하기가 쉽지 않다. 따라서 일부 학자들은 이에 대해

22) 参见吴汉东：<知识产权保护论>, 载 <法学研究>, 2000 (1)；蒋志培： <TRIPs肯定的知识产权侵权赔偿的归责原则和赔偿原则>, 载 <法律适用>, 2000 (10).

비판적인 입장을 취하며 과실책임의 원칙을 전면적으로 적용하는 것은 권리자의 입장 보다는 무허가 이용자의 입장을 과하게 고려하는 것이라고 생각한다. 이 때문에 학계에서는 과실책임의 원칙에 대한 보완의 필요성이 제기되었고 이로 인해 이원적 귀책원칙이 생겨났다.

이원적 귀책원칙 중 무과실책임의 원칙은 행위자의 과실 여부를 고려하지 않으며, 법에 책임부담이 명시되어 있는 경우에는 손해사실 자체만으로 책임을 지울 수 있다. 이러한 이해를 바탕으로 권리자는 침해자의 과실을 입증할 필요가 없으며 권리자는 과실이 없다는 이유로 항변할 수 없다. 일부 학자들은 무과실책임의 원칙의 적용이 권리자의 입증 곤란 문제를 해결하는 데에 도움이 되고, 국제적인 입법의 경향과도 일맥상통하기 때문에 이 원칙을 보완적으로 적용해야 한다고 주장한다. 그러나 이러한 주장은 논란의 여지가 있다. 첫째, 현대 무과실책임의 원칙은 산업혁명의 완성과 함께 생겨났으며 그것의 중요한 사명은 현대 사회의 대규모 생산에서 고위험 작업 및 환경오염과 같은 인명 피해에 대한 배상책임 문제를 처리하는 것이다. 대만학자 왕저쨴(王泽鉴)은 다음과 같이 지적했다. "무과실책임 제도의 기본 사상은 '반사회적 행위'에 대한 제재가 아니다. 기업의 경영, 자동차의 사용, 상품 생산 및 판매, 원자력 시설의 보유는 현대 사회에서 필수적인 경제 활동이며 불법성이 있다고 할 수 없다. 무과실책임의 기본 사상은 불측의 피해에 대한 합리적인 분배 즉 Esser 교수가 특별히 강조하는 '분배의 정의'에 있다"고 지적하였다.[23] 무과실책임의 원칙은 주로 사회의 필요한 경제활동으로 인한 손해에 적용되며 반사회성을 갖는 지식재산권 침해행위의 성질에는 부합하지 않음을 알 수 있다. 둘째, ≪지식재산권협정> 제45조 제2항은 "사법기관은 침해자로 하여금 권리자에게 모든 비용을 지불하도록 명령할 수 있다. 적절한 시기에 침해자가 자신이 침해행위를 하고 있다는 사실을 알지 못하거나 합리적인 이유가 없는 경우에도 계약 당사자는 사법기관에 자신의 손실을 보상하기 위해 이익회수명령을 내릴 수 있는 권한을 부여한다."고 규정하고 있다. 이 조항은 선택적 조항으로서 계약 당사자는 이러한 귀책원칙을 채택하지 않더라도 협정을 위반한 것으로 볼 수 없다.[24] 따라서 이 조항을 무과실책임을 확인하는 준거법으로 사용할 수 없다. 법리적으로 협정 제45조 제2항의 규정이 어떤 의미를 갖는지에 대해서는 학계에서도 이견이 존재한다. 일부 학자들은 과실을 조건으로 하지 않는 엄격한 책임의

23) 王泽鉴：<民法学说与判例研究>(2), 162页, 北京, 中国政法大学出版社, 1997.

24) 汤宗舜：<知识产权的国际保护>, 223页, 北京, 人民法院出版社, 1999.

부류에 속한다고 하고, 일부 학자들은 공정한 책임의 부류에 속한다고 하며, 일부 학자들은 행위자의 과실을 고려하지 않은 부당한 이익으로 분류될 수 있다고 본다. 정리하면, 당연히 무과실책임을 지는 것은 아니다.[25] 셋째, 외국 법률이 무과실책임의 원칙을 확인하고 있는지 여부에 대해서는 구체적인 분석이 필요하다. 일부 학자들은 "피침해자는 재발 위험이 있는 침해행위에 대하여 즉시 금지의 구제를 청구할 수 있으며 고의 또는 과실에 의한 경우 손해배상도 함께 청구할 수 있다."라는 독일 「저작권법」 제97조와 「상표법」 제14조의 규정을 인용하여 해당 조항이 무과실책임에 대한 확인이라고 주장하나, 실제로 그렇지 않다. 지식재산권은 소유권과 같이 절대권이므로 다양한 법적 방법을 통해 보호될 수 있다. 그 중에 방해배제청구, 원상회복청구, 원물반환청구 등은 물권의 소송이고 손해배상청구는 채권의 소송이다. 독일 「저작권법」 및 「상표법」에서 침해 방해를 배제하고 침해 정지를 요청하는 것은 물권보호 방법이며 물권 청구권은 당연히 행위자의 과실 유무를 조건으로 하지 않는다. 이러한 '무과실'은 침해 손해배상의 채권 주장에는 적용되지 않는다.

이원적 귀책원칙 중 과실추정책임의 원칙은 과실책임의 원칙을 보완하고 발전시킨 것으로서 과실책임의 원칙의 특수한 표현이다. 과실추정책임은 일반 과실책임보다 엄격하지만 무과실책임만큼 절대적이지는 않다. 이 원칙에 따라 일단 피해가 발생하면 법은 행위자에게 과실이 있는 것으로 추정하고 그에게 과실 없음에 대한 항변을 요구한다. 만약, 반론 사유가 없거나 반론 사유가 성립하지 않는 경우 행위자에게 과실이 있음을 확인하고 책임을 부담하도록 한다. 일부 학자의 분류에 따라 과실추정책임은 일반과실 추정과 특수과실 추정으로 나뉜다. 일반과실 추정은 법률 규정에 따라 행위자가 타인의 신체나 재산을 침해하여 손해를 입힌 경우 민사책임을 지지만 행위자가 과실이 없음을 증명하면 그 과실에 대한 추정을 번복하고 면책되는 것을 말한다. 특수과실 추정은 어떤 침해행위와 관련하여 법률 규정에 따라 행위자가 법적 항변사유가 있음을 증명하여 자신의 과실이 없음을 증명해야 손해에 대해 책임을 지지 않는 것을 말한다.[26] 지식재산권 침해행위의 성격상 특수과실 추정이 적용되어야 할 것으로 보인다. 각국의 관련 입법 문서에는 '권리의 제한', '독점권 침해로 간주되지 않는 행위', '지식제품의 이용 허용에 관한 행위'

25) 在归责原则体系中, 大陆法系侵权法分为过错责任、无过错责任和公平责任. 英美法系侵权法分为过错责任、严格责任和绝对责任. 严格责任并非等同于无过错责任. 参见王利明编著 : <侵权行为法>, 北京, 法律出版社, 1996 ; 张新宝 : <中国侵权行为法>, 北京, 中国社会科学出版社, 1998.

26) 参见王利明等编著 : <侵权行为法>, 35~36页, 北京, 法律出版社, 1996.

등이 지식재산권 침해 소송에 대한 법적 항변사유로 규정되어 있다. 이러한 항변사유는 과실부존재의 사유이자 책임의 면제 또는 감경의 사유이다. 과실추정책임은 과실책임과 무과실책임 사이에 있는 책임귀책의 방식이다. 과실을 책임의 최종 근거로 삼는다는 점에서 과실추정책임은 전통적인 과실책임의 가치와 기능을 유지한다. 한편, 과실이 없더라도 책임을 질 수 있다는 점에서 무과실책임의 특징도 갖고 있다. 이러한 과실추정책임 원칙의 이러한 균형과 조정의 역할은 과실책임의 원칙이 권리자에 대한 증명요구가 지나치게 엄격하고 지식제품 침해자에 대한 과실책임이 지나치게 관대하다는 것을 바로잡을 수 있다. 한편, 무과실책임의 원칙은 권리자 보호에 대해 비교적 충분하고 지식제품 사용자에 대한 손실이 지나치게 엄격하다는 양자의 입장 차이가 있다.

Ⅳ. 지식재산권 침해의 법적구제

법률은 지식재산권을 매우 폭넓고 다각적으로 보호하고 있다. 1994년에 체결된 「지식재산권협정」에서는 모든 계약체결 당사자가 협정에 명시된 법 집행 절차를 당사국의 국내법에 따라 효과적으로 시행할 수 있도록 보장할 것을 요구하고 있으며, 그 목표를 달성하기 위한 침해구제조치 및 침해방지조치에 대해 자세히 규정하고 있다. 각국의 관련 입법례에 따르면, 권리구제의 절차에 있어서 피침해자는 다음과 같은 권리보호 방법을 채택할 수 있다.

1. 민사구제의 조치

형사 및 행정의 구제조치와 비교했을 때, 민법은 지식재산권 보호에 보다 더 직접적인 영향을 미치는 바, 권리 상태를 유지하고 권리자가 입은 손해에 대해 경제적 보상을 제공하는 효과가 있다. 일반적으로 민법의 소유권 보호에는 권리자에게 소유권 확인청구, 방해배제청구, 원상회복청구, 물건 반환청구, 손해배상청구 등의 청구권을 부여함으로써 이루어진다. 이러한 청구권은 소유권 확인을 위해 법원에 청구되어야 하는 것 외에도 권리자가 침해자에게 청구하거나 물권자가 소송으로 법원에 청구할 수 있다.[27] 지식재산권의 민사구제에 대하여 권리자는 당연히 이러한 확인소송, 물권소송 및 채권소송을 제기하여 침해된 권리를 보호할 수 있다. 그러나 일반 재산소유권과 달리, 재산권 소송에서 지식재산권 소유자는 원상 복구 및 원물 반환을 요청하는 전통적인 민사구제의 조치를 인용할 수 없다. 타인의 불법손해로부터 재산을 보호하기 위한 목적으로 원상회복을 청구할 경우에는 그 적용범위는 권리대상이 유체물이어야 하고, 해당 재산은 물질적 또는 가치적으로 손해의 사실이 존재해야 하며, 손상된 물건은 복구 가능성이 있어야 한다. 그러나 지식제품은 비물질적 형태의 정신적 산물로서 그 불법사용은 지식제품 자체에 '손실'을 초래하지 않으므로 이러한 권리침해는 유형적인 '복구'를 통해 원래 상태로 되돌릴 수 없다. 또한 원물의 반환을 청구하는 것은 물건의 점유권을 보호하는 방법이며 그 적용 조건은 반환을 청구하는 원물이 불법 점유자에 의해 통제되는 특정한 물질이어야 한다. 지식제품은 유체물의 특성과 다르기 때문에 침해자는 유형적인 통제가 필요하지 않고 '인지'만으로 '점유'를 구성하며 이러한 지식 또는 경험의 '점유'는 '반환'을 통해 원래의 권리상태를 회복할 수 없다. 따라서 지식재산권의 민사적 구제에는 원상회복과 물건반환 청구가 적용되지 않는다.

각국의 지식재산권 제도에서 민사구제조치의 핵심은 침해의 중지와 손해배상의 청구하는 것이다. 침해의 중지청구는 일종의 물권소송이다. 지식재산권이 침해된 경우 권리자는 침해자에게 침해를 중지를 요청하거나 법원을 통해 침해자의 침해를 중지를 명령할 수 있다. 침해의 중지요청에는 이미 발생한 침해의 제거요청과 발생이 예상되는 침해의 제거요청이 모두 포함된다. 침해의 중지를 구하는 것은 전통적인 민사구제조치의 방해배제와 유사하다. 그러나 주의할 점은 지식재산권의 특성상 침해중지의 요청은 권리자의 독점적 권리행사에 대한 '방해'를 배제하는 것이지 권리의 객체인 지식제품에 대한 '침해'를 중단하는 것은 불가능하다. 한편, 손해배상청구는 일종의 '채권소송'이다. 지식재산권이 침해된 경우 권리자는 침해자에게 일정 금액의 금전적 배상을 청구할 수 있다. 권리자의 손해배상 청구는 단독으로 또는 '물권적 청구권' 행사와 동시에 제기할 수 있다. 지식재산권과 전통적 소유권은 피해보상에 있어 '손해를 배상한다'는 점에서는 같지만, '그 손해를 어떻게 배상할 것인지'에 대해서는 차이점이 있다. 즉, 소유권 침해 소송에서 법률이나 계약에 달리 규정된 경우를 제외하고 손해배상은 원상회복에 따라야 한다. 예를 들어, 갑이 을의 유리창을 손상시킨 경우, 갑은 원상회복을 위해 유리창을 수리하거나

27) 参见彭万林主编：<民法学>, 210页, 北京, 中国政法大学出版社, 1994.

같은 유리창은 구입하여 원래 모습으로 복원해야 하는데 이것이 손해를 배상하는 목적을 달성하는 것이다. 그리고 이러한 원상회복이 불가능한 경우에는 금전적 배상으로 대체한다.[28] 그러나 지식재산권 침해소송에서 손해배상은 피해복구를 위해 동일한 물건을 구입하는 방식의 배상은 상정하기 힘들다. 즉, 지식재산권 침해소송에서 피해를 배상한다는 것은 금전적 배상을 의미하는 것이다. 지식재산의 손해배상액 산정에는 침해자가 침해행위로 얻은 이익에 따라 계산하는 방법과 권리자가 침해기간 동안 침해로 입은 손해에 따라 계산하는 방법이 있다. 권리자의 실제 손실과 침해자의 불법소득을 결정할 수 없는 경우, 일부국가는 법관이 권리 침해행위의 사회적 영향, 권리침해의 수단 및 상황, 권리침해의 시기와 범위 및 권리 침해자의 주관적 과실 정도에 따라 일정 금액의 금전적 배상을 판결로 명할 수 있도록 규정하고 있다.

2. 형사구제의 조치

일부 심각한 지식재산권 침해에 대해 많은 국가의 법률에서 형사소송절차 및 형사제재의 조치를 규정하고 있다. 지식재산권 침해의 유형과 관련하여 「지식재산권협정」제6조는 각 계약 체결 당사국에 대해 최소한의 요구 사항을 규정했는데, 바로 계약 체결 국가 또는 지역에서는 적어도 위조 상표 또는 저작권 표절에 관한 범죄를 제재해야 한다는 것이다. 그 적용 조건에는 두 가지가 있다. 하나는 침해의 사용 규모가 일정한 상업적 규모에 도달해야 한다는 것이고, 다른 하나는 불법사용자가 주관적인 고의가 있어야 한다는 것이다. 실제로, 각국의 지식재산권 침해에 관한 입법규정은 일반적으로 지식재산권협정의 최소 요구사항을 초과하고 있다. 중국의 1997년 형법은 '지식재산권침해죄'와 '시장질서교란죄'의 장에서 저작권침해죄, 특허침해죄, 영업비밀침해죄, 영업신뢰훼손죄, 상품명예훼손죄 등 각종 범죄행위를 규정하고 있는데, 이는 지식재산권 침해의 주요분야와 관련된 것이다. 지식재산권 침해죄의 종류는 국가마다 상당한 차이가 있다.[29]

일부국가에서는 범죄를 구성하는 침해행위에 대해서만 원칙적으로 규정하는 개괄적 방식을 채택하고 있으며, 구체적인 유형은 입법이나 사법적 해석에 의해 결정되는 경우가 많다.[30] 다른 국가는 열거적 방식을 채택하여 각종 범죄행위를 중점적으로 규정한다.

---

28) 参见曾世雄：<损害赔偿法原理>, 16页, 台北, 三民书局, 1996.

29) 参见赵秉志主编：<新刑法教程>, 470页, 北京, 中国人民大学出版社, 1998.

저작권법을 예로 들면, 미국, 러시아 등은 저작권 침해가 범죄를 구성하는 경우 형사처벌을 받는다고 규정하고 있으나, 이탈리아, 독일, 영국 등은 형사책임을 지는 각종 범죄를 상세하게 열거하고 있다. 개괄적 입법방식의 장점은 포괄성이 강하고 다양한 구체적인 상황에 적용할 수 있다는 점이 있으나, 단점은 유연성이 너무 과도하여 때로는 범죄와 비범죄 간의 경계를 구분하기 어렵다는 점이다. 열거적 입법방식의 장점은 명확하게 무엇이 범죄이고 무엇이 범죄가 아닌지 쉽게 판단할 수 있지만, 단점은 누락의 가능성이 있어 열거되지 않은 일부 범죄는 형사제재를 받지 않을 수 있다는 것이다.

한편, 지식재산권 침해죄와 재산침해죄는 범죄 구성측면에 있어 약간 차이가 있다. 주관적인 측면에 있어서 모두 고의가 있는 경우에 범죄가 성립되지만, 일부국가에서는 지식재산권을 침해한 과실 침해자도 일정한 조건 하에서 형사처벌을 받는다고 규정하고 있다.[31] 주체의 측면에서 재산침해죄는 일반적인 주체와 특수한 주체가 있지만 모두 자연인 범죄에 속하며, 이른바 단체의 범죄는 공공안전 위해죄, 사회주의 시장질서 파괴죄, 공민의 신변권리 및 민주권리 침해죄, 사회관리질서 방해죄, 국방이익 위해죄, 횡령뇌물죄 등이 있으나 재산침해죄와는 관련이 없다.[32] 한편, 지식재산권 침해죄와 달리 구체적인 범죄행위를 한 자는 형사책임을 지는 것 외에도 행위자의 고용주(법인 또는 비법인단체 포함)에 대해서도 처벌을 받도록 하고 있다.

지식재산권을 중대하게 침해하는 행위에 대해 「지식재산협정」제61조는 "당사국은 형사소송 절차와 형사처벌을 적용해야 하고, 채택 가능한 법적 구제조치에는 억제 효과를 갖는 금고 또는 벌금이 포함되어야 하며, 그 처벌절차는 그에 상응하는 중대 범죄의 처벌절차와 일치해야 하고, 해당 사건의 조치에는 범죄행위의 사용도구 및 장비뿐만 아니라 침해 물품을 압수, 몰수 또는 파기하는 것도 포함되어야 한다."고 규정되어 있으며, 대부분 국가에서 협정에 규정된 형사조치와 일치한 규정을 두고 있다. 일반적으로 징역형과 벌금형은 가장 기본적인 형사구제수단이다. 또한 일부국가에서는 침해 복제물 및 생산장비의 압수, 몰수 및 파기 등의 처벌조치를 규정하고 있다. 중국은 1997년 ≪형법≫에 지식재산권 침해죄에 대해 징역, 구류, 벌금 등 각종 형사처벌을 규정하였다.

---

30) 德国、日本等国的刑法理论及司法实践, 注重在保持法典稳定性的基础上对相关罪名作扩大解释, 以制裁新型犯罪行为. 例如, 日本刑法没有规定盗窃商业秘密罪, 但通过对刑法的解释将这种行为认定为盗窃罪. 参见张明楷 : <市场经济下的经济犯罪与对策>, 17页, 北京, 中国检察出版社, 1995.

31) 参见意大利 <著作权法>第172条规定.

32) 参见赵秉志主编 : <新刑法教程>, 622页, 北京, 中国人民大学出版社, 1998.

3. 행정구제의 조치

지식재산권에 대한 보호방안으로 주로 채택하고 있는 것은 민법상 보호이다. 그러나 지식재산권 침해행위는 사익을 해칠 뿐만 아니라 사회질서를 파괴하고 국가와 사회의 공공이익을 침해한다. 이는 사적영역의 침해일 뿐만 아니라 국가 공권력에 대한 침해인 행정법규 위반에 해당한다. 이 경우 행위자는 권리침해행위에 대한 민사책임을 져야 할 뿐만 아니라 행정법규의 의무 위반으로 인한 결과에 대해서도 행정책임을 져야 한다.

각국은 일반적으로 저작권국, 특허국, 상표국, 공상행정관리국 등과 같은 특별한 행정기관이 있거나 산업재산권국, 지식재산권국과 같은 지식재산권을 관리하는 통일된 행정부서가 있다. 이러한 행정기관은 관련 지식재산권 심사 및 등록, 관련 지식제품의 사용 및 관리, 관련 지식제품의 복제 및 수출입 관리 등을 통해 당사자의 정당한 권익을 보호하기 위한 다양한 행정조치를 취한다.

행정구제의 조치와 관련하여 「지식재산권협정」은 침해행위에 대한 효과적인 억제를 확립하기 위해 각 당사국에 사법기관의 권한을 강화할 것을 요구한다. 사법기관은 어떠한 대가의 지급 없이도 침해된 상품의 처리를 명령하고, 상업적 경로의 진입을 금지하거나 침해된 상품을 파기할 수 있다. 또한 사법기관은 상품제작에 주로 사용되는 재료와 도구를 처리하고, 상업적 경로의 진입을 금지하여 추가적인 침해 위험을 최소화할 수 있는 권한을 가진다. 이러한 규정 외에도 「지식재산권협정」은 세관의 반출 중단 시스템에 대하여 규정한다. 피해자가 침해 복제품이 세관을 통해 수입 또는 수출되는 것을 발견한 경우에는 관련 행정 또는 사법기관에 서면 신청 및 담보를 제공할 수 있고 세관은 침해 복제품을 압수하고 해당 상품의 반출을 중단할 수 있다. 세관에서 압류한 상품이 침해 복제품으로 확인되면 몰수할 수 있으나 압류가 잘못된 경우 신청인은 피신청인에게 합당한 손실을 배상해야 한다. 각국의 법률이 채택한 행정구제조치는 대체로 지식재산권협정의 요구사항과 동일하다. 구체적으로는 권고(또는 경고), 침해 복제품 제작 및 판매 중지 명령, 부당이득 몰수, 침해 복제품 및 침해품 제작 설비의 몰수, 벌금 등이 있다.

제9장

지식재산권의 체계

지식재산권 제도의 구축은 다음의 문제와 관련된다. 첫째, 민법체계에서 지식재산권 제도의 지위, 특히 지식재산권과 전통적 재산권의 관계이다. 둘째, 지식재산권 제도의 체계 형성은 주로 현대 지식재산권의 기본분류 및 체계 구축의 기초와 관련이 있다. 셋째, 지식재산권 제도의 미래 발전방향성과 관련하여 지식재산권에서 무체재산권까지 재산의 비물질화 변화에 주목한다. 필자는 이 장에서 위에서 언급한 문제를 설명하고 논의한다.

Ⅰ. 재산권체계에서 지식재산권 제도

재산권은 민사권리체계의 기본 범주로서 '재산을 목표로 하고 경제적 이익을 내용으로 삼는 권리'이며,[1] 재산권, 지식재산권, 채권 및 상속권 등을포함한다. 재산권과 인격권은 민사권리의 기본분류이며 그 분류는 민사권리의 내용 즉 민사권리에 반영되는 이익의 차이를 기준으로 한다.

재산권과 인격권의 차이는 재산권 체계구조의 외부문제와 관련 있다. 재산이익과 인신이익의 차이를 바탕으로 민사권리는 재산권과 인격권으로 나눌 수 있다. 민사권리체계에서 재산권과 비재산권의 양분법을 채택하는 것은 전통적인 분류 방법이다. 그러나 이러한 기술적 접근법의 난점은 권리를 어떻게 '양분'하는가이다. 재산권의 정의 기준에 대해서는 세계적으로 통일된 인식이 형성되어 있지 않다. 프랑스학자들은 법적 의미의 재산을 인간의 물질적 필요를 충족시킬 수 있는 '이익'으로 서술한다.[2] 독일학자들은 오직

1) 江平主编：<民法学>, 82页, 北京, 中国政法大学出版社, 1999.
2) 参见尹田：<德国物权法>, 12～13页, 北京, 法律出版社, 1998.

‘금전가치’를 가진 권리만이 재산에 속한다고 주장한다.[3] 대부분의 학자들은 권리의 양분법을 경제적 이익의 유무를 평가하는 기준으로 본다.그러나 일부 일본학자들은 인격권과 신분권은 직접 정의하지 않는 분류법을 취하고 있고, ‘기타 일체의 권리’를 재산권으로 분류한다.[4] 필자는 어떠한 분류방법을 채택하든지 민사권리의 이익 내용과 실질적 의미에 대한 주관적 평가라고 본다. 또한 이러한 분류방법은 권리 제도 설계와 권리체계 구축에 도움이 되고 법규범 측면에서도 적용할 수 있다. 요컨대, 양분법은 완벽한 분류이론은 아니지만 재산권체계를 구축하는 학리적 기초이다.

재산권체계 내에서 구체적인 실현 이익 또는 목표의 차이로 인하여 이러한 유형의 권리는 구체적으로 구분된다. (1) 재산권이 가리키는 것은 특정한 ‘물건’이다.[5] 이러한 권리는 사물에 대한 권리 즉 물권이라고 불린다. (2) 재산권은 특정한 사람의 ‘급부’(즉, 특정한 행위 이행)을 가리키고, 이러한 권리는 사람에 대한 권리 즉 채권이라고 불린다. 전통적으로 재산권은 물권과 채권으로 크게 두 종류로 나뉜다.[6] 지식재산권은 후대에 출현한 새로운 유형의 재산권으로서 그 대상이 무체의 정신적 산물이기 때문에 무형재산권으로도 불린다. 위에 언급한 세 종류의 재산권의 구분방법은 재산권 분할에 명확한 경계를 보여준다. 재산이익의 물질성과 비물질성을 기준으로 지배적 재산권은 대물적 재산권과 지식제품에 대한 지식재산권으로 나눌 수 있다. 재산이익의 직접적 지배성과 이행청구성을 기준으로 전자는 지배권 속성을 가진 물권과 지식재산권, 후자는 청구권 속성을 가진 채권을 생성한다. 여기서 객체의 차이점은 여전히 재산권 분류의 기초가 된다. 독일 학자 Larenz(拉伦茨)는 권리의 객체를 두 가지로 나누었다. 하나는 지배권이나 이용권의 대상을 가리키며 제1순위 권리 객체라고도 한다. 다른 하나는 주체가 법률행위를 통해 처분할 수 있는 대상을 가리키며 제2순위 권리 객체라고도 한다. Larenz(拉伦茨)의 견해에 따르면, 제1순위 권리 객체는 법률 규정에 따르지 않고 사실상 존재하는 대상물로서 유체물과 무체물의 정신제품을 포함한다. 전자는 예를 들어 동산과 부동산, 후자는 예를 들어 작품과 발명이다. 제2순위 권리 객체는 법률 규정이 정하는 바에 따라 객체로 간주되는

3) 参见 [德] 卡尔·拉伦茨 <德国民法通论>, 王晓晔等译, 410页, 北京, 法律出版社, 2003.

4) 参见日本 <民事法学辞典>中由岩井万龟撰写的 “财产权” 条目. 转引自谢怀栻 : <论民事权 利体系>, 载<法学研究>, 1996 (2).

5) 广义的物, 包括有体物与无体物, 后者指某些具有财产内容的权利 ; 狭义的物, 以有体物为限. 罗马法及法国法采广义说, 德国法采狭义说.

6) 有学者将以无形资格为标的的权利, 如渔业权、矿业权 ; 以权利总和之遗产为标的的权利, 即继承权, 都归类于准物权.

권리이다. 즉, 특정재산권이 전체적으로 취급하는 처분대상이다.[7] Larenz(拉伦茨)의 객체 분류 이론은 재산권의 유형 구분에 있어서 의미가 있다. 소유권과 지식재산권은 지배적 재산권이고, 그 객체는 물질적 속성의 유무에 상관없이 특정한 물질적 이익 또는 정신적 이익을 나타낸다. 유체물은 객관적 실재성으로 나타나고, 지식제품은 인식성, 재현성으로 나타난다.[8] Larenz(拉伦茨)의 주장에 따르면, 이러한 권리의 객체는 오직 제1순위인 사실적 존재의 대상이 될 수밖에 없다. 채권, 상속권 및 기타 물권 또는 청구권의 재산권 또는 기대권인 재산권 또는 타인의 소유물 위에 설정된 재산권의 경우, 그 객체는 일반적 의미의 대상을 제외하고 법률이 정하는 바에 따라 객체로 취급되는 권리(무체물)도 포함한다. Larenz(拉伦茨)는 채무자가 지급해야 하는 대상(객체) 즉 "채무자가 채권자에게 제공해야 할 일종의 '사물'이라고 말한다. 예를 들어, 채권자가 어떤 물건을 점유하거나 소유권을 취득하거나 다른 권리를 얻거나 그 밖에 채무자가 이행한 어떤 '성과'를 얻어야 하는 것이다.[9]" Xiehuashi(谢怀栻) 선생은 상속권이 가리키는 유산이란 즉 유산상의 각종 권리를 취득하는 것으로서 각종 물권, 채권 등 권리의 집합을 취득하는 것이라고 말했다.[10] Lianghuixing(梁慧星) 교수 등은 소유권의 객체는 단지 유체물뿐이라고 주장한다. 다만, 그 물권에는 특정 재산권을 그 대상으로 삼을 수 있다고 보았는데 예를 들어, 용익물권, 권리질권 등이다.[11] 이러한 관점은 소유권, 지식재산권과는 달리, 그러한 재산권인 무체물을 객체로 삼을 수 있음을 보여준다.

재산권체계는 사유재산제도의 내부 구조이다. 재산권체계는 서로 다른부분으로 나뉘지만 결국 서로 연결된 하나의 통일된 체계 또는 전체이다. 즉, 재산권은 다양한 재산권들의 단순한 총합으로 이해해서는 아니 된다. 재산권의 기본 속성의 동일성은 다양한 재산권의 공통방향을 결정한다. 이것은 제산제도 간의 연결고리이며 재산법 통합 구축의 기초이기도 하다. 동시에 재산이익의 표현 형태의 차이는 다양한 재산권 유형을 구분하는 기준이자 새로운 재산제도를 구축하는 근거이기도 하다.

재산권제도는 일체화의 기초이다. 재산은 재산권체계를 구축의 시작점범주이다. 로마

---

7) 参见 [德] 卡尔·拉伦茨 : <德国民法通论>, 王晓晔等译, 377~378、404页, 北京, 法律出 版社, 2003.
8) 参见吴汉东 : <财产的非物质化革命与革命的非物质财产法>, 载 <中国社会科学>, 2003 (4).
9) [德] 卡尔·拉伦茨 : <德国民法通论>, 王晓晔等译, 379页, 北京, 法律出版社, 2003.
10) 参见谢怀栻 : <论民事权利体系>, 载 <法学研究>, 1996 (2).
11) 参见梁慧星 : <民法总论>, 80页, 北京, 法律出版社, 1996 ; 钱明星 : <物权法原理>, 26页, 北京, 北京大学出版社, 1994.

법 이래로 사람들은 재산의 주요 구성이 유체물에 국한된다는 인식에 근거하여 물질화된 재산권제도를 설정하였다. 객체물의 분류에서도 유체물은 유형동산과 부동산이고, 무체물은 실재를 대상으로 한 재산권으로서 전통적인 재산권 제도가 물질화된 재산구조라고 말할 수 있다. 과학기술과 상품경제의 발전에 따라 각종 추상화, 비물질화된 재산이 끊임없이 등장하여 사람들은 재산의 개념에 대한 새로운 인식이 생겼다. 미국 학자들은 19세기 법원이 무형재산의 가치가 반드시 상업장소 또는 유체상업 부속품과 연관되지 않는다고 인식하기 시작했다고 말한다. 대부분의 경우 당사자의 무체적 재산을 보호하는 것이 유체재산을 보호하는 것보다 더 중요하다는 것이다. 다시 말해, 많은 경우에 보호해야 할 것은 '물(物)'이 아니라 '가치'인 것이다.[12] 20세기 초 Shiwaci(施瓦茨)는 '매우 중요한 가치를 가진 새로운 유형의 재산'을 열거하였다. "이 재산에는 상업적 신용, 상표, 영업비밀, 저작권, 경영 이익, 특허권 및 공정한 편의권이 포함된다.[13]" 여기서 재산권이 가리키는 대상은 더 이상 유체물에 국한되지 않고 무체물도 포함한다. 그것들이 외적인 형태를 있던 없던 상관없이 경제적 이용 가치가 있는 이익이다. 일부 학자들이 말한 바와 같이, 우리는 재산 또는 재산 이익을 다양한 형태의 사물 즉 물질적 실체, 지식 본질 및 기타 가치적 실체로 구분할 수 있다.[14] '재산이익'은 모든 재산권의 공통된 지향점이며, 다양한 재산 형태를 포함하며 이를 통해 다양한 재산 유형을 생성한다. 요컨대, 재산개념의 통합은 재산권 제도의 통합의 기초이다. 국제적으로 지식재산권은 대부분 재산권으로 취급된다. 어원학적으로 영어 'intellectual property'와 'intellectual property right'는 각각 '지식재산'과 '지식재산권'을 지칭한다. 일부국가의 언어환경에서는 '시식재산권'은 '무체재산권'과 동의어이기도 하다. 세계지식재산권기구가 작성한 전문 자료에서도 '지식재산'과 '지식재산권'이 연관되어 있다.[15] 「지식재산권협정」은 '지식재산권은 사권' 즉 사유재산보호 원칙에서 출발하여 지식재산권과 소유권을 사적 재산권으로 동등하게 취급한다.[16] 재산권체계의 중심 제도와 내부 구조에 있어서 재산권과 인격권의 분리와 재산권의 기본분류는 로마법 이래 민법의 전통체계이다. 다양한 역사적 시기에 따라 재산

---

12) [美] 肯尼斯· 万德威尔德：<19世纪的新财产：现代财产权概念的发展>, 载 <社会经济体制 比较研究>, 1995 (1).

13) 转引自 [美] 肯尼斯 · 万德威尔德：<19世纪的新财产：现代财产权概念的发展>, 载 <社会 经济体制比较研究>, 1995 (1).

14) 参见徐瑄：<知识产权与财产法一体化构建>, 载 <暨南学报 (哲学社会科学版)>, 2002 (6).

15) 参见世界知识产权组织编：<知识产权纵横谈>, 4页, 北京, 世界知识出版社, 1992.

16) 参见孔祥俊：<ＷＴＯ知识产权协定及其国内适用>, 72页, 北京, 法律出版社, 2002.

법의 중심과 그 제도적 장치는 서로 다른 특성을 가지고 있다. 고대 로마법은 소유권을 절대 중심으로 한 재산법을 구축했다. 로마인들은 '물(物)'을 객체 범주로 삼았고, 이를 바탕으로 소유권 형식을 핵심으로 한 '물권(物权)'제도를 설계하였고, 물권제도와 채권제도를 골자로 한 '물법(物法)'으로 재산권 체계를 수립하였다.[17] 로마법의 재산권체계는 광의의 개념의 객체인 '물'에 기반을 두고 구축되었는 바, 여기서 '물'은 주로 객관적이고 실질적인 것들이며, 주관적으로 만들어진 제작물(즉, 권리)도 포함한다. 동시에 전체 재산권체계는 광의의 개념의 소유권 즉 채권과 타물권은 무체물로서 소유자가 소유하는 재산에 속한다. 이것은 일종의 소유권 절대 중심의 재산제도이다. 프랑스 민법은 로마법의 전통을 계승하여 유체물과 무체물의 구분을 유지하고 각종 재산권의 기본분류를 그대로 따랐다. 프랑스 민법의 재산제도의 중심은 여전히 소유권이다.

근대독일 민법은 물권, 채권 이원적 구조의 재산법을 창안했다. 이 민법의 재산권에 관한 제도적 지위에는 세 가지 특징이 있다. 첫째, 채권의 독립화이다. 독일법은 채권과 물권을 구별하고 인권에 대해서는 독립적 존재로 별도 규정하고 있다. 둘째, 채권의 우위화이다. 독일법은 더 이상 소유권 중심의 입법체계를 준수하지 않고 채권편을 물권편보다 앞에 배치하였다. 채권은 소유권이 형성되기 전에 만들어진 것으로 간주되며 소유권 취득 방법으로 규정된 것이 아니다. 셋째, 물권과 채권의 이원적 구조를 체계화하였다. 독일법은 물권과 채권 크게 두 부분을 확립하였다. 이 모델에 따르면, 어떤 특정 재산권도 위의 권리 범주에 포함될 수 있다. 현대 민법이 어떤 재산권체계를 구축해야 하는지에 대하여 각국 입법자들과 법학자들이 열심히 연구하였지만 아직 합의가 이루어지지 않았다. 필자는 우리가 대륙법계의 전통을 따르면서 물권과 채권의 명칭을 계속 사용할 수 있다고 생각한다. 다만, 소유권이 절대 중심이거나 물권과 채권의 이원적 구조를 반드시 준수할 필요는 없다고 본다. 즉, 현대 재산권체계는 개방적인 제도체계 즉 다원적인 권리범주 체계여야 한다. 이러한 분석을 바탕으로, 필자는 중국의 재산권 제도를 다음 세 가지 유형으로 볼 수 있다. 소유권을 핵심으로 하는 유체재산권 제도, 지식재산권을 주체로 하는 무체재산권 제도, 채권, 상속권 등을 포함하는 기타 재산권 제도다.[18] 소유권 이 외에도, 토지사용권, 농촌토지계약경영권, 택지사용권, 지역권, 공간이용권, 전권, 주거권, 접근권 및 담보권, 질권, 유치권 등 담보물권도 포함해야 한다. 무체재산권의 범위에는 저작

17) 参见 [意] 彼德罗·彭梵得 : <罗马法教科书>, 黄风译, 北京, 中国政法大学出版社, 1992.
18) 关于财产权体系构成, 参见吴汉东 : <论财产权体系>, 载 <中国法学>, 2005 (2).

권, 특허권, 상표권, 상호권, 지리표시권, 식물 신품종권, 집적회로설계권, 영업비밀권 등 지식재산권 이 외에도, 영업권, 신용권, 이미지권 등 비물질적 권리를 포함한다. 기타 재산권에는 채권, 상속권 및 독립적인 의미를 가진 일부 재산권으로 예를 들어, 주식, 신탁권, 어음권 등이 있다. 이런 종류의 권리는 청구적 재산권이기도 하고, 물권과 채권 속성을 겸비한 특별재산권이기도 하다.

Ⅱ. 입법 문서상의 지식재산권 제도의 체계

체계의 범위에서 지식재산권 제도의 체계는 광의(广义)와 협의(狭义)로 구분된다. 협의의 지식재산권 제도 즉 전통적인 의미의 지식재산권법은 저작권(접근권 포함), 특허권, 상표권의 세 가지 주요 구성요소를 포함한다. 일반적으로 협의의 지식재산권은 두 가지 종류로 분류될 수 있다. 하나는 문학적 재산(literature property)이며, 저작권 및 저작권과 관련된 접근권을 포함한다. 다른 하나는 산업재산권(industrial property)이며, 주로 특허권과 상표권이다. 문학적 재산권은 문학, 예술, 과학적 작품의 창작자 및 전파자가 누리는 권리이다. 독창적인 작품과 이를 전파하는 매체를 보호 범위 안에 포함하여 창작자의 '사상표현 형식'의 영역에서 지식재산권 보호의 독특한 영역을 구축한다. 산업재산권은 산업, 상업, 농업, 임업 및 기타 산업에서 실용적인 경제적 의미를 지닌 무형재산권이다. 정확히 말하면, 공업재산권은 '산업재산권'으로 불러야 한다. 프랑스에서 처음으로 산업분야의 지적 성과의 독점권을 '산업재산권'이라는 용어로 요약하였고, 프랑스어로는 'propriedadindustrielle'이다. 1789년 프랑스 「인권선언」은 사상을 정신적 재산으로 생각하고, 이것을 "자연적이고 무효할 수 없는 인권"으로 규정하였다. 또한 "사상과 의견을 자유롭게 전달하는 것은 인간의 최고 권리 중 하나"라고 확인했다. 「인권선언」의 정신에 따라 프랑스 국민의회는 1791년에 프랑스 최초의 특허법을 통과시켰다. 이전에는 영국과 프랑스 모두 특허권을 '특권' 또는 '독점권'으로 불렀다. 당시 프랑스 특허법의 초안자인 Debufula(德布孚拉)는 '특권'이나 '독점권'이라는 표현은 부르주아혁명 시기의 입법위원회와 반봉건 특권인민들에 의해 반대될 수 있다고 보고, '산업재산권'이라는 개념을 제안했다. Debufula(德布孚拉)의 산업재산권 이론은 1791년 프랑스 특허법에 완전히 반영되었으며, '산업재산권'이라는 용어는 이후 세계 각국에서 받아들여졌다. 그리고 점차 특허권, 상표권 등 각종 독점권의 총칭이 되었다.

문학재산권(또는 저작권)과 산업재산권의 구분은 지식재산권 제도의 전통적인 기본분류이다. 1960년대부터 산업재산권과 저작권(판권)이 장기적으로 발생함에 따라 산업제품에 저작권과 유사한 보호를 제공하는 새로운 유형의 지식재산권 즉 산업저작권이 등장하였다.[19] 산업저작권의 입법동기는 특허법과 저작권법의 중복된 보호를 받는 단점을 바로잡기 위해서였다. 나중에 일부국가들은 특정 산업제품의 보호 공백을 메우고 단일 저작권 보호의 단점을 보완하기 위하여 집적회로 레이아웃 설계를 산업저작권 객체의 범주에 포함시켰다. 산업저작권은 기존의 저작권과 산업권에 대한 전통적인 분류를 깨고, 양쪽의 일부 내용들을 흡수하여 '교차권리'를 형성하였다. 이 권리의 주요 특징은 보호대상이 신규성(특허법 요구)과 독창성(저작권법 요구)이 있어야 한다는 것이다. 산업재산권법의 등록보호제를 시행하지만 보호 기간이 비교적 짧다. 독점권자는 주로 복제권과 배포권을 누리고 있지만 저작권 주체가 누리는 광범위한 권리는 없다.

광의의 지식재산권 제도에는 저작권, 접근권, 상표권, 상호권, 영업비밀권, 원산지 표시권, 특허권, 집적회로설계권 등 각종 권리를 포함한다. 광의의 지식재산권 체계는 현재 두 가지 주요 지식재산권 국제협약에 의해 인정되었다. 1967년에 체결된 「세계지식재산권기구설립협약」은 지식재산권의 범위를 다음과 같은 범주로 정의한다. 문학, 예술 및 작품에 대한 권리(즉, 저작권), 모든 인간 분야에 대한 발명권(즉, 발명 특허권 및 과학기술적 보상의 의미에서 발명권), 과학적 발견에 대한 권리(즉, 발견권), 산업 디자인에 대한 권리(즉, 디자인 특허권 또는 디자인권), 상표, 서비스 마크, 제조업체명 및 표기에 대한 권리(즉, 상표권, 상호권), 부정경쟁을 막는 권리(즉, 부정경쟁방지권), 산업, 과학, 문학 또는 예술 분야에서 지적 활동으로 발생하는 기타 모든 권리를 정의한다. 1994년 관세무역협정(GATT) 당사국이 체결한 「지식재산권협정」에서 지식재산권의 범위에는 저작권과 관련 권리(즉, 접근권), 상표권, 지리적 표시권, 산업용 디자인권, 특허권, 집적회로 레이아웃설계권, 미공개정보 독점권(즉, 영업비밀권)을 포함하였다.

「세계지식재산권기구설립협약」에 규정된 체계의 범위에서 다음 두 가지에 주목할 필요가 있다. 첫째, 미래에 새로운 지식재산권 진입을 위한 예비조항을 규정하였다. 둘째, 발명권, 발견권을 규정하고 있으며 이러한 권리가 지식재산권 제도에 포함되는지는 여전

19) 参见郑成思：<版权法>, 20页, 北京, 中国人民大学出版社, 1990.

히 논란이 있다.[20] 「지식재산권협정」에 포함된 권리 범위는 일반적으로 국제 무역과 관련이 있으며 전통적인 산업재산권 협약에 규정된 상호 권리가 포함되지 않는 경우에는 대부분 선진국이 보호한다. 따라서 협정에 의해 설정된 지식재산권 체계는 일정한 제한을 받는다.

각국의 입법 관점을 보면, 단행 입법이 일반적인 방식이므로 지식재산권이라는 이름으로 권리체계를 요약하는 입법례는 드물다. 1942년 「이탈리아민법전」은 단행법을 유지하는 한편, 그 법에 저작권, 특허권, 상표권, 상호권을 특별장으로 규정했다. 1995년 「베트남민법전」은 각종 지식재산권법이 폐지한 후, 저작권, 산업소유권(특허권, 상표권, 지리적 표시권 등 포함)을 내용으로 지식재산권을 별도로 편성했다. 1986년 「중화인민공화국민법통칙」은 '민사권리' 장에서 저작권, 특허권, 상표권, 발견권, 발명권 및 기타 과학기술 성과권을 포함한 지식재산권을 규정했다. 위의 입법례는 지식재산권의 체계화에 나름대로 많은 노력을 기울였지만 그 협소한 체계범위는 현대 지식재산권 체계의 개방적이고 역동적인 발전 요구사항을 충족시키기 어렵다. 1992년 프랑스 「지식재산권법전」은 특별법전의 형식으로 새로운 지식재산권 제도를 구축했다. 그것은 지식재산권을 두 가지 종류로 나눈다. 첫째, 문학과 예술의 재산권으로서 저작권, 접근권, 데이터베이스 저작권 등을 규정했다. 둘째, 산업재산권은 산업제품의 외형설계권, 발명특허권, 기술비밀권, 집적회로배치설계권, 식물 신품종권, 상표권 및 기타 표시권이 있다. 프랑스 「지식재산권법전」은 역사상 가장 완전한 지식재산권 체계를 구축한 법이다. 그러나 이 법전은 대부분의 지식재산권을 포함하지만 지식재산권의 전부를 포함하는 것은 아니며 그 체계 범위를 개선할 필요가 있다.

Ⅲ. 지식재산권체계의 발전

지식재산권법은 개방적이고 역동적이며 끊임없이 발전하는 제도의 체계이다. 현대사회는 사회적인 부의 형태 변화로 인하여 재산은 점차 무형적이고 비물질적으로 변한다. 우리는 지식재산권의 이름으로 통제되는 모든 권리가 전형적인 지식재산권 영역에서 나

20) 参见本编第一章中 "知识产权的定义"部分的内容.

오는 것이 아니라 지식 창조의 성과에 근거한 것임을 알 수 있다. 바꿔 말해, '지식재산'이라는 용어는 각종 비물질재산권의 대명사에 불과하다. 이러한 의미에서, 비물질재산권, 무체재산권, 지식재산권은 실질적인 차이가 없으며, 모두 무형적 객체에 근거하여 발생한 것으로 전통적인 재산소유권과 구별되는 새로운 유형의 재산권이다.

학문적 측면에서 관련 저서는 지식재산권 제도 체계의 문제를 다루고 있다. 프랑스의 학자 Maluoli(马洛里) 등은 기준에 따라 지식재산권을 두 종류로 나눈다. 하나는 경영독점권으로 지적창출성과와 구별을 표기한다. 전자는 문학예술재산권(즉, 저작권 및 접근권), 특허권, 디자인권, 기술비밀(민법 및 부정경쟁방지법 적용되어 보호됨)을 포함한다. 후자는 상표, 상업 광고, 상업 이름, 상업 간판(민법 및 부정경쟁방지법 적용되어 보호됨)을 포함한다. 다른 하나는 고객의 권리 즉 고객을 영업 자산의 대상으로 삼는 권리이다.[21] 고객의 권리는 실제로 고객의 기업에 대한 '충성심' 즉 기업이 고객을 끌어당길 수 있는 '매력'을 의미한다. 이것은 기업이 소유하는 영업권이어야 한다. 위에서 언급한 프랑스 학자들의 주장은 지식재산권 제도 체계에 대한 유익한 연구이다. 그러나 이 이론에는 미흡한 점이 있다. 첫째, 식품종식물권, 집적회로배치설계권 등과 같은 다양한 권리를 지식재산권체계에 포함시키지 못한다. 둘째, 예를 들어, 상업광고를 구분 표시로 분류하고 저작권 보호를 시도하는 등 일부 권리대상의 분류가 정확하지 않다. 셋째, 고객권리의 질적 특성이 불분명하고 지식재산권의 특성이 명확하게 요약되지 않았다. 영국 학자 Laosen(劳森)과 Ladeng(拉登)은 재산법의 개념에서 출발하여 '산업 및 지식재산권'과 채권, 상업증권, 영업권, 채권, 주식 등을 무체동산의 범위에 포함하였다. 이른바 '산업 및 지식재산권'에는 특허, 외관디자인, 상표, 상호 및 저작권 등이 포함한다.[22] 미국 학자 Beilesi(贝勒斯)도 이와 비슷한 견해를 갖고 있는 바, 지식재산권과 채권, 상업권, 주식, 신용, 초상권 등을 모두 '무체동산'이라고 불렀다.[23] 그러나 지식재산권 체계 범위에 대한 이론적 설명은 만족스럽지 못하다. 평판이나 신용을 다른 종류의 '무체동산'으로 취급하는 것은 참작할 수 있지만 동시에 최신기술과 관련된 권리는 포함하지 않아 누락이 불가피하다.

---

21) 转引自尹田 : <法国物权法>, 59～65页, 北京, 法律出版社, 1998.

22) 参见 [英] F. H. 劳森、B. 拉登 : <财产法>, 施天涛等译, 31～33页, 北京, 中国大百科全 书出版社, 1998.

23) [美] 迈克尔 · D · 贝勒斯 : <法律的原则 ––– 一个规范的分析>, 张文显等译, 111页, 北京, 中国大百科全书出版社, 1996.

필자는 일반적인 의미에서 지식재산에 관련된 무형재산은 다음과 같은 두 가지 유형으로 본다. 첫째, 지식재산이다. 이러한 유형의 재산은 주로 지식, 기술, 정보 등 무형재산 이익으로 구성되어 있으며, 창조적 성과와 경영적 표시의 두 가지 형태로 나눌 수 있다. 창조적 성과에는 작품, 그 매개체, 산업기술을 포함한다. 작품과 그 매개체는 문화분야의 창조적 성과이며, 창작자의 창조활동 및 전파활동과 관련 있다. 그 객관적인 표현형태에는 문자, 기호, 도형, 이미지, 음향 등이 있다. 산업기술은 산업, 농업, 상업 등 산업 분야에서 물질적 매체에 물질화 될 수 있는 창조적 성과를 말한다. 일반적으로는 공정운영방법과 기술, 이에 적합한 생산도구 및 기타 물적시설이다. 경영적 표시란 상표, 상호, 지리적 표시 등 포함하는 것으로서 생산 및 유통분야에서 제품의 출처와 제조업체의 특정 인격을 표시할 수 있는 구별 마크이다. 위에서 언급한 지식재산은 현대사회에서 가장 중요한 무형재산이다.

둘째, 신용재산이다. 이러한 유형의 재산은 영업권, 신용, 이미지 등과 같은 사업분야에서 재산화 된 상업적 인격이익이다. 상업적 신용, 상업적 이미지의 구성측면에서 볼 때, 내부적 요소는 경제상황, 생산능력, 제품품질, 시장점유율 등을 포함하는 주체의 경영능력이다. 외부적 요소는 주체의 신용, 이미지의 영향을 받은 사회적 평가와 신뢰이다. 이러한 상업적 인격 이익에는 명백한 재산적 이익의 내용 뿐만 아니라 정신적 이익 요소도 포함한다. 신용재산은 중요한 무형재산이다.

위에서 언급한 무형재산 형태의 분석을 바탕으로 광의의 지식재산권 제도 체계는 다음의 권리로 구성된다.

문학재산권이다 입법 문서에서 문학재산권은 저작권과 접근권을 가리키고, 광의의 저작권에는 접근권을 포함한다. 작품과 그 매개체의 권리 형태 측면에서 볼 때, 데이터베이스 보호 문제에 주의를 기울여야 한다. 제작자의 데이터베이스에 대한 투자를 보호하기 위하여 국제사회는 데이터베이스의 저작권 보호, 데이터베이스에 대한 경쟁법 보호하는 동시에 데이터베이스에 대한 특별한 권리보호를 추진하고 있다. 이것은 저작권과 독립적이면서도 저작권과 유사한 전문적인 보호 제도이다.[24] 이 경우에 문학재산권 분야에서는 저작권은 물론 저작권 관련 접근권, 데이터베이스 녹섬권 등 다양한 형대의 권리가 등장하게 된다.

---

24) 参见薛虹：<网络时代的知识产权法>, 93页, 北京, 法律出版社, 2000.

산업재산권이다. 「산업재산권보호파리협약」(이하 「파리협약」으로 칭함)및 그 관련 협약에 따르면, 산업재산권의 범주에 속하는 주요 권리는 특허권(디자인권 포함), 상표권, 상호권, 지리적 표시권, 부정경쟁방지권이다. 1967년 「파리협약」은 특허 기술, 경영적 표시 및 부정경쟁방지를 산업재산권의 보호 대상으로 규정하였다. 산업재산권과 관련된 분야는 산업 및 상업에 국한되지 않으며, 정확히는 공업재산권은 '산업재산권'이라고 해야 한다. 많은 권리를 포괄하므로 일부 학자들은 산업재산권이란 실제로 저작권 이외의 모든 지식재산권을 가리킨다고 본다.25) 사실, 저작권 및 산업재산권 이 외에도 일부 지식재산권 제도는 '단독보호법'이나 '교차보호법'을 채택하였는데, 다음에 설명할 '준특허' 또는 '산업재산권' 등의 독점권 제도가 이에 해당한다.

지식재산의 독점권이다. 이러한 종류의 권리는 전통적으로 문학 재산권 또는 산업재산권에 속하지 않는 독립적인 지식재산권을 의미하며, 일반적으로 '독점권'의 형태를 취한다. 지식재산의 독점권은 주로 다음 세 가지 유형이 있다. 첫째, 식물 신품종권이다. 식물 신품종의 지식재산권 보호에 관하여 세 가지 형태가 있다. 하나, 독일법이 대표적인데 식물의 새로운 품종을 독점적으로 보호한다. 둘, 이탈리아법이 대표적인데 식물의 새로운 품종을 특허권의 형태로 보호하는 것이다. 셋, 위의 두 가지 권리 형태를 모두 보호하는 것이다. 1961년의 「신품종식물보호국제협약」과 1994년의 「지식재산권협정」은 위에서 언급한 형태 중 하나를 채택하여 허용하지만, 대부분의 회원국들은 식물의 신품종 독점권의 형태를 채택하는 편이다. 둘째, 집적회로배치설계권이다. 집적회로의 디자인은 저작권법상의 그래픽 작품도 아니고 특허법상의 외관 디자인도 아니기 때문에 국제사회는 '산업저작권'의 보호방법을 채택하고 있다. 독점권 형태로 나타난 산업저작권은 저작권과 산업재산권의 일부 내용을 흡수하여 이 둘의 '교차권리'을 형성했다. 셋째, 영업비밀권이다. 영업비밀권은 산업재산권과는 달리 엄격한 의미의 독점성이 없고, 지역과 시간에 제한이 없으며, 그 효력은 영업비밀유지 수준에 전적으로 달려 있다. 이런 특성 때문에 필자는 이를 특별 지식재산권 제도의 범주로 분류한다.

위의 권리는 창조적 성과권과 경영적 표시권이며 현대 각국의 보편적 법률에 의해 보호되는 지식재산권이다.

영업권이다. 영업(goodwill)은 비즈니스의 신용과 명성을 의미하며, 이것은 특정주체

---

25) 参见张乃根：<国际贸易的知识产权法>, 64页, 上海, 复旦大学出版社, 1990.

의 상업문화의 특별한 가치 형태이다. 중국의 법학 저술에서 영업권은 광범위하고 중립적인 개념이다.[26] 경제학 이론에서 영업권은 경제적 가치를 가진 긍정적인 개념이다. 근대학자 Yangzhongxian(杨众先)은 "영업권이란 영어 'good will'의 본래 의미를 따라 실제로 좋은 또는 선의의 의지"라고 표현한다. 기업에선 기업의 인사에서 발생하는 좋은 관계를 뜻한다. 사회에선 기업에 대한 대중의 좋은 평가를 뜻한다.[27] 외국 법조계의 표현도 이와 같다. 「옥스퍼드법률사전」은 영업권을 "특정산업이 가진 우수한 품질"로 해석한다.[28] 영국 법원은 이를 "기업의 좋은 명성, 신용 및 거래 관계에서오는 이익 및 이점[29]"이라고 말했다. 중국 법학계에서 영업권에 대한 해석이 정확하지 않다. 필자는 영업권이란 물질적 실체에 의존하지 않고 독립적으로 존재하는 재산이며 신용재산의 범주에 속한다고 생각한다. 무형재산권 체계에서 영업권은 부정경쟁쟁방지법에 의해 보호되지만 입법례에서 그 권리 유형의 지위는 명확하지 않다. 영업비밀과 부정경쟁방지가 현재 지식재산권법 체계에 포함된 것을 고려할 때, 영업권을 일종의 지식재산권으로 간주하는 것이 합리적이다.

신용권이다. 영국의 「옥스퍼드법률사전」과 미국의 「블랙법률사전」을 보면, 신용(credit, trust)이란 신용구매, 신용 등의 거래활동과 관련하여 당사자의 특수한 경제적 능력(즉, 채무상환능력)의 표현인데, 이것은 특정 주체에 대한 사회적 평가에서 비롯된다.[30] 이와 달리, 신용에 대한 중국 법학계에 해석은 주체의 일반적인 경제적 능력을 가리키고 이를 인격적 이익으로 간주하는 경우가 많다.[31] 사실 법적 신용이란, 주체가 가진 채무상환능력에 따라 사회적 평가와 신뢰를 받는 것을 말하며, 이는 영업권과는 다르다. 또한 신용은 물질적 형태가 없지만 신용장, 신용문서를 매개체로 사용하고 신용교환을 통하여 거래 이익을 얻을 수 있어 일반적인 인격 이익과는 다르다. 권리의 기본 범주에서 신용권은 일종의 신용 유형의 무체재산권이다.[32]

---

26) 相关学说参见梁上上：<论商誉和商誉权>, 载 <法学研究>, 1993 (5)；朱姝等：<论商誉权的 法律保护>, 载 <现代法学>, 1996 (1).

27) 参见杨时展主编：<中华会计思想宝库>, 第1辑, 北京, 中国财政经济出版社, 1992.

28) [英] 戴维·M. 沃克主编：<牛津法律大辞典>, 李双元等译, 381页, 北京, 光明日报出版 社, 1989.

29) 转引自关今华：<精神损害的认定与赔偿>, 173页, 北京, 人民法院出版社, 1996.

30) 参见 [英] 戴维·M. 沃克主编：<牛津法律大辞典>, 381页, 北京, 光明日报出版社, 1989； Black' s Law Dictionary, 15th edition, West Publishing Co., 1979, p.331 .

31) 相关理论参见王利明主编：<民法·侵权行为法>, 299页, 北京, 中国人民大学出版社, 1993；张俊浩主编：<民法学原理>, 158页, 北京, 中国政法大学出版社, 1991；杨立新：<人身权法 论>, 638页, 北京, 中国检察出版社, 1996.

상품화(이미지)권이다. 이미지(publicity)는 개인이나 사회 조직이 소유하고 있는 다양한 이미지로서 실제 인물의 이미지, 연기 이미지, 가상 캐릭터이미지, 사회 조직 이미지 등을 포함한다. 이러한 이미지는 종종 주체 자신의 이름(명칭), 초상(이미지), 외모(표지)와 같은 일반적인 인격 요소와 관련 있다. 또한 주체가 만든 역할, 인물, 작품 또는 활동의 이름, 제목 등과 같은 특별한 인격 요소와 관련 있다.[33] 이러한 인격 요인의 일부 특징은 '2차 개발 및 활용'에 가치가 있다. 권리인이 자신의 이미지나 가상의 이미지를 이용하는 것과 타인이 합리적인 대가로 해당 이미지를 사용할 수 있도록 양도 또는 허용하는 목적은 이미지의 인지도와 창조성 자체에 국한되지 않고, 특정 상품과 결합하여 소비자에게 좋은 영향을 미치게 한다. 이러한 영향은 그 이미지에 부착된 상품에 광범위한 인지도를 얻게 하며 이미지 사용자에게 특정한 경영상의 이점을 줄 수 있다. 따라서 이러한 권리는 인격적 의미의 일반적인 이미지권이 아니라 재산적 가치를 지닌 상품화(이미지)권이다. 상품화(이미지)권은 전통적인 지식재산권과 매우 연관성이 있다. 그러나 실제 이미지는 저작권법의 보호 대상이 아니다. 가공된 이미지는 특허법과 상표법의 보호 조건에 부합하지 않으므로 이 권리는 독립적인 무체재산권이다.

위의 내용은 영업상 신용권이며 일반화된 지식재산권 또는 지식재산권과 관련된 무체재산권이다.

결어

지식재산권과 소유권은 무체재산과 유체재산을 구별하는 권리 형태의 다른 용어이다. '지식재산권', '무체재산권', '정보재산권' 등은 모두 정신분야의 재산권리에 대한 전문용어이다. 국제협약은 사권과 인권의 다른 관점에서 지식재산권의 기본 속성을 명시하고 있으며 지식재산권은 본질적으로 사권과 인권의 통일이어야 한다. 지식재산권은 '독점성', '지역성' 그리고 '시간성'이라는 기본적인 특징을 갖고 있으나 이것은 상대적이고

32) 笔者在国内较早考察过信用权的法律属性, 相关论文参见吴汉东：<论信用权>, 载 <法学>, 2001 (1). 民法典草案吸收了该文的有关内容, 但将信用权归类为人格权.

33) 参见杜颖：<论商品化权>, 载梁慧星主编：<民商法论丛>, 第13卷, 北京, 法律出版社, 2000；董炳和：<论形象权>, 载 <法律科学>, 1998 (4).

일반화된 설명에 불과하다. 단지 객체의 무형성만이 지식재산권이 속한 권리의 공통된 법적 특징이다. 지식재산권의 주체 제도는 그 자체의 특징을 갖고 있다. 원래 취득한 법적 사실에는 창작자의 창조행위와 국가기관의 허가행위를 포함한다. 취득한 법적 결과 즉 동일한 지식제품상에 여러 권리주체가 발생하는 경우, 외국인의 주체 자격은 조건부 국민대우 원칙을 실행한다. 지식재산권의 객체와 관련하여, 국내외 학자들은 '지식재산', '무체재산', '지적 성과', '지식정보' 등의 표현을 사용해왔다. 그러나 보다 적절한 표현은 '지식제품'이어야 한다. 지식제품은 창조적 성과, 경영적 표시, 경영적 신용의 세가지 유형을 포함하며, 모두 창조성, 무형성, 공개성의 기본적인 특징을 갖고 있다. 지식재산권 이용은 법률에서 규정한 이용과 계약에서 합의한 이용이 포함되며, 그 대상은 지식재산이 아닌 특정권리이다. 지식재산권의 보호는 무엇보다도 각종 권리의 효력 범위를 명확히 하는데 있다. 지식재산권의 제한에는 지역적 및 공간적 효력제한, 존속기간의 효력제한이 있다. 이 외에도 그 권한 내용의 효과에 대한 제한이 있는데 합리적인 사용, 법적 사용, 강제사용허가, 권리고갈, 선행사용, 병행수입 등 지식재산권 제한의 제도와 관련된 것들이다. 지식재산권의 침해행위는 타인의 독점권을 대상으로 한 일종의 불법적인 사실행위이다. 지식재산권 침해에 대한 배상책임은 과실책임과 과실추정의 이원적 책임원칙을 채택하는 것이 바람직하다. 피해자는 민사, 형사, 행정 등 다양한 권리 구제수단을 사용할 수 있지만 그 적용방법은 소유권과 다르다. 지식재산권 체계의 구축은 지식재산권 제도가 민법제도에서 갖는 지위 즉 재산권체계의 일체화를 기반으로 전통재산의 소유권과 지식재산권으로 나눈다. 지식재산권은 개방적이고 역동적이며 끊임없이 발진하는 제도적 체계인 바, 국제협약에 의해 인정된 저작권, 특허권, 상표권 등도 전형적인 지식재산권에 포함되고 영업권, 신용권, 이미지권 등 광범위한 지식재산권이나 무체재산권 역시 포함된다.

제2편

기초이론의 연구

(기초 이론 연구)

제10장

지식재산권 제도의 역사

지식재산권 제도가 생겨나서 발전 및 변화하기까지 불과 3~400년의 시간이 지나지 않았다. 법제도 체계에서 지식재산권법은 과학기술 및 경제와 특별한 관련이 있다. 산업경제시대에는 근대과학기술과 상품경제발전의산물로 자산가들에게 재산을 취득하는 새로운 방식을 제공하였다. 또한 지식경제시대에는 '지식자본가'들이 현대과학기술 진보와 시장경제발전의 추진 수단으로서 지식자원의 취득을 보호의 신(神)으로 여겼다. 이는 어떤 의미에서 지식재산권 제도의 연혁은 법률 개혁, 과학기술 창조, 경제발전과 상호 영향을 미치는 관계이다.

Ⅰ. 근대 지식재산권의 사회적 조건

지식재산권 제도는 근대과학기술과 상품경제발전에 따른 산물이다. 일반적으로 영국에서 세계 최초의 특허법('독점법규')을 1623년에 제정하였고, 세계 최초의 저작권법('지식창작 장려를 위한 저작자와 구매자에게 출판도서에 대하여 일정 기간 권리를 부여하는 법' 즉 「안나법령」)을 1709년에 제정하였으며, 프랑스에서 최초의 상표법('사용원칙과 불검열원칙을 내용으로 하는 표시와 상표 제조에 관한 법률')을 1857년에 제정하였다. 이것은 근대적 의미를 상징하는 지식재산권 제도의 첫 걸음이며 결코 역사적 우연이 아니다. 17, 18세기 이후 부르주아 계급은 생산영역에서 과학기술의 성과를 광범위하게 채택하기 시작하자 자본주의 시장에서 지식제품의 사유를 보장하는 법적문제가 발생하기 시작하였다. 부르주아 계급은 지식제품에 대한 사적 점유권을 법률로 요구하여, 지식제품이 일반 객체물(유체물 제품)과 동일하게 자유 교환의 권리의무 대상이 되도록 하였다. 이들은 재산권을 획득하는 새로운 방식으로 과거의 재산법과는 다른 새로운 법률제도를 추구하였다. 제품생산과 직접적으로 관련된 과학기술분야에서 특허권이 출시되었고, 제품 교환활동 가운데 중요한 역할을 하고 있는 상표표기 범주에서는 상표권이 등장하였다. 그리고 문학예술작품은 상품의 형식으로 시장에 진입하는 과정에서 저작권이 생겨났다. 이러한 법의 형식들은 최종적으로 지식재산권에 포함되었다.

근대 지식재산권 제도의 등장은 중세 말기에서 자본주의 초기까지 수백년의 시간을 거쳐왔다. 사회형태의 급격한 개혁속에서 경제구조 · 정치제도 · 가치관 · 문화 등 여러 방면의 발전과 변화가 일으키고, 새로운 법률제도의 생존을 위한 토양의 역할을 하거나 새로운 민사권리를 앞다투어 탄생시킨 원동력이 되었다.

1. 신공예학의 출현

15세기부터 자본주의 생산관계가 형성되고 수공업장이 발전함에 따라 유럽 각국에서는 선진기술의 채택하고 선진적 생산도구와 각종 기계를 제조, 사용 등의 사회적 수요로 인하여 공예학은 비약적으로 발전하였다. 그 중 가장 큰 진보는 자본주의 경제발전과 밀접한 관련이 있는 섬유, 광업, 금속, 화학 등의 분야이다.[1] 이러한 공예학의 진보는 산업문명의 출현과 산업문명 보호를 사명으로 하는 지식재산권 제도의 출현에 견고한 기술적 토대를 마련하였다.

2. 신문화가치관의 확립

14세기에서 16세기까지 서유럽 부르주아 계급이 일으킨 르네상스 운동은 고전학술과 예술부흥을 구호로 삼아 몽매주의와 종교신학을 반대하였고 고대 그리스 과학문화를 계승하여 인문주의를 중심으로 한 새로운 사상을 제창하였다.[2] 이러한 신문화가치관은 사람들로 하여금 세상을 개조하고 자연을 연구하여 실용적이고 유용한 지식을 중요시하도록 격려하였다. 르네상스에서 제시한 새로운 문화가치 이념은 부르주아 계급이 과학기술은 물질적 무기로 삼고, 사권 제도는 법적 무기로 사용하는데 필요한 문화적 사상을 제공

1) 参见黎德扬等主编 : <科学技术的进化>, 83~86页, 武汉, 湖北教育出版社, 1990.
2) 参见王哲 : <西方政治法律学说史>, 85~86页, 北京, 北京大学出版社, 1998.

하였다.

3. 새 정치문명의 탄생

17세기 중엽 영국 부르주아 계급의 혁명 과정에서 홉스, 밀턴에서 로크 등에 이르기까지 사상가, 정치가들은 모두 주권재민(主权在民)을 주장하여 자유평등을 주창하였고 사유재산의 불가침을 강조하였다. 특히 로크의 저서에서는 부르주아의 재산과 정권의 원칙에 대해 천명하고, 여기에는 17세기 영국 부르주아 계급과 신귀족들의 재산과 정권의 논쟁에 대해서도 언급하였다.[3] 로크를 대표로 한 영국 부르주아 계급의 정치사상 체계가 점차 형성되어 갔고, 그 영향을 받아 탄생한 몽테스키외를 대표로 한 18세기 유럽 계몽운동은 유럽의 각 부르주아 계급의 민족국가들이 지식재산권 제도를 포함하여 자신의 법률을 제정하고 중요한 정치적 사상의 기틀을 마련하였다.

4. 로마법의 부흥

12세기부터 유럽은 로마법의 부흥운동을 일으켰다. 마르크스주의 한 권위있는 저작자는 "공업과 상업이 사유제를 발전시켰을 때(최초는 이탈리아에서 시작하여 다른 나라에서도 발생) 상세하게 제정된 로마사법은 즉시 회복되고 위신을 되찾았다."고 언급하였다.[4] 로마법의 부흥은 주로 유럽대륙의 각국에서 앞다투어 일어난 로마법 연구 열풍과 15~16세기 유럽 각국에서 보편적으로 로마법을 채택하는 운동에서 나타났다. 고대 로마법에는 지식재산권 제도에 대한 기록이 없지만 과거 로마인들이 무체재산에 대한 개념, 공유물에 대한 이론, 무체물의 양도 및 침해에 대한 학설 등은 지식재산권의 재산속성, 공공영역, 재산권무역, 무형 침해 등 법률 원칙과 규칙에 있어 동일한 맥락을 갖고 있다. 즉, 로마 사법의 부흥은 근대 지식재산권 제도를 제정함에 있어 유익한 법률적 사상의 기초를 제공했다고 볼 수 있다.

근대 지식재산권 제도는 당시의 물질적 생활관계에 뿌리를 두고 있다.과학기술, 경제, 법률의 연계 관점에서 보면, 지식제품은 신형 재산권리의 목적이 되고 지식재산권 제도

---

3) 参见周一良等主编 : <世界通史>, 45页, 北京, 人民出版社, 1962.

4)<马克思恩格斯全集>, 中文1版, 第3卷, 71页, 北京, 人民出版社, 1960.

의 출현은 다음과 같은 조건에 의한다.

첫째, 사회생산의 과학기술화이다. 자본주의 이전 시대의 과학과 기술은 일반적으로 분리되거나 연관성이 없었다. 과학기술이 생산에 응용된 것은 여전히 우연하고 무의식적인 행위에 그친다. 그 당시 기술은 민간 공예품 장인들이 장악하였고 기술의 진보는 전적으로 경험적 모색과 전통 기술의 향상과 개선에 의존했다. 반면에, 과학기술은 귀족 철학가들의 전유물이었고 과학이론은 일반적으로 실제 생산과정에서 축적된 경험의 자료들을 일반화하고 요약하는데 그친다.[5] 자본주의 이전 시대 말부터 자본주의 시대초기까지는 자연경제가 상품경제로 전환되는 시기였다. 이 과정에서 노동 제품의 주도적 지위는 육체적 요소에서 점차 정신적 요소로 바뀌어 갔고, 새로운 생산 방식은 최초로 자연과학이 직접적으로 생산과정을 위해 서비스를 제공하였다. 부르주아 계급은 초기 100년 동안 막대한 생산력을 창출하여 과학기술과 사회생산을 밀접하게 연결시켰다. 이러한 유기적인 연결은 구체적으로 과학적 발견 → 기술발명 → 사회생산의 통합으로 나타났다. 마르크스주의 한 권위있는 저작자가 언급한 바와 같이, "생산과정은 과학의응용이 되었고, 과학은 반대로 생산과정의 요소인 기능이 되었다. 모든 발견은 새로운 발명 또는 생산방법을 새롭게 개선하기 위한 기반이 되었다."[6]

둘째, 과학기술 성과의 상품화이다. 자본주의 이전 시대에는 과학기술로 생산한 물질제품들은 모두 상품으로 간주되었으나 과학기술 성과 자체는 상품이 아니었다. 과학기술은 주로 자신의 경험의 축적과 발전에 의존하여 특정 협소한 산업과 독립적인 가족 작업장에 오랫동안 갇혀서 발전하였기 때문에 사회적 규모의 적용과 이전이 매우 어려웠다. 이러한 폐쇄적인 사회경제적 구조에서 과학기술은 체계적이고 계승적인 발전이 어려웠기 때문에 분산적이고 경험적으로 의존하는 특징만 있었다. 소위, '조상 대대로 전해 내려온 비법', '아버지가 아들에게 전수하는 것'은 소규모 생산자가 기술을 획득하고 익혀가는 주요한 수단이었다. 근대 상품경제발전과 자본주의 구조의 확립은 자연경제 가운데 기술분야 간의 결여와 기술과 사회연결성 간의 장벽을 허물었다. 상품경제 수요의 강한 압박으로 인해 기술은 사회로 대규모 이전되었다. 자본은 과학기술의 성과물을 일반 등가물로 환원하여 오직 경제적 이익으로 이들의 가지를 측정하기 시작하였다. 이로 인해, 과학기술은 일반 기예와 협업한 분업에서 상대적으로 해방되었다. 마르크스의 노동가치

---

5) 参见赵震江主编：<科技法学>, 3页, 北京, 北京大学出版社, 1998.
6) <马克思恩格斯全集>, 中文1版, 第47卷, 570页, 北京, 人民出版社, 1979.

이론에 의하면 지적 노동도 일종의 생산노동에 속한다. 생산상품은 물질 생산에서의 실물 형태의 상품뿐만 아니라 비물질 생산에서의 무형 상품도 포함된다. 예를 들어, 서비스, 지식, 정보, 기술 등이다.[7] 다시 말해, 과학기술을 사회생산에 운영하는 과정에서 기술, 지식, 정보를 포함한 지식제품 자체(무형상품)와 지식, 정보기술 채택으로 생산한 물질제품(유형상품)은 모두 동일한 상품적 의의를 갖는다.

셋째, 지식재산의 법률제도화이다. 자본주의 이전 시대에는 제한된 과학기술에 대한 보급과 교류에 대하여 재산법과 계약법의 강력한 보호가 부족하였다. 상품무역(지식제품과 유형상품의 교환 포함)은 확실한 재산권의 기초하에 안정된 거래의 질서에 기초해야 한다. 그러나 '서민보다 가혹한 형벌을 중시', '인사보다 늘 중요한 신사'를 특징으로 하는 봉건사회 법률은 종종 과학기술 성과의 보급을 개인의 사소한 일들로 간주하는 경우가 많았으며, 국가의 이름으로 직접 규제에 나서는 일도 드물었다. 비록 봉건사회 말기에 인쇄전유권이나 전문경영, 전매권이 나타났다 해도 이는 자본주의식의 재산권이 아닌 일종의 봉건제도하의 특허권이었다. 이러한 봉건적 특허권의 주요 수혜자는 인쇄상, 기업 및 허가증을 발부하는 통치자일 뿐 지적 창조 활동에 참여한 저작자나 발명자가 아니다. 어떠한 상황에서는 봉건통치 계급은 특허제도를 통해 선진사상의 전파를 제한하여 진보적 성향의 저작자나 발명가들을 박해하기도 한다.[8] 따라서 이처럼 봉건적 특허권과 근대에서 의미하는 지식재산권은 근본적으로 다르다. 지식재산권 보호에 관하여 단순히 로마법상의 전통적인 재산권의 형식만을 채택할 수 없다. 독일 철학자 헤겔에 따르면, 정신기능, 과학지식, 예술 및 발명 등은 모두 계약의 대상이 될 수 있고 매매에서 인정된 물건과 동일시된다고 보았다. 이와 같은 점유는 물건과 똑같이 계약 및 거래도 가능하지만 이것은 내부의 정서적인 물건이다.[9] 따라서 지식제품은 전통적인 의미상의 물건과는 달리 독립적인 별개 객체이다. 즉, 지식제품을 보호 대상으로 한 지식재산권은 유형재산의 소유권과 구별되는 완전히 새로운 법률제도라는 것이다. 바로 근대 상품경제와 과학기술의 부단한 발전에 힘입어 지식재산권은 개인이 소유하는 무체재산권으로서 자본주의 국가의 보편적인 인정과 엄격한 보호를 받을 수 있게 되었고 점차 독립적이고 엄격한 법률

---

7) 参见李京文 : <迎接知识经济新时代>, 39页, 上海, 上海远东出版社, 1999.

8) 参见[美] 安守廉 : <知识产权还是思想控制 : 对中国古代法的文化透视>, 载梁治平编 : <法律的文化解释>, 北京, 三联书店, 1994 ; 吴汉东 : <著作权合理使用制度研究>, 3页, 北京, 中国政法大学出版社, 1996.

9) 参见[德] 黑格尔 : <法哲学原理>, 范扬、张启泰译, 第43节附译, 北京, 商务印书馆, 1961.

제도가 형성된다.

넷째, 지식재산권 제도의 체계화이다. 고대 로마법에서 근대 민법에 이르기까지 재산권 제도는 유체물을 중심으로 전개하여 설정되었다. 로마 사법체계에서 로마인들은 '물(物)'을 객체의 범주로 삼고 이를 기반으로 소유권 형식을 핵심으로 한 '물권(物权)'제도를 설계하여 물권, 채권을 주요 내용으로 한 '물법(物法)'체계를 세웠다. 1804년의 「프랑스 민법전」과 1896년의 「독일 민법전」에서는 무체물을 인정하지만, 재산내용을 가진 추상적인 권리를 의미한다. 유체물에 한정하거나 무체재산의 개념은 없다. 한마디로 말하면, 예를 들어, 저작권 · 특허권 · 상표권 등과 같은 신형 민사권리 제도는 전통 민법전 체계 범위내에 속하지 못했다.[10] 지식재산권은 민법의 범주에 속하지만 상대적으로 독립적인 권리 제도 체계이다. 지식 활동 분야의 모든 권리를 '지식재산권'으로 요약한 것은 근대 일부 학자들의 저서에서 처음 발견되었다. 당시의 입법 문서는 저작권, 특허권 및 상표권에 대해 체계적으로 정리하지 않았다. 20세기 후반까지 특히 「세계지적소유권기구설립협약」이 체결된 이후 지식재산권 학설은 국제적으로 광범위하게 보급될 수 있었고 지식재산권 명의로 지식재산제도를 체계화하는 방법들이 세계 각국의 입법자들에게 인정을 받았다.

위에서 언급한 여러 요소들은 역사와 논리가 결합된 산유물이다. 여기에는 역사 발전의 객관적 규칙이 있는 것은 물론 내적 논리와의 연관성도 있다. 서구 선진국들이 지식재산권 제도를 구축하는 과정을 돌이켜 보면 과학, 경제, 법률의 일체화 발전을 연결하는 일련의 명확한 경로가 존재한다. "사회생산의 과학기술화 → 과학기술성과의 상품화 → 지식제품의 재산권화 → 권리 제도의 체계화이다." 사회 발전의 관점에서 보면 다음과 같다. "과학기술 발전 → 경제성장 → 법제 발전이 역사적 과정이다."

Ⅱ. 현대 지식재산권법 발전의 기본 특징

20세기에 들어서 지식재산권법은 초기단계에서 발전단계로 진행되어 세계 각국에서 보편적으로 널리 시행하는 법률제도가 되었다. 이 시기 인류사회는 엄청난 변화를 겪었

10) 上述情况在 20世纪后半叶发生了变化。一些大陆法系国家试图在民法典的框架内, 整合一个包括知识产权在内的大一统的财产权制度. 对此做法, 学者不乏批评意见. 详见本编"第十八章".

다. 현대 과학기술의 비약적 발전은 인류사회의 지식생활과 문화생활에 전대미문의 거대한 영향을 끼쳤다. 그리고 현대상품경제의 고도 발달은 새로운 국제경제질서와 세계시장 형성을 촉진시켰다. 이러한 세계정세에 대응하기 위해 각국의 입법자들은 어쩔 수 없이 '강령을 개정하고 법제도를 바꾸어' 자국의 지식재산권 법률의 개혁에 힘써야만 했다.

1. 전통의 지식재산권 보호 범위의 지속적인 확장

저작권 · 특허권 · 상표권은 전통적 지식재산권의 3대 기본제도이다. 보호 대상 측면에서 3대 지식재산권 제도는 모두 눈에 띄는 변화가 일어났다.

초기 저작권의 보호영역은 책, 지도와 같이 좁은 객체범위에 국한되어 있었다. 바로 이런 의미에서 어떤 사람들은 저작권을 '인쇄출판의 자[11]'로 칭하기도 했다. 19세기 말에 이르러서야 각국의 저작권법은 보호 대상 범주에 음악작품 · 연극작품 · 사진작품 등을 차례로 추가해 '인쇄작품'의 의미를 확장하였다. 20세기 들어서 특히 20세기 후반에 이르러 '전자 저작권'은 '인쇄 저작권'을 대체했고, 각종 '전자 작품'은 전통 저작권의 보호범위에 진입하게 되었다. 이는 다음과 같은 경우에서 나타났다. 첫째, 영화, TV, 비디오를 포함한 '시청각 작품'을 일반 작품으로 간주하여 저작권법으로 보호하였다. 둘째, 프로그램의 신호를 동시 위성을 통해 전파하여 지상파 방송조직이 수신 및 중계할 수 있도록 하는 '위성방송 프로그램'을 일반 방송 프로그램으로 간주하여 인접권으로 보호한다. 셋째, 동축(同轴)케이블을 통해 수신 및 전파되는 '케이블 TV프로그램'을 여기에 포함된 내용의 차이에 따라 각각 저작권 또는 인접권으로 보호한다. 넷째, 컴퓨터 소프트웨어를 활자 작품으로 간주하여 저작권의 특수보호대상으로 여긴다.[12] 이 외에, 민간 문학의 표현 방식을 저작권의 또 다른 객체로 여기는 것은 현대 저작권법 발전에 있어 중요한 표현이기도 하다.

특허권의 객체범위는 과학기술의 진보와 경제발전의 수요에 따라 나날이 확장되고 점차 명확해지고 있다. 초기의 특허제도는 1474년 베네치아 공화국의 「특허법」에서 1623년 영국의 「독점법규」까지 보호 대상은 모두 기술적 해결방안의 발명으로 표현된다. 19세기에 이르러 프랑스는 1803년 세계 최초의 외관디자인 보호에 관한 지역적 성향을 가

11) 段瑞林 : <知识产权法概论>, 28页, 北京, 光明日报出版社, 1988.
12) 参见吴汉东等 : <西方诸国著作权制度研究>, 19页, 北京, 中国政法大学出版社, 1998.

진 단행법을 공포했고, 영국은 1843년 「실용디자인법」을 제정하여 실용신안을 보호하기 시작하였다. 1883년 「파리협약」에서는 산업재산권의 객체를 발명, 실용신안 및 외관디자인으로 규정하였다. 149개 국가 및 지역의 통계에 따르면, 발명과 외관디자인 두 가지 특허를 법으로 규정한 국가는 97개 국가에 이르고, 발명, 실용신안, 외관디자인 세 가지 특허를 규정한 국가는 14개 국가이며, 발명특허만 규정한 국가는 38개에 이른다.[13] 현재까지 각국 법률에서 특허의 형식으로 보호하는 대상은 앞서 설명한 3가지 유형이다. 이 외에, 일부국가에서는 식물품종, 미생물 등에 대해서도 보호하도록 규정하였다. 발명 창작이나 특허보호에 포함되지 않는 경우가 있는데 두 가지 유형이 있다. 그 중 하나의 유형은 기술적 해결방안의 특징을 구비하지 못한 지적 성과이다.예를 들어, 자연규칙, 과학원리, 자연현상 및 경제방법 등이다.[14] 이 유형에 속하는 객체는 특허보호에 해당하지 않는 것이 각국의 입법 관례이다. 또 다른 유형은 국가기술, 경제 발전수준의 제한 때문에 보호받지 못하는 지적 성과이다. 이와 관련하여 각국의 입법은 차이가 크지만 발전 상황에 따라 해당 유형의 특허 객체의 범위는 대대적으로 축소될 전망이다. 이 중 화학물질과 의약품을 보호하는 것은 이미 현대 국가에서 특허 입법의 하나의 추세가 되었다.

상표법이 보호하는 대상은 지식재산권 모든 객체 중에서 변동이 가장 적은 범위이다. 상표는 소비자가 상품을 식별하는 용도로 사용되기 때문에입법자들이 우선 고려하는 사항은 표식의 '식별가능성(可识别性)'이다. 근대법에서 현대법까지 상표의 구성요소에 대한 입법규정은 다르다. 문자, 도형 또는 이들의 조합은 상표로 사용될 수 있는 것이 각국의 입법관례이다. 이 외에, 색상, 소리, 형태, 지명, 숫자 등이 상표의 요소로 구성될 수 있는지 여부는 국제적으로 통일된 입법례가 형성되지 않았다. 그러나 상표권 객체의 범위와 관련하여 주목할 만한 두 가지 동향이 있다. 첫째, 제3차 산업의 발전을 촉진하기 위하여 상표입법을 통해 서비스 산업의 구별 표기를 보호하며, 세계 각국은 대부분 서비스 상표와 상품 상표에 대해 동등하게 보호하고 있다. 둘째, 대중들에게 명성이 높고 비교적 높은 인지도를 갖고 있는 유명 상표의 경우, 출원 여부와 상관없이 많은 국가에서는 이에 대해 특별 보호를 하고 있다.

---

13) 参见刘春茂主编 : <中国民法学· 知识产权>, 428页, 北京, 中国人民公安大学出版社, 1997.

14) 参见曾陈明汝 : <专利商标法选论>, 33页, 台北, 三民书局, 1977.

2. 새로운 재산권 권리항목과 새로운 재산권 제도의 지속적인 등장

전통지식재산권 제도의 권한은 계속 증가하는 추세이고 이에 따른 재산 내용은 점점 더 다양해지고 있다. 저작권은 오래전부터 '출판권'이라는 좁은 울타리를 벗어나 새로운 전파기술과 연계되어 각종 '전자 저작권'을 발생시켰다. 예를 들어, 라디오와 TV를 기술 내용으로 전송하는 '방송권', 기계 광학전자를 기술 특징으로 한 '기계복제권', 촬영, 녹화, 상영을 기술 표현 형식으로 한 '제작권' 등이 이러한 경우에 속한다. 작품 보급방식과 관련하여 보다 구체적이고 세밀한 새로운 권리항목 내용들이 등장했다. 예를 들어, 복제권에서는 간행물에 1회 또는 여러 차례 도서내용을 연재하는 '연재권', 연역권에서는 문학작품을 뮤지컬작품으로, 평면예술작품을 입체 예술작품으로 바꾸는 '개편권', 전파권에서는 대여하는 형식으로 대중을 상대로 작품 사본을 발행할 수 있는 '대여권'을 설정하는 등의 예가 있다. 특허권에서는 기존의 독점적 제조권, 사용권과 판매권 외에도 타인이 불법으로 해외에서 특허제품을 반입하는 것을 금지하는 '수입권'이 추가되었다.

이와 동시에 전통지식재산권법 외에도 일부 새롭고 독립적인 지식재산권 소유권제도가 생겨났다. 이 중 가장 중요한 것은 직접회로 기술과 관련한 배치설계권과 생물공학기술과 관련한 식물 신품종권이다. 직접회로는 마이크로 전자기술의 핵심이다. 이는 일종의 종합적인 기술성과이고 여기에는 배치설계와 공예기술도 포함된다. 배치설계는 각종 운반체에 부착되어 있는 소자와 이 소자들을 연결과 관련한 패터닝이다. 집적회로 배치설계는 비록 전자제품의 도형설계이지만 공업제품의 외관디자인이 아니므로 특허법의 보호범위에 들어갈 수 없다. 동시에 이러한 도형설계는 일종의 3D 배치형태의 도형설계이지만 저작권법 의미상의 도형작품 또는 조형작품에 속할 수 없다. 세계 다수의 나라에서 채택한 단행 입법 방식과 관련된 국제협약을 통해, 1989년에 채택된 「집적회로에 관한 지식재산권 조약」, 직접회로 배치설계를 독립적 지식재산권 또는 '준특허'의 보호를 부여하는 것을 확인할 수 있다. 이 외에, 식물 신품종은 생물 공학기술이 식물 품종 개량 방면에서 중요한 성과이므로 나날이 각국 입법자들이 중요하게 여기고 있다. 현재 식물 신품종에 대한 지식재산권보호에는 주로 두 가지 방식으로 이루어지고 있다. 대부분의 국가는 특별법을 제정하여 식물 신품종을 보호하고 또한 일부의 국가에서는 특허법에 식물 신품종의 보호를 해당 범위에 포함시켰다. 1961년 「식물 신품종의 보호에 관한 국제협약」과 1994년 「지식재산권협정」에서는 식물 신품종에 대해 보호를 강조했다. 다만, 계약 당사자는 특허 또는 독립적 지식재산권 또는 두 가지를 동시 적용하는 등 방식에서 자유롭게 선택할 수 있도록 허용했다.

3. 경영성 표기의 재산적 가치가 날로 중요

전체 지식재산권 법률제도 체계에서 경영성 표기의 법적 보호가 가장 먼저 시작되었다.[15] 이 발전과 개혁은 저작권법이나 특허법과 같이 빠르고 격렬하지 않으나 현대사회에서는 몇 가지 중대한 변화가 나타났다. 첫째, 경영성 표기의 범주는 상표를 중심으로 한 표기집단을 양산했다. 전통적인 상표 외에, 상호, 업계 표기, 원산지표시, 품질 등급표시(예: 순수 양모 표시), 품질 표창표시(예: '국가우수상품', '부서 우수상품' 등의 표창 표시)등은 모두 재산적 의미가 있고 법적 보호를 받는 객체이다. 둘째, 상업명칭권(즉, 기업법인의 명칭권)이 상호권의 이름으로 인격권과 재산권의 분리를 실현했다. "상호권의 무체재산권 속성은 유명한 상호가 상사주체에 상업적 이익을 주는 것뿐만 아니라 기타 상사주체가 대가를 지불하여 해당 권리를 양도할 의사가 있는 것에서도 나타난다.[16]" 셋째, 도메인 네임은 인터넷에 접속하는 사용자의 네트워크 상에서의 명칭이자 정보시장과 정보사이트에서 나타나는 새로운 표기이다. 도메인 네임의 속성에 관하여 학자들 간에는 여전히 논란이 있다. 일부 학자들은 도메인 네임은 독립적인 표기의 범주에 속하는 것으로 인터넷 사용자의 고유 상호 또는 상표와 다르다고 주장한다. 반면, 다른 학자들은 도메인 네임은 원래 인터넷 상에 표기하는 디지털화된 표현이자 매개체를 표기하는 일종의 상호 교환이라고 주장한다. 이러한 쟁점을 논외로 하더라도, 도메인 네임은 날이 갈수록 사람들의 관심을 받고 있고 일부국가에서는 법적 보호를 모색하는 것은 부인할 수 없는 사실이다. 넷째, 경영성 표기와 상업 명예와 신용은 함께 기업의 무체재산을 구성하고 있다. 경영성 표기는 종종 특정 기업의 상업 명예와 신용과 연결된다. 상업 명예와 신용은 기업에 대한 긍정적인 사회적 평가에 기여한다. 여기에는 기업의 품질, 경영진의 자질, 사용자와의 관계 등 많은 요소들이 포함된다. 많은 경영성 표기 항목 중에서 상호는 상업 명예와 신용에 부착된 매개체이고 상표 및 기타 표시는 상업 명예와 신용을 형성하는 요소이다. 다섯째, 경영성 표기의 보호에 있어 다수의 법률 분야와 연관성이 있다. 일반적

---

15) 相传古罗马法时期就已出现保护商标的规定, 准许买主向伪造商标出售货物的卖主提出控告.

16) 聂卫东：<商业名称的法律保护>, 载<法律科学>, 1999 (3).

으로 전문법(예: 상표법)을 위주로 하고 부정경쟁방지법 및 행정법으로 보완한다. 지식재산권 체계에서 표기와 관련된 권리는 주로 산업재산권에서 비롯된다.

4. 지식재산권 체계 내의 영업비밀과 부정경쟁방지 포함

근대법에 비하여, 현대 지식재산권 체계는 매우 방대한 법률체계이다. 전통적으로 영업비밀과 부정경쟁방지는 지식재산권 보호의 예외 또는 보완책이었으나 현재는 지식재산권 체계의 일원이 되었다.

영업비밀은 일종의 무체정보재산이다. 이는 특허기술과는 달리 해당 권리는 엄격한 의미에서 독점적이지 않고 지역과 시간의 제약을 받지 않으며 권리의 효력은 전적으로 영업비밀의 비밀유지 정도에 달려 있다. 바로 이러한 특성으로 인하여 영업비밀은 전통지식재산권 체계에 포함되지 않았다. 대륙법계 국가들은 예로부터 계약법 또는 침해법에 따라 영업비밀을 보호해왔고 재산권의 성격을 인정하지 않았다. 반면, 영미법계 국가들은 일반적으로 영업비밀을 무체재산으로 간주하여 전문적으로 법을 제정하여 보호했다. 1960년경 국제상공회의소(ICC)는 앞장서서 영업비밀에 지식재산권의 속성을 부여하였고 세계지식재산권기구(WIPO)에서는 연이어 결성한 협약에서도 영업비밀은 지식재산권에 포함될 수 있음을 시사하였다. 1990년대에 이르러 「지식재산권협정」에서는 전문적으로 '미공개 정보'의 보호 문제에 대해 규정했고 영업비밀은 지식재산권 범주에 속하는 것으로 확정하였다.

부정경쟁방지법은 지식재산권의 보호와 밀접한 관계가 있다. 한 국가의 법률체계에서 부정경쟁방지법은 보편적으로 지식재산권법의 영역에 분류한다. 국제협약 중 1967년 「파리협약」스톡홀름 문서에서는 특허기술, 경영성 표기와 부정경쟁방지를 산업재산권의 보호 대상으로 지정했다. 1967년 「세계지식재산권기구설립협약」에서는 부정경쟁방지의 권리를 지식재산권 범주에 포함시켰다. 1994년 「지식재산권협정」에서는 당사국이 「파리협약」의 관련 조항을 준수할 것을 강조하였다. 즉, 해당 협약은 부정경쟁방지를 지식재산권의 일부로 채택하였음을 확인할 수 있다. 부정경쟁방지가 현대 지식재산권의 법률체계에 귀속된 것은 다음과 같은 이유가 있다. 첫째, 부정경쟁방지법은 기타 지식재산권법의 조정대상을 자체 보호 대상으로 삼는다. 즉, 저작권, 특허권, 상표권의 침해행위에 대해 제재를 가한다. 따라서 어떠한 경우에는 법조경합 및 어떤 법을 우선 적용할지에 대한 문제들이 발생할 수 있다. 둘째, 부정경쟁방지법은 각종 지식재산권과 관련되어 있으나 관련법은 관할할 수 없는 객체를 보호할 수 없으므로 단일법 제도를 통하여 '진공지대(어떠한 세력들도 들어오지 못한 영역)'를 보완한다. 셋째, 부정경쟁방지법은 각종 지식재산권 객체의 교차부분에 대해 '밑바닥 보호'를 하므로 지식재산권의 보호대상을 하나의 완전체로 연결한다. 해당 법은 지식재산권 영역이 미치는 내용 중에서 가장 광범위한 하나의 법률제도라고 할 수 있다. 현재의 입법사례에서 부정경쟁방지의 범위가 점점 확대되고 게다가 지식재산권과 무관한 많은 다른 분야에까지 확대되고 있는 것은 기정사실이나 지식재산권의 보호에 중점을 두는 것은 부정경쟁방지법의 여전히 중요한 과제이다.

III. 현대 지식재산권법 개혁의 주요 추세

인류사회는 현재 지식경제의 새로운 시대를 경험하고 있다. 지식경제는 과학기술을 제1의 생산요소로서 지식경제의 등장은 과거 자원경제시대에서 형성된 가치관, 분배원칙, 생활방식, 관리체계, 정부정책 등에 영향을 끼칠 뿐만 아니라 이와 관련된 법률 규범의 '규칙'의 재구성을 야기한다. 현대 지식재산권 제도는 발전과 개혁, 창조와 혁신의 새로운 추세에 직면하고 있다.

1. 신기술 혁명과 지식재산권 제도의 현대화

지식재산권은 사권 법제도의 혁신과 변천의 결과이자 과학기술 혁신활동을 직접적으로 보호하는 기본 법률제도이다. 지식재산권 제도는 태동부터 현재까지 불과 3~400여년밖에 되지 않았다. 그러나 산업혁명에서 정보혁명에 이르기까지 다양한 시기를 겪으면서 지식재산권 제도는 과학기술혁명을 기반으로 생겨났고 과학기술혁명에 의해 변해왔으며 이러한 제도의 역사 자체는 이미 법제도의 혁신과 과학기술 창조의 상호작용과 상호촉진의 과정이 되었다. 영국의 산업혁명 이후 기술혁명은 대략 네 차례 일어났다. 제4차 기술혁명은 전 세계를 휩쓴 '정보혁명'과 '지식혁명'이다. 이는 1980년대에 시작되어 오늘날까지 바야흐로 빠르게 발전하고 있다. 그 혁신의 상징은 즉 컴퓨터와 네트워크로 대표되는 정보기술혁명과 인류의 게놈지도 해독으로 인한 생물학 혁명이다.[17] 정보기술혁명의 산물인 인터넷이 만든 '가상 공간(cyberspace)'은 중심이 없는 글로벌 정보 매체이다. 이는 인류의 생활방식을 변화시켰을 뿐만 아니라 현행 법체제에도 도전장을 내밀었다. 지식재산권 제도에 있어 주로 다음과 같은 문제점이 있다. 첫째, '인터넷 저작권'이다. 현대 저작권제도에서 필히 해결해야 하는 핵심적 문제이다. 어떤 방식을 취하여 독점권을 효과적으로 나타내어 작품이 온라인상에서 전파되는 것을 막는 것이다. 구체적으로 말하면, 디지털 작품의 권리보호, 기술조치의 기밀유지에 대한 법적 보호, 데이터베이스의 권리보호 등이 3대 과제이다.[18] 둘째, '온라인 표시'이다. 경영성 표기는 디지털화된 형식으로 온라인 공간에 나타나며, 이는 전통 상표제도의 개혁(예: 상표권 지역성과 인터넷 국제적 충돌, 상표분류 보호와 온라인 상표권의 배타적 효력 모순, 온라인 상표권 침해의 형태의 변화와 침해 책임의 인정 등)과 관련된다. 또한 이는 도메인 보호 제도의 혁신(주요 문제점은 도메인 등록과 심사, 도메인 권리의 성질과 내용, 도메인 권리의 기타 선행권리와의 충돌, 도메인 권리의 보호와 도메인 분쟁 처리 등)에도 관련되어 있다. 셋째, '인터넷의 부정경쟁'이다. 현재 경쟁법은 온라인상 유포 및 전자상거래에서 발생하는 수많은 문제를 해결하는 것이 급선무이다. 예를 들어, 스크린 디스플레이와 웹사이트 접속화면의 상업적 포장, 온라인 영업비밀에 대해 비밀유지 조치, 온라인 허위광고 등이다.[19] 온라인 기술에 못지않게 게놈기술은 21세기에 이르러 가장 위대한 기술 중 하나로 꼽히고 있다. 어떻게 보면 인류는 유전자가 모든 것을 해석하고 결정하는 시대의 출발점에 있다고 볼 수 있다.[20] 예를 들어, '유전자 변형식품', '유전자 재조합 의약품', '유전자 요법' 그리고 동식물의 유전자 내지 인류의 유전자의 기타 개발 및 활용은 인류 자체가 인류의 생존환경과 관련된 일련의 변화를 초래할 것이다. 비록 게놈기술은 관습, 사회도덕, 종교 등 쟁점에 여전히 반하지만 그럼에도 불구하고 많은 나라에서는 이 새로운 기술을 특허와 기타 지식재산권으로 보호하는 추세이다. 유전자 특허는 두 가지 문제점이 있다. 첫째, 유전자 특허 보호 범위를 제정하는 것이다. 여기에는 유전자 조작방법, 유전자 변형제품, 유전자 변형 동식물 신품종, 유전자 변형 미생물 그리고 '탈 인체 또는 기술적 방식으로 획득'한 유전자 자체가 포함된다. 둘째, 유전자 특허의 배제 영역을 명확히 해

17) 参见黄亚钧等：<知识经济论>, 18~49页, 太原, 山西经济出版社, 1998.
18) 参见薛虹：<网络时代的知识产权法>, 8页, 北京, 法律出版社, 2000.
19) 参见张平：<网络知识产权及相关法律问题透析>, 149~150页, 广州, 广州出版社, 2000.
20) 高建伟等：<论基因的专利法律保护>, 载<政法论坛>, 2000 (4).

야 한다는 것이다. 특히 인간복제의 방법, 배아의 상업적 이용 방법, 염기서열의 간단한 발견 등이다. 결론적으로 새로운 기술혁명은 지식재산권 영역에 엄청난 충격을 가져온 것은 사실이다. 지식재산권은 '과학기술'을 가장 많이 내재하고 있는 법제도로서 '지식혁명'의 과정에서 지속적으로 제도혁신을 진행해야 하고 이로써 입법의 현대화라는 목표를 달성해야 한다.

2. 신국제무역체제와 지식재산권 제도의 일체화

세계경제화는 20세기 후반 세계경제 속에서 점차적으로 형성된 주요 흐름이다. 이는 21세기 구도에 지대한 영향을 끼쳤다.[21] 세계경제화는 각국의 경제가 상호 의존적이고 상호 침투가 심화되는 새로운 경제현상을 말하며, 제2차 세계대전 이전 식민지 체제하의 경제체제에 대한 근본적인 변화이다. 이것은 국가 간 상품 유통을 방해하는 무역 장벽과 비무역 장벽을 제거하여 국제무역의 시장규칙을 재정비하므로 국제무역 자유화의 과정을 촉진할 것을 요구한다.

세계경제화를 추진하는 관점에서, 세계무역기구(WTO) 및 그 전신인 관세 및 무역에 관한 일반협정(GATT)은 중요한 역할을 한다. 세계무역기구의기본 목표는 무조건적인 최혜국 대우를 통해 관세 및 기타 무역의 장벽을 가감하거나 심지어 취하하는 방식으로 글로벌 무역의 자유를 촉진하여 세계 자원을 충분히 활용하고 상품의 생산 및 교환을 확대하는 것이다. 기타 국제협약과 국제기구와는 달리 세계무역기구와 그 제도적 틀 안에서 지식재산권보호를 국제무역 시스템으로 통합하였다. 우루과이 라운드 협상에서 미국, 일본, 유럽공동체의 주장에 따르면, 관세와 무역 일반협정(GATT)의 틀 안에서 지식재산권 문제를 해결하는 것은 지식재산권법의 조정이 아니라 일부국가가 지식재산권 보호 제도를 국제기준으로 끌어올리지 못하여 발생하는 무역 왜곡현상을 없애는데 있다.[22] 보다시피 선진국과 개발도상국이 지식재산권 측면에서 누리는 이익은 매우 불균형하기 때문에 국제협상과 대화에서 나타나는 목표와 거리가 먼 입장을 취하고 있다. 지식재산권 문제를 둘러싼 국가들의 싸움은 우루과이라운드 협상을 거쳐 최종적으로「지식재산권협정」을 포함한 일련의 협정을 이루었다.「지식재산권협정」의 형성은 지식재산권 보호가

21) 参见许明主编 : <当代中国亟待解决的27个问题>, 11页, 北京, 今日中国出版社, 1997.
22) 参见李小伟 : <知识产权国际保护体制的变化及其影响>, 载香港<信报 : 财经月刊>, 1996 (3).

국제무역체제의 구성 부분으로 자리잡게 하였다. 구체적으로 세계무역기구 틀 안에서 회원국의 국가 강제력과 세계무역기구의 국제 강제력은 회원국이 약속한 지식재산권 보호를 차별 없는 최혜국대우와 밀접하게 연결시켰다. 결론적으로 새로운 국제무역체제의 설립은 지식재산권의 일체화를 가속화하였고 이는 현재 각국의 지식재산권법이 통합된 보호기준으로 새로운 단계에 진입했음을 의미한다.

제11장

지식재산권 제도의 이론적 기초

지식재산권 제도의 이론적 기초란 지식재산에서 지식재산권에 이르기까지 하나의 제도적 설계와 규범을 적용하는 법적 문제이면서, 심도있는 이론을 포함한 학문적 문제이기도 하다. 근대와 현대의 법학자들과 사상가들은 고대 법률문헌에서 지식재산권 제도의 유익한 사상자료를 발굴하거나 경제분석, 철학연구의 방법을 채택하여 지식재산권법에 상응하는 학리적 기반을 마련하였다.

Ⅰ. 지식재산권 제도의 로마법 기반

지식재산권법은 근대 상품경제와 과학기술 발전의 산물이자 로마법 이래 재산권 영역의 법률혁명과 제도적 변천의 결과이다. 고대 로마의 재산체계의 구축은 '물건'을 기초로 삼았고 그 대상은 주로 형체가 있는 물질이었다. 여기에는 무형태의 제도적 산물도 포함된다. 로마법 시대에 정신적 산물을 보호하는 재산권 제도 즉 근대적 의미의 지식재산권법은 아직 생겨나지 않았다. 그러나 이것이 남긴 사법원리와 규칙 특히 '무체물'이론은 훗날 우리가 지식재산권의 법률화를 해석하는데 중요한 사상적 기여를 하였다.

로마 법학자 가이우스(Gaius)는 "무체물(incorporeal)이란, '법률상 규정된 관계'(quae consistent in jure)에 속하는 것으로 실체는 없고 법률만으로 제정된 것(즉, 권리)"이라고 말했다. 예를 들어, 지역권, 용익권을 들 수 있다.[1]로마법에서 제창한 '무체물'이론은 주로 다음과 같은 내용을 담고 있다. 첫째, 권리는 추상물에 속한다. 대체로 사람들이 주관

1) 参照陈朝璧 : <罗马法原理> (上册), 84面, 北京, 商务印书馆, 1936 ; 周枏 <罗马法原理>(上册), 北京, 商务印书, 1994, 28页.

적으로 만들어낸 어떤 이익이다. 따라서 이는 유체물과 구별되는 무체물로 간주된다. 둘째, 법률상의 무체물로서 금전으로 평가할 수 있는 것을 조건으로 한다. 학부모권리, 부권(夫权), 자유권 등은 재산의 내용을 담고 있지 않아 무체물로 보기는 어렵다. 셋째, 소유권은 주관적이고 추상적인 제도적 산물이지만 로마인들은 이와 같은 권리는 사물과 함께 존재하고 동시에 가장 완전한 물권으로 다른 일반적 재산권과 구분되어야 한다고 여긴다.

'무체물'이론의 취지는 특수한 권리를 권리목적에 의미가 있는 물건으로 간주하는 것으로 하나의 개방된 재산관념이다. 이는 사람들로 하여금 객체물에 대한 이해를 직접 통제해야 하는 물체 또는 실존하는 물체에만 국한하지 않는다는 것을 시사한다. 로마법 학자의 이론적 공헌은 단순히 상품경제 조건하의 재산권 체계를 구축했을 뿐만 아니라 이러한 이론이 근대 지식재산권 제도 구축에 '몇 가지 핵심을 제공한 개념적 도구[2)]'라는 것이다.

1. 무체물의 비물질성과 지식재산의 성질

권리객체 의미로 '무체물'이란, 실존하는 물체가 아닌 사람들이 주관적으로 제작 또는 법에 의하여 객체로 간주하는 물체이다. '비물질화'(dematerialized) 특징을 말하자면, 지식재산권(즉, 객체로서의 지식제품, 정신적 산물)도 주관적 제작(인간의 지적창조)과 법적 인정(법의 규정 또는 허가)과 동일한 '무체물'의 속성을 갖추고 있다.

지식재산권 영역에서의 학자들은 보통 지식재산권을 '추상물'(abstract object)로 보는 게 일반적이다. 호주의 학자 Drahos에 따르면, 이는 "인간의 정신생활에 의존하여 존재하고 인간의 사상이 유형세계에 부가되어 생겨난 것"이라고 한다. 이는 실제 형체를 갖지 않고 추상적으로 존재하는 것이다.[3)] 형이상학적 관점에서 보았을 때 추상물은 존재하는 가설의 범주이다. 하지만 사회현실에서는 추상물의 존재를 인정할 필요가 있고, 재산이 추상물까지 확대되었을 때 해당 물체에 기반한 사람과 사람 간의 이해관계가 형성된다. "지식재산권을 논하자면 언급되는 물체는 바로 추상물이다. 우리가 알고 있는 것처

2) Peter Drahos, A Philosophy of Intellectual Property, Dartmouth Publishing Company Limited, 1990, pp.16 22.

3) See Peter Drahos, A Philosophy of Intellectual Property, Dartmouth Publishing Company Limited, 1996, p.17.

럼 추상물은 존재하지 않는다고 말할 수 있다. 지식재산권의 추상물은 법적 가상형태를 취하고 있다." Drahos에 따르면, "법의 가정은 어떠한 추상물 속에서 권리가 존재한다. 페니실린의 분자식과 화학 구조는 이것을 잘 설명해주는 추상물의 예시이며, 많은 사람들은 이를 필요로 하여 사용하고 심지어 이것들에 의존한다." 이로써 추상물에 기반한 새로운 재산권의 형태가 형성된다.[4] 이는 즉 전통적 재산권의 소유권과 구분되는 지식재산권이다. Drahos의 검증에 의하면 추상물 학설은 로마법상의 '무체물'(incorporeal things)에서 비롯되었다. 즉, '만질 수 없는 물체'(intangible objects)이다. 고전철학 사상에서는 무체물의 개념 범주를 스토아학파까지 거슬러 올라갈 수 있다. 똑같이 인간의 정신적 제작물로서 로마법상의 무체물은 제도제품의 재산권(소유권 제외)으로 특정하였으나, Drahos의 추상물은 지식제품의 정신적 발상 즉 지식재산권의 관계를 매개하는 재료에 불과하다. 비록 위와 같은 차이점이 있지만 로마법학자의 이론적 기여는 역사적으로 계몽 효과가 있다. 즉, '무체물'이론은 근대 지식재산권 제도에 핵심을 제공한 개념적 도구라고 할 수 있다.

2. 무체물의 준점유와 지식재산 통제

점유란, 사람이 물체에 대한 실질적 통제와 관리를 뜻한다. 일반적인 의미에서의 점유는 필히 유체물을 객체로 해야 한다. 따라서 로마인들은 '무체물'의 '준점유'제도를 처음으로 제정하였다. 로마법에서는 준점유에 의한 취득은 점유와 마찬가지로 심리적 요소(心素) 와 물적인 요소(体素)의 요건을 지니고 있다. 준점유인은 필히 권리행사 사실이 있어야 하고 이로써 물적인 요소(体素)를 구비하였다고 볼 수 있다. 또한 준점유인은 자신의 이익을 위해 어떠한 물권행사 의사를 표시하므로 심리적 요소(心素)를 갖추게 된다.[5] 현대 민법이론에서는 준점유는 권리 점유라고도 불리며, 이는 재산권 객체의 점유를 뜻한다. 엄격히 말하면 준점유는 진정한 의미에서의 점유가 아니다. 이는 특정 형태를 가진 물체와 관련되지도 않고 외부인이 인식하는 어떠한 외관도 구비되지 않기 때문이다.[6] 준점유의 의미는 유형의 통제가 발생하지 않는 상황에서 객체로 취급되는 권리통제

---

4) See Peter Drahos, A Philosophy of Intellectual Property, Dartmouth Publishing Company Limited, 1996, p.16.

5) 参见周枏 : <罗马法原论>(上册), 北京, 商务印书馆, 1994, 432页.

6) 参见江平主编 : <民法学>, 北京, 中国政法大学出版社, 2002, 448~449页.

가 법적 의미상의 점유로 간주할 수 있다.

준점유는 후대의 민법 입법 속에서 계속해서 사용될 뿐만 아니라 확장이 되었다. 예를 들어, 「프랑스민법전」은 권리 점유의 개념을 신분관계까지 확대하여, 후자를 '신분 점유' 라고 칭하였고, 「독일민법전」은 비록 권리 점유에 관하여 일반 규정을 두지 않았지만 지역권과 인역권의 준점유를 인정했다. 「일본민법전」 포괄주의 입법방식을 채택하여 일반적인 의미에서의 재산권을 준점유의 객체로 보았다. 이것은 '무체물'의 준점유 즉 권리의 점유는 입법례에서 보편적으로 존재함을 보여주고 있다.

이론적으로 본다면 로마법상의 '무체물'의 준점유 제도는 지식재산권의 통제에 대한 구체적인 형태를 해석할 수 있다. 상술한 바와 같이, 지식재산권은 물리적 동산 및 부동산과 비해 상대적으로 다른 존재, 이용, 처분의 형태를 띄고 있다. 첫째, 유형적 통제의 점유는 발생하지 않는다. 지식제품은 물질적 형태가 없고 일정한 공간을 차지하지 않기 때문에 사람들이 이에 대한 점유는 현실적이고 구체적인 점유가 아닌 특정 지식과 경험에 대한 이해와 수용으로 나타난다. 둘째, 사용으로 인한 유형적 손실이 발생하지 않는다. 지식제품은 대중에게 공시, 공표되어야 하며 사람들이 여기서 관련 지식을 얻으면 곧바로 사용할 수 있게 된다. 그리고 특정 시공간 조건에서 여러 주체가 공동으로 사용할 수 있다. 위에서 언급한 사용은 물리적 사용만큼 소모되지 않으며, 만약 사용권한이 없는 사용자가 타인의 지식제품을 무단 사용하는 경우 원래 상태로 회복해야 하는 민사책임을 묻는 형식도 적용하기 어렵다. 셋째, 지식제품의 소멸에 대한 사실적 처분과 유형적 인도의 법적 처분이 발생하지 않는다. 지식제품은 물리적인 소비로 인해 자체적인 소멸 상황이 발생할 수 없으며, 이것의 존재는 단지 기간(즉, 법적 보호 기간)이 만료 여부에 따라 독점 재산과 사회 공공재의 차이가 발생할 뿐이다. 동시에 유형적 인도와 법적처분은 관련이 없다. 다시 말해, 비권리인은 법적수단을 통하지 않고서 타인이 실제로 자신이 '소유' 하지 않는 지식제품을 '처분' 할 수 있다. 이러한 특징에 기초하여 국가는 지식제품의 창작자에게 지식재산권을 부여하고 이러한 권리에 대해 전통적인 재산권 제도와는 다른 법적 보호를 실시해야 한다.

3. 무체물의 유사물성(似物性)과 지식재산권의 가치실현

로마법에서 무체물은 원래 사람들이 주관적으로 만들어낸 물체 또는 물질재산체계에서도 이러한 추상물에 실존하는 실체의 해석과 설명을 채택하였다. 즉, 무체물은 실존하는 물체를 대상으로 하는 재산권이자 무체물은 유체물과 밀접한 관련이 있는 추상물이다. Drahos는 이러한 현상을 '유사물성'(thing likeness) 이라고 지칭하였으며 이것은 무체물과 유체물 그리고 물질적 자산 간의 유사성과 관련성을 의미한다. 지식재산권의 추상물과 유형자산은 밀접한 관련이 있다. Drahos는 여기에 대해 두 가지 분석을 했다. 첫째, 추상물은 유형세계에 존재하지 않지만 표현을 통해 이것의 실체성을 얻는다. 이는 추상물의 형태로서 중요한 특징이다. Drahos는 이와 같이 주장한다. 한 사람이 지식재산권을 향유하고 있다고 주장할 때 권리 객체에 대해 구체적인 설명이 필요하다. 설명하는 방법은 공식 절차(예: 특허, 등록) 또는 비공식(예: 영업비밀)일 수 있다. 이러한 설명의 결과는 실제 표현하는 형식을 통해 외부형태를 지닌 실체가 생성된다는 것이다. '하나의 표현으로 나타낼 수 있는 물체 즉 추상물', 실제 표현가능한 물체는 유체물이다.[7] 둘째, 추상물은 관련된 유체물의 통제를 통해 재산의 의미를 갖는다. 비물질성의 추상물은 필히 객관적 표현형식을 지녀야 한다. 이는 해당 물품이 법적 보호를 받는 조건일 뿐만 아니라 지적 노동자가 추상물로 인한 재산 이익을 얻는 방법이기도 하다. Drahos에 따르면, 예술가, 저작자, 발명가는 생존을 위해 이러한 무형재산을 유형재산으로 전환할 필요가 있다고 본다. "일단 무체물 중의 재산권이 법으로 인정되면 유체물 세계에서는 재산관계를 규제하는 의미가 더욱 중요해진다."[8] 이러한 의미는 다음과 같이 나타난다. 추상물은 무한한 종류와 수량은 유체물을 확보할 수 있는 원천이며, 이들은 모두 재산 소유자에게 이익을 제공할 수 있다. 추상물은 자신의 유체물을 통제하고 재현하는 방법으로 독점권을 부여하여 이러한 통제를 실현할 수 있다.

4. 무체물의 매매와 지식재산권 승계 취득

로마법에서 소유권의 양도는 여러 형태로 이루어진다. 예를 들어, 시민법상의 소유권 이전 방법으로는 명시적인 매매나 처분 포기 등이 있고 만민법 소유권의 양도에는 주로 인도(delivery)를 통해 이루어진다. 인도는 물건의 소유권이나 권리를 이전하기 위해 그

7) See Peter Drahos, A Philosophy of Intellectual Property, Dartmouth Publishing Company Limited, 1996, p.17.
8) See Peter Drahos, A Philosophy of Intellectual Property, Dartmouth Publishing Company Limited, 1996, p.22.

물건을 상대방에게 전달하는 행위이며, 이를 위해서는 물건의 전달과 의사표시가 일치할 것을 요구한다. 이는 사적재산 거래에서 가장 일반적인 방식으로 유체물에 한하여 거래가 가능하다. 동산의 단순한 교부나 부동산의 단순 인도, 장거리교부, 직접교부, 물물교환 등 모두 유체물의 전달에 해당한다. 무체물의 매매는 대상물건의 인도 방법을 적용할 수 없으므로 로마인들은 '처분 포기권(cessio in jure)'이라는 방법을 만들어 소유권을 확정하기 위한 소송을 모의하는 방법으로 소유권을 획득하였다. 이를 '법정 양도'라고도 부른다. 이 방식은 주로 무체물(예: 상속권, 지역권 등)의 양도에 적용된다.[9] 처분포기권(cessio in jure)은 소유권 취득 방식으로서 공개성과 절차성이 두드러진 특징이다. 즉, 모의소송 절차를 통하여 소유권 이전을 확인함으로써 '무체물'의 양도가 공식적인 공개절차를 마련하게 하고 이러한 절차의 공개성은 재산 양도를 더욱 효과적으로 만들었다.

지식재산권 분야에서 객체의 '가상점유'와 권한의 다양성을 바탕으로 종종 '일물다권' 또는 '일물다주'의 현상과 더불어 지식재산권의 이용은 유형자산의 이용에 비해 주체 및 권한 측면에서는 더욱 풍부하고 다양하다. 우선, 지식재산권은 비물질적 특징을 갖고 있기 때문에 지식재산권의 소유자가 지식재산권에 대한 점유는 오로지 "실제 통제 아닌 가상 점유"이다. 따라서 지식재산권의 이용은 반드시 매체를 물질화하여 이 매개를 통해 실현되어야 한다. 동일한 지식재산권은 여러 개의 동일하거나 동일하지 않은 매체에서 물질화가 가능하며 이로써 다수 주체가 동시에 하나의 동일한 지식제품을 사용하는 형태로 나타날 수 있다. 그 다음으로, 각종 지식재산권의 권한은 다양성을 띄고 있다. 예를 들어, 저작권에는 복제권, 대여권, 공연권, 방송권, 연역권 등이 포함되며, 특허권에는 독점실시권, 허가권, 양도권, 표기권 등이 있다. 이로써 모든 권리의 권한을 동일한 주체 또는 다양한 주체가 이용할 수 있다. 이러한 상황에서 지식재산권의 상속취득은 목적물의 '유형교부' 또는 당사자의 자행교부 등의 방식을 적용할 수 없을 뿐만 아니라 반드시 특별한 양도방식 즉 '무체물'의 교부규칙을 채택해야 한다. 미국학자 Versteeg에 따르면, 로마법의 '무체물'의 교부에 대한 이념과 현대법의 지식재산권의 이전 원칙은 동일하다고 했다. 즉, 지식재산권의 양도는 서면 및 기타 법적 형식을 채택해야 하고 관할 당국에서 등기 또는 심사해야 한다.[10] 다시 말해, 로마법의 공개성과 절차화는 무체물의 교부에 대한 특별규제로 삼고 있어 이후의 지식재산권 거래에 참고가 된다고 말할 수 있다.

---

9) 参见周枏 : <罗马法原论>(上册), 北京, 商务印书馆, 1994, 318页.

10) See Rus s Versteeg, "The Roman Law Roots of Copyright", Maryland Law Review, 2000.

5. 무체물의 침해와 지식재산권 구제 조치

로마법에서는 4가지의 침해형태를 규정하였다. 즉 절도,[11] 강도, 손해, 침해로 대개 재산권의 침해와 인신에 대한 침해이다. 이 중 재산권의 침해에 관하여 처음에는 유형재산 즉 유체물에 대한 침해로 한정되었다. 로마법의 발전에 따라 유형재산의 침해 규정은 점차 무형침해 즉 무체물(권리)의 침해까지 적용되었다. 미국학자의 고증에 따르면, 로마법학자Thomas는 '절취'(furtum)와 같은 절도행위에 대해 이렇게 설명했다. "절취는 물체에 대한 사기성 침해이고, 여기에는 물체 자체 또는 이에 대한 사용권 또는 소유권을 포함한다." 로마의 공화정 시대에는 '절도'라는 개념이 타인의 재산을 빼앗는 행위에 국한되지 않고, "타인의 재산을 박탈하는 모든 행위"로 확대되었다.[12] 무형침해는 목표물의 불법점유를 특징으로 하지 않고 불법적인 '권리점유'(juris possession)를 요건으로 한다. 권리인은 무형침해를 당했을 때, 점유영장(주로 금지령)에 대한 구제신청 외에 벌금소송, 손해소송 그리고 혼합소송을 제기할 수 있다. 이러한 무형침해 행위의 특징 묘사와 구제조치는 지식재산권의 구제제도 확립에 유익한 이론적 기반을 제공하게 된다.

민사 구제조치로 말하자면, 민법에서 소유권에 대한 보호는 권리자에게 소유권 확인청구, 방해제거청구, 원물반환청구, 손해배상청구 등 청구권의 방법으로 실현한다. 이러한 소송청구와 관련하여 소유권 확인을 위해 법원에 소송을 제기해야 하는 경우를 제외하고, 나머지 청구는 권리자가 침해자에게 청구하거나 물권자가 소송의 방식으로 법원에 청구할 수 있다.[13] 지식재산권의 민사 구제에 대해 권리자는 당연히 위에서 언급한 확인소송, 물권 소송, 채권 소송을 제기하여 침해된 권리를 보호받을 수 있다. 그러나 일반 재산소유권과 달리 물권 소송에서 지식재산권 소유자는 원상복구 및 원물반환을 요청하는 전통적인 민사 구제조치를 인용할 수 없다. 원상복구 청구는 타인의 불법손괴로부터 재산을 보호하는 것을 목적으로 하며 이에 적용되는 일반요건은 다음과 같다. 권리 표적물은 반드시 유체물이어야 한다. 해당 재산은 물질적 또는 가치적으로 손상된 사실이 있어야 하고 손상된 물건은 수리될 가능성이 있어야 한다. 그러나 지식제품은 비물질 형태의

11) 在罗马法中, 盗窃是以获利为目的, 欺诈地窃取他人的可动物或者经被窃人同意而持有物品的人非法使用或非法侵吞该物. 罗马人将盗窃又具体分为窃取、窃用、侵吞. 参见 [意]彼德罗 · 彭梵 得 : <罗马法教科书>, 黄风译, 北京, 中国政法大学出版社, 1992, 402页.

12) Russ Versteeg, "The Roman Law Roots of Copyright", Mary land Law Review, 2000.

13) 参见彭万林主编 : <民法学>, 北京, 中国政法大学出版社, 1994, 210页.

정신적 산물에 속하고 이에 대한 불법적인 사용은 지식제품 자체에 '손상'을 초래하지 않는 관계로 해당 권리가 침해된 이후 형태를 갖춘 '복구'를 통해 원상회복이 가능하지 않다. 반면에, 원물반환청구는 물건의 소유권을 보호하기 위한 방법 중 하나이며 적용요건은 다음과 같다. 반환을 요구하는 원물은 특정물이어야 하며 이 특정물은 불법점유자가 통제하고 있어야 한다. 지식제품은 유체물과 다른 특징을 갖고 있어 권리침해자는 유형상태에 대한 통제를 가질 필요 없이 단지 '인식'하고 있는 것만으로도 '점유'로 인정된다. 이러한 지식 또는 경험의 '점유'는 '반환'을 통해 원래 권리 상태로 회복하기 어렵다. 따라서 지식재산권의 민사구제는 원상회복청구와 원물반환청구 이 두 가지 방법이 적용되지 않는다.

이로써 로마법의 '무체물'침해에 관한 점유영장 청구(즉, 금지명령), 벌금 소송(즉, 징벌적 배상), 손해소송(즉, 손해배상)은 현대법의 지식재산권 구제조치와 상통하는 점이 있음을 알 수 있다.

요컨대, 로마법의 '무체물'이론은 근대 지식재산권 제도 구축에 유익한 사상적 자료로 이바지했지만, 이는 직접적으로 적용가능한 완성된 이론은 아니다. '무체물'에 대한 과도한 남용과 '무체물'의 이론적 가치를 간과하는 것은 편향된 학술 연구이므로 지양되어야 한다.

Ⅱ. 지식재산권 제도의 경제학 기초

노동가치론에 입각한 지식가치론은 우리가 지식재산권 제도의 경제적 성격을 분석하는 기본도구이다. 지적노동으로 창조된 지식제품은 물질제품과 마찬가지로 모두 사용가치가 있는 상품이다. 이는 지식제품이 지식재산으로 환산되는 경제학 근거이다. 지식재산권 제도의 경제합리성에 대해서는 근, 현대의 사상가들은 다양한 설명을 제시했다.

1. 로크(John Locke)와 스미스(Adam Smith)의 노동가치이론

근대 '노동가치이론'의 창시자 로크는 자연권리 이론을 기반으로 노동이 사유 재산권을 얻는 데 중요한 방법과 노동이 사람들로 하여금 사유 재산권 획득의 합리성을 설명하였다. 로크의 '노동-재산'의 논의에서 두 가지 점에 주목할 필요가 있다. 첫째, 노동은 노동자의 소유라고 명확히 밝힌 바 있다. 이는 로크의 재산권 노동학설의 기초라고도 할 수 있다. 그는 "모든 사람은 그 사람 자체에 일종의 소유권을 향유한다."라는 사상을 기반으로, "모든 사람이 신체로 하는 노동과 그들의 손으로 진행하는 모든 작업은 정당하게 그들에게 속한다. 따라서 그가 어떤 것을 자연으로부터 제공하는 것과 그것이 있는 상태에서 벗어나게 한다는 것은 그가 이미 노동을 제공한 것이고 여기에 자기 소유의 어떤 것을 참여시킴으로써 이것은 그의 재산이 된다."[14] 둘째, 재산을 일종의 '물질화'된 노동으로 정의하였다. 이는 로크가 재산을 분석하는 논리적 출발점이다. 그는 원시 삼림에서 과실이 땅에 떨어지는 것부터 분석하였다. 이에 따르면, 누군가가 상수리나무 밑에서 상수리를 습득하거나 삼림 속의 나무에서 사과를 따서 배를 채우게 된다면 누군가는 이미 그것들의 일부분을 떼어서 자기 자신에게 사용했다고 명확히 말한다... 노동으로 그것들을 공공의 물권과 구별시켜 만물의 어머니인 자연이 이미 마련한 작업에 무언가를 더한다면 이로써 그것들은 그의 사유권리가 된다.[15] 로크의 노동가치학은 지식재산권에 합법성 기반(노동은 노동자 개개인에 속함)을 마련하였고, 동시에 지식재산권으로 하여금 인권의 기반(창작물은 자아인격의 확장)을 갖추게 하였다.[16] 비록 로크가 해당 저작에서 언급한 것은 일반적 의미에서의 재산권에 한하지만 그의 학설은 후세의 학자들이 지적 노동과 지식재산권의 관계를 설명하는데 유용한 사상적 자료를 제공했다. 스미스는 자본주의 '시장경제규범'의 창시자로서 로크의 노동재산이론을 계승했다. 스미스에 따르면, "인간의 재능은 쓸모 있는 재능이고 그 개개인은 당연히 재산의 일부분이다", 이처럼 "유용한 재능은 편리한 노동, 노동을 아끼는 기계와 도구와 마찬가지로 고정자본으로 간주할 수 있다." [17] 스미스의 이론적 공헌은 재산을 일종의 노동의 결과라고 정의한 것에 있다. 그는 "토지 위에 자연적으로 생산되는 물품들을 제외하고 모든 연간 생산물은 생산성 노동의 결과"라고 한다.[18] 이 관점으로 지식재산권 제도의 기능을 설명하는 것 즉 지적 노동 자체가 아닌 지적 성과(즉, 지력노동의 결합)를 보호하는 것이 입법의 목적이라는 점을 보다 명확히 하였다. 당연히 스미스의 이론에는 분명한 결함이 있다. 그는 노동

14) [英] 洛克 : <政府论>(下篇), 叶企芳等译, 北京, 商务印书馆, 1964, 19页.
15) [英] 洛克 : <政府论>(下篇), 叶企芳等译, 北京, 商务印书馆, 1964, 19页.
16) 参见易继明 : <财产权及其哲学基础>, 载 <政法论坛>, 2000(3).
17) [英] 亚当 · 斯密 : <国民财富的性质和原因的研究>(上册), 郭大力译, 北京, 商务印书馆, 1972, 257页.
18) [英] 亚当 · 斯密 : <国民财富的性质和原因的研究>(上册), 郭大力译, 北京, 商务印书馆, 1972, 305页.

을 두 가지 부류로 '생산성 노동'(예: 일반 노동자의 노동, 농민의 노동)과 '비생산성 노동'(예: 교사, 의사, 학자의 노동)으로 구분하였다. 전자는 '물체에 더하여, 물체의 가치를 증가시킬 수 있고', 후자의 경우 '일정한 물품 또는 판매가능한 상품'을 생산해내지 못한다.[19] 해당 관점은 향후 세이의 비판을 받았다. 요컨대, 고전적 노동가치의 학설은 '물품'과 유체재산 소유권에 대한 경제 분석을 기반으로 하지만, 이 이론은 우리가 지식재산권에 대한 지적 노동의 근원적 의미를 인식하는데 도움을 준다.

2. 세이의 무형자산이론

19세기 프랑스 정치경제학자 세이는 스미스의 이론의 해석자이자 전파자, 비판자이다. 무형자산이론의 기반은 '노동으로 효용 창출' → '효용성이 부를 생성'하는 것이다. 세이에 따르면, "어떠한 효용이 있는 물품을 창조하는 것은 부를 창조하는 것과 같다."며, 이는 "물건의 효용은 물건 가치의 기초이며 물건 가치는 부로 형성하기 때문이다."라고 말했다.[20] 이를 바탕으로 세이는 스미스의 협소한 재산관을 비판하였다. 인간의 노동으로 창조한 재산은 '창조 이후 물체와 혼합하여 장기간 동안 변질되지 않는 가치에 한하는 것' 즉 유형제품만 포함하는 것이 아니라, '영구성이 없고 일단 생산하면 즉시 파멸로 가는 가치' 즉 무형제품도 포함된다.[21] 세이가 부르는 '무형자산의 물건'에는 가사의 노동, 의사의 노동, 변호사의 노동, 음악가와 배우의 노동 등이 포함되어 있다. 이와 같은 제품들은 '유형체의 제품'과 성질은 똑같다고 볼 수 있고 이들은 모두 가치 또는 '효용'을 구비하고 있다. 스미스 이론의 오류는 "부를 보존 가능하고 가치가 있는 물건으로 제한하여 해석하므로 교환가치를 갖는 모든 것들에게 적용하지 않았다는 것이다." 즉, 교환가치와는 별개로 가치를 보존할 수 있는 것만이 진정한 부의 형태로 여겼다는 것이다. 따라서 생산하자마자 바로 소비되어버리는 물건은 모두 그가 주장하는 재산이 되지 못했다.[22] 사실 무형제품도 인류 노동의 성과이다. 이것은 인간의 어떤 수요를 만족시키고 있고 심지어는 "이러한 직업이 사라진다면 사회는 더 이상 존재하지 못할 것이다." 동시에

---

19) [英] 亚当 · 斯密 : <国民财富的性质和原因的研究>(上册), 郭大力译, 北京, 商务印书馆, 1972, 304~305页.

20) [法]萨伊 : <政治经济学概论>, 陈福生等译, 北京, 商务印书馆, 1963, 59页.

21) [法]萨伊 : <政治经济学概论>, 陈福生等译, 北京, 商务印书馆, 1963, 126页.

22) [法]萨伊 : <政治经济学概论>, 陈福生等译, 北京, 商务印书馆, 1963, 126页.

이러한 수요를 만족하기 위해 사람들은 부의 유형제품을 사용하여 무형제품을 구매해야만 한다. "무형제품을 생산하는 사람은 여러 차례의 이런 교환행위를 통해 부자가 되어 재산을 축적하고 부를 누리게 된다." 23) 세이가 주장하는 '무형자산'은 현대사회의 삶속에서 대개 두 가지 경우로 나눌 수 있다. 하나는 무형의 상업적 서비스이고, 다른 하나는 무형의 지식제품이다. 똑같은 무형제품이지만 전자의 경우 사람들이 구매하는 것은 노동(지력노동 포함) 자체이고, 후자의 경우 교환가치가 있는 것은 지력노동의 성과이다. 비록 세이의 이론에서는 동일한 무형자산의 형태인 서비스 활동과 정신적 산물 간의 구분에 대해 설명하지 않았고, '비물질적 속성'의 자산에 대한 초보적인 언급을 한 것에 불과하다. 하지만 그의 학설은 노동으로 창조된 재산의 내용을 더 풍부하게 만들었고 '비생산성 노동'의 가치를 제시하여 훗날 우리가 '지식노동' → '지식제품' → '지식재산권'으로 가는 이론의 틀을 구축하는데 사상적 기반을 마련하였다.

3. 매클로드와 반브론의 무체재산이론

미국 경제학자 康芒斯는 그의 저서 『제도경제학』에서 19세기 말에서 20세기 초에 활동한 두 명의 저명한 학자 매클로드와 반브론의 '무체재산'이론에 대해 평가하였다. 매클로드는 『경제학원리』 저서에서 '유체자산'과 '무체자산'의 구분을 제시하였다. 매클로드에 의하면, 일종의 재산 또는 권리가 있고 이는 어떠한 특수한 주체 또는 점유한 물품과 완전하게 분리되고 구분되었다. 비록 제품 자체는 미래의 시간 속에서만 존재하지만 그 산물이 생산된 후의 재산권은 현재의 것이 된다. 이는 어떠한 물질적 재산과 똑같이 사거나 판매할 수 있다. 따라서 이것은 재산에 속하고 로마와 영국 법에서 이를 무체재산이라 한다. 왜냐하면 이는 단지 추상적인 권리일 뿐이고 어떠한 특수한 실체와 완전히 분리하게 된다.24) 매클로드의 이론에는 두 가지 요점이 있다. 첫째, 유체재산과 무체재산 사이에는 어떤 연관이 있다. 여기서 설명한 대응관계를 놓고 보았을 때, 과거 유체재산은 미래의 수익 방면에서 각종 무체재산으로 표현되고 있다. 예를 들어, 부동산, 토지, 집은 유체재산에 속하나 영구성을 따지고 보았을 때 매년 수익이 되는 것은 무체재산이다. 지적창조를 물질화한 매체는 책, 기계로 유체재산이다. 그러나 지적창조로 획득한 저작권과

23) [法]萨伊 : <政治经济学概论>, 陈福生等译, 北京, 商务印书馆, 1963, 127页.
24) 转引自 [美]康芒斯 : <制度经济学>(下), 于树生译, 北京, 商务印书馆, 1962, 25~26、22页.

특허권은 무체재산에 속한다. 둘째, 무체재산은 일종의 '채무에 대한 소유권'이다. 그가 보기에는 모든 소유권은 일종의 교환 가능한 '상품'이고 물질적 물건의 소유권은 유체재산이 되고 채무(제도 제품)의 소유권은 무체재산이 된다. 무체재산은 실제 점유한 것을 통해 소지하는 재산이 아닌 현실 교환가치의 지불을 통해 얻어지는 자산(예: 배당금, 임대료 지급, 저작권 사용료 지급 등)이다. 매클로드의 무체재산체계에서 볼 때, 그가 가리키는 대상은 매우 다양하고 복잡하다. 여기에는 채권, 지식재산권 등 권리 자체뿐만 아니라 채권, 주식 등 권리 객체까지 포함되기 때문이다. 매클로드의 경제학 관점은 영미법계의 '무체동산', '소송의 대상물'(영미법계에서 완벽히 대응되는 개념이 없고 이와 비슷한 뜻을 가진 것tangible property)과 같은 표현은 실제 의미상에서 상통하는 점이 있다. 다시 말해, 매클로드의 무형재산설은 영미국가의 무체재산권 제도 체계를 정교하게 분석한 것이라고 할 수 있다. 반브론의 이론은 매클로드의 '채무무체재산이론'과 달리, 그는 '사상최초의 인간으로서 현대 무체재산 개념에 기반하여 그의 학설을 구축하였다.'[25] 그의 주된 견해는 다음과 같다. 첫째, 무체재산은 '비물질 설비'에 대한 자본화이다. 유체재산은 '특수용도가 있는 생산수단'이고 반면, 무체재산은 '비물질의 재물이자 비물질의 사실이다. 그것들을 점유함으로써 획득하는 이익을 토대로 그 위에 가격을 매기거나 자본화를 진행한다.' '이러한 비물질 설비는 엔지니어와 근로자의 기술 능력 안에 존재한다.[26]' 둘째, 무체재산은 미래의 매매능력의 현재가치이다. 이러한 예상 수익능력에 대한 매수와 매도가 판매 가능 자본의 거래 내용을 구성한다. 무형자산 또는 자본은 물질적인 제품보다 거래규모가 훨씬 크며 더 큰 이익을 창출한다.[27] 셋째, 무체재산의 소유자는 등급 차이의 수단으로 이익을 얻게 된다. 기업에 있어 수익성은 공장 설비의 비용이 아니라 해당 조직의 상업 평판이다. 현대적 의미의 상업 평판은 '성질이 많이 다른 각종 프로젝트'가 포함된다. 그러나 이것들은 모두 '비물질적 부', '무체재산'이다. 예를 들어, '이미 관례적인 업무 관계, 정직하고 진실한 신용, 특권, 상표, 브랜드, 특허권, 저작권, 법적 보호 또는 기밀 유지의 특수한 방법을 이용한 전용권, 특수 원재료 공급원의 독점적 통제 등 모든 것은 그것들의 소유자에게 등급 차이 이익을 창출시키는 유리한 조건을 제공하고 있다.' '그것들은 부(富) - 등급 차이 부(富) 이다.'[28] 반브론의 무체재산이론은 그만의

25) 转引自 [美]康芒斯 : <制度经济学>(下), 于树生译, 北京, 商务印书馆, 1962, 310页.
26) 转引自 [美]康芒斯 : <制度经济学>(下), 于树生译, 北京, 商务印书馆, 1962, 324~325页.
27) 转引自 [美]康芒斯 : <制度经济学>(下), 于树生译, 北京, 商务印书馆, 1962, 329~300页.
28) 转引自 [美]康芒斯 : <制度经济学>(下), 于树生译, 北京, 商务印书馆, 1962, 329页.

독특한 점이 있다. 그는 로크로부터 유래한 '노동가치이론'을 계승하여, 비물질적 부의 생산을 '엔지니어와 근로자의 기술역량'에 귀속시켜 이러한 인간의 능력을 "수많은 시대를 거쳐서 교육, 전통, 경험, 실험, 연구를 통해 지속적으로 발전해 온 결과물이다.[29)]"라고 하였다." 따라서 지적 노동이 무체재산과의 관계에 본원적인 의미를 지니고 있음을 논증한다. 그는 무체재산이 사회적 부로서의 중요성에 대해 예민하게 관찰하였다. 무체재산은 일종의 '등급 이익 또는 부'의 형태이다. 기업에게 있어서 '자본화의 핵심은 공장설비의 비용이 아닌 그 기관에서 말하는 사업 평판이다.[30)]' 하지만 반브론의 이론에도 편향적인 면이 존재한다. 반브론은 각종 무체자산을 포함한 사업 평판에 대하여 "이와 같은 자산은 사회에 도움이 되지 않고 소유자에게만 이익이 된다.[31)]"고 주장한다. 그 이유는 무체재산의 가치라는 것은 "그것들의 전략적 역량이 사회를 협박'하여 '무에서 유를 창조하여 불로소득을 얻는 것이기 때문이다." 이러한 분석은 '범무체자산론'의 일부 경우에는 적합할 수도 있다.[32)] 하지만 지식재산권에 관한 한 그것이 발명 창조인을 보호하고 사회 발전을 촉진하는 제도적 기능은 분명히 존재한다. 이 방면에서 현대 경제학의 '공공재'이론은 보다 더 타당한 설명을 한다.

4. 코트와 율런의 지식제품이론

지식 및 정보(작품, 발명, 표기 등을 포함한 정신적 산물)를 비물질 자원상의 제품으로 정의하는 것은 경제학자의 공공재와 개인재의 이론에서 유래하였다. 미국 경제학자 고트와 율런은 그들의 대표적인 저작「법과 경제학」에서 지식의 공공재 문제를 체계적으로 다루었다. 첫째, 지식제품의 개인소비는 타인의 개인소비에 영향을 미치지 않는다. 다수의 사람들은 하나의 공개된 정보 자원을 공유할 수 있기 때문이다. 예를 들어, 이미 출자한 사람과 출자하지 않은 사람 모두가 버스에 승차하는 것처럼 공공버스 회사는 모든 사람에게 편의를 제공해야 한다. 다시 말해, 무체의 지식제품은 유체의 매체형식으로 공개되어 경제학 의미에서의 '공용성'을 구성한다.[33)] 둘째, 지식제품의 생산에는 대가가 따

29) 转引自 [美] 康芒斯 : <制度经济学>(下), 于树生译, 北京, 商务印书馆, 1962, 320页.
30) 转引自 [美] 康芒斯 : <制度经济学>(下), 于树生译, 北京, 商务印书馆, 1962, 310、324~325页.
31) 转引自 [美] 康芒斯 : <制度经济学>(下), 于树生译, 北京, 商务印书馆, 1962, 320~329页.
32) 凡勃仑在 <企业论>一书中, 对企业以预期获利能力作为无体财产来获得现在价值的现象进行了批判性分析. 具体案例参见 [美]康芒斯 : <制度经济学>(下), 于树生译, 北京, 商 务印书馆, 1962, 308~309页.

른다. 하지만 지식제품의 전달비용은 상대적으로 적게 드는 편이고 지식제품 생산자의 입장에서 본다면 지식제품의 판매를 통한 자본금 회수는 어렵다. 일단 생산자가 그의 지식제품을 한 소비자에게 판매를 한다면 그 소비자는 원 생산자의 잠재적인 경쟁자로 전락하게 되거나 기타 소비자들이 해당 지식제품을 향유하는 '무임승차자'가 되기 십상이다. 후자의 경우 지식재산권 영역에서 타인의 지식제품을 무상으로 모방 또는 복제하는 상황과 같다.[34] 셋째, 지식제품의 생산자는 지식혁신의 성과를 통제하기 매우 어렵다. 만약 창작자가 이 지식제품을 숨긴다면 그의 혁신 활동은 인정받지 못하게 되고 사회적 의미 역시 잃게 된다. 만약 창작자가 지식제품을 대중에게 공개한다면 그는 지식이라는 무형 자원을 사실상 유효하게 통제하기 또한 어렵다. 이럴 경우 개인 시장에서 제공되는 공공재(지식제품 포함)의 수는 최적 값보다 적을 수 있어 정보 '부족'의 현상이 나타나게 된다. 넷째, 소비자의 지식제품에 대한 수요를 고려하여 정부는 시장에서 개입해야 할 의무가 있다. 즉, 특수한 공공정책을 채택하여 생산된 정보의 양을 늘릴 필요가 있다. 정보 시장의 정부 개입은 두 가지 방면으로 고려할 수 있다. 하나는 정부 자체에서 지식제품을 제공하는 것이고, 다른 하나는 정부가 개인이 생산한 지식제품에 혜택을 주는 것이다. 후자의 주된 조치는 지식재산권 제도를 통해 지식제품의 생산자에게 독점권을 부여하는 것이다. 이런 의미에서 저작권은 다른 말로 "저작자에게 상금을 주기 위해 독자에게서 세금을 걷는 격[35]"이다. 코트와 율런의 공공재 이론은 공공재와 개인 재산권의 상호 연관되어 있는 관점에서 출발하여, 지식재산권 제도의 사회적 기능은 공공 자원의 '무임승차' 문제를 해결하므로 생산자가 지식제품에 지출한 비용을 회수할 수 있게 보장한다고 설명하였다. 또한 지식재산권 제도를 확립하는 경제적 동기는 "재산권에 대한 법률 보호가 효과적인 자원의 사용을 유도하는데 있다."고 하였다.[36] 농부가 토지작물의 재산권을 획득할 수 있기 때문에 농부가 토지를 경작하는 데 필요한 비용을 지불하고 가능한 모든 비용을 절약하도록 유인할 만한 이유가 생기는 것이다. 창작자가 무형재산의 독점권을 취

---

33) [美] 罗伯特 · 考特、托马斯 · 尤伦<法和经济学>, 张军等译, 上海, 上海三联书店、上海人民出版社, 1994, 147、152、191页.

34) 参见 [美] 罗伯特 · 考特、托马斯 · 尤伦 : <法和经济学>, 张军等译, 上海, 上海三 联书店、上海人民出版社, 1994, 152页.

35) [美] 罗伯特 · 考特、托马斯 · 尤伦: <法和经济学>, 张军等译, 上海, 上海三联书 店、上海人民出版社, 1994, 191页.

36) [美] 罗伯特 · 考特、托马斯 · 尤伦: <法和经济学>, 张军等译, 上海, 上海三联书 店、上海人民出版社, 1994, 191页.

득할 수 있기 때문에 이들을 격려하여 지식정보의 생산에 투자하도록 동기를 부여한다.

위에서 언급한 몇 가지의 이론은 근, 현대 이래 지식재산권에 대한 주요 학설이다. 이것은 각기 다른 시각에서 지식재산권의 권리의 출처, 기능 및 의미에 대해 설명하여 서로 다른 사회 발전의 단계에서 존재하는 무체재산의 개념을 표현하였다. 이러한 이론들은 우리가 현대 지식재산권 제도를 인식하고 평가하는데 유의미한 사상적 자료가 되었다.

(1) 지식재산권 본원성에 대한 인식

로크와 스미스에서 마르크스까지 모두 자신의 '노동가치이론'을 구축하여 우리가 지식재산권의 합리성을 설명하는데 필요한 이론적 기초를 제공했다. 부르주아 사상가들의 재산권노동이론은 근대 시민사회의 두 가지 기본 원칙인 재산권사유원칙과 자유주의원칙을 내포하고 있다. 반면에, 마르크스주의 고전 저작자들의 노동가치이론은 잉여가치이론에 기초를 두고 있다. 비록 그들의 이론은 각기 다른 사회적 의미를 가지고 있지만 노동창조가치 및 노동산물은 노동자에 속한다는 것에 대한 중요성을 정확하게 설명하고 있다. 오랫동안 우리는 노동가치이론에 대하여 상당히 단편적으로 이해했다. 첫째, 직접 생산한 노동에 국한되고 심지어는 단순노동-육체노동으로 한정한다. 둘째, 유형상품의 가치에 국한되어 있다.[37] 근대 '노동가치이론' 특히 마르크스의 노동가치이론은 비록 생산노동에서 유형체 상품을 창조하는 것을 분석하는 과정에서 탄생한 이론이지만, 지식경제시대에도 이러한 기본관점은 아직도 광범위하게 적용할만한 가치가 있다. 우리가 오늘날 주장하는 '지식가치이론'은 근대 노동가치이론의 새로운 발전이라고 말할 수 있다. 지식가치이론에는 다음과 같은 내용을 담고 있다. 사회노동에는 육체노동과 지적 노동을 모두 포함한다. 생산상품은 물리적 생산에서의 물질형태의 상품도 있지만 비물질형태의 무형체 상품(예: 서비스, 지식, 기술, 가치 등)도 있다. 살아있는 노동은 물리적 상품 가치뿐만 아니라 지식제품의 가치도 창조한다. 위 이론에 따르면 우리는 다음과 같은 결론을 도출할 수 있다. 지식제품은 지적 노동의 산물이고 지적 노동자는 마땅히 해당 지식제품에 대해 재산권을 누릴 자격이 있다. 경제학 의미에서 지식재산의 본원성을 인식하는 것은 매우 중요하다. 전통적인 지식재산권 이론에서 사람들은 지식제품이 갖는 비물질적 특성이 있기에 국가 법률에 의해 이 상황을 보호해야 할 필요가 있다는 결론에 이르렀고

37) 李京文 : <迎接知识经济新时代>, 上海, 上海远东出版社, 1999, 39页.

따라서 "지식재산권은 반드시 국가가 부여해야 된다."는 결론이 자연스럽게 도출된다. 확실히 지식재산권의 원천적 취득은 창조적인 활동의 법적 사실에 근거하는 것만으로 설정 및 취득할 수 없으며 반드시 국가기관에서의 인증 또는 승인이 필요하다. 하지만 이러한 상황으로 인하여 지적 노동이 지식재산의 본원적 의미를 두고 있다는 것을 부정할 수는 없다. 미국학자가 주장하는 바와 마찬가지로 지적창조는 권리가 낳은 '원천'(source)인 반면, 법은 권리를 취득한 '근거'(origin)이다.[38]

(2) 지식제품에 관한 재산성의 인식

근대 경제학이론은 재산을 노동의 결과로 정의하고 있고 지적 노동의 결과 즉 지식제품도 당연히 재산이다. 지식제품이 지식재산으로 될 수 있는 경제적 이유는 다음과 같이 크게 두 가지이다. 1) 지식제품의 유용성이다. 지식정보는 사회에서 제일 유용한 자원 중의 하나이자 사회적 부를 구성하는 중요한 부분이다. 지식제품은 인간의 정신생활에 영향을 미치고 사람들의 정신적 수요를 충족시켜 일정한 사회적 효익을 발생시킨다. 또한 생산분야에 투입되어 유형 물질제품으로 전환하여 사람들의 물질생활의 수요를 충족시키고 일정한 경제적 효과를 창출한다. 상품경제의 전제하에 지식제품은 물질제품과 똑같은 사용가치가 있는 인간 노력의 결과이다. 2) 지식제품의 희귀성이다. 지식정보는 일종의 자연적으로 생성되어 무한하게 얻을 수 있는 자원에 속하지 않는다. 그 희귀성은 우선 지식제품의 장기성, 복잡성 및 고비용으로 나타난다. 모든 과정은 사회 내지 개개인의 대량적 투입을 필요로 하고 있고 장기적으로 탐색적, 창조적, 연속적인 노동을 통해 실현된다. 그 다음으로 지식제품 창작자의 수 측면에서 희소한 가치로 나타난다. 창조적 인재는 지식의 생명 운반체이다. 그들은 조상이 쌓아 온 지식요소들을 노동자료로 하여 추상적인 지식제품을 노동대상으로 하여 정신적 생산노동을 진행한다. 지식제품의 생산과정은 생산자의 지적투자에 대해 특별한 요구가 있다. 첫째, 생산자의 IQ는 일반인보다 높아 지적몰입을 요하는 노동을 감당할 수 있다. 둘째, 문헌보존과 뇌의 보존을 통해 상당한 양의 지식을 보존하여 높은 지적몰입에 대한 기본 조건을 구비하게 된다. 사회적 수요에 비하여 이러한 인재들의 공급부족의 현상은 자주 발생한다.[39] 지식, 기술, 정보의 유용성

38) L. Ray Patterson, Stanley W. Lindberg, The Nature of Copyright: A Law of Users Right, The University of Georgia Press, 1991.

39) 关于知识劳动价值的有关理论, 可参见张和生 : <知识经济学>, 沈阳, 辽宁人民出版社, 1992.

및 희소성 원인에 기초하여 사회는 그에 따른 지식재산권 제도를 구축할 필요가 있다.

(3) 지식재산권 가치 목표에 대한 인식

지식재산권 제도는 지적창작자의 권익보호를 핵심 입법원칙으로 삼는다. 지적 노동자는 지식제품을 탄생시키는 원천이다. 그러므로 지적창조 활동을 존중하지 않고 지적 노동자들의 합법적 권리를 보장하지 않는다면, 지적 노동자들의 창조에 대한 열정을 억누르게 되면서 과학문화 사업이 원천이 없는 고여 있는 물이 되고 말 것이다. 이와 동시에 공익보호는 관련 법률을 제정하기 위한 근본적인 원인이 된다. 지식재산권은 사상, 정보, 지식의 표현과 전파와 밀접한 관계를 가진다. 지적창작자의 권익을 보장하는 동시에 지식의 광범위한 전파와 사회 문명의 진보를 추진하는 공익의 목표를 소홀히 해서는 안 된다. 미국 저작권법 전문가가 미국 저작권법을 평가할 때 말했듯이, 저작권법은 사회, 정치, 경제, 교육, 예술의 각 분야와 밀접하게 관련된 법이다. 이는 저작자의 권리보호에만 초점을 맞추지 못하고 광범위한 사용자의 이익을 고려하지 않을 수 없다.[40] 다시 말해, 개인의 지식재산권을 보호하고 사회적 지식발전을 촉진하는 이원입법 원칙은 지식재산권 제도의 가치이자 목표이다. 지식재산권에 관한 한 사회는 권리의 정의 및 분배의 차원에서 '독점영역(exclusive zones)'과 '자유영역(free zones)'으로 구분하고 있다.[41] '독점영역'은 권리자원의 매우 넓은 범위를 포함하여 지적 노동자는 이 영역의 '독점자'이다. 이 분야의 설정은 지적 투자 비용에 보상을 주기 때문에 창작자의 창조 열정을 유지하게 하므로 매우 효과적이라 볼 수 있다. '자유영역'은 권리 자원에서 차지하는 비중이 적은 편이고 사용자는 이 범위에서의 '자유인'이다. '자유인'은 법이 허용하는 경우에만 무상으로 자유롭게 또는 조건을 걸고 타인의 지식제품을 활용할 수 있다. 이 분야의 구축은 지적창작자의 이익에 손해를 초래하지 않으면서 거래 비용을 감소시키거나 가격의 독점을 방지하고 정보의 원활한 흐름과 문화의 전파를 촉진시키므로 효과적이라고 볼 수 있다.[42]

---

40) See L., Ray Paterson, Stanley W. Lindberg, The Nature of Copyright: A Law of Users' Right, The University of Georgia Pres, 1991.

41) See Edward W. Ploman, L,. Clark Hamilton, Copyright : Intellectual Property in the Information Age, Routledge and Kegan Paul Ltd., 1980.

42) 参见 [美] 罗纳德·科斯 : <社会成本问题>, 载 <财产权与制度变迁>, 上海, 上海三联书店, 1994.

Ⅲ. 지식재산권 제도의 법철학 기초

법철학 분야에서 지식재산부터 지식재산권에 이르기까지 심오한 이론적 배경을 가진 철학적 문제이다. 예를 들어, 지식이 재산권의 대상이 되는 근거, 지식재산의 점유 상태와 권리의 형식, 지식재산권 제도의 사회적 기능 및 목표 등 어느 하나도 지식재산권 법철학 이론의 연구 대상이 아닌 것이 없다. 이 분야에서 근, 현대 사상가들은 모두 자신의 재산권 학설을 제기하여 지식재산권 제도에 상응하는 법철학 토대를 만들었다.

1. 루소의 사회공의이론

루소는 18세기 프랑스의 탁월한 계몽사상가였다. 그의 대표작인 <사회계약론>은 세계사상사의 중요한 문헌으로 정치적으로는 프랑스의 부르주아 혁명에 이론적 지침을 제공하였다. 사법적으로는 신흥 자본주의 재산권 제도에 철학적 기반을 구축하였다. 루소의 재산관은 종전의 주장한 '재산 자연권리' 학설과 다르다. 로크를 대표로 한 전통적 재산권 이론은 '선점, 수요와 노동' 세 가지 요소로 나눌 수 있다. 예를 들어 설명하자면, '우선 이 땅에는 아직 아무도 살고 있지 않아야 하며, 그 다음으로 사람들은 오로지 자기가 생존 유지에 필요한 양만 점유할 수 있다. 마지막으로 사람들은 공허한 의식행위만으로 점유할 수 없으며 노동과 경작을 기반으로 해야 한다. 이것은 법적 근거가 부족한 상황에서 소유권이 타인에게 존중을 받을 수 있는 유일한 기준이 된다.'[43] 루소는 이러한 재산권 이론에 대해 비판을 제기하였다. 그의 관점에 따르면 세 가지 요소의 충족은 사실적인 점유의 성립을 보여주는 것일 뿐이지 재산권의 성립을 나타내기에 충분하지 않다. 이러한 비판을 토대로 루소는 사회계약을 기초로 한 사회적 공의를 근거로 하여 새로운 재산관을 제시했다. 자연법의 원칙에 따라 사람들은 완전한 평등을 기반으로 자발적으로 결합하고 사회계약을 통해 국가를 세우고 법을 제정하므로 자유, 생명 및 재산을 비롯한 각 개인에게 주어진 천부적인 권리를 보호한다. 그는 인류가 사회계약을 형성하여 국가형태로 진입한 이후의 재산제도에 대해 자세하게 묘사하였다. "인류가 사회계약으로 상실한 것은 자연적인 자유와 의도한 것과 얻을 수 있는 것에 대한 무한한 권리이다. 대신 인류

43) 转引自 [法] 卢梭 : <社会契约论>, 何兆武译, 北京, 商务印书馆, 1980, 32页.

가 얻은 것은 사회적인 자유와 그가 누리는 모든 것에 대한 소유권이다.[44]" 여기서 루소는 자연상태에서의 자유와 권리와 사회계약 상태에서의 자유와 권리를 엄격하게 구분하였다. 루소의 이론적 관점에서 전자의 경우 단지 하나의 사실상의 존재에 있는 반면, 후자의 경우 보호를 받게 되는 법적 이익이라고 할 수 있다. 다시 말해, 자연상태에서 물체를 통제하고 지배하는 것은 사실상 '권리'가 없다는 것이다. 루소 재산관의 핵심은 사회공의 이론이다. 우선 그는 '공의(公意)'와 '중의(众意)'에 대해 구별하였다. '공의와 중의 간에는 늘 확연한 차이가 있었다. 공의는 공공의 이익에 초점을 둔 반면, 중의는 개인의 이익에 초점을 두었다. 중의는 단지 개별의지에 대한 총합이라고 할 수 있다. 하지만 이러한 개별적인 의견 사이에서 가감되는 부분을 제외한다면 나머지 합계는 여전히 공의이다.[45] ' 루소에 따르면 공의는 다수 시민의 의견이다. 왜냐하면 이들은 자신의 이익을 위해 사회 다수의 이익을 늘 고려해야 하기 때문이다. 공의와 법률 관계에 대해서는 루소는 다음과 같이 의견을 제시하였다. 법률은 국가의 주권자가 제정한 것으로 주권은 곧 국민이다. 따라서 법은 여전히 공의의 행위에 속한다. 이는 주권자의 행위와 "우리의 자신의 의지에 대한 기록"이다.[46] 요약하자면, 법에서 재현한 주권자(국민)의 의지는 공의이다. 여기서 루소는 재산권의 근거를 사회공의에 귀결시켰다. 루소에 의하면 "우리는 오로지 개개인의 힘을 경계로 한 자연적인 자유와 공의에 의해 제약되는 사회적 자유를 잘 구별해야 한다. 그리고 단지 강력한 결과 또는 최우선 점유권으로 형성된 소유권, 공식적인 권리에 의해 확립되는 소유권에 대해서도 구별해야 한다."고 말했다.[47] 여기서 분명한 점은, 재산의 자연적 점유 상황은 단순히 향유권에 속하고 이는 개인의 물리적인 힘 또는 우선 전유를 근거로 한다. 단지 국가상태에 진입한 후에 사회공의를 나타내는 법이 작용한 결과로 물체의 점유에 대한 사실이 공식적인 재산권 즉 소유권이 된 것이다. 따라서 재산권의 성립에 대한 근거는 루소의 해석이 선행연구에 비해 한층 진보했다고 볼 수 있다. 이 외에도 루소의 이론적 공헌은 재산권에 대한 그의 정의 이념에도 있다. 이것은 주로 세 가지 방면에서 나타난다. 첫째, 재산권과 의무의 평등이다. 루소가 주장한 정의와 재산의 개념은 동시에 생겨났다고 주장하며 정의와 재산권을 하나로 묶는 규범 즉 사회의 테두리 범위 안에서 타인의 재산권을 존중하는 관습을 칭안했다는데 의익가 있다. 그

---

44) [法] 卢梭 : <社会契约论>, 何兆武译, 北京, 商务印书馆, 1980, 30页.
45) [法] 卢梭 : <社会契约论>, 何兆武译, 北京, 商务印书馆, 1980, 39页.
46) [法] 卢梭 : <社会契约论>, 何兆武译, 北京, 商务印书馆, 1980, 51页.
47) [法] 卢梭 : <社会契约论>, 何兆武译, 北京, 商务印书馆, 1980, 30页.

에 의하면 소유권이 일단 확정되면 재산은 진정한 권리가 되고 동시에 개인에 대한 제한이 발생한다. 모든 사람은 자연적으로 살아가는 데 필요한 모든 것을 얻을 권리가 주어진다. "그 사람의 몫이 일단 확정된다면 그는 이것을 경계선으로 삼고 집단에 대해 더 이상 어떠한 권리도 가질 수 없다." "사람들이 존중하는 것은 오히려 자기 소유가 아닌 타인이 소유한 물건이다.[48]" 루소의 철학적 관점에서 본다면, 재산권이 존중되고 보호받는 사회질서는 정의의 법칙에 부합해야 하며, 이러한 정의의 법칙은 모든 사람들이 준수해야 한다. "권리와 의무를 결합하는 약속과 법이 있어야 하고 정의가 그 목적에 부합할 수 있어야 한다."[49]는 것이다. 둘째, 재산권의 평등이다. 루소의 재산이론에서 평등이라는 명사는 부의 정도가 절대적으로 똑같아야 한다는 것을 의미하지 않는다. 그는 기존의 개인 소유제를 절대적으로 타파하는 것이 아니다. 그것은 불가능하다. 그것을 가장 좁은 한계로 제한하여 하나의 조치, 하나의 규칙, 하나의 구속력을 제공하므로 공공의 행복에 복종하도록 만드는 시도이다.[50] 루소는 한발 더 나아가서 재산권 제도는 사회계약을 기초로 한다고 지적하였다. "이것은 모든 사람에게 공통으로 적용되므로 공평한 약정이다.", "사회계약은 국민들 사이에 평등을 확립하여 그들 모두가 동일한 조건을 준수하고 이에 따른 동등한 권리를 누린다. 공약의 성질 때문에 주권의 일체 행위 즉 일체 진정한 공의에 속하는 행위는 동등하게 전체 국민을 돌보거나 제한을 가하게 된다."[51] 여기서 말하는 재산권의 평등은 재산소유자의 평등, 재산권 보호에 대한 평등으로 이해할 필요가 있다. 셋째, 재산권 제도의 목표이다. '공동이익', '공공행복'은 루소가 그의 재산 '사회공의'이론에서 반복적으로 강조하는 사상이다. 재산권의 근거는 공의에 의해서 탄생하였고 국민의 의지가 공의화 된 것이 투표 표결에 의한 결과라기보다는 '사람의 결합으로 인한 공동이익'이라고 하는 것이 더 적합할 것이다. '왜냐하면 이 제도에서 그가 타인에게 부여한 조건에 복종할 것을 필연적으로 하고 있기 때문이다.'[52] 따라서 루소는 이러한 결론을 도출해냈다. 공의는 반드시 집단에서 출발하여야 되고 그렇게 해야만 모두에게 다 적용할 수 있다. 그리고 그것이 개별적이거나 특정 목표로 치우칠 때 그의 본래의 공정성을 상실하게 된다. 사실상 사회공약에서 도출된 첫 번째이자 유일하고 진정한 근본법은 모든 사람

48) [法] 卢梭 : <社会契约论>, 何兆武译, 北京, 商务印书馆, 1980, 31~32页.
49) [法] 卢梭 : <社会契约论>, 何兆武译, 北京, 商务印书馆, 1980, 49页.
50) 参见 [法] 卢梭 : <社会契约论>, 何兆武译, 北京, 商务印书馆, 1980, 60~70页.
51) [法] 卢梭 : <社会契约论>, 何兆武译, 北京, 商务印书馆, 1980, 44页.
52) [法] 卢梭 : <社会契约论>, 何兆武译, 北京, 商务印书馆, 1980, 43页.

이 모든 일에 있어서 전체의 최대 행복을 근거로 삼아야 하는 것이다.[53] 요약하자면, 루소의 ≪사회계약론>에서 제시한 재산권 사상은 대부분 토지를 예로 들어 설명했지만 지식재산권 제도를 설명하는 데에도 적용 가능하다. 루소가 제시한 재산권 기반에 대한 사회계약론은 근대 사회의 '특허계약' 이론에도 큰 영향을 미쳤다. 서양학자들은 정보공개 및 권리 점유의 현상을 계약대가관계라고 해석하였는데, 그 사상적 관점의 출발점은 다음과 같다. 루소의 재산권에 대한 근거는 사회공의 관점이고 공의, 법과 재산간의 관계에 대한 분석이며, 재산권 제도의 설명은 선행연구와 비교하였을 때 더 합리적이다. 이는 우리가 지식 점유의 자연상태와 지식권리의 법적상태의 차이점을 이해하는데 도움이 된다. 루소의 재산권에 대한 정의관에서 지식재산권의 보호와 제한, 지식정보의 전파와 권리사용, 지식재산제도의 공익원칙 등 철학적인 이론적 지지를 찾을 수 있다.

2. 칸트의 자유의지이론

18세기 독일 유명한 철학자이자 자유주의 법학사상의 대표적인 인물인 칸트는 인간 및 인간성에서 출발하여 인간의 자유의지와 천부적 권리를 탐구하고 이것을 바탕으로 권리의 의지 내용 및 효력 근거에 대해 논하였다. 칸트는「법의 형이상학 원리」라는 책에서 그의 자신의 재산에 대한 '자유의지' 이론을 설명했다.

(1) 소유권 개념과 점유 사실

칸트는 점유를 두 가지 형대로 나누었다. "감각적 점유(감각으로 이해할 수 있는 점유)와 이성적 점유(이성으로 이해할 수 있는 점유)이다. 동일한 사물이라도 전자는 실물에 대한 점유라고 이해할 수 있고, 후자는 동일한 대상에 대한 순수한 법적 점유라고 이해할 수 있다.[54]" 칸트는 단순한 감각적 점유는 소유권 의미상의 '나의 것'으로 정의하기에는 미흡한 점이 있다. 신체나 개인의 역량으로 물체에 대한 점유를 실현한 것이 아닌 개념적으로만 물체를 '나의 것'으로 간주하는 경우, 사물과 사람의 사실을 분리해도 사람과 사물의 관계를 바꿀 수 없는 경우에 비로소 소유권이라고 할 수 있다.

53) [法] 卢梭 : <社会契约论>, 何兆武译, 北京, 商务印书馆, 1980, 42~43页.

54) [德] 康德 : <法的形而上学原理－权利的科学>, 沈叔平译 , 林荣远校 , 北京 商务印书馆, 1991, 54 ~55 页.

⑵ 소유권 목적과 자유의지

칸트에 의하면 소유권 목적을 위해 주체는 반드시 하나의 물체를 하나의 대상으로 점유하여야 한다. 즉, 해당 물체를 자기 소유로 여겨야 하고 소유자가 선택한 외부 대상은 "자체가 객관적으로 보았을 때 주인이 없어야 한다(무주물)", "나는 공식적인 표현을 통해 내가 어떤 대상을 점유한다는 것을 선언하고 나의 자유의지의 행동으로 다른 사람들이 그것을 자신의 물건으로 사용하지 못하도록 막는다."[55] 따라서 한 물체를 권리상으로 '나의' 소유물로 만드는 것에는 주체가 주관의지에서 해당 물체를 독점물로 여긴다는 요구가 반드시 있어야 한다. 동시에 한 물체를 '나의' 재산으로 여겨 타인의 침해를 받지 않을 때 주체는 반드시 그것의 진정한 점유자 또는 소유자여야 한다.

⑶ 소유권 내용과 공동의지

칸트는 '외적인 획득'(소유 취득)의 원칙을 제시했다. 어떤 것이든지 내가 외적 자유법칙에 따라 해당 물건이 외적으로 자신의 권한 아래에 있어야 한다. 그리고 해당 물건이 내 자유의지 활동의 대상으로 삼을 수 있어야 하며 해당 물건이 이론의 공설에 따라 사용될 수 있어야 한다. 마지막으로 가능한 공동의지의 개념에 따라 해당 물건을 내 것으로 만들기로 결심해야 한다. 이러한 조건들이 모두 충족되면 그 물건은 나의 소유가 된다.[56] 따라서 칸트는 다음과 같은 결론을 내린다. 소유권에는 개인의지에 의한 점유와 공동의지에 의한 점유가 모두 포함되어야 한다. 한 사람이 어떤 물체를 직접적으로 점유하거나 통제하지 않더라도 해당 물체에 대한 타인의 점유나 통제에 대해 반대할 수 있는 것은 공동의지가 작용하기 때문이다. 소유권의 진정한 묘미는 물체 주인에 의한 자유 지배가 아닌 물체를 자유롭게 지배할 때 갖는 불가침성이다. 공동의지는 전체 사회구성원이 물체에 대한 점유, 물체에 대한 통제 행위에서 비롯된 공통 인식 및 인정의 개념이다. 칸트에 의하면, "점용은 개념적으로 외적 법칙의 공동의지로 볼 수 있는 행동이다. 이러한 행동에 따라 모든 사람들은 나의 의지를 존중하고 나의 의지와 일치하는 행동을 취해야 할 책임이 있다.[57]"

---

55) [德] 康德 : <法的形而上学原理－－－权利的科学>, 沈叔平译, 林荣远校, 北京, 商务 印书馆, 1991, 55 ~ 57 页.

56) [德] 康德 : <法的形而上学原理－－－权利的科学>, 沈叔平译, 林荣远校, 北京, 商务 印书馆, 1991, 72页.

57) [德] 康德 : <法的形而上学原理－－－权利的科学>, 沈叔平译, 林荣远校, 北京, 商务 印书馆, 1991, 72页.

(4) 소유권의 효력과 공동의지를 실현하는 보편적 법칙

칸트는 소유자가 갖고 있는 두 가지 형태의 의지 내용을 분석하였다. 첫째, 언행을 통해 어떤 외적인 물건이 '나의 것'이라고 선언하고, 다른 사람들은 그 물건을 접근하거나 사용하지 않을 의무가 있다. 둘째, 다른 사람들의 소유물을 침해하지 않겠다는 물체 소유자의 약속이 포함되어 있다. 즉, 다른 사람들이 소유한 외부적인 물체 및 타인에게 속한 대상을 침해하지 않겠다는 것이다. 이러한 상호불가침은 다른 사람들의 소유물을 침해하지 않겠다는 약속이며 공동의지에서 비롯된다. 따라서 "오로지 공적이고 집단적이며 권위적인 의지만이 개개인을 제약할 수 있다고 본다. 그것은 모든 사람에게 안전을 보장하기 때문이다. 모든 사람들이 보편적인 외부 및 공통 입법상태에서 생활하고 동시에 권위와 무력이 존재하는 상태를 문명상태"라고 말할 수 있다.[58] 그러므로 소유권은 법치사회 또는 문명사회에서만 가능하다는 것을 알 수 있다. 칸트의 재산 '자유의지'이론은 유체물과 소유권을 대상으로 연구한 주제이다. 여기서 자유의지와 재산권에 대한 이론은 현대 지식재산권과 그 권리 제도의 확립에 가장 유력한 철학적 이론 근거를 제시하였다. 이에 따라 우리는 다음과 같은 결론을 내린다. 지식제품의 비물질성 특징에 따라 지식재산권 객체 자체는 자연적인 점유를 할 수 없지만 주체가 해당 객체에 대해 '순수한 법적 점유'를 방해하지 않는다. 지식제품은 창작자의 의지에 의한 '외부 상대'를 선택한 것이다. 창작자는 이 객체의 점유자 또는 소유자이다. 따라서 이것은 '나의' 재산으로 타인의 간섭을 받지 않을 권리가 있다. 지식제품이 지식 재산이 되는 것은 창작자의 자유 지배에서 비롯되는 것이 아닌 사회 전체 구성원이 이러한 지식 재산상태를 승인하는 '공동의지'에서 비롯된다. 지식제품은 재산권의 대상이고 경제 발전 및 사회 진보의 결과이다. 따라서 지식제품은 창작자의 통제를 벗어나기 매우 쉽기 때문에 지식재산권은 국가적 차원에서 법으로 특별히 보호할 필요가 있다.

3. 헤겔의 재산인격이론

헤겔은 칸트 이후 또 한 명의 위대한 철학자이자 관념주의 법학의 대표 인물이다. 『법철학 원리』라는 저서에서 헤겔은 그의 사법 사상을 '의지 - 인격 - 자산'의 기본 범주를

58) [德]康德 : <法的形而上学原理－－－权利的科学>, 沈叔平译, 林荣远校, 北京, 商务 印书馆, 1991, 68页.

구축하고 이를 매우 복잡한 철학적 언어로 표현했다. 헤겔에 따르면, 법의 본질은 자유의지와 권리인 반면, 자유의지의 직접적인 기준과 권리의 직접적인 내용은 자연계의 물질이라고 한다. 헤겔의 주장대로라면 법의 의지를 구성하는 것은 처음에는 그저 추상적 또는 일반적인 의지에서 비롯된다. 그것이 스스로 실질적 의지로 발전되었을 때 의지는 단일적인 의지 - 사람(person)이 되는 것이다.[59] 여기서는 각각의 구체적인 사람을 가리킨다. 사람과 사람의 관계는 실질적으로 의지와 의지의 관계이다. 헤겔은 더 나아가 사람의 본질은 인격이고 인격은 곧 의지의 자유이다. 그는 자유의지의 중요성을 강조하여 즉 "사람은 그의 생명은 잃을 수 있으나 그의 자유는 잃을 수 없다."[60] 이와 동시에 그는 자유의지의 제한적 측면을 지적하였다. 즉, 인격의 의의는 모든 특정인이 법의 규정과 제한을 받는 것에 있다.[61] 헤겔은 '의지 - 인격'의 이론을 기반으로 자유의지를 실현하기 위한 구체적인 방법으로서 도구주의적 특성을 갖는 재산 개념을 연이어 제시하였다. 이를 통해 자유의지의 기준과 추상적 인격의 객관적인 형태를 갖추게 되었다. 소유권이론은 헤겔 재산관의 핵심이다. 소유권 개념에 대해서 그는 두 가지 요점으로 설명하였다. 첫째, 소유권은 자유의지의 반영이다. 헤겔의 기준에 따르면 "인간은 그의 의지를 물건에 반영시키고 이것이 소유권의 개념이 되는 것이다."[62] 이 이론에 따르면 사람은 즉 자유의지 자체이고 자유의지는 무한하며 모든 사물(즉, 객체)은 절대적이다. 따라서 모든 물체는 사람의 소유가 될 수 있다. 모든 인간은 그의 의지로 물건을 만들거나 물건을 그의 의지로 바꿀 수 있다. 헤겔의 이론에 의하면 예를 들어 기능, 지식, 예술, 발명 등 정신적 제품은 창작자의 자유의지의 지배하에 이전 물건의 긍정적 요소를 발전시키고 부정적 요소를 배제하여 모두 사유재산이 될 수 있다. 자유의지의 작용 하에 실존물체뿐만 아니라 비물질성을 띈 정신적 제품까지 포함하여 모두 자신의 것으로 만들 수 있다. 이는 '정신적 소유권' 제도에 철학적 근거를 제공하였다. 둘째, 소유권은 개별단위 인격의 발전이다. 헤겔은 소유권의 합리성을 설명할 때 이와 같이 말했다. "소유권에 부합하는 합리성은 수요를 만족하는데 있는 것이 아닌 인격의 순수한 주관성을 배제하는데 있다. 인간은 오로지 소유권 안에서만 이성적인 존재로 존재할 수 있다."[63] 헤겔의 철학세계에서 의지의

59) [德] 黑格尔 : <法哲学原理>, 范扬、张企泰译, 北京, 商务印书馆, 1961, 45页.
60) [德] 黑格尔 : <美学>, 第1卷, 朱光潜译, 北京, 商务印书馆, 1982, 203页.
61) 参见 [德] 黑格尔 : <法哲学原理>, 范扬、张企泰译, 北京, 商务印书馆, 1961, 45页.
62) [德] 黑格尔 : <法哲学原理>, 范扬、张企泰译, 北京, 商务印书馆, 1961, 59页.
63) [德] 黑格尔 : <法哲学原理>, 范扬、张企泰译, 北京, 商务印书馆, 1961, 50页.

책임은 절대적 자유를 취득하는 것에 있다. 초기 단계의 의지는 인격자체 의식으로서 외부세계에 배치하려고 한다. 다시 말해, 인격은 세상에서 어떤 구체적인 존재 형태를 얻을 필요가 있다. 따라서 소유권의 설정은 주로 개인의 수요와 욕구를 충족시키는 것보다 인격의 존재와 발전으로 귀결된다고 할 수 있다. 일정한 의미에서 인격은 그야말로 자산의 인격이다. 또는 실질적 자산은 추상적 인격 그 자체라고도 할 수 있다. 인간의 인격, 이성은 오로지 재산에서만 나타낼 수 있다. 따라서 이 이론에 근거하여 우리는 정신적 제품이 인류의 지적 노동의 창조물이고 특정 주체의 인격과 상호 연관되어 있다고 말할 수 있다. '정신적 소유권'은 창작자의 인격이 지식재산을 실현하는 과정에서 그 존재와 발전을 이룬다. 이로써 헤겔의 철학사상에는 지식재산권의 합리성에 대한 해석도 내포되어 있음이 분명하다. 이 외에도 헤겔은 '자산인격' 이론에서 출발하여 소유권의 틀안에서 정신적 소유권의 양도 및 보호에 관한 문제를 구체적으로 언급하였다.

(1) 정신적 소유권의 양도 조건

비록 사람의 신체와 정신을 양도하는 것은 불가능한 일이지만 이와 밀접한 관련이 있는 물건은 양도가 가능하다. 따라서 헤겔은 이에 대해 양도 조건을 설정하였다. 즉, 정신적 능력 및 그 제품에 한한 일부 양도이다. 헤겔은 한 사람의 신체적, 정신적 특수 기능 및 활동 능력에 의한 개별 제품을 타인에게 양도할 수도 있고 이러한 능력을 일정한 기간 동안 타인에게 양도할 수 있다고 강조했다. 이런 경우 양도된 것은 정신적 능력에 제한된 일부분이고 이는 인간의 전체와 보편성에도 외적 관계를 유지한다. 그러므로 사람의 실체성 즉 신체 인격 및 이성적 양도는 아니다.[64] 여기서 헤겔의 본래 의도는 노예와 고용노동자의 구분을 분석하는 것이지만, 인격을 내포한 재산이 자유롭게 양도되는 상황에서 그는 주체가 독립적 인격 즉 사람의 보편성을 유지하는 것이 긍정적인 의미가 있다고 강조했다. 넓은 관점에서 본다면, 이 이론은 정신적 재산의 양도에도 적용될 수 있다. 지식재산권 제도에서 어떤 정신적 제품의 전체 양도가 허용되지만, 모든 지식제품(미래의 창작될 제품 포함)의 전부 권리를 양도하는 것을 주장하지는 않는다. 해당 입법 규정은 창작자의 재산 이익을 보호하는 목적뿐만 아니라 그들의 인격적 독립을 유지하는 기능도 갖고 있기 때문이다.

64) 参见 [德] 黑格尔 : <法哲学原理>, 范扬、张企泰译, 北京, 商务印书馆, 1961, 75页.

(2) 정신적 소유권의 양도 대상

재산은 의지의 산물이며 일정한 의지 행위를 통해 포기 또는 양도를 할 수 있다. 하지만 이러한 물건은 반드시 외적으로 표현되는 것만 해당된다. 헤겔은 정신적 제품의 고유성, 그것의 표현 방식과 방법에 따라 직접적이고 물리적인 외부성격으로 전환될 수 있다고 제시했다.[65] 여기서 헤겔의 철학적 이론에서는 이미 정신적 제품의 비물질성과 재현 가능성의 기본 특징에 주목하여 정신적 생산물 그 자체와 그 물질화 매체에 대한 문제를 언급하였다. 헤겔이 다른 조건에서 강조한 '외부적 목표', '물체의 외부성' 등은 모두 정신적 제품의 재현 가능성 및 물질화 매체에 대한 철학적 언어 표현이다. 따라서 헤겔의 주장에 따라 정신적 제품은 주로 다음 유형에 따라 세분화하여 구분할 수 있다. 첫째, 예술작품이다. 외부재료로 사상을 그려내면서 제작되는 형식이다. 이것은 온전히 작자 본인의 고유성을 표현한 것으로 심지어 모방제품에도 모방자 자신의 정신과 기술적 재능이 결합된 산물이라고 인정받는다. 둘째, 저작권 작품이다. 외부 형식에는 기술 장치의 발명과 마찬가지로 일종의 기계적 방법(글쓰기, 인쇄, 제본 등)에 속한다. 저작권 작품에는 구체적인 조형이 아닌 일련의 추상적 부호(예: 문자)가 사용되어 생각을 표현해낸다. 셋째, 발명기술의 장치이다. 즉, 기계적 장치의 방식으로 발명기술의 아이디어를 표현하는 것이다. 이런 기계의 제작 방식과 방법은 일반 기술(공예)에 속한다. 넷째, 예술 작품과 장인 제품 두 양극 사이에서 다양한 계층에 위치한 정신적 제품들이다. 예를 들어, 산업 제품의 외관 디자인 등이 이에 해당된다.[66]

(3) 정신적 소유권 양수인의 권리

양수인이 누릴 수 있는 권리는 정신적 제품의 특성에 따라 모두 다르다. 특히, 양도인의 의지와 관련 있다. 헤겔은 이를 두 가지 경우로 나누었다. 첫째, 양수인이 정신적 제품을 통제하는 새로운 소유자가 된 경우 즉 '이미 나타낸 아이디어가 포함된 기술적 발명을 자신의 것으로 만들 수 있는 것'과 동시에 '그대로 자신을 표현하고 해당 물건을 복제하는 보편적 방법을 점유하는 것'이다.[67] 둘째, 정신적 제품의 창작자가 '본인이 여전히 이 작품 또는 물품을 복제할 수 있는 보편적 방법의 소유자라고 주장'하는 경우이다. 이러한

65) [德] 黑格尔 : <法哲学原理>, 范扬、张企泰译, 北京, 商务印书馆, 1961, 76页.
66) 参见 [德] 黑格尔 : <法哲学原理>, 范扬、张企泰译, 北京, 商务印书馆, 1961, 76页.
67) [德] 黑格尔 : <法哲学原理>, 范扬、张企泰译, 北京, 商务印书馆, 1961, 76页.

상황에서 양수인은 단일제품에 대한 완전하고 자유로운 소유자일 뿐이다. 따라서 취득물을 견본으로 하여 그 가치를 온전하게 사용할 수 있다. 다만, 원소유자가 법에 의해 보유한 특정 권리를 침해해서는 안 된다.[68]

(4) 정신적 소유권의 보호

헤겔은 "과학과 예술을 발전시키는 가장 순수하면서도 우선적인 방법은 이 업종에 종사하는 사람들이 도난을 당하지 않도록 그들의 소유권을 보호하는 것"이라고 한다.[69] 헤겔은 이어서 저작권 제품에 대한 인용과 표절의 경계를 다음과 같이 논하였다. 그는 "정신적 제품은 사람들이 이해하고 습득하여 자신의 것으로 만드는 것을 목적으로 한다."고 주장하였다. 일반적으로 과학 및 지식의 전파는 대부분 기존의 아이디어를 참작하여 새로 창작하는 것이다. 이러한 답습의 형태가 어느 정도 도달하면 이는 일종의 양도 가능한 물품으로 전환된다. 즉, 그의 소유권이 될 수 있을까? 또는 이러한 답습의 형태가 어느 정도가 되어야 절취로 간주될 수 있을까? 이와 같은 문제점에 대해 헤겔은 정확한 규정을 내리기가 어렵다고 생각했다. 그러나 다른 사람의 창작물을 형식적으로 변경하거나 약간 수정을 가하는 것은 "다른 사람의 소유물을 자신의 것으로 보이기 위하여 표시하는 것"에 불과하다고 신랄하게 비판하였다.

4. 피터 드라호스(Peter Drahos)의 추상물이론

오스트레일리아 학자인 Drahos가 저술한 『지식재산권 철학』은 현대 지식재산권 분야에서 중요한 저서이다. 저작자는 철학을 분석하는 도구를 활용하여 재산제도의 생성, 발전 및 관련 이론을 중심으로 지식재산권이 '추상물'(abstract objects)로서의 특성과 추상물 상에 지식재산권을 설정하는 일반적인 상황을 중점적으로 고찰하여 전통적인 재산관과는 다른 특수한 지식재산권 이론을 제시하였다. 이로써 해당 학문 분야 밖에서 지식재산권법의 법칙과 규제를 이해하는 새로운 철학적 접근 방식을 제공하였다. Drahos의 '추상물' 이론은 주로 다음과 같은 내용을 포함하고 있다.

---

68) 参见 [德] 黑格尔 : <法哲学原理>, 范扬、张企泰译, 北京, 商务印书馆, 1961, 76页.
69) [德] 黑格尔 : <法哲学原理>, 范扬、张企泰译, 北京, 商务印书馆, 1961, 76页.

(1) 추상물과 로마법상의 무체물

추상물은 Drahos 가 지식재산권 철학 연구 중에서 가장 많이 사용하는 기본 범주이다. 이것은 인류의 정신생활에 의존하여 존재하며 인류의 사상으로 물리적 세계에 부가되어 생산된 물체이다. 이는 물리적 형체가 없고 추상적으로만 존재하는 물체이다.[70] 형이상학적인 관점에서 본다면 추상물은 존재하는 가설의 범주이다. 그러나 사회적 현실은 추상물의 존재를 인정해야 하고 재산이 추상물로 확장될 때, 그것을 두고 사람들 사이에는 이해관계가 발생한다. "지식재산권에 대해 논한다면 언급되는 대상은 추상물이다. 우리가 알고 있는 바와 같이 추상물은 존재하지 않거나 우리는 그 존재를 없다고 할 수 있다. 지식재산권에서의 추상물은 법적가상 형태를 취한다." Drahos의 주장에 의하면, 재산의 유체와 무체의 구분은 권리 자체 때문이 아니라 권리가 가리키는 대상의 서로 다른 성질 때문이다.[71] 지식재산권은 무체재산권에 귀속한다. 법률에서는 어떤 추상물 속에는 권리가 존재한다고 가정한다. 페니실린 분자식과 화학구조는 바로 추상물의 예로 꼽힌다. 많은 사람들이 이러한 물건에 수요를 느끼고 사용하고 의존하게 된다. 따라서 추상물에 기반한 하나의 새로운 재산권 형식이 형성되었다.[72] 이는 전통적인 재산 소유권과 구분되는 지식재산권이다. Drahos의 고증에 의하면, 추상물 학설은 로마법상의 '무체물'(incorporeal things)에서 유래된다. 이것은 '만질 수 없는 물체'(intangible objects)로도 해석된다. 고전 철학사상에서 무체물의 개념 범주는 스토아학파까지 거슬러 올라간다.[73] 같은 인간의 정신적 제작물로 로마법에서의 무체물은 제도적 제품의 재산권리(소유권 제외)를 가리킨다. 그러나 Drahos의 추상물은 지식제품의 정신적인 구상물로 즉 지식재산권과의 관계를 매개하는 매개체이다.[74] 위와 같은 차이점에도 불구하고 로마법 학자의 이론적 공헌은 역사적인 계몽 효과가 있다. 다시 말해, 무체물 이론은 근대 지식재산권 제도의 핵심적인 개념 도구 역할을 했다.

---

70) See Peter Drahos, A Philosophy of Intellectual Property, Dartmouth Publishing Company Limited, 1996, p.17.

71) See Peter Drahos, A Philosophy of Intellectual Property, Dartmouth Publishing Company Limited, 1996, p.16.

72) See Peter Drahos, A Philosophy of Intellectual Property, Dartmouth Publishing Company Limited, 1996, p.1.

73) See Peter Drahos, A Philosophy of Intellectual Property, Dartmouth Publishing Company Limited, 1996, p.16-17.

74) See Peter Drahos, A Philosophy of Intellectual Property, Dartmouth Publishing Company Limited, 1996, p.17-25.

(2) 추상물과 유체물(유형재산)의 관계

로마법에서 무체물은 사람들이 주관적으로 만들어 낸 것이지만, 물질화 재산 체계에서는 이러한 추상적인 실체에 대해서도 물리적으로 존재하는 물체와 동일한 해석과 설명의 방식을 취하였다. 즉, 무체물은 실체를 대상으로 하는 재산권이자 유체물과 연관된 추상물이다. Drahos는 이 현상을 '사물 유사성'(thing likeness)이라 불렀다. 즉, 무체물과 유체물, 물질화 자산의 유사성과 연관이 있다. 지식제품으로서 추상물도 유형재산물과 밀접한 관련이 있어 Drahos는 이에 대해 두 가지 분석을 하였다. 첫째, 추상물은 물리적 세계에 존재하지 않으나 표현방식을 통해 형체화 할 수 있다. 이것은 추상물의 형태적으로 중요한 특징이다. Drahos에 의하면, 한 사람이 어떤 지식재산권을 향유하고 있을 때 권리객체에 대하여 구체적인 설명을 해야 한다고 말했다. 설명하는 방식은 여러 가지인데, 공식적인 절차(예: 특허, 등록)가 될 수도 있고 비공식 절차(예: 영업비밀)가 될 수도 있다. 이러한 설명의 결과는 실질적인 표현형식을 통해 물리적 형식을 갖춘 실체가 생성된다. '표현할 수 있는 것은 추상적'인 것이고, '실제 표현되는 것은 유체물'이다.[75] 둘째, 추상물은 관련된 유체물의 통제를 통해 재산적 의미를 갖는다. 비물질적 추상물은 반드시 객관적인 표현형식이 있어야 한다. 이는 해당 물체가 법적 보호를 받기 위한 선제조건일 뿐만 아니라 지식노동자가 추상물을 재산적 이익으로 실현하는 과정이기 때문이다. Drahos는 예술가, 저작자 그리고 발명가는 생존을 위해 무체재산을 유체재산으로 반드시 바꿔야 한다고 주장한다. 일단 무체물의 재산권이 법적으로 인정되면 유형세계에서 물질적인 재산관계를 규제하는 것이 더욱 중요해진다.[76] 그 의미는 주로 다음과 같이 나타난다. 추상물은 물질적인 재산의 무한한 종류와 양을 확보하는 원천이 되고 이것은 모두 재산 소유자가 누린다. 또한 추상물은 자신의 물질적인 형태를 다시 형상화하고 독점권을 부여함으로써 이러한 통제를 실현할 수 있다.

(3) 추상물과 지식재산권 제도

지식재산권은 추상물에 기반하여 생성된 일종의 독점적 성격을 가진 재산권이다.

75) See Peter Drahos, A Philosophy of Intellectual Property, Dartmouth Publishing Company Limited, 1996, p.17.

76) Peter Drahos, A Philosophy of Intellectual Property, Dartmouth Publishing Company Limited, 1996, p.22.

Drahos는 근대 영국법에 대한 분석을 통해 지식재산권 제도가 존재하는 정당한 이유에 대해 언급하였다. 그에 따르면, 개개인은 반드시 노동을 통해 생존할 수 있고 발명자, 저작자와 기타 사람들도 마찬가지로 보수를 받을 권리가 있다. 그러나 이런 보수는 단순한 일시적인 특허권에 불과하고 이 범위를 초과하는 이익은 타인의 노동을 침해하고 그 국가의 기본법을 위반하게 된다. 요컨대, 한 발명가 또는 한 저작자는 타인보다 높은 어떤 일시적인 이점만을 기대할 수 있으며 이러한 이점은 바로 특허권이다.[77] Drahos는 이 특허권을 절대 넘을 수 없다고 말했다. 그것은 다음과 같은 결과를 초래할 수 있기 때문이다. 첫째, 타인의 자유에 위태롭게 할 수 있다. 개인에게 추상물에 독점적인 권리 설정을 허가하게 되면 사회에서는 일종의 '사람-의존관계'(person- dependent relationship)가 형성되기 마련이다. Drahos의 분석에 따르면, 한 개체의 독점적인 힘이 증가되면 다른 사람의 소극적 자유에 영향을 미치게 된다. 즉, 간섭 받지 않는 권리가 위험에 처할 수 있다. 한마디로 재산이 추상물에까지 확대될 때 이해충돌이 발생할 수 있다는 것이다. 예를 들어, 농부가 벼를 재배하기 위해 씨앗이 필요하다면, 만약 이러한 씨앗이 특허권 또는 식물 신규품종권의 대상이라면, 농부가 이 씨앗을 사용하기 위해 사전에 해당 추상물 소유자의 동의를 얻어야 한다는 것을 설명한다. 이렇게 하면 물질적 의존관계에 인적 의존관계가 추가되는 것이다. 이에 따라, Drahos는 다음과 같은 판단을 내린다. 만약, 대중이 필요로 하는 어떤 자원이 추상물로서 권리자에 의해 통제될 때, 자원 의존관계 외에도 공식적이고 합법적인 인간 의존관계가 추가될 수 있다.[78] 이에 대해 Drahos는 추상물과 재산권 사이에 확립된 법적체계에 대해 우려했다. 만약 시민사회가 독점권을 제한없이 추구한다면 추상물 이용 중에 내재된 인간 의존관계가 위험해질 수도 있다. 즉, 이러한 재산권 제도는 사회공동체에 자유를 부여하는 것이 아니라 자유를 제한한다. 이러한 의미에서 Drahos는 '지식재산권은 자유를 해치는 특혜권[79]'이라는 결론을 내렸다. 둘째, 분배의 정의를 위협한다. 지식재산권의 독점성은 추상물 소유자가 동일한 추상물을 재현하는 물질적 대상을 끊임없이 통제할 수 있을 뿐만 아니라, 추상물 소유자가 더 많은 추상물을 통제하도록 유도한다. 이 두 가지 경우는 소수의 사람들이 사회가 보편적으로 의존하는

---

77) See Peter Drahos, A Philosophy of Intellectual Property, Dartmouth Publishing Company Limited, 1996, p.32-33.

78) See Peter Drahos, A Philosophy of Intellectual Property, Dartmouth Publishing Company Limited, 1996, p.159

79) Peter Drahos, A Philosophy of Intellectual Property, Dartmouth Publishing Company Limited, 1996, p.5.

자원을 획득하기 위해 추상물의 재산권 체계를 이용하도록 유도할 수 있다. Drahos에 의하면 분배정의 관점에서 독점적 권리의 범위는 제한되어야 한다.[80] 권리 확장은 사회적 분배의 불균형을 초래하는 것으로 이것은 Drahos가 현대 사회의 경제적 분석에 근거하여 얻은 경험적 결론이다. 그는 일부 기술분야에서 일부 추상물을 소유하려면 고급기술능력과 대규모 자금 투자가 필요하다고 생각한다. 이러한 추상물이 사회에서 보편적으로 의존하는 중요한 자원인 경우, 해당 추상물의 소유자는 거대한 '위협 권리'(threat power)를 지닌다는 것을 의미한다. 추상물 독점을 기반으로 한 '위협적 권력'은 법이 방패가 되는 권리형태다. 사회가 추상물에 대한 재산권을 창조했을 때 우리는 이러한 상황에 직면하게 된다. 대량의 '위협적 권력'이 소수의 손에 집중된 상황이다.[81] Drahos의 관점은 추상물에 대한 독점권리는 개인으로 하여금 권력 파벌적 경향과 위험 정도를 강화하기 때문에 이러한 권리범위를 엄격하게 제한하거나 일부를 폐지할 필요가 있다고 본다.[82] 요약하자면, Drahos의 '추상물' 철학이론은 지식재산권 객체의 기본 속성을 이해하고 무형재산과 유형재산의 관계를 분석하며 지식재산권 제도의 사회적 기능을 탐구하는데 새로운 시각을 제공하였다. 그의 저서에서 "개인 재산에 대한 정당한 이유를 찾는 노력은 존재하지 않는다."며 반대로 지식재산권이 '위협적 권력'을 발생시킬 수 있어 이는 불균등 분배의 '리스크'를 초래할 수 있다고 강조했다. 물론, 이러한 이유로 지식재산권 제도의 존재를 부정할 수 있는 이유가 될 수 없을 뿐만 아니라 그 또한 그런 의도가 없다고 밝혔다. 그러나 위의 분석을 통해 우리는 지식재산권 보호의 현 상황에 대해 돌아볼 필요가 있다고 본다. 그리고 이를 토대로 지식재산권법의 균형과 공익 목표를 확립할 필요가 있다. 이것은 분명히 Drahos의 철학적 사고가 가져온 유의미한 교훈이다.

근, 현대 사상가들은 지식재산권 제도를 형이상학적인 철학적 세계를 구축했다. 형이상학은 일종의 철학적 분석도구로서 경험과 감각범위를 넘어선 사물의 본질 및 유래 문제를 연구 대상으로 한다. 경제학자들의 '비용 효율성'에 관한 실증연구와는 달리, 철학자들은 추상적인 사고 변별적 방법으로 지식재산권 제도의 일반적인 문제에 대해 대답

80) See Peter Drahos, A Philosophy of Intellectual Property, Dartmouth Publishing Company Limited, 1996, p.5.

81) See Peter Drahos, A Philosophy of Intellectual Property, Dartmouth Publishing Company Limited, 1996, p.161-163.

82) See Peter Drahos, A Philosophy of Intellectual Property, Dartmouth Publishing Company Limited, 1996, p.5.

했다.

첫째, 지식재산의 무체성에 관한 특징이다. 법에서 지식재산을 인정하는 것은 재산개념이 구체성에서 추상성으로의 전환을 상징한다. 사람들은 더이상 재산을 유체물에만 국한하지 않고 수많은 외부형태가 없는 다양한 재산까지 확대하였다. 이것이 바로 재산의 추상화와 비물질화이다. 재산의 비물질화는 이미 로크 시기부터 큰 주목을 받았다. 로크는 그의 저서『정부론』에서 '재산'이라는 개념을 다음과 같이 표현했다. 좁은 의미의 '재산'은 개인이 소유한 물질적 재산을 의미하며, 'possessions', 'estates', 'fortunes', 'goods'와 같은 용어로 표현한다. 그러나 넓은 의미의 '재산'은 'property'로 불리며 물질적 재산뿐만 아니라 인간의 심신, 생명, 자유, 심지어는 노동과 행동 규범까지 포함한다. 이것은 인간이 소유한 총합으로 심신과 물질적인 것, 이 두 가지 방면의 내용 및 유형적인 것과 무형적인 것 두 가지 형태를 포함한다.[83] 반면, 칸트와 헤겔 두 명의 독일 철학자의 경우, 재산권은 의지 및 인격과 관련이 있고 물체의 소유는 자유의지의 외부화 결과에 불과하다고 했다. 이는 지식재산이 추상적 재산이라는 인식과 매우 근접하다. 칸트는 지식재산권에 대한 간단한 논의는 주로 저작권 작품에 관한 것이다. 그는 작품이 저작자의 사상과 인격의 표현이라고 강조하며 지식재산을 보호하는 권리는 저작자의 인격적 권리를 보호하는 것과 다를 바 없다고 했다.[84] 어느 정도 작품은 그저 임의의 상품이 아니라 한 사람 즉 저작자의 연장선이고 작품은 인격의 반영이다.[85] 여기에서 칸트는 저작자 인격의 지적 성과와 전통적인 물리적 재산을 구분했다. 헤겔은 물질적 존재와 지식제품의 차이점에 대해 주목하여, 후자를 '정신적 매개체를 통해 물질적으로 변화된 것'이라고 불렀다. 여기에는 정신적 기능, 과학지식, 예술 및 발명품 등이 포함된다.[86] 이러한 정신적 생산물에는 외부 '기준'을 마련해야 다른 사람들에게 인식되고 거래 대상이 될 수 있다. 그러므로 이러한 생산물은 처음부터 직접적인 것이 아니며, 정신적 매개체를 통해 내재적인 것을 직접적인 것과 외부적인 것으로 낮추어 직접적인 것이 된다. 물론, 현대학자 Drahos의 '추상물'이론이 훨씬 더 현대법적 관점에 부합한 법의 흐름이라 볼 수 있다. 추상물은 존재하는 가상범주이며 사람들이 주관적으로 만든 것이다. 이 기본 범주는 로마법의 무체물에서 비롯되었지만, Drahos는 제도 제품과 구별되는 새로운 의미를 부여하였다. 즉,

83) 参见梅雪芹 : <关于约翰·洛克"财产"概念的一点看法>, 载 <世界历史>, 1994(6).
84) 参见曲三强 : <传统财产理论与知识产权观念>, 载 <知识产权研究>, 西安, 西安交通大学出 版社, 2002
85) 参见刘春田、刘波林 : <著作权的若干理论问题>, 载 <法律学习与研究>, 1987(2).
86) 参见 [德]黑格尔: <法哲学原理>, 范扬、张企泰译, 第43节附译, 北京, 商务印书馆, 1961.

추상물은 지식제품으로서 지식재산권 관계를 매개하는 재료이다. 철학자들은 재산형태의 변화에 주목하여 이제 재산의 범위를 모든 물질적 및 비물질적 대상까지 확장하였다. 그러나 모든 이익, 기회, 자격 등을 재산화하고 상품화하며 사회적 권리, 인격권 등을 재산권과 동등시하는 것은 적절하지 않다. 왜냐하면 너무 광범위한 재산관은 비물질적 재산의 과학적 기초를 뒤흔들 수 있기 때문이다. 결론적으로, 지식재산을 비물질적 재산으로 이해할 수 있지만 비물질적 재산의 범위는 엄격하게 제한되어야 한다.

둘째, 지식재산권의 타당성에 대한 이유이다. 지식재산권 제도 구축의 사회적인 동인으로는 과학기술과 상품경제 발전의 결과이고 제도적인 면에서는 법률혁명과 혁신의 산물이다. 지식재산권 제도의 타당성에 대해 철학가들은 서로 다른 해석을 내놓았다. 경제학 영역에서 로크, 스미스부터 마르크스까지 각각의 '노동가치이론'을 내세웠다. 그들의 저서에서는 대부분 물질 생산과 유형상품을 다루지만, 이러한 이론은 지식재산권의 본질과 타당성을 논증할 때 특별한 이론적 근거를 갖고 있다. 반면에, 법철학 영역에서, '사회공의이론'과 '재산인격이론'은 지식재산권 제도의 타당성을 탐구하는 다른 시각을 제시해 주었다. 루소는 재산권의 근거를 주권자(국민) 의사를 반영하는 사회적 공의에 귀결시켰다. 법은 사회적 공의의 기록이며 정의는 재산권의 법칙이다. 루소의 '사회공의이론'에 따르면, 지식재산권 제도의 타당성을 구현하는 방법 중 하나는 권리 독점과 지식 공개 사이에 계약 대가관계를 실현하는 것이다. 서양국가의 일부 학자들에 따르면, 지식재산권 제도를 생성하는 사회적 조건은 지식제품 소유자가 자신의 작품과 발명을 공개하여 일반대중이 그 중에 전문지식을 이해하도록 하는 것이며, 대중은 일정 기간 동안 지식제품 소유자가 전문지식을 소유하는 것을 인정해야 한다. 이것은 국가적인 형태로 나타난 사회와 지식제품 소유자 간에 체결된 특별한 계약이다.[87] 이렇게 해야만 모든 사람들이 더 많은 부와 안전을 누릴 수 있게 될 것이다. 철학자들은 이러한 협상을 거쳐 최종적으로 이루어진 협약을 '사회계약'이라고 부른다. 이는 사회생활의 기본규정을 확립하기 때문이다.[88]

헤겔의 '재산인격' 이론은 로크의 '노동가치이론'과 상호보완적이다. 이는 지식재산권의 타당성이 '인격'면에서든 '노동'면에서든 도덕적으로 수용 가능하다는 것을 의미하기

---

87) 参见 [苏]E.A.鲍加特赫等 : <资本主义国家和发展中国家的专利法>, 载 <国外专利法介绍>, 第1册, 北京, 知识出版社, 1980, 12页.

88) 参见 [美]罗伯特·考特、托马斯·尤伦 : <法和经济学>, 张军等译, 上海, 上海三 联书店、上海人民出版社, 1994, 132页.

때문이다. 철학의 기본 범주에서 인격은 '자아', '유일한 존재'로 표현될 수 있다. 인격은 인간의 자격이다. 인간의 자격은 사람이라는 개체가 자신의 의지를 실천하는 자격이다. 법적 주체가 주체가 되는 이유는 인격 때문이기도 하지만 궁극적으로는 의지가 있기 때문이다. 법철학적 의미에서 인격은 의지의 법적 지위이며 본질적으로 의지의 존재 자격이다.[89] 헤겔은 이러한 의지-인격("인격은 자유의지이다")의 형이상학 체계에서 그의 재산관을 묘사했다. 헤겔은 자유의지란 주로 사유재산의 소유권을 통해 표현된다고 강조했다. "절대적 자유를 실현하는 것은 의지의 임무이다." "의지의 임무는 여러 단계를 거쳐 완성될 필요가 있다." "최초의 단계에서 의지는 인격의 형태로 나타난다." "인격은 세상에서 특정하고 구체적인 존재 형태를 얻기 위해 필요하다." "이 구체적인 존재 형태는 사물의 사용을 통해 생겨났다." "사물의 범주에는 지적 자원, 학식 및 예술적 기술이 포함된다." 위에서 설명한 지적 구조는 "일단 외형화 하면 법적으로 점유 가능한 물건이 된다."[90] 위에서 설명한 헤겔의 이론들은 재산권(지식재산권 포함) 존재를 지지하는 관점으로 볼 수 있다. 위에서 언급된 복잡한 철학적 언어 속에서 헤겔은 간단한 의미를 전달하고 있다. 재산권은 개인의 생존에 필수적이다. 더 나아가 지식제품에서 '네 것' 과 '내 것'을 확실히 구분하는 재산권은 인격이 자유로운 개인 실체나 특성으로써 존재하기 위해 구별해야 할 뿐만 아니라 개인이 세상에서 생존하기 위해 필요한 제도 형태이다. 헤겔의 인격이론은 정신적 소유권의 타당성을 논증하는 학설일 뿐만 아니라 근대 유럽 대륙의 지식재산권 제도의 창설에도 직접적인 영향을 미쳤다.[91]

셋째, 지식재산권법에 관한 공익적 목표이다. '공공이익'의 개념은 로마에서 유래된 것으로 고대로마 사상가 시세로스의 말을 빌리자면, "공공이익은 최고의 법"이다. 지식재산권 제도에 공익원칙을 설정하는 것은 지식재산의 사권성을 부인하는 것이 아니라 개인독점권리와 사회공공이익 간의 균형을 강조하기 위해서이다. 따라서 철학가들은 다양한 해석을 내놓았다. 루소는 정의 이념을 그의 재산관에 포함시켰다. 그에 의하면 소유권의 확립은 재산이 존중되고 보호받는 사회질서를 구축하는데 있고 이는 정의법칙에 부합한다. 재산권 제도는 하나의 공정한 약정이다. 이는 모든 사람에게 공통으로 적용되기 때문

89) 参见李锡鹤 : <民法哲学论稿>, 上海, 复旦大学出版社, 2000, 22页.

90) c.f. Peter Drahos, A Philosophy of Intellectual Property, Dartmouth Publishing Company Limited, 1996, pp.7582.

91) 近代大陆法系国家将 "人格价值观"作为其著作权立法的哲学基础, 并建立了与英国"版权法"体系不同的 "作者权" 体系. 参见 [日] 阿部浩二 : <各国著作权法的异同及其原因>, 载 <法学译丛>, 1992 (1).

이다. 재산권 제도의 본래의 공정성을 보존하기 위해 법에서는 전체 구성원의 공동이익을 근거로 삼아야 한다. 헤겔은 정신적 생산과 지식전파의 시각에서 그의 재산권 이념을 설명하였다. 그는 '우리만의' 정신적 산물이 일단 외부화 되면 다른 사람들에 의해 재생산될 가능성이 있으나, 이것은 문제가 될 것이 아니라 오히려 긍정적인 일이라고 생각했다. 외형화 된 지식제품의 점유를 통해 더 많은 새로운 지식제품을 생산할 수 있기 때문이다. 지식제품 생산의 목적은 타인에게 인정받아 타인의 학습에 귀감이 되는 것에 있다. 지식의 사회적 계승과정에서 '보편적으로 인정받는 사상'은 변형되어 새로운 개인의 형식을 부여하게 된다. 어떤 지식형태가 여러 세대 개개인에 의해 사용, 전파되는 것은 다른 사람들의 이익을 증진시킬 수 있다. 인류 지식의 발전과정 속을 들여다보면 헤겔은 한 개인이 지식형태에 대한 권리를 주장하는 방법에 대해 '보편적으로 확정된 원칙'이 존재하지 않는다고 보았다. 경험에 비추어 볼 때, 그는 지식체계에서 법의 경계선을 확정하고 어떤 지식의 공유물(즉, '공공분야')을 설정하는 것은 타인, 후대의 학습 수요를 보장하는데 도움이 된다고 주장한다.[92)]

헤겔은 과학과 예술을 발전시키는 최선의 방법은 과학자와 예술가의 지식제품이 도난당하지 않도록 보장하는 것이라 강조했다. 그러나 동시에 지식 공유체로서 지식 공유물을 중요시해야 한다는 주장도 했다. 따라서 헤겔의 지식재산권 이념에는 명확한 공익사상이 포함되었다는 것을 쉽게 알 수 있다. Drahos는 그의 저작에서 직접적으로 지식재산권법의 공공이익 원칙을 서술하지는 않았지만 추상물에 지식재산권을 설정하는 결과를 설명하였다. 그는 지식재산권의 존재가 합리적이라는 것을 인정하면서도 불완전한 사회에서 이러한 체제를 설정하는 것이 부작용을 일으킬 수 있음을 우려했다. 즉, 개인적인 독점권의 증가는 물건의 종속관계를 발생시키는 동시에 인간의 종속관계도 발생시킬 수 있다는 것이다. 권리의 범위에 제한을 가하지 않는다면 분배의 불균형을 일으킬 수 있기 때문이다. Drahos의 경고는 분명히 지식재산권 체계에서 균형정신과 공익원칙을 확립해야 한다는 주장을 내포하고 있다. 공익원칙과 법률체제의 관계에 대해 현대 미국의 법철학자인 에드거 보든하이머(埃德加·博登海默)는 더욱 정교한 논의를 했다. 그는 '공동 복지'라는 학술용어가 어디에서나 사용되는 개념적 도구라고 생각하며 외부와의 경계를 표시하기 위한 개념이라고 했다. 개인 권리를 분배 및 행사하는 것에는 반드시 이 한계를

92) See Peter Drahos, A Philosophy of Intellectual Property, Dartmouth Publishing Company Limited, 1996, pp. 75-82.

넘어서는 안 되며 국민 전체가 심각한 손해를 입는 것을 방지하기 위함이다. 그는 개인 권리와 사회복지 사이에 적절한 균형을 갖추어야 한다고 주장한다. 개인 권리의 실현은 인격의 필요와 경향에 깊은 뿌리를 두고 있지만 권리를 어느 정도 제한하는 것도 공공의 이익을 위해 필요하다.[93] 위의 관점은 비록 공익원칙과 일반적인 법률 정의에 대한 것이지만 지식재산권 제도의 가치 목표와 기능적 역할을 이해하는데 시사하는 바가 크다.

93) 参见 [美] 埃德加 · 博登海默 : <法理学－－法哲学及其方法>, 邓正来、姬敬武译, 北京, 华夏出版社, 1987, 296~297 页.

제12장
지식재산권 제도의 문화적 분석

지식재산권 문화는 포용성, 개방성, 다원성을 가지고 있는 일종의 법문화이며 개인중심, 자유로운 정신, 이성 추구를 지닌 사법(私法)상의 문화이다. 지식재산권 문화는 협의의 의미와 광의의 의미로 구분할 수 있는데, 협의로는 관념적 문화와 제도적 문화로 구성되고, 광의로는 특별히 의식적 차원의 문화를 의미한다. 미국학자 와인버그(Lee S. Weinberg) 등의 견해에 의하면, 법문화는 법률제도와 법률기관을 대하는 사람들의 태도, 이념, 평가, 사상과 기대라고 한다.[1] 구체적으로 말하면, 지식재산권 문화는 바로 지식재산권 현상에 관한 사람들의 의식과 행동패턴에 대한 총칭이다. 본 장에서는 이러한 법적 개념을 통하여 서구 지식재산권 법률제도의 문화적 토대를 탐구하고 중국 지식재산권 법률의 문화적 요구를 분석하여, 현대 지식재산권 문화의 변화와 새로운 개념 정립에 대하여 필자의 견해를 제시하고자 한다.

Ⅰ. 서구 지식재산권 법률구조의 문화적 토대

서구 국가들의 지식재산권 제도는 중세 말기의 '봉건적 특허권'으로부터 자본주의 초기의 '사적 재산권'에 이르기까지 수백 년에 달하는 잉태(孕育)의 과정을 거쳐 왔다. 사회전환이 급속도로 진행되는 가운데 정치, 경제, 과학기술, 사상 등의 발전과 변화는 이러한 새로운 법률제도가 형성되는 계기가 되었다.

문화와 법률은 함께 생겨난다. 지식재산권 제도는 지식재산권 문화의 물리적 결정체이

1) 参见刘作翔 : <法律文化理论>, 36页, 北京, 商务印书馆, 1999.

고 지식재산권 문화는 지식재산권 제도의 사상적 기초가 된다. 14세기부터 16세기까지 서구 부르주아 계급이 이끌었던 르네상스 운동은 고전학술과 예술부흥을 구호로 삼아 몽매주의, 종교신학을 반대하고 고대 그리스의 과학문화를 계승 · 이용하여 인문주의를 중심으로 하는 새로운 사상을 제창하였다.[2] 르네상스에서 제기한 새로운 문화가치의 이념은 자본가계급으로 하여금 한편으로는 과학기술을 물리적 무기로, 다른 한편으로는 사적 재산권 제도를 법률의 무기로 삼도록 하는 문화적 사상을 제공하였다. 17세기부터 19세기까지는 서구 국가들의 지식재산권 제도가 잇달아 제정되고 형성된 시기이다. 제도의 혁신은 법 관념의 진보에 달려있다. 창작자가 자신의 지적 성과에 대하여 개인적 권리를 향유하고 자의로 지적재산을 처분할 수 있는 것이 자산계급의 혁명시기에 형성된 현대 지식재산권의 개념이다. 이 시기 지식재산권 제도의 입법 문서를 살펴보면, 개인의 자유와 권리를 존중하고 인간의 이성을 추구하는 자연법학파의 가치 관념이 그 행간에 담겨 있음을 알 수 있는데, 이것이 바로 지식재산권 법률구조의 인문적 기초와 정신을 나타내는 것이다.

1. 개인주의 (individualism) 정신

"개인주의는 다양한 사상, 관점과 학설을 포함하고 있는데 그들의 공통된 요소는 모두 '개인'을 중심으로 하고 있다는 것이다. '집단'과 상반되는 '개인'은 다양한 방식으로 표현할 수 있다".[3] 연구적 시각과 개념 규정의 관점에서 볼 때, 개인주의는 가치론적 개인주의와 방법론적 개인주의로 나눌 수 있다.[4] 가치론적 의미의 개인주의는 개인적 권리에 관한 주장과 관련된다. 구체적으로 말하면, 개인의 자유와 권리를 강조하고 개인을 가치를 중심으로 삼는 의식 체계를 말하며, 개체와 단체 또는 개인과 사회의 관계에 있어서 개인 또는 개체가 의심할 여지없이 우선이고, 단체 또는 사회는 단지 개체의 자유와 권리를 보장하는 수단 또는 도구일 뿐이라고 여긴다. 개인주의의 가치관이 바로 사회와 정치 이론 중의 '원자론'이다. 이 이론은 사회는 개체들로 구성되고 주로 개인의 목표달성에

2) 参见王哲：<西方政治法律学说史>, 85~86页, 北京, 北京大学出版社, 1998.

3) [英] 戴维 · 米勒、韦农 · 波格丹诺编：<布莱克维尔政治学百科全书>, 邓正来译, "个人主义" 条目, 353~354页, 北京, 中国政法大学出版社, 1992.

4) 关于个人主义价值论与个人主义方法论的分类, 可参见易军：<个人主义方法论与私法>, 载<法学研究>, 2006(1).

중점을 두며, 개인 및 그 권리에 대하여 우선권을 부여하고 이러한 개인의 권리는 그 어떠한 특정 형태의 사회생활보다도 우선한다고 여긴다. 이 관점은 17세기경에 나타났으며 홉스와 로크의 '사회계약론'과 그 후의 공리주의 학설에도 반영되어 있다. '원자론'은 철학의 전통에 뿌리를 두고 있을 뿐만 아니라 경제학에서도 의미를 갖는다. '점유적 개인주의'는 '개인이 본질적으로 자기 자신 또는 그 능력의 소유자' 라는 개념에 기초한다.[5] 반면에, 방법론적 개인주의는 '사회적 존재로서의 개인이나 개인 행동에 대한 사회적 성격을 강조'하고, 이에 대해 연구를 진행하는 일종의 사회이론이다.[6] 구체적으로 말하면, 이 이론은 개인을 그 학문분야의 기점과 기본 연구단위로 하여 한 사람의 행위에 대한 분석을 통하여 그 학문분야의 일반 원리 및 규율성 문제를 분석하는 것이다. 방법론적 개인주의는 해석에 관한 학설이다. 사회과학이나 역사에서 이러한 해석 방법은 기초이자 초석이다. 개인에 관한 사실이나 그 특징에 대한 표현 즉 그들의 품격, 목표, 신념, 행위는 궁극적으로는 '개인'적인 술어로 설명될 수 있어야 한다.[7] 로크, 흄(David Hume), 스미스(Adam Smith), 하이에크(Friedrich Hayek)가 주장한 개인주의 방법론은 철학, 정치학, 경제학, 법학 등 일련의 영역과 관련되어 있다. 하이에크는 우선 개인주의의 본질적인 특징은 사회이론이라고 인정하였다. 그것은 우리가 경제생활을 이해할 수 있는 기초를 이루었을 뿐만 아니라 이후에 대부분의 사회현상들을 이해할 수 있는 기초를 이루었고 이것은 고전 정치경제학의 위대한 발견이다.[8]

가치론적 개인주의와 방법론적 개인주의는 사회이론의 연구에 있어서 개념과 시각의 차이가 존재하지만 기본개념과 주요내용은 일치한다. 사법의 영역에서 근대 개인주의 가치관은 여전히 근대 민법의 기준의 되는 관점이다. 헨리 메인(Henry James Summer Maine)은『고대법』이라는 저서에서 고대법에서 근대법으로의 전환에 대하여 두 가지 기본적인 판단 기준을 제시하였다. 하나는 신분에서 계약으로, 다른 하나는 가족에서 개인으로 전환되었다고 한다.[9] 근대 사상가들은 개인중심의 확립을 '인간의 발견' 또는 '인간의 해방'으로 칭하였다. 그러나 방법론적인 의미에 있어서 개인주의 또는 개체주의 분

---

5) 刘作翔 : <法律文化理论>, 36页, 北京, 商务印书馆, 1999.

6) 参见邓正来 : <哈耶克方法论个人主义的研究>, 载[英] 冯 · 哈耶克 : <个人主义与经济秩序>, 邓正来译, 24页, 北京, 三联书店, 2003.

7) 参见[英] 戴维 · 米勒、韦农 · 波格丹诺编 : <布莱克维尔政治学百科全书>, 邓正来译, "个人主义" 条目, 353～354页, 北京, 中国政法大学出版社, 1992.

8) [英] 冯·哈耶克 : <个人主义与经济秩序>, 邓正来译, 12页, 北京, 三联书店, 2003.

9) 参见 [英] 梅因 : <古代法>, 沈景一译, 96～97页, 北京, 商务印书馆, 1984.

석 모델은 사법적인 운영에 있어서 현재까지도 현실적인 의의를 지니고 있다. 이는 "사법 대 개인, 사익, 사권, 사적자치, 사적책임 등을 강조하는 것으로 전부 방법론적인 개인주의의 직접적인 요구"를 의미한다.[10)]

개인주의 의식은 근대 사법구조의 문화적 토대이다. 필자는 이를 토대로 개인주의 의식이 근대사회의 사법관계에서 나타난 기본적인 특징들을 요약한다. 첫째, 인간은 독립적이며 자유로운 개체이다. 근대 사회에서 모든 사람은 독립적이고 신성하며 국가도 개인들로 이루어져 있고, 법인 역시 개인의 집합체이다. 그러므로 사법영역에서 사람과 사람 사이에는 종속관계가 존재하지 않는다. 이 특징을 토대로 근대 민법의 첫 번째 원칙 즉 '인격 독립의 원칙'이 생겨났다. 둘째, 사람과 사람은 평등한 법적 지위를 가지고 있으며, 어떠한 개인도 타인의 지배를 받지 않는다. 일부 학자들이 말하는 바와 같이, 근대 사법관계의 기초는 봉건적 가족제도의 해체에 기초하여 형성된 평등한 인간관계이고, 자연경제의 쇠퇴에 기초하여 형성된 상호 교환성의 상품관계이다.[11)] 이러한 특징을 토대로 근대 민법의 두 번째 원칙 즉 '권리평등의 원칙'이 생겨났다. 셋째, 사람과 사람 사이의 사적 관계는 간섭을 받지 않는다. 근대 사회에서 사적 관계에 영향을 미치거나 지배하는 힘은 국가와 법률밖에 없다. 개인들 간의 관계는 국가가 되도록이면 관여하지 않고 오히려 보호하려 한다. 사법관계의 존중과 보호는 근대 민법의 세 번째 원칙 즉 '사법자치원칙'을 탄생시켰다.

지식재산권은 본질적으로 사권의 범주에 속한다. 서구사회는 자유자본주의를 기초로 하여 지식재산 보호 법률의 토대를 마련하였기에 개인주의 의식이 베어 있기 마련이다. 지식재산권은 개인 재산권의 일종이며 결코 군권신수(君权神授)의 결과가 아니라 저작자와 발명자의 창조활동을 근본으로 한다. 근대 지식재산권의 입법은 이러한 권리를 공법영역에서 사법영역으로 전환시켰고, 특허 독점권에서 법률 규정에 따른 양도 가능한 지식재산권으로 전환시켰는데, 이는 로마법이래 재산 영역에서 나타난 비물질화 혁명이라고 할 수 있다.[12)] 동시에 지식재산권은 또한 '개인의 권리'이기도 하다. 여기에서 개인의 권리란 지식재산권은 특정한 민사 주체가 향유하는 것이며, 특정인이 향유하는 사적인 권리를 의미하는 바 즉 모든 사람이 함께 향유하는 공적인 권리가 아니다.[13)] 개체는

10) 易军：<个人主义方法论与私法>, 载<法学研究>, 2006(1).

11) 参见梁慧星：<从近代民法到现代民法>, 载<中外法学>, 1997(2).

12) 参见吴汉东：<财产的非物质化革命与革命的非物质财产法>, 载<中国社会科学>, 2003(4).

13) 科研奖励制度意义上的发明权、发现权, 并非私人产权, 而是以非市场机制的奖励制度来换取社会对科

시민 사회의 기본 구성요소로서 독립적 인격을 가진 권리향유자이다. 근대 저작권 입법에서 비록 영국의 <안나법령(Queen Anne Act)>은 저작자와 출판사를 보호한다고 규정하였지만, 출판사의 권익은 파생적인 권리이지 근원적인 권리는 아니었다. 프랑스의 저작권법은 저작자를 중심으로 그 지위를 높이 인정하면서, 저작자 즉 자연인과 저작자 즉 제1저작권자에 대해 상세하게 규정하였다.

2. 자유주의 정신(liberalism)

자유주의는 근대 서구 국가와 유럽 문화의 영향을 받은 일부 나라에서 가장 널리 유행하고 또 가장 큰 영향을 끼친 사유방식이다.[14] 자유의식은 고대 그리스와 로마의 도시국가 생활로 거슬러 올라간다. 키케로부터 아리스토텔레스에 이르기까지 모두 고전적 의미의 시민사회 즉 '합법적으로 정의된 법률체계 아래 형성된 자유롭고 평등한 시민사회의 윤리 정치적 공동체'를 묘사한 바 있다.[15] 자유주의는 도시국가 생활의 정신적 지주인데, 그 기본 특징은 도시국가란 자유인의 공동체로서 시민의 권리를 기초로 하며, 모든 사람은 타인의 노예가 아니라 자기 자신이 주인이라는 것이다. 법률은 도시국가의 생명과도 같으며 자유시민의 자발적인 지지를 받는다. 도시국가의 사명은 바로 모든 사람의 자유에 대한 요구를 최대한 만족시키는 것이다. 여기서 주의할 부분은 고대 그리스와 로마의 자유의식의 형성은 자유 시민의 신분에 근거한 것이지, 근대적인 의미의 개성의 자유와 해방에 근거한 것은 아니라는 점이다.

중세시대의 기나긴 세월 속에서 자유의식은 유럽국가들 사이에서 지속적으로 전파되었다. 정치적인 측면에서 볼 때, 사람들은 법과 정부가 각각 독립적으로 존재하며 법은 정부 위에 존재한다고 믿었다. 이러한 "법에 의한 자유" 또는 "법률 아래에서의 자유"(freedom under the law)는 일종의 자연법적 개념으로 여겨졌다. 그리고 경제적인 영역에서는 기독교 철학자들의 노력으로 자유주의적 정책 체계가 형성되었다.[16] 18, 19세기에

学成果的公共产权. 除 WIPO公约对发明权、发现权有宣示性规定外, 从近代到现代绝大多数国家立法例及国际公约都不将上述权利视为具有私权品性的知识产权.

14) 参见[英] 戴维 · 米勒、韦农 · 波格丹诺编 : <布莱克维尔政治学百科全书>, 邓正来译, "自由主义"条目, 415~418页, 北京, 中国政法大学出版社, 1992.

15) Jean L.Cohen ,Andrew Arato, Civil Society and Political Theory, Press of MIT, 1992, p.84. 转引自何增科 : <市民社会概念的历史演变>, 载<中国社会科学>, 1994(5).

16) 参见 [英] 冯 · 哈耶克 : <哈耶克文集>, 邓正来译, 56~57页, 北京, 首都经济贸易大学出版社, 2001.

이르러 자유의식의 발전은 서구 국가에서 극에 달하였는데, 실로 넓고 심오한 자유주의 사상과 이론체계를 형성하였다. 자유주의의 개념은 시간과 지역에 따라 다양한 형태로 나타난다. 예를 들어, 세속적 계급의 자유주의는 종교 세계의 자유주의와는 다르고, 홉스와 로크의 고전적 자유주의는 그린(Green), 홉하우스(Hobhous)의 신사회자유주의와 구별된다. 이 밖에 자유의식은 사상의 자유, 정치적 자유, 경제적 자유 등 여러 사회 영역에서도 표현된다.[17)]

근대 사법문화의 형성에서 자유주의 사상이 이룬 중요한 성과는 '인간의 발견' 즉 개성의 자유와 개인 능력의 발전과 개인의 주체적 지위에 대한 일련의 주장이다. 하이에크는 이탈리아『신세기 백과사전』에서 쓴 자유주의 항목에서 자유주의에 관한 법률 관념을 체계적으로 설명하였는데 다음과 같다. 첫째, 자유주의와 자연권리이다. 개인의 권리를 보장하는 것은 자유주의 헌정을 전제로 하며 자유주의 헌정사상은 자연권과 권력분립, 이 두 가지의 관념으로 표현된다. 즉, 개인이 박탈당하지 않는 권리 또는 자연권(예: 자유권, 재산권, 안전권 등)을 누릴 것을 주장하고 권력분립을 강조하며 어떠한 무제한적인 권력이나 주권적 권력도 반대한다. 둘째, 자유주의와 법률의 정의이다. 사법의 합리성은 일정한 정의관에 기초를 둔다. 자유주의는 정의의 교환에 대해서만 관심이 있고 정의의 배분에는 관심이 없다. 전자는 일종의 자연적 배분의 정의로서 자생적 질서에 기초한 자연적 배분 상태이지만, 후자는 일종의 사회적인 합리적 주장으로서 특정 권력 기구가 단일한 수요에 대한 명령을 내림으로써 형성된 강제적 배분 상태이다. 셋째, 자유주의와 평등이다. 평등은 주체가 사법관계에 관여하는 법적요건이다. 자유주의의 전통은 차별적인 대우를 반대하고 주체 간의 형식의 평등을 주장하는 것이다. 이러한 평등은 사법 관계에 참여하는 자유로운 선택이고 개인 권리를 취득하는 기회의 평등으로서 반드시 사법활동의 결과까지 같은 실질적인 평등일 필요는 없다. 넷째, 사상적 자유와 물질적 자유이다. 사상과 물질의 자유에 관한 주장은 사법 자치 원칙의 핵심가치이다. 사람들 간의 사상 교류를 촉진하는 것은 자유주의의 핵심 이념 중의 하나이다. 사상의 자유가 진보를 보장하고 나아가서 인간의 인지 능력을 제고시키는 것이 자유주의 정신의 목표이다. 이 밖에 경제 분야에서의 행동의 자유는 사람들의 행위목적의 실현에 필요한 수단(또는 자원)의 획득을 보장하는 것으로서 사상적 자유와 마찬가지로 중요한 의의를 가진다.[18)]

---

17) 参见 [英] 戴维·米勒、韦农·波格丹诺编：<布莱克维尔政治学百科全书>, 邓正来译, "自由主义" 条目, 415~418页, 北京, 中国政法大学出版社, 1992.

개인의 자유를 초석으로 하여 구축한 사법체계는 사법 자치 또는 의사 자치의 정신적 주장을 구현하였다. 사법 자치 원칙은 권리의 주체가 곧 의식의 주체이며, 일체의 민사행위는 모두 당사자 자신의 의사에 의해 결정되고 국가와 타인의 관여를 받지 않는다고 강조한다. 이 원칙은 제반 민사권리 제도에 일관되게 나타나 있는데, 구체적으로 재산의 자주(소유권제도), 계약의 자유(계약제도), 혼인의 자유(혼인제도), 유언의 자유(상속제도), 단체설립의 자유(법인제도) 등으로 표현된다. 사상의 자유는 자유주의 의식의 핵심 내용이며, 근대 지식재산권 법률을 구성하는 핵심 부분이기도 하다. 사상의 자유는 본래 정치적 권리로서 그 내용에는 창작의 자유, 학술의 자유, 예술의 자유, 언론의 자유, 출판의 자유 등이 포함된다. 사상의 자유는 비교적 이른 시기인 1789년에 이미 프랑스 인권선언에 등장하였다. 이 선언의 제11조는 다음과 같이 규정하고 있다. "사상과 의견을 자유롭게 전달하는 것은 인류의 가장 소중한 권리 중의 하나이므로 시민은 언론, 저술, 출판의 자유를 가진다." 미국의 헌법 제정자들은 '지식 보급, 공공 영역 보존, 창작자의 권리보호'라는 세 가지 지식재산권 정책을 제정하였다.[19] 위 헌법 문서의 규정들은 모두 사상의 자유의 의식적인 주장을 깊이 있게 구현하였지만, 봉건적 특허권 제도에는 이러한 사상적 자유의 의식적 내용이 부족하였다. 저작권 제도를 예로 들면 초기의 출판특권은 봉건국가의 심사제도와 밀접한 관련이 있었다. 유럽에서 인쇄업의 출현은 출판권의 허가를 촉진시켰을 뿐만 아니라 인쇄에 대한 정부의 통제와 심사를 촉발하였다. 당시의 봉건국가에서는 작품을 발표하기 전에 반드시 정부의 심사를 받아야 한다고 규정하였는데 심사를 거친 출판허가와 출판특권이 교묘하게 결합되어 있었다. 출판특권은 개인의 권리개념으로서 그 자체는 정치적 수요에 의하여 만들어진 것이 아니었지만 봉건전제주의라는 조건하에 사상 검열의 도구로 이용되었다. 「안나법령(Queen Anne Act)」의 출현은 봉건적 특허출판과 봉건적 도서검열제도를 없애 버리고, 작품의 전파를 촉진하고 사상적 자유를 보장하는 법률적 가치를 구현하였다.[20] 바로 이러한 교차점에서 재산의 의미를 가지는 지식재산권 원칙과 정치적 의미를 가지는 사상자유의 원칙이 근대 서구 국가의 헌법문서에 공존하게 되었다.

---

18) 参见 [英] 冯·哈耶克：<哈耶克文集>, 邓正来译, 48~49页, 北京, 首都经济贸易大学出版社, 2001.

19) See L.Ray Patterson, Stanley W. Lindberg, The Nature of Copyright : A Law of Users Right, The University of Georgia Press, 1991, pp.49-55.

20) 参见吴汉东：<著作权合理使用制度研究>, 修订版, 84~86页, 北京, 中国政法大学出版社, 2005.

3. 이성주의 정신(rationalism)

이성주의는 서구 법률문화의 중요한 내용과 특징으로서 가치적 이성일 뿐만 아니라 도구적 이성이기도 하다. 가치적 이성은 사회 정의의 기본 개념 중의 하나이다. '정의는 사회제도의 최고의 가치'이며,[21] 인간은 본질적으로 이성적인 동물이다. 이성은 일종의 전능한 힘이며 모든 인류는 이 이성의 힘에 의해 제약을 받는다. 자연과 이성에 부합되는 법이야말로 정의의 가치를 구현한 법이다. 도구적 이성은 사람들이 사회제도의 정의성을 평가하는 중요한 근거이다. 인간은 이성을 통하여 모든 사물의 본질을 발견할 수 있으며, 언어와 어휘와 같은 수단을 통해 지각된 본질을 구체화시킬 수 있다. 법학자는 도구적 이성을 통달해야만 완전하고 세밀하며 스스로 합리적이라고 여길 수 있는 법률제도를 구축할 수 있다.

사회이론의 연구에 있어서 '이성적'과 '합리적'이라는 용어는 서로 바꾸어 사용될 수 있는데, 그 이유는 모두 동일한 라틴어 어근인 "ratio"에서 유래하였기 때문이다. 인간의 믿음 및 행위의 속성으로서 이성은 사람들이 특정한 신념을 고수하고 그 신념을 지지하는 이유를 나타낼 뿐만 아니라 더 중요한 것은 '반대의견에 의해 그 신념이 재평가될 때, 신념을 이성적으로 고수하는 것'이라고 할 수 있다.[22] 상술한 것은 일종의 실천적 이성으로서 즉 인위적 목적의 가치 성향에 따라 무엇이 이성인지 식별하고 판단하는 것이다. 다른 하나는 공리주의적 성향을 띠지 않고 개인의 사욕을 초월하는 이성 추구 즉 순수 이성이다. 법적관념에서 그 판단 기준은 '도리(理)'의 본래의 뜻을 강조하는 것으로 표현되는데 이를 '도리에 부합된다', '진리에 부합된다', '법칙에 부합된다'라고 한다. 중국 학자들은 일반적으로 '이성' 또는 '합리성'은 두 가지 의미를 포함한다고 생각한다. 하나는 인류주체의 필연성과 법칙에 부합되는 것을 가리킨다. 인간은 본질적으로 자연성과 사회성의 통일체이기 때문에 인간은 항상 자신의 내적 규정성과 본질에 따라 행동하며, 자신의 필요와 목적의 실현을 추구한다. 여기에는 인간이 사회와 자연 속의 주체적 지위, 인간의 수요와 이익, 가치와 목적 및 상술한 요구를 실현하는 조건이 포함되어 있다. 이러한 합리성의 내포는 법률의 본질적 내용을 구성한다. 다른 하나는 사회 역사와 자연 세계의 필

---

21) 沈宗灵 : <法、价值、正义、利益>, 载<中外法学>, 1993(5).

22) [英] 戴维 · 米勒、韦农 · 波格丹诺编 : <布莱克维尔政治学百科全书>, 邓正来译, "理性" 条目, 630~631页, 北京, 中国政法大学出版社, 1992.

연성과 법칙에 부합되는 것을 가리킨다. 전자의 합리성의 내용은 모든 사회의 발전과 진보로 표현되며, 후자의 합리성의 내용은 사람과 자연과의 관계의 질서화와 조화성으로 표현된다. 예들 들어, 사회의 진보와 발전, 인간과 자연의 통일과 조화는 법률이 내포하고 있는 이성적인 목표인 것이다.[23)]

이성정신과 자유정신은 결코 대립되는 것이 아니다. 이성정신에 관한 근대 사회의 이론연구에는 두 가지 잘못된 경향이 있다. 하나는 이성의 작용을 완전히 무시한 것 즉 비판의 도구로서의 이성의 존재를 무시하고 자유 의식을 자유방임주의로 절대화한 것이다. 다른 하나는 이성의 한계를 완전히 무시한 것 즉 모든 인간의 제도를 의식이 의도적으로 창조한 산물이라고 간주하는 것으로 이성 의식을 문명 자유의 대립물로 보는 것이다. 하이에크의 견해에 의하면, 자유주의 이론은 한편으로는 반이성적인 이론이 아니라 '이성' 만능을 주장하고, 그것을 토대로 사회 발전을 설계하려는 이성주의 욕망을 반대하는 것이고, 다른 한편으로는 합리주의와는 달리 진정한 이성주의(고전적 이성주의에서 현대적 이성주의)는 자유주의를 반대하지 않는다는 것이다. 제도의 설계와 배치에 있어서 '이성은 그 자체에 제한을 가할 필요가 있다' 즉 일부 합리적인 모델을 사회에 강요하는 위험을 경계해야 하는데 이러한 경우 사회적 발전의 자유를 말살하게 된다.[24)]

아리스토텔레스, 토마스 아퀴나스로부터 몽테스키외에 이르기까지 여러 철학자들은 문명 발달과정에서 이성이 지닌 역할을 강조하였다. 이러한 이성정신은 로마의 사법으로부터 근대민법의 형성과 발전에 이르기까지 중요한 영향을 주었다. 고대 그리스와 로마의 많은 사상가와 법학자들은 자연과 이성에 부합되는 실질적인 법을 추구하기 위해 자연법 정신을 적극적으로 옹호하였다. 아리스토텔레스가 먼저 자연법의 개념을 제시하였고 이 후 스토아학파는 한 걸음 더 나아가 자연법은 인간의 이성을 구현한다는 관점을 제시하였다. 로마 법학자는 이성정신의 실천으로부터 출발하여 민법과 시민법의 지위를 논증하였다. 페드로 펜판드(Pietro Bonfante)는 <로마법 교과서>에서 "자연법은 입법자의 의지를 나타내기 위해 생겨난 법률"이 아니라고 주장했으며, 고대 로마의 학자 바울(保罗)은 자연법은 "영원히 공정하고 선한 것"이라고 하였다.[25)] 로마법 체계에서 만민법은 모든 민족에게 적용되는 법률이었던 반면, 시민법은 한 민족에게만 적용되는 특수한 법

23) 参见乔克裕、黎晓平：<法律价值论>, 31页, 北京, 中国政法大学出版社, 1991；严存生：<公平、改革、法律>, 载<法律科学>, 1990(2).

24) 参见[英] 冯·哈耶克：<哈耶克文集>, 邓正来译, 199～222页, 北京, 首都经济贸易大学出版社, 2001.

25) [意] 彼德罗·彭梵得：<罗马法教科书>, 黄风译, 13～15页, 北京, 中国政法大学出版社, 1992.

률이기 때문에 만민법은 자연법의 본성에 부합되어야 하며 그 지위가 시민법보다 당연히 높아야 했다. 중세의 스콜라철학도 이성주의에 해당하며 그 대표 인물인 토마스 아퀴나스의 이성주의 사상은 중세에 나타난 로마법 연구의 절정을 이루었고 로마법 부흥운동에 방법론적 기반을 제공하였다. 그는 인간의 이성은 보편적이지만 순수이성이든 실천이성이든 예외가 존재하며 따라서 이성의 지배를 받는 자유도 예외는 허용된다고 하였다.[26] 이성정신에 기초할 때 자연법은 변하지 않으며 어떠한 법률이든지 이성의 자연적 경향을 가져야 한다. 그러나 자연법도 예외를 인정하는 바 즉 어느 정도의 가변적인 특성이 있는데, 이는 새로운 법률의 합법성의 토대가 된다. 이성주의는 17세기부터 19세기까지 충분한 번영을 이루었다. 그로티우스(Hugo Grotius), 몽테스키외부터 루소 등에 이르기까지 근대의 사상가들은 이성 의식의 인도 하에 새로운 사상을 가진 자연법학설을 제기하였다. 이 학설의 일반적인 전제는 다음과 같다. 본래 인류는 자연 상태에 있다. 인류는 이성과 정의를 대표하는 자연법에 의해 지배되며, 각종 자연적 권리 즉 천부인권을 향유한다. 이 권리를 보다 잘 향유하기 위하여 사회계약을 통해 정부를 수립한다. 근대 이성주의는 법률의 통일성을 강조하며 법률 통일의 기초는 정의, 평등, 자유, 존엄, 행복에 대한 권리 등으로 귀결된다.[27] 이러한 상황에서 법률은 더이상 인간 의지의 우연성에 굴복하지 않고 장기적으로 안정적인 규칙성을 구현해야 하는 것이 보편적으로 적용되는 일반적인 규칙이 되었다. 요컨대, 법률의 의식적 본질은 주관성과 객관성의 통일이다. 즉, 법률은 입법자의 주관적 의지를 구현해야 할 뿐만 아니라 나아가서 이러한 국가의지가 추구하는 사회의 객관적 법칙도 구현해야 한다. 우리는 근대 법학자와 법률 개혁가들이 바로 이러한 이성의 힘을 통하여 이상적인 법률체계를 발견하였고 또한 다양한 자연법규와 원칙을 한 권의 법전에 포함시키려고 시도하였음을 볼 수 있다.[28] 이성주의는 근대법률의 체계화와 법전화에 중요한 사상적 기초를 마련해 주었다.

지식재산권은 창작자가 지식재산의 사적소유를 보호하기 위한 권리 주장이자, 사람들이 지식을 전파하기 위한 이성적인 추구이기도 하다. 지식재산권의 사권으로서의 속성은 그것이 소유권과 동일한 속성을 갖고 있음을 설명한다. 그러나 법적 가치의 목표의 관점에서 보면 양자는 구별된다. 전통적 사법 이론에서는 소유권은 소유물에 대한 개인의 절

26) 参见严存生主编：<新编西方法律思想史>, 74页, 西安, 陕西人民教育出版社, 1999.
27) 参见俞荣根：<自然法学说献疑>, 载<台湾研究>, 1990(1).
28) 参见[美] E. 博登海默：<法理学－法哲学及其方法>, 邓正来等译, 64页, 北京, 华夏出版社, 1987.

대적 지배 및 배타적 독점의 권리로 묘사되고 있다. 비록 법률이 공공이익과 사회질서를 고려하여 소유권의 행사에 대하여 어느 정도의 제한을 가하였지만 이러한 제한 범위 내에서 소유권의 시간적 효력, 지역적 효력, 권능적 효력은 오히려 무한하다. 고전적 소유권 이론 및 근대적 입법 문서에서 소유물이 관련되는 분야는 절대적인 사권의 분야라고 할 수 있다. 그러나 지식재산권은 그렇지 않다. 지식재산권의 제도 구축 초기에 지식재산권에 대한 보호와 제한이라는 문제가 존재하였다. 즉, 창작자의 권리를 보호하는 기초 위에 개인이익과 사회이익의 균형을 추구하였다. 1709년의 「안나법령(Queen Anne Act)」은 저작자의 권리보호를 규정하는 동시에 '문학예술의 공공영역'을 설정하였다(the public domain for literature).[29] 이는 지식재산권이 재산에 대한 절대적인 사적소유권이 아니며 조건적인 독점성, 제한된 배타성과 기한이 있는 시간성의 기본 특징을 갖고 있음을 보여준다. 합리적 사용을 핵심으로 하는 지식재산권 제한 제도를 '이성적인 공평주의 원칙'이라고 일컫는데, "이 규칙은 공평과 정의의 관념이 충만하고 유연성이 있어 한 마디로 정의하기 어렵다"[30] 근대 서구 국가에서 입법자는 창작자의 사적 권리를 보호하고 지식의 전파를 촉진한다는 이원적인 목표를 중심으로 지식재산권을 규제한다. 비록 지역과 시기에 따라 규범의 차이가 있지만 지식재산권 보호, 규제와 반규제에 관한 법률의 조정은 줄곧 입법 활동의 중요한 측면으로 남아있다.

Ⅱ. 중국 지식재산권 법률수용의 문화적 요구

법률수용은 근대 각국에서 입법 활동을 진행할 때 채택하는 중요한 방법이다. 법률수용이란 한 국가 또는 지역이 다른 국가 또는 지역의 법률을 자신의 법체계 속으로 받아들여 실행하는 법적활동이다.[31] 법률수용의 시각에서 볼 때 법률수용은 두 가지로 나눌 수 있다. 첫째, 자주적이고 적극적인 법률수용이다. 즉, 법률수용의 직접적 또는 근본적인 동기가 사회의 내부에서 기인하며, 법률을 수용한 국가 또는 지역에서 외국법을 자주적

29) L.Ray Patterson, Stanley W. Linberg, The Nature of Copyright : A Law of Users Right, The University of Georgia Press, 1991, pp.49-55.

30) Willam F.Party,Fair Use Privilege in Copyright Law, Washington D. C, The Bureau of National Affairs,Inc., 1986, p.4.

31) 王立君 : <法律移植的界定>, 载<法学论坛>, 2004(2).

으로 선택하고 자각적으로 수용한다는 것을 나타낸다. 중세 유럽 법률의 평화적인 진화는 로마법의 보급 덕분이었으며, 법률수용의 능동적인 선택의 결과와 관련되어 있다. 12세기부터 유럽에서는 로마법의 부흥운동이 시작되었다. 마르크스주의의 대표 저작자들은 "공업과 상업이 사유제를 발전시켰을 때 최초 이탈리아에서 그 후 다른 국가에서 상세하게 규정된 로마법의 사법은 즉각 그 권위를 회복하였고 다시 위신을 얻었다."고 지적하였다.[32] 로마법의 부흥은 주로 유럽 대륙 각국에서 앞다투어 일어난 로마법 연구의 열풍과 15세기에서 16세기에 이르러 유럽 각국에서 보편적으로 채택한 로마법 운동에 잘 나타나 있다. 법률수용의 둘째, 강제적이고 소극적인 법률수용이다. 이 경우 법률수용의 직접적 또는 근본적인 동기는 사회외부의 압력에서 비롯되기 때문에 법률을 수용한 국가 또는 지역이 자주적으로 선택할 여지는 매우 적다. 아시아 국가는 근대에 서구문명의 지배를 받았는데, 여기에는 그 법률규칙의 수용 즉 법률의 차용에 관한 수동적인 수용도 포함된다. 아시아 국가가 서구 법률을 수용한 것은 19세기 후반부터 시작되었는데, 그 정치적 배경은 서구 국가의 아시아에 대한 식민화이다. "종주국 입장에서는 식민지 국가에 자국의 법률을 수용하도록 하는 것이 당연한 이치이고, 식민지 국가는 혜택을 받았다고도 할 수 있다. 그러나 식민지 국가에 있어서 이러한 법률의 수용은 굴욕적인 성격을 띠었다.[33]"

법률제도의 역사에서 지식재산권은 로마법 이래 '재산 비물질화 혁명'의 혁신적인 성과이며, 서구국가가 300여년 동안 끊임없이 발전하고 성장한 '제도 문명의 모범'이기도 하다. 개발도상국의 지식재산권 법칙은 특수한 역사적 조건 아래 수립된 것으로서 대부분 외부의 힘에 의해 강요된 결과이다. 일반적으로 중국에서 지식재산권 보호 제도를 제정하기 시작한 것은 청나라 말기부터라고 알려져 있다. 이는 청나라 조정이 새로운 정책을 실시하고 서구를 따라 배운 결과라고도 할 수 있지만 사실상 제국주의 열강들의 압력에 의한 결과이다. 최근 100년 동안 지식재산권 제도는 '수입품'으로 중국에 도입되었는데, 여기에는 '합리적 선택'의 과정이 있었을 뿐만 아니라 '법률 현지화'의 과정도 있었다. 즉, 외래 제도가 본토에서 정착하고 현지화되는 과정이 있었던 것이다. 중화인민공화국 창건 후 중국은 20여년 간의 법률수용을 통해 비교적 선진적인 지식재산권 법률 체계를 신속히 구축하였다. 그러나 이 제도는 기대했던 정책 목표와 법적 효과를 완전히 실현

32) <马克思恩格斯全集>, 中文1版, 第3卷, 71页, 北京, 人民出版社, 1960.
33) 信春鹰：<法律移植的理论与实践>, 载<北方法学>, 2007(3).

하지는 못하였다. 이것이 바로 학자들이 말하는 지식재산권 법률수용에서의 다운사이징 효과이다.[34] 제도의 시행이 목표의 달성에 영향을 주는 요소로는 법률요소와 비법률요소가 있다. 법률요소는 제도선택에 관련된 법률이념, 법률내용 및 법률형식 등이 선진성, 합리성, 과학성을 갖고 있는지 여부이다. 비법률요소는 제도의 시행과 관련된 경제기술 발전상황, 정부 공공정책체계 및 사회환경, 문화조건 등이 일관성, 조정성 및 적응성을 갖고 있는지 여부이다. 법률의 문화적 해석은 "수용규칙의 심층적인 의의는 수용 문화에 있으며, 규칙과 제도의 수용은 반드시 문화의 지지가 있어야 한다"고 여긴다.[35] 필자는 중국 지식재산권법 시행의 효과에 영향을 주는 문화적 동기에는 주로 다음과 같다고 생각한다.

1. 중국 전통문화에 영향을 주는 역사적 관성

지식재산권법의 형성은 근대사회의 법률혁명과 제도변천의 결과이다. 서구 국가와 달리 중국의 봉건적 특허권 제도의 존재와 근대 지식재산권법의 생성 간에는 역사적 관련성이 부족하며, 그 이유로 여러 가지 사회적 요인이 존재하는데 그중 전통문화의 심리적 요인과 사유 방식이 중요한 장애 요소로 작용하고 있다.

개인주의 정신의 주장은 근대 사법구조의 문화적 기초이다. 본질적으로 볼 때 사법 문화는 지식재산권 문화의 발전을 포함하는데 이는 곧 사법에서의 인격체의 발전이다. 그러나 중국의 전통문화는 각자의 농업을 기초로 하고 가부장적 가성을 기초단위로 하며 삼강오상(三纲五常)의 유리를 핵심으로 하는 전통문화이다. 이러한 문화적 토양에서 인간의 주체성은 제대로 인정받을 수 없다. 개인은 국가에 예속되어야 할 뿐만 아니라 가족에도 예속되어야 하는 바, 이것이 바로 '종법원칙', '등급원칙', '가장제도'이다. 따라서 개인은 외부 사물에 포함되고 인간은 전체(가족, 집단 또는 국가) 안에 있어야만 자신의 존재와 전체의 의미가 나타나고 개인의 의지와 감정도 단체와의 관계 속에서 비로소 나타날 수 있다. 다시 말해, 유교문화를 핵심으로 한 중국의 전통문화는 '국민을 기본단위로 한 개인 권리 중심이 아니라 가족단위로 한 인륜 의무 중심'이다.[36] 즉, 독립적인 인격

34) 宋志国 : <我国知识产权法律移植中的递减效应原因探析>, 载<政治与法律>, 2006(5).

35) 信春鹰 : <法律移植的理论与实践>, 载<北方法学>, 2007(3).

36) 俞荣根 : <对中国古代法文化的反思>, 载李楯编 : <法律社会学>, 168页, 北京, 中国政法大学出版社, 1999.

이 없는 사람은 자신의 정신적 권리를 주장할 수 없다.

자유주의의 사상 원칙은 근대 사법구조의 정신의 핵심이다. 문화의식과 문화정책을 존재형식으로 하는 사상의 자유와 경제의 자유는 지식 창조 활동과 지적 재산화가 존재하기 위한 일반적 조건이다. 자유는 법적 보호를 받을 수 있는 일종의 권리이다.[37] 그러나 중국의 전통사회에는 서구 국가의 역사에 있었던 자유민 계층이 없었고 자연법에 기초한 자유 사상도 없었다. 예(礼)는 인간의 일상 생활에서의 행위 기준으로서 그 본질은 개성을 부정하는 것이며 개인의 창조력, 사고력, 혁신정신에 위배되는 것이다. 따라서 예(礼)는 "권리의 보장이 될 수 없을 뿐만 아니라 자유의 척도는 더욱 될 수 없다".[38] 이 밖에 '백성들이 따르게 할 수는 있어도 그것을 이해시킬 수는 없다'는 우민사상과 중국 송나라 때 국가적 차원에서 서적에 대한 제작 및 출판을 제한하고 관리하던 문화 독점정책은 서민들로 하여금 통치자의 절대적 지배를 받는 지위에 처하게 하였는데, 그 결과 개인의 사상의 자유가 말살되었다.[39] 뿐만 아니라 전통문화 측면에서 보면 정신적 산물의 창조는 단지 격물, 치지, 수신, 양성에 속한 자기수양의 과정일 뿐이다. 따라서 사람들은 종종 의도적으로 자신의 권리 의식을 의도적으로 희석시킨다. 지혜로운 사람은 세상을 다스리고 나라를 구제하는 일을 널리 알려야 하며 그것을 사유화해서는 안 된다. 이른바 "글을 쓰는 것은 밥을 먹기 위해 쓰는 것이 아니다"라는 것과 "군자는 이득을 따지지 않는다"는 것은 바로 이러한 사상에서 비롯된 것이다.

이성주의 정신의 추구는 근대 사법구조의 가치목표 선택이다. 이성은 자연법의 가장 기본적인 정신이며 자연법은 인간의 이성 그 자체이다. 자연법과 이성은 서로 상통하는 관계를 갖고 있다. 이 밖에 자연법도 자연철학과 인식론을 근거로 하는 일종의 지적 이성으로서 '지식 추구'와 '진리 추구'의 전통을 갖고 있다. 위에서 언급한 내용은 '자연법=이성=지식'이라는 공식으로 표현된다.[40] 중국의 전통문화에도 이성정신이 없지 않다. 유가사상 역시 이성주의적 사상이지만 서구의 이성정신과는 거리가 멀다. 유교의 이성은

37) 孟德斯鸠认为, "自由是做法律所许可内一切事情的权利". 参见[法] 孟德斯鸠 : <论法的精神>, 张雁深译, 154页, 北京, 商务印书馆, 1992.

38) 梁治平 : <中国法的过去、现在与未来>, 載李楯编 : <法律社会学>, 193页, 北京, 中国政法大学出版社, 1999.

39) 思想自由、科技应用、商品经济发展是近代知识产权法产生的社会条件. 中国封建文化专制政策, 通过特许权制度限制言论自由, 具有强烈的反著作权思想色彩. 参见宋元放等 : <中国出版史>, 233页, 北京, 中国书籍出版社, 1991.

40) 参见俞荣根 : <对中国古代法文化的反思>, 載李楯编 : <法律社会学>, 168页, 北京, 中国政法大学出版社, 1999.

윤리 이성의 일종으로서 외부의 도움을 구하지 않고 인간의 우주 생명체에 대한 인식에 근거한 것이다. 유교의 이성은 외부를 향한 '지식 추구', '진리 추구'가 부족하기에 발전성이 없다. 유교의 이성은 도덕 교훈을 기초로 하며, 유교의 이성이 주창하는 조화의식은 내적에서 외적으로 이르는 과정으로서 인간의 내적 행위는 반드시 통제되어야 하기 때문에 도덕 교훈은 유일한 수단이다. 그리고 유교의 이성이 추구하는 목표는 '수신, 제가, 치국, 평천하'로서 몸, 가정, 국가, 천하의 대 융합을 실현하는 것이지, 결코 이성을 도구 삼아 주체와 객체에 대한 평가, 영혼과 육체, 인간과 자연, 인간과 국가의 긴장 관계를 조정하고 평가하는 것이 아니다. 이러한 이성의 지배 하에서 사람들은 자기의 지식재산이 침해를 받을 때 종종 화합과 소송이 아닌 방법을 추구하며 자신의 권리를 주장하지 못한다.

법률문화는 관성을 지니고 있다. 중국의 전통문화 유산의 뿌리가 깊을수록 그 소극적인 의식 요소의 답습은 더욱 완고해진다. 개인주의, 자유주의, 이성주의의 기초 위에 세워진 서양의 지식재산권법이 의무 중심, 독재전제주의, 도덕 이성의 중국 전통문화 토양 위에 수용되려면 '기후와 토양이 맞지 않는' 이질화의 결과가 생기는 것을 피하기 어려울 것이다.

2. 사회가 인정하는 법률수용의 현실적 장애

서구의 지식재산권법은 서구사회와 문화를 기초로 하여 발전된 것이다. 이는 자연적 진화 과정으로 르네상스(Renaissance), 종교개혁(Religion Reform), 로마법 부흥(Recovery of Rome Law)이라는 '3R'운동과 부르주아 혁명 수백 년의 문화적 준비단계를 거쳤다. 일반적으로 영국이 1623년에 세계 최초의 특허법 즉 독점 법규를 제정하고, 1709년에 첫 저작권법인 「안나법령」을 제정하였으며, 프랑스가 1857년에 첫 상표법, 「사용원칙과 무심사원칙을내용으로하는제조표시와상표에관한법률」을 제정한 것을 근대적 의미의 지식재산권 법률의 시작으로 본다. 근대 서구 국가들의 지식재산권 제도에 대한 수용은 대부분 법률수용의 결과였다. 이런 법률수용은 사실상 '법률 개혁과 넓은 의미에 있어서의 일종의 입법 표현방식'이었다.[41] 이는 두 가지 기본특징을 띠는데 첫째, 지식재산권의 법률수용은 서구 국가들이 스스로의 필요에 따라 주체적으로 받아들인 것

41) 刘星 : <重新理解法律移植>, 载<中国社会科学>, 2004(5).

이다. 지식재산 보호에 있어서 서구 국가들은 대체로 봉건적 특허권으로부터 자본주의 재산권으로 이행되는 과정을 거쳤다. 자본주의 제도가 서구사회에서 확립됨에 따라 주요 자본주의 국가들에서는 18, 19세기 이후 지속적으로 지식재산권 입법 활동을 시행하기 시작하였다. 그 가운데서 가장 대표적인 것들은 1970년 미국의 「연방판권법」, 1793년 프랑스의 「저작권법」, 1837년 독일의 「과학과예술작품에 대한 소유자를 보호하는 복제 또는 모조 반대법」이 있다. 미국은 1790년, 프랑스는 1791년, 독일은 1877년 전후로 특허법을 제정하였고, 영국은 1875년, 미국은 1870년, 독일은 1874년 전후로 상표법을 공포하였는데, 이는 당시 서구 국가들에 있었던 사회개혁과 법률제도의 변천이 가져온 결과이다. 둘째, 지식재산권법의 수용은 법률문화가 같거나 비슷한 서구 국가들 사이에서 이루어졌다. 발원지이든 수용지이든 관계없이 서구 국가들은 동등하거나 비슷한 문화 전통을 가지고 있었다. 저작권 영역에 있어서 영국은 관련 입법을 '재산가치관'의 기초 위에 두는 '상업 저작권'을 신봉하였다. 반면에, 프랑스와 독일은 '인격가치관'을 입법 사상의 기초로 하여 영국의 저작권법 체계와 다른 저작권 체계를 만들었다.[42] 서구 국가들이 지식재산권법을 받아들이는 과정에서 각 국가의 입법 스타일은 서로 달랐지만 자유와 지식 그리고 개인의 권리를 존중하는 문화 전통은 동등하였다.

지식재산권 법률수용은 중국에서 전혀 다른 환경에 직면하였다. 근대 중국이 지식재산권 제도를 도입한 것은 일종의 "강요에 의한 수용"이었다. 그동안 신규정책 실시에 대한 내적 수요도 있었지만 그 보다는 외세의 강요에 의해 이루어진 것으로서 '제도 수입품'은 사회가 인정하는 문화적 기초가 부족하였다. 일반적으로 이질화 형태라는 조건 아래 외래의 법률을 수용하면 반드시 두 종류 문화 사이의 충돌과 마찰을 야기시킨다. 현지 문화는 외래 법률을 완강하게 저항하게 되며[43] 이는 법률과 사회 사이의 부조화를 가져오게 된다. 근대 일본은 '유신'이라는 내재적인 요구에 의하여 독일의 법률을 수용하였는데, 일본 현지 문화와 발원지(독일) 문화 사이의 큰 격차로 인하여 법률 실행의 효과가 떨어지는 결과를 초래하였다. 그래서 일본 정부는 정치적 권위를 바탕으로 법률문화를 위로부터 아래로 개편하는 활동을 추진하여[44] 새롭게 사회의 인정을 받으면서 법률수용 구

42) 参见[日] 阿部浩二：<各国著作权法的异同及其原因>, 载<法学译丛>, 1992(1).

43) 潘大松：<中国近代以来法律文化发展考察>, 载李楯编：<法律社会学>, 北京, 中国政法大学出版社, 1999.

44) 参见付静坤：<法律移植与法律文化－－－以民法修订为中心>, 载<深圳大学学报(人文社会科学版)>, 2003(6).

축에 필요한 문화적 토대를 마련하였다. 하지만 역사적으로 중국에는 이런 기회가 주어지지 않았다. 신해혁명은 봉건정치의 통치를 무너뜨렸지만, 사상문화 영역에서는 봉건세력을 이기지 못하고 과학, 민주, 법치라는 새로운 문화관을 형성하였다. 한마디로 지식재산권법은 중국 역사상 제도적인 전승이 없었을 뿐만 아니라 문화적 토대도 부족하였다.

현대 중국의 지식재산권 규칙과 원칙에 대한 수용은 일정한 기간 동안은 '수동적인 수용'이었다. 중국은 지식재산권 입법 초기에는 나름대로 주체적이고 적극적으로 법률을 수용하였는데, 이는 자체적인 발전의 요구에 따라 지식재산권 제도를 취사선택한 것이었다. 예를 들어, 자국 경제 과학기술의 발전 현황으로 볼 때 특허보호 수준이 높지 않았고, 국제 문화 교류가 대등하지 않았기 때문에 국제 저작권 보호 체계에도 가입하지 않았다. 그러나 1990년대 이후 새로운 국제무역 체제가 형성되면서 지식재산권 보호를 위한 국제환경에도 매우 큰 변화가 일어났다. 세계무역기구(WTO)의 회원국인 중국은 단지 10여년만에 지식재산권 입법의 현지화와 국제화를 완성하였다. '수동적 수용'이라는 이유로 중국은 새로운 지식재산권 국제 보호 제도에 대한 사회적인 공감대가 부족하였다. 그 원인은 다음과 같은 두 가지가 있다. 첫째, 법률수용에 대한 서로 다른 인식이다. 중국의 사회 구성원들은 법률수용을 받아들임에 있어 이를 지지하거나 반대하는 다른 기대 가치를 갖고 있었다.[45] 중국은 지식재산권의 보호가 현대 국제무역 영역에 있어서의 규칙이라는 것을 인정한다. 세계무역기구의 각 조약 당사자는 이를 반드시 준수하여야 하며 수용대상을 선택할 자유가 없다. 동시에 오늘날 지식재산권 국제 보호 제도는 지나치게 선진국의 요구와 방법을 고려하고 참조하는데, 여기에는 확실히 각국 간의 이익 불균형이 존재한다. 이러한 상황으로 인하여 법률수용은 늘 서로 다른 의견을 불러일으키는데 중국에서도 충분하고 보편적인 사회적 공감대의 마련이 부족하였다. 둘째, 법률수용의 유한성에 대한 수요이다. 법률은 일반적으로 선진국으로부터 규칙이 필요한 개발도상국으로 옮겨지는 것으로 그 반대의 순서는 없다. 법률수용은 수용국의 어느 한 법률분야의 발전을 촉진하는 가장 효과적인 수단으로 인정된다. 그러나 지식재산권 입법의 기초는 국정 상황이며, 선진국의 지식재산권에 대한 보호는 모두 수준이 낮은 것부터 점차 높아지는 완만한 전환기를 거치게 된다. 그러나 중국은 이 필요한 과도기적 단계를 상실했기에 정부에서부터 기업에 이르기까지 제도 마련에 대한 준비가 부족하고 제도 운영에 대한

45) 参见刘星：<重新理解法律移植>, 载<中国社会科学>, 2004(5).

경험 역시 부족한 상태이다. 이런 사회의 내적 수요와 제도 운영능력의 부족은 법률수용의 유효성에 영향을 주게 되었다.

3. 법률의 현지화 과정에서 문화의 결여

본 장에서 언급하는 법률의 현지화란 법률수용의 과정에서 해당 법률이 합리적으로 처리되고 접목될 것을 강조하면서 수용된 법률이 수용국 국민의 정신과 이념에 스며들도록 하고, 나아가 현지에서 잘 이해되고 습득되며 받아들여지는 것이다. 법률의 현지화는 법률이 현지의 유동성을 수용하는 과정이다.[46]

지식재산권은 개발도상국이 새로운 산업화의 길로 나아가는 제도적 선택이다. 외국법제 또는 국제법제를 도입하는 과정에서 '법률 현지화'라는 문제에 직면하게 되는데, 그것은 지식재산권 원칙이 어떻게 현지 국가에 '뿌리를 내리는가'와 '내면화' 되는가 하는 문제이다. 현지화는 법률을 수용할 때 해당 법률제도의 형식이 그대로 드러나는 것을 요구할 뿐만 아니라 그 법률 이념의 기초 위에서 문화의 재창조를 실현할 것을 요구한다. "법의 발전과 개혁에서 중요한 역할을 하는 법률의식은 수용국과 피수용국의 법률 간의 협력, 협업, 겸용의 사상 척도이며, 외래 법률의 현지화가 성공할 수 있는 선도적 역할을 한다."고 말할 수 있다.[47] 지식재산권 법치질서를 구축하는 과정에서 물질적, 기술적 법률제도 즉 법치의 '하드웨어' 시스템은 상대적으로 쉽게 수용되지만, 그 역할과 가치를 진정으로 발휘하려면 반드시 그에 상응한 정신과 의식 그리고 관념이 수용되어야 한다. 즉, 법치의 '소프트웨어' 시스템이 기초가 되어야 할 뿐만 아니라 지지를 받아야 한다.[48] 종합적으로 말하면, 지식재산권법의 수용과 관련하여 중국은 그 외형적인 제도를 도입하였지만 이성적인 영역에서는 아직 그에 상응하는 문화적 기반이 부족하다고 할 수 있는데, 아마도 이것이 지식재산권 정책의 목표를 달성하는데 장애요인일 것이다. 이 점에 있어서 필자는 주목할만한 두 가지 문제가 있다고 본다.

첫째, 현지화 과정에서 법률정신의 구조이다. 지식재산권법의 현지화는 국제 규칙을 그대로 모방하거나 다른 나라의 경험과 모델을 그대로 답습해서는 안되며, 자국의 실제

---

46) 参见肖尧辉：<法律移植及其本土化现象的关联考察>, 载何勤华主编：<法的移植与法的本土化>, 115页, 北京, 法律出版社, 2001.

47) 宋志国：<我国知识产权法律移植中的递减效应原因探析>, 载<政治与法律>, 2006(5).

48) 参见张洪峰：<法的世界化与本土化指正及其超越>, 载<福建法学>, 2005(1).

상황에 기초하여 다른 나라의 구체적인 제도를 현지의 제도로 능동적으로 전환시켜야 한다.[49] 이 과정은 인류 법률문명에 대한 이성적인 추구과정이자 현지 법률문화의 자아구성 과정이기도 하다. 지식재산권법은 중국에 진출한 지 100년밖에 되지 않았고, 사회 대중생활에 진입한 지 불과 10~20년밖에 되지 않았다. 필자는 중국의 지식재산권법 구축은 전 세계가 주목할 만한 성과를 이루었다고 본다(세계지식재산권기구 Arpad BOGSCH 전 회장의 견해). 그러나 지식재산권 문화의 형성은 하나의 과정으로서 단숨에 이루어지는 것은 아니다. 지식재산권의 문화 양성은 외래 문화의 전환 및 자국 문화의 개편을 의미한다. 혁신의식을 높이고 지식재산권을 존중하는 것을 법률수용 및 현지화의 기본 이념으로 삼고, 그것이 '인간 중심, 사권 신성'이라는 서구 문명의 선진적인 사상을 갖게 할 뿐만 아니라 '이익균형, 융합 공존'이라는 자국의 전통에 어울리는 합리적인 핵심 내용도 포함해야 한다. 여기서 주의할 점은 외래 법률이 의존하고 있는 의식적 토대가 법률수용에 따라 자동적으로 현지화 되는 것도 아니고, 현지의 문화의식 개선이 없이 현대화가 이루어지는 것도 아니라는 점이다. 이런 것들이 바로 현지화 과정에 있어서 법률문화 개편의 부재 현상인 것이다.

둘째, 현지화 과정에서의 공공의식의 동화이다. 지식재산권은 일종의 물리적인 법률규범이어야 할 뿐만 아니라 공공 이념과 의식 그리고 신념이어야 한다. 공공 의식은 지식재산권 법률의 사상기초이다. 루소는 일찍이 공공의 법률 신념의 중요성을 언급하면서, 모든 법률 가운데 가장 중요한 법률이라고 주장한 바 있다. "이러한 법률은 대리석이나 구리 시계 표면에 새기는 것이 아니라 전 국민의 마음에 새기는 것으로서, 이는 한 나라의 진정한 헌법을 형성한다. 이 법률은 매일 새로운 힘을 얻으며, 다른 법률들이 쇠퇴하거나 소멸할 때, 그 법률들을 부활시키거나 대체함으로써 한 민족의 혁신 의식을 유지해준다.[50]" 공공의 법률 신념은 사회생활 속에 존재하는 살아있는 지식재산권 법률이라고 할 수 있다. 중국의 지식재산권 법률은 수용된 시간이 길지 않고 그 현지화 과정 역시 이제 막 시작되었다. 이는 주로 정부의 공적인 힘과 엘리트 계층의 의식적 선도 활동의 추진에 의하여 진행된다. 반면에, 대부분 국민들의 법률수용 관여도는 많이 느슨한데, 그것은 자신의 직접적인 이익에 대한 관여도로부터 출발하여 간접적으로 법률수용에 대하여 반응하기 때문이다. 이는 현지화 과정에서 물질화 된 법률 규범은 이미 수립되었지만 살

49) 参见公丕祥：<全球化与中国法制现代化>, 载<法学研究>, 2000(6).
50) [法] 卢梭：<社会契约论>, 何兆武译, 46页, 北京, 商务印书馆, 2003.

아있는 법률 신념은 아직 형성되지 않았음을 보여준다.

Ⅲ. 현대 지식재산권 법률문화의 개편과 재구성

법률문화는 한 나라 법제의 내재적 논리로서 법제의 내재된 생명의 정신을 보여준다.[51] 최근 중국에서 지식재산권 법률수용의 현지화 과정은 법제현대화의 과정이기도 하다. 법률제도의 혁신과 개혁은 이에 상응하는 법률문화의 개편과 재구성을 필요로 한다. 즉, 새로운 법인지 성향과 법감정 성향 그리고 법률평가 지향을 현대 법률체계의 문화적 소양으로 삼아야 한다. 지식재산권의 문화 혁신은 인문주의 정신에 대한 공감대를 특징으로 한다. 현대 인문주의는 고전적인 자연법 정신에 대한 발전으로서 "인권보장을 최고 이념으로 하는 인간 중심, 권리 중심의 가치관"을 가리킨다.[52] 따라서 근대 사상가들이 선도하는 개인정신, 자유정신과 이성정신은 여전히 현대 사법 문화의 정신적 지주이다. 그러나 현대 법제의 조건하에서, 이러한 정신의 주장은 마땅히 새로운 해석과 설명이 있어야 한다.

첫째, 개인주의와 법률중심에 관한 것이다. 근대 개인주의의 가치관 즉 근대 사법의 중심관이다. 근대에서 현대에 이르기까지 사법은 옛 개인중심에서 새로운 개인중심으로의 변화를 겪었다. 근대 사법의 개인중심은 개인주의 사상에서 비롯된 것으로서 개개인들로 구성된 사회는 개인의 목표를 실현하는 것을 목적으로 한다. 현대 사법의 새로운 개인중심은 사회 관념 중의 개인중심으로, 개인이 독립적인 주체인 동시에 사회적 책임을 져야 하고 사회구성원인 다른 개인을 존중할 것을 강조한다. 지식재산권 법률제도의 전환 과정에서 "개인중심은 불변의 이념"[53] 이지만 그 주체의 내용은 이미 변화를 가져왔다. 지식재산권은 개인의 권리이지만 현대 법에서는 이미 단일한 권리 주체로부터 다중적인 권리 주체로 발전하였다. 모든 개인은 평등한 지위에 있으며 동시에 지적 성과의 창작자, 전파자, 사용자이다. 이런 의미에서 지식재산권법은 3자의 권리를 조화시키는 균형법이다.[54]

---

51) 参见公丕祥：<法制现代化的概念架构>, 载<法律科学>, 1998(4).
52) 屈茂辉：<中国民法典的基本理念>, 载<求索>, 2002(5)
53) 易继明：<私法精神与制度选择>, 178页, 北京, 中国政法大学出版社, 2003.

둘째, 자유주의와 권리를 조율하는 시스템에 관한 것이다. 자유의식은 지식재산권법의 본질적 요구이다. 한편으로 사상의 자유는 지식 창조, 지식권리 생성의 전제이며, 지식재산권 법률 또한 자유의식의 토대 위에 구축된 것이다. 다른 한편으로 의식 자체는 사법원칙으로서 법률의 명의로 자유주의 정신의 핵심을 드러낸다. 위에서 언급한 내용들을 토대로 지식재산권 보호는 사상의 자유(창조의 자유, 언론의 자유 포함)를 실현시키는 사법의 요구임을 알 수 있다. 미국 학자들의 표현에 따르면, 지식재산권과 사상의 자유는 동전의 앞 뒷면과 같은 것이다. 전자는 재산소유권 문제와 관련되고 후자는 사회정치적 권리의 성질을 지닌다. 이 둘은 전부 지식의 보급과 연관되기에 서로 연결되어 있으나 하나는 이익을 중시하고, 다른 하나는 자유를 중시한다.[55] 현대사법은 자유의식을 높이는 동시에 사상 자유의 내용을 한층 더 확충하였다. 사상 자유는 창작자의 자유인 동시에 지식재산권의 보호에 의지한다. 동시에 대다수의 사용자가 사상을 교환하고 정보를 전파할 수 있는 자유이며 이러한 자유는 지식재산권의 제한으로 표현된다.

셋째, 이성주의와 입법목표에 관한 것이다. 이성정신은 사회 정의의 추구를 구현하며, 이 가치관은 사회제도의 정의 여부를 평가하는 중요한 근거가 되기도 한다. 지식재산권 분야에서 사적 권리와 공공 이익의 관계를 가늠하는 것은 관련 입법의 기본적인 평가 사항으로서 정의의 가치 목표에 대한 이성적인 추구를 표현한다. 지식전파를 통해 문화와 과학기술의 발전을 촉진시키는 것은 공공이익의 요구이며 또한 법률의 정의에 부합된다. 그리고 사권의 형식으로 창조적 활동에 보상을 제공하여 지적 성과에 대한 사회의 수요를 충족시키는 것[56] 또한 법률정의에 부합된다. 문제는 지식재산권 제도의 운영 과정에서 이성주의가 제대로 부각되지 못한다는 점이다. 중국 국내법적 측면에서 볼 때 지식재산권 사법화의 확대는 지식재산의 공공 영역이 상대적으로 축소되었는데 이는 지식제품 창작자와 이용자 간의 권리 충돌을 불러 일으킨다. 반면에, 국제법적 측면에서 볼 때 개발도상국들로 하여금 보다 높은 수준의 새로운 보호체계를 강요하는데, 이는 개발도상국들과 선진국 간의 이익 불균형을 불러 일으킨다. 위에서 말한 내용을 종합하면, 개인주의, 자유주의, 이성주의는 반드시 새로운 인문주의 정신을 기초로 재구성되고 강화되어야 하

54) See L.Ray Patterson, Stanley W. Linberg, The Nature of Copyright : A Law of Users□ Right, The University of Georgia Press, 1991, pp.49-55.

55) See L.Ray Patterson, Stanley W. Linberg, The Nature of Copyright : A Law of Users□ Right, The University of Georgia Press,1991, pp.49-55.

56) 参见 [美] 吉利思·达维斯 : <权利集体管理中的公共利益>, 载<版权参考资料>, 1990(2).

는데 이것이 바로 지식재산권문화 혁신의 중요한 내용이다.

지식재산권 문화의 발전은 다원화된 법률문화의 상호작용 과정이다. 지식재산권법은 '제도 문명의 모범'으로서 각국의 지적재산제도를 마련하고 경제와 과학기술의 발전을 촉진시킨 경험의 구현함으로써 보다 높은 호환성과 이식 가능성을 지니고 있다. 지식재산권 제도의 일체화, 동조화의 발전 추세는 곧 미국 학자 프리드먼(Lawrence Friedman)이 말하는 "현대 법률문화가 세계를 정복하고 있는 현상"이다.[57] 법률문화의 구성요소에는 주로 세 가지 측면이 있다. 첫째, 전 세계 공통적인 법률문명의 성과이다. 지식재산권의 국제 보호 제도는 반드시 각 주권 국가가 서로 접근하고 인정하고 연결된 전 세계적인 법률제도와 국제규범이어야 한다. 이는 서로 다른 나라의 사회 주체들이 창조하고 축적한 규칙에 대한 조정과 경험에 대한 유기적인 집합으로서 인류의 법률실천의 보편성을 보여주는 역사적 원칙이며 인류의 법률지혜와 이성에 대한 추구를 반영한다.[58] 이러한 법률문화는 서구 중심주의적이어도 안되고 민족적 쇼비니즘(배타적 애국주의)이어도 안 된다. 세계적 범주에서의 지식재산권의 원칙과 규칙의 보편적 적용성은 반드시 각국 사회구성원들의 보편적이고 공통적인 법률 신념을 사상 기초로 하여야 한다. 인류가 공동으로 믿는 법적 가치의 이념을 우리의 이념 체계에 도입하는 것은 중국 지식재산권 문화 발전에 있어서 중요한 임무이다.

둘째, 서구 선진 법률문명의 경험이다. 서구 국가들은 지식재산권의 창제자이며 또한 이 제도 시행의 최대 수혜자이다. 그들의 성공은 사법의식을 사법제도 형성의 기초로 삼았다는 점에 있을 뿐만 아니라 사법제도를 운영함에 있어서 사법의식을 관철함으로써 사법의식과 사법제도를 일치시켰다는 것이다. 개인정신, 자유정신, 이성정신을 중심으로 하는 사법이념은 간단하게 '개인중심' 또는 '개인의식'으로 귀결시킬 수 있다. 근대법으로부터 현대법에 이르기까지 지식재산권은 줄곧 이러한 법률정신의 전당속에서 자라왔다. 서구의 선진적인 문화요소를 수용하고 흡수하는 것은 중국의 지식재산권문화 구축에서 나타나는 전형적인 문제이다.

셋째, 중국 전통문화에 존재하는 합리적인 요소이다. 중국의 전통문화는 총체적으로 공법문화가 극도로 발달하고 사법문화가 극도로 낙후한 특징을 드러내기에 일부 학자들은 이를 가치에 있어서의 단체중심, 규범에 대한 의무적인 주도, 인치정신(人治精神)과

57) 参见 [美] 劳伦斯·弗里德曼：<法律制度>, 李琼英等译, 242页, 北京, 中国政法大学出版社, 1994.
58) 参见公丕祥：<全球化与中国法制现代化>, 载<法学研究>, 2000(6).

소송을 기피하는 경향 등으로 정리한다.[59] 전통문화의 역사적 관성은 중국의 지식재산권 문화의 육성에 부정적인 영향을 미친다. 그러나 중국 전통문화에도 그 자체의 가치가 존재한다. 학자들의 묘사와 같이 "인간적인 조화 기능, 미리 예방하는 내적 성찰모드, 상황에 맞게 처리하는 상황이론은 사실 시대를 초월하는 가치를 지닌다.[60]" 일부 학자들은 중국 전통문화의 내용을 정리하거나 요약하였는데, 여기에는 '전체적인 의식의 중요성', "이상적인 인격 지향", "과감하게 창조하고 낡은 것을 버리고 새로운 것을 추구함" 등의 내용[61]을 포함하는데, 이들은 지식혁신을 권장하고 지식이익을 공유하는 지식재산문화의 이념과 어느 정도 관련을 가진다. 전통문화는 고유의 행위 방식과 관념 모델 중의 하나로서 그 영향은 언제 어디에나 있기 때문에 헌신짝 버리듯 할 수는 없다. 자국 문화가 제공하는 경험적 체계와 개념적 체계를 바탕으로 법률문화 구축에 활용하는 것은 두 가지 의미가 있다. 첫째, 전통문화와 현대제도의 구성요소를 분석·식별하거나 분류·통합하여 전통문화의 적극적인 부분을 선택하여 현대제도의 효과적인 운영을 추진 또는 의식관념에 영향을 미치는 현대제도를 도입하여 기능 메커니즘을 통해 전통문화의 전환을 촉진할 수 한다. 둘째, 전통문화와 외래문화를 분석·비교할 수 있다. 즉, 법률수용과 현지화 과정에서 서구 법률문화의 일부 요소를 자국 현실에 맞도록 이해하고 번역하여 사용할 수 있다. 또는 이론적으로 새로운 가치를 부여하거나 실천 과정에서 새로운 자아가 스스로 드러날 수 있다.[62] 정리하면, 중국의 지식재산권 문화체계는 인류 공동의 법률문명 성과를 흡수하고, 서구의 선진적 법률문화 이념을 수용하며, 중국 전통문화의 합리적 핵심들을 정리하여 다문화의 상호작용 과정에서 개혁과 재구성을 실현해야 한다.

지식재산권 문화의 현대화 전환에는 일반적인 사회 조건의 종합적인 작용이 필요하다. 법률문화의 개혁과 전환을 추진하는 주요 근원은 일정한 사회내부에 존재하는 변화 상태에 처한 경제와 사회적 조건으로부터 비롯된다. 이러한 조건들의 종합적 작용을 통하여 법률문화 재창조의 운동 에너지와 운동 방향이 형성된다.[63] 이러한 사회 조건에는 내

---

59) 参见张中秋：<中西法律文化比较研究>, 南京, 南京大学出版社, 1999.

60) 季卫东：<中国法文化的蜕变与内在矛盾>, 载李楯主编：<法律社会学>, 北京, 中国政法大学出版社, 1999.

61) 参见李兴成：<传统文化与新时期传统文化>. 转引自郭民生：<创新型国家与知识产权文化>, 见 http://www. sipo.goc.cn/dfzz/henan/tslm/xsll/200604/t20060421__86488. htm, 2007年 8月 10日 访问.

62) 参见黄文艺：<多元法律文化互动的多元透视>, 载 <吉林大学社会科学学报>, 2001(1).

63) 参见李声炜：<中国传统法律文化现代化转型若干动因考察>, 载张文显主编：<法学理论前言论坛>, 第2卷, 北京, 科学出版社, 2003.

재적 동력도 있고 외적 변수도 있는데, 구체적으로 말하면 다음과 같은 몇 가지 측면이 있다.

1. 지식경제 시장의 원동력

지식재산권법은 과학기술과 상품경제 발전의 산물이다. 시장경제 작용 하에 과학기술과 상품경제의 결합은 곧 과학기술 성과의 상품화인 것이다. 마르크스의 노동가치이론에 따르면 지적 노동도 일종의 생산노동이다. 상품의 생산이란 물질생산적 실물 형태의 상품뿐만 아니라 서비스, 지식, 정보, 기술 등 비물질 생산적적 무형의 상품도 포함한다.[64] 다시 말해, 과학기술이 사회생산에 응용되는 과정에서 지식, 기술, 정보를 포함한 내적 지식제품 자체(즉, 무형상품)는 지식, 기술, 정보를 응용하여 생산한 물질 생산물(즉, 실물상품)과 동등한 상품의 가치를 가진다. 시장경제 자체의 내재된 힘에 기초하여 필연적으로 개인중심, 자유정신, 이성주의를 특징으로 하는 법률문화가 생기기 마련이다. 이런 차원에서 "어떤 나라든지 경제적으로 현대 시장경제 발전에 힘쓰고, 자국 경제의 현대화 발전을 추진하는데 노력하며, 자국의 시장경제 시스템을 구축하는데 힘쓰면, 그 법률문화는 느리든 빠르든 필연적으로 현대화 방향으로 나아가게 된다".[65] 역사적 범주의 차원에서 보면 근대 지식재산권 문화는 서구의 법률문화이고, 사회적 범주의 차원에서 보면 현대 지식재산권 문화이며, 나아가 지식경제 시장조건 하에 법률문화라는 것을 알 수 있다. 지식제품의 상품화, 시장화, 산업화는 이에 부응하는 지식재산권 문화와 지식재산권법을 구축할 것을 요구한다. 지식재산권 문화가 불러일으키는 '사적정신'은 결코 서구 국가의 문화 특허물이 아니라 시장 경제가 요구하는 '문화정신의 산물'이다. 이런 점에서, 중국 지식재산권 문화의 전환은 '서구화'가 아니라 '현대화'이다.

2. 정책제도 환경의 보장력

지식재산권법은 일종의 사회정책성 도구로서 정부가 국가의 명의로 제도 배치와 정책

64) 参见李京文：<迎接知识经济新时代>, 39页, 上海, 上海远东出版社, 1999.
65) 李声炜：<中国传统法律文化现代化转型若干动因考察>, 载张文显主编：<法学理论前言论坛>, 第2卷, 北京, 科学出版社, 2003.

배치를 통하여 지식재산권 자원의 창조, 귀속, 이용 및 관리 등 형태로 지도와 규제를 실행한다. 지식재산권 정책의 기본 기능은 명확한 목표 지향성을 띠고 있다. 미국 학자 프랭크 피셔(Frank Fisher)는 "공공정책이 어떠한 경로를 통해 형성되는지를 막론하고 그 목표달성과 목표 달성을 위한 수단에 영향을 미친다"고 하였다.[66] 이는 모든 공공정책의 제정과 실시는 언제나 일정한 정책목표와 연관되어 있다는 것을 말해준다. 공공정책 체계에서 지식재산권 정책과 관련된 다른 제도로는 문화교육 정책, 산업경제 정책, 과학기술 정책, 대외무역 정책 등이 있는데, 이들은 공동으로 지식혁신과 지식재산 성장이 달성해야 할 목표를 위해 기능하고 있다. 이런 정책제도 환경의 조성은 좋은 법률문화의 형성에 중요한 역할을 한다. 일본이 근대 독일식 민법을 선택한 것과 현대 미국식 헌법을 도입한 것은 정치적 권위를 기반으로 한 것임에 틀림없다. 이러한 선택은 관련 정책 제도의 실행을 포함하고 또한 기존의 법률문화를 개편하여 일본 법률문화의 수용력을 크게 향상시켰다.[67] 중국에서 '지식을 존중하고 혁신을 옹호하고 정신재산권을 보호'하는 새로운 가치관을 보급하는 것은 일정한 시기 내에 그 보편성과 유효성에 있어서 아직도 많은 결함이 존재한다. 제도의 강제성과 정책의 보장력에 힘입어 창작자로 하여금 지식재산권의 가치와 그 이익을 보장받고, 다른 사회 구성원들의 지적 성과행위가 규범화되고 제약을 받도록 하는 것은 매우 중요한 조치가 된다. 이것이 바로 정책제도의 규제와 문화적 이념의 결합이다.[68]

3. 문화 교육의 홍보 강화

법률문화 교육과 홍보는 지식재산권 법률의 현대화 전환을 실현하는 중요한 임무이다. 지식재산권 지식을 사회 전반에 보급하고 대중의 지식재산권 권리개념과 규칙의식을 양성하려면 반드시 강력한 추진 조치와 지원수단이 있어야 한다. 학자들의 연구 결과에 따르면, 대중들이 지식재산권 지식을 획득하는 경로는 주로 업무과정에서 신문 매체의 홍보, 학교 교육 등을 통해 접촉하고 학습하는 것이다.[69] 이 방면에서는 일본의 방법을 참

66) 参见[美] 弗兰克·费希尔：<公共政策评估>, 吴爱明等译, 3页, 北京, 中国人民大学出版社, 2003.
67) 参见付静坤：<法律移植与法律文化－以民法修订为中心>, 载 <深圳大学学报(人文社会科学版)>, 2003(6).
68) 参见刘华等：<我国公民知识产权意识调查报告>, 载吴汉东主编：<中国知识产权蓝皮书>, 北京, 北京大学出版社, 2007.

조할 수 있다. 일본 문부과학부는 법학 관련 대학원과 지식재산권 관련 단과대학에서 지식재산권 전문 인력을 양성하도록 요구했다. 특허청은 지식재산권 교육의 전면적인 실시를 요구함으로써 사회 각 계층 그리고 중고등학생과 성인들을 위하여 지식재산권 교재를 편집하고, 세미나를 개최하며, 지식재산권 교육연구회를 조직하였다. 경제산업부는 산학연과 공동으로 지식재산권 과정을 개설하였다(2003년 50만권의 표준 교재 출판). 일본 발명혁신협회는 1974년부터 취학연령 아동들을 위한 발명 클럽을 만들었는데, 이미 일본 전역 47개 현에 159개의 클럽이 만들어졌다. 동시에 지방 정부 기관, 교육 기관, 학교 및 회사 기업과의 협력을 강화하고 있다. 발명혁신협회는 지식재산권 지식 연수, 발명상, 발명혁신 전시회, 발명 경연과 발명클럽 등 일련의 활동을 조직하는 방법을 통하여 지식재산권 문화를 존중하고 이해하는 사회적 환경을 조성하였다.[70] 중국에서는 청소년들에 대한 지식재산권 교육을 강화함으로써 학교 교육에서 각종 지식재산권 교육모델을 만들어 청소년들의 혁신능력, 창의적 사고, 변화의지를 키울 수 있다. 지식재산권에 대한 홍보와 대중화를 통하여 전 국민에게 특히 기업에 지식재산권에 대한 인식과 능력을 제고하고, 나아가서는 지식재산권 시장환경을 개선하고 종합적인 경쟁력을 향상시킨다. 또한 지식재산권에 대한 연구를 강화하여 지식재산권에 관한 학술 사상을 풍부하게 하는 등 이론적 뒷받침을 제공해야 한다.[71]

69) 参见刘华等：<我国公民知识产权意识调查报告>, 载吴汉东主编：<中国知识产权蓝皮书>, 北京, 北京大学出版社, 2007.

70) 参见沈文庆：<科技发展与知识产权>, 载<中国科学基金>, 2005(3). 转引自孟奇勋、李昌钰：<知识产权文化建设探讨>, 载<知识产权>, 2006(3).

71) 参见刘华、周莹：<我国知识产权建设的层次与目标>, 载<知识产权>, 2006(3).

제13장

지식재산권 제도의 가치 분석

지식재산권의 법적 가치 실현의 목표와 법적 작용 메커니즘은 입법의 목적과 제도의 규정에 의해 형식적으로만 법률문서에 존재할 뿐만 아니라 운영 규범 및 행위 규칙의 형식으로 지식재산권의 법적적용과 법의 활용에서 반영되고 있다. 위의 개념에서 출발하여 지식재산권의 법적 가치에 대해 분석은 주로 개념적 도구, 목표 내용 및 실현 과정을 설명한다.

Ⅰ. 지식재산권 법적 가치의 개념적 도구

법적 가치는 주체가 객체에 적응하고 주체의 수요를 충족시키는 일종의 특정관계이다. 마르크스가 지적했듯이. '가치'라는 보편적 개념은 사람들이 그들의 수요를 만족시키는 외부물의 관계에서 나타난다.[1] 법률은 사람들에 의해 창조된 객체 즉 제도 제품으로서 마땅히 사람들과 하나의 가치 관계가 존재한다. 법률이 사람의 각종 수요를 만족하면 만족할수록 더욱 가치가 있고 이와 상반될 경우 가치가 없거나 부정적인 가치를 갖게 된다.

법적 가치에 대한 연구는 주로 두 가지 측면에서 과제가 있다. 첫번째 차원은 현실적인 법적 가치의 실현을 관찰하는 것이다. 즉, 법적 가치화이다. 다른 차원에서는 법이 어떻게 주체적 가치를 설정하여 법이 진정으로 '가치 체질'로 되는가이다. 즉, 가치 법률회이다.[2] 법적 가치에 대한 사람들의 연구는 법의 이상과 현실, 그리고 당연과 실질에서 비롯

---

1) <马克思恩格斯全集>, 中文1版, 第19卷, 406页, 北京, 人民出版社, 1963.
2) 参见谢晖 : <价值法律化与法律价值化>, 载 <法律科学>, 1993(4).

된다. 다시 말해, 법적 가치는 인류가 법 이념에 대한 가치화의 선택이라고 볼 수 있고, 이는 '가치'라는 철학적 범주에 속하는 법률화의 표현이라고 볼 수 있다. 법적 가치는 역사적, 단계적 그리고 선택적이다. 각기 다른 역사적 배경과 객관적 현실에 따라 법적 가치는 다양한 경향과 선택을 반영한다. 법적 가치에 대한 연구는 입법활동의 수요이자 법률 시행의 수요이다. 엄격히 말해, 입법 활동은 일정한 법적 가치관의 주도하에 있는 국가 행위이며, 법의 이상적 목표와 실현의 목표가 무한적으로 접근하게 하기 위해서는 법적 가치이론에 대한 심도 있는 논의가 필요하다. 동시에 법적 가치는 법집행 활동에 대한 안내이며, 동일한 법률규정은 다른 법적 가치의 지도하에 서로 다른 법집행의 결과를 초래한다. 법적 가치는 준법의 사상적 요건이므로 단순히 강제성만으로는 법이 오래가지 못한다. 법의 이상 가치는 법의 현실 가치보다 항상 높기 때문에 법적 가치는 법이 지속적으로 발전해 나아가는 원동력이기도 하다. 현재 법적 가치의 다원화 추세는 필연적으로 법적 가치 간의 충돌을 일으킨다. 이를 위해서는 우리가 입법 및 사법 활동 즉 가치의 조정, 판단 및 선택을 통해 해결해야 한다.

비록 법적 가치의 개념과 관련하여 다양한 의견이 있지만 많은 학설들은 법적 가치가 인간과 법의 관계를 반영하고 반드시 인간과 법의 관계 속에서 법적 가치를 인식해야 한다는 공통 기반을 가지고 있다. 자세히 말하면, 법적 가치의 개념에는 '법과 주체의 관계', '법이 주체에 미치는 효과', '주체가 법의 효과에 대한 평가' 이 세 가지 요소를 포함하고 있다. 일부 학자들은 이를 '법과 인간 관계를 나타내는 법적 가치의 범주로, 이 관계는 법이 인간에게 가지는 의미, 작용 또는 효용과 그 효용에 대한 인간의 평가'로 요약했다.[3] 다른 학자들은 법적 가치의 의미에 대해 단계적으로 설명하고 있다. 첫째, 법이 어떤 가치들을 촉진하는지 둘째, 법 자체가 어떠한 가치들을 가지고 있는지 셋째, 다양한 가치들이 상충할 때 법은 어떤 기준에 따라 평가하는 지이다.

법적 가치의 개념의 내적 정의에서 출발한다면 우리는 지식재산권의 법적 가치에 대한 기본적 연구내용을 정리할 수 있다. 첫째, 지식재산권 법적 가치의 기본 출처이다. 법적 가치의 주체와 객체의 관계는 일정한 기초의 틀 안에서 성립되는 것이다. 법적 가치의 형성 및 평가는 반드시 사회적 가치와 문화적 가치 그리고 경제적 가치의 영향을 받게 된다. 지식재산권법은 지식재산의 관계를 조정하는 제도적 규범으로서 필연적으로 특정한 문

3) 严存生 : <法律的价值>, 28页, 西安, 陕西人民出版社, 1991.

화, 사회와 경제의 환경 아래에서 이와 상응하는 평가방식, 가치목표, 실현방안이 발생하기 마련이다. 초창기에 지식재산권법을 구축하는 가운데 문화가치와 경제가치는 초지일관 지식재산권이라는 참신한 사권제도의 기본가치를 구성하는 출처이기도 했다. 상품경제 발달을 기반으로 우수한 창조문화가 배경이 되어야만 지식재산권법에서 보장하는 지적 창조를 중심으로 한 지식제품의 상품화, 재산화가 가능해진다. 이와 동시에 풍족한 사권 문화가 있는 환경에서만 초창기의 특허 인쇄, 전매권을 사유재산권의 성질을지닌 제도적 모델로 진화하여 문화경제환경에 대한 개선을 촉진시켰다. 법과 환경이 조화를 이룰 때 바로 법적 가치가 가장 잘 드러나고 실현될 수 있는 시기이다. 법적 가치에 대한 연구가 만약 기초적 출처에 대한 연구를 벗어난다면 공허하고 혼란스러워 보일 것이다.

둘째, 지식재산권의 법적 가치의 평가 주체이다. 평가주체는 가치판단의 핵심이자 주체가 없는 가치 관계는 아무런 의미가 없다. 그리고 주체의 입장에 따라 가치평가도 크게 달라질 수 있다. 여기서 우리는 주관성과 객관성의 변증법적 통일을 견지해야 한다. 즉, 법적 가치는 주체의 평가를 통해 비교적 안정적인 가치 목표와 주체와 객체 간의 관계에 대한 설명을 형성할 뿐만 아니라 주체의 절대적 방향을 넘어 평가 주체를 상대적으로 분리하여 객관적인 가치목표를 만들어 낸다. 지식재산권법의 생성, 발전 및 개혁 과정 속에서 평가 주체는 항상 서로 다른 역사적 시기와 사회적 배경에 의해 관련 법률의 가치목표를 조정한다. 시간적 차원에서 볼 때, 초창기는 시장을 통제하기 위해 추구된 질서가 우선되었고 오늘날 세계화 조건하에서는 정의를 강조하는 것이 우선으로 변화한 것 같이, 이러한 법적 가치는 다양한 역사적 시기에 지식재산권법의 구성과 변화를 일으킨 사상적 기반이 되었다. 국제적으로 선진국은 질서 우선의 제도규칙을 국제 주류 패러다임의 기본내용을 강력하게 추진하여 지식재산권 보호의 질서우선권을 지켜내고 있다. 반면에, 개발도상국들은 현재 지식재산권 질서 속에서의 불공정하고 불합리한 상황을 변화시키고 정의로운 가치를 주요 평가 사상으로 삼아 국제 지식재산권 제도의 개혁을 일으키고 있다. 각국의 평가 입장과 상관없이 국제 사회는 개인 권리보호와 이익균형과 같은 보편적인 법적 가치를 지식재산권법의 사상적 기초로 전환하였다.

셋째, 지식재산권 법적 가치의 실현방법이다. 가치 목표 연구는 법적 가치 연구의 핵심적 내용이다. 가치목표와 이에 상응하는 가치체계는 법에서의 목적적 가치와 수단적 가치의 통합을 구성한다. 가치목표는 추상적인 가치 관계를 보다 구체적인 권리, 의무관계로 표현한다. 지식재산권법에서 가치목표에 대한 분석은 지식재산권이 기타 다른 제도에 내재된 자신의 가치와 구분되어 나타나는 것은 당연하다. 동시에 지식재산권법에서 추구하는 가치목표 또한 상위의 가치개념과 밀접한 관련이 있다. 예를 들어, 정의가치는 지식재산권이 날로 확장되는 현실에 대해 법이론적 차원에서 상호 견제와 균형의 역할을 했다. 기존에 단순한 경제적 이익 분석의 효율성 중심 가치 대신에, 최근 새로운 제도와 그 연구는 제도의 합리성과 정당성을 가치 판단의 중요한 근거로 삼고 있다. 지식재산권 제도 규범 설계 측면에서 정의가치를 내재한 권리 제한과 공공 영역 시스템은 이익균형과 권리 보장의 작용을 점점 더 발휘하고 있다. 가치 목표와 관련된 가치 실현은 또한 법률 가치 연구의 중요한 내용이다.

가치 실현은 가치 이론의 마지막 단계이자 가치 이론을 해당 제도적 구조에 연결시키는 연결고리이기도 하다. 지식재산권의 법적 가치 실현은 다른 제도의 가치 실현과는 분명한 차이가 있다. 이는 즉 지식재산권 제도와 동반되는 가치와 관념은 항상 지식재산권법의 존재를 수반한다. 따라서 가치 목표의 실현에는 제도적 층면에 있어 많은 문제들이 있다. 예를 들어, 지식재산권 문화와 법률 이전 사이에서의 부조화로 인해 일부 개발도상국에서는 명백한 제도적 거부와 적응의 어려움이 발생하였으며, 법의 권위와 가치에도 심각한 도전과 영향을 받았다. 지식재산권의 법적 가치에 대한 연구는 가치 실현보다 결론을 우선시해야 한다.

Ⅱ. 지식재산권 법적 가치의 목표 내용

법적 가치개념의 계층적 분석을 기반으로 우리는 법제도의 성격, 목적 및 기능이 법적 가치에 반영되어 있음을 알 수 있다. 각 단계마다의 의미는 다르지만 서로 밀접하게 관련되어 있다. 법이 어떤 가치를 추진하는 지에는 사실상 법의 본질과 목적의 문제이다. 또한 법자체가 어떤 가치가 있는가 실제로 법은 특정한 목적을 달성하기 위한 수단뿐만 아니라 그 자체만으로 특정한 가치가 있다는 것을 의미한다. 법이 추구하는 다양한 가치 또는 유사한 가치 사이에는 모순이 있을 수밖에 없기 때문에 이를 평가, 조정 및 선택하는 문제가 발생한다. 동서고금을 막론하고 사상가와 법학자들은 다양한 법적 가치를 제시해 왔지만, 이를 요약한다면 주로 정의, 자유, 평등, 안전, 질서, 효율성 등이 주를 이룬다. 지식재산권의 법적 가치는 일반법으로서의 보편적 가치뿐만 아니라 부문법으로서의 특별한 가치도 있다. 이에 다음과 같이 나누어 논한다.

1. 지식재산권법의 정의가치

"정의는 사회제도에서의 가장 주된 가치"[4], 정의 실현은 지식재산권법 제정의 첫번째 목표이다. 서양법 사상사에서 정의의 개념은 자연법이론과 공존했다. 어떤 의미에서 자연법은 정의와 질서를 추구한다는 신념이며, 이는 사람이 법을 제정하는데 있어 권리의 존재 및 유효성을 나타내는 근거가 된다. 현대 입법에서 지식재산권은 하나의 자연법상의 권리로 묘사된다. 이것은 창작자의 지적 활동을 바탕으로 자연스럽게 발생하고, 봉건적 특허의 속박에서 벗어나 합법적으로 존재하므로 정의에 부합한다. 반대로 창작자의 권리가 무시되면 지적 활동에 대한 투자가 보상되지 않고 정신적 생산 분야가 무질서 상태에 빠지게 되므로 사회 전체가 정의를 논하지 못하게 된다.

정의의 가치에 대한 해석은 지식재산권법 정당성의 기초를 설명하며 즉 지식재산권의 법의 생성과 변화 및 발전은 정의 이론의 역사적 고찰과 현실적 판단을 거쳐야 한다. 일반법의 성격상 지식재산권법은 다음과 같은 정의가치를 내포한다.

(1) 평등주체의 인격 정의

법인격은 주체가 권리를 향유하고 의무를 부담할 수 있는 자격이다. 평등성은 주체지위를 정의하는 가운데서의 법적 정의이다. 엥겔스에 의하면 "평등은 곧 정의이다." 또한 "평등은 정의의 표현으로 정치제도나 사회제도를 보완하는 원칙이다.[5]" 지식재산권법의 평등정신은 본질적으로 사법의 평등원칙과 동일할 뿐만 아니라 자체적인 가치를 내포하고 있다. 우선, 지식재산권의 평등은 일종의 지식창작활동에 종사하는 자유로운 선택으로 창작자의 권리를 얻을 수 있는 동등한 기회로 표현된다. 창작활동을 통해 지적 성과를 얻은 그 어떤 사람이라도 누구나 법에 따라 이에 상응하는 지식재산권을 향유할 수 있다. 그 다음으로 지식재산권의 평등은 일종의 당사자의 권리와 의무관계에서 대등한 것으로, 모든 이익주체가 독립적인 위치에 있고, 지식재산권 이익의 질서 있는 구조가 정의

---

4) 沈宗灵 : <法 · 正义 · 利益>, 载 <中外法学>, 1993(5).
5) <马克思恩格斯全集>, 中文1版, 第20卷, 668页, 北京, 人民出版社, 1971.

의 범위 내에서 실현됨을 의미한다. 지식재산권 권리체계에서 각 주체는 지식제품에 대해 독점 사용, 허가 사용, 법정허가 사용 그리고 합리적 사용 등 각기 다른 이익을 누리게 된다. 각 항목의 법제도는 분배 원칙을 법적 권리와 의무로 구체화하므로 지식자원에 대해 권위성을 지닌 공정한 분배를 진행하게 된다. 마지막으로 지식재산권의 평등은 외국인에 대한 평등한 보호를 의미한다. 내국민 원칙에 따라 저작권법은 '저작자의 국적' 또는 '저작물의 국적' 원칙을 따르고, 산업재산권법은 '거소 원칙' 또는 '국적 원칙'을 따르거나 호혜원칙에 기초하여 외국인에게 권리보호를 부여한다. 지식재산권법의 내국민대우 원칙은 국제법에서 "모든 사람은 법 앞에서 평등하다."라는 사상을 구현한 것으로 내국인과 외국인 모두를 국민으로 동화시켜 후자가 보호를 선택한 국가의 국민과 동등한 권리를 누릴 수 있도록 한다.

(2) 이익균형의 분배 정의

이익분배는 법적으로 권리의 분배와 배치를 의미한다. 공정성은 지식재산이 공유하는 법적 정의이다. 공정함은 주관적인 평가로 공정 여부를 판단하는 것은 일반적으로 정의의 시각에서 출발하여 사람들이 모두 인정하는 가치관과 옳고 그름을 가리는 시비를 기준으로 한다. 여기에는 사람들이 인정하는 경제이익상의 '공정', '합리'가 포함된다.[6] 전통적인 사법 분야에서 공평원칙에는 전형적인 법률 용어로 표현되어 왔다. 즉, 주체 간에는 서로 공정하게 대우하고 교환은 반드시 유상으로 상호 이익이 있어야 한다. 재산 책임은 합리적으로 분담하고 법정 범위 내에서 각 당사자들의 이익을 모두 고려해야 한다. 재산 책임은 합리적으로 분담해야 하며 권리자의 재산 이익이 훼손된 경우에는 동등한 가치로 배상해야 한다.

지식재산권 분야에서 공정원칙은 지식재산이 정의를 분배함을 나타낸 것으로 제도 설계상으로 즉 창작자, 전파자, 사용자 등 삼자의 이익을 조정하는 것이다. 이러한 법적 균형과 조정은 주로 다음 두가지 측면에서 나타난다. 첫째, 지식자원의 독점분야와 비독점분야이다. 지식재산권의 보호 대상은 지식제품이지만 모든 형태의 지식이 지식재산권의 권리 객체가 되는 것은 아니다. 따라서 입법은 지식자원 범주 안에서 두 가지 영역으로 구분한다. 하나는 독점분야이다. 창작자는 여기서 독점 사용과 이익 취득의 권리를 가지

6) 参见张新宝 : <民事活动的基本原则>, 22页, 北京, 法律出版社, 1986.

게 된다. 다른 하나는 비독점분야이다. 여기에는 지식제품의 '공공분야'와 권리 객체의 제외영역을 포함하여 모든 사람들은 이러한 지식자원을 자유롭게 사용할 수 있게 된다. 둘째, 지식재산권의 독점성과 제한성이다. 지식재산권은 일종의 독점적인 권리로 절대성과 배타성의 특징이 있다. 이와 동시에 해당 권리는 또 하나의 제한성 권리이다. 이는 지역, 시간 그리고 권한에 대한 제한을 받게 된다. 지식재산권법의 권리배치는 실질적으로 일종의 지식자원의 이익 공유이기 때문에 미국학자들은 이 법을 창작자, 전파자, 사용자의 권리를 조정하는 균형법이라고 묘사한다.[7]

(3) 권리가 배치한 질서 정의

법질서란 법이 일정한 안정성, 연속성 및 법규범 사이에서의 상호 타협성을 반드시 구비되어야 함을 의미한다.[8] 질서 또는 타당성은 질서 정의의 가치 요구이다. 지식재산 즉 지식재산권 객체는 비물질적 특징을 갖고 있고 그 자체에 대한 물리적인 점유와 유형체의 통제가 불가능하다. 따라서 법으로 지식재산 상태에 대해 '순수 법적의 점유[9]'의 제도적 장치를 마련하여 창작자의 통제 범위를 넘어서는 지식재산에 대해 특별한 보호를 가하는 것이다.

이것은 지식재산권법이 권리 배치를 중심으로 구축된 지식제품의 창조, 유통 및 사용에 대한 법적 질서이다. 지식재산권법에서 추구하는 사법질서는 주로 다음과 같은 내용을 포함한다. 첫째, 권리에 대한 정의의 질서이다. 즉, 무체의 지식자원에 대한 재산권의 명확한 정의를 위해서 국가의 통일된 법을 나타내는 방법으로 지식재산권의 안정적인 상태를 유지하는 것이다. 둘째, 권리의 거래 질서이다. 즉, 지식재산 활용 시스템을 통해 재산권 거래의 활동 질서를 규제하여 지식 기술의 전파와 활용을 촉진한다. 셋째, 권리의 보호 질서이다. 의무자에게 의무이행을 독촉하고 침해자에게 책임을 묻는 등의 조치로 권리인이 충분히 자신의 권리를 행사할 수 있을 것을 보장한다. 권리의 보호는 질서 정의 내용 중에서 가장 중요하다.

7) See L. Ray Paterson, Stanley W. Lindberg, The Nature of Copyright: A Law of Users' Right, The University of Georgia Press, 1991, p.2.

8) 参见李龙主编 : <良法论>, 95页, 武汉, 武汉大学出版社, 2001.

9) [德] 康德: <法的形而上学原理－－－权利的科学>, 沈叔平译, 68页, 北京, 商务印书馆, 1991.

2. 지식재산권법의 효율가치

법의 경제적 분석은 우리가 지식재산권 제도적 기능을 이해하고 평가하기 위해 새로운 차원의 사고 방식을 제공한다. 법률경제학의 핵심적 사상은 '효율성'이다. 이에 따르면, "법에 의해 만들어진 규칙은 다른 종류의 행위에 암묵적 비용이 발생되므로 이러한 규칙의 결과는 이러한 암묵적 비용에 대한 반응으로 분석될 수 있다.[10)]" 법제도의 발전사를 더듬어 보면 정의가 항상 법의 기본적 가치였다는 것을 우리는 어렵지 않게 발견할 수 있다. 마침 진리가 사상체계인 것에 비하여 정의는 법제도의 기본가치라는 것을 알 수 있다.[11)] 그러나 정의의 가치는 법의 효익(效益)의 가치를 충분히 포괄할 수 없고 정의의 궁극적인 실현은 효익의 극대화의 달성과 같지 않다. 법률경제 분석결과에 따르면, 경제 생활에 근간을 둔 법은 사회정의를 유지하는 기능을 갖추어야 할 뿐만 아니라 권리자원의 효과적인 분배실현과 사회적 부의 증대를 촉진하는 사명을 띠고 있어 정의와 효율성은 현대법의 이중적 가치 목표를 구성하고 있다. 어떤 의미에서 모든 법적쟁점은 궁극적으로 모두 경제관계의 반영이자 요구사항이며 그 어떤 법도 경제차원의 기본 법칙과 원칙을 구현하지 않는 법은 없다. 입법요건의 관점에서 보았을 때, 객관적 규칙성만 반영하는 것이 정확하며, 시장경제법을 객관적이고 자체적인 규칙의 본질로 되돌리는 것이 시장경제 규칙에서 제일 중요하다.[12)] 하지만 어떤 법제도가 사회경제적 생활여건을 정확히 반영하고 사회경제적 발전을 제대로 도모할 수 있는지 여부는 효율 및 이익평가 즉 법제도의 경제적 분석에 달려있다. 다시 말해, 경제적 관점에서 법제도의 기본 정신을 논의하고 효과극대화를 목표로 법제도의 개혁을 추진해야 된다.

효율성은 지식재산법이 낳은 이념적 기반이자 지식재산권법이 추구하는 가치목표이기도 하다. 많은 지식재산권 제도의 구축 및 실행은 효율원칙에 의해 설명할 수 있다. 특허권의 효율성 기반은 재산권의 동적원칙과 동일하다. 즉, "재산권에 대한 법적 보호는 자원을 효율적으로 사용할 수 있는 유인을 창출하는 경제적 기능을 가지고 있다.[13)]" 자세히 말하자면, 특허권이 없으면 정보제품의 '부족' 현상이 매우 심각할 것이고 특허권의

---

10) [美] 罗伯特·考特、托马斯·尤伦 : <法和经济学>, 张军等译, 13页, 上海, 上海三联书 店、上海人民出版社, 1994.

11) 参见乔克裕、黎晓平 : <法律价值论>, 160页, 北京, 中国政法大学出版社, 1991.

12) 参见江平 : <罗马法精神与当代中国立法>, 载 <中国法学>, 1995(1).

13) [美] 波斯纳 : <法律之经济分析>, 22页, 台北, "商务印书馆", 1987.

부여가 인센티브 작용을 하게 된다. 그러나 특허권 부여의 문턱이 너무 낮으면 아무 런 가치가 없는 특허들만 난무할 것이다. 기술성과에 대해 특허를 부여하고 특허 부여에 필요한 임계 조건을 설정하는 것은 기술 혁신을 장려하고 특허 기술의 이용가치를 향상시키므로 특허시스템의 효율성을 유지하는데 도움이 된다. 저작권의 효율성 기능은 창작-전파-이용이라는 법적사슬에서 구현되며, 입법자는 사유재산권의 발생 및 지식전파의 이원적 입법취지에서 출발하여, 저작권 보호, 활용, 제한 등 3대 제도적 배치를 통해 정보자원의 할당을 최적화하는 효율적 목표를 실현한다. 상표권의 제도적 이점은 '통합된 품질 보증을 제공하므로 소비자의 검색비용을 절감[14]'하는데 있다. 검색비용은 실질적으로 거래비용이다. 이는 소비자가 제품을 구매결정 내리기 전 제품 품질을 조사하기 위해 지불하는 비용이다. 상표에는 상품의 출처를 식별하고 상품의 브랜드 효과를 반영하는 기본 기능을 가진다. 따라서 이에 대해 진행하는 권리 배치에는 반드시 수익과 원가의 관계를 고려해야 한다. '선(先)사용제'를 채택한 국가에서 상표권의 취득은 '사용'을 전제로 하고 '상징적 사용'이 아닌 '충분한 사용'을 원칙으로 한다.[15] 이것은 효율 원칙에 대한 요구이다. 반면에, '선(先)등록제'를 채택하고 있는 국가에서 상표권의 취득은 '등록'을 요건으로 하고 있다. 사용하지 않고도 보호받는 상표등록은 사용 중 수익을 달성하지 못했지만, '선등록제'의 심사 및 관리비용은 '선사용제'에 비해 저렴하므로 '선등록제'가 또한 효율가치 목표에 부합한다.

지식재산권법의 효율가치에 대한 추구는 시스템 설계 측면에서 합리적이고 효과적인 권리 배분이다. 즉, 모든 주체가 권리시스템에서 균형 잡힌 상태에 달성하는 것을 뜻한다. 미시경제학에서 균형은 모든 당사자들이 동시에 최대 목표를 달성하고 지속적으로 존재하는 상호작용의 형식에 있음을 의미한다.[16] 균형은 보편적인 사회현상으로 경제활동에서 누구나 교환을 통해 최대한의 욕구를 충족시킬 능력을 갖춘 물품 조합을 얻고자 한다. 이들 간에는 욕구를 만족하기 위한 일정한 가격을 형성하고 상호 제약하고 그리고 점차 수요와 공급이 같은 수준까지 도달하므로, 가격은 변하지 않으므로 오랜 기간동안 변동이 없는 상황이 나타나며, 이것은 사회적 부를 지속적이고 효율적으로 증가시키는 상태이다. 균형은 지식재산권법의 효율성 목표를 위한 제도적 장치의 기본 요건으로 지식재

14) 程啸 : <知识产权法若干基本问题之反思>, 载 <中国人民大学学报>, 2001(1).

15) 李明德 : <美国知识产权法>, 288页, 北京, 法律出版社, 2003.

16) 参见 [美]罗伯特 · 考特、托马斯 · 尤伦 : <法和经济学>, 张军等译, 22页, 上海, 上海三 联书店、上海人民出版社, 1994.

산권의 보호와 제한 가운에서 균형을 추구하여 지식제품의 창작자, 전파자, 사용자 간의 이익 충돌을 제거하기 위한 것이다. 균형 상태의 권리 배분에 있어 창작자의 권리는 제1의 권리이자 본원적 권리이다. 법은 창작자에게 사유재산권을 부여하여 권리인에게 가장 경제적이면서도 효과적이고 지속적인 인센티브를 제공한다. 전파자의 권리는 지식전파 과정에서 2차적 권리이며 이와 관련성이 있는 권리이다. 특히 저작권에서 더 분명하게 나타난다. 전파자는 창작자와 사용자 간의 다리 역할을 하고 있고 그들의 지적 또는 물적 투입이 지식자원 활용의 효율성을 높이고 있다. 사용자의 권익도 제도적 장치에서 합리적인 위치에 있어야 한다. 정신 생산 활동 속에서 사용자는 기존 지식제품의 소비자이기도 하지만 미래의 지적 성과를 창출하는 창작자가 될 수도 있다. 사용자에게 일정한 범위 내에서 타인의 지적 제품을 자유자재로 사용할 수 있는 권리를 부여하는 것은 사회공공의 접근과 지식제품을 활용할 수 있는 기회를 보증할 뿐만 아니라 정신적 부의 지속적인 증가를 촉진한다. 요컨대, 창작자의 권리, 전파자의 권리, 사용자의 권리의 잇따른 출현과 개선은 다양한 이해관계의 만족을 극대화하고 지식자원의 배분과 이에 상응하는 권리 배분을 추구하는 입법자들의 균형적인 결과이다.

3. 지식재산권법의 혁신가치

지식재산권법은 과학기술, 경제와 법률의 결합산물로서 본질적으로 '지식'을 자원으로 귀속시키는 문제를 해결하고 인센티브와 조정을 담당하는 이익의 메커니즘이다. 이런 의미에서 지식경제시대는 동시에 지식재산권의 시대라는 것을 의미하기도 한다. 지식경제는 과학과 기술이 생산의 주요 요소인 지적경제이다. 지식경제 발전의 원동력은 과학기술의 창작 활동에 있으며 과학기술의 혁신은 지식재산권의 혁신과 분리될 수 없다.[17] 지식재산권법 자체는 사법분야의 제도적 혁신의 결과라고 볼 수 있으며, 동시에 지식재산권법의 가치목표는 혁신을 주도해야 한다.

(1) 혁신이론은 지식재산권 제도혁신의 사상적 기반이다.

오스트리아계 미국인 경제학자인 슘페터는 최초로 경제학 연구 분야에 '혁신'이론을

17) 参见吴汉东 : <科技、经济、法律协调机制中的知识产权法>, 载 <法学研究>, 2001(6).

도입했다. 20세기 초 슘페터는 저서『경제학 발전 이론』에서 최초로 '혁신이론'을 제시했다. 그의 관점에 따르면, '혁신'은 생산요소와 생산조건의 새로운 조합을 생산시스템에 도입하는 것이다. 1950년대 이후 후손들은 '혁신이론'의 기초로 기술혁신론과 제도혁신론의 두 가지 분야를 발전시켰다. 전자는 경제발전에서 과학기술의 역할은 주로 기술혁신을 통해 실현된다고 보는 반면, 후자는 기술적 요인과 제도적 요인이 경제 성장의 두 가지 주요 요소를 구성하고, 이 중 혁신시스템은 기술혁신활동을 장려하고 경제 성장을 촉진하는 관건이라고 보았다.[18] 제도적 혁신이란 일반적으로 새로운 제도의 구축을 통하여 부가적인 이익을 얻기 위한 제도적 주체의 활동을 말하며, 이는 산업제도, 재산권제도, 기업제도, 경제관리제도, 시장운영제도 등 각종 규칙, 규범에 대한 혁신을 말한다. 제도적 혁신에는 여러가지 형태가 있지만 각각의 혁신은 특정 분야의 제도적 변화로 이어진다. 새로운 제도경제학 이론에서 제도변경은 기존 제도를 보다 더 효율적인 제도로 대체하는 과정으로 이해된다. 여기에는 두 가지 유형이 포함된다. 하나는 '유도성 제도변경'이다. 즉, 제도 구성의 변경 또는 대체 또는 새로운 제도의 창조이다. 이는 개인 또는 집단에 의해 자발적으로 발의하거나 조직하거나 실행된다. 다른 하나는 '강제적 제도변경'이다. 즉, 정부명령, 법률 또는 각종 정책의 도입으로 실현되는 것이다.[19] 혁신시스템에서 제도적 혁신은 기반이자 보증의 지위를 가지고 있다. 지식혁신(과학기술 혁신과 문화 혁신 포함)은 과학기술, 문화, 경제일체화의 목표에 입각하여, 하나의 경제발전을 촉진하기 위한 신기술 응용 및 사업화 활동으로 이는 해당 제도의 보장, 규범 및 제약과 불가분의 관계이다. 지식재산권은 개인권리에 관한 법체계의 혁신과 변화의 결과이고 동시에 지식혁신 활동을 보호하는 기본 법적제도이기도 하다.

(2) 혁신가치는 지식재산권법의 핵심적 가치이다.

법적 가치관은 법제도 또는 발전단계에 따라 각각 다른 양상을 나타낸다. 특정한 시대적 배경하에 특정한 법률제도에는 여러가지 다른 가치항목이 포함되어 있고 각각의 가치의 초점 또한 다다르다. 예를 들어, 형법의 입법에는 질서와 정의구현을 나타내고, 민법은 평등과 성실성을 직접적으로 규정하며, 경제법은 '효율성'을 각별히 중요시한다. 시식

---

18) 参见林炳辉 : <知识产权制度在国家创新体系中的地位和作用>, 载 <知识产权>, 2001(3).

19) 参见 [美] R.H.科斯等 : <财产权利与制度变迁:产权学派与新制度学派译文集>, 陈剑波等 译, 上海, 上海三联出版社, 1994.

경제시대에서 지식재산권 제도에 내재된 가치가 독자적인 지배적인 가치를 갖는다. 즉, 혁신가치이다.[20] 왜냐하면, 이는 현대 경제의 발전은 지식과 정보의 생산, 유통, 활용에 크게 의존하고 있으며, '혁신'산업은 이미 지식경제시대의 주요한 특징이 되어 전례 없는 주목을 받고 발전했기 때문이다. 어떠한 주체도 첨단 기술에 의존하는 경쟁에서 확고한 위치에 서려면 먼저 '혁신'을 잘 사용해야 하므로 혁신은 인간 행동 선택의 표준 중 하나가 되었다. 혁신은 인간과 자연의 관계를 반영할 뿐만 아니라 인간과 인간의 관계, 개인과 사회의 관계를 반영하는 보편적 의미의 관계 범주가 되었다. 동시에 '혁신'은 '역사관'이라는 의미의 개념으로서 인간의 이상적 추구가 응집되어 있다. 역사개념은 역사 발전 과정에서 근본적인 동력과 메커니즘, 법률문제에 답하고 해결해야 하며, 혁신적 발전은 광범위한 사회적 실천영역과 오랜 역사적 운동과정에 존재한다. 요컨대, '혁신'의 개념은 지식경제에 대한 포괄적이고 중요한 설명이므로 지식재산권법의 기본적 가치 범주라고 볼 수 있다.

(3) 혁신가치는 지식재산권 정책 수립 및 입법활동에 나타난다.

국가는 정책과 법률에 포함된 지식재산권의 제도적 가치를 통해 혁신이라는 행위를 '계획적 합리성'의 법적 가치로 승격시키고,[21] 법적 가치의 주체인 사람이 법적 가치를 발견하는 가운데서 능동적 개입과 통제를 한다. 지식재산권법은 주로 혁신을 기반으로 한 사회적 관계를 조정대상으로 삼아 혁신을 존중하고 개인의 권리를 보호하는 취지를 반영한다는 점에 유의할 필요가 있다. 예를 들어, 특허제도는 신기술 발명의 최초 상업적 출원과 경제적 효율성을 보호한다. 즉, '혁신'과 같은 '기술상품화' 과정을 보호하는 것이다. 저작권 제도는 주로 최초의 상업적 출원을 보호한다. '작품 상품화'의 '혁신'의 결과로 이해될 수 있으며, 상표권 제도는 상징적 권리를 보호하고 상표로고 자체는 혁신적이지 않을 수 있지만, 실제로 상표의 최초 활용 또는 처음으로 상표권을 취득한 주체의 이익과 그에 따른 소비자들의 '첫 인상'에 대한 인정으로 받는 이익을 보호한다. 또한 우리는 사유재산권을 정의하면서 '지식제품 공개' '우선권 보호' 등과 같은 제도를 만들어 권리자의 개인 혁신 행동을 촉진하고 보호를 가할 뿐만 아니라 사회 혁신 및 개발의 연속성

---

20) 参见陈谊、汪天亮 : <试论知识产权法的价值定位－－－创新>, 载 <行政与法>, 2004(9).

21) 在法哲学理论中, 人的理性可以分为 "实践理性" 和 "规划理性". 前者是接受性理性, 表现为道德经过长期教化而被人们自然接受为价值 ; 后者是能动性理性, 即在特定情况下人为地设计出符合规律的价值.

과 혁신 비용의 합리성을 고려해야 한다. 또한 지식재산권법은 '보호 기간제', '권리소진 제도' 등의 규범을 통해 권리자의 독점적 권리에 필요한 제한을 가하여 개인이 독점한 지식재산을 적절히 공공영역에 흘러가게 하여 사람들이 지속적으로 새로운 창작활동을 하게끔 장려한다.

요약하자면, 혁신은 지식재산권법 창설의 원인이자 목표이며 이러한 법적 가치를 실현하는 과정 속에서 법 자체도 제도적 혁신과 개혁을 실현하였다. 따라서 혁신가치는 지식재산법이 지식경제시대를 배경으로 재산권법이 구현하고 추구하는 선도적 가치이다.

Ⅲ. 현대 지식재산권법의 기본 가치관

지식재산권법은 초창기부터 성숙기에 이르기까지 거의 400년의 역사를 거쳐 현재는 이미 전세계 국가에서 널리 시행되는 법률제도가 되었다. 이 시기에 인류의 사회생활에는 중대한 변화가 일어났다. 현대과학기술의 비약적인 발전은 사람들의 지식생활과 문화생활에 유례없는 영향을 미쳤다. 그리고 고도로 발달된 현대상품경제는 새로운 국제경제질서와 세계시장의 형성을 촉진했다. 이러한 상황의 발전에 대응하기 위해 각국의 입법자들은 '수강변법(修纲变法)' 진행하고 자국의 지식재산권법의 개혁에 주력할 수밖에 없었다. 이와 동시에 지식재산권의 법적 가치 개념에도 중요한 변화가 일어났다. 즉, 초기 배분윤리에서 창조윤리 더 나아가 창조윤리에서 현대의 발전윤리로 중요한 변화를 겪었다. 만약 근대 지식재산권법은 재산질서와 배분정의를 가치관으로 삼는다면 현대 지식재산법은 법의 세계화와 경제통합을 이유로 더 많은 경우에 정의를 창조하고 질서를 발전시키는 가치 중심의 시스템으로 옮겨갈 것이다.

1. 법적 가치의 기준

현대 지식재산권법은 사법의 신성함과 이익의 균형을 중심으로 가치평가의 기준을 확립했다. 지식재산권의 입법취지는 창작자의 법적 권리를 보호하고 지식제품의 광범위한 보급을 촉진하는 이원적 가치목표를 나타낸다. 기본적인 제도적 기능에 관해서 논하자면, 즉 창작자의 독점권리 행사와 지식자원의 충분한 활용 이 두 가지 모순점을 조정하여,

창작자, 전파자와 사용자 삼자 간의 이익 관계를 조정하는 것이다. 위에서 언급한 가치목표에서 출발하여 현대 지식재산권법은 다음과 같이 기본적인 법률관을 설정해야 한다.

첫째, 사권 신성의 원칙이다. 사권은 공권력 즉 국가권력과 상응하는 하나의 개념으로 사적으로, 개개인(자연인과 법인 포함)이 향유하는 각종의 민사권리를 말한다. 사권신성은 지식재산권을 포함한 다양한 개인의 권리가 국가 법률에 의해 특별한 존중과 충분한 보호를 받는다고 강조한다. 사권 신성이란 인권주의 사상의 필연적인 반영이다. "이른바 인권주의는 즉 21세기의 휴머니즘이다. 인권보호를 최고의 개념으로 삼고 사람중심, 권리중심을 가치관을 나타내어 개인권리를 인권의 기본권리로 보고 있다.[22] 구체적으로 지식재산권법의 구성은 다음과 같은 이데올로기적 원칙에 근거한다. 하나, 사권 분야에 의존한다. 지식재산권은 지식 유형 중 무체자산의 권리 형태로 그 기본 속성은 재산소유권과 다를 바 없다. 따라서 마땅히 모두 민사권리의 범주에 포함되어야 한다. 인권보장의 임무는 무엇보다도 전면적으로 사람의 개인의 권리를 지키는 것이고 사권보호는 정치적 권리, 사회적 권리 등 다른 인권의 실현의 기초가 된다. 둘, 권리 제도 체계이다. 지식재산권에는 항상 일정한 절차법과 공법의 규정이 있지만 여전히 실체법을 근거로 한 사권 제도다. 권리취득절차, 권리변경절차, 권리관리절차, 권리구제절차 등과 같이 모든 것이 창작자의 권리를 중심으로 하여 사권분야 속의 독특한 법적규범체계를 형성한다. 셋, 권력중심이다. 소위 법적 본위는 권리와 의무의 관계에 관한 것이다. 지식재산권 제도에 관한 권리와 의무는 통일된 시스템 가운데서 권리가 의무를 결정하는 것이지 의무가 권리를 결정하는 것은 아니다. 요컨대, 지식재산권법은 권리에 기반을 두고 있으며 규범방법에 있어서는 수권규범을 주된 내용으로 하고, 입법의 중심은 창작자의 권리보호를 강조하는 데 있다.

둘째, 이익균형 원칙이다. 이익균형이란 당사자간, 권리와 의무의 주체간, 개인과 사회간의 이익이 공정성이라는 가치 이념에 부합해야 한다는 것을 의미한다. 이익균형은 민법정신과 사회 공중도덕성에 대한 요구이자 '인권 사상과 공공이익 원칙의 반영[23]'이라고 할 수 있다. 권리의 기본요소는 무엇보다도 이익이다. 이익은 권리의 기초와 근본적인 내용일 뿐만 아니라 권리의 목표지향이기도 하며 사람들이 해당 법제도를 설정할 때 달

22) 屈茂辉 : <中国民法典的基本理念>, 载 <求索>, 2002(5).

23) [美] 奥德丽 · R · 查普曼 : <将知识产权视为人权 : 与第15条第1款第3项有关的义务>, 载 < 版权公报>, 2001 (3).

성하고 싶은 목적(시작동기)이기도 하다. 따라서 지식재산권법에서 강조하는 이익균형은 실질적으로 일정한 형태의 권리제한 그리고 권리활용 제도와 관련되어 있다. 인권주의 관점에서 본다면, 지식재산권법이 추구하는 이익균형 정신은 주로 다음과 같은 두 가지 측면에서 나타난다. 첫째는 본권과 타권이다. 창작자의 권리 즉 지식재산권이 본권이 되어야 한다. 지식재산을 법에 따라 전체적으로 지배하는 권리이다. 전파자, 사용자의 권리는 타권에 속한다. 법규정 또는 본권 권리인의 의사에 따라 타인의 지식재산에 대해 제한적 지배의 권리이다. 이익균형 원칙에 따라 본권과 타권의 관계는 주로 다음과 같다. 주체는 서로 공정하게 대우해야 한다. 교환은 정당한 사용을 제외하고는 대가를 지불하고 상호 이익의 형태를 갖추어야 한다. 지식재산의 이익은 합리적으로 공유가 되어야 하고, 법정 범위 내의 모든 당사자들의 이익을 고려해야 한다. 이를 구체적으로 보면, 창작자의 권리, 전파자의 권리, 사용자의 권리 이 삼자 간의 조정이라 할 수 있다. 둘째는 사익과 공익이다. 공공이익의 목표에서 출발하여 창작자의 독점적 권리는 지식재산의 합리적인 사용을 보장하기 위하여 필요한 제한을 가할 필요가 있다. 타인의 지식제품을 사용하거나 표현의 자유, 공교육의 필요성, 사회 공중보건과 생활의 필요에 따라 사용되는 것은 정당하고 합리적이다. 이 자체는 모두 인권 공약에서 요구되는 사항들이다. 이에 국제지식재산기구(IPO) 한 고위 관계자는 "공익이라는 자체의 선한 의도에는 개인의 이익보다 다수의 이익이 우선되고 모든 시민은 마땅히 전체 사회의 공공 이익을 위해 사적의 이익을 포기해야 한다는 의미를 내포하고 있다.[24]"고 설명한 바 있다.

2. 법률가치의 선택

현재 법적 가치 목표의 설계 및 실행에 있어 각국이 지식재산권 법적 가치에 대한 국가의 평가와 관심은 점차 보편적 가치에서 특별한 가치로 이동되었다. 가치의 주체인 입법자들은 사회적 배경과 국가발전 단계가 다르기 때문에 이미 형성된 지식재산권의 가치에 대한 주관적 선택과 평가를 할 때 이러한 가치평가를 고유한 법제도에 도입한다. 현대 지식재산권법의 가치는 서구의 문화적 가치에서 세계 문명의 가치로 변화하고 있으며, 전통적인 지식재산권 제도의 서양 모델은 가치 이전과 실현을 위해 많은 조정을 거치고 있

---

24) [美] 杰力恩·达维斯: <权利集体管理中的公共利益>, 冯晓东译, 载 <版权参考资料>, 1990 (2).

다. 예를 들어, 전통지식의 지식재산권 보호, 생명건강권, 의약품 특허권 보호 등 문제점들은 모두 제도적 차원에서 현대 지식재산권의 법적 가치가 동요되고 있음을 보여준다. 이러한 동요는 극단적이고 급진적인 반지식재산주의자들이 그랬던 것처럼 이미 존재하고 중요한 역할을 하는 법제도를 전복시키려는 의도가 아니라 지식재산법이 창출하는 기본적 가치의 내용과 지식재산법이 내포하고 있는 가치목표를 재검토하고 지식재산가치의 이전과 실현을 올바르게 선택하는 방식으로 전통적인 지적재산법의 가치체계를 현재의 사회, 경제, 문화환경의 요구에 맞게 개조하고 개혁하여 지식재산권법의 존재와 가치실현을 시대에 함께 보장하고자 하는 것이다.

가치주체의 관점에서 볼 때, 상대적으로 불리한 개발도상국과 지배적인 위치에 있는 선진국이 가지고 있는 기본적인 법률관은 현대 지식재산권법의 법적 가치에서 주된 갈등을 구성한다. 이것은 주로 개발윤리와 분배윤리에 대한 서로 다른 법적 주장에 반영되어 있다. 개발도상국은 지식재산권법을 통해 국제사회의 경제 및 법적질서에 통합되고 세계문명과 기술의 혜택을 충분히 향유하기를 원한다. 또한 지식재산권법은 사권의 수단과 독점의 방식을 통해 새로운 기술 장벽과 권리의 격차를 두어서는 안 되며, 지식재산권법은 전 인류의 과학기술, 문화, 경제 발전을 더욱 장려하고 지식재산권 자원을 보다 합리적으로 분배해야 한다고 생각한다. 선진국은 기존 우위적 지위 유지를 바탕으로 지식재산권의 기존 규칙체계를 활용해 지식재산권 자원의 재분배 시도를 제한하고 배제하여 자국의 이익 관점에서 지식재산권 창조윤리와 재산윤리의 정당성과 우선성을 강조하는 경우가 많다. 그 결과, 지식재산권에서 나타난 사권 속성과 인권 속성 사이에는 명백한 가치 충돌이 발생하였고, 개발도상국의 지식재산권 인권속성에 대한 강조와 선진국의 지식재산권 사권 속성 강조는 비교적 뚜렷한 가치관 차이를 형성하였다.

Ⅳ. 지식재산권 법적 가치의 실현 경로

일반적으로 지식재산권 법적 가치의 실현은 일정한 사회적 조건의 종합적인 운영을 필요로 한다. 이러한 사회적 조건에는 정치, 경제, 문화, 교육 등을 포함한 여러 방면과 법률 자체가 있다. 여기에는 내적 동력과 외적 변수가 모두 존재한다. 예를 들어, 지식경제시장의 발달, 정책제도 환경의 육성, 법률문화 분위기의 조성 등은 지식재산권법의 실현에 있어 중요한 조건이다. 따라서 본 장에서는 주로 지식재산권법의 작용 메커니즘 즉 지식재산권의 제도적 기능과 가치 목표 간의 관계에 대해 주로 다룬다.

지식재산권법 각항의 기본 제도는 법적 가치 목표를 둘러싼 권리보호, 이익균형, 과학기술 발전과 경제 성장을 장려하는 사회적 기능을 발휘한다. 지식재산권법의 작용 메커니즘은 다음과 같은 방면에서 나타난다.

1. 재산권 정의와 인센티브 메커니즘

지식재산권법은 일종의 지식제품에 대해 유효한 재산권 제도의 체계이다. 지식제품은 과학, 기술, 문화 등 정신 영역의 창조적 지적 성과에 대한 총칭이다. 그 유형은 매우 다양하여 단일한 재산권 형식만을 채택하기는 어렵다. 지식제품 중에서 과학성과와 어떤 기술 성과가 채택한 형식은 비시장 메커니즘의 재산권 형식이다. 정부에서는 종종 특별한 법적수단을 통해 창작자의 지적 생산활동을 지원하고 장려한다. 위에서 언급한 과학기술 성과 확립은 경제학자들이 말하는 우선권(priority) 보상 시스템을 기반으로 한다. 이는 하나의 우선권과 관련된 다양한 형태의 보상 인센티브 제도이다.[25] 이 제도는 하나, 과학적 발견과 기술발명의 명명권(命名权)을 우선시한다. 둘, 발견과 발명에 대한 인센티브를 받을 수 있는 권리이다. 해당 제도의 실질은 발견자과 발명인에게 '명명'의 취득과 보상 인센티브의 권리를 부여하는데 있다. 이러한 수익의 대가로 사회는 해당 과학기술 성과에 대한 공공 재산권을 획득한다. 이것이 바로 발견권과 발명권제도이다. 광의로 본다면 발견권과 발명권은 지식재산권에 속한다. 앞서 설명한 바와 같이, 위의 권리는 사유재산권이 아니라 일종의 과학기술 보상제도가 더 적합하다. 주요 지식제품에 있어 개인 재산권의 형식을 채택한다. 개인 재산권의 대가 조건은 발명 창작자가 자신의 지적 성과를 공표하여 대중들로 하여금 그 속의 전문지식을 보고 이해하게 되는 반면, 사회는 일정 기간 동안 지식제품의 특허권리를 독점적으로 사용할 수 있는 특별권리를 승인해준다.[26] 지식제품은 공개(공공 제품의 속성)되지만 지식재산권은 독점이다(개인재산권 속성). 지식재산권법이 발명 창작자에 개인재산권을 부여한다는 것은 '불이 난

---

25) 参见袁志刚 : <论知识的生产与消费>, 载 <经济研究>, 1999(6).

26) 参见 [苏]E.A.鲍加特赫等: <资本主义国家和发展中国家的专利法>, 载 <国外专利法介 绍>, 第1册, 12页, 北京, 知识出版社, 1980.

천재의 집에 이익이라는 기름을 들여 붓는 셈이다', 이로 하여금 권리자에게 가장 경제적이고 효과적이며 지속적인 창조 격려의 원동력을 제공하여 과학기술 창작 활동이 새로운 수준에서 지속적으로 발전하도록 보장하고 혁신 성과에 내재된 선진 생산력의 빠른 성장을 돕는다.

2. 재산권 거래와 자원분배 메커니즘

지식재산권의 주된 입법 목적은 이와 관련된 재산권을 정의하고 발명창작자의 합법 권익을 보호하는데 있다. 이와 동시에 재산권 거래를 규제하고 지식과 기술의 광범위한 전파와 이용을 촉진한다. 경제학의 공급과 수요이론에 의하면 지적 창작 활동 또한 하나의 생산 활동이다. 지적 생산의 목적도 마찬가지로 교환이다. 교환을 통해서만 개인은 다양한 품목에 최적화된 조합을 얻을 수 있고 이로써 효용 또는 이익을 극대화할 수 있다. 과학기술 혁신 활동에 관한 신기술의 상품화와 시장화는 하나의 중요한 단계이자 이의 근본적인 목적이 된다. 만약 발명 창작을 마친 후 빠른 시일 안으로 실행에 옮기지 않는다면 새로운 기술로 대체되어 경제적 이익이 없는 기술이 될 수 있다. 재산권 거래는 관련 법률에서 지식재산권의 이용으로 주로 나타나는데 이것의 주된 제도는 바로 허가 사용, 법정 허가 사용 및 합리적 사용이다. 라이선스(License) 사용으로도 불리는 사용 권한은 지식재산권의 소유자가 특정방식으로 지식제품을 사용하도록 다른 사람에게 권한을 부여하는 것이다. 국제적으로 이러한 무역 행위를 라이선스 무역이라 칭한다. 라이선스 사용 협약의 경제적 기능은 사람들의 거래 습관을 요약하고 통일된 거래 규범과 용어를 규정하므로, 당사자가 매번 거래할 때 마다 번거로운 계약조항들의 체결하는 것을 면하므로 거래비용을 절감하고 당사자들이 합의에 도달하는 것을 용이하게 한다. 법정 허가 사용과 강제 허가 사용은 모두 비자발적 사용 허가 방식이다. 전자는 법에 근거하여 직접적으로 규정한 방식으로 이미 공개된 지식제품을 유상 사용하는 것으로 국제적으로는 이러한 거래방식을 '법정 허가증'이라고 한다. 후자는 국가에서 주관하는 기관에서 특별 권한을 부여하는 방식으로 이미 공개된 지식제품을 유상 사용하는 것으로 국제적으로는 이런 거래 방식을 '강제 허가증'이라고 한다. 위의 두 가지 거래는 사실상 국가가 마련한 '협력 게임'이다. 이것의 목적은 거래상에서의 정보 비용(누가 거래를 진행하는지, 어떤 거래를 하는지, 어떻게 거래를 하는지를 발견)과 협상비용(흥정하여 권한 취득)의 절감으로 당사자들의 협력이 거래를 성공적으로 진행할 가능성을 크게 높이는데 있다.[27] 합리적 사용은 지식재산권 이용의 특수한 상황이다. 이는 법이 규정한 조건하에 권리자의 동의를 얻거나 비용을 지불도 필요가 없으며 정당한 목적에 따라 타인의 지식제품을 사용하는 제도이다. 자유롭고 무상으로 사용하는 범위는 정보자원의 매우 적은 비율을 차지한다. 일반적으로 지식의 활용과 전파에 필요하다. 앞서 언급한 몇 가지 사용허가와 달리 합리적 사용 중에서 사용자와 창작자의 권리 거래는 1대1의 대면거래가 아닌 사회적 제도하에서 특정 창작자와 불특정 사용자 간에 정보 자원 분배로 인한 교환이다. 요컨대, 지식재산권의 거래 제도는 정보 생산자, 전파자, 사용자의 권리 분배관계를 조정하므로 과학기술의 발전과 경제 성장의 최고 효율성을 실현하는데 의미를 두고 있다.

3. 재산권 제한과 이익균형 메커니즘

지식재산권의 제한은 권리자의 독점적 권리를 제한하는 것으로, 해당 기능은 재산권의 적절한 제한을 통해 권리자와 사회 대중 간의 이익균형을 유지하고 대중들이 지식제품을 접근하고 활용할 수 있는 기회를 보장하는 것이다. 현대 재산권 제도는 정신제품 보호의 정적인 귀속을 기반으로 할 뿐만 아니라 창작자의 지식재산의 점유 및 지배를 확인하면서 정신제품의 동적 사용을 촉진해야 한다. 경제학에서는 정보 재산권의 설정에 대해 역설을 제기한 바 있다. 정보 재산권의 독점성으로 인하여 한편으로는 정보의 생산자들이 새로운 정보를 개발하도록 자극하지만 다른 한편으로는 정보를 독점하는 생산자가 높은 가격을 요구하므로 정보가 충분히 활용되지 못하는 상황이 발생할 수 있다. 이 문제는 즉 "합법적인 독점이 없다면 충분한 정보 생산이 이루어지기 어렵지만 합법적 독점이 있을 경우 또 많은 정보가 사용되지 못한다[28]"는 것이다. 이러한 딜레마를 해결할 수 있는 법적 수단은 지식재산권 보호를 기반으로 해당 독점적 권리에 필요한 제한을 두는 것이다. 재산권의 보호와 제한은 서로 다른 주체의 이익을 포함하며, 해당 제도 설계는 사회 발전의 전반적 목표에 초점을 둘 뿐만 아니라 이익 선택의 1차, 2차 관계를 정확하게 판단해야 한다. 현재로서는 두 가지 요소를 고려해야 한다.

---

27) 参见 [美] 罗伯特 · 考特、托马斯 · 尤伦 : <法和经济学>, 张军等译, 上海, 上海三联书店、 上海人民出版社, 1994.

28) [美] 罗伯特 · 考特、托马斯 · 尤伦: <法和经济学>, 张军等译, 185页, 上海, 上海三联书 店、上海人民出版社, 1994.

하나, 국정에서 출발하는 것이다. 일반적으로 개발도상국과 선진국은 지식재산권 보호 수준과 제품 활용 측면에서 입장 차이가 있다. 개발도상국은 지식재산권에 어떤 제제를 가하거나 그 제제의 강도는 국제협약에서 규정된 최소 보호기준을 적용해야 하며 자국의 경제 및 과학기술 발전 현황에 입각하여 선진국의 현행 규정을 단순히 모방하는 것은 적절하지 않다. 둘, 새로운 기술개발의 요구를 충족해야 한다. 새로운 기술의 등장으로 인해 지식제품의 이용 방식에는 큰 변화가 일어남에 따라, 법률은 사회적 이익의 분배를 재조정하여 권리자의 이익보호를 주의를 기울여야 한다. 이러한 상황이 바로 지식재산권 제한 자체에 제한을 두는 것이다.

4. 재산권 보호와 시장규범 메커니즘

지식재산권법은 재산권의 창조적 지적 성과를 보호한다. 생산 경영자는 기술과 브랜드를 소유하는데 이는 오로지 일종의 자연적 또는 사실적 점유일 뿐이고, 오로지 기술과 브랜드를 가진 지식재산권(예: 특허기술과 등록상표)을 취득해야 만이 법적 보호를 받을 수 있으며 법적 의미의 독점적인 '점유'를 형성하게 되고, 이러한 기술적 우세와 경영적 우세는 모든 위조, 복제 및 표절에 대항하기 위해 시장경쟁 우위로 전환되고 향상될 수 있다. 권리침해에 대한 단속은 재산권 소유자의 이익을 보호할 뿐만 아니라 시장 경쟁 질서를 규범화된 통제이다. 지식재산권의 침해행위는 정신제품의 생산, 유통, 소비 과정에서 직접적으로 발생한다. 법률 시행의 효율성이 낮은 경우 이와 같은 권리침해 행위의 발생과 확산은 창작자들의 지식제품을 개발하는 적극성에 영향을 미치게 되고 따라서 전체 사회복지 수준의 하락을 야기할 수 있다. 이에 대해 경제학의 관점에서는 재산권 거래 및 보호에 관한 비용과 이익의 관계를 조정하고 합리적인 경제인으로 하여금 권리침해 및 기타 위법행위를 포기하도록 촉구하는 것이다.[29)]

현단계 지식재산권의 분야의 경우, 법률 제도는 침해행위의 법정 비용을 직접 결정하고 침해행위에 대한 제재 및 처벌방안, 조치, 방법 등을 설계하고 표준화한다. 만약 관련 제도에서 어떤 권리침해 행위에 대해 처벌이 낮게 설정되어 있다면 그 행위에 대한 법정 비용이 낮아서 권리침해의 징벌적 기능이 약화되므로 지식재산권을 침해하는 행위는

29) 参见吕忠梅等 : <经济法的法学与经济学分析>, 369页, 北京, 中国检察出版社, 1998.

근절하기 어려울 것이다. 현대 각국의 지식재산권 입법 상황을 본다면 권리침해 행위에 대한 처벌을 강화하는 것이 일반적인 방법이다. 예를 들어, 권리침해 행위에 관한 형사적 제제조항을 추가하는 것, 권리침해 행위에 대한 법정 배상금액을 명확히 규정하는 것, 행정처벌 조치를 보완하는 것 등이 있다. 이러한 입법 추세는 실제로 입법자가 권리침해 행위에 대한 비용과 이익 비율의 관계를 조정하는 것으로 제도에서부터 권리침해 행위에 대한 제제를 가하고 재산권 거래 시장을 규범화 하며 경쟁 질서를 유지하는데 의미를 둔다.

5. 재산권 관리와 정부의 지도 메커니즘

지식재산권 관리는 국가기관에서 법에 따라 재산권의 취득, 이용 등 행위에 대해 심사, 감독, 협조 및 서비스 등의 활동에 대한 총칭이다. 재산권 관리는 지식재산권 제도가 기타 재산권 제도와 구분되는 지표 중의 하나이다. 이런 관리활동의 존재는 전통적 운영 메커니즘에 역사적인 영향을 미치는 동시에, 지식재산 자체의 특성을 반영할 뿐만 아니라 민사 활동에 대해 국가의 적절한 개입을 반영하는 것이다. 지식재산권과 관련된 다양한 관리 활동에서 국가가 관련 입법의 취지와 목적을 반영했고, 정부가 개인권리 영역에서 과학 발전과 경제적 성장을 추진하는 지도 메커니즘을 형성하였다. 구체적으로 다음과 같은 방면에서 주로 나타난다.

첫째, 정책 목표 메커니즘이다. 정부는 지식 분야의 재산권에 대한 보호 및 관리를 행사하는 과정에서 정책입안자의 역할을 먼저 수행한다.[30] 지식재산권 제도 자체가 국가 경제, 과학, 문화 정책의 일부분이기 때문이다. 어떤 지식제품에 대한 재산권 보호를 제공할지 또는 어떤 수준의 보호를 제공할지는 당연히 국가의 전반적인 정책 목표에 달려 있다. 이와 동시에 국가에서 제정한 발전 기획 및 구체적인 정책 예를 들어 과학기술 발전계획, 문화정책, 산업정책, 투자정책, 외자정책 등은 어느 정도 지식재산권 문제를 다룬다. 따라서 정부의 정책 지도하에 사회 발전을 도모하고 지식재산권 입법 목표를 실현하는데 도움이 된다. 둘째, 과학 심사 메커니즘이다. 저작권 작품이 완성일로부터의 자동 취득 하는 것 이외에, 다수의 지식제품은 국가가 주관하는 기관에서 전문적 심사를 진행

30) 参见陈传夫 : <论知识产权制度的政府策略>, 载 <科技与法律>, 2000(1).

할 필요가 있다. 심사제를 실시하면 공공영역에 관련된 기술, 공서양속에 반하는 기술은 특허권 보호 범위에서 제외하므로 지식재산권에 부여되는 질을 향상시킬 수 있다. 또한 무체지식재산의 재산권 경계를 정하므로 재산권의 범위와 귀속을 명확히 하여 지적 성과의 재산권화를 실현할 수 있다. 셋째, 정보 전달 메커니즘이다. 재산권을 보호하는 전제하에 권리자로 하여금 자신의 발명 창작의 내용을 공개할 것을 요구한다. 이는 특허 문헌제도라고도 한다. 정보공개는 사실상 기술창조 자원의 배치방식이다. 지식재산권 정보자원을 이용하여 중복 투자를 피하게 되고 연구 경비를 대폭 절약하므로 기술창조의 출발점을 개선하고 기술의 획기적인 발전을 실현할 수 있다. 넷째, 행위 감독 메커니즘이다. 지식재산권의 이용에는 보편적으로 권리자 자신의 이용, 타인의 이용허가, 타인의 이용양도 등의 다양한 상황을 포함한다. 국가 주관기관의 관리 활동에는 재산권 거래 행위를 규범화 하여 시장 질서를 유지하고 당사자의 합법적 권익을 보호하는데 취지를 두고 있다. 다섯째, 행정 구제 메커니즘이다. 지식재산권 분야에서 국가 행정기관은 위법행위에 대해 행정적 구제 수단을 행사할 권리가 있다. 또는 행정상 위법을 한 상대에게 행정처벌을 가하거나 침해자에게 피해자의 이익 손실에 대해 배상을 명령할 수 있다.

제14장

지식재산권 제도의 리스크이론 분석

리스크사회의 언어환경에서 지식재산권법은 일종의 제도적 문명이며 이에 따른 리스크를 동반하고 있다. 이러한 현상은 문화, 생태, 유전자기술, 인터넷 등의 리스크와 유사하다고 할 수 있다. 현행 지식재산법 제도와 법질서의 선천적 결함과 잠재적 위기를 극복하고, 리스크의 예방의식을 제고하며, 리스크의 식별능력을 강화하는 등 리스크를 처리하는 메커니즘을 어떻게 추구할 것인가는 국제 지식재산계가 직면한 공통의 시대적 문제이다. 지식재산제도의 리스크에 대한 법적 대응에 있어서 가치의 이성과 도구 이성의 통일, 권리개념과 책임개념의 통일, 법률통제와 기술개입의 통일 등의 이념을 견지해야 하며, 전통지식의 보호, 공공영역의 유지, 지식개방에 대한 협의, 지식재산 혁신 장려 등 제도의 대체와 보완을 통해 리스크사회에 대한 관념의 체계와 제도의 시스템을 형성해야 한다. 이는 곧 지식재산제도 리스크 대응을 위한 법적 조치이며 지식재산제도의 가치적 목표를 실현하는 법률 개혁의 경로라 할 수 있다.

Ⅰ. 리스크사회 이론과 지식재산권 문제의 연구

리스크사회의 연구는 현대 철학의 사회과학에 있어서 중요한 이론적 구성이 된다. 1986년 독일 학자 UIrich Beck는 자신의 책 『리스크사회』에서 처음으로 '리스크사회'라는 학문용어를 제시했다. 그는 인류가 마주하고 있는 생존의 위협은 사회가 만들어 낸 리스크라는 것이다. 서구사회를 주도하는 경제제도, 법률제도와 정치제도는 리스크 창출에 참여하였을 뿐만 아니라 그 진상 자체를 은폐하고 있다. 현대화는 그 자체가 주제와 문제가 되어가고 있어서 반성이 필요하다고 하였다.[1] 이 학설은 나중에 영국의 학자인 Anthony Giddens, Scott Lash[2] 등을 거치면서 발전하여 심오한 학문적 이론을 형성하였다. 그 결과, 리스크사회라는 단어는 20세기 후반과 21세기 사회과학계에서 새로운 의미의 범주를 도입하였고 리스크사회의 문제 또한 국제적, 시간적으로 학제 간 연구의 중요한 분야가 되었다.

'리스크'는 리스크사회 이론의 기본이 되는 범주로서 이 이론체계 구축의 기초이다. 사실은 리스크와 인류는 공존의 관계로서, 현대적 의미의 리스크는 그 의미와 구조는 예전에 비하여 근본적 변화가 있다. 첫째, 리스크의 '인간화' 이다. 인류 활동의 빈도가 증가하고 범위가 확대되면서, 그 의사결정과 행동이 자연과 인류사회의 자체에 미치는 영향도 크게 증가하여, 리스크의 구조가 자연적 위험에서 점차 인위적인 불확실한 위험으로 진화했다. 즉, 인류가 리스크의 주요 생산자가 되어 위험의 '인간화'가 되었다. 인간은 모험성이 강한 반면에 안전을 추구하는 본능이 있다. 시장과 관련된 여러 제도는 모험에 대한 인센티브를 제공하는 반면, 현대 국가들은 각종 제도를 통해서 인류의 안전을 보호한다. 모험지향 또는 안전지향 제도를 막론하고 제도는 그 자체의 사고로 리스크가 생기기 마련이다. 이를 리스크의 "제도화"라 할 수 있다.[3] 리스크사회 이론의 영역에 이론가들은 객관주의와 주관주의의 입장으로 대립되고 있다. 전자는 리스크가 세계화시대에 의심할 여지가 없는 객관적인 사회적 사실이며, 우리는 고전적 산업사회에서 리스크사회로의 전환에 처해 있음을 보여주는 것이다. 후자는 인간이 위험의 증가를 의식하게 되여 리스크사회가 발생하였으며, 리스크사회는 인간의 주관적 의식의 결과로 볼 수 있다. 어떠한 입장을 취하든 리스크사회 이론가들은 세계화 시대에 위험에 대한 관심과 대응이 사회발전에 피할 수 없는 현실이 되었음을 보여주고 있다.

리스크사회의 특징은 리스크사회 이론의 중요한 논의이다. 리스크사회라는 개념은 사회 발전 유형의 역사적 단계나 특정 사회와 국가의 실제 발전 단계가 아니라 현대 인류사회의 문제에 대한 이론적 일반화와 묘사이다. 구체적으로 말하자면 현대 리스크는 다음과 같은 특징이 있다. 첫째, 리스크의 내생성이다. 인위적 위험은 자연적 위험을 넘어 지배적인 내용이 되었다. 산업제도, 법률제도, 기술과 응용과학의 적용과 같은 인간의 의사

1) 参见[德]乌尔里希 · 贝克 : <风险社会>, 何博闻译, 南京, 译林出版社, 2004.

2) 代表性著述有 : [英]安东尼 · 吉登斯 : <失控的世界 : 全球化如何重塑我们的生活>, 周红云译, 南昌, 江西人民出版社, 2000 ; [英]斯科特 · 拉什 ; <经济全球化时代的风险文化与风险社会>, 载薛晓源等主编 : <全球化与风险社会>, 北京, 社会科学文献出版社, 2005.

3) 杨雪冬 : <风险社会理论述评>, 载<国家行政学院学报>, 2005(1).

결정 및 행동은 새로운 유형의 위험 즉 제도적 위험 및 기술적 위험을 가져온다. 둘째는 리스크의 세계화이다.

리스크사회는 일종의 '글로벌 리스크사회'로서 리스크의 공간은 지역과사회문화의 경계를 초월한다. 전세계적 위험의 보편화는 세계화의 물결로, Giddens는 "세계화 시대에는 리스크의 영향이 보편화 되었다."[4]고 말했다. Beck는 리스크의 세계화는 인류가 문명에 대한 의사결정과 운영을 "세계화"했기 때문이라고 했다.[5] 셋째, 리스크의 다양성이다. 인간에 의한 리스크는 그 잉태와 발생은 인문, 사회, 경제, 정치 등 여러가지 요소의 영향을 받는다. 그래서 '리스크는 다원적'이라고 한다.[6] 사회 이성과 과학 이성의 '지식붕괴'는 현대에 있어서 여러 부정적인 영향을 초래하고 있는데, 이러한 관점에서 Beck은 지식경제가 바로 "리스크경제"이며, 지식사회를 "리스크사회"라고 지적하면서 이를 바탕으로 "신뢰적 위험성"을 제시하였다.[7]

세계화의 리스크를 피하고 대응하는 것은 리스크사회 이론이 연구하는 주요 과제이다. 대응전략 측면에서 Beck와 Giddens는 리스크사회 이론에서 제도적이고 규범적인 것을 강조하는 제도주의적 경향을 보였으며, 그 이상적인 목적은 시스템이 규범에 맞지 않는 리스크사회에 질서 있는 규칙을 세워서 리스크의 예고 및 통제의 역할을 하는 것이다. Douglas와 维尔德韦斯(Wildavsky A)는 주관주의 입장에서 "실제 위험 자체가 중요한 것이 아니라 누가 이 위험에 대한 인식을 강화하느냐가 관건"이라고 주장한다. 또한 리스크의 대응에 있어서 "환경보호운동 또는 녹색운동 등 '아정치(亚政治)'운동으로 리스크를 예방하고 해소해야 한다"고 주장한다.[8] 여기서 지적할 점은 리스크사회 이론가들은 완전히 부정적 의미로 리스크를 이해하는 것이 아니라 리스크의 이중성을 강조하고 있다. 즉, 리스크는 불확실성과 위험성을 의미하는 동시에 사회 발전과 혁신을 위한 농력의 원천이 된다.[9]

---

4) [英] 安东尼·吉登斯、克里斯多费·皮尔森：<现代性-吉登斯语谈录>, 尹宏毅译, 7页, 北京, 新华出版社, 2001.

5) 参见 [德] 乌尔里希·贝克：<"9·11"事件后全球风险社会>, 王武龙编译, 载<马克思主义与现实>, 2004(2).

6) 张秀兰：<认识风险－－社会科学的视角>, 载[英]尼克·皮金等编著：<风险的社会放大>, 5页, 北京, 中国劳动社会保障出版社, 2010.

7) 薛晓源等：<全球风险世界：现在与未来-德国著名社会学家的风险社会理论创始人乌尔里希·贝克教师访谈录>, 载<马克思主义与现实>, 2005(1).

8) 参见庄友刚：<风险社会理论研究书评>, 载<哲学动态>, 2005(9).

9) 参见[英]丹东尼·吉登斯：<第三条道路及其批评>, 139页, 北京, 中共中央党校出版社, 2002.

사회학에서 리스크사회 이론은 현대성을 반성하고 비판하는 이론적 배경에서 탄생했으며, 그 이론의 동기는 산업의 현대화로 인한 위기와 후속 문제를 살펴보고 반성하여 사회현대화를 위한 새로운 이론을 구축하는데 있다. 이 이론은 우리가 현대 사회의 발전과 운명을 연구하고 파악하는데 새로운 시각을 제시하여 인류가 자신을 되돌아보게 하는 사유라고 할 수 있다. 비물질적 리스크(또는 제도적 리스크)가 인류사회의 생존과 발전에 어떻게 영향을 주는가, 글로벌화 리스크로 인한 도덕, 문화 및 법률 등의 문제를 어떻게 장악할 것인가 등은 리스크사회 이론 발전의 새로운 영역을 구성하며, 동시에 법률제도를 포함한 지식재산의 연구에 새로운 분석 도구를 제공한다.

리스크사회 문제에 대한 법학연구의 중점은 법률제도와 법률질서에 있다. 그 원인은 "사회는 당연히 법에 의해 통치되어야 함", "현대사회가 당연히 법으로 통치되어야 하는 원인은 법규범이 기타의 사회규범에 비하여 사회안정과 발전에 꼭 필요한 일련의 이점이 있기 때문이다."[10] Beck은 "법률제도의 가치와 의의는 기술적으로 가능성이 적거나 영향의 범위가 적은 리스크와 재난의 모든 세부사항을 규범화하고 추구하는데 있다."[11]고 말했다. 법질서는 법률제도의 실행과 실현의 효과로서 사회생활의 기본을 법률로 제도화한 것이다. 尙巴는 "법질서는 법의 실천으로서 바로 사회관계 속에서 법을 집행하고 실현하게 된다."[12] 이로부터 현대사회는 법치사회로서 제도의 리스크 및 그 법률적 통제는 리스크사회 법학연구이론의 기본 내용이 된다.

지식재산권은 300년 이상에 걸쳐 성장한 제도문명의 전형이지만, 리스크사회 이론의 맥락에서는 이러한 제도문명은 일종의 제도적 리스크가 될 수 있다. 이러한 리스크는 '인위적 불확실성'이 있는 바, 그 원인은 인간 자신이 바로 현대성으로 인해 발생하는 인간 자신에 대한 위협 때문이다.[13] 지식재산권은 지식을 장려하고 보호하는 법률로서 현실적이거나 잠재적인 제도적 리스크이며, 기술과 경제 또는 법률의 의사결정이 초래한 리스크이며, 법률이 보호하는 과학기술의 문명이 초래한 온 리스크이다.[14] 요컨대, 지식의 문제가 현대적 리스크의 근본 원인이 되어, 제도 선택의 실질은 리스크의 의사결정에 의

---

10) 张文显主编 : <马克思主义法理学-理论、方法和前沿>, 341~342页, 北京, 高等教育出版社, 2003.
11) [德] 乌尔里希 · 贝克 : <从工业社会到风险社会-关于人类生存、社会结构和生态启蒙等问题的思考>(上篇), 王武龙编译, 载<马克思主义与现实>, 2003(3).
12) [苏] T.M.尚巴 : <法律秩序与民主>, 常玢等译, 载<法学译丛>, 1987(4).
13) 参见[德]乌尔里希 · 贝克 : <世界风险社会>, 吴英姿译, 2004.
14) 参见成伯清 : <"风险社会" 视觉下的社会问题>, 载<南京大学学报(哲学社会科学版)>, 2007(2).

한 것이다. 만약 "리스크가 바로 지식 중의 리스크이다.[15]" 라고 한다면, 리스크사회의 지식재산권 자체도 존재 가능한 리스크라고 할 수 있다. 리스크사회의 지식재산권 문제의 연구는 주로 아래의 몇 가지가 있다.

1. 지식재산권 의사결정의 제도적 리스크에 관한 연구이다. 리스크사회속의 리스크의 의미는 문명화된 의사결정이 세계화 과정에서 일련의 문제와 위험을 유발할 수 있다[16]는 사실에 의존하며 즉 "위험은 의사결정을 전제 조건으로 한다"는 것이다.[17] 지식재산권 제도에 대한 선진국과 후진국(南北国家)의 선택은 서로 다른 배경을 두고 있다. 선진국의 지식재산권 제도 역시 법률의 이식에 의한 결과일 수 있지만 실질은 "법률의 개혁과 광의의 입법의 표현방식이다."[18] 즉, 자신의 발전 요구에 기초할 뿐만 아니라 상당한 문화적 전통을 기초로 하고 있다. 반면에, 후진국은 지식재산권 입법이 제도의 승계가 없고 문화적 토양이 부족한 상황에서 외부 세력에 의해 강제된 법률이식은 종종 불충분한 법시행으로 인한 "리스크"를 초래하고 있다. 현재 국제무역체제에서 지식재산권 보호의 국제환경은 크나큰 변화를 겪었다. 즉, 후진국을 포함한 모든 국가들이 국제협약에 규정된 높은 수준으로 지식재산권을 보호해야 하다. 다시 말해, 후진국은 선진국이 경험한 지식재산권 보호의 점진적인 향상과 느린 성장기 시기를 거치지 않기 때문에, 후진국 정부는 제도 정립의 준비가 미흡하고, 정책 운영의 경험이 부족하며, 사회 역시 규칙에 대한 의식이 결여되어 있는 "제도적 규칙의 제도화에 위배"[19]가 이루어지고 있다. 이 점이 바로 규칙의 "운영 실패 위험"이며, 그 결과 혁신을 보호하려는 리스크의 "제도화"가 "제도화"의 리스크가 되어 버린 것이다.[20]

2. 지식재산권 객체의 기술적 리스크에 대한 연구이다. 리스크사회는 고도의 기술화된 사회로서, 과학기술의 고도화는 리스크사회의 특징이며 리스크사회의 원인이 된다. 현대사회의 리스크는 '제조된 리스크'로서, 우리의 끊임없이 발전하는 지식이 세상에 영

15) [德] 乌尔里希·贝克 : <风险社会>, 何博闻译, 64页, 南京, 译林出版社, 2004.
16) 参见[德] 乌尔里希·贝克 : <"9·11"事件后全球风险社会>, 王武龙编译, 载<马克思主义与现实>, 2004(2).
17) [德] 乌尔里希·贝克 : <世界风险社会>, 吴英姿译, 2004.
18) 刘星 : <重新理解法律移植>, 载<中国社会科学>, 2004(5).
19) [美] 罗伯特·默顿 : <社会研究和社会政策>, 林蒙仁译, 北京, 三联书店, 2011.
20) 参见杨雪冬 : <风险社会理论评述>, 载<国家行政学院学报>, 2005(1).

향을 주어서 생겨난 리스크이다.[21] 마르크스· 베버는 인간은 가까운 미래에 "기술지식의 감옥"[22]에서 살게 될 운명이라고 하였다. 지식재산권 제도는 현대화의 선명한 특징을 갖고 있으며, 입법자는 언제나 법률제도의 현대화를 통해 과학기술의 현대화를 추진하고자 한다. 현대의 지식재산권법이 보호하는 인터넷기술과 유전자기술은 지식혁명의 가장 대표적이고 영향력 있는 이 시대의 기술이다. 사적권리의 형식으로 존재하는 인터넷의 저작권과 유전자의 특허권을 존중하고 보호할 필요가 있다. 이러한 지식 체계와 기술 지식에 대한 믿음은 리스크사회에서 인류는 가장 근본적인 안전성을 보장받게 된다.[23] 하지만 리스크와 믿음은 서로 뒤엉켜 있으며 양자는 모두 현대성과 관련된다. "현대성의 반성"이라는 시각에서 지식재산권이 보호하는 선진기술에 대한 믿음만으로는 부족한 것은 지식기술 자체의 한계가 일종의 리스크이기 때문이다. 구체적인 표현으로는 첫째, 권리경계의 충돌로 인한 리스크이다. 예를 들어, 인터넷의 저작권 영역에 있어서 특허권과 공공영역의 정의, 디지털 콘텐츠와 커뮤니케이션 기술의 관계, 지적 성과와 전통문화 자원의 관계 등 모두가 인터넷기술로 인한 법률문제 또는 사회적 리스크이다. 둘째, 기술의 독점적 사용으로 인한 위험이다. 예를 들어, 유전자 특허 영역에 있어서 유전자 관련 식품, 의약품, 동식물 유전자 심지어 인간 유전자의 개발 및 그 이용은 인류 자체와 생존환경의 변화를 초래한다. 이러한 변화는 개선과 발전이 주를 이루는 반면에 부정적 영향 역시 포함하고 있다.

3. 지식재산권 운영에 대한 세계적 리스크의 연구이다. 리스크사회는 사실상 "전세계 리스크사회"이다. 경제세계화, 과학기술세계화, 정보세계화 심지어 관리시스템세계화는 필연적으로 리스크의 세계화를 가져왔다. 반세계화주의자들은 "세계화가 인터넷은 '정보제국주의', 세계무역기구(WTO)는 '시장제국주의', 국제통화기금(IMF)은 '금융제국주의', 유엔은 '정치외교 제국주의[24]'라는 또 다른 형태의 제국주의를 낳고 있다."고 주장한다. 여기에 대하여 Beck은 "전세계가 사회 해체의 인정, 가치이익의 충돌, 주체 조직

21) 参见 [英] 安东尼·吉登斯：<失控的世界：全球化如何重塑我们的生活>, 周红云译, 24页, 南昌, 江西人民出版社, 2000.
22) 参见 [英] 安东尼·吉登斯、斯科特·拉什：<自反性现代化>, 赵书译, 74~75页, 北京, 商务印书馆, 2001.
23) 参见许斗斗：<技术知识与风险社会>, 载<中共福建省委党校学报>, 2005(9).
24) 薛晓源等：<全球风险世界：现在与未来－－德国著名社会学家的风险社会理论创始人乌尔里希·贝克教授访谈录>, 载<马克思主义与现实>, 2005(1).

의 대립, 국가 간의 대립, 생태환경의 파괴 등 불안전 요소를 직면하고 있다. 이런 리스크와 발전은 전세계에 분포되어 인류의 생존에 새로운 위협이 되고 있다."고 판단하였다.[25] 지식재산권 제도의 국제화는 세계화의 동반자이며, 지식재산권 보호규칙의 보편적 사용을 실현하여 제도의 리스크 세계화를 초래하였다. 첫째, "南北国家(선진국과 후진국)"는 지식재산권 이익의 불균형이다. 학자들이 지적한 바와 같이 "이는 선진국에게 선명하게 편향된 국제 지식재산권의 체제인데 그 결과는 후진국의 지식재산은 공공의 영역으로 밀려나고 선진국의 지식재산은 민간기업의 수중에 잡혀 있다.[26]" 둘째, 지식재산권과 국제인권의 충돌이다. 유엔 인권추진소조위원회는 "협정체결이 모든 인권의 기본적 성격과 정체성을 충분히 반영하지 못하고 있다.", "지식재산권 제도와 국제인권법은 선명하게 충돌한다.[27]"는 내용의 문서를 발표하였다. 「지식재산권협정」은 그 제정 및 추진의 과정에서 여러 문제가 나타났으며 국제사회에서 지속적인 논란의 여지가 있다. 쟁점은 협정의 합리성과 타당성이다. 물론 현대 지식재산권의 국제적 보호제도는 긍정적인 역할을 하지만 실제 현실에 있어서 부작용의 요소도 있다. 리스크사회에서 "우리는 문명의 의사결정을 통해 우리는 전세계적인 결과를 초래하고 있다.[28]"

Ⅱ. 지식재산권의 제도화 리스크와 기술성 리스크

지식경제의 발전과 인터넷 유전자기술의 응용은 지식재산권의 생존환경을 심각하게 변화시켰다. 이러한 판단은 다음 두 가지 사실에 의한 것이다. 첫째, 지식재산권을 보호하는 최신기술은 인류에게 축복을 주는 동시에 인류 자신을 해칠 가능성을 확대하고 있는데, "기술과 경제 '진보'의 힘에 의한 재산은 날로 늘어나는 리스크 그림자에 덮여 있다."[29] 이 역시 기술의 부정적인 측면이 리스크의 불확실성과 연관되어 있다. 둘째, 지식

25) 参见薛晓源等 : <全球风险世界 : 现在与未来－－德国著名社会学家的风险社会理论创始人乌尔里希 · 贝克教授访谈录>, 载<马克思主义与现实>, 2005(1).

26) See Anupam Chander, Madhavi Sunder, "The Romance of the Public Domain", 92, Calif.L.Rev., pp.1348-53.

27) UN Commission in Hunman Rights: Intellectual property and Hunman Rights, 2000, E/CN1.4/Sub.2/2000/7.

28) [德] 乌尔里希 · 贝克 : <"9 · 11"事件后全球风险社会>, 王武龙编译, 载<马克思主义与现实>, 2004(2).

29) [德] 乌尔里希 · 贝克 : <风险社会>, 何博闻译, 6页, 南京, 译林出版社, 2004.

재산권 제도를 포함한 전통사회의 관리 시스템은 산업사회의 과도한 발전으로 인한 사회 문제를 해결하지 못하고 있다. “우리가 경험하고 있는 무능력은 개인 실패의 표시가 아니라 우리 제도의 무능력을 반영하고 있다. 우리는 예전의 제도를 새로 재건하거나 새로운 제도를 만들어야 한다.” [30] 이는 법률의 확정성과 리스크의 불확실성 간의 괴리이다. 현생 지식재산권의 법률제도와 법률질서는 선천적 결함과 잠재적인 리스크를 존재한다고 할 수 있다.

1. 문화 리스크와 문화 다양성의 문제

문화의 세계화는 경제의 세계화의 동반자이다. “문화의 세계화는 문화의 글로벌 통합뿐만 아니라 문화적 충돌을 내포하고 있다.”[31] 국가의 문화안전과 세계문화의 다양성 문제는 문화분야에서 사회적 위험의 표현 형태이다. 문화의 세계화와 문화산업의 세계화 속에서 우리는 “리스크 문화시대”를 맞이하고 있다. 영국 학자 Scott Lash는 “예측할 수 없는 리스크는 더 이상 산업사회의 물질적 생산과정에서 생겨난 위험과 리스크가 아니라 정보분야, 생물기술분야, 통신과 소프트웨어분야에서 생겨난 새로운 위험과 리스크”[32] 라고 경고했다. 민족국가의 문화주권 약화와 전통문화 소외로 나타나는 것이 이 시대의 ‘문화적 리스크이다. 전세계의 많은 민족과 집단의 전통문화와 소위 주류문화, 강세문화는 줄곧 어떠한 긴장상태가 존재하고 있는데, 이러한 상황은 南北선진국과 후진국의 문화에서 뿐만 아니라 유럽과 미국 문화의 내부에서도 나타난다.[33]

경제세계화와 동반된 문화세계화는 문화의 민족성과 다양성을 없앨 수 없다. 지금 세계의 상황은 1만여개 서로 다른 사회적 단체가 200여개의 국가에서 살고 있다. 한 국가 내에서도 다문화와 다민족으로 구성되어 있고 문화적 다양성을 보호하면서 소수단체의 권리를 존중하고 있다. 국제사회에서 문화적 다양성은 언어, 종교 및 생활방식의 차이를 의미하며, 이러한 문화적 다양성을 인정하는 것은 서로 다른 국가의 문화 주권의 독립성

---

30) [英] 安东尼 · 吉登斯 : <失控的世界 : 全球化如何重塑我们的生活>, 周红云译, 15页, 南昌, 江西人民出版社, 2000.

31) 肖庆 : <“风险社会”理论视角下的国家文化安全问题>, 载<文化艺术研究>, 2011(4).

32) [英] 斯科特 · 拉什 : <风险社会与风险文化>, 载<马克思主义与现实>, 2002(4).

33) 参见薛晓源 : <全球化与文化产业研究>, 载林拓主编 : <世界文化产业发展前沿报告>(2003-2004), 9~10页, 北京, 社会科学文献出版社, 2004.

과 자주성을 인정하는 것이다. "다른 문화의 평등지위를 존중하고, 다른 문화의 다양성과 풍부한 활력을 존중하며, 그 발전의 방향을 존중해야 한다.[34]" 이것은 문화 다양성 윤리적 기초이며[35], 문화주권의 원칙을 실현하기 위한 법적 요건이다.

「지식재산권협정」을 핵심으로 하는 국제보호 체계의 제도적 결함은 문화표현 형식의 독창성과 참신함을 최대한 보호하지만, 문화표현의 다양성을 소홀히 하고 있다. 우리는 현대 유럽과 미국 문화의 유형이 "현대화"를 특징으로 세계에서 가장 강력한 힘을 발휘하는 것을 알고 있다. 문화적 관점에서 볼 때 각 지역의 원주민문화와 전통문화가 유럽과 미국문화에 동화되면서 세계문화의 다양성을 잠식하고 있다. 법적인 관점에서 볼 때 서구 국가가 주장하는 법의 정신 제도적 규범은 국제사회의 지침서가 되었다.[36] 지식재산권의 분야에서 유럽과 미국문화의 유형은 지식제품의 현대화 생산에서 여러가지 "지적 혁신"의 형식으로 유럽과 미국이 주도하는 국제지식제산권 제도의 폭 넓은 보호를 받고 있다. 이에 반해, 지식재산권 제도는 "지적재산상의 재산적 이익만 보호할 뿐 동시에 존재하는 문화적 이익은 보호하기 어렵다"는 것이다. 즉, 문화적 유형별 '지적 원천'에 대해서는 법률 보호를 받지 못한다.

현행 지식재산권 제도의 체계하에서 위험과 문화적 다양성을 표현형식으로 하는 문화적 위험은 다음 두 가지 방면에서 나타난다. 첫째, 과학기술과 자본 등의 우위를 이용하여 소수의 국가들이 지식재산권의 명의로 행하는 문화창작, 생산, 전파행위이며, 기타 다른 유형의 문화 표현 및 지식 형태의 부당한 점유와 활용은 문화의 다양성, 특히 비주류 문화, 전통 부족 문화, 소수 집단 문화의 존재 및 발전을 파괴한다. 둘째, 국제문화시장을 통해 소수의 국가가 지식재산권의 이름으로 자국 문화의 영향력과 문화수출의 무역액을 지속적으로 확대하고 합법적인 형태의 문화독점을 형성하여 많은 국가의 다양성 문화가 생존과 발전에 전례 없는 어려움을 겪고 있다. 그래서 지식재산권을 후원으로 하는 문화의 세계화와 세계화된 문화산업은 다양한 문화의 생활공간을 압박하여 리스크사회에서 문화적 리스크가 되었다고 할 수 있다.

---

34) 前联合国秘书长、世界文化与发展委员会主席佩雷斯·德奎利亚尔语. 转引自联合国教科文组织、世界文化与发展委员会 : <文化多样性与人类全面发展>, 3页, 广州, 广东人民出版社, 2006.

35) 世界文化与发展委员会认为, 多元化 (pluealism) 是全球伦理的基本原则, 其意思是指 "文化多元化是人类社会的基本特征, 而且无处不在, 无时不在. 民族认同是对抗全球化压力的一个正常的健康有益的的反映". 参见联合国教科文组织、世界文化与发展委员会 : <文化多样性与人类全面发展>, 3页, 广州, 广东人民出版社, 2006.

36) 参见严永和 : <论传统知识的知识产权保护>, 61~62页, 北京, 法律出版社, 2006.

2. 생태 리스크와 생물 다양성의 문제

생물 다양성은 생태, 유전, 사회, 경제, 문화 등 가치가 내포하고 있으며, 생물 다양성의 보전은 전인류의 공통의 관심사이다. 생물 다양성의 위기는 종(种) 자원에 대한 파괴라고 할 수 있으며, 그 주요원인은 자연재해가 아닌 인위적인 불확실성인 "제도화된 리스크"이다.

현행 지식재산권 체계는 특허 부여의 요건으로 창조성, 신규성, 실용성으로 규정하고 있으며, 재료출처는 특허 가능한 요건이 아니다. 생명공학의 특허 획득은 생명공학의 유전자의 출처를 고려하지 않아도 된다. 현대 생명공학 특징 중의 하나가 자원에 대한 의존성과 자원의 정보화이다. 어느 학자는 생명공학시대에는 지구상의 한정된 유전자원을 파악한 사람이 생명공학 경제발전에 주도권을 잡고 새로운 부의 소유자가 된다고 하였다.[37)]

실제상황은 선진국과 개발도상국이 각각 생명공학과 자원의 양 끝에 있으며, 세계 생물자원의 80%가 개발도상국에 있고, 생명공학 특허의 95%가 선진국에 의해 통제되고 있다.[38)] 오랜 기간 생물자원은 '국가주권'이 부재한 상황에서 현행 지식재산권제도 체계에서 선진국과 후진국의 생태권익은 중대한 불균형이 발생하였다. 개발도상국의 생물자원 우위는 특허출원에 반영될 수 없고 특허사용의 우위도 얻을 수 없는 반면에 높은 수준의 특허권 보호는 개발도상국의 수입비용을 증가시켰다.[39)]

국제생태환경의 전망은 "생물의 다양성을 보호하고 지속적으로 이용 가능하며, 다양성 자원의 이익을 공정하고 합리적으로 공유하는 것이다."[40)] 1992년 「생물다양성협약」에서 확정한 생태와 환경보호, 유전자원의 보존 및 개발을 통합하는 개발 취지는 세계무역조직 및 「지식재산권협정」에는 반영되지 못하였다. 심지어 소수의 국가에서는 예정된 "TRIP-Plus" 목적을 달성하기 위해 생명공학의 높은 수준의 보호에 대한 협정을 체결하기 위해 양자주의를 구현하기도 한다.[41)] 위의 제도와 정책의 결함으로 "전세계가 생태파

---

37) 参见朱雪忠等：<基于遗传资源所产生的知识产权利益分享机制与中国的选择>, 载 <科技与法律>, 2003(3).

38) 参见冯飞：<我国与发达国家生物产业化差距超15年>, 见http://news.163.com/10/0632/08/69RNIN7F000146BC.html, 2012年 2月 14日 访问.

39) 参见孙法泊：<论生物技术国际知识产权保护>, 载 <政法论丛>, 2007(6).

40) <生物多样性公约>序言.

41) See Grain, TRIPs-Plus Through the Back Door: How Bilateral Treaties Impose Much Stronger Rules for IPRS on Life Than the WTO, Grain Publications, July 2001.

괴 위기를 직면하는 엄청난 위험과 높은 불안정성에 대해 우려하게 된다".[42)]

3. 유전자기술의 리스크와 인류사회의 안전문제

리스크사회는 고도로 기술화 된 사회로서, 과학기술의 고도화는 리스크사회의 특징이며 리스크사회의 성과이기도 하다. 소위, 기술적 위험이란 인간이 기술을 사용할 때 기술자체의 법칙을 위반하여 발생하는 사회적 위험을 말한다.[43)] 기술 자체의 법칙을 위반하는 행위는 때로는 인간의 인식 능력의 한계 때문이고, 때로는 특정이익을 고려한 것이다. 예를 들어, 정치적 필요 또는 경제적 이익을 목적으로 특정 기술을 사용하는 것이 불리한 결과를 초래할 수 있음을 알면서도 여전히 기술적 행동 선택한다. 여하튼 이로 인하여 포기하는 이익이 바로 기술이 일으킬 수 있는 사회적 리스크이다.

리스크사회의 유전자 기술의 위험은 유전자 기술의 활용으로 인한 사회적 손실, 사회안전을 위협하는 잠재적 상태를 말하며 주로 다음과 같은 측면에서 나타난다. 첫째, 인류생태환경의 리스크이다. 실제 사회에서 인위적인 환경위험은 자연의 환경위험을 초월하여 리스크의 주요 내용이 되었다. 환경주의자들은 유전자가 만들어내는 막대한 상업적 이익 앞에서 인간이 유전자 기술을 통제하지 못하거나 남용할 가능성이 있고, 그 결과 종의 멸종이나 형질 변화, 생태적 균형이 파괴되어 생물학적 안전 문제가 발생할 수 있다고 우려한다. 둘째, 인류 사회질서의 위험이다. 인간 유전자 지도의 해독으로 인간 유전자원의 암호가 밝혀졌으며, 개인 게놈을 읽을 수 있는 기술로 발전하면 인간의 건강, 지능 및 잠재적 자질을 테스트하는 데 사용할 수 있다. 인간의 유전자 정보를 부적절하게 사용하면 '유전자 차별'이 발생하여 인간의 안전을 위협할 수 있다. 셋째, 유전자 변형 식품의 위험성이다. 유전자 변형 기술은 고품질, 고수율, 내병성 및 해충 작물을 재배했으며 유전자 변형 식품은 사람들의 식이 소비에 영향을 미치고 있습니다. 동시에 세계의 여론은 유전자 변형 작물이 인간의 건강을 위협할 수 있는 특정 외인성 단백질을 과도하게 생산한다는 점에 주목하고 있다. 이것이 바로 유전자 시대의 식품 안전성 문제이다.

지식재산권 제도는 유전자 기술에 떳떳하게 특허를 주지만 유전자 기술의 리스크에는

42) 薛晓源等：<全球风险世界：现在与未来－－德国著名社会学家的风险社会理论创始人乌尔里希·贝克教授访谈录>, 载 <马克思主义与现实>, 2005(1).

43) 参见王学忠：<技术社会风险的法律控制>, 载 <科技与法律>, 2008(4).

속수무책이다. 법적규범을 통해 유전자 기술의 남용을 방지하는 것이 필요하지만 그 역할은 제한적이다. 우리는 현재 지식재산권 시스템의 결함을 직시하고 완전한 사회관리체계를 구축해야만 유전자 시대의 기술적 리스크에서 벗어날 수 있다.

4. 인터넷 리스크와 정보사회의 안전문제

정보의 세계화는 네트워크의 사회화를 기반으로 한다. 인터넷은 우리 시대의 새로운 사회구조, 형태 및 모델을 구성하고 있다. 曼纽尔·卡斯特Manuel Castells에 의하면, "역사적 추세로서 정보화시대의 지배적 기능과 과정은 날로 인터넷과 연관되어 있다. 인터넷은 우리 사회의 새로운 사회형태를 형성하였다."[44] 인터넷사회는 본질적으로 하나의 리스크사회이다. 인터넷기술의 발전은 사회, 문화, 정치, 경제, 법률 등에 잠재적 영향을 주고 있으며, 그 결과로 나타나는 불확실성은 통제가 어렵게 되었다. "사이버사회가 내포하고 있는 디지털화는 한 차례 산업혁명을 야기할 뿐만 아니라 사회혁명도 자아내고 있다."[45]고 생각할 수 있다.

인터넷 리스크는 인터넷 기술과 인터넷 저작권 자체에서 오는 '내생성(内生性)' 리스크이다. 주로 세가지 문제가 있다. 첫째, 제도의 믿음에 대한 리스크이다. "리스크사회는 단순히 사실적 개념이 아니라 문화적 개념이다."[46]인터넷 환경질서의 통제는 주로 법제도인 권력기구가 공식적인 방식으로 공식제도를 수립하고 시행하는데 달려 있다. 동시에 관습, 관행, 윤리 등 사회규범의 형식을 가진 비공식 제도에도 의존한다. 우리는 날로 범람하는수많은 사이버 침해로 인해 공식적으로 확립된 법률제도가 무능해지는 것을 보았다. 인터넷 환경에서는 모든 사람들이 마우스를 클릭할 때마다 권익 침해가 될 수 있지만 이에 대하여 법으로 제재하기는 어렵다. 그 결과 저작권에 대한 '제도화 위반'이 일상화됐고, 대신 '비공식적 제도(암묵적 관행)'가 생성돼 '공식적 규칙이나 제도가 유명무실'하게 됐다.[47] 이런 상황에서 법과 다른 사회규범은 괴리될 뿐만 아니라 충돌하기도 한다. 그래서 저작권 문화에 대한 인식 부족은 법치에 대한 믿음의 문제이고 리스크사회 이론

44) [美] 曼纽尔·卡斯特：<网络社会的崛起>, 夏铸九等译, 569页, 北京, 社会科学文献出版社, 2003.
45) 刘挺：<网络社会的法律控制>, 载 <宁夏大学学报 (人文社会科学版)>, 2008(5).
46) 薛晓源等：<全球风险世界：现在与未来－－德国著名社会学家的风险社会理论创始人乌尔里希·贝克教授访谈录>, 载 <马克思主义与现实>, 2005(1).
47) [美] 罗伯特·默顿：<社会研究和社会政策>, 林蒙仁译, 北京, 三联书店, 2011.

에서는 제도적 신뢰의 위기라고 볼 수 있다. 둘째, 기술보호조치에 대한 리스크이다. 인터넷 환경에서 정보의 전파는 더 간편하고 광범위하며 디지털기술의 출현은 저작물에 대한 저작권자의 통제력을 약화시켰다. 디지털작품의 불법 유통에 대응하고 저작물의 온라인 유통을 통제하는 권리자의 권한을 강화하기 위해 기술적 보호 조치를 저작권 시스템에 통합한다. 일부 학자들은 기술적 보호 조치가 널리 적용되면 인터넷 정보 전달의 거대한 전파를 제한하게 되어 잠재적으로 대중과 개인 간의 이익 균형을 파괴할 수 있다고 본다. 디지털 저작권 관리 또는 기술 보호 조치가 판매 허가 계약을 대체하는 경우 대중이 정보에 접근하는 것을 방해할 수 있다.[48] 셋째는 '정보격차'에 대한 리스크이다. 전 세계적으로 국가 간 디지털 기술의 활용과 그 정도는 상당한 차이가 있는데, 이러한 인터넷 발전의 불균형은 곧 '정보격차'의 문제이다. 인터넷시대에 정보격차의 존재와 확대는 더 많은 리스크와 위기를 초래하며 각각의 사회영역에 관여되어 있다. 저작권 산업계에서는 영상, 음악, 방송, 게임, 애니메이션, 출판 등 디지털 콘텐츠 산업이 지배적인 위치를 차지하고 있으며, 디지털 콘텐츠 제품을 생산하는 많은 핵심 기술 및 기술 표준은 대부분 선진국과 다국적 기업이 장악하고 있다. 『제4차 차이점에 초점 - 중국 - 유럽 정보격차 비교 연구』라는 책에서 제공한 데이터에 따르면, 2007년 중국과 유럽 정보격차 종합 지수는 0.69로서 중국의 전반적인 정보화 발전 수준과 응용 수준이 EU보다 69% 뒤처져 있다.[49] "인터넷시대에 정보격차는 사회적 불평등 현상을 확대시켰다"[50]는 것은 저작권을 가진 선진국과 후진국은 이익 불균형뿐만 아니라 해당 국가 국민의 정보 접근과 취득에도 격차가 있음을 의미한다.

Ⅲ. 지식재산권 제도 구축의 리스크 의식

지식재산권 제도의 리스크에 대한 연구는 이를 식별, 평가 및 관리에 이르기까지 각 프로세스의 이론적 사고는 객관적인 사실 분석과 주관적 가치판단을 종합해야 한다. 지식재산권 제도 발전방향의 선택은 사실 리스크의 정책에 기반한 결정이다. 지식재산권의

48) 参见高富平：<寻求数字时代的版权法生存法则>, 载 <知识产权>, 2011(2).
49) 参见张新红等：<聚焦第四差别：中欧数字鸿沟比较研究>, 北京, 商务印书馆, 2010.
50) 庄友刚：<网络时代与风险社会>, 载 <淮阳师范学院学报>, 2004(4).

법률제도와 법률질서를 세우는 과정에서 리스크의 예방의식을 제고하고 리스크의 인식능력을 강화하는 것은 매우 중요하다.

중국의 지식재산권 제도는 특수한 역사적 조건하에서 만들어졌으며, 대부분 '강박으로 사용하는 것' 즉 외부의 힘에 의해 강요된 결과이다. 그러나 자신의 발전에 따라 이 제도는 이제 '자신을 위한 사용' 전환되어 정책의 도구가 되었으며, 혁신적 국가를 위한 제도적 선택이 되었다. 외국의 법제나 국제법의 도입은 '합리적인 선택'의 과정이자 '법률의 현지화'의 과정으로서 즉 외국제도가 어떻게 자국에서 '뿌리'를 내리고 '내부화'되는 과정이다.[51]' 문제는 지식재산권 제도가 개발도상국에서 의도한 정책 목표를 제대로 달성하지 못하고 있다는 점이다. 제도의 효익(效益) 목표의 실현에 영향을 미치는 것은 제도선택과 관련된 법률이념, 법률내용, 법률형태 등이 선진성, 합리성, 과학성을 가지고 있는지 여부이며, 제도실행에 관련된 경제기술발전상태, 정부공공정책체계 및 사회환경, 문화여건 등이 일관성, 조화성 및 상응성을 갖추고 있는지 여부이다. 위에서 언급한 불확실성은 바로 리스크사회의 지식재산권 리스크가 된다. "법률로 리스크를 해소하고, 법률을 통해 리스크를 흡수한다", "법치사회의 배경에 리스크사회를 낳게 된다."[52] 이러한 현상을 예방하고자 우리는 리스크사회에서의 지식재산권 제도를 합리적으로 구축하고 갱신할 필요가 있다. 중국은 지식재산권이라는 제도적 문명을 받아들이면서 지식재산권에 따른 제도적 리스크를 극복하고, 지식재산권의 국제화 흐름 속에서 본토성을 강조하며, 지식재산권 현대화 과정에서 각 단계성을 중시해야 한다. 구체적으로, 우리는 다음과 같은 리스크 법률 개념을 갖추어야 한다.

1. 가치적 이성과 도구적 이성의 통일

가치적 이성과 도구적 이성은 철학에서 두 가지 상대적 개념으로 그 원천은 독일의 사회학자 막스 · 베버가 제안한 '합리성'이론이다. 베버는 합리성을 두 가지로 나누고 있는데 즉 가치적 이성과 도구적 이성이다. 전자는 "주관적인 행동이 무조건 배타적인 가치를 가지며 결과가 어떻든, 조건이 어떻든 달성되어야 한다고 믿는 행동"을 말하며 목적과 결과에 속하는 가치에 주목한다. 후자는 "결과를 계산하고 예측할 수 있는 조건으로

---

51) 参见张洪峰：<法的世界化与本土化之争及其超越>, 载 <福建法学>2005(1).

52) 杨春福：<风险社会的法理解度>, 载<法制与社会发展>, 2011(6).

목적을 달성하는 행동"[53]을 의미하며 그 핵심은 공리주의가 추구하는 동기에 의한 효율이다. 베버의 이론에서 도구적 이성은 계몽정신, 과학기술, 이성 자체의 변화와 발전의 결과이지만 도구적 이성이 크게 팽창함에 따라 효율성을 추구하고 기술을 구현하는 통제에서 이성은 해방의 도구에서 자연과 인간을 지배하는 도구로 퇴화된다.[54] 이것은 기술적 이성과 가치적 이성의 충돌이다. 자본주의 사회에서 기술의 향상은 기술적 이성을 고양한 결과이고 인간에 대한 소외는 인간을 목적으로 하는 가치 이성의 쇠퇴를 나타낸다. 리스크사회 이론은 이에 대해 비슷한 견해를 가지고 있다. Beck은 전통 현대성의 중요한 지식원칙은 '과학적 이성'인데, 바로 이러한 표면상의 '전지전능'은 사실상 '편면적 독점'의 도구적 이성이며, 현대사회에 총체적인 문제를 낳는다고 진단했다. 사회는 경제사회가 되고, 국가는 "기술국가"가 되고, "산업 이성과 기술은 날로 현대화되는 본질을 잠식"하고, "인간의 생기 넘치는 관계를 도구적 이성으로 만든다."[55] 과학적 이성은 자신의 가치중립성을 선언하면서도 보다 광범위한 사회적 가치를 구현하는 "사회적 이성"과 대립하고 있다.[56]

법학연구에서 가치적 이성과 도구적 이성의 관계는 실질적 정의와 형식적 정의로 또는 법률목표와 법률수단의 관계로 표현된다. 일부 법률제도의 설계와 배치는 수단으로서의 도구적 합리성을 목적으로 하고, 목적으로서의 가치적 합리성을 수단으로 하여 많은 사회문제를 일으키고 있다. 현대 지식재산권 제도의 제도적 리스크는 어느 정도는 "도구적 이성에서 벗어남"과 "가치적 이성의 부재"에서 비롯된다.[57] 국제 지식재산권 보호를 위한 제도적 장치는 힘의 논리에 따라 강한 자의 지식재산권 보호에 대한 이익 요구를 더 많이 반영하므로, 형식적으로 공평해 보이는 지식재산권 제도는 선진국과 후진국 간의 이익에 있어서 균형을 잃어버려 실질적으로는 불공평하게 되어 있다. 지식재산권은 개인의 재산권이면서도 공공정책에 속한다. 지식재산권의 두 가지 속성의 관계에 기초하여 영국 지식재산권위원회는 지식재산권을 어떻게 부르든 우리는 그것을 공공정책의 수단으로 간주하고 개인이나 기관에 더 큰 공익을 달성하기 위해 경제적 특권을 부여하는 것이 가장

---

53) 陈志刚 : <马克思的工具理性批判思想>, 载 <科学技术与辩证法>, 2001(6).

54) 参见[德]马克斯 · 韦伯 : <新教伦理与资本主义精神>, 于晓、陈维纲等译, 141~142页, 北京, 三联书店, 1987.

55)[德] 乌尔里希 · 贝克 : <世界风险社会>, 吴英姿译, 103~107页, 南京, 南京大学出版社, 2004.

56) 参见许志晋等 : <论风险社会的科学技术发展>, 载 <中国科技论坛>, 2007(2).

57) 高明亮 : <论比较法学中的价值理性>, 载 <比较法研究>, 2006(5).

바람직하며 이러한 특권은 목표를 달성하기 위한 수단일 뿐 그 자체는 목표가 아니라는 것이다.[58] 세계 지식재산권 리스크에 대한 대책 메커니즘을 모색하고 현행 지식재산권 보호 제도를 개혁하기 위한 기본 이념은 도구적 합리성과 가치적 합리성의 통합을 꾀하는 것이다. 여기서 “가치적 이성”에는 지식재산권 생성 및 활용의 모든 당사자의 이익균형, 지식무역의 선진국과 후진국 간의 국익 조정, 지식 보급의 공익 실현을 포함한다.

2. 권리개념과 책임개념의 통일

지식재산권은 지식재산의 권리 형태로서 의무를 포함한 권리개념이 포함되는데 이는 현대 법학이론의 핵심적 범주에 속하며 지식재산권 제도의 구조와 운영은 이러한 핵심적인 범주를 기초로 하고 있다. 리스크사회의 법적대응에는 두 가지 중요한 개념이 있다. 하나는 ‘법률의 확실성’이고, 다른 하나는 ‘리스크의 불확실성’이다. 리스크사회에서 법률이 부여하는 권리는 리스크가 주는 충격과 침해를 해결하거나 확정적 가치에 대한 추구와 확인에 치우쳐 있다.[59] 지식재산권 입법의 본래 목적은 권리와 의무의 범위를 합리적으로 정의하고 본권과 타권의 구성을 명확히 하여 권리행사로 인해 확정적 이익을 실현하는 것이다. 하지만 현대 신기술의 영향으로 전통적인 법률체계에서 권리의 확실성의 경계가 불분명하고 모호하여 다양한 불확실성 리스크를 가져왔다. 지식재산권의 정당성 및 그 범위에 대한 의문은 지식재산권 제도가 시대적 도전에 직면하는 두드러진 문제가 되었다.[60] 여기서의 ‘권리경계’에는 지적 성과의 ‘독점영역’과 ‘공공영역’의 구분, 창작자의 권리와 전파자의 권리의 구분, 창작자 및 전파자의 권리와 사용자의 권리와 구분이 포함된다. 불확실성 리스크는 각자 권리의 확장과 남용에서 비롯되며 권리의 침해와 충돌에서도 발생할 수 있다. 리스크사회 이론의 관점에는 지식재산권법의 권리는 다음의 내용이 포함되어야 한다. 즉 권리는 확실한 범위가 있어야 하고, 권리는 존중되고 보호를 받아야 하며, 권리는 신중하면서도 정당하게 행사해야 한다.

지식재산권의 영역에서는 모든 권리남용과 의무위반은 책임과 관련된다. 법학이론은 법적 권리침해 또는 법적의무 위반이 있는 경우 국가기관이 책임의 주체에게 직접 강제

58) 参见英国知识产权委员会：<知识产权与发展政策相结合委员会关于知识产权的报告>, 6页.

59) 参见杨春福：<风险社会的法理解度>, 载 <法制与社会发展>, 2011(6).

60) 参见熊文聪：<后现代主义视角下版权正当性及其边界－－－从个体权利到基于商谈的共识>, 载 <政治与法律>, 2010(6).

적 의무를 지우는데, 이를 법적책임 또는 '제2의 의무[61]'라고 부른다. 위의 학설과 달리 리스크사회 이론의 책임은 두 가지 특징이 있다. 첫째, 광의의 책임주체이다. 여기에는 기술상품 제작자(연구개발이 금지된 기술상품에 대한 책임), 기술상품 평가자(기술상품의 부정적인 영향 또는 부작용 평가에 대한 전문가 책임), 기술정책 수립자(기술상품의 사회적 리스크에 대한 의사결정 책임)를 포함한다. 다중 책임주체의 제도는 Beck이 비판하는 '조직의 무책임성'을 막기 위한 것이다. 둘째, 권리개체의 책임은 광범위하다. 기술 오남용 및 이익에서의 기술 선택과 사용 등은 모두 기술과 관련된 사회적 리스크를 야기한다. 그중 권리남용과 의무위반에 대해서는 법적책임이 발생하며, 일부는 '대중의 비판'을 받는 도의적 책임이 발생한다.

리스크사회에서 지식재산권 제도가 주장하는 법률개념과 권리개념의 책임개념이 통일되어야 한다. 사실, 이것은 권리자 즉 지식재산권 소유자에 대한 요구사항이다. 즉, 주체는 권리를 향유하고 의무를 지면서 책임을 이행해야 하며 책임개념은 지식의 생성, 보급 및 활용 과정에서 일관되어야 한다. 더 나아가 권력자 즉 지식재산권 관리인에 대한 요구이다. 리스크사회에서 정부의 역할은 의사결정이 위험에 대해 책임자가 되어야 한다. 따라서 지식재산권 리스크 관리 메커니즘에 대하여 정부는 권력과 책임을 통합하는 개념을 고수하고 책임개념을 권력 운영에 일관되게 적용해야 한다.

3. 법적통제와 기술규제의 통일

현대시회의 리스크 예방과 관리를 위하여 인류가 새로운 가치 이념과 지식체계를 구축해야 한다. 지식재산권의 제도화된 리스크와 기술의 리스크에 대하여 법적통제와 기술규제의 종합적인 관리 메커니즘을 채택할 수 있다.

법적통제는 리스크 관리 메커니즘의 중요한 수단이다. "법률은 조직적인 사회제재 수단을 통해 정당행위의 기본적 요구에 대하여 복종하도록 한다(그중 강제력 사용도 포함)."[62] 지식재산권법은 지식의 창조를 장려하는 제도적 기능을 갖고 있으며, 사적 권리의 확대와 보호는 인센티브 메커니즘의 법적 표현이다. 하지만 리스크이론에 의할 경우

---

61) 张文显主编 : <马克思主义法理学>, 377页, 北京, 高等教育出版社, 2004.

62) [美] E. 博登海默 : <法理学－法律哲学与法律方法>, 邓正来译, 391页, 北京, 中国政法大学出版社, 2004.

입법자는 리스크 통제기능의 법제화에 주의를 기울여야 한다. 구체적으로는 지식재산권법은 권리 객체 배제, 권리남용 금지, 권리행사 제한 등의 제도를 강화해야 한다. 그리고 관련 법률은 기술의 연구, 사용, 전파에 대한 제한과 금지, 처벌에 대한 메커니즘을 수립해야 한다.

기술규제는 리스크 관리 메커니즘의 중요한 조치이다. 기술규제의 표현으로는 법률규범, 정책규정과 윤리규칙 등이 있다. 리스크사회 이론에 의한 기술규칙은 다음과 같은 특징이 있다. 리스크 회피의 주요경로가 사후의 구제가 아닌 사전의 예방(즉, 기술연구에서 규제하여 기술의 부정적 효과와 부작용 예방)이다. 리스크를 회피하는 기본적인 방법은 기술 연구개발에서 시작하여 응용과정까지의 책임제도(사회의 도의책임, 과학윤리의 책임, 법률의 책임이 포함)이고, 리스크 회피의 중요한 조치로는 기술 민주주의원칙(기술정보의 적절한 공개, 공중의 의사결정 참여 포함)을 따르는 것이다.[63]

법적통제와 기술규제의 리스크가 우리에게 고지하는 것은 지식재산권의 제도적 리스크와 기술적 리스크를 예방이 전통적인 지식재산권 제도의 개선과 관련되었다는 것이다. 또한 리스크 회피를 지침으로 하는 지식재산권을 위한 공공정책체계를 구축하고, 동시에 포괄적 합리성(사회적 이성 및 과학적 이성 포함)을 기본 내용으로 하는 과학기술 윤리규범을 형성해야 한다는 것이다.

Ⅳ. 지식재산권의 제도적 위험과 법적대응

리스크사회에서의 현행 지식재산권 제도는 '선천적 결함'이 날로 두드러지면서 전례 없는 위기와 도전에 직면해 있다. 사람들은 지식재산권 제도에 대하여 '신뢰 리스크'가 생겨 그 정당성과 합리성을 의심하고 있으며, "특허폐지론"과 "저작권사망론" 등 극단적인 주장까지 나오고 있다.[64] 필자는 지식재산권 제도는 소멸하지 않겠지만 법률개혁은 진행되어야 한다고 본다. 지식재산권 제도가 존속하려면 관련 제도의 보완이 필요하다.

지식재산권 제도가 지식혁명에 대응하려면, 인터넷기술과 유전자기술로 인한 많은 문

---

63) 关于以技术批判理论为基础的技术规制, 参见刘铁光： <风险社会中技术规制基础的范式转换>, 载 <现代法学>, 2011(4).

64) 参见王太平：<知识产权制度的未来>, 载 <法学研究>, 2011(3).

제를 해결하는데 중점을 두고 규칙부족으로 인한 '불확실성'을 방지해야 한다. 첫번째 문제점은 전통적인 지식재산권 객체에 대한 새로운 지식 형태의 도전이다. 이는 주로 지식재산의 형태 변화와 지식재산권의 객체 범위 확대로 나타난다. 저작권의 객체는 전통적인 '인쇄작품'에서 시작하여 현대의 '아날로그작품'과 '전자작품'을 거쳐, '디지털작품'과 '웹작품'으로 끊임없이 진화하였다. 특허권 객체도 과거의 미생물, 동식물의 품종에서 오늘날 유전자기술로 발전하였다. 지역명칭도 디지털 경영의 표기가 되어 상업의 표기의 최신 보호 대상이 되었다. 두번째 문제점은 새로운 지식재산이 전통적인 지식재산권의 범위를 넘은 것이다. 이는 원래 권한의 확대의 표현으로서 예를 들어 저작권 분야에서 나타나는 정보 네트워크 전파권, 데이터베이스 저작자권 등이 있다. 저작권과 산업재산권 사이의 집적회로 레이아웃 디자인권, 준특허 성격의 신품종권 등 새로운 재산권도 새로운 권한이다. 세번째 문제점은 새로운 지식의 이용방식은 전통적인 지식재산권의 규칙에 대한 변화이다. 신기술은 지식제품 활용의 새로운 방법을 가져올 뿐만 아니라 법률에 상응하는 새로운 규칙을 요구하고 있다. 온라인 저작권 분야에서 비밀유지 기술조치의 정당성과 합리성을 고려하고 온라인 저작물의 전파자와 소비자의 책임에 대한 구분 등은 법률상의 난제이다. 온라인 상표 분야에서 법률은 상표권의 지역성과 인터넷의 국제적 충돌, 상표 분류 보호와 온라인 상표권의 배타적 효력 사이의 모순에 직면해 있다. 네번째 문제점은 전통적인 지식재산권 제도에 대한 새로운 지식 권리개념의 동요이다. 생명공학의 등장으로 발견과 발명의 경계가 모호해지면서 "특허는 발견이 아닌 발명에만 부여될 수 있다"는 전통 이론에 의문이 제기되고 있다. "전통의 자원권" 개념의 출현은 사람들로 하여 지력성과의 권리를 주목하는 동시에 전통의 지력자원에 대하여도 고려하게 되었다. 지적하고 싶은 것은 위의 문제들은 지식재산권 제도 개혁의 전부 내용은 아닐지라도 법률이 해내야 할 중점과 난점으로 간주할 수 있다. '전통적인 자원권' 개념의 출현으로 사람들은 기존의 지적 성과 권리를 주목하는 동시에 전통적인 지적 자원에 대한 보호도 고려하게 되었다. 위의 문제들은 지식재산권 제도 개혁의 전부는 아니지만 법적 재건의 핵심 난제라는 점이다.

지식재산권 제도 개혁의 핵심은 관련 제도의 보완과 대체에 있다. 이러한 제도는 지식재산권의 제도적 결함을 보완하거나 지식재산권 제도 체계를 이전하거나 지식재산권 대신 제도적 기능을 수행함으로써 리스크사회에 대비한 제도적 체계를 형성한다. 관련 보완 및 대체 체계는 주로 다음과 같다.

1. 전통지식의 보호제도

세계지식재산권기구에 따르면 전통지식은 전통에 기초한 문학, 예술 또는 과학작품, 공연, 발명, 과학적 발견, 디자인, 표기, 명칭 및 기호, 미공개 정보 및 모든 산업 · 과학 · 문학 · 예술 분야 내 지적 활동에서 비롯된 전통적인 혁신과 창조를 말한다.[65] 전통지식은 현대의 언어환경의 개념으로 현대지식과 상호 구별되는 지식의 유형이다. "현대지식은 일종의 세계적인 지식으로 서양의 과학, 철학과 사회경제제도를 기초로 하는 세계에서 주류적인 지위를 차지하는 지식의 유형이다. 하지만 전통지식은 일종의 지역적인 지식으로 특정한 사람들이 특정한 사회의 생태환경에서 발전한 지식의 유형이며, 현재지식의 보편성에 비하여 강한 다양성을 표현하고 있다."[66] 전통지식의 보존과 계승은 지구의 생물다양성과 문화다양성을 지속 가능하게 하며 인류사회의 지속가능한 발전을 위한 중요한 기반이다. 현행 지식재산제도의 보호 대상은 최신지식 즉 지적창조의 성과 자체에 한하며, 전통지식 즉 지적창조의 원천을 포괄할 수 없으며, 이러한 보호 메커니즘은 문화와 지적 다양성 보호의 원칙을 소홀히 하여 일부국가나 지역, 일부 민족이나 종족의 권리 상실을 초래한다. 최근 몇 년 동안 국제 사회는 전통지식의 보호 문제를 매우 중시하고 이러한 제도 배치에 대해 유익한 토론을 진행했다. 첫째, 현행제도를 채택하여 보호하는 것이다. 지식재산권의 기존 형태에서의 보호 방식은 저작권 및 인접권(민간문학예술표현 위주의 전통지식 보호 대상), 특허권(유전자원의 이용 · 개발과 관련된 제품과 방법으로 보호 대상), 식물품종권(원생상태 개선종의 새로운 식물품종으로 보호 대상), 디자인권(전통수공예품으로 보호 대상), 상표권(전통지식이 담긴 상품 또는 서비스로 보호 대상), 지리적 표시권(각종 천연 · 전통 · 공예품으로 보호 대상), 부정경쟁방지(미공개된 전통지식 보호 대상) 등이다.[67] 둘째, 특별 보호제도 채택이다. 일부 학자와 비정부조직이 강하게 제안하는 방법은 전통지식의 본질과 특성에 맞는 독립적인 법률체계를 구축하는 것이다. 특별 제도의 법적 속성이 지식재산권 보호 체계의 범주에 속하는지 여부에 대해 국제적으로 다르게 인식하고 있다. 어떤 학자는 이것은 일종의 "전문 지식재산권 제도"

---

65) See WIPO, Intellectual Property Needs Expectations of Traditional Know ledge and Holders, WIPO Report on Fact-Finding Missions on Intellectual Property an d Traditional Know ledge (1998-1999), Geneva, April 2001, p.25.

66) 李发耀 : <多维视野下的传统知识保护机制实证研究>(自序), 北京, 知识产权出版社, 2008.

67) 参见 [阿根廷] Carlos M.Correa: <传统知识与知识产权>, 国家知识产权局译, 见www.biodiv-ip.gov.cn.

로 그것의 학리 기초, 규범 방법이 전형적인 지식재산권 제도와 비교적 큰 차이가 있다고 한다. 또 다른 학자는 "현행 지식재산권 체계의 보호 밖에 있으며, 그것은 실제로 국제사회에서 논의되고 있는 보다 광범위한 권리체계인 전통 자원권에 속한다"며, "현행 지식재산권 제도가 지식혁신에 대한 동기부여라면 전통 자원권은 지적 원천에 대한 함양이다"라고 주장한다. 전통지식의 보호는 국제 조정체계의 운영과 관련이 있는데 여전히 많은 논란이 있으며 리스크 세계의 불확실성 요인 중 하나이다. 그 결과는 새로운 이익 패턴의 형성을 반영할 뿐만 아니라 지식재산권에 대한 국제 보호 제도의 향후 발전 방향을 보여준다.

2. 공공영역의 보류제도

공공영역은 전형적 '지식공유물'로서 지식제품의 비독점 영역이다. 지식재산권법에서 공공영역제도의 최초 적용은 영국 1623년의 「독점법규」와 1709년의 「안나법령」이 있다. 이 규정에 의하면 특허권 및 저작권의 보호기한이 만료되면 예전에 보호받던 지식제품은 바로 공공영역에 포함된다. 훗날 미국 헌법은 유명한 지식재산권 세 가지 정책에서 "공공영역보류"(the preservation of the public domain)를 구체적으로 규정하여 지식재산권을 특정 기간과 범위로 제한했다.[68] 공공영역의 보류제도 설계는 의심할 바 없이 공익과 사익을 가르는 '분수령'이 될 수밖에 없다. 지식재산권은 본질적으로 사권이지만 법률의 지식재산권 보호가 궁극적인 목적이 아니라 공익을 실현하기 위한 가치목표도 담당한다. 그래서 지식재산권에 대한 입법의 이원적 취지는 공공영역 유보제도의 현실적 기초가 되었다. 학자들은 국내법에서 공공영역을 대체로 세가지 부분으로 나누고 있다. 첫째, 보호기한이 만료된 지식제품이다. 둘째, 실질적 요건을 갖추지 못한 지식제품이다. 셋째, '사상'과 관련 과학, 수학 등 이론적을 포함하는 인류가 공유하는 지식이다. 국제협약체계에서 공공영역은 주로 자유롭게 복제할 수 있는 표현, 자유롭게 사용할 수 있는 과학기술, 시장에서 자유롭게 사용할 수 있는 표기와 부호, 상품에 응용 가능한 기능성과 심미성을 구비한 디자인, 아이디어 및 새로운 정보 등이 포함된다.[69] 그러나 현대 지식재산체계의

---

68) See L. Ray Patterson, Stanley W. Lindbery, The Nature of Copyright: A law of Users' Right, The University of Georgia Press, 1991, pp.49-55.

69) 参见张艳梅：<国际知识产权条约体系下的国际公共领域研究>, 载 <当代法学>, 2011(4).

발전 과정에서 사적 지식재산권은 날로 확장되고 지적재산의 공공영역은 지속적으로 축소되어, 권리 소유자의 개인적 이익과 지식 사용자의 공익 간의 충돌이 발생할 수 있다. 일부 학자들은 지식재산권이 다시 활용된 공공 정보를 사적 독점 정보로 전환하는 도구가 되었다고 지적했다.[70] 이 같은 제도화 리스크는 "최근 입법자와 정부가 저작권 보호에 치우쳐 공공분야를 희생하는 대가가 그 원인이며, 새로운 보호영역만 강조하면서 공공영역을 소홀히 한 데서 비롯된 것으로 보인다"고 했다.[71] 리스크사회의 지식재산권법에 맞서 현행 제도들을 재정립해야 한다. 공공영역의 보류는 지식재산권과 관련된 다양한 이해에 대한 법의 재인식 및 조정을 반영할 뿐만 아니라 실제로 법률이 독점권 확장의 위험을 식별하고 통제하는 것을 반영한다.

3. 공개접근(open access)운동의 개방과 지식공유 허가의 협의

권리확장과 이익불균형을 해결하는 것은 리스크사회의 지식재산권 제도 개선의 난제이다. 미국 학자들은 지식의 과도한 소유권은 기존 생태계를 파괴하는 천연자원의 과도한 약탈과 같다고 여겼다. 따라서 지식의 지속적인 사유화 추세를 억제하고 지식공유를 통해 지식 생태계의 건전한 운영을 유지해야 한다.[72] 지식공유 공간을 유지하기 위해 국제사회의 일부 단체나 개인들이 채택한 '아정치(亚政治)' 캠페인에서[73] 그 중에서 가장 대표적인 것이 공개접근과 지식공유이다. 공개접근(open access)은 국제 학술계, 출판계, 도서정보계가 연구 성과를 인터넷을 통해 자유롭게 전파하기 위한 운동이다. 2001년「부다페스트 오픈 액세스 협정(Budapest open access agree on)」에 의하면, '어떤 문헌에 대한 공개접근'은 Internet 공공영역에서 무료로 획득할 수 있음을 의미한다. 그리고 모든 사용자는 해당 문헌을 열람, 다운로드, 복사, 전송, 인쇄 및 검색, 링크를 할 수 있으며, 사용자는 이를 열람하고 인덱스를 설정하여 소프트웨어 로딩 데이터 또는 기타 법적 용도

---

70) 参见 [澳] 彼得 · 达沃豪斯、约翰 · 布雷斯韦特 : <信息封建主义>, 刘雪涛译, 192页, 北京, 知识产权出版社, 2005.

71) 冯晓青 : <著作权法中的公共领域理论>, 载 <湘潭大学学报 (哲学社会科学版)>, 2006(1).

72) See Henry C.Mitchell, The Intellectual Commons: Toward an Ecology of Intelllectual Property, Matyland Lexington Books, 2005, pp.67-173.

73) 在贝克的风险社会理论中, 以 "社会理性拥护者" 为基础的全球 "亚政治", 是指 "外在于并超越国家－政府政治体制的代表性制度的政治", 是应对风险社会的 "知识行动". 参见[德]乌尔里希 · 贝克 : <世界风险社会>, 吴英姿译, 50页, 南京, 南京大学出版社, 2004.

로 사용할 수 있다.[74]” 공개접근 운동은 문헌의 저작자 또는 저작권자가 사용자에게 승인한 학술문헌은 교육, 연구 및 학습을 목적으로 무료로 사용하게 된다. 이 운동은 인터넷 공간에 ‘지식공유’ 플랫폼을 구축하여 학술 문헌의 교류와 보급을 촉진했으며, 이는 전통적인 저작권 시스템과 다른 지식 활용 모델이다. ‘지식공유 라이선스(creative commons license)’도 현행 저작권 제도를 겨냥해 만든 것으로, ‘반(反)저작권’을 기반으로 한 오픈소스 소프트웨어 라이선스가 소프트웨어 산업에서 다른 문화 산업으로 뻗어 나가고 있다. 2001년 ‘지식공유단체’가 설립한 이 저작권 라이선스 방식은 저작권법에 의해 보호되는 모든 저작물을 대상으로 하며, 저작권자는 특정 라이선스 방식을 선택하여 다른 사람에게 저작물의 사용을 허가할 수 있으며, 피허가자는 이 라이선스 방식에 설정된 제한조건을 수락해야 한다. 공개접근 운동과 지식공유 협의는 “전통적인 저작권 라이선스 방식에 대한 혁신이며 작품의 자유, 광범위한 보급 및 재창작을 위한 새로운 메커니즘을 제공한다”고 볼 수 있다.[75]

4. 지식혁신의 장려제도

특허제도의 폐해는 리스크사회의 지식재산권인 ‘제도화 리스크’의 전형이다. 특허의 품질저하, 특허의 소송남용, 특허의 무질서, 특허경쟁과 같은 제도적 결함에 대응하여 사람들은 또한 제도의 보완적인 위험 관리체계를 찾고 있다. 지식혁신에 대한 인센티브 및 보호, 특허법은 주요하지만 유일한 법적 형식은 아니며 보조체계 즉 혁신 인센티브 체계에는 두 가지 유형이 있다. 첫째, 특허제도와 연계한 ‘특허장려제도’이다. 특허장려제도에서는 국가가 특허권자에게 사회적 가치에 상응하는 금전적 보상을 지급하면 발명특허는 국가가 소유하고 공유영역에 진입하게 된다.[76] 이 제도는 공중보건과 관련된 제약분야, 특허가 너무 밀집되어 기술혁신에 영향을 미치는 특수분야 등 독점권 보호에 중대한 사회적 영향을 미칠 수 있는 기술분야에 주로 적용된다. 둘째, 특허제도와 병행하는 ‘발명장려제도’이다. 발명장려제도는 과학기술성과의 사회적, 경제적 이익을 평가하여 국가가 정신적, 물질적 보상을 제공하는 것으로, 발명성과의 소유권은 명목상 국가에 있지

74) 刘海霞等 : <开放存取研究进度述评>, 载 <图书与情报>, 2006(1).

75) 杨红军 : <版权许可制度论>, 中南财经政法大学2007年博士学位论文.

76) 参见刘友华 : <专利制度的未来模式 : 替代、革新抑或全球化>, 载 <华南师范大学学报(社会 科学版)>, 2011(4).

만 실제로는 누구나 무료로 사용할 수 있다. 이러한 비시장적 메커니즘에 대한 장려제도는 특허 시스템을 보완한다.

지식재산권법의 빛은 사적 지식재산을 보호하기 위한 지혜의 빛, 나아가 사회지식의 진보를 지키기 위한 이성의 빛이다. 지식재산권 제도의 개정, 개선, 보완 및 대체를 논의하는 것은 국제 지식재산권계가 공통적으로 직면한 시대적 문제이며, 이는 지식재산권 제도의 위기에 대처하기 위한 위험 통제 조치일 뿐만 아니라 지식재산권 제도의 가치목표를 실현하기 위한 법적 변화경로이기도 하다.

제15장

지식재산권 제도의 정책과학적 분석

지식재산권 제도는 정부 공공정책의 중요한 부분이며 정책기능은 지식권리의 정의로운 질서를 유지하고 지식발전의 이익을 달성하는 것이 목표이다. 근대 영국과 현대 미국은 지식재산권 분야의 효율적인 정책을 펼쳤다. 개발도상국은 국제무역체계의 틀 안에서 효율적인 비용분석을 기반으로 지식재산권 제도를 선정하고 적용해야 한다. 중국의 지식재산권법은 100년의 역사를 가지고 있으며, 처음에는 외부에 의하여 수동적으로 받아들였다가 이제는 적극적으로 의사결정으로 정책을 발전시키고 있다. 창조형 국가 건설의 전반적인 정책 목표에 따라 지식재산권 정책은 조정, 보완 및 개선되어야 한다.

Ⅰ. 공공정책체계중의 지식재산권 제도

국기치원에서 "지식재산권은 하나의 사회정책의 도구이다.[1]" 지식재산권을 보호하는지, 어떤 지식에 지식재산권을 인정하는지, 지식재산권을 어떻게 보호할 것인지는 한 국가가 실제 발전상황과 미래발전 요구에 따라 내린 제도적 선택과 적용이다. 지식재산권은 300년 이상 서구 선진국의 지속적인 발전과 성장을 위한 제도문명으로 경제발전 촉진, 과학기술진보 촉진, 문화교육 번영에 중요한 역할을 하였다. 지식재산권 제도는 한 국가가 현대화를 향해 나아가기 위한 불가피한 정책의 선택이다.

공공정책은 정책과학 분야에서 흔히 사용되는 용어로 "정부 위주의 공공기관이 일정기간 특정목표를 달성하기 위해 정책비용과 정책효과의 비교를 통해 사회의 민관 행동에

1) 刘华 : <知识产权制度的理性与绩效分析>, 46页, 北京, 中国社会科学出版社, 2004.

대한 선택적 제약과 지침을 내리는 것을 말하며, 이는 일반적으로 일련의 법령, 규정, 규정, 계획, 계획, 조치, 프로젝트 등으로 표현된다."[2]. 이 정의에서 출발하여 지식재산권 제도는 공공정책 체계에서도 역시 하나의 지식재산권 정책이다.

첫째, 지식재산권 정책의 의사결정 주체이다. 미국학자 Woodrow Wilson는 "공공정책의 결정자는 정치가이다. 즉, 입법권자가 제정을 하여 행정관이 법과 규정을 집행하게 된다."[3] 지식재산권 정책은 실질적으로 국가 차원에서 제정, 시행 및 추진하는 것이다. 구체적으로는 정부가 국가의 명의로 제도와 정책을 통하여 지식자원의 창조, 귀속, 이용 및 관리 등에 지도와 규제를 하는 것이다. 공공정책 주체의 주요활동에는 다음의 내용이 포함된다. 하나, 법과 규정을 제정하여 재산권의 형식으로 지식재산을 보호한다. 지식재산권 제도의 설계와 관련하여 한 국가의 독립적인 법률일 때 입법자는 자국의 경제, 과학기술, 문화 및 교육의 발전 수준만 고려하면 되지만 지식재산권 국제 보호 제도가 형성된 후 국내법은 종종 법률통합의 흐름에 의해 영향을 받으며 입법자는 제도적 선택과 적용에서 통합 및 현지화 사이의 조정을 고려해야 한다. 둘, 시행 조건과 수단을 제공한다. 사법재판, 행정관리, 사회 서비스 등을 포함한 지원 메커니즘을 구축하는 것이다. 지식재산권은 시장 메커니즘의 재산권 형태이지만 정부 메커니즘에 의해 규제되지 않을 수 없다. 지식제품의 비물질적 특성으로 인해 사법기관, 행정기관, 사회서비스 기관 등은 지식재산권의 취득, 활용, 보호 및 관리에 '작위' 방식을 채택하여 개입해야 지식재산권 시스템의 시행효과를 보장할 수 있다. 셋, 관련 공공정책을 지원하여 '종합정책[4]'을 목표로 함께 봉사한다. 공공정책 시스템에서 경제성장과 사회발전의 목표는 지식재산권 정책이 독립적으로 수행하는 것이 아니며 위에서 언급한 목표 지향성은 다른 공공정책에도 반영된다. 동시에 지식재산 정책의 일부규범은 다른 공공정책에도 반영되며 지식재산 정책의 시행은 다른 공공정책과의 협력에도 달려 있다. 지식재산 정책과 관련된 공공정책은 주로 문화교육정책, 산업경제정책, 과학기술정책, 대외무역정책 등이 있다. 정책결정의 주체인 정부의 임무는 정책을 수립하고 개선하며 정책을 통합하고 조정하는 것이다.

둘째, 지식재산권 정책의 조정기능이다. 정책과학적 이론에 의하면 공공정책의 실행은

---

2) 吴鸣：<公共政策的经济学分析>, 4页, 长沙, 湖南人民出版社, 2004.
3) 转引自伍启元：<公共政策>(上册), 4页, 台北, "商务印书馆", 1985.
4) 总政策是指在公共政策体系中处于统率地位, 对于一个国家的社会运行起着根本性和决定性指导作用的政策. 它是一种影响全局的政策, 并贯穿于特定历史时期, 始终具有较强的总括性和稳定性, 参见吴鸣：<公共政策的经济学分析>, 5页, 长沙, 湖南人民出版社, 2004.

똑같이 "누가 정책의 수익자이면, 누가 정책의 손상자가 된다"의 문제를 직면하게 된다. 따라서 공공정책은 종종 공공정책의 원활한 구현과 사회의 안정적인 발전을 보장하기 위해 다양한 이해관계에서 어느 정도 균형을 달성해야 한다.[5] 지식재산권 정책은 지식재산 이익의 분배 및 조정에 관련된다. '이해관계자'로서 지식제품의 창작자, 전파자, 이용자 간의 권리와 의무의 관계와 관련된다. '이익공유자'로서 창작자의 독점권과 사회 공익의 균형을 고려해야 한다. 지식재산권은 지식재산의 사적인 법적 형태이므로 권리와 의무의 관계에서는 권리에 기초하고, 규범적 방법에서는 수권적 규범을 주요 내용으로 하며, 입법에서는 창작자의 권리보호를 최우선으로 한다. 동시에 지식재산권은 지식이익을 공유하는 법적 도구이기도 하며, 권리제한, 권리이용의 제도설계를 통해 권리 주체와 의무주체 사이, 개인과 사회 사이의 이익관계를 조정하는데 즉 "사회관계의 각종 객관적인 이익 현상에 대해 목적과 방향을 조정하여 이익의 형성과 발전을 촉진한다."[6] 위에서 언급한 조정 기능에서 출발하여 지식재산권 제도는 '사권신성'과 '이익균형'이라는 두 가지 기본 법률개념을 형성한다. 지식재산권 제도에서 "이익균형 원칙을 강조하는 것은 특별한 의미가 있다. 이익균형은 당사자, 권리 주체와 의무주체, 개인과 사회 사이의 이익을 말하며 공평의 가치 이념에 부합해야 한다. 이익균형은 민법정신과 사회적 공중도덕의 요구 사항이며 '인권 사상과 공익 원칙의 반영"[7]이기도 합니다. 지식재산권 제도는 이익균형을 강조하며 창작자의 이익을 보호하는 동시에 지식제품의 합리적인 사용을 보장하는 것을 목표로 한다. 이러한 이용은 표현의 자유의 목적, 공교육의 필요성, 공중보건과 사회생활의 필요성에 기초한다. 미국 학자들은 현대 저작권법을 각 당사자의 이익을 조화시키는 '균형법[8]'으로 묘사하고 있다. 이 결론은 전체의 지식재산권 제도에도 적용된다.

셋째, 지식재산권 정책의 목표지향이다. 미국의 학자 Frank Fischer는 "공공정책이 정치변론 아니면 정식투표로 형성한 것과 관계없이 실현해야 할 목표와 이 목표를 실현하는 수단과 관련된다."[9]고 말했다. 공공정책의 제정과 시행은 언제나 일정한 정책목표와 관련이 된다. 일반적으로 공공정책의 총체적 목표는 사회의 안정, 공정 수호, 사회 발전

5) 参见吴鸣：<公共政策的经济学分析>, 3页, 长沙, 湖南人民出版社, 2004.
6) 孙国华等：<论法律上的利益选择>, 载<法律科学>, 1995(4).
7) [美] 奥德丽 · 查普曼：<将知识产权视为人权：与第15条第一款第3项有关的义务>, 载<版权公报>, 2001(3).
8) L. Ray Patterson, Stanley W.Lindberg, The Nature of Copyright: A Law of Users' Right, The University of Georgia Press, 1991, p.2.
9) [美] 弗兰克·费希尔：<公共政策评估>, 吴明安等译, 3页, 北京, 中国人民大学出版社, 2003.

의 촉진에 있다. 하지만 서로 다른 공공정책들은 자신의 구체적 목표를 지향하면서 어떤 구체적 공공문제를 해결하려 한다. 지식재산권 정책에 관한 한 정의와 효익은 추구하는 가치목표이다. "정의는 사회제도의 최우선 가치"[10]로서 정의의 실현은 바로 지식재산권 제도가 설정한 제1의 목표이다. 근대 입법에서 지식재산권은 일종 자연법상의 권리로 불리운다. 지식재산권은 창작자의 지적활동에 의하여 자연적으로 발생하여, 봉건사회의 구속을 벗어나 법적으로 존재하기에 정의에 부합하다. 반면에, 창작자 권리의 존재를 무시하고, 그들 지적투입이 보상을 받지 못하게 되면, 정신적 생상영역은 무질서의 상태로 빠지면서 사회 전체는 정의롭지 못하게 된다. 경제 생활에 뿌리를 두는 지식재산권 제도는 정의의 목표를 실현해야 할 뿐만 아니라 지적자원의 효과적인 분배를 책임져야 하며, 사회의 비물질적 부의 증가의 사명을 감당해야 한다. 이러한 효익성의 가치목표를 지식재산권의 영역에서는 지식, 기술, 정보의 광범한 전파라고 해석된다. 그리고 지적성과의 독점적 사용(창작자의 권리), 권한부여의 사용, 법이 정한 허가사용(전파자의 권리), 합리적 사용(사용자의 권리) 등 각종 제도가 실현된다. 한마디로 지식재산권 제도의 목적은 지식권리의 정의로운 질서를 지키며 지식전파의 이익목표를 실행하는 데에 있다. 지식재산권 정책 존재의 합리성에 대하여 경제학자들은 종종 비용편익이론을 사용한다. 신제도 경제학에 의하면 어떠한 제도라도 그 생산과 선택은 인간이 비용과 이익을 비교한 결과이다. 다시 말해, 지식재산권에 대한 제도적 배치는 지식재산의 증가라는 수익을 가져올 수 있다. 지식재산권 정책이 필요한 이유는 지식재산권 문제를 해결하기 위해 시장에서 자체적으로 해결하는 것보다 사회적 비용이 낮기 때문이다. Ronald Coase에 견해에 따르면 정부의 공공정책은 시장 문제를 해결하는 데 있어 사회적 비용이 너무 많이 드는 경우에 대한 대안일 뿐이다.[11] 지식제품에 대한 재산권의 정의는 지식제품의 공공재산 속성에서 파생된다. 개인제품과 달리 공공재는 소비에 있어 적대적이지 않으며, 출자자와 미출자자가 모두 승차하는 같은 버스처럼 특정 시공간 조건에서 서로 다른 주체를 위해 동시에 사용될 수 있다. 누구에게나 편의를 제공해야 하는 버스회사에서 무임승차자인지 알 수 없는 공공재 소비를 위해 돈을 내지 않는 사람들을 법경제학에서는 '무임승차자[12]'라고 부른다. 지식생산은 대가가 있는 반면 그 전달비용은 상대적으로 적은 편이라서, 지식

10) 沈宗灵：<法·正义·利益>, 载<中外法学>, 1993(5).

11) 参见 [美] 罗纳德·科斯：<社会成本问题>, 载<财产权利与制度变迁>, 上海, 上海三联书店, 1994.

12) [美] 罗伯特·考特、托马斯·尤伦：<法与经济学>, 张军等译, 147页, 上海, 上海三联书店、上海人民出版社, 1994.

제품이 소비자에게 판매되면 다른 소비자가 지식제품의 '무임승차자'가 될 수 있다. 이런 현상이 "타인의 작품을 무상으로 복제한 경우"이다.[13] 이러한 상황을 대비하여 정부는 지식제품 시장에 대한 개입이 필요하며 특별한 공공정책을 채택할 필요가 있다. 첫째, 정부 스스로 지식제품을 제공해야 한다. 둘째, 정부는 민간이 제공하는 지식제품에 대하여 보조금을 제공해야 한다. 후자의 중요한 조치는 지식재산권 제도를 통하여 지식제품의 창작자에 독점권을 부여하는 것이다.

이상의 지식재산권에 대한 정책과학적 분석은 정적이고 내향적인 것으로서 그 이론 성립은 반드시 두 가지 가정 조건을 기초로 한다. 첫째, 지식재산권 정책은 일반적인 사회조건의 성과에 달려 있다. 지식제품의 생산, 전달, 이용에 영향을 미치는 기본조건으로는 지식재산권 정책의 존재, 효과적으로 시행되는 경제, 과학기술, 문화, 교육 등 물질적 시설과 사회환경, 지식재산권 정책지도를 바탕으로 형성된 관련 공공정책 체계를 갖춰야 한다는 것이다. 위의 조건이 충족되지 않으면 지식재산권 정책은 기대한 결과를 얻지 못하거나 부정적인 영향을 미칠 수 있다. 둘째, 지식재산권 정책은 단지 한 국가의 내부 상황을 고려한 것이다. 지식재산권 정책이 한 국가가 독자적인 입법을 할 때, 정부는 자국의 발전 상황을 고려하여 스스로 제도적 장치를 마련하면 된다. 그러나 지식재산권 국제보호제도가 형성된 후 국내법은 종종 법률 통합의 추세에 의해 영향을 받으며 한 국가가 제정한 지식재산권 정책은 '국정'을 벗어나거나 달라질 수 있으며 입법자가 기대한 이익을 반드시 가져다 주지 않는다. 다른 시기의 다른 국가에서 위의 두 가지 가정조건을 모두 충족하기는 어렵다는 점이다. 따라서 세계 각국 특히 선진국은 대부분 자국의 이익을 보호하는 입장에서 지식재산권 보호에 대해 실용주의적 태도를 취하고 지식재산권 정책을 지속적으로 조정하고 보완한다.

Ⅱ. 지식재산권에 대한 주요국가의 정책 선택

지식재산권은 로마법 이래 재산권 제도의 개혁과 혁신의 결과이며, 또한 300여 년 동안 서구 국가들이 끊임없이 발전 성장해온 '제도 문명의 모델'이기도 하다. 근대 사회에

13) [美] 罗伯特 · 考特、托马斯 · 尤伦 : <法与经济学>张军等译, 152页, 上海, 上海三联书店、上海人民出版社, 1994.

서 지식재산권 제도는 유럽과 미국의 경제, 과학기술 발전 및 문화, 교육의 번영을 위한 정책적 도구였다. 현대사회에서 지식재산권 제도는 혁신적인 국가가 기술우위를 유지하고 무역 이익을 보호하며 국제경쟁력을 높이는 전략적 정책이 되었다.

근대 영국은 지식재산권 정책의 성공적인 모델이다. 전통적인 지식재산권 제도(주로 특허법 및 저작권법)의 발원지이자 유럽 산업혁명의 발원지이다. 이는 역사적 우연이 아니라 영국의 지식재산권 제도는 봉건적 특허권에서 자본주의 재산권으로 변화하는 역사적 과정을 거쳤기 때문이다. 봉건적 특허권에는 상품전매권과 인쇄독점권이 포함됩니다. 상품전매권은 황실에 의해 부여되어 다양한 길드가 생산 및 유통을 독점하는 특권이 되며, 인쇄 독점권은 일종의 행정 보호일 뿐이며 그 수혜자는 주로 출판업자이다. 1623년「독점법규」는 특허제도의 폐지를 선언함과 동시에 신기술 및 새로운 분야의 발명 및 도입에 대해 특허제도와 유사한 새로운 규정을 만들었다. 1709년「안나법령」은 '저작자와 출판업자에게 독점적인 복제 권리를 부여하여 창작을 장려하기 위한 법규'로, 창작물 창조와 출판산업 설립에 대한 투자를 보호하고 장려하는 것을 목적으로 한다. 17세기와 18세기 영국의 중상주의 정책은 지식재산권 입법에 중요한 사상적 기반을 제공했다.「독점법규」는 신기술의 발명과 응용을 장려하며 특허의 목적은 무역독점을 형성하는 것이 아니라 일시적인 '독점권'을 통해 기술진보와 산업발전을 실현하는 것이다.「안나법령」은 인쇄독점권을 자본주의의 '재산권'으로 개조하고, copyright의 단일 재산적 개념과 저작권 기간, 저작권 효력 및 가격을 포함하는 통제 조항을 채택하고 있으며, 이는 대부분 상업 무역을 고려한 것이다.[14] 산업, 상업 정책, 과학 기술 및 문화 정책의 유기적 구성 요소로서 근대 영국 지식재산권법은 1870년대에 시작된 산업혁명의 중요한 제도적 기반을 마련해주었다. 미국의 경제학자이자 노벨경제학상 수상자인 Douglas North는 다음과 같이 말했다. 18세기 영국의 지속적인 경제 성장의 원인은 소유권 변화의 적합한 환경 덕분이었다. 이러한 환경은 상속, 무제한 토지 소유, 노동의 자유, 사유재산 보호, 특허법 및 기타 지식재산 소유제도 대한 인센티브 조치 등이다. 이 과정은 줄곧 상품의 감소와 자본시장의 결함으로 인한 제도의 배치로 중단되었다. Douglas North는 14세기 중국과 17, 18세기 영국을 비교 분석한 후, 재산권 제도의 특수한 범주인 지식재산권 제도를 갖고 있던 영국이 발명가들의 이익을 보호하고 발명가들의 열정을 자극해 발명을 다량으로 쏟아내

14) See L. Ray Patterson, Stanley W. Lindberg, The Nature of Copyright: A Law of Users' Right, The University of Georgia Press, 1991, p.2.

고 물결 같은 기술혁신을 가져와 산업혁명을 일으키고 현대 경제성장의 기적을 이뤄냈다고 지적했다.[15] 근대 영국의 발전 사례는 외부 압력의 간섭 없이 한 국가가 자신의 실제 상황과 발전 요구에 따라 지식재산권을 보호하는 것이 가장 적합하며 이는 한 국가가 현대 문명으로 나아가는 현명한 정책 선택이다.

현대 미국은 지식재산권 정책의 효과적인 운영자이다. 미국의 건국은 비록 200여 년의 역사에 불과하지만 세계최초로 지식재산권 제도를 수립한 국가 중 하나이다. 미국은 독립 직후인 1787년 헌법에 저작권과 특허권 조항을 규정했다. "국가는 과학과 예술의 발전을 촉진하기 위해 개인의 작품이나 발명에 대한 저작자 또는 발명자의 독점적 권리에 대해 일정한 기간 동안 보호를 부여하는 법률을 지정할 권리가 있다." 이 헌법 조항들을 미국 학자들은 지식재산권 제도의 "3P"정책이라 부른다. 구체적으로는 (1) 지식전파를 촉진하기 위한 정책(the promotion of learning) (2) 공공분야 유보정책(the preservation of public domain) (3) 창작자를 보호하기 위한 정책(the protection of author)이 있다.[16] 헌법 규정에 따라 미국 정부는 1790년에 특허법과 저작권법을 공포했다. 그러나 미국의 초기 지식재산권 정책은 실용주의의 상업 인센티브 체계를 깊이 관철시켰다. 국내적으로는 사적 지식재산을 보호하고, 일시적인 독점권한으로 과학기술과 문화의 발전을 교환하며, 대외적으로는 지식재산권을 정책 도구로 국가의 이익을 보호하고, 명백한 자국 보호주의 관행을 채택하였다. 예를 들어, 외국인 저작물을 보호하지 않고 불법 복제행위를 방치하거나 외국인의 특허출원에 고액의 수수료를 부과해 자국 기술을 보호하거나 유럽 국가들이 주도한 「베른협약」에 장기간 참여하지 않고 자신들이 주도하는 미국식 저작권 동맹을 적극 추진하였다. 두 차례의 세계대전 이후 미국의 세계 강대국 지위가 형성됨에 따라 미국은 낮은 수준의 보호에서 높은 수준의 보호로 전환하고, 지식재산권 보호를 위한 미국 표준을 각국에서 보편적으로 통용되는 국제표준으로 추진하였다. 특히 1980년대 이후 미국의 지식재산권 정책은 다음과 같은 중대한 조정을 거쳤다. 첫째, 지식경제발전과 과학기술혁신을 촉진하기 위한 국내 정책체계를 구축하는 것이다. 이 체계에서 미국은 지식재산권의 규제와 지도적 역할을 중시하였다. 예를 들어, 기술 재산권 보호를 강화하기 위해 특허법을 여러 번 개정하고 보완했다. 또한 기술혁신을 장려하기 위해 「발명

15) 参见 [美] 道格拉斯·诺思、罗伯斯·托马斯 : <西方世界的兴起>, 历以平、蔡磊译, 23页, 北京, 华夏出版社, 1999.

16) See L. Ray Patterson, Stanley W. Lindberg, The Nature of Copyright: A Law of Users' Right, 1991, pp.49-55.

자보호법」과 「기술혁신법」이 공포하였다. 또한 성과의 활용을 장려하기 위하여 「연구개발 성과의 상품화에 관한 정부지원법」과 「기술이전 상품화법」등을 제정하여, 지식재산권의 창출, 적용 및 보호를 포괄하는 완전한 법적체계를 구축했다. 동시에 미국은 지식재산권 제도와 산업정책, 과학기술정책 및 문화정책의 유기적 통합을 강조하였다. 예를 들어, 정책 연계를 통해 산업구조의 조정과 전통산업 혁신을 추진하고, '반도체칩·컴퓨터·통신·바이오제약' 등 '유망산업'을 육성하며, '소프트웨어·음반·영화' 등 문화산업을 육성하였다. 미국이 특허대국과 브랜드대국의 지식재산권 우위를 형성할 수 있었던 것은 정부정책의 효과적인 시행으로 경제과학기술 강국으로서 미국의 세계에서 선도적 위치를 공고히 하게 되었다.

둘째, 지식재산권 보호와 대외무역을 직접 연결하는 정책 및 조치를 국제적으로 시행하였다. 미국은 글로벌 무역에서 자국의 이익을 보호하기 위해 지식자원 우위를 지식재산권 우위로 적극적으로 전환하고, 지식재산권 우위를 국제시장 경쟁 우위로 전환하였는데, 그 정책 수단은 지식재산권 보호와 국제무역시스템을 밀접하게 결합하는 것이다. 1990년대 중반 이전까지 미국은 주로 국내 「종합무역법」 '특별 제301조'와 「관세법」 '제337조'를 근거로 무역 상대국에 부여된 최혜국 대우를 미국의 지식재산권 보호 요구와 직접 연계하였다. 그리하여 보호하지 않거나 불완전하거나 불충분한 지식재산권 보호를 요구하는 모든 국가에 경제적 위협과 무역 제재를 가했다. 1994년 「지식재산권협정」이 발효된 후, 미국은 계약 당사자들의 국가 강제력과 세계무역기구의 국제적 강제력에 의하여, 계약 당사자들이 약속한 높은 수준의 지식재산권 국제 보호와 차별 없는 최혜국 대우를 이어 나갔다. 이 과정에서 미국은 많은 국가가 컴퓨터 소프트웨어를 저작권 형태로 보호하도록 추진했고, 개발도상국에 의약품 발명에 대한 특허권을 요구하고, 반도체 칩에 대한 전문적인 보호를 국제적으로 권장하는 등 미국의 주장이 국제무역체제의 규칙에 반영되었다. 포스트 지식재산권협정(IPA) 시대에 들어서도 유럽연합(EU), 일본, 호주 등의 국가와 연달아 협상을 벌여 양자 자유무역협정(FTA) 형태로 지식재산권협정보다 높은 수준의 보호를 모색하였다. 2004년 미국 정부 보고서는 국가의 기본 정책 입장을 분명히 했다. "미국 건국의 기반해서 보면 지식재산권 보호는 언제나 혁신의 버팀목이었다." "건강하고 올바른 강제력 있는 국내외 지식재산권 구조가 유지돼야 한다."[17] 지식재산권

17) Innovate America: Thriving in a World of Challenge and Change, National Innovation Initiative Interim Report, Council on Competitiveness, 2004, p.7.转引自<世界高等教育：改革与发展趋势>, 第3辑, 北京,

분야에서 미국은 기존의 국내정책을 견지하고 이를 국제규범으로 지속적으로 추진하고 있다. 미국은 현대 지식재산권 보호제도에 가장 큰 영향을 미치는 국가라고 할 수 있다.

21세기 들어서면서 선진국들은 지식재산권 정책에서 경쟁적으로 자국의 실정에 부합하고 국익에 봉사하는 전략적 목표를 정했다. 앞서 언급한 바와 같이 미국은 세계의 '과학기술 선도형 국가'로서 체계적이고 완전한 지식재산권 제도를 수립하고 지식재산권 보호 수준을 지속적으로 향상시키고 지식재산권 보호 범위를 확대하며 지식재산권 국제문제에서 미국 가치 표준을 강력하게 추진한다. '기술추월형국가' 중의 일본은 「지식재산전략대강」을 제정하고, 이후 "지식재산권의 창출 · 보호 · 활용을 위한 시책의 추진, 과학기술의 진흥, 국제경쟁력의 강화'를 「지식재산기본법」을 제정하였다.[18)]호주는 자국의 지식재산권 전략을 추진하기 위한 「혁신행동계획」을 내놓았고, 「호주-미국 자유무역협정」을 바탕으로 2005년 「지식재산권법」을 개정했다. '혁신도입형국가'에서 한국은 2015년 아시아 지역 과학연구센터, 2025년 과학기술 선도국가가 된다는 목표를 세웠다. 법률개정을 통해 자국의 우세산업과 첨단산업을 보호하고 점차 자국의 지식재산권 보호를 중시하며 그 입법은 미국, 유럽, 일본의 기본정책적 입장에 가깝다. 지식재산권 제도는 이미 선진국이 자신의 기술적 우위를 지키고 국제경쟁력을 제고하는 전략적 정책이 되었다고 할 수 있다.

이에 비해 개발도상국은 상대적으로 수동적이다. 정책과학적 이론은 공공정책에는 일정한 한계가 있으며, 특정 공공정책으로 인해 발생하는 사회적 비용이 상대적으로 높으면 의도한 목적을 달성하기 어렵고 불리한 결과를 초래할 수 있다. 개발도상국의 경우 경제 및 기술발전 단계에 따라 적절한 지식재산권 정책을 선택하는 것이 가장 유리하다. 공공정책의 경제적 분석에 따르면 "재산권의 법적 보호는 자원의 효과적인 사용을 창출할 유인이 있다.[19)]" 지식재산권의 적절한 보호는 개발도상국에 지식재산 증가의 혜택을 가져올 수 있다. 그러나 국제환경의 변화 때문에 스스로 선택하는 것은 불가능하다. 개발도상국이 직면한 현실적인 문제는 각국의 지식재산권법이 통일된 표준의 새로운 단계에 진입했다는 것이다. 국제화 및 통합화 추세의 따라 각국의 법률은 국제협약의 '최소보호기

国家教育行政学院印, 2006.

18) 日本政府第三期科学技术基本计划(2006-2010)第三章. 转引自<世界高等教育：改革与发展趋势>, 第3辑, 北京, 国家教育行政学院印, 2006.

19) [美] 罗伯特·考特、托马斯·尤伦：<法和经济学>, 张军等译, 191页, 上海, 上海三联书店、上海人民出版社, 1994.

준'을 준수해야 하며, 이러한 '최소보호기준'의 실제 의미는 지식재산권 보호 원칙과 기본 규범의 일관성에 있으며 지식재산권 보호 수준과 절대적 관련은 없다. 그러나 지식재산권 국제 보호 제도의 초기 단계와 달리 현재 국제협약의 '최소보호기준'인 일관성 기준은 본질적으로 권리범위의 높은 확장과 권리보호의 높은 수준을 반영하고 있다. 요약하면, 선진국의 요구 사항과 관행을 더 많이 고려하고 참조하며 여러 측면에서 개발도상국의 경제, 기술 및 사회 발전 단계를 초월하였다. 지식재산권 보호는 국제무역체제의 기본 규칙이기 때문에 개발도상국들은 선택의 여지가 없다. 물론, 개발도상국은 국제적으로 통용되는 높은 수준의 지식재산권 제도를 적용할 때 사회적 비용을 줄이고 이익을 극대화하기 위해 노력해야 한다. 필자는 비용 편익 측면에서 고려할 만한 두 가지 문제가 있다고 생각한다. 첫째, 경제 세계화에 참여하여 얻은 수익은 지식재산권 통합에 들어가는 비용을 지불하거나 초과할 수 있어야 한다. 지식재산권의 국제적 보호 측면에서 개발도상국은 높은 수준의 보호로 인한 막대한 재산 및 행정적 부담을 우려하면서도 신무역체제가 주는 부담에 직면해야 한다. 개발도상국이 세계무역기구(WTO)에 참가하는 이유는 결국 지식재산권 보호를 포함한 국제무역의 새로운 규칙을 받아들이기 때문이다. 지식재산권 보호 강화는 반드시 지불해야 하는 비용이지만, 이에 따라 개발도상국은 무분별한 최혜국 대우를 받고, 선진국이 「우루과이라운드 협상」에서 약속한 일부 우대 정책을 얻게 된다. (예: 관세감면의 유예기간, 지식재산권의 '강제허가' 등) 그리고 향후 국제 무역 및 지식재산권 국제보호에 관한 회의에서 발언권을 얻는데, 이는 개발도상국이 협력으로 얻는 주요이익이다. 둘째, 지식재산권 정책의 시행으로 인한 미래 발전 이익은 실제로 지불해야 하는 필요 비용보다 높을 것이다. 지식재산권 보호를 강화하는 것은 개발도상국 특히 신흥공업 국가에 있어 국제 사회의 압력일 뿐만 아니라 경제발전과 과학기술발전의 내부적 요구 사항이기도 하다. 지식재산권 정책을 효과적으로 시행하고 관련 공공정책 제도를 구축하고 협력하며 지식재산권의 생성, 관리, 보호 및 활용을 구현하기 위한 물질적 조건과 사회적 환경을 제공하는 것은 지식재산 성장과 사회 경제 발전의 궁극적인 '목표방향'을 달성하는 데 도움이 된다. 이에 대해, 영국 지식재산위원회는 "장기적 관점에서 보면 개발도상국에서 문화산업 성과의 다른 조건이 충족되면 더 강한 사권 보호가 현지 문화산업 장려에 도움이 될 수 있다."[20]고 하였다. 이것은 전통적인 개발도상국이 신

20) 英国知识产权委员会 : <知识产权与发展政策的整合>(2000年), 国家知识产权局条法司编译, 109页.

흥 공업화 발전의 길로 나아가기 위해서는 지식재산권 제도의 완비를 통해 자국의 사회경제 발전에 지속적인 동력을 제공하고 국제 경쟁에서 주도권을 확보해야 한다는 것을 의미한다. 이것은 미래의 중대한 이익과 교환하기 위해 필요한 현실적인 비용이다.

개발도상국들이 어떻게 세계무역기구의 틀 안에서 자신들의 필요에 맞는 지식재산권 보호 체제를 선택하는가는 매우 어려운 일이다. 2005년 유엔 보고서는 "지식재산권 보호는 기술혁신의 중요한 측면이지만 지나친 보호체제는 혁신에 부정적인 영향을 미칠 수 있다."[21]고 하였다. 이를 위해 UNMP의 전문가들은 서로 다른 국가의 발전 수준에 근거하여 지식재산권 조정의 3단계 체제를 제출하였다. A급: 해당 국가는 법적 틀 내에서 '효과적인 집행' 조항을 포함한 「지식재산권협정」의 모든 규정을 준수해야 하며, 1인당 GDP가 5000달러를 초과하는 선진국은 이에 속한다. B급: 1인당 GDP가 1000달러에서 5000달러인 국가에 적용되며, 이들 국가는 「지식재산권협정」하에서 요구되는 전체 법적 틀을 채택해야 하며, 소량의 강제 집행이 필요할 수 있다. C급: 1인당 GDP가 1000달러 미만인 국가는 「지식재산권협정」하에서 필요한 법적 틀을 수립해야 한다.[22] 전문가들은 국제협약의 '최소보호기준'을 준수하는 것을 기반으로 개발도상국이 다양한 발전단계에 따라 다양한 보호 수준의 지식재산권 제도를 선택할 수 있다고 제안한다.[23] 세계은행아카데미의 보고서에도 비슷한 제안이 있다. "대부분의 저소득 국가에서 과학기술 관리조직은 매우 취약하며 「지식재산권협정」에 명시된 조건에 따라 지식재산권 보호는 성장을 이끄는데 중요한 결정 요인이 아니다. 오히려 빠른 성장은 미약한 지식재산권 보호와 더 많은 연관이 있다. 과학기술 수준이 선진화된 개발도상국에서 지식재산권은 특정 발전단계에서 매우 중요한 것으로 보이지만, 그 단계는 어느 한 국가가 상위 중위소득 개발도상국 대열에 완전히 합류할 때까지 계속돼야 한다.[24]"

---

21) UN：Innovation: Applying Knowlwdge in Develpoment. 转引自<世界高等教育：改革与发展趋势>, 第3辑, 北京, 国家教育行政学院印, 2006.

22) See UN: Innovation: Applying Knowledge in Development. 转引自<世界高等教育：改革与发展趋势>, 第3辑, 北京, 国家教育行政学院印, 2006.

23) 在遵循国际公约最低保护标准的基础上, 发展中国家进行知识产权制度选择, 应做到 "阶段论" 与 "范围论" 的结合. "阶段论" 是指知识产权的保护水平和一个国家的经济和社会发展的水平相适应, 而不能落后于或者超出某一历史阶段的科技和经济发展所决定的知识产权的保护水平；"范围论"是指知识产权的保护范围要和一个国家的经济和社会发展的水平相适应, 不能不适当地缩小知识产权保护范围, 也不能不适当地扩大知识产权保护范围. 具体内容参见吴汉东：<后TRIPs时代知识产权的制度变革与中国的应对方略>, 载<法商研究>, 2005(5).

24) World Bank Institute, Jean Eric Auburt: Promoting Innovation in Developing Countries: A Conceptual Framework. 转引自<世界高等教育：改革与发展趋势>, 第3辑, 北京, 国家教育行政学院印, 2006.

위의 분석은 이러한 제도적 틀에서는 개발에 필요한 과학기술을 확보하기 어렵기 때문에 높은 수준의 지식재산권 보호가 낮은 개발 국가에 도움이 되지 않는다는 것을 보여준다. 반대로 산업화 단계에 진입한 개발도상국의 지식재산권 보호 강화는 기술혁신을 장려하고 문화 번영을 촉진하며 건전한 경제 발전의 궁극적인 목표를 달성하는 데 매우 중요하다. 요컨대, 지식재산권은 정책수단으로서 선진국의 전유물이 아니며 개발도상국은 산업화와 현대화를 잘 모색하고 지식재산권 정책을 적극 활용해야 한다.

Ⅲ. 근, 현대 중국 지식재산권 제도의 정책

지식재산권 제도는 근대 상품경제와 과학기술 발전의 산물로서 서구 선진국들은 이미 17, 18세기에 중국보다 2~300년 앞서 자체 지식재산권 입법을 시작했으며 인도, 브라질과 같은 개발도상국도 중국보다 100년 먼저 지식재산권 제도를 구축했다. 중국의 지식재산권 제도의 역사는 '강요에 의한 사용'에서 '자신을 위한 사용'으로 제도가 변화했는데, 수동적 이식에서 능동적 배치로의 정책 발전사이기도 하다. 필자는 이 '100년의 역사'를 네 단계로 나눠 설명하고자 한다.

1. 수동적 수용

일반적으로 중국 지식재산권 보호제도는 청나라 말기에 시작되었다고 본다. 이는 청나라의 새 정치라 하여 서구의 산물을 배우는 것이지만, 실상은 제국주의 열강이 압력을 가한 결과라고 하는 게 더 타당하다. 1898년 청나라 황제는 변법개혁운동에서 중국 최초의 특허법규인 「공예진흥장려장정」을 공포하였으나, 얼마 후 '무술변법'의 실패로 요절하였다. 이후 청나라는 「중영통상행선조약」(1902년)과 「중미통상행선조약」(1903년)의 지식재산권 조항에 따라 외국인의 협조 하에 「상표등록식시험운영장정」(1904), 「대청저작권법률」(1910)을 제정하였다. 이러한 법률은 청나라 말부터 중화민국 초기까지 적용되었다. 이후 북양정부와 국민당 정부는 외국법에서 직접 본 따서 저작권법, 특허법, 상표법을 연달아 제정하였다. 국제적으로도 수동적인 법률이식은 중국만의 현상이 아니며 많은 개발도상국에서 이러한 경험을 가지고 있다. 예를 들어, 인도로 대표되는 옛 영국 식민지는 영국 통치 당시 영국 저작권법을 그대로 직접 적용했고, 이후 인도의 1914년 저작권법은 영국의 1911년 저작권법을 기본으로 했다. 개발도상국은 지식재산권 제도를 만든 기간이 짧아서 이를 시행할 물질적 기반과 사회적 환경이 구비되지 않은 경우가 많으며, 대부분 외부압력의 영향을 크게 받는다. 이런 상황에서 관련 법률은 사회발전의 총체적 목표를 구현하기 어렵고 정책 효과도 발휘하기 어려운 것이 현실이다.

2. 제도의 선택

신중국 건국이후 정부는 지식재산권을 보호하기 위해 행정규장(行政规章)을 공포했지만 30년 동안 엄격한 의미의 법률제도는 없었다. 중국은 개혁개방 정책 이후 1970년대 말부터 1990년대 초까지 지식재산권 입법을 강화해 「상표법」(1982년), 「특허법」(1984년), 「저작권법」(1990년)을 제정해 지식재산권 법체계를 구축했다. 이 기간 동안 지적재산권 입법은 선택적 제도적 장치였습니다. 필자가 생각하는 원인은 다음과 같다. 첫째, 입법을 하기가 쉽지 않고 준비시간이 길지 않으며, 주요 지식재산권법은 이미 제정되었지만 기타 지식재산권 제도는 미처 고려하지 못했다. 둘째, 자국의 경제, 과학기술 발전상황을 고려하여 지식재산권 보호수준은 높지 않았다. 예를 들어, 특허권의 범위가 제한되어 있고 컴퓨터 소프트웨어의 보호도 국제적으로 통용되는 표준을 채택하지 않았다. 셋째, 국제문화교류 불균형, 「저작권법」의 시행으로 인해 국제저작권 협력에 참여하지 못하였다. 이러한 자국의 다른 발전단계와 발전상황에 근거한 선택적 제노 배치는 중국에 유리하며, 국제적으로도 선례가 있었다. 예를 들어, 미국은 1790년 저작권법 제정이후 문화교육이 유럽 국가에 뒤처져 있다는 현실적 고려에 따라 외국 저작물을 오랫동안 보호하지 않았고, 1886년 베른 연맹에서 102년 동안 멀리하다가 1988년에야 「베른협약」가입을 선언했다. 일본은 메이지 유신 후 1885년 「특허법」을 공포했지만 기본적으로는 약품 및 화학물질 특허를 50년간 배제하고 자국 기업이 외국 기술을 흡수할 수 있는 제도적 편의를 제공하는 수준 낮은 특허정책을 시행했다. 이것은 모든 국가가 지식재산권 제도의 발전 역사에서 '선택적 보호'에서 '전부 보호'로, '약한 보호'에서 '강한 보호'로의 전환기가 있음을 보여준다. 국가 경제 및 사회 발전 수준이 높지 않은 상황에서 이러한 낮은 수준의 지식보호 과도기는 매우 필요하다.

3. 조정적 적용

1990년대 초반부터 2000년대 초반까지 중국의 지식재산권 제도는 개발 및 개선의 중요한 단계에 진입했다. 중국은 'WTO 가입'에 앞서 「저작권법」(2001), 「특허법」(1992년, 2000년), 「상표법」(1993년, 2001년)을 전면 개정하였다. 「신품종 식물보호조례」(1997년), 「집적회로 배치설계보호조례」(2001) 등을 공포해 지식재산권 보호기준과 수준을 「지식재산권협정」의 요구사항을 충족시켰다. 요컨대, 중국은 10여 년 만에 낮은 수준의 보호에서 높은 수준의 보호로, 현지화에서 국제화로 전환되었다. 국제조약의 의무 이행에 대한 중국의 약속과 함께 자체 발전의 필요성도 작용했다. 국제적 1992년의 「중미지식재산권보호양해각서」, 1995년의 「중미지식재산권보호협의」는 객관적으로 중국 지식재산권 제도의 국제화 과정을 가속화했다.

특히 1994년에 형성된 세계무역기구 「지식재산권협정」은 중국의 지식재산권 입법에 직접적인 영향을 끼쳤다. '지식재산권 국제화'의 배경에서 중국은 외국인의 지식재산권을 보호하지 않으면서 자국의 경제, 과학기술, 문화를 발전시킬 수 없었으며, '국제무역지식화' 체제에서 중국이 세계로부터 고립돼 선진국이 주도하는 지식재산권 국제보호 구도에서 벗어날 수 없었다. 중국은 신흥 공업 국가로서 국내에서의 지식재산권 보호를 강화는 경제, 과학기술 발전을 촉진하기 위한 내재적 요구이다. 제도적 측면에서 수동에서 능동으로의 전환은 경제 성장하는 국가의 불가피한 선택이며 종종 정책의 전반적인 목표 달성에 도움이 된다. 이 시기에 여러 법률 개정으로 제도혁신의 현대화 과정이 기본적으로 실현되었다. 2001년 「저작권법」 개정으로 실용미술작품, 곡예예술작품 등 객체를 추가하고 컴퓨터 프로그램에 대한 보호를 강화했으며 대여권, 정보네트워크 전파권 등 권리 내용을 보완했다. 1992년과 2000년 「특허법」개정은 특허 대상에 의약품, 화학물질 등을 포함하고 특허권 보호 기간을 연장하며 수입권, 판매권 및 기타 새로운 권리를 늘리고 동시에 강제 허가를 엄격하게 제한했다. 1993년과 2001년 「상표법」개정으로 상표권의 보호 범위를 상품상표에서 서비스 상표로 확대하고 등록상표의 구성요소와 상표등록자의 적용범위를 추가하여 유명상표의 보호를 강화하였다. 또한 1997년과 2001년에 각각 「식물신품종보호조례」과 「회로배치설계보호조례」가 제정되었다. 중국의 지식재산권 입법은 현대 과학기술의 발전에 주목하면서 법제도의 현대화를 통해 과학기술의 현대화를 촉진하기 위하여 노력하였다고 할 수 있다.

4. 주도적인 의사결정

지식재산권의 보호를 확대하고, 지식재산권 제도를 추진하기 위하여 중국은 2004년과 2005년에 "국가지식재산권보호작업그룹"과 "국가지식재산권전략제정작업지도그룹"을 설립하였다. 이를 계기로 중국의 지식재산권 제도 구축은 전략적인 새 단계에 들어서게 되었다. 후진타오 총서기(胡锦涛总书记)는 2006년 1월 전국과학기술대회에서 혁신적인 국가 건설을 전략적 목표로 제시했다. 같은 해 5월 후진타오 총서기는 중앙정치국 단체 학습에서 이같이 강조했다. "지식재산권 제도를 강화하고 지식재산권의 창조 · 활용 · 보호 · 관리 능력을 높이는 것은 자주적 혁신 능력을 강화하고 새로운국가를 건설하는 데 절실한 과제이다." 이 주장은 중국이 지식재산권 제도의 기능과 지위를 새롭게 중시함을 의미한다. 오늘날의 국제 과학기술, 경제발전 추세, 혁신국가의 발전 경험을 기반으로 중국은 국가 지식재산권 전략을 구축 및 시행하는 것은 지식재산권 제도를 효과적으로 사용하여 선진국과의 격차를 줄이고 비약적인 발전을 달성하기 위한 정책인 것이다.

지식재산권 제도의 정책적 조정은 혁신국가 건설의 전반적인 정책목표에 의해 결정된다. 혁신국가란 자주적 혁신능력 향상을 기본전략으로 삼고 지식혁신능력을 대폭 향상시켜 경쟁우위를 형성하는 국가이다. 현재 세계적으로 인정받는 혁신국가는 미국 · 일본 · 핀란드 · 한국 등 20개국 정도이다. 이들 국가의 공통점은 혁신종합지수가 다른 나라에 비해 월등히 높고, 경제발전에 대한 과학기술진보의 기여율이 70% 이상, 국내총생산 대비 연구개발(R&D) 투자 비율이 2% 이상, 대외기술의존도가 30% 이하라는 점이다.[25] 중국이 혁신국가를 건설하고 장기적이고 지속적인 발전이라는 목표를 달성하기 위해서는 발전 모델 선택이 문제된다. 과거 상당기간 동안 중국은 노동집약적 산업으로 국제분업에 참여하였고 이는 경제성장과 고용확대에 중요한 역할을 하였으나 노동력과 환경자원의 비용이 점차 증가함에 따라 오랫동안 저가제품 단계에 머물러온 깊은 모순이 날로 심각해지고 있다. 예를 들어, 중국의 1인당 천연자원은 상대적으로 희소한 편이다. 경작지자원은 세계 평균수준의 1/3에 불과하고, 담수자원은 1/4, 석유자원은 17%, 천연가스자원은 13%에 불과하고, 상대적으로 풍부한 석탄자원도 세계 42%에 불과하다.[26] 이는 중국이 결코 자원소비형 발전의 길을 갈 수 없다는 것을 보여 준다.

---

25) 有关数据参见钱俊生主编：<自主创新与建设创新型国家>, 北京, 中央党史出版社, 2006.

26) 参见梅永红：<自主创新与国家利益>, 载 <求是>, 2006(10).

또한 오늘날 '선진국은 기술과 지식을 개발도상국은 인력과 자원을 제공'하는 국제경제 지형 하에서 서구 선진국들은 기술적 우위를 유지하기 위한 이해관계를 고려하든, 이념적 정치적 편견에 의하든 진정한 핵심기술을 중국에 이전하는 것을 꺼린다. 상술한 상황은 중국이 기술 의존형 발전의 길을 걸을 수 없음을 보여준다. 이러한 국제적 발전추세와 기본 국가 조건에 직면한 중국은 결국에 기술진보와 지식혁신의 발전경로를 선택할 수밖에 없다. 기술혁신, 문화혁신 또는 지식혁신은 결과적으로 제도의 혁신에 의해 뒷받침되어야 한다. 우리는 자주적 혁신능력이 강한 국가와 다국적 기업이 모두 자체 핵심 기술을 보유하고 있으며, 이들은 지식재산권을 사용하여 기술의 연구, 개발 및 갱신을 추진하는 운영을 중시하여 국가의 핵심 경쟁력을 높이고 기업의 시장 경쟁력을 향상시킨다는 것을 알고 있다. 예를 들어, 미국의 혁신능력은 세계 최고 수준이며 컴퓨터 기술, 네트워크 기술, 생명공학 분야에서 뚜렷한 우위를 점하고 있다. 지식재산권 제도의 강력한 보호에 힘입어 미국의 전자산업, 소프트웨어산업, 생명공학산업, 네트워크산업 등 '유망산업' 급부상하고 확장되고 있다. 한편, 세계적으로 기술 혁신능력이 뛰어난 다국적 기업은 Sony의 초소형 전자 기술, Philips의 광학매체 기술, lntel의 칩 제조기술 등 독자적인 지식재산권으로 생존할 수 있는 대표적인 기술을 보유하고 있다. 중국과 선진국의 격차는 주로 기술력에 있는데, 혁신력의 차이는 본질적으로 자체 지식재산권의 양적규모에 있고 특히 질적 수준에서 차이가 난다. 중국은 세계 최대의 인구 대국이지만 풍부한 노동력은 아직 지식자원으로 전환되지 않았다. 또한 중국은 세계 최대의 제조업 국가로서 200개 이상의 상품 생산량이 세계 1위를 차지하지만 그 산업 우위는 명확하지 않다. 중국 산업의 비교우위는 선진국에 비해 값싼 노동력에 있으며 가장 큰 격차는 과학기술력과 혁신능력에 있다. 이런 점은 핵심기술의 특허와 저작권 및 유명브랜드의 부재에서 나타난다. 현재 중국의 산업구조 조정, 경제 성장방식의 전환, 기술고도화, 기업혁신은 이미 중요한 단계에 진입하였다. 이런 상황에서 지식재산권 제도는 혁신국가 건설 목표 달성을 위한 전략적 뒷받침으로 삼아 '중국의 모방'에서 '중국의 제조'로, 더 나아가 '중국의 창조'로의 전환을 완성하는 것은 중국의 미래발전에 중요한 전략적 의의를 갖는다.

제16장

지식재산권 제도의 발전이론 분석

지식재산권 제도의 발전이론에서 경제성장, 지식혁신 및 법치건설은 상호 작용하고 촉진하는 협조의 메커니즘 관계이다. 경제성장은 사회 변화에 결정적인 역할을 하고, 사회의 물질적 부의 급속한 성장을 이루고, 사회생활의 거대한 변화를 야기한다. 지식혁신, 경제성장 및 법치건설의 협조 메커니즘 관계에서 경제는 중심축의 위치해 있으며 지식과 법률은 곡선으로 편향되어 있다. 그 중 지식혁신은 경제성장의 살아있는 메커니즘이고, 법치건설은 경제성장을 보장하는 메커니즘이다. 지식재산법은 재산의 비물질화 혁명의 법문명으로서 제도혁신의 본질적인 속성을 표현하였다. 동시에지식재산법은 창조적 성과를 장려하고 조정하는 메커니즘으로 지식혁신의 가치목표를 선언하고 있다.

Ⅰ. 혁신 발전의 시각에서의 지식재산권 제도

현대 경제발전의 본질은 혁신에 있다. Schumpeter의 발전 이론에 의하면 경제발전의 기본개념이 혁신이며, 따라서 "경제발전 이론의 핵심"이라고 했다.[1)]

지식제품의 상업화, 산업화 및 이에 의해 형성된 지식경제시장은 지식재산권 제도의 구축 및 운영의 원동력이다. 그 원인은 지식생산활동은 과학기술, 문화, 경제의 통합이라는 목표에 입각한 새로운 지식의 창조와 활용을 위한 시장지향적 활동이며, 해당 제도의 법적 규범과 제약과 불가분의 관계에 있기 때문이다. 요컨대, 지식경제 발전의 내적 원동력에 의하여 지식재산권에 대한 제도적 요구는 필연적이다. 제도혁신은 지식재산권법의

1) [美] 约瑟夫·熊彼特 : <经济发展理论>, 叶华译, 363 页, 北京, 中国政法大学出版社, 1999.

생존과 발전의 본질적인 속성이며, 지식혁신은 지식재산권법의 입법목적이자 가치목표가 되었다. 인류사회의 혁신 활동에서 지식재산권은 제도혁신의 본질과 지식혁신 기능을 보여주었다.

지식재산권은 제도혁신의 내재적인 성질을 가지고 있다. 지식재산권법은 지식(과학기술, 문화), 경제, 법률의 결합 산물이며, 그 생산, 변화, 발전의 역사는 지식혁신과 법제도혁신이 상호작용하고 상호촉진하는 역사이다. 신제도학파에서는 "기술진보와 제도변화는 모두 혁신의 과정[2]"이라고 말한다. 미국계 오스트리아 경제학자 Schumpeter는 20세기 초『경제발전이론』이라는 책에서 최초로 '혁신'이론을 제시하였다. 그의 견해에 따르면, '혁신'은 생산체계에 생산요소와 생산조건을 도입한 새로운 조합이다. 여기에는 신제품 도입, 신기술 이용, 새로운 시장 개척, 원자재 공급원 통제, 새로운 기업 조직 실현이 포함된다.[3] 1950년대 이후 NorthD와 Coase.R.H 등의 학자들은 Schumpeter의 혁신 이론을 바탕으로 제도혁신의 수요와 공급을 분석하여, 지식혁신과 제도혁신의 관계를 연구하였다. 국가제도의 혁신기능이 경제발전에 대한 역할에 관하여 체계적인 혁신이론의 학설을 구축하였다. 제도의 경제학의 관점에서 제도혁신은 일반적으로 제도 주체가 새로운 제도 구축을 통해 추가적인 이익을 얻는 활동이다. 여기에는 산업제도, 재산권 제도, 기업제도, 경제관리제도, 시장운영제도 등 각종 규칙과 규범의 혁신이 포함된다. 지식재산권의 제도적 혁신은 전통적인 재산권 규범의 변화와 새로운 재산권 모델의 출현을 의미한다. 한마디로 지식재산권 자체는 로마법 이후 재산권 분야의 비물질적 혁명이다.

지식재산권은 지식혁신의 기본적 기능을 구비하고 있으며 지식재산권은 정신적 생산, 지적혁신 및 지식경제 발전에 따른 제도적 장치이다. Schultz는 제도가 구비하고 있는 경제적 서비스의 기능에 대해 언급하면서 인간의 경제적 가치의 향상은 제도에 대한 새로운 요구를 창출하며, 일부의 정치와 법률은 이러한 요구를 충족하는데 사용된다.[4] 지식재산권법의 제도적 기능은 혁신 활동에 대한 재산권 정의 및 인센티브 제공하고, 창조적 산업에 대한 자원의 배치 및 거래 메커니즘 제공하며, 창조적 성과에 대한 재산권 보호 및 시장 규제 메커니즘을 제공해준다.

지식재산법은 혁신을 기반으로 한 사회적 관계를 주요 조정 대상으로 하고 있으면서

---

2) 汪丁丁 : <制度创新的一般理论>, 载<经济研究>, 1992(5).
3) 参见 [美] 约瑟夫·能彼特 : <经济发展理论>, 何畏、易家祥等译, 73页, 北京, 商务印书馆, 1990..
4) 参见 [美] 舒尔茨 : <制度与人的经济价值的不断提高>, 载 [美] R.科斯等 : <财产权利与制度变迁>, 刘守英等译, 上海, 上海三联书店, 1999 .

혁신을 존중하고 지적 성과를 보호하며 지식경제의 시장질서를 규제하는 목표를 반영한다. 혁신 발전 목표의 실현은 법률규범 설계에서 주로 다음 세 가지 방면에서 나타난다. 첫째, 지식재산권 보호와 개인혁신을 위한 인센티브 메커니즘이다. 지식재산권법은 일종의 지적재산에 대한 효과적인 재산권 제도의 선택으로서, 이 제도는 발명자와 창작자에게 사적 재산권을 부여한다. 권리자에게 가장 경제적이고 효과적이며 지속적인 혁신 인센티브를 제공하고 혁신 활동이 새로운 수준에서 지속적으로 발전하도록 보장하여 혁신 성과에 내재된 선진 생산력을 신속히 증가시킨다. 지적재산권법은 인센티브 메커니즘이면서 제약 메커니즘이기도 하다. 시장주체의 행위를 규제하고 침해행위를 단속하는 것은 재산권 소유자의 이익을 보호할 뿐만 아니라 시장경쟁 질서를 규제하는 것이다. 이 과정에서 법 시행이 효과적이지 않으면, 권리침해의 행위가 만연해져 창작자의 지식제품 생산과 개발에 영향을 주게 되고, 전체 사회의 복지 수준이 감소하게 된다. 이와 관련하여 제도 경제학의 관점은 재산권 거래 및 보호에 관한 비용과 이익의 관계를 조정하고 합리적인 경제인이 침해 및 기타 불법행위를 포기하도록 촉구하고 있다.[5] 둘째, 지식재산권의 제한과 사회 혁신 및 개발 메커니즘의 관계이다. 지적재산권의 제한은 권리자의 독점적 권리행사에 대한 제한으로서 그 기능은 재산권에 대한 적절한 제한을 통해 권리자와 대중의 이익 균형을 유지하고 대중이 지식제품에 접근하고 활용할 수 있는 기회를 보장하는 것이다. 현대 재산권 제도는 정신적 제품 보호의정적 귀속에만 머무는 것이 아니라 창작자의 지식재산 점유 및 지배를 확인하면서 정신적 부의 동적 사용을 촉진해야 한다. 지적재산권법의 제도적배정은 사적 재산권을 정의하는 동시에 '지식제품 공개', '선행권리보호', '합리적 사용' 등의 규칙을 규정하여 권리자의 개인 혁신 행위를 촉진하고 보호할 뿐만 아니라 사회 혁신 발전의 연속성과 혁신 비용의 합리성을 고려하게 된다. 이 밖에 지식재산권법은 '보호 기간제한', '권리고갈 제도' 등의 규범을 통해 민간이 독점한 지식재산권이 적시에 공공분야에 진입할 수 있도록 하여 새로운 창조 활동에 대한 수요를 충족시키고 있다. 셋째, 지식재산권 활용과 혁신성과의 거래 메커니즘이다. 지식재산권의 이용은 지식제품의 창작자, 전파자, 사용자 간의 법적 유대관계에 있다. 여러 주체의 재산권 거래 행위를 규제하고, 지식세품의 동직 이용괴 정신적 부의 유동을 증진하기 위한 주요 제도로는 사용허가, 법정 사용허가, 합리적 사용이다. 경제학의 공급과 수요 이

5) 参见吕忠梅等 : <经济法的法学与经济学分析>, 369页, 北京, 中国检察出版社, 1998.

론에 따르면 정신적 생산 또는 지식자원 개발의 목적은 교환이며, 교환을 통해서만 개인이 다양한 품목의 최상의 조합을 얻을 수 있고 효용이나 이익을 극대화할 수 있다. 지식재산권법의 가치 영혼은 혁신에 있다. 제도혁신의 본질과 지식혁신의 기능은 지식재산권법에서 내재적 적합성을 가지고 있다. 지적재산권법의 제도혁신 활동에서 입법자인 국가는 제도의 최대 공급자이다. "사회제도의 혁신은 단순한 상업의 혁신이 아니라, 전체 사회경제의 증가를 추구하는 것으로서 개별 기업의 과도한 이윤을 위한 것이 아니다.[6]"

제도의 주요 혁신기능은 다음과 같다. 지식재산에 대한 법률 및 규정을 제정하고 지식혁신 결과의 획득, 적용 및 거래에 대한 효과적인 재산권 시스템 배정, 지식자원의 법적 환경 제공, 사법재판, 행정관리, 사회 서비스 등을 포함한 운영 시스템 및 기관 구축, 경제성장과 사회 발전의 전반적인 목표, 지식혁신 지향 정책 및 제도 시스템을 구축하고 지식제품의 상업화, 시장화 및 산업화를 촉진하는 것이다. 지식재산권법의 지식혁신 기능은 혁신의 발전목표와 목표 달성을 위한 표준화된 경로를 법률로 규정하여, 사권을 보호하고 혁신을 장려하는 목적을 달성한다.

예를 들어, 특허권 제도는 신기술 발명의 1차적 상업 적용과 경제적 효율을 얻는 것으로서 '기술 상품화'의 혁신적인 성과를 보호한다. 저작권 제도는 각종 작품의 제1차 출판과 관련 수익으로서 '작품 상품화'한 혁신의 성과를 보호한다. 상표권 제도는 상업 마크를 운반체로 하고 상품의 평판을 내용으로 하는 재산상의 이익을 보호한다. 상표표지 자체는 혁신성이 없을 수 있으나, 실제로 보호하는 것은 이런 표지를 상표로 첫번째 사용하는 것과 상표권을 첫번째로 획득하는 주체의 이익에 있으며 이로써 '첫번째'에 대한 소비자의 인정의 이익을 보호한다.[7] 또한 지식재산법은 사적 재산권을 정의하는 동시에 '지식제품 공개' 및 '선행권리보호'와 같은 제도를 만들어서, 권리자의 개인 혁신행위를 촉진하고 보호할 뿐만 아니라 사회의 혁신적 발전의 연속성과 비용의 합리성도 고려하고 있다. 이외에도, 지적재산권법은 '보호 기간제한', '권리고갈 제도' 등의 규범을 통해 권리자의 독점적 권리에 필요한 제한을 가하여 사적 독점적 지식제품이적시에 공유영역에 진입할 수 있도록 함으로써 사람들이 끊임없이 새로운 창조활동을 하도록 장려하고 있다. 전반적으로 지식재산권은 지식혁신과 연결되어 있다. 지식재산법은 혁신에서 유래했고, 재산권 제도는 혁신의 산물이며, 혁신을 기반으로 변화하여 지식혁신을 장려하는 것

6) 黄新华 : <制度创新的经济学理论>, 载<理论学刊>, 2004(1).
7) 参见吴汉东 : <知识产权法价值的中国语境解读>, 载<中国法学>, 2013(4).

을 가치 목표로 해야 한다. 제도혁신과 지식혁신을 견지하는 것이 지식재산법의 역사적 과정과 시대적 사명이라고 볼 수 있다.

Ⅱ. 현대 국가의 지식재산권 발전모델의 전략적 선택

개발 이론에서 지식재산권은 경제 발전을 촉진하기 위한 제도적 도구로 간주된다. 세계 각국의 경제발전 이념에 근거하여 국제 사회는 지식재산권 제도의 기능에 대해 서로 다른 해석을 가지고 있다. 하나는 '자유로 바라보는 발전'으로 지식재산권의 기여는 한 국가의 기초실력을 강화하고 국민의 삶의 질을 향상시키는 데 반영되어야 한다는 것이 경제발전에 대한관점이다.[8] 다른 하나는 '성장으로 보는 발전'으로, 이러한 경제발전관은 지식재산 정책의 경제발전에 대한 기여는 무역자유 증진, 국제투자 증대, 기술 이전을 통한 발명의 효율성 향상에 반영되어야 한다고 주장한다.[9] 위 두 가지 유형의 경제 발전의 관점을 볼 때, 전자는 인간의 전면적인 발전을 강조하며 경제 발전은 인류 발전에 필요한 전제 조건 중 하나이며 경제 발전은 다른 발전 목표와 협력해야만 제 역할을 할 수 있다고 본다. 이와 달리, 후자는 좁은 의미의 경제발전 즉 경제적 효율과 경제적 이익을 경제발전의 주요 목표로 간주하고 경제발전 목표 자체는 기본적으로 다른 사회적 목표와 관련이 없음을 강조한다.

비록 경제발전 이론마다 지식재산권 제도의 기능에 대해 서로 다른 사상적 이해를 가지고 있지만, 현대 각국의 발전 실천에서 지식재산권은 지식경제 발전의 제도적 도구가 아닌 것이 없다. 즉, 지식재산권 제도를 통해 지식 혁신능력을 높이고, 핵심 경쟁력을 형성하며, 사회경제의 비약적인 발전을 실현한다. 이런 점에 대하여 세계지식재산권기구의 사무총장인 Kamil Idris는 지식재산권은 경제발전의 강력한 무기라고 하였다.[10] TRIPs 시대에 들어선 후 미국, 유럽연합, 일본, 한국 등 선진국이나 혁신형 국가들은 경쟁적으로 지식재산권 전략의 목표를 세워, 지식재산권 제도의 추진과 정책의 운영을 통하여 자

8) See Martha C. Nussbaum , Capabilities and Human Right, 66 Fordham L Rev. 273 (1997), p.286.

9) See Daniel J. Gervais, Intellectual Property, Trade& Development: The State of Play, 74Fordham L Rev. 505(2005), pp.528-534.

10) See Kamil Idris : Intelectual Property : A Power Tool for Economic Grouth, http://www.wipo.Int/about-wipo/en/dgo/wipo _ pub _ 888/index _ wipo _ pub _ 888. htm l, visited on Sep. 14,2008.

국 기술의 우세와 무역의 이익 등 핵심적 경쟁력을 유지하고 있다.

구체적으로는 다음 세 가지 표현이 있다. 첫째, 종합적인 국력의 구현인 지식재산권의 우위는 곧 국가 실력의 우위이다. 한 국가의 종합적인 국력에는 경제, 과학기술, 군사 등의 하드파워와 문화의 소프트파워가 포함되며, 이들은 법적 수준에서 자주적 지적재산권의 양, 규모, 품질 수준으로 나타난다. 지적재산권 보유 현황은 한 국가의 강약을 측정하는 중요한 지표이다. 둘째, 전략적 선택인 지식재산권 전략은 강대국 실현 전략이다. 근대 사회에서 지식재산권 제도는 유럽과 미국의 경제 발전을 촉진하고 과학기술의 진보를 촉진하는 정책 수단이다. 현대사회에서 지식재산권 제도는 혁신적인 국가의 유지 기술의 우위이며 변화와 발전을 실현하는 전략적 결정이 되었다. 지식재산권 제도의 혁신과 정책의 혁신으로 지식의 혁신을 추진하며, 지식재산권의 전략으로서의 강대국의 부강 전략은 선진국과 신흥 공업 국가에서 일반적으로 채택하는 발전 전략이다. 셋째, 국제 경쟁 도구인 지식재산권 경쟁은 미래 세계의 경쟁이다. 국제 무역에서 지식재산권은 경쟁자를 억제하는 중요한 도구가 되었다. 지식재산권은 사적인 지식재산 보호하기 위한 재산권 제도일 뿐만 아니라 국제 경제 및 무역분야에서 일반적으로 사용되는 법적 지침이기도 하다. 지난 200년 동안 국제 지식재산권 제도의 발전 역사는 선진국이 지식재산권을 사용하여 개발도사국을 제한하고 통제하는 역사이다. 지식재산권 보호는 국제 경제무역 분야의 동서 국가 간 경쟁의 이슈이며, 자주적 지식재산권은 국가의 핵심 경쟁력을 유지하기 위한 전략적 무기라고 볼 수 있다. 경제 글로벌화의 국제적 배경과 지식혁명의 시대적 배경을 살펴보면 지식재산권은 법제도일 뿐만 아니라 발전전략이기도 하다. 선진국 간의 국제 지식재산권 입법과 행정 수준에서의 전략적 공모, 선진국과 개발도상국 간의 지식재산권 보호문제의 이해 충돌, 개발도상국 자국의 경제발전 경로에 부합하는 지식재산권 제도 선택 등은 이미 한 국가의 지식재산 전략이 국제와 국내 문제를 해결하는 이중의 의의를 보여주고 있다.

국제적 수준에서 지식재산권 보호는 이미 국제무역 분야의 기본제도로 구성되었다. 중국의 지식재산권 전략의 시행은 오늘날 지식재산권 국제 보호 제도의 변화에 대응하기 위한 정책적 보장을 대비해야 한다. 지식경제의 출현과 발전은 사회적 분배방식과 사회적 통제권의 변화로 이어졌다. 미국 학자 Ervin Laszlo는 지적한 바, "세상의 권력과 부의 성격을 규정하는 게임의 룰이 20세기 말과 21세기 초에 바뀌었다. 권력은 더 이상 조직의 권위와 같은 전통적인 기준에 기초하지 않으며, 부의 의미는 금, 화폐, 땅과 같은 유형적인 것에서 옮겨가고 있다. 금, 화폐, 토지보다 더 유연한 무형의 부와 권력기반이 형성되고 있다. 이 새로운 기반은 사상, 기술 및 통신이 우세하고 한마디로 정보가 우세하다."[11] 지식경제의 출현과 발전은 지식재산권을 제도적 기반과 정책으로 뒷받침하고 있으며, 그 특징 중 하나는 지식재산권 국제무역의 중요성과 지식재산권 침해의 보편성이다. 국제 무역의 관점에서 볼 때 지식재산권에 의해 뒷받침되는 첨단기술 산업과 문화산업은 이미 선진국의 경제적 지주가 되었으며, 지식재산권 보호는 선진국과 그 산업의 중대한 경제적 이익을 유지하는 것이다. 그러나 권리침해 문제에 있어서 고비용으로 생산된 지식제품이 지식재산권 보호 수준이 낮은 국가에 진입하게 되면, 저비용 불법복제 및 모조품에 직면하게 된다. 이러한 고비용 생산과 저비용 복제 간의 갈등의 심화는 지식재산권 보호의 통합이 필요해졌고, 선진국이 주목하는 가장 중요한 국제적 문제로 되었다. 따라서 선진국의 경쟁 전략에서 지식재산권 보호는 항상 핵심적 요소이다. 선진국은 다자와 양자 또는 일방적인 경로를 통해 국제 지식재산권의 보호기준과 법의 집행수준을 지속적으로 개선하고 궁극적인 목표는 자국의 유리한 산업에 비즈니스 환경을 조성하고 경쟁 우위를 확보하고자 한다.

국내수준에서 지식재산권 보호는 국내 혁신 및 개발 전략의 중요한 제도적 지원이다. 지식재산권에 대한 세계 각국의 선택과 고려는 사적 권리의 속성을 초월한 특정 국익의 기반 및 공공정책의 입장을 보여준다. 근현대 세계경제와 사회의 발전을 살펴보면, 사람들은 이런 사실을 어렵지 않게 발견할 수 있다. 지식이 발전하고 경제적으로 발전한 나라는 지식재산권 제도가 건전하고 완전하였다. 근대 사회에서 시식새산권 제도는 유럽과 미국의 경제 성장을 촉진하고 과학기술 진보를 촉진하는 정책적 수단이며, 현대 사회에서 지식재산권 제도는 혁신적인 국가가 기술적 우위를 유지하고 혁신적인 발전을 실현하는 전략적 무기가 되었다. 근대 영국은 최초의 지식재산권 제도의 제정자이며, 특허법과 저작권법의 발원지이자 유럽 산업혁명의 발원지이기도 하다. 산업, 상업정책, 과학기술 및 문화정책의 유기적 구성 요소로서 현대 영국의 지식재산권법은 1860년대에 시작된 산업혁명의 중요한 제도적 기반을 마련해 주었다. 현대 미국은 지식재산권 제도의 효과적인 운영자이다. 20세기는 '아메리칸 세기'로 불린다. 미국이 세계 강국이 되는 발전 경로는 어떤 의미에서 지식재산권 정책이 혁신과 발전을 과정이라 할 수 있다. 2004년 미국

11) [美] E. 拉兹洛：<决定命运的选择>, 李吟波等译 , 6 页 , 北京 , 三联书店 , 1997 .

정부 보고에서는 "미국 건국의 기초에서 지식재산권 보호는 항상 혁신의 기둥이었다." 고 설명하면서 줄 곧 신뢰하는 기본정책임을 밝혔다. 미국정부의 공식 인터넷 소식통에 의하면 오바마 정부는 2009년과 2011년 두 차례에 걸쳐 「국가혁신전략」을 발표하면서 지식재산권법을 한 국가가 혁신을 추진하고 보호하는 중요한 제도임을 명시했다. 미국의 특허상표국은 「21세기국가지식재산권전략」을 제정하여 이를 「국가혁신전략」의 중요한 구성부분으로 추진하려 한다.12) 현대 한국은 지식재산권전략의 강력한 추진자이다. 한국은 '동아시아 경제 기적의 선두주자'로서 1997년 '창의적 한국'의 발전 이념을 제시하였고, 1998년 '문화적한국'의 발전 전략을 수립하였으며, 지식재산권을 하나의 전략적 도구로 사용하여 공업화 국가에서 혁신적 국가로 전환하였다. 근대 영국, 현대 미국에서 현대 한국에 이르기까지, 그 경제 성장과 사회 발전의 사실은 우리에게 지식재산법은 제도혁신이 지식혁신을 촉진하는 법률모범이며 국가의 전환 및 발전전략의 제도적 문명임을 알려준다.

Ⅲ. 중국의 '새로운 발전 이념'과 지식재산권 사업 발전

지식재산권은 국가 현대화 발전의 일종 제도적 지표이다. 어느 학자는 "모든 지식재산권법은 그들이 처한 사회경제적 정치환경의 산물이다."13)라고 말했다. 지식재산권 제도가 도입된 이래로 유럽과 미국은 이 제도를 가장 먼저 시행한 국가이자 가장 큰 수혜자였다. 지식재산권 제도는 원래 서구의 지정학적 환경에서 탄생한 법제 문명으로서 '유럽 중심주의'라는 해석아래 현대화 과정의 필수품으로 비유되며 사회역사 발전의 '표준 모델'14)이 되었다. 경제 세계화시대에 세계무역기구가 다자무역체제의 법 질서를 형성하였고 「지식재산권협정」은 각 당사국에 지식재산권 보호에 대한 통일된 규칙을 제공하였음은 의심의 여지가 없다. 그러나 다양한 수준의 국가는 지식재산권 제도의 배정에 대한

12) 参见 USPTO：<美国将制定 21 世纪国家知识产权战略>, 载 <电子知识产权>, 2010(10).

13) Alison Firth, The prehistory and Development of Intelectual Property system, Sweet & Maxwall, 1997, P.3

14) 刘星教授认为, 某些权力框架模式, 在现代性观念的掩护下, 视作 "前进性" 的发展目标, 成为一种具有特定利益驱动的制度推广, 从而忽视了他者在不同历史条件下的权利配置要求. 参见刘星：<现代性观念与现代法治－一个诊断分析>, 载<法制与社会发展>, 13页, 2002 (3).

각자의 사상적 이해와 목표의 지향이 있다. 즉, 국제협약의 최소보호기준원칙에 따라 각국은 지식재산권 제도 구축에 있어 자율적으로 사상표현을 할 수 있는데, 현대화와 국제화의 일반적인 추세에서 지식재산권 시스템 구축은 다양한 발전 양상을 보이고 있다. 중국의 지식재산권 제도 건설은 한편으로는 제도의 경험축적이 부족하고 법치이념 구조가 약한 역사적 배경을 해소하여 현대적 법치를 실현해야 한다. 다른 한편으로는 지역상황에 맞는 법체계와 정책체계를 통일화 하여 지식재산권 강국이 되겠다는 전략적 목표를 달성해야 한다. 개혁개방 이후중국의 지식재산권 수용은 제도도입에 그치지 않고 제도의 학습과 흡수에 중점을 두고 점차 국가혁신제도에 통합시켰다. 요컨대, 지식재산권은 지식혁신 활동과 지식 산업발전 및 지식 시장질서의 기본법률제도로 되었다. 중국의 지식재산권 건설이론과 실천은 개발도상국이 국제사회에서 다양한 현대화 모델을 구축하는데 시범적 의의가 있다.

신시대 중국특색 사회주의 발전관은 중국 지식재산권 제도건설에 중요한사상적 기초와 방향을 제공하였다. '새로운 발전 이념'은 "혁신, 협조, 친환경, 개방, 공유" 등의 깊은 의미가 있으며 경제와 과학기술, 문화, 환경 등 사회발전의 여러 측면과 관련된다. 여기서 중국이 개혁개방 이래 사상과 실천의 발전 및 국제의 선진적인 경험과 이론에 대한 중대한 돌파구가 포함된다. 시진핑 주석은 발전의 난제를 해결하고 발전동력을 강화하며 발전우위를 점하기 위하여 인민 중심의 발전 사상을 견지하여 혁신의 발전 이념을 관철하고 현대적인 경제제도 구축할 것을 강조했다.[15] 중국 지식재산 제도의시대적 구축은 반드시 새로운 발전의 핵심이념을 견지하고 인본수의의 '혁신발전', 공정하고 정의로운 '조화발전', 인간과 자연의 조화로운 '친환경발전',세계를 향한 '개방발전', 이익균형의 '공유발전'을 통하여 지식재산권 제도 발전의 올바른 방향을 유지해야 한다.

전통적인 국제 주류 사상체계에서 발전이란 경제적 이익을 주요 목표로 하는 발전이며 지식재산권은 경제성장을 촉진하기 위한 제도적 도구로 간주되며 기여의 평가기준은 무역과 투자의 자유 촉진 및 첨단기술 이전 혜택에 있다. 새로운 발전 개념은 발전이 경제를 선두로 하고 사회의 다양한 요소를 연결하여 조화롭게 발전하는 과정이며 경제와 사회발전 및 제도적 발전을 포함한다.[16] 따라서 지식재산권의 제도적 기능은 지식재산 증

15) <决胜全面建成小康社会 夺取新时代中国特色社会主义伟大胜利－习近平同志代表第十八届中央委员会向大会做的报告摘登>, 载<人民日报>, 2017-10-19, 1版.

16) 杨生平：<五大发展理念：中国特色社会主义的新发展观>, 载<中国特色社会主义研究>, 22页, 2017(2).

대의 경제적 문제를 해결하는 동시에 '인간의 문제'와 자원환경의 '사회적 문제'를 고려해야 한다. 새로운 발전 이념에서 출발하여 우리는 지식재산권 사업 발전의 기본 사상을 명확히 해야 한다. 첫째로는 '국민 중심' 발전 사상을 견지해야 한다. '국민중심'의 발전 사상을 견지하는 것은 국민의 복지를 증진하고 국민의 전면적인 발전을 출발점이자 종착점으로 삼는 것이다.[17] 이러한 정치적 명제의 법적 가치는 인본주의이다. 지식재산권 제도의 인본주의는 창작자의 권리를 보호하면서 사회 전체가 지식재산권 사업이 가져오는 경제적 및 사회적 이익을 공유할 수 있도록 하는 것을 목적으로 하며 '개인의 발전, 사회의 발전, 국가의 발전 및 세계 인류사회의 공동 발전'을 위한 것이다.[18] 둘째로는 '혁신성', '협조성', '조화성' 및 '개방성'을 발전평가 기준으로 하는 것이다. 발전동력의 '혁신' 수준, 발전방식의 '조화' 척도, 발전품질의 '친환경' 기준, 발전환경의 '개방' 정도를 지식재산권 사업의 발전상태와 그 실효성 평가의 기준으로 삼아야 한다.

'새로운 발전개념'의 지침에 따라 중국 지식재산권의 산업발전은 전반적인 전략, 정책 방침, 계획 레이아웃 및 효율성 평가를 위한 완전한 지식 경험체계를 형성했다. 방법론상 사상적 개념에서 제도적 구성으로의 전환은주로 다음 세 가지 측면에서 나타난다.

첫째, 국가 지식재산권 개발 전략의 계획이다. 지식재산권 전략은 공공정책 체계에서 '총체적 정책' 또는 정책 전략화의 매개체로서, 그 주체가 계획, 집행, 평가 등의 전략적 조치를 통해 전략적 목표의 실현을 도모하기 위하여 취하는 전반적이고 총체적인 전략과 행동의 배정이다. 전략은 한 국가가 지식재산권 문제를 처리하는 기본 출발점이어야 하며 지식재산권 문제에 대한 전반적인 계획과 준비이다. 지식재산권법의 시행과 지식재산권 정책의 운용과정에서 지식재산권 전략은 일종의 통일적이고 주도적인 위치에 있으며 특정 가치개념과 기능적 목표를 기반으로 한다. 제도 규범체계에서발전전략은 한 국가의 사회 운영에 근본적이고 결정적인 지도 역할을 하며, 특정한 역사적 시기에 항상 강력한 총괄성과 안정성을 가지고 있다.[19]

지금까지 중국은 기본적으로 「국가지식재산권전략강령」(2008)의 예상목표를 달성하여 세계적으로 영향력 있는 지식재산권의 대국이 되었다. 현재 중국의 지식재산권 사업은 새로운 역사적 위치에 있으며 지식재산권 대국에서 지식재산권 강국으로 나아가고 있

17) 参见中共中央宣传部编著：<习近平总书记系列重要讲话读本(2016年版)>, 127页, 北京, 学习出版社、人民出版社, 2016 .

18) 吴峰：<知识产权、人权、发展>, 载<上海理工大学学报(社会科学版)>, 31页, 2005 (3).

19) 参见吴鸣：<公共政策的经济学分析>, 5页, 武汉, 湖北人民出版社, 2004.

다. 국가의 2단계 전략적 배치에 의하면 지식재산권과 국가 전반적인 목표의 전략적 조정을 강화하기 위하여 중국은 2035년을 목표로「지식재산권강국전략강령」을 제정할 예정이다. 지식재산권 강국의 건설은 신시대사회주의 법치관과 발전관을 관철하기 위한 전략적 배치와 최상위 제도설계이며 국가가 지식재산권 전략을 심도 있게 시행하는 전략의 단계 전환이자 목표적 향상이다.[20] 새로운 시대와 새로운 정세, 새로운 요구에 직면하여 국가 지식재산권의 전략적 발전 방향과 초점에 상응하는 개혁과 조정이 필요하다. 즉, 지식재산권의 발전능력과 관리능력 측면에서 '제도건설 보완', '선도적인 창조능력', '선진화된 산업발전', '우수한 환경관리'[21] 가 중국으로 하여금 혁신적이고 법치화된 현대화 국가로 만든다.

둘째, 지식재산권 사업에 대한 발전계획과 연간 추진계획을 수립하는 것이다. 국가경제와 사회발전을 위한 '5개년 계획'을 수립하는 것은 중국의 중기 계획과 정책자원 할당을 통해 경제와 사회발전의 목표의 실제경험과 제도적 이점을 실현하는 것이다. 개혁개방 이후 '5개년 계획'은 기본적으로 거시경제 활동에 대한 기본지침을 제공하고 정부가 공공서비스 업무를 수행할 수 있는 근거를 제공하고 있다. '5개년 계획'은 국가 현대화의 기본 수단이며 국가 관리의 효율성을 평가하는 중요한 근거이다. 2016년 중국은 처음으로 지식재산권 개발계획을 국가 '5개년 개발 계획'에 포함시키면서 국가의 핵심계획이 되었다. 향후 지식재산권 사업발전 계획은 국민경제와 사회 발전을 위한 '5개년 계획'과 2035년을 위한「지식재산권강국전략강령」에 근거하여 단계적으로 중기 계획 목표, 중점 과제, 주요조치를 명확히 하여야 한다. 연간 추진계획은 당해 연도의 발전상황과 발전수요에 따라 수립되며 계획의 내용으로 주요사항을 열거하는 경우가 많다. '5개년 계획'의 목표를 구분하고 시행하기 위한 구체적인 정책문서이다. 최근 업무를 조정하고 세분화하기 위한 실행계획이기도 하다. 중국과 일본, 한국 등의 국가들은 지식재산권 연간 추진계획 수립을 성공한 경험이 있다.

셋째로는 지식재산권 중심의 공공정책 체계를 개선하는 것이다. 지식재산권을 지향하고 다양한 정책을 조정하는 제도 구축은 많은 국가, 특히 선진국이 자주적 혁신능력을 향상시키고 국가경쟁 우위를 강화하는 일반적인방법이다. 무역발진의 방식을 전환하여 대

---

20) 关于知识产权强国的阶段划分, 参见韩秀成：<知识产权强国战略制定工作思路研究>, 载申长雨主编：<迈向知识产权强国之路>(第二辑), 6~7 页, 北京, 知识产权出版社 , 2017 .

21) 参见张志成、吴汉东：<在线访谈：新形势下加快知识产权强国建设>, 见http://www.gov.cn/wenzheng/talking01/20151231ft190/, 2015-12-31.

외무역 영역의 지식재산권 관리체제와 경보의 응급 메커니즘, 해외의 권익보호 메커니즘 등을 보완한 '무역정책', 지식재산권 소질의 교육을 추진하여 지식재산권 전문인재를 배양하는 '교육정책'이 있다. 중국에서 지식재산권과 관련된 공공정책에는 다음 내용이 포함된다. 지식재산권 활용을 통한 산업구조조정 및 최적화를 촉진하고 전략적 신흥산업을 발전시키는 '산업정책', 지식재산권 지원을 통한 지역특화 경제육성, 지역경제의 조화로운 발전을 촉진하는 '지역정책', 문화창조활동을 장려하고 문화사업 번영과 저작권산업 발전을 촉진하는 '문화정책', 자주적 혁신능력을 향상시키며 과학기술을 발전시켜 지식재산권의 핵심경쟁력을 형성하는 '과학기술정책', 무역 발전방식을 전환하고 대외무역 분야의 지식재산권 관리제도, 조기 경보 및 비상 대응 메커니즘, 해외 권리보호 메커니즘의 '무역정책'을 개선하고 지식재산권 품질 교육을 촉진하며 지식재산권 전문가를 양성하는 '교육정책'을 형성한다. 또한 재정, 금융, 투자, 정부조달, 에너지 및 환경보호와 같은 정책도 지식재산권 문제와 관련된다. 결론적으로, 중국은 혁신적인 국가의 정책 발전 경험을 참고하고 자체 제도적 우위와 정책역량을 효과적으로 발휘하여 지식재산권 전략목표의 실현에 필요한 정책환경을 제공해야 한다.

제17장

지식재산권 제도와 부정경쟁 방지

사법영역에서 지식재산권법과 「부정경쟁방지법」의 관계를 연구하는 목적은 「부정경쟁방지법」의 특수기능인 지식재산권 행사에 대한 보호와 지식재산권 남용에 대한 규제를 설명하기 위함이다. 법률형식의 관점에서 보았을 때 지식재산권법과 「부정경쟁방지법」은 서로 상충되는 법률제도로서 전자는 지식재산 소유자의 '독점권'을 보호하기 위한 것이고 후자는 일종의'독점적 지위'를 제한하거나 제거하는 것이다.[1] 사실상 양자는 법적 권리를 보호하고 사회를 발전시키기 위한 공통의 입법목표를 가져야 한다. 양자의차이점은 지식재산권법은 지식재산 소유자의 합법적 권익을 보호하고 지식혁신을 장려함으로써 그 목표를 달성하는 반면 「부정경쟁방지법」은 부정경쟁행위를 제한하고 시장경쟁질서를 유지함을 그 목표로 한다. 따라서 우리는 독점적 속성을 지닌 지식재산권과 부정경쟁행위와의 관계에 대해 잘 이해해야 한다.

Ⅰ. 시장경쟁과 경쟁법

경쟁은 경제활동의 정상적인 상태이며 상품경제의 본질적인 속성이다. 상품경제에서의 경쟁은 정당하고 규제된 경쟁이어야 하며 경쟁자 간에 평등한 지위를 요구할 뿐만 아니라 공정과 신의성실의 원칙을 준수해야 한다. 부정경쟁행위는 시장경쟁의 원칙을 위반

1) 富田彻男认为, "从本质上说, 知识产权是为了不让竞争对手销售自己的产品或商品而拥有的一种垄断顾客的权利.　在实施这种权利的过程中,　需要有主动购买自己产品的顾客和廉价销售同样商品的竞争对手" ; 授予这种垄断权的根据, "限于在发明者或创作者付出相当劳动, 公开其成果, 用于服务社会目的等情况下承认其垄断". [日] 富田彻男 : <市场竞争中的知识产权>, 廖正衡等译, 13、20页, 北京, 商务印书馆, 2000.

하고 경쟁질서를 파괴하기 때문에 세계 각국은 부정경쟁행위에 대한 법적규제 및 조정을 매우 중요하게 생각한다.

부정경쟁행위는 광의와 협의의 의미로 나뉜다. 광의의 부정경쟁행위란 독점행위와 경쟁제한행위 및 기타 도덕에 반하는 행위를 포함한 모든 경쟁파괴행위를 의미한다. 협의의 부정경쟁행위란 독점행위와 경쟁제한행위 이외의 경쟁을 해하는 행위를 말한다.[2)]부정경쟁행위 중 독점행위와 경쟁제한행위는 시장지배적 지위남용, 사업자 집중 등 시장주체가 경쟁을 방해하거나 완전히 배제 · 차단하는 것으로 나타나며, 그 행위는 경쟁의 제한성을 특징으로 한다. 반면, 협의의 부정경쟁행위는 상업혼동, 허위광고, 영업비밀침해 등 주로 신의성실의 원칙에 반하는 불법수단으로 경제활동에 종사하는 것으로서 그 행위는 경쟁의 부당성을 특징으로 한다.

부정경쟁행위에 대하여 관련 국제협약과 각국의 법률은 이를 다르게 정의하고 있다. 「파리협약」은 상공업에 있어서 성실한 관행에 반하는 경쟁행위는 부정경쟁행위에 해당한다고 규정하고 있다. 세계지식재산권기구가 제정한 「개발도상국의 상표 · 상호 및 부정경쟁행위 시범법」은 산업 또는 상업 업무에서 성실한 관행을 위반한 행위를 부정경쟁행위로 본다. 각국의 입법예를 보면 어떤 국가는 '개괄식 규정에 열거식 규정을 추가'한 방법을 채택하고 있는데, 예를 들어, 독일법은 부정경쟁행위를 '영업에서 경쟁을 목적으로 채택한 선량한 풍습에 반하는 행위'로 표현함과 동시에 부정경쟁행위의 구체적인 유형을 열거하고 있다. 반면, 다른 국가는 단순히 열거식 방식을 사용하고 있는데, 예를 들어, 일본법은 6가지의 '불공정거래 방법'을 나열하고 있다. 입법예 중에서 '성실 신용', '선량한 풍속' 등의 윤리준칙은 부정경쟁행위를 판단하는 기본 기준이며, 국가별로 '거래관행'(벨기에, 룩셈부르크), '신뢰원칙'(스페인, 스위스), '직업윤리'(이탈리아), '선량한 풍속'(독일) 등에서 유사한 표현을 사용하고 있다. 이는 부정경쟁행위가 실질적으로 평등과 공정, 신의성실의 원칙에 위배되는 불법행위임을 보여준다.

중국의 「부정경쟁방지법」은 1993년에 공포되어 2017년과 2019년에 두 차례 개정되었다. 동 법 제2조는 사업자의 정당한 행위와 부정한 행위에 대해 규정을 두고 있다. 그 중 제1항은 "사업자는 생산경영활동에서 자발성, 평등, 공평, 신의성실의 원칙을 준수하고 법률과 도덕을 준수하여야 한다"고 규정하고 있으며, 제2항은 "이 법에서 규정하는

---

2) 参见徐孟洲、孟雁北 : <竞争法>, 236면, 北京, 中国人民大学出版社, 2008.

부정경쟁행위란 사업자가 생산경영활동에서 이 법의 규정을 위반하여 시장경쟁질서를 어지럽히고 다른 사업자 또는 소비자의 정당한 권익을 해치는 행위를 말한다"고 규정하고 있다. 위의 두 조항은 부정경쟁행위를 판단하는 법적 근거가 되는 것으로 부정경쟁행위의 특징을 다음과 같이 요약할 수 있다.

첫째, 부정경쟁행위의 주체는 사업자이다. 부정경쟁행위의 실행주체는 시장거래의 사업자이다. 사업자란 상품의 생산과 경영 또는 서비스 제공에 종사하는 자연인, 법인, 비법인 단체를 말하며, 법에 따라 등록되어 법인격을 가진 회사, 사업장, 사회단체뿐만 아니라 법인격을 가지지 않은 합자회사, 독자기업 등의 경제조직도 포함하며 경영활동에 종사하는 개인회사, 자영업자, 농가 등도 포함한다.

둘째, 부정경쟁행위는 생산 및 운영 활동에서 발생한다. 생산 및 운영 활동 즉 시장경쟁에서만 부정경쟁행위가 발생할 수 있으며, 이는 부정경쟁행위와 일반 민사침해 행위의 차이점이다. 예를 들어, 기업의 명예권 침해에 대해 침해자가 피해자와 시장경쟁관계가 없는 경우 일반침해 행위로 간주해야 하며 생산 및 운영 활동에서 경쟁자를 비방하고 배제하는 경우에만 부정경쟁행위가 성립된다.[3)]

셋째, 부정경쟁행위는 법과 상도덕에 위배된다. 부정경쟁행위는 주로 시장경쟁행위 주체가 상업혼동, 상업비방, 허위광고, 영업비밀침해 등 법에서 명시적으로 금지한 구체적인 부정경쟁행위를 위반한 것을 말한다. 부정경쟁행위는 상도덕에 반하는 것으로 시장경쟁 행위의 주체가 자발성, 평등성, 공정성, 신의성실의 원칙을 위반해서는 안 되며, 이러한 기본 원칙을 위반하는 모든 거래행위는 부정경쟁행위에 해당한다.

넷째, 부정경쟁행위는 사회경제적 질서를 해치는 결과를 초래한다. 부정경쟁행위의 유해한 결과는 주로 시장경쟁질서를 어지럽히고 다른 사업자 또는 소비자의 정당한 권익을 손상시키는 것으로 나타난다. 부정경쟁행위는 배타성을 목적으로 하거나 타인성을 해치는 행위로서, 관련 경쟁자의 정당한 권익을 침해하는 것을 직접적인 목표로 하는 행위이며, 그 행위의 결과는 시장경쟁의 운영체계를 방해하고 시장경제질서를 교란시키는 것이다. 「부정경쟁방지법」의 입법목적은 공정한 경쟁을 장려하고 보호하며 부정경쟁행위를

---

3) 在有的国家, 经营者实施不正当竞争行为, 可能产生一般侵权责任与不正当竞争民事责任的竞合. 德国民法学者认为, 不正当竞争构成<德国民法典>第823条第1款 (因故意或者过失, 不法侵害他人的生命、身体、健康、自由、所有权或者其他权利)规定意义上的侵权行为, 即任一经营者享有对其已经设立或者经营的营业的某种绝对权利, 该权利属于上述条款规定的 "其他权利". 因此, 受害人有权要求不正当竞争行为人承担侵权责任.

제한하고 사업자와 소비자의 정당한 권익을 보호하여 시장경제의 건전한 발전을 보장하고 촉진하는 것이다.

부정경쟁행위는 독점행위, 경쟁제한 행위와 함께 경쟁법의 규제대상이다. 경쟁법은 사업자 간의 경쟁관계를 조정하고 부정경쟁행위를 규제하며 공정하고 합리적인 경쟁질서를 확립하는 법제도다. 부정경쟁행위를 광의 및 협의의 의미로 구분하는 것처럼 광의의 경쟁법은 「반독점법」과 「부정경쟁방지법」을 포함하고, 협의의 경쟁법은 부정경쟁행위에 반대하는 내용만 다룬다. 각국의 정치 상황, 경제발전 수준 및 법적 전통이 다르기 때문에 관련 법률의 명칭과 규범의 내용은 상당히 다르다. 「부정경쟁방지법」의 입법모델과 관련하여 다음과 같은 유형이 있다.

1. 개별 입법모델

대륙법계 국가는 대부분 개별적인 입법형태를 채택하여 전문적인 반독점법과 「부정경쟁방지법」을 제정하는 특별 입법모델을 채택하고 있으며 대표적인 국가는 독일, 일본, 스위스, 그리스, 한국 등이다. 세계에서 독일은 1896년 최초로 개별적인 「부정경쟁방지법」을 제정하였고 학자들은 이를 현대 경쟁법의 중요한 상징으로 여겼다.[4] 이 법은 1909년 제1차 중요 개정 이후 10여 차례 더 개정되었다. 1957년 독일은 「경쟁제한방지법」을 제정하였는데, 이는 「부정경쟁방지법」과 반독점 분리입법이 함께 경쟁법 체계를 구성하는 입법모델을 형성하여, 일본, 한국, 그리고 중국의 경쟁 입법에 중대한 영향을 미쳤다.[5] 개별 입법모델에서 「부정경쟁방지법」은 일반적으로 민사특별법으로 규정되어 경제법에 속하는 반독점법과 구별된다.

2. 통합 입법모델

소련의 동유럽 국가 및 기타 일부국가와 지역은 「부정경쟁방지법」과 반독점법의 두 가지 방법을 통합하는 형식을 채택했다. 이러한 입법 모델은 반독점, 반경쟁제한 및 반부정경쟁행위를 통합하는 입법이며, 그 대표적인 입법예로는 1990년 폴란드 「독점행위금

4) 参见王先林：<竞争法学>, 56页, 北京, 中国人民大学出版社, 2009.
5) 参见郑友德、万志前：<德国反不正当竞争法的发展与创新>, 载<法商研究>, 2007(1).

지법」, 1996년 헝가리「부정시장행위금지및경쟁제한법」, 2006년 러시아「연방경쟁법」, 1974년 호주「무역행위법」, 1985년 캐나다「경쟁법」, 1991년 대만「공정거래법」 등을 들 수 있다. 대만 공정거래법의 규제 내용은 주로 자유경쟁법(반독점)과 공정경쟁법(반부정경쟁행위)을 포함한다. 이들 국가나 지역에서 입법자들은 반독점법과 <부정경쟁방지법>의 공통성을 중시하여 통합 입법의 방식을 채택하고 있다. 법리적으로 이 경쟁법은 경제법과 민사특별법의 이중적 속성을 갖고 있다.

3. 분산 입법모델

영미법계 국가에는 형식적인 의미의「부정경쟁방지법」이나 통일된 경쟁법전이 없으며, 그와 관련된 규범은 다양한 법률에 산재되어 있다. 초기 영국의 경쟁법은 일반법상 계약법, 침해법, 소비자보호법, 상업표시법 등 수많은 판례법과 제정법에 존재했다. 20세기 후반부터 영국은 경쟁행위를 규제하는 개별 입법을 제정하기 시작했는데, 현행법에는 1973년「공정거래법」과 1998년「경쟁법」이 있다. 미국은 독점금지 내용 위주의 분산 입법 모델을 독자적으로 채택하고 있다. 미국 의회는 1890년 세계 최초의 경쟁법인「셔먼법」을 통과시켰는데,[6] 이는 현대 경쟁법의 가장 주요한 상징이 되었다.[7] 미국은 이후「클레이튼법」,「연방거래위원회법」,「로빈슨-패터먼법」 등을 제정했다. 이러한 유형의 법률은 주로 반독점규정 위주이지만 반독점경쟁 규범도 포함한다. 이 밖에「블루햄법」(상표법),「통일영업비밀법」도 부정경쟁행위를 규제하는 내용을 담고 있다.

중국은 1993년과 2007년에 각각「부정경쟁방지법」과 반독점법을 공포하고 개별 입법모델을 채택했다.「부정경쟁방지법」은 2017년 11월과 2019년 4월 두 차례 개정되었으며, 특히 2017년「부정경쟁방지법」개정안은 구법의 일부 경쟁행위 및 시장독점행위 제한 조항을 법에서 분리하여 중국경쟁법의 개별적 입법 모델을 다시 확정하고 최적화하였다. 경쟁법 체계의 틀에서 반독점 및 반부정경쟁행위에 대한 개별적 입법은 다양한 유형의 불법경쟁을 규제하고 자유경쟁과 공정한 경쟁을 보호하는 다양한 법적 기능을 실현하는데 도움이 된다.

일반적으로 독점행위에 대한 규제는 대부분 행정개입과 처벌이며, 부정경쟁행위에 대

---

6) 该法因提案者参议员约翰·谢尔曼而得名, 全称为<保护贸易和商业不受非法限制和垄断侵害法>.
7) 参见王先林：<竞争法学>, 55页, 北京, 中国人民大学出版社, 2009.

한 규제는 민사규제(필요한 경우 행정제재로 보완)를 위주로 한다. 이러한 인식에서 중국 「부정경쟁방지법」의 위상에 대해 두 가지 판단을 내릴 수 있다. 첫째, 민법의 구성부분이라는 점이다. 일부 경제법학자들은 "경제법은 경쟁법을 핵심으로 발전시킨 법률규범"[8]이며, "경쟁법은 경제법의 한 구성요소"로서 거시규제법과 구별되는 "시장규제법"이 아니라고 주장한다.[9]

필자는 중국의 「부정경쟁방지법」이 광의의 경쟁법을 대체하는 '경제헌법'으로 정의할 수 없다고 본다. 지식재산권법과 마찬가지로 「부정경쟁방지법」은 종합적인 법률규범과 다양성 법률제재를 주요 특징으로 하는 특별법이며 그 입법취지는 사업자와 소비자의 정당한 권익을 보호하고 부정경쟁행위를 제재하는 것이므로 이 법은 민법체계 구성부분으로서의 기본 속성에는 영향을 미치지 않는다. 둘째, 민사특별법이라는 점이다. 중국 「부정경쟁방지법」의 법체계 내의 지위는 독일법, 일본법처럼 단순히 민사특별법과 특수침해책임법으로 분류되지 않는다. 중국 「부정경쟁방지법」은 평등한 경영주체 간의 경쟁관계를 조정 할 뿐만 아니라 시장경제질서를 유지하기 위한 입법목표를 규정하고 사회경제생활에 대한국가의 개입과 조정을 반영한다. 중국 「부정경쟁방지법」의 기본 과제는 공정하고 표준화된 시장경쟁질서를 유지하는 것이므로 그 정책목표는 공정한 경쟁과 소비자의 이익을 보호하는 것이다. 「부정경쟁방지법」은 전통적인 민법과 달리 현대 민법의 '사법공법화', '사법사회화'의 변화의 흐름을 반영하고 있다.

Ⅱ. 부정경쟁방지법과 지식재산권법의 관계

「부정경쟁방지법」과 지식재산권법의 관계는 최근 몇 년 동안 중국 법학이론 연구의 핵심 논쟁인 사법분야에서의 지위와 관련되어 있다. 관련 법률의 관계 분석은 권리 속성과 권리관련 행위속성에서 출발할 필요가 있으며 즉 지식재산권과 「부정경쟁방지법」의 성격을 연구과제의 기초로 삼아야한다.

지식재산권은 특정주체가 지식재산에 대해 향유하는 일종의 독점권이다. 권리의 '독점성'은 일반적으로 영어로 'exclusive' 또는 'monopoly'로 표현되며, 중국의 지식재산권

8) 种明钊主编：<竞争法>, 48页, 北京, 法律出版社, 1997.
9) 王先林：<竞争法学>, 35页, 北京, 中国人民大学出版社, 2009.

저술은 이를 '독점성'으로 번역한다. 독점성 즉 법적 독점성의 특성에 기초하여 지식재산권은 형식적으로 합법적인 '독점권'으로 간주될 수 있다. 이러한 합법적 독점은 두 가지 측면으로 나타날 수 있다. 첫째, 지식재산권은 국가가 혁신을 장려하고 지식재산권의 성장을 촉진하기 위해 창설한 제도적인 권리로서 그 존재 자체가 경쟁법의 제외 영역에 속하는 바, 즉 지식재산권은 '합법적 독점'으로서 「부정경쟁방지법」의 규제 대상이 아니다. 둘째, 지식재산권은 지적창조의 성과에 기초하여 설정된 사적 재산권으로 그 권리 주체가 지적 노동을 하거나 투자하는 것은 경쟁의 목적 또는 경쟁의 지적 성과 창출이므로 지식재산권 보호는 권리주체의 시장경쟁력 강화에 도움이 된다.[10] 다만, 지식재산권의 '사용'이 남용행위를 구성하면 「부정경쟁방지법」의 제재 받을 수 있다.

부정경쟁방지란 사업자가 이익에 손해를 입었을 때 구제를 청구할 수 있는 권리이다. 1967년 「세계지식재산권기구 설립에 관한 협약」제2조 '지식재산권' 규정은 작품, 발명, 표기 등 지적활동 분야에서 발생하는 권리를 열거하고 있으며, 여기에는 '부정경쟁행위의 제재'가 포함된다. 동 협약의 영향을 받아 한동안 중국의 일부 학자들은 '부정경쟁방지권' 또는 '부정경쟁행위금지권'이라는 용어를 사용하여 부정경쟁방지가 지식재산권의 일부이며 특허권, 상표권, 저작권과 대등한 지위에 있다고 강조했다.[11] '부정경쟁방지'에 대하여 일부 학자들은 의문을 제기하며, 그것이 「부정경쟁방지법」의 법적 성격을 오해하여 '특정대상도 없고 적극적인 권리내용도 없다'고 주장하면서, 저작권, 특허권, 상표권 이외의 새로운 권리로서 적합하지 않다고 밝힌 바 있다.[12] 필자는 '부정경쟁방지권'은 의미상 오해를 일으키기 쉽고, '권리'로 취급하면 정해신 의미에서만 사용할 수 있다고 본다. 왜냐하면 부정경쟁방지는 일종의 구제권일 뿐이며, 본래 권리(유체재산에 기초한 소유권, 지식재산에 기초한 지식재산권, 계약에 기초한 채권 등)에서 파생된 권리로서, 그 목적은 침해된 본래 권리를 구제하는데 있기 때문이다.[13] 실제 속성상 부정경쟁방지권은 권리가 침해된 후 권리자가 침해자에게 민사책임을 부담할 것을 요구하는 주장 또는 청구이다. 또한 「부정경쟁방지법」에 의한 지식재산권 보호는 법률조정 기능의 제한된 부분일 뿐이며 이 규정에 의한 부정경쟁행위는 지식재산권과 관련이 없는 경우가 많

10) 参见王源扩：<浅论与知识产权有关的反竞争行为及其法律控制>, 载<政法论坛>, 1996(4).

11) 参见文希凯：<制止不正当竞争与工业产权>, 载<知识产权>, 1991(3)；郑成思：<关贸总协定与知识产权>, 载<中国法学>, 1993(3).

12) 参见韦之：<论不正当竞争法与知识产权法的关系>, 载<北京大学学报 (哲学社会科学版)>, 1999(6).

13) 参见魏振瀛主编：<民法>, 40页, 北京, 北京大学出版社, 2000.

다. 따라서 부정경쟁방지를 적극적 권리로 간주하거나 심지어 지식재산권 자체로 분류하는 것은 논란의 여지가 있다.

지식재산권과 부정경쟁방지는 본래 권리와 구제 권리로 구분되지만, 두 법률은 기능적 목표와 보호 대상 측면에서 서로 상통하는 부분이 있으며, 그 일반적인 관계는 학계에서 서로 다르게 이해하고 있으며 주로 다음 두 가지 대표적인 견해가 있다.

첫째, 독립설이다. 이 학설은 지식재산권법이 「부정경쟁방지법」과 밀접하게 관련되어 있지만, 하나로 볼 수는 없다고 주장한다. 즉, 지식재산권법은 「부정경쟁방지법」의 모든 내용을 포괄할 수 없으며 「부정경쟁방지법」도 지식재산권법의 모든 내용을 포괄할 수 없다.[14] 일부 학자들은 두 법이 가치 지향, 작용 체계, 입법 기술 등의 측면에서 다른 특징을 가지고 있으며, 「부정경쟁방지법」은 경제법에 속하고, 지식재산권법은 민상법에 속한다고 지적한다.[15] 「부정경쟁방지법」을 특허법 · 상표법과 나란히 '제3의 산업재산권법'으로 분류하는 학자들도 있다.[16] 일부 학자들은 상표권 보호에서 시작하여 지식재산권법과 「부정경쟁방지법」이 병렬적이고 동등한 관계이며 각각 독립적인 보호 대상, 규제방법, 효력범위 및 보호에 중점을 둔다고 주장한다.[17]

둘째, 보충설이다. 이 학설은 지식재산권법과 「부정경쟁방지법」이 상호보완적인 관계를 형성하고 있으며, 어떤 의미에서 「부정경쟁방지법」은 지식재산권 법률체계의 유기적인 제도적 구성이며, 지식재산권도 「부정경쟁방지법」의 중요한 규제내용이라고 주장한다. 중국의 많은 학자들은 「부정경쟁방지법」이 지식재산권을 완전하게 보호한다고 생각한다.[18] 일본 학자 Mantianzhongzhao(满田重昭)는 「부정경쟁방지법」을 상표법의 보완보호법, 즉 상표법의 보호를 받지 못하는 미등록상표에 대한 보완 보호법으로 보고 있다.[19]

필자는 보충설을 지지한다. 즉, 「부정경쟁방지법」이 지식재산권법에 대한 보완적 보호

14) 参见马文耀主编：<知识产权法评述和展望>, 156页, 北京, 专利文献出版社, 1997.

15) 参见孙颖：<论反不正当竞争法对知识产权的保护>, 载<政法论坛>, 2004(6).

16) 李顺德：<试论反不正当竞争法的客体和法律属性>, 载<知识产权研究>, 第8卷, 北京, 中国方正出版社, 1999.

17) 参见郑友德、万志前：<论商标法和反不正当竞争法对商标权益的平行保护>, 载<法商研究>, 2009(6).

18) 参见韦之：<论不正当竞争法与知识产权法的关系>, 载<北京大学学报(哲学社会科学版)>, 1999(6)；杨明：<试论反不正当竞争法对知识产权的兜底保护>, 载<法商研究>, 2003(3)；蒋慧：<论竞争法对知识产权的兜底保护>, 载<学术论坛>, 2007(2).

19) 参见[日] 满田重昭：<知识财产法>, 东京, 青林书院, 1997. 转引自郑友德、万志前：<论商标法和反不正当竞争法对商标权益的平行保护>, 载<法商研究>, 2009(6).

기능을 제공하며, 이것은 독일법에서 '경쟁법상의 지적 성과물 보호'라고 불린다. 이러한 의미에서 「부정경쟁방지법」은 지식재산권법 체계로 분류될 수 있는데 그 이유는 다음과 같다. 첫째, 「부정경쟁방지법」은 다른 지식재산권법의 조정대상을 자체 보호 대상으로 삼는다. 즉, 저작권 · 특허권 · 상표권 침해행위에 대해 법적제재를 가하는 것이다. 이 때문에 어떤 경우에는 법조경합 및 법의 우선적용문제가 발생할 수 있다. 둘째, 「부정경쟁방지법」은 각종 지식재산권과 관련하여 관련 법률이 관할할 수 없는 대상을 보호함으로써 단일 법제도가 창출하는 '빈 공간'을 보완한다. 셋째, 「부정경쟁방지법」은 각종 지식재산권 객체의 교차부분을 보호하여 지식재산권 보호 대상을 하나로 연결한다. 이 법은 지식재산권 분야에서 보다 광범위한 내용을 다루는 법제도라고 할 수 있다. 현재의 입법 예에서 「부정경쟁방지법」의 조정 범위는 점점 더 넓어지고 있으며 지식재산권과 관련이 없는 많은 다른 분야로 확대되고 있으나, 지식재산권의 보호는 여전히 「부정경쟁방지법」의 중요한 과제이다.

「부정경쟁방지법」과 지식재산권법의 관계는 동등한 관계가 아니라 서로 대체할 수 없으며 서로 협력하고 보완하면서 법적 기능을 발휘한다. 1988년 세계지식재산권기구가 홍보한 바와 같이, "부정경쟁방지법은 특허법, 상표법 등 개별법에 의해 보호되지 않는 권리를 실질적으로 보호하고 있다."[20] 지식재산권 보호를 위한 부정경쟁행위는 전문적인 지식재산권 제도와 다르다. 즉, 지식재산권 제도는 '기본권법' 즉 독점권을 중심으로 주체, 객체, 내용, 취득, 행사, 제한 및 구제를 위한 규범체계를 형성한다. 반면에, 「부정경쟁방지법」은 시장경쟁질서를 유지하는 것을 핵심으로 하는 '행위규범법'으로 각종 지식재산권 이용행위를 시장행위로 규범화하여 '부정경쟁행위'와 '반부정경쟁행위'의 규범체계를 구축한다. 「부정경쟁방지법」과 지식재산법과의 관계에 대하여 다음과 같이 요약할 수 있다.

1. 부정경쟁방지법과 상표법

지식재산권법 체계에서 둘의 관계는 가장 밀접하고 중요하기 때문에 일부 학자들은 상표법과 「부정경쟁방지법」이 상표권익의 보호에 있어서 병렬적인 관계에 있다고 말한다.

20) 转引自王先林 : <竞争法学>, 49页, 北京, 中国人民大学出版社, 2009.

「부정경쟁방지법」은 주로 미등록 유명상표에 대한 혼동을 방지하고 보호하기 위함이고, 상표법은 유명상표의 의미가 퇴색되는 것을 방지하고 보호하기 위함이다.[21] 상업표기 영역에서 「부정경쟁방지법」은 상표위조행위를 규제할 뿐만 아니라 유명상품의 고유명칭, 포장, 장식, 이와 유사한 표기를 무단으로 사용하는 것을 규제대상으로 한다. 또한 유사하지 않은 상품에 타인의 등록상표(등록상표 및 미등록 유명상표 포함)를 사용하거나 상품을 판매하면서 자신의 상표를 관련 상품의 타인의상표로 대체하는 행위(즉, '반위조' 행위)도 부정경쟁방지법에 따라 적용 받을수 있다.

2. 부정경쟁방지법과 특허법

기술분야의 법적 보호에 관하여 특허법은 부정경쟁방지법과 다른 기능을 가지고 있는데, 전자는 기술 성과에 대한 특허권을 부여하고 후자는 기술 성과에 대한 영업비밀 보호를 채택한다. 또한 둘 사이에는 교차점이 있다. 기술발명이 특허를 출원한 후 허가를 받기 전에 부정경쟁방지법을 준용하여 '임시보호'를 할 수 있고, 디자인 보호 기간이 만료되면 유명 제품의 외관에 속하는 경우 부정경쟁방지법에 '계속보호'를 요청할 수 있다. 기술 성과의 권익과 관련하여 법적분쟁이 발생하였을 때, 일반적으로 특허법을 먼저 적용해야 하며, 특허법이 규정되지 않은 경우에만 부정경쟁방지법의 적용을 고려해야 한다는 점에 유의해야 한다.

3. 부정경쟁방지법과 저작권법

상표법, 특허법, 부정경쟁방지법의 관계에 비하여, 저작권법과 부정경쟁방지법의 상관관계는 상대적으로 미약하다. 일부국가에서는 타인의 작품명이나 제목을 도용하여 작품 속 허구의 이미지를 상업적으로 이용하는 등의 행위는 저작권과 관련된 부정경쟁행위로 인정하기도 한다.

---

21) 参见郑友德、万志前：<论商标法和反不正当竞争法对商标权益的平行保护>, 载<法商研究>, 2009(6).

Ⅲ. 지식재산권 관련 부정경쟁행위

행위의 법적속성 측면에서 볼 때, 부정경쟁행위는 일종의 민사침해 행위이다. 이 행위는 합법적인 사업자의 이익을 침해할 뿐만 아니라 많은 소비자의 이익도 침해한다. 전자는 사업자가 소유한 지식재산권, 상업적 인격권, 경영권 등을 다루며, 부정경쟁행위는 때때로 상업혼동, 상업비방, 영업비밀침해 등 특정 경쟁자의 이익을 침해하고, 때로는 영업뇌물, 허위광고, 불법보상 판매 등 불특정 경쟁자의 이익을 침해한다.[22] 후자는 상품정보에 대한 지식권, 상품구매의 선택권, 상품의 공정거래권 등 소비자가 향유하는 인격, 재산, 안전의 이익을 말한다. 상업혼동, 허위광고와 같은 부정경쟁행위는 때때로 소비자의 이익을 직접적으로 해치는 반면, 영업비밀 침해, 영업비하 등 부정경쟁행위는 사업자의 이익을 침해하는 동시에 소비자의 이익을 침해한다.

침해결과로 볼 때, 부정경쟁행위도 일종의 공공의 이익을 해치는 행위이다. 이 행위는 일반 민사주체인 사업자와 소비자의 사익을 침해하는 행위 외에도 시장경제의 가장 기본적인 메커니즘인 경쟁 메커니즘을 직접적으로 파괴한다. 경쟁 메커니즘이 대표하는 것은 국가가 관리하는 시장경제질서와 사회 공공이익이다. 많은 국가의 법률에서 부정경쟁행위에 대하여 민사구제 외에도 행정처벌 또는 형사제재를 적용할 수 있다. 위법한 침해 행위에 대한 법적 책임에 관하여 부정경쟁방지법과 지식재산권법은 동일한 점이 있다.

부정경쟁행위의 구체적인 유형과 관련하여 국제협약 또는 문서에서는 이에 대해 상세하게 열거 및 요약하고 있다. 세계지식재산권기구가 작성한 「개발도상국의 상표 · 상호 및 부정경쟁행위 시범법」은 아래와 같이 12가지의 부정경쟁행위에 대해 열거하고 있다. 즉, (1) 경쟁자의 구매자에게 뇌물을 주어 그들의 피드백을 얻거나 유지하는 행위 (2) 스파이 행위 또는 그 직원에게 뇌물을 제공하여 경쟁자의 영업비밀 또는 거래비밀을 취득하는 행위 (3) 허가 없이 경쟁자의 '기술비밀'을 사용하거나 공개하는 행위 (4)경쟁자의 직원을 기망하여 고용계약을 파기하도록 하거나 고용주로부터 떠나도록 하는 행위 (5) 특허 또는 상표침해 소송을 제기하여 경쟁자를 위협하고, 이로 인해 경쟁을 저지하거나 방해하여 거래량이 줄어드는 경우 (6) 경쟁을 저지하거나 방해하기 위한 무역 보이콧 (7) 덤핑, 즉 원가보다 낮은 가격으로 판매하여 경쟁을 막거나 방해하려는 의도 또는 결과 (8)

22) 转引自王先林：<竞争法学>, 98页, 北京, 中国人民大学出版社, 2009.

소비자에게 유리한 조건으로 상품을 구매할 수 있는 기회를 준다고 하지만 실제로는 그렇지 않은 행위 (9) 경쟁자의 상품, 서비스, 광고 또는 무역의 기타 특성을 그대로 모방하는 행위 (10) 경쟁자의 계약 위반을 장려하거나 이용하는 행위 (11) 경쟁자의 상품 또는 서비스에 대해 비교하는 광고 또는 홍보하는 행위 (12) 경쟁자를 능가하는 부당한 이익을 얻기 위해 경쟁과 직접 관련되지 않는 법률을 위반하는 행위를 말한다. 이 기구는 1993년과 1996년에 각각 작성한 부정경쟁방지 보호에 관한 종합적인 문서와 「부정경쟁방지시범법」은 부정경쟁행위를 다음과 같이 요약하고 있다. 즉, (1) 상품이나 서비스의 출처를 혼동하는 행위 (2) 과장 등의 방법으로 기망하여 제공된 상품이나 서비스에 대해 오해하도록 하는 행위 (3) 경쟁상대를 비하하는 행위 (4) 영업비밀침해 행위 (5) 소비자가 이미 추가 인정한 타인의 성과를 부당하게 이용하는 행위 (6) 비교광고 행위 (7) 보너스 판매 등 기타 행위이다.

이러한 조항은 부정경쟁행위의 여러 모습을 전체적으로 포함한다. 일부국가의 경쟁법에서 지식재산권과 관련된 부정경쟁행위는 상품위조행위, 사기광고, 상업비방행위, 영업비밀 침해, 산업재산권 독점권 남용행위 등 관련 입법에 초점을 두고 있는 경우가 많으며 뇌물판매와 부당보상판매 등은 다른 법률에 의해 조정된다.

부정경쟁행위의 구체적인 유형은 중국의 관련 입법에서 변화하는 과정에 있다. 중국의 1993년 「부정경쟁방지법」은 11가지 부정경쟁행위를 열거하고 있으며, 그 중 일부는 경쟁행위와 독점행위를 제한하고 있다. 1993년 「부정경쟁방지법」이 제정될 당시 중국은 시장경제가 아직 발달하지 않아 반독점법을 제정할 필요가 없었으나, 공공기업의 경쟁행위 배제, 행정독점행위, 저가덤핑행위 등 시장경쟁에서 규제해야 할 시장독점행위가 나타났기 때문에 입법자는 이러한 시장독점행위를 「부정경쟁방지법」에 일시적으로 포함시켰고, 때가 되면 별도로 「반독점법」을 제정할 필요가 있다고 판단했다.[23] 2007년 중국은 별개의 「반독점법」을 제정했는데, 두 법이 규제하는 부정경쟁행위는 중복되는 부분이 있다. 이에 따라 2017년 「부정경쟁방지법」 개정안은 시장독점행위를 부정경쟁행위의 구체적인 유형에서 삭제하고, 인터넷경제가 발전함에 따라 이에 대응하여 '인터넷 부정경쟁행위'를 신설하고 상업혼란행위, 상업뇌물행위, 허위선전행위, 영업비밀침해행위, 부당보상판매행위, 상업비하행위, 인터넷 악의적 교란행위 등 총 7가지 구체적인 부정경쟁

23) 参见王学政 : <中国反不正当竞争法的理论与立法经验>, 载刘春田 : <中国知识产权二十年>, 北京, 专利文献出版社, 1998.

행위를 규정했다. 중국의 현행법에 열거된 7가지 부정경쟁행위 중 다음의 행위는 지식재산권 영역으로 분류될 수 있다.

1. 상업표지 혼동행위

상업표지 혼동행위란 시장거래에서 사업자가 타인의 상업표지와 동일하거나 유사한 표지를 무단으로 사용하여 생산 · 운영하는 상품 또는 서비스가 타인의 상품 또는 서비스와 혼동되거나 생산 · 운영하는 상품 또는 서비스가 타인과 어떤 관련이 있음을 명시하거나 암시하여 혼동을 일으키는 행위를 말한다. 일부 학자들은 이러한 부정경쟁행위를 '사기성 매매 행위', '상품 모방행위', '타인의 상업 표시를 무단으로 사용하는 행위'라고 부르기도 한다. 중국의 행정법 집행부서는 관행적으로 이를 '모방행위'라고 하고, 「파리협약」은 '혼동행위'라고 표현한다. 「파리협약」제10조의 2는 세 가지유형의 부정경쟁행위를 열거하고 있는데, 그 중 첫째는 혼동행위 즉 '경쟁자의 사업장, 상품 또는 상공업 활동에 혼동을 일으키는 일체의 행위'를 말한다. 세계지식재산권기구 「부정경쟁방지법」은 '상품 또는 서비스를 혼란시키는 출처'에 대해 규정하고, 이와 관련된 혼동사항에 대해 열거하고 있다. 구체적으로는 (1) 상표(등록여부와 무관하다) (2) 상호 (3) 상표 또는 상호 이외의 상업표지 (4) 제품의 외관 (5) 상품 또는 서비스의 표현 (6) 유명인사 또는 잘 알려진 허구적 이미지 등을 포함한다. 혼동행위는 위에서 언급한 상품 또는 서비스의 혼합 및 소비자의 오인 행위의 일반적인 용어임을 알 수 있다. 필사는 '싱업표지 혼동'이라는 명칭이 관련 부정경쟁행위를 보다 정확하게 요약하고 혼돈자와 피혼돈자의 주체적 경쟁관계를 강조하며, 상업적 출처와 지시적 상업관계 혼동을 나타내는 침해행위의 특징을 부각시켜 국제협약과 중국의 「부정경쟁방지법」입법취지에 비교적 부합한다고 생각한다.

「부정경쟁방지법」에 따르면 상업표지 혼동행위는 상업주체의 혼동행위와 상품(서비스 포함)의 허위표시행위의 두 가지로 나눌 수 있다. 전자는 타인의 상표를 무단으로 사용하고 타인의 상업신용이나 상품의 평판을 부당하게 이용하여 생산 · 운영하는 상품이나 서비스를 타인의 상품이나 서비스와 혼동하여 소비자를 오인하게 하는 행위를 말하며, 이에 대한 법률 규정은 동 법 제5조 제1항 내지 제3항이다. 후자는 상품의 품질, 명예, 원산지 또는 출처, 기타 상품 구성요소에 허위표시를 하여, 다른 사업자 또는 소비자를 오인하게 하는 행위를 말하며, 이에 대한 법률 규정은 동 법 제5조 제4항이다. 2017년 「부정경쟁방지법」개정안은 상품 허위표시 행위와 허위광고행위가 중복되기 때문에 허위광고 금지 조항을 더욱 보완하여 상품 허위표시 행위를 상업표지 혼동 금지 조항에서 삭제하였다. 즉, 현행법에 따르면 상업표지의 혼동행위는 상업 주체의 혼동행위만을 가리킨다.

2017년 개정안은 상업표지 혼동 조항을 1993년 구법 제5조에서 현행법 제6조로 개정했다. 이 조항은 상업표지의 혼동행위에 대해 다음의 네 가지로 분류한다. (1) 타인에게 일정한 영향을 미치는 상품명, 포장, 장식 등과 동일하거나 유사한 로고를 무단으로 사용하는 경우 (2) 타인에게 일정한 영향을 미치는 기업명칭(약칭, 글꼴 크기 등 포함), 사회단체명(약칭 등 포함), 성명(필명, 예명, 번역명 등 포함) (3) 타인에게 일정한 영향을 미치는 도메인 네임 주요 부분, 웹사이트 이름, 웹페이지 등을 무단으로 사용하는 경우 (4) 기타 타인의 상품으로 오인하거나 타인과 특정 관계가 있는 것으로 오인할 수 있는 혼동행위를 말한다. 1993년 구법과 비교하여 상업표지가 혼동된 현행법 규정은 세 가지 변화를 보여준다. 첫째, 이 법 조항과 다른 법률 규정의 연결을 최적화하였다. 등록상표를 위조하는 행위는 이미 「상표법」에 의해 특별히 규정되어 있기 때문에 현행법에서는 '타인의 등록상표 위조'를 상업표지 혼동 조항에서 삭제하였다. 둘째, 보호되는 상업용 로고의 종류를 추가하였다. 과거 법률 실무경험과 현재 경제발전의 새로운 상황에 따라 현행법은 기업명과 이름을 예시적으로 열거하고, 사회조직 명칭을 추가하고, 도메인 네임, 웹사이트 이름, 웹 페이지 등에 대한 특별조항을 추가하였다. 셋째, 법률 규정이 보다 유연하다. 현행법의 네 가지상업표지 혼동의 경우 앞의 세 가지 입법방식은 예시적인 입법방식을 채택하고 있으며, 열거대상은 모두 '등'자로 규정하였고, 마지막 한가지 항목은 개괄조항으로 전형적인 개방형 입법모델을 채택하였다.

2. 허위광고행위

허위광고행위는 사업자가 광고 또는 기타 방법을 이용하여 상품 또는 서비스에 대해 실제 상황과 맞지 않는 거짓 홍보를 하거나 오해를 불러 일으키는 광고를 하여 소비자를 기만·오도하는 것을 말한다. 국제협약 및 문서에서 허위광고행위를 '대중 오도(misleading the public)'라고 한다. 「파리협약」제10조의 2 부정경쟁행위 조항에는 세 가지 부정경쟁행위가 열거되어 있는데, 그 중 '상업적으로 사용하는 것은 상품의 성질, 제조 방법, 특징, 용도 또는 수량에 대해 대중의 오해를 불러 일으키는 표시와 표현', 즉 '대중 오도'가 국제법적 근거이다. 「부정경쟁방지시범법」제4조 제1항은 "산업 및 상업 활동에서 기업 또는 그 활동에 대하여 특히 이 기업이 제공하는 제품 또는 서비스에 대하여 대중을 오도하거나 오도할 수 있는 행위나 관행은 부정경쟁행위"라는 일반규정을 두고 있다. 제2항은 광고나 홍보에 오도가 발생할 수 있는 사항을 열거한다. 특히, (1) 제품의 제조과정 (2) 제품 또는 서비스의 특정 목적의 적합성 (3) 제품 또는 서비스의 품질, 양 또는 기타 특성 (4) 제품 또는 서비스의 지리적 출처 (5) 제품 또는 서비스에 대한 약속 또는 제공 조건 (6) 제품 또는 서비스의 가격 또는 가격을 계산하는 방법이다.

중국의 「부정경쟁방지시범법」은 허위광고행위에 대해 명확하게 규정하고 있다. 동 법 제9조 제1항은 "사업자는 광고나 기타 방법을 이용하여 상품의 품질, 제조성분, 성능, 용도, 생산자, 유효 기간, 원산지 등에 대해 오해를 불러 일으키는 허위광고를 해서는 안 된다"고 규정하고 있으며, 제2항은 "광고하는 사업자는 이를 알면서 또는 알아야 할 상황에서 허위광고를 대리· 디자인· 제작·게시해서는 안 된다"고 규정하고 있다. 2017년 「부정경쟁방지법」개정안은 허위광고 조항을 현행법 제8조로 개정하여 "사업자는 상품의 성능, 기능, 품질, 판매상황, 사용자평가, 명예 등을 허위 또는 오해를 불러 일으키는 상업광고를 하여 소비자를 기만하거나 오도해서는 안 된다"고 규정하고 있다. 동조 제2항은 "사업자가 허위거래 조작 등의 방법으로 다른 사업자에게 허위 또는 오해를 불러 일으키는 사업홍보를 하여서는 안 된다"고 규정하고 있다. 허위광고행위의 경우 구법과 현행법의 공통점은 법조문이 모두 직접 허위광고행위(제1항)와 간접 허위광고행위(제2항)로 구성되어 있다. 구법과 비교하여 현행법의 주요 변화는 다음과 같은 두 가지이다. 첫째, 직접 허위광고행위에서 1993년 법률의 오해를 불러 일으키는 허위광고는 2017년 법률의 허위 또는 오해를 불러 일으킬 수 있는 사업광고로 개정됐고, '오해유발'과 '허위광고'의 관계는 '제한적 규정관계'에서 '병렬적 선택관계'로 개정됐다. 둘째, 간접 허위광고행위의 법조문은 '조직적 허위거래'라는 허위광고 방조행위를 강조하여 전자상거래 분야의 '청구서 작성행위'를 규제하는 데 중점을 두고 있다. 최고인민법원은 「부정경쟁행위 민사사건 적용에 관한 법적용의 몇 가지 문제에 대한 해석」은 사법실무에서 출발하여 "첫째, 한 쌍의 상품이 단편적으로 광고하거나 비교하는 것, 둘째, 과학적으로 입증되지 않은 관점, 현상 등을 입증된 사실로 삼아 상품홍보에 사용한 것, 셋째, 모호성 언어나 기타 오해를 불러 일으키는 방식으로 상품홍보를 한 것"으로 허위광고의 몇 가지 특수상황을 규정하였다. '허위광고'에 관한 중국의 입법규정과 사법해석은 '대중 오도'라는 국제법 조항과 일치한다고 볼 수 있다.

위의 규정에 따라, 우리는 허위광고행위의 개념에 대해 자세히 분석할 수 있다. 첫째, 허위광고 수단에는 홍보와 기타 방법들이 포함된다. 허위광고에 사용되는 홍보수단은 주로 신문, 잡지, 방송, TV, 광고판, 게시판 등 각종 광고매체와 같은 형태이다. 바꿔 말하면, 위의 광고매체 특히 대중 커뮤니케이션 매체는 종종 상업 홍보의 주요 수단이므로 허위광고가 허위홍보의 주된 방법이라는 의미에서 일부 학자들은 이러한 부정경쟁행위를 '허위광고행위'라고 지칭하기도 한다.[24] 둘째, 허위광고의 내용은 상품 또는 서비스에 관한 중요한 정보를 다룬다. 그 표현 형태에는 두 가지 종류가 있다. 하나는 실상과 맞지 않는 허위광고이다. 예를 들어, 일반 제품을 명품 제품으로 부풀리는 것, 국산제품을 수입제품으로 홍보하는 것, 합성재료를 천연재료로 사칭하는 것 등이다. 다른 하나는 오해를 불러 일으키는 허위홍보 즉 과장된 홍보수단을 통해 사용자와 소비자가 상품의 실제 상황에 대해 잘못된 연상을 일으켜 상품에 대한 선택에 영향을 미치는 것이다. 셋째, 허위광고는 구매자들을 오해하도록 하는 좋지 않은 결과로 이어졌다. 허위광고행위는 소비자로 하여금 오해를 불러 일으켜 거래결정을 내리도록 한다. 허위광고에 의존하여 경쟁우위를 확보하고 다른 사업자의 이익을 해치는 불법광고행위이기도 하다.

중국 학계에서는 허위광고행위가 지식재산권과 관련된 부정경쟁행위로 분류되는 이유에 대하여 언급하지 않고 있다. 필자는 허위광고행위란 경영자가 소비자의 구매의사결정에 영향을 미치기 위해 어떤 사실이 아닌 정보를 전파하여 시장경쟁의 우위에 서고 경제적 이익을 얻는 행위이며, 이러한 행위는 동종업계 경영자의 이익을 해치므로 부정경쟁행위가 되고, 나아가 이러한 행위는 동종업계 경쟁자의 '고객의 권리'를 손상시키기 때문에 지식재산권과 관련된 부정경쟁행위로 본다. 프랑스민법 이론에서 무체재산권이란, 일반적으로 지적 성과와 경영성 표시로 기준으로 '전통적인 지식재산권' 그리고 고객을 기준으로 한 '고객의 권리'라는 두 가지 범주로 구성된다. '고객의 권리'란 상품 · 도구 등 유체재산을 이용해 고객을 유치하는 '영업자산(fond de commerce)'으로, 사업명 · 상표 · 특허 등 무체재산을 이용해 고객을 유치한다. "영업자산 가치는 고객을 끌어당기는 힘에

24) 邵建东编著 : <竞争法教程>, 98页, 北京, 知识产权出版社, 2004.

따라 달라지는데, 고객을 타인에게 '탈취' 당하면 영업자산은 더 이상 존재하지 않게 된다."[25] '고객의 권리'는 고객이 영업자산 표시된 것을 누리는 권리이며, 그 본질은 기업에 대한 고객의 '충성'이자 기업이 고객을 끌어당기는 힘을 의미한다. '고객의 권리'는 '경영적 신용권'의 범주에 속한다. 현대 재산권 체계에는 단순히 지식재산권이라고 말할 수 없는 비물질적 속성을 가진 재산적 권리들이 존재하고 있으며, 이들은 지식재산권과 관련이 있다. 우리는 지식재산권을 역동적이고 변화하는 발전적인 제도체계로 보는 열린 재산관을 가져야 한다. 그런 의미에서 허위광고행위를 지식재산권과 관련된 부정경쟁행위로 분류하는 것은 법리적인 근거가 있다.

3. 영업비밀침해행위

영업비밀침해행위는 절도, 회유, 협박 또는 기타 부정한 수단으로 타인의 영업비밀을 취득하는 행위를 말한다. 영업비밀은 일종의 무체정보재산이다. 1993년「부정경쟁방지법」제10조는 영업비밀의 정의를 "공중에게 알려지지 않고 권리자에게 경제적 이익을 줄 수 있으며, 권리자가 비밀유지 조치를 취하는 실용적인 기술정보와 경영정보"로 요약했다. 1995년 국가공상행정관리총국이 제정한「영업비밀 침해행위 금지에 관한 몇 가지 규정」은 영업비밀 내용에 대하여 자세히 설명했다. 즉, 영업비밀에는 기술정보와 경영정보, 설계, 절차, 생산공정, 생산방법, 관리노하우, 고객명단, 자원정보, 생산 및 판매전략, 입찰에서 낙찰된 입찰물건 및 입찰내용 등의 정보를 포함한다. 그러나 위의 열거식 규정은 영업비밀의 범위를 정확하고 주도면밀하게 기술하지 못했다.

한편, 시장경제와 인터넷 산업이 발달하면서 주주신분, 지분율, 사용자 데이터 등 비밀정보와 상업적 가치의 속성을 갖게 되었다. 기술정보와 경영정보의 세부항목 열거규정은 영업비밀보호의 대상을 정확하게 반영하기 어려워 실무에서 필요한 규범 적용의 유연성이 부족하다고 볼 수 있다. 이에 따라 2019년 개정된「부정경쟁방지법」은 '기술정보'와 '경영정보'에 '등 상업정보'의 용어를 추가하여 열거식 + 개괄식 입법 정의를 채택했다. 「지식재산권협정」에 따라 영업비밀로 보호되는 정보는 다음과 같은 요건을 갖추어야 한다. (1) 일정한 의미에서 비밀에 속한다. 즉, 그 정보는 전체 또는 그 내용의 확실한 조합

25) 关于法国"顾客权利"的理论, 参见尹田：<法国物权法>, 63～65页, 北京, 法律出版社, 1998.

으로서 일반적으로 해당 정보에 관한 업무분야에 종사하는 사람들이 일반적으로 알고 있거나 쉽게 접근할 수 있는 것이 아니다. (2) 비밀에 속하기 때문에 실용적인 가치가 있다. (3) 해당 정보를 합법적으로 통제하는 사람은 기밀유지를 위해 이미 관련 상황에 따라 합리적인 조치를 취하였다.

영업비밀의 법적 보호와 관련하여 각국은 서로 다른 입법예를 채택하였고, 일부는 전문적인 단독법을 제정하며, 일부는 일반적인 침해책임법을 적용하고, 일부는 「부정경쟁방지법」을 제정하였다. 오랫동안 대륙법계 국가는 주로 계약법이나 침해책임법에 따라 영업비밀을 보호하고 재산권 성격을 인정하지 않았다. 반면에, 영미법계 국가의 법적 전통은 전문입법 형태로 영업비밀을 보호한다. 불문법 체계에서 미국은 1978년 「통일영업비밀법」, 영국의 1981년 「비밀권리보호법」에서 영업비밀의 재산권 지위를 확정했다. 1960년대 국제상공회의소(ICC)는 영업비밀의 재산권 속성을 지식재산권으로 파악하는데 앞장서 왔다. 1967년 「세계지식재산권기구 설립 협약」은 지식재산권의 다양한 유형을 열거하였는데, 그 기본 조항인 "산업, 과학, 문학또는 예술 분야에서의 기타 지식 활동에서 오는 모든 권리"는 영업비밀권에 대한 인정을 내포하고 있다. 1970년대 이르러 세계지식재산권기구가 제정한 각종 지식재산권 시범법은 이미 영업비밀법 제도를 규정했다. 1990년대에 이미 세계무역기구는 「지식재산권협정」은 영업비밀을 '미공개 정보'라고 부르며 이를 지식재산권 체계에 공식적으로 포함하였다.

일반적으로 영업비밀제도는 영미법계 국가의 사법실무에서 발전한 후에 대륙법계 국가에서 수용했다고 보여 진다. 영업비밀제도의 역사적 발전과 함께 그 법률 구축의 사상적 기초는 계약이론, 침해이론, 부정경쟁방지이론, 재산권이론에 이르는 변화의 과정을 거쳤다.

대륙법계와 영미법계의 초기의 영업비밀 보호 이론은 '계약이론(the contract theory)'에 기초를 두고 있다. 당시 이론계와 법조계는 영업비밀의 재산적 성격을 인정하면서도 이를 절대권과 지배권(예: 소유권)의 범주에 포함하지 않고, 이를 채권과 같은 인권과 상대권에 대한 대상으로 삼았다. 대륙법계 국가는 계약이론을 영업비밀 보호 구축의 사상적 기초로 강조하였고 특히 사법실무에서 명시적인 계약의 역할을 중시하면서, 전형적인 영업비밀 소송은 서면계약의 제시 및 내용으로 사건의 판결을 결정하는 경우가 많았다. 명시적인 계약 외에 미국은 일반법 사법관행에서 사실상 묵시적인 계약 개념을 발전시켰는데 즉 양 당사자가 묵시적으로 동의한 객관적 사실을 입증하여 당사자 간에 영업비밀

사용을 제한하는 계약이 존재한다고 추정하는 것이다. 이후 미국의 일반법은 준계약(quisi contract) 또는 법률상 묵시적 계약(the contract implied in law)이라는 이론을 만들었다. 사실상의 묵시적 계약과 달리 묵시적 동의를 입증하는 사실에 힘입어 계약관계의 존재를 추정할 필요가 없고, 영업비밀 보호의 필요에 따라 법률에 의해 특정 계약관계를 작성한다. 명시적인 계약에서부터 사실상의 묵시적인 계약, 법률상의 묵시적 계약에 이르기까지 영업비밀 보호의 구속력은 모두 권리자와 상대자 사이에 있다. 이에 대해 세계지식재산권기구가 제정한 「부정경쟁방지법 보호에 관한 시범규정(주석)」에서는 "비밀정보와 관련된 계약상의 의무는 구두 또는 서면계약에 명시될 수 있으며, 전형적으로 고용주와 직원 간의 계약에 명시되거나 명확한 계약이 있을 경우에는 고용관계가 추정될 수 있다. 이러한 관계는 사업파트너 사이 또는 고용주와 도급인 사이에도 동일하게 존재할 수 있다."고 계약이론을 명확하게 설명한다. 계약이론에서 영업비밀의 소유자가 주장하는 것은 인권 즉 영업비밀 보호가 지향하는 것은 상대방에 대한 충성의무임을 알 수 있다. 1831년 영국 대법관 Vice가 Moorision 대 Moot 사건에서 지적했듯이, "원고가 이 명령으로 인하여 특허권보다 더 많은 이익을 얻었는지는 불확실하지만 원고가 대세권이 아닌 인권을 획득했다는 것을 확실시된다."고 하였다.[26]

침해이론은 '비밀유지 관계를 파괴하는 침해행위 이론(the breach of confidence theory of tort liability)'으로 미국의 영업비밀 법률분야에서 한 때 널리 알려진 이론이다. 이 이론은 영업비밀을 누설하거나 사용하여 비밀관계를 훼손하는 행위는 침해행위이며 침해행위자가 책임을 져야 한다고 주장한다. 1939년 미국의 「침해행위법 재술」은 '비밀유지를 훼손하는 침해행위 이론'을 부분적으로 수용했으며, 이 법 제757조에 규정되어 있다. 누구든지 타인이 그를 신뢰하여 그에게 밝힌 영업비밀을 누설하거나 사용하여 신뢰관계가 깨진 경우에는 타인에게 책임을 져야 한다. 침해이론은 정보의 재산적 속성, 보호된 정보의 범위 등의 문제보다는 당사자 간의 영업비밀관계에 중점을 둔다. 즉, 이 이론은 계약상 비밀유지의무의 존재 또는 영업비밀의 존재에 의존하지 않으며, 핵심은 비밀 정보를 지키는 법적책임의 존재 여부를 고찰하는 것이다.

침해이론과 관련된 '부정경쟁행위방지 이론(the countering unfair competition of theory)'은 대륙법계 국가의 영업비밀의 보호분야에서 오랜 기간동안 채택된 학설이다.

26) See Melvin . F.Jager, Trade Secrets Law, Clark Boardman Company, Ltd., 1985.

예를 들어, 독일은 영업비밀의 보호를「부정경쟁방지법」중 하나로 규정하고 있는데, 이 법의 입법 목적은 기업이 경쟁목적을 위해 부정경쟁행위를 하는 것을 방지하고 경쟁질서를 유지하기 위함이다. 일본은「부정경쟁방지법」개정안에 영업비밀보호조항을 추가하였는데, 그 입법 목적은 부정경쟁행위를 방지하고 공정한 경쟁질서를 유지하기 위함이다.[27] 영업비밀보호 제도의 학설과 사상에서 독일과 일본의 부정경쟁방지이론은 미국의 침해이론과 상통하는 부분이 있는데, 즉 영업비밀침해행위에 대한 법적제재 조치는 모두 침해책임이다. 차이점은 대륙법계 국가의 부정경쟁방지이론은 허가 없이 타인의 영업비밀을 공공연하게 사용하는 행위는 정상적인 경쟁질서를 해친다는 것이다. 영업비밀에 대해 부정경쟁방지 보호는 개별 경쟁자의 이익 뿐만 아니라 사회 전체의 이익에도 악영향을 미친다. 이것은 침해이론이 비밀관계에 지나치게 의존하여 발생하는 한계를 극복하고 조정범위를 확장시켰다.

1950년대부터 '재산권 이론(the property)'이 등장하기 시작하여, 점차 국제사회에서 영업비밀보호의 주류 학설이 되었다. 이 이론은 영업비밀에 재산권 형식을 부여하고 법적 보호를 제공한다. 소위 영업비밀권은 더 이상 계약법이나 침해법에 의해 보호되는 법익이 아니라 법적으로 인정되는 무체재산권(intangible property) 또는 지식재산권(intellectual property)이다. 재산권 이론은 영미법계의 형평법 사법실무에서 한 세기 이상 지속되었으며, 그 사법판례는 영업비밀의 재산적 속성을 상세하게 서술하고 있다. 미국에서는 1868년 Peabody의 Norfolk 사건 판결문은 다음과 같이 말한다. "제조과정에 관한 발명이나 발견은 특허권의 보호 대상이 되든 아니든 권리자는 그것을 비밀로 한다. 이것은 대중이나 선의로 관련 지식을 얻은 사람에 대한 독점권은 없을지라도 권리자는 분명히 이에 대해 일정한 재산을 갖고 있다. 형평법원(衡平法院)은 타인이 부담하는 계약이나 비밀유지 의무를 위반하여 무단으로 이를 사용하거나 제3자에게 공개하는 행위를 금지한다"고 밝혔다.[28]

이후 1897년 U.S. 대 American Bell Telephone 사건, 1953년 Ferroline Corp. 대 DAF Corp. 사건, 1983년 Ruckelshaus 대 Monsanto Company 사건 등에서 영업비밀의 재산적 속성을 인정했다. 이 중 일부는 "우리가 다루는 것은 일종의 지식재산권, 사실상 창조된 지식에 대한 재산권"이라고 확언하는 판결도 있다.[29] 영업비밀에 대한 재산권 보호 제공

27) 参见徐玉玲：<营业秘密的保护>, 3页, 台北, 三民书局, 1993.

28) Peabody v. Nprfolk98, Mass452 (1868).

은 여러 국가에서 보편적인 제도적 설계가 있지만, 이러한 재산권 이론은 대륙법계의 전통적인 재산권 이론과 모순된다. 첫째, 영업비밀권의 배타적인 문제이다. 소위 재산권은 유체재산권과 무체재산권과 관계없이 모두 배타적인 법적특성을 갖추고 '일물일권'의 기본 원칙을 실천한다. 반면에, 영업비밀 분야에서는 여러 주체가 동일한 기술정보나 경영정보를 보유할 수 있어 여러 영업비밀권이 공존, 즉 재산권 배타성 부족의 문제점이 있다. 우리는 영업비밀보호의 재산권 이론이 유체물 소유 형태에 얽매여서는 안 된다는 점을 인식해야 한다. 정보재산은 유체재산과는 달리 점유통제의 절대성이 없을 뿐만 아니라 점유를 잃기 쉬운 성질을 갖고 있다. 법률이 영업비밀에 재산권을 부여하는 것은 선점원칙에 기초하고 정보생산 및 투자를 장려하기 위하여 정보사회에서 이루어지는 일종의 제도적 장치이다.[30] 사실, 상대적 의미의 독점적 속성은 다른 지식재산권 분야에서도 다양하게 존재한다. 예를들어, 동일한 발명은 한 명 이상의 발명가가 서로 다른 국가에서 출원하여 각각의 특허권을 취득할 수 있으며, 동일한 상표는 서로 다른 주체가 유사하지 않은 상품에 대해 동시에 상표등록을 취득할 수 있다. 현대의 영업비밀제도, 나아가 지식재산권법 전반은 전통적인 물권제도의 이론혁신과 제도혁신의 결과라고 할 수 있다. 둘째, 영업비밀권의 공시문제이다.

주지하다시피, 거래안전의 보호 및 물권의 배타적 요구를 충족시키기 위해서는 물권변동이 반드시 공시되어야 하는데, 즉 동산물권의 공시방식은 인도와 점유, 부동산물권의 공시방식은 등기이다. 무체재산권은 유체재산권과 같은 절대권이며, 그 권리변동에는 일정한 공시방식이 있어야 한다. 예를 들어, 특허권, 상표권은 기존의 변동 공시방식을 따를 필요는 없지만 양도 및 허가는 모두 등록해야 한다. 그러나 영업비밀의 재산권화는 비밀성 있는 기술정보의 재산권화이며, 그 재산권 변동에 대한 법적 등록요건은 없다. 무제재산 또는 지식재산 체계에서 영업비밀권으로 보호되는 기술정보는 정보재산의 속성이 있지만 공개적인 특성을 가지지 않고 오히려 이에 대한 비밀성의 요건을 법으로 규정하고 있다. 따라서 권리변동 공시규칙은 영업비밀의 보호분야에서 예외로 간주되어야 하지만 영업비밀의 재산권 속성을 부인하기에는 부족하다.

---

29) Ferroline Corp. v. DAF Corp., 207F. 2D912 (7th cir. 1953).

30) 参见[美] 罗伯特 · 考特、托马斯 · 尤伦 : <法和经济学>, 张军等译, 185页, 上海, 上海三联书店、上海人民出版社, 1994.

4. 상업비방행위

상업비방행위 또는 상업적 비방이라고 하는 것은 사업자가 허위정보 또는 오해의 소지가 있는 정보를 조작, 유포하는 등 부정한 수단을 사용하여 경쟁자의 상업적 신용도와 상품 평판을 손상시켜 경쟁력을 약화시키는 행위를 말한다. 중국의 「부정경쟁방지법」은 상업비방행위에 대해 명확한 규정을 두고 있다. 1993년 「부정경쟁방지법」제14조는 "사업자는 허위사실을 조작 · 유포하여 경쟁자의 상업적 신용도, 상품 평판을 손상시켜서는 안 된다"고 규정하고 있다. 2017년 「부정경쟁방지법」개정안에서는 이 조항을 현행법 제11조로 개정했다.

즉, "사업자는 허위정보 또는 오해의 소지가 있는 정보를 조작하거나 유포하여 경쟁자의 상업적 신용도, 상품 평판을 훼손해서는 안 된다"는 것이다. 현행법에 따르면 상업비방행위의 표현 형태는 두 가지가 있다. 첫째, 허위정보 또는 오해의 소지가 있는 정보를 조작하는 것인데, 여기에는 근거 없이 모든 허위정보를 꾸며내는 경우와 악의적으로 사실의 일부를 왜곡하거나 확대하는 경우도 모두 포함한다. 둘째, 특정 사용자나 동종업계 사업자뿐만 아니라 불특정한 사람들에게 전파를 포함하여, 서면 또는 구두로 허위 또는 오해의 소지가 있는 정보를 퍼뜨리는 것이다. 허위정보 또는 오해의 소지가 있는 정보를 꾸며서 유포하는 일반적인 수법으로는 비교 광고나 선언적 공지를 게재하는 등 경쟁자의 평판을 폄하하는 행위, 상거래에서 사업고객 또는 소비자에게 경쟁자를 비하하는 정보를 유포하는 행위, 특정인을 사주하거나 매수하여 고객 또는 소비자 명의로 민원을 제기하여 경쟁자 평판을 손상시키는 행위, 비즈니스 미팅을 개최하거나 사업정보를 배포하는 방식으로 경쟁사의 상품품질 비하 등의 행위를 말한다. 여기서 조작 및 유포된 내용은 허위 또는 오해의 소지가 있는 정보여야 한다. 다만, 내용이 진실하다면 타인의 명성 · 신용에 영향을 준다고 해도 상업비방행위가 되지 않는다.

「파리협약」제10조의 2 제3관 제2항에 따르면, 상업비방행위는 허위진술로 제한되며, 「반부정경쟁행위시범법」제5조는 상업적 비방을 "허위 또는 근거 없는 표현"으로 해석한다. 중국의 1993년 「부정경쟁방지법」은 「파리협약」의 규정에 따라 상업비방행위를 '허위사실을 조작 및 유포'하는 것으로 제한하여 채택했다. 그러나 최고인민법원은 「부정경쟁행위 민사사건의 적용에 관한 법률의 몇 가지 문제점에 대한 해석(의견수렴 초안)」에서 허위사실을 "기타 오해를 불러 일으키는 사실"을 포함하도록 확대해석한 바 있다. 국가공상관리총국은 「부정경쟁방지법」 개정 권고안을 작성할 때, "허위사실"이라는 표현을 "허위 또는 오해의 소지가 있는 정보"로 수정하는 방안을 검토했다. 2017년 「부정경쟁방지법」 개정 당시 이 권고안을 바탕으로 상업비방행위가 "허위정보 또는 오해의 소지가 있는 정보를 조작 및 유포한다"로 수정됐다.

상업적 비방이 훼손하는 것은 경쟁자의 상업 신용도와 상품 평판이다. 법적 개념의 범주에서 상업 신용도와 상품 평판은 영업권이라고 해야 한다. 영업권은 경영자의 상업적 명성과 평판을 총칭하는 말로, 전통적인 인격적 이익에서 변화했지만 인격권적 의미의 명예와 영예와는 다르다. 법률상의 영업권은 민사주체가 생산경영활동에서 가진 경제적 능력으로 인해 사회적으로 얻어지는 긍정적인 평가를 의미한다. 구체적으로 말하면, 경제력은 생산경영활동에 있어서 기업의 종합적인 능력으로 영업권의 주관적 요건이며, 사회적 평가는 긍정적인 평가여야 하며 영업권의 객관적인 요건이어야 한다.

입법예에 관해서는 국가마다 다르다. 영미법계 국가에서 영업권 보호 제도는 주로 판례를 통해 확립되었으며, 영국 판례는 상품 위조와 경쟁자의 이익을 해치는 행위에 대항하기 위해 'action for passing off'를 비롯한 다양한 형태의 소송을 창설하였으며, 이러한 특별 절차 중 일부는 타인의 영업권을 비방하거나 훼손하는 행위 설정에 초점을 맞췄다. 미국에서 영업권 침해는 부정경쟁행위에 관한 것으로, 법원은 영업권(good will of trade or business)을 일종의 재산권(property right)으로 보고 보호한다. 이 신용도에 기초하여 발생할 수 있는 기대(probable expectancies)도 마찬가지이다.[31] 대륙법계 국가에서는 주로 침해법이나 부정경쟁방지법을 따라 영업권을 보호한다. 독일과 일본 등의 국가는 영업권을 보호하기 위해 경쟁법을 적용하는데 이에 두 가지의 특징이 있다. 첫째, 영업권에 재산적 이익이 포함되어 있음을 인정하면서도 재산권 이론을 완전히 수용하지 않는다. 일본 학자인 Xiaodaoyonghe(小島庸和)는 권리란 반부정경쟁행위권이며 금지권 효력만 있기 때문에 저작권, 특허권, 상표권 등의 독점권과는 다르다고 강조했다.[32] 둘째, 침해자는 피해자와 경쟁자이며, 경쟁관계를 형성한다. 소위 경쟁관계란 경쟁활동에서 생산자 및 운영자로서의 관계이다. 생산 사업자는 자연인과 법인을 구분하지 않는다.

영업권의 국제보호 분야에서 지식재산권 국세협약은 주로 부정경쟁행위를 제재하는 차원에서 영업권을 보호한다. 1967년 「파리협약」 스톡홀름 본문에서 특히 금지해야 할

31) 参见曾陈名汝：<专利商标法选论>, 178页, 台北, 自版, 1997.
32) 参见[日] 小岛庸和：<无形财产权>, 43页, 东京, 创文社, 1998.

세 가지 행위에 상업비방행위를 포함했다. 1967년 세계지식재산권기구 설립 협약은 지식재산권의 반부정경쟁행위 문제를규정하고 있지만 부정경쟁행위에 대한 구체적인 규정은 없다. 1993년 세계지식재산권기구가 제정한 「부정경쟁방지시범법」은 영업권을 폄훼하는 부정경쟁행위를 규정하고 있다. 국제협약의 입법정신으로 볼 때, 지식재산권의 범주에 속하는 부정경쟁방지권은 주로 금지권이며, 부정경쟁행위의 대상이 되는 영업권은 재산권의 성격을 가진 민사권리여야 한다.

영업권은 일종의 민사권리로서 이미 법학계에서 인정받지만, 이 권리가 과연 어떤 권리의 범주에 분류되는지는 여전히 논란의 여지가 있다. 요컨대, 영업권의 법적속성에 대해서는 인격권설, 복합권설, 지식재산설 세 가지 학설이 있다. 인격권설의 요점은 영업권을 인격권으로 분류하여 경제적 내용을 가진 재산권과 구별하는 것인데, 이를 주장하는 학자는 다른 견해를 갖고 있다. 첫째, '단일 인격권설'이다. 영업권이 법인의 명예내용의 일부이며, 영업권은 법인의 명예권에 중요한 부분에 속한다는 것이다. 만약 영업권과명예권의 차이가 있다면 가해자 및 침해방식에 따라 서로 다른 법률에 따라 조정될 뿐이다. '한 기업의 명예가 일반인(즉, 비경쟁자)에 의해 침해될 때는 명예권이 침해된다. 한 기업의 명예가 그 경쟁자에 의해 「부정경쟁방지법」과 같은 규범적인 수단으로 침해될 때는 영업권이 침해된다'[33] 둘째, '특별인격권설'이다. 영업권이란 무형재산권의 성격이 존재하지만 재산성은 그 비본질적 속성일 뿐이며, 인격권만이 그 본질적 속성이라고 주장한다. 영업권의 객체에는 정신적 이익과 재산적 이익이 포함되지만, 후자는 직접적인 재산적 이익이 아니라 영업권 이익에 포함된다. 따라서 영업권은 해당 권리와 다른 특별한 인격권이다.[34] 복합권설 이론은 '지식재산 겸 인격권설'을 주장하며, 영업권은 신체성(인격권)과 재산성(지식재산권) 속성을 모두겸하고 있다고 본다. 영업권 침해행위는 권리주체의 지식재산권은 물론 동시에 인격권까지 침해하는 행위이다. 이런 침해행위는 일종의 경합침해이다.[35] 셋째, '지식재산권설'이다. 영업권은 지식재산권으로 분류되어야 하며, 이는 인신성과 재산성의 이중적 속성을 가지고 있으며 특허권, 상표권, 저작권과 비슷하다고 주장한다. 그 이유는 영업권은 인간의 두뇌, 지적능력의창조물로서 다양한 정보와 관련이 있고, 이러한 정보는 다양한 유체물질과 결합하기 때문에 지식재산권의 고유한

33) 张新宝：<名誉权的法律保护>, 35页, 北京, 中国政法大学出版社, 1997.
34) 参见王娜加：<论侵害商誉权及其法律救济>, 载<内蒙古师大学报>, 1999(1).
35) 参见关令华：<精神损害的认定与赔偿>, 172、177页, 北京, 人民法院出版社, 1996.

특성에 부합한다.36)

필자는 '영업권'은 비물질적인 형태의 특수재산이므로 그 권리는 재산권으로 간주되어야 한다고 생각한다. '인격권설'의 이론적 결함은 그 권리의 재산성을 무시하거나 부인하는데 있다. '단일인격권설'은 법인의 명예권과 영업권이라는 본질적 차이를 부인하므로 성립되기 어렵다. 영업권은 가치형태를 가진 재산이익으로, 일반 개인의 이익으로 표현되는 명예에서 분리되어 법률의 특별보호를 받는다. 이런 새로운 형태의 민사권리는 분명히 인격권의 범주에서의 명예권과는 다르다. '특별인격권설'은 영업권을 인격권으로 분류해 인정하면서도 영업권의 재산적 내용을 희석시켰다. 영업권은 인격권의 일부 속성을 가지지만, 그것은 해당 권리의 본질적인 속성은 아니다. 영업권은 재산권이며, 경제계 · 법조계의 관련 문서에서 이미 확인되었다. 국제 회계체계에서 무형자산은 가상적이고 실체 없는 형태의 자산으로서 그 범위는 전통적인 지식재산권과 이와 관련된 프랜차이즈의 영업권과 같은 무체재산권을 포함한다.37)

국제 다자간 투자협정에서 영업권은 저작권, 특허 및 상표는 모두 투자에 사용할 수 있는 자산형태이다.38) '복합권설'은 영업권이 재산권과 인격권의 이중성을 인정한다는 점에서 바람직한 측면이 있다. 그러나 '지식재산권 겸 인격권설'과 '지식재산권설' 모두 영업권을 지식재산권으로 분류하고 있어 법적근거와 법리적 기초가 부족하다. 상사법학에서는 영업권을 상사인격권이라고 하며, 재산이익의 내용과 정신적 이익요소를 갖고 있다. 이는 일종의 신용재산권으로 저작권, 특허권, 상표권 등과 비교했을 때, 전통적인 지식재산권의 기본적인 특징이 없다. 즉, 불확실한 지역성, 불법적인 시산성, 비징상적인 독점성의 특징을 나타낸다.39)관련 국제협약과 각국 입법예에서 영업권이란 지식재산권이 아니라 「부정경쟁방지법」의 보호대상으로 되어 있는 경우가 많다. 따라서 필자는 영업권과 신용권, 이미지권 등은 모두 비물질적인 속성을 갖지만 지식재산권의 범주에 분류할 수 없는 재산권이며 소유권과 구별되고 지식재산권과 관련된 무체재산권이라고 생각한다.

---

36) 参见梁上上：<论商誉与商誉权>, 载<法学研究>, 1993(5).
37) 参见蔡吉祥：<无形资产>, 深圳, 海天出版社, 1996.
38) 参见郑新建：<试论商誉权的法律属性>, 载<河北法学>, 2000(1).
39) 参见吴汉东：<论商誉权>, 载<中国法学>, 2001(3).

Ⅳ. 중국 부정경쟁방지 입법의 지식재산권 문제

중국의 「부정경쟁방지법」은 1993년 시행된 이래 공정한 경쟁을 장려하고 보호하며, 부정경쟁행위(지식재산권과 관련된 부정경쟁행위 포함)를 제재하고 사업자와 소비자의 합법적인 권익을 보호하고 시장경제의 건전한 발전을 보장하는데 긍정적인 역할을 했다. 2017년과 2019년 「부정경쟁방지법」은 두 차례 개정되어 일부 법률문서에 존재하던 문제점을 해결했다. 그러나 현행법은 여전히 미흡한 부분이 많아 부정경쟁방지 입법에서의 지식재산권 문제에 대하여 분석하면 다음과 같다.

1. 개별 경쟁법 입법모델과 지식재산권 남용 금지

1993년 중국의 「부정경쟁방지법」 입법초기에 시행된 이론적 근거는 '종합조정모델'이었다. 이 법안에 따르면, 「부정경쟁방지법」은 부정경쟁행위를 규제하는 하나의 개별법이 아니라 부정경쟁행위방지, 반규제경젱 및 일부 반대 독점행위를 포괄하는 종합법이다. 이 입법에에 열거된 11가지 부정경쟁행위 중에 공공기업의 경쟁 제한, 행정적 경쟁 제한, 저가덤핑, 끼워팔기, 담합입찰은 일반적으로 반경쟁제한과 반독점의 범주에 속하는 것으로 간주된다. 중국이 2007년 경쟁과 독점을 규제하기 위하여 「반독점법」을 공포함에 따라 중국의 경쟁법 입법모델은 이미 분리식 입법의 길로 들어섰다. 2017년 「부정경쟁방지법」이 개정되어, 기존법의 경쟁제한행위와 시장독점행위를 삭제하고, 중국의 개별 경쟁법 입법모델을 더욱 확립하고 최적화하였다. 이에 따라 지식재산권 남용 문제는 「부정경쟁방지법」이 아닌 공법인반독점 규제에 맡겨야 한다. 지식재산권에 대한 법규제에는 민간 법규제와공공 법규제가 두 가지가 포함된다. 전자는 지식재산권법 자체 규범(예: 지역 제한, 시간 제한, 권한 제한)에 의한 지식재산권 행사의 제한으로 나타난다. 다음으로, 민법의 기본 원칙(예: 신의성실의 원칙, 권리남용금지의원칙, 공서양속의 원칙)에 의해 지식재산권 남용을 막도록 한다. 후자는 반독점법의 틀 안에서 지식재산권 남용 문제를 해결한다. 지식재산권은 '합법적인 독점권'으로 간주되지만 그 권리 자체가 반독점법에 따른 '시장지배력'으로 가정할 수 없다. 그러나 지식재산권은 다른 재산권과 마찬가지로 법률을 적용할 때 특별히 반독점 심사에서 면제되지 않는다. 즉, 지식재산권은 반독점법의 '제외영역'을 구성할 수 없다. 요컨대, 중국의 경쟁법 입법모델에 따라 지식재산권의 남용 문제는 반독점법으로 처리해야 한다.

2. 경영자 자격한정 및 경쟁법 조정의 주체범위

현행「부정경쟁방지법」에 규정된 부정경쟁행위의 주체는 '경영자' 즉 상품의 생산, 운영 또는 서비스 제공에 종사하는 자연인, 법인 및 비법인단체이다. 침해행위의 주체를 경영자로 한정하는 이 규정의 미흡함은 학계의 비판을 불러왔다. 이에 대해 일부 학자들은 경영자가 무엇인지를 주체 자격과 주체행동의 다양한 관점에서 정의할 수 있다고 지적한다. 전자는 경영활동의 법적자격을 말하는데, 이러한 관점에서 영업비밀을 침해하는 기업체 직원, 사업뇌물의 법정대리인 또는 이와 동등한 자도 포함하되, 무허가 경영자는 포함될 수 없다. 후자는 경영활동에 종사하는 행위를 강조하며, 행위자는 '경영자'이다. 후자에 따라 이해하는 것이 더 합리적이고 타당하다고 할 수 있다.[40] 이러한 확대해석은 현행법을 적용하는데 도움이 된다.

그러나 향후「부정경쟁방지법」은 조정의 주체범위 측면에서 전면적으로 개정되어야 한다. 부정경쟁행위의 주체를 '경영자'에서 시장경제 활동에 종사하는 모든 주체 즉 시장거래행위자로 확대하면「부정경쟁방지법」규제의 대상이 된다. 동시에 권리 또는 권익 주체 즉 부정경쟁행위의 피해자에 대하여 '경영자'의 자격을 강조할 필요가 없다. 일반적으로 지식재산권을 소유한 모든 주체(작품명 또는 제목의 창작자, 비독점적 기술성과 발명자, 미등록상표 소유자 등 포함)를 말한다. 권리 주체의 자격과 침해책임의 주체 지격을 한정하여,「부정경쟁방지법」이 진정으로 법을 떠나 지식재산권 보호의 역할을 할 수 있도록 한다.[41] 주목할 만한 것은 2019년「부정경쟁방지법」이 개정되어 영업비밀의 침해주체에 대한 중대한 수정이 이루어졌다는 것이다. 즉, "운영자 이외의 다른 자연인, 법인 및 비법인단체'가 전항에 명시된 불법행위를 한 경우 영업비밀 침해로 간주한다"고 규정하고 있다. 이 새로운 조항은 비경영자를 영업비밀침해의 주체로 규정한 것은 부정경쟁행위 주체의 범위를 확대한다는 표현이다.

---

40) 参见王先林：<竞争法学>, 97页, 北京, 中国人民大学出版社, 2009.
41) 参见郑成思：<知识产权论>, 262～267页, 北京, 法律出版社, 2003.

3. 침해행위의 열거식 규정과 개괄식 조항의 추가

현행 「부정경쟁방지법」은 부정경쟁행위에 대한 열거식 규정을 채택하고 있으며, 일반적으로 적용되는 개괄조항도 없다. 적용 가능한 범위를 확장하는 '재량' 조항도 없는 명백한 문제점이 있다. 입법기술에 관하여 개괄식과열거식의 병존은 현대 각국의 관련 입법의 통용 모델이다. 즉, 대표적인 침해행위의 유형을 목록으로 열거하면서 동시에 침해행위에 관한 일반조항을 규정하고, 법집행기관은 이 조항에 따라 사회생활에서 새롭게 출현하지만 법률이 자세히 열거하지 못한 침해행위를 판단할 수 있도록 권한을 부여한다. 일부 학자들은 동 법 제2조 제2항에 규정된 "이 법에 따른 부정경쟁행위란 경영자가 생산경영활동 중 이 법의 규정을 위반하여 시장경쟁질서를 방해하고, 다른 경영자 또는 소비자의 합법적인 권익을 해치는 행위"가 일반적인 조항이라고 생각한다. 필자는 이 조항이 일반조항으로서의 필수요건이 부족하다고 생각한다. 이 규정에 따르면, "이 법 규정을 위반하는" 행위, 즉 이 법에 명시된 7가지 구체적인 행위만이 불공정 경쟁행위이기 때문이다. 이 규정은 단지 정의적인 규범일 뿐이며, 침해행위 유형 목록에서 확장해석을 하기 충분하지 않다고 여겨진다. 따라서 향후 「부정경쟁방지법」은 제2장 '부정경쟁행위'에 전형적인 부정경쟁행위의 유형을 명시하는 것 외에 부정경쟁행위의 판단에 대한 일반조항을 추가해야 한다.

4. 부정경쟁방지법과 관련 민사입법의 연계 및 조정

공정성과 정의라는 공통적인 입법목표에 기초하여 지식재산권과 「부정경쟁방지법」은 기능의 측면에서 상호작용하고 조정한다. 여기서 지식재산권 보호는 두 법의 법적기능이 상호보완된다. Zhengchengsi(郑成思) 교수는 "단일 지식재산권법과 부정경쟁방지법 사이에는 누가 누구의 자리를 차지하는지의 관계가 아니다. 후자(또는 후자의 내용)가 전자를 어떻게 보완하느냐의 문제"라고 말한 바 있다. 지식재산권 보호에 있어서, 단일 지식재산권법은 수준에서는 '강한 보호'이고, 범위에서는 '좁은 보호'이다. 「부정경쟁방지법」은 수준에서는 일종의 '약한 보호'이고, 범위에서는 '넓은 보호'이다.[42] 이는 두 법률이

---

42) 郑成思 : <知识产权论>, 264页, 北京, 法律出版社, 2003.

기능적으로 상호보완적이지만 법률형식으로는 독립적이라는 것을 의미한다. 중국의「부정경쟁방지법」에는 지식재산권 보호에 관한 세 가지 유형이 있다. 첫째, 지식재산권 자체(예: 상표권)는 이미 단일 입법규정이 있으며「부정경쟁방지법」은 보완적인 보호 역할을 한다. 둘째, 지식재산권과 관련된 다른 권리(예: 영업비밀권, 명예권, 이미지권 등)에 대한 단일 입법규정이 없으며 부정경쟁방지법은 전문적인 보호 역할을 한다. 셋째, 지식재산권과 관련된 재산권익(예: 작품명, 제목, 유명상품명, 포장, 장식 등)에 대하여 관련 단일 입법에 규정이 없는 경우에는「부정경쟁방지법」에서 자세하게 규정하고 보호한다. 위의 분석에 따르면, 동 법과 관련된 지식재산권 및 관련 권익은 민사입법에서 다음과 같은 제도적 장치를 마련할 수 있다. 일부는 영업비밀보호법규 등 별도의 특별법규를 제정하여야 하고, 일부는 영업권과 같은 민사기본법에 원칙적인 규정을 명시할 수 있으며, 일부는 부정경쟁방지법에 열거식 규정을 만든다.

V. 인터넷 지식재산권에서의 부정경쟁방지

인터넷 기술과 유전자 기술은 21세기의 가장 대표적이고 영향력 있는 신기술이다. 인터넷 기술의 출현은 인간의 생활방식과 사회경제의 발전모델을 변화시킬 뿐만 아니라 현대국가의 법률체계에 도전을 제기했다. 바로 이런 의미에서 지식재산권 제도에 명확한 시대기술적 특징을 부여하여, 이를 '인터넷 지식재산권'이라고 부른다. 인터넷 저작권 분야에서, 디지털 작품에 대한 권리보호, 기밀유지조치의 정당성 및 합리성을 고려하고, 온라인 저작물의 유통자와 사용자의 책임을 정의하는 것은 법적문제가 아니다.[43] 인터넷 상표분야에서 법은 상표권의 지역성과 인터넷의 국제적 갈등, 상표 분류 보호와 인터넷 상표권의 독점적 효과의 모순에 직면하고 있다.[44] 사이버부정경쟁행위 분야에서 상업활동이 현실세계에서 가상공간으로 진입할 때 발생하는 법적문제는 불가피하다. 인터넷은 첨단기술, 가상성, 순간성의 특성을 갖고 있기 때문에, 네트워크 환경에서 부정경쟁행위의 기술적 특성이 명백하고, 실행속도가 빠르며, 피해범위가 광범위하며 결과가 심각하다. 일부 학자들은 화면표시와 웹 인터페이스의 상업포장, 온라인 영업비밀에 대한 기밀

43) 参见薛红：<网络时代的知识产权法>, 北京, 法律出版社, 2000.
44) 参见吴汉东等：<走向知识经济时代的知识产权法>, 北京, 法律出版社, 2002.

유지 조치, 온라인상의 허위광고 등 해결해야 할 많은 문제를 지적했다.[45] 이러한 문제들은 관련 사업자의 합법적 이익을 해칠 뿐만 아니라 인터넷 경제 질서를 심각하게 파괴하므로 각국의「부정경쟁방지법」의 대응이 필요하다.

중국은 2017년과 2019년에 두 차례 개정된「부정경쟁방지법」을 통해 인터넷 분야에서 나타나는 새로운 유형의 부정경쟁행위에 적극적으로 대응했다. 전반적으로, 두 차례 법개정은 인터넷 부정경쟁행위와 관련된 네 가지의 내용을 담고 있다. 첫째, 2017년 개정안은 현행법 제6조 제1항에 "경영자는 타인의 상품으로 오해하거나 타인과 특정한 연관이 있는 행위를 하여서는 안 된다"고 규정하고, "타인에게 특정 영향을 미치는 도메인 네임 주체 부분, 웹사이트이름, 웹페이지 등을 무단 사용한다"는 조항을 신설했다. 둘째, 2017년 개정안은 현행법 제8조 제2항에서 "경영자는 허위거래조직 등을 통해 다른 사업가들에게 거짓되거나 오해를 사는 상업적 홍보를 도와서는 안 된다"고 규정하였다. 여기서 '허위거래조직'이라는 특수 허위광고 방조행위를 강조한 목적은 전자상거래 분야에서 존재하는 '거래 남발' 현상을 규제하기 위함이다.[46] 셋째, 2019년 개정안은 현행법 제9조 제1항에 "경영자는 다음과 같은 영업비밀 침해행위를 할 수 없다"는 규정에 따라, 권리자의 영업비밀 취득에 "전자침입" 수단을 추가했다. 넷째, 2017년 개정안은 인터넷 시대의「부정경쟁방지법」의 전문입법이다. 즉, 현행법 제12조는 인터넷 시대의「부정경쟁방지법」의 '모범조항'으로 불린다.[47] 제12조는 "경영자가 기술적 수단을 이용하여 사용자의 선택에 영향을 미치거나 기타 방법을 통해 다른 사업자가 합법적으로 제공하는 네트워크 제품 또는 서비스의 정상적인 운영을 방해, 파괴하는 행위를 해서는 안 된다"고 규정하고 있다. (1) 다른 사업자의 동의 없이 합법적으로 제공되는 인터넷 제품 또는 서비스에 링크를 삽입하고 목표를 강제하는 행위 (2) 다른 경영자가 합법적으로 제공하는 인터넷 제품 또는 서비스를 사용자가 수정, 종료 또는 제거하도록 오도, 기만 또는 강제하는 행위 (3) 악의적으로 다른 사업자가 합법적으로 제공하는 인터넷 제품 또는 서비스와 호환되지 않도록 하는 행 (4) 기타 다른 사업자가 합법적으로 제공하는 인터넷 제품 또는 서비스의 정상적인 작동을 방해하거나 파괴하는 행위이다.

「부정경쟁방지법」의 두 차례 개정은 인터넷 분야의 일부 부정경쟁행위 규제에 유익한

---

45) 参见张平：<网上知识产权及相关法律问题透析>, 广州, 广州出版社, 2000.
46) 参见<全国人民代表大会法律委员会关于〈中华人民共和国反不正当竞争法(修订草案)〉修改情况的汇报>.
47) 孔祥俊：<反不正当竞争法新原理·分论>, 529页, 北京, 法律出版社, 2019.

제도적 대응으로 이어졌다. 이는 중국 인터넷 경제의 건전한 발전에 도움이 될 것이다. 그러나 관련 문제의 연구 및 분석은 거기서 멈추지 않는다. 한편, 인터넷 부정경쟁행위 문제에 대한 현행법의 제도적 대응이 여전히 제한적이며 실제로 우리가 관심을 가져야 할 많은 문제들이 있다. 다른 한편, '껍데기만 존재하는 법은 실행하기에 부족하다'는 점을 알아야 하고, 인터넷 부정경쟁행위와 관련된 법규범 적용에도 이론적인지식이 뒷받침되어야 한다. 현재 문제에 대한 연구는 인터넷 환경에서 「부정경쟁방지법」이 직면한 지식재산권 보호 문제를 해결하는 데 중점을 두고있고 이에 따라 다음과 같이 설명한다.

1. 인터넷 도메인 네임 침해행위

도메인 네임과 관련된 부정경쟁행위는 두 가지 형태로 나타난다. 첫째, 도메인 네임 사재기 등록행위이다. 둘째, 도메인 네임 안내기능약화 행위이다. 이 두 가지 행동은 모두 인터넷에서 도메인 사용과 관련이 있으며, 그 결과는 타인의 상표, 상호 또는 영업권과 같은 상업적 표시 권리의 손상이다.

도메인 네임 사재기 등록행위는 도메인 신청자가 타인이 이전에 합법적 권익을 누리는 상업표시를 자신의 도메인으로 등록하고 사용하는 행위를 의미한다. 도메인 네임은 사이버 공간에서 운영자의 신분 코드이다. 전자상거래 활동에서 도메인 네임은 특정 로고 식별 기능과 상업적 이용가치를 가지고 있기 때문에, 기업이 인터넷상에서 경쟁하는 자원과 재산이 되었다. 실제로 도메인 네임 낙찰자는 여러 차례 다른 사람의 유명한 상표, 상호 또는 다른 상업적 표시를 대상으로 낙찰하고, 공개적으로 낙찰하여 이익을 추구하는 것을 목적으로 한다. 우선, 도메인 네임 사재기 행위는 인터넷 환경에서 부정경쟁행위를 야기한다. 첫째, 도메인 네임 사재기 행위는 정상적인 경쟁질서와 거래질서를 심각하게 손상시킨다. 행위자의 사재기 행위는 도메인 네임 양도에 따른 경제적 이익을 모색하기 위한 투기 행위이다. 피해자에게는 이러한 사재기 행위가 침해행위이며, 상업적 표시의 합법적 소유자는 종종 수동적으로 당하는 입장이 되어 자신의 브랜드 효과를 사이버 공간으로 확장할 수 없다. 둘째, 도메인 네임 횡령행위는 유명한 상표 및 기다 유명 상업로고를 희석시키는 것을 말한다. 소위 상업마크의 약화는 해당 마크가 타인의 유명한 상표, 상호의 상업적 사용에 있어 관련 상품이나 서비스를 표시하고 구별하는 능력을 낮추거나 약화시키는 것이다.[48] 희석화를 방지하기 위한 법적조치는 유명한 상표의 보호를 유사하지 않는 상품이나 서비스로 확대하는 것이다. 현재의 사법관행은 도메인 네임에 집중하여 상업로고를 희석시키는 것을 부정경쟁행위로 규제하고 있다. 요컨대, 도메인 네임을 훔치는 행위는 명백한 부당성과 불법성을 가지며, 상업 표시 권리자의 정당한 권리를 침해하고 불법적인 상업 이익을 추구하는 부정경쟁행위다.

도메인 네임 안내기능약화 행위란, 기술적인 수단을 통해 하이퍼텍스트 링크, 박스 기술, 메타 태그 등 타인의 도메인 네임 가이드 역할을 약화시키고 타인의 상업적 신용을 부당하게 이용하는 행위이다. 하이퍼텍스트 링크, 박스 기술, 메타 태그 등은 네트워크 기술의 발전과 응용의 산물이다. 인터넷의 부정경쟁행위 분야에서 행위자는 위와 같은 기술적 수단을 이용하거나 하이퍼링크를 통해 사용자가 굳이 도메인 네임을 이용하여 웹사이트에 접근할 필요없이 인터넷에서 정보를 얻을 수 있도록 하여 도메인 안내기능을 약화시킨다. 또는 상자링크를 통해 다른 사람의 정보를 자신의 웹 페이지로 유인하는 것을 통해 타인의 상업적 이익을 해친다. 또는 무표기 설정 방법을 통해 타인의 비즈니스 로고의 키워드를 삽입하여 사용자 조회에서 '무임승차'하여 잘못된 정보검색을 초래한다. 물론, 이와 같은 인터넷 기술을 사용하는 당연히 부정경쟁행위를 의미하는 것은 아니다. 사법관행에서 네트워크 운영자가 부정경쟁행위를 식별하기 위해서는 일반적으로 두 가지 요소를 고려해야 한다. 첫째, 설정자와 대상자 사이에 경쟁관계가 있는지 여부, 둘째, 사용자의 혼란을 초래하는지 여부 즉 체인(chain)정보의 출처를 오해했는지 여부 또는 체인설정자와 피체인자 사이에 연관성이 있다고 오해했는지 여부이다.

2. 인터넷 허위광고행위

인터넷 허위광고행위는 허위선전의 특수한 형태이며, 현재 부정경쟁행위의 주요 형태이다. 전통적인 허위광고와 비교하면, 인터넷 허위광고는 다음과 같은 두 가지 특징을 갖고 있다. 첫째, 행동 책임의 주체이다. 일반적으로 허위광고행위의 주체는 상품 또는 서비스의 운영자(광고주)와 광고사업의 운영자(광고주)의 두 종류가 있다. 「부정경쟁방지법」의 의미에서 '광고업무의 경영자'는 광고를 대행, 설계, 제작, 배포하는 운영자를 포함한다. 인터넷 환경에서 허위광고행위의 주체 중 하나인 전통적인 광고 사업자는 인터

48) 参见李明德：<美国反不正当竞争法研究>, 267页, 北京, 中国方正出版社, 2003.

넷 서비스 사업자로 대체되었다. 인터넷 플랫폼은 매우 가치 있는 광고 게시 플랫폼이 되었으며, 인터넷 서비스 업체는 전통적인 미디어를 대신하여 광고 운영자의 역할을 수행한다. 따라서 부정경쟁행위를 구성하는 인터넷 허위광고행위에서 인터넷 서비스 사업자는 침해주체 중의 하나가 된다. 둘째, 행동 표현의 형식이다. 온라인 광고의 홍보 형태는 전통적인 미디어 형태와 다르다. 신문, 잡지, 라디오, TV 등의 매체는 일반적으로 광고 내용을 직접 소비자에게 노출하는 반면, 온라인 광고는 여러 가지 형태를 취할 수 있다. 팝업창 광고, 웹 광고 외에도 검색엔진 기술의 발달로 가격경쟁 순위, 주제 홍보 등 검색 광고의 형태가 나타났다. 이러한 형태의 광고는 온라인 비즈니스 서비스 모델 뿐만 아니라 불공정 경쟁을 유발할 수 있다. 요컨대, 검색엔진 서비스 제공자는 광고 사업자로서 행위주체의 자격을 갖는 것으로 간주되어야 한다. 검색광고 형태는 인터넷 환경에서 광고의 홍보형태이다. 부정경쟁행위의 대한 공동책임 여부에 관해서는 '통지-삭제'규칙을 적용하여 주관적 과실이 있는지 여부를 판단하여 법적책임을 물어야 한다.[49]

3. 인터넷 상업적 비방행위

인터넷 정보 시대에 인터넷 기술 플랫폼은 중요한 정보 플랫폼이 되었으며 예를 들어, BBS, 블로그, Weibo 등은 모두 정보 콘텐츠를 제공하는 전파 수단이다. 또한 상업적 비방을 실행하는 주요 매개체이며, 정보 수신자는 종종 정보의 게시자가 되어 인터넷상 상업적 비방을 통제하기 어려워진다. 사이버 공간에서 상업적 비방으로 부정경쟁행위가 출현하고 확산하여 현행법에 도전을 내민다. 주요 문제점은 다음과 같다. 첫째, 인터넷 전파는 양방향 상호작용의 특성을 갖고 있으며, 상업적 비방행위의 주체는 더 이상 경쟁관계를 가진 경영자에만 국한되지 않는다. 인터넷 사용자, 인터넷 서비스 제공자 또는 능동적, 수동적 참여 등으로 침해의 법률관계가 매우 복잡하다. 이에 따라 중국의 「부정경쟁방지법」은 스웨덴, 벨기에 등 국가의 법을 벤치마킹하여 경쟁관계가 없는 행위의 주체도 법규제의 대상으로 삼았다. 둘째, 상업적 비방표현 형태의 제한이 좁기 때문에 온라인상에서 발생하는 많은 영업권 침해를 규제할 수 없다. 세계시식재산권기구의 「부정경쟁방

49) 我国 <侵权责任法> 第36条第2款规定了网络服务商的"通知－删除"义务, 即网络服务提供者在接到侵权通知后, 应按照通知及时删除相关侵权信息, 否则应承担责任. 有关论述可参见吴汉东：<论网络服务提供者的著作权侵权责任>, 载<中国法学>, 2011(2).

지시범법」에 따르면, 상업적 비방행위에는 두 가지가 있다고 본다. 첫째, 허위주장행위이다. 중국의「부정경쟁방지법」은 이에 대해 이미 규정하고 있다. 둘째, 부당한 주장행위이다. 즉, 불공평하고 부정확하며 불완전한 객관적 사실의 진술을 의미한다.[50] 예를 들어, 사이버 게시판에 경쟁자가 처벌받은 기록을 고의적으로 퍼뜨리고, 비교 광고에서 유사제품에 대하여 비하하는 표현을 사용하고, 과학적 결론 없이 일부 제품의 독성 및 부작용을 일방적으로 홍보하는 것이다. 세계지식재산권기구의「부정경쟁방지시범법」의 규정과 현실적인 필요에 따라 중국의「부정경쟁방지법」은 개정 당시 더욱 광범위한 규정을 마련했다.

4. 데이터베이스의 침해행위

데이터베이스 특히 전자 데이터베이스는 네트워크 시대에 정보 저장 및 활용에 중요한 매개체이며, 종종 컴퓨터와 소프트웨어를 통해 알 수 있다. 소위 데이터베이스란 "체계적이거나 질서정연하게 배열되어 전자적 수단을 통해 접근할 수 있는 독립적인 작품, 데이터 또는 기타 자료의 집합을 말하여, 주요 기능은 사용자에게 특정 정보를 제공하는 것이다." [51]

데이터베이스 보호는 오늘날 모든 국가의 지식재산권법에서 가장 큰 관심사이다. 1995년 유럽연합(EU) 장관 이사회에서「데이터베이스 법적 보호지침」을 공식적으로 채택하여 두 가지 보호가 가능하게 하였다. '독창성'이 있는 모든 데이터베이스는 저작권법에 의해 보호된다. '독창적이지 않는' 데이터베이스는 특별한 권리를 통해 보호된다. 후자는 '특정대상에 대한 저작권 요건이 충족되지 않은 상태에서 제공되는 저작권과 유사한 보호' [52] 즉 부정경쟁행위에 대한 보호이다. 유럽연합의 추진 하에 세계지식재산권기구는 1996년 '데이터베이스 협약'의 초안을 발표했다. 이 초안은 특별한 권리보호 모델, 즉 독립적인 데이터베이스 자체 및 그 내용을 보호한다. 그러나 데이터베이스를 생산, 실행 또는 유지하는 컴퓨터 프로그램에는 미치지 못한다.[53] 같은 해, 미국은 데이터베이스

50) 有关论述可参见吴汉东：<论商誉权>, 载<中国法学>, 2001(3).

51) 董炳和：<数据库法律保护在中国－－－兼评中国法院审理的两起涉及数据库的案件>, 载郑成思主编：<知识产权研究>, 第8卷, 北京, 中国方正出版社, 1999.

52) 卢海君：<版权客体论>, 284页, 北京, 知识产权出版社, 2011.

53) See Basic proposal for the Substantive Provisions of the Treaty on Intellectual Property in Repect of

보호에 관한 관련 법률을 제정했다. 이 법안은 데이터베이스 제작자에게 '추출'(어떤 방법으로 데이터베이스의 콘텐츠를 다른 매체로 전송), '재인용'(데이터베이스의 콘텐츠를 공개, 임대, 온라인 전송 등의 방식으로 대중에게 제공) 등의 권리를 부여한다. 그리고 '도용 원칙'에 따라 데이터베이스를 부정경쟁행위로부터 보호한다.[54)]

중국 현행의 지식재산권법은 데이터베이스에 비교적 제한적으로 보호한다. 「저작권법」 제14조에 따르면, "여러 작품, 작품의 단편 또는 작품을 구성하지 않는 데이터 또는 기타 자료를 편집하고, 그 내용의 선택 또는 편성이 독창적인 작품이 된다"고 규정한다. 이것은 독창성을 나타내는 데이터베이스는 저작권 보호를 받을 수 있고, 독창성을 나타내지 않는 데이터베이스는 권리보호를 받지 못한다는 것을 의미한다. 이와 관련하여 중국의 「부정경쟁방지법」은 유럽연합(EU)의 관행을 참고하여 비독창적인 데이터베이스 등과 같은 "주변 작품"에 대하여 특별히 권리를 보호한다.

5. 소프트웨어에 대한 부정경쟁행위

인터넷 환경에서 소프트웨어와 관련된 부정경쟁행위는 크게 두 가지 유형이 있다. 첫째, '반(反)공정'을 통해 정보를 얻고 부당하게 이용하는 행위이다. 둘째, 소프트웨어 기술을 사용하여 경쟁자의 동종 소프트웨어를 방해하고 손상시키는 행위이다. 이 같은 행동은 저작권법, 특허법이 조정할 수 없는 '진공지대'에 있으며 「부정경쟁방지법」에 의존해야 한다.

컴퓨터 분야에서 '리버스 엔지니어링(즉, 반(反)어셈블리, 분해 등)'은 특정 소프트웨어의 성능을 학습하고 연구하기 위하여, 이와 호환되는 제품을 개발하거나 원작의 적정성 여부를 결정하기 위해 소프트웨어 및 그 복제품의 소유자가 소프트웨어의 대상코드에서 출발하여 '반(反)어셈블리방식'으로 소스코드를 찾는 활동을 말한다. 소프트웨어의 '리버스 엔지니어링'의 합법성은 현재 국제적인 연구의 핫 이슈가 되었다. 미국에서는 「저작권법」제107조에 따라 소프트웨어의 합리적인 소유자가 '리버스 엔지니어링'을 통해 소프트웨어의 사상, 작동 방법, 행동 요인 등을 얻을 수 있지만, 이를 통해 얻는 정보는 독립적

Databases, WIPO Doc. CRNR/DC/6 (Aug 30, 1996), Article 1.

54) See Database Investment and Intellectual Property Antipiracy Act of 1996, H.R. 3531, 104th Cong, 2d Sess.

인 창작 프로그램, 보완성 획득 이외의 목적으로 사용하거나 타인에게 부여해서는 안 된다. 또는 프로그램과 실질적으로 유사한 표현을 가진 프로그램을 개발, 복제 및 마케팅에 사용해서는 안 된다.[55] 중국 저작권법은 소프트웨어의 기술 콘텐츠를 보호할 수 없다. 누군가가 '리버스 엔지니어링'을 통해 얻은 정보를 부적절하게 사용할 경우 소프트웨어의 독창성을 희석시키고 권리자의 이익을 해칠 수 있다. 이런 상황에서 부정경쟁행위에 대한 보호는 일종의 구제책이다.

인터넷 서비스업에서 범용 및 통상 소프트웨어의 호환성은 소프트웨어 산업 발전을 위한 내재적 요구이며 소비자 권익보호를 위한 기본적인 조치이다. 경영자는 자신의 소프트웨어를 개발하고 실행할 때 비즈니스 윤리 및 법적 규칙을 준수해야 한다. 소프트웨어가 제품에서 서비스로 전환되는 과정에서 일부 소프트웨어의 운영자들은 소프트웨어 서비스의 특징을 이용하여 동종 소프트웨어를 악의적으로 호환하지 못하도록 하여, 경쟁자의 합법적인 소프트웨어를 강제 제거하고 타인의 소프트웨어의 정상작동을 방해, 파괴, 차단한다.[56] 이는 이른바 '깡패 소프트웨어', '악성 소프트웨어'로 인한 부정경쟁행위다. 이러한 분쟁은 다음과 같은 특징이 있다. 기술적 수단이 은폐되고, 경영자가 소프트웨어의 정상적인 충돌을 명목으로 경쟁사 소프트웨어와 호환되지 않는 주관적 악의를 은폐한다. 주체의 신분이 은폐되고 경영자가 스스로 부정경쟁행위를 조작한 주체의 신분을 가리기 위해 제3자에게 직접 부당한 행위를 하도록 유도하거나 강요한다. 의사표현이 은폐되고 경영자는 소프트웨어를 무료로 제공하는 합법적인 형태로 경쟁사를 약화시켜 이익을 챙기고 불법적인 목적은 숨긴다. 위와 같은 시나리오는 단순히 「부정경쟁방지법」의 고전적 유형과 전통적 규칙으로 처리할 수 없으며, 제도개혁과 혁신, 법률개정과 보완에 대한 대응이 필요하다.

인터넷 지식재산권에 대한 부정경쟁행위를 언급할 때 열거된 주요 문제를 대상으로 하지만 그것이 전면적인 문제에 해당하지 않는 경우가 많다. 그 중 일부는 법률에 규정된 부정경쟁행위가 사이버 환경에서 발생하는 문제이고, 다른 일부는 법에 따라 규정되지 않은 인터넷과 관련된 부정당경쟁의 새로운 문제이다. 어쨌든, 이러한 내용은 향후 「부정경쟁방지법」에서 집중적으로 다루어야 할 문제이다.

---

55) 参见陈传夫：<高新技术与知识产权法>, 117页, 武汉, 武汉大学出版社, 2000.

56) 参见侯霞：<网络环境中新型不正当竞争行为的法律规制>, 载<安徽工业大学学报 (社会科学版)>, 2010(1).

제18장

지식재산권 제도와 반독점

지식재산권은 일종의 '합법적 독점'이며 그 '존재'자체가 반독점법이 제외된 영역이다. 그러나 지식재산권의 '사용'이 남용행위에 해당되어 특정 시장에서 지배적 지위를 형성해 해당 시장의 경쟁을 제한한다면 반독점법에 의해 규제를 받게 된다.

Ⅰ. 지식재산권법과 반독점법의 일반적인 관계

일반적으로 법의 기본분류에서 지식재산권법과 반독점법은 서로 다른 영역에 속한다. 지식재산권법은 개인의 지식재산에 관한 법률로 사법에 속하며, 반독점법은 '경제 헌법'이라는 공법적 속성이 뚜렷하다.[1)]

지식재산권법과 반독점법의 관계에 대해 과거에는 주로 둘 사이의 모순을 강조했다. 법적 기능의 관점에서 지식재산권법은 독점 사용을 보호하고 '합법적 독점'을 인정하는 반면, 반독점법은 자유 경쟁을 보호하고 독점에 반대한다. 미국은 현대 반독점법의 발원지이자 현대 지식재산권 제도가 가장 발달한 국가이다. 두 법률 사이의 관계는 미국에서 항상 논쟁의 여지가 있는 주제이다. 오랫동안 지식재산권법이 강조하는 독점적 사용과 반독점법이 보호하는 자유경쟁 사이에는 명백한 충돌이 있다. 1930년대부터 1970년대

1) 上述归类分析是基本的, 但并非绝对的. 知识产权法是以综合性法律规范、多样性法律制裁措 施为特征的专门法律, 在立法文件中含有程序法规范、行政管理规范和刑事处罚规范, 但这种公法规 范内容的存在, 并不影响其作为私法体系组成部分的本质属性. 参见吴汉东：<知识产权立法体例与民 法典编纂>, 载 <中国法学>, 2003 (1). 而反垄断法本质上虽为公法, 但其调整的竞争关系是市场经 济关系中的一种. 反垄断法主要用公法的方法, 即禁止、命令、承认、指定等, 调整原本由私法调整 的领域, 这就使得该法又具有私法的某种特性. 参见曹士兵： <反垄断法研究>, 10页, 北京, 法律出版社, 1996.

까지 미국 반독점법은 지식재산권을 제한하는데 적극적인 역할을 했으며 법원은 지식재산권, 특히 특허를 독점과 연결하는 경향이 있으며 지식재산권이 반독점 규정의 예외가 될 수 있는 경우는 거의 없다고 보았다.[2] 한마디로 지식재산권법과 반독점법은 대립하는 것으로 보이며, 법에 의해 보호되는 지식재산권은 반독점법에 의해 규제되는 대상이다. 1981년 미국 법원이 United States 대 Westinghouse Elec. Corp. 사건에서 지적했듯이, "한 법률은 독점권을 만들고 보호하는 반면 다른 법률은 이러한 독점권을 금지하려고 노력한다"고 말했다. 1985년 미국의 반독점 규제관은 다음과 같이 평가한 적이 있다. 지식재산권 보호에 대한 초기 적대감은 기본적으로 잘못된 인식의 결과인 것 같다며, 반독점법과 지식재산권법의 목표 사이에 내재된 경제적 충돌이 있다고 생각한다고 했다.[3] 1980년대 이후 사람들은 지식재산권과 반독점법의 결합과 균형을 모색하기 시작했다. 미국에서는 시카고학파가 경제자유주의와 사회진화론의 새로운 경제구조 이론을 제시해 반독점 사상의 변혁에 중요한 영향을 미쳤으며, 그 상징은 두 개의「반독점 가이드라인」문서의 등장이었다. 1988년 미국 법무부는 지식재산권 허가 문제에 대해 '합리적인 원칙'의 분석 방법을 채택하여 '자체 위법 원칙'의 적용 범위를 축소하는 "국제 비즈니스 활동에서의 반독점 실행 가이드라인"을 발표했다. 1995년 미국 법무부와 연방거래위원회는 공동으로 "지식재산권 허가 행위에 관한 반독점 가이드라인"(이하 1995년 '가이드라인'이라 함)을 발표하여 대부분의 허가 행위에 대해 '합리적 원칙'을 적용해야 한다고 규정하면서 지식재산권법과 반독점법은 기술 발전과 소비자 복지 증진을 위한 공동 목적이 있음을 강조했다.

21세기에 들어서면서 미국 사회는 지식재산권과 반독점법의 조화로운 관계에 더 많은 관심을 기울였다. 2002년 미국 법무부와 연방거래위원회는 공동으로 "지식경제시대 경쟁정책과 지식재산권법"이라는 주제로 일련의 공청회를 개최했고, 2003년 연방거래위원회는 "혁신 촉진 : 경쟁과 특허법률정책의 적절한 균형"이라는 보고서를 발표하고 "경쟁정책과 특허제도 모두 연방정책에서 혁신에 영향을 미치는 중요한 요소"라고 제시했다. 이를 바탕으로 미국 법무부와 연방거래위원회는 2007년 "반독점법 집행과 지식재산권 : 혁신과 경쟁 촉진 보고서"(이하 2007년 '보고서'라 함)를 발표하여 일부 지식재산행

2) 参见宁立志等 : <美国反托拉斯法中的专利权行使>, 载<法学评论>, 2005(5).
3) 转引自郭德忠 : <专利许可的反垄断规制>, 21-22页, 北京, 知识产权出版社, 2007 ; 刘茂林 : <知识产权法的经济分析>, 94页, 北京, 法律出版社, 1996.

위에 대해 반독점법을 지나치게 엄격하게 적용하는 전통 인식을 더욱 명확히 하고, 반독점법과 지식재산권 보호의 교차 영역에서 '합리적인 원칙'으로 반독점법 집행을 계속 지도하여 경쟁을 보호하는 동시에 지식재산권 보호가 혁신에 대한 인센티브를 유지하여 지식재산권과 반독점법 사이의 균형을 달성할 것을 제안하였다.[4)]

두 가이드라인의 제안부터 두 보고서의 발표는 지식재산권 분야에서 미국 반독점법의 집행 입장과 원칙의 중대한 변화를 반영했으며, 이는 우리가 지식재산권법과 반독점법의 일반적인 관계를 이해하는 데 중요한 참고가치가 있다. 일반적으로 지식재산권법과 반독점법은 내재적 통일성을 가지고 있으며 지식재산권 독점행위를 규제하는 상호작용하고 조정의 관계이다. 구체적으로는 다음 두 가지 측면에서 나타난다.

1. 공동의 정책 목표

지식재산권법과 반독점법의 공동 입법목표는 혁신 촉진과 소비자 복리 개선이다. 법률의 제정과 시행은 항상 일정한 정책 목표와 관련되어 있다. 제도적 기능 측면에서 지식재산권법과 반독점법은 국가혁신정책의 필수적인 부분이다. 지식재산법은 혁신을 위한 인센티브 메커니즘을 제공할 수 있다. 시장경제 조건하에서 혁신자가 지불한 비용은 회수할 수 있어야 하고 수익도 달성해야 한다. 지식재산권법은 혁신자에게 일정 기간동안 혁신성과에 대한 독점권을 부여하는 것으로, 다른 사람이 혁신 성과를 이용하려면 동의를 얻고 비용을 지불해야 한다. 이는 혁신자에게 가장 경제적이고 효과적으로 지속적인 혁신 인센티브를 제공하는 것이다. 반독점법의 경우 경쟁을 보호하거나 경쟁질서를 유지하는 것이 그 존재의 근원이자 내면정신이다. 반독점 메커니즘의 기본 기능은 자유롭고 공정한 경쟁을 보호하여 혁신과 경제 발전을 촉진하는 것이다. 효과적인 반독점 메커니즘은 독점적 지위를 남용행위를 제거하고 시장 진입장벽을 낮춰 경쟁을 촉진할 수 있다. 역동적인 경쟁 메커니즘은 또한 혁신 능력을 자극하여 혁신 활동을 촉진할 수 있다. 이에 일부 학자는 두 법률이 혁신을 장려하는 측면에서 다른 길을 가고 있으나 궁극적인 목표는 같다(殊途同归)고 설명한 바 있다.

반독점법은 경쟁시장의 "큰 몽둥이"(즉, 혁신하지 않는 기업은 도태된다)를 사용하여

---

4) 参见宁立志等 : <美国反托拉斯法中的专利权行使>, 载<法学评论>, 2005(5) ; 王先林等 : <反垄断执法与知识产权保护之间的平衡>, 载<知识产权>, 2007(6).

초기 혁신을 장려하는 시장구조를 촉진하고 지식재산권법은 제한된 독점성(專有性)과 이로 인한 이익("당근")으로 초기 혁신을 장려한다. 반독점법은 독점성을 가진 지식재산권 이외의 경쟁 기회를 보호함으로써 후속 혁신을 촉진하고, 지식재산권법은 초기 혁신의 공개를 요구하는 것으로 후속 혁신자에게 '합리적 사용'과 지식재산권을 '남용되지 않을' 권리를 제공함으로써 후속 혁신을 촉진한다.[5] 제도적 취지에 있어서는 지식재산권법과 반독점법 모두 소비자의 복리 개선을 위한 가치적 목표를 추구하는 것으로 보인다. 지식재산권법은 한편으로 혁신을 장려하고 경제 발전을 촉진하여 소비자에게 더 많은 선택권을 제공하고 다른 한편으로는 위조 및 기타 지식재산권 침해에 대한 제재를 통해 소비자가 거래에서 피해를 입지 않도록 하여 소비자 보호의 목적을 달성한다. 마찬가지로 반독점법도 통상적으로 소비자 복리의 증감을 시장행위가 독점에 해당하는지 여부를 판단하는 기준 중 하나로 본다. 현대 사법(私法)이 형식의 자유와 평등을 보장하는 데 초점을 맞추는 것과 달리, 반독점법은 실질 정의의 법률 정신을 구현하고 형식적 표면적으로 공정하나 실질적으로는 불공평한 상황을 교정하는 데 중점을 둔다.[6] 독점 상태에 대한 반독점법의 통제, 시장진입장벽, 시장점유율 및 기타 경쟁을 제한하는 행위에 대한 규제는 자유롭고 공정한 경쟁질서를 유지하고 소비자에게 최대한의 선택권을 제공하는 반독점법의 목적을 깊이 드러낸다고 할 수 있다.

2. 상호 보완적인 조정 기능

지식재산권법과 반독점법의 조정기능에서의 상호작용과 조정은 권리남용행위를 규제하는 데 있다. 권리남용 금지는 현대사회에서 보편적으로 실천되는 법개념이자 현대 여러 국가의 법률에 보편적으로 규정된 법원칙이다. 권리남용의 실질은 권리자가 불공정하고 부적절한 방식으로 그 권리를 행사하는 데 있다. 지식재산권 남용에 대한 법적 규제에는 사법규제와 공법규제 두 가지 유형이 있다.[7] 전자는 지식재산권법 자체규범의 제한으로 나타나는 일종의 내부 제한이다. 정당한 권리 행사의 일반원칙 외에도 법률은 지리적 제한, 시간적 제한, 권한 제한(합리적인 사용, 법적 사용허가, 강제적 사용허가 포함)과

5) 参见王先林：<知识产权与反垄断法－－知识产权滥用的反垄断问题研究>, 84-85页, 北京, 法律出版社, 2001.

6) 参见[日]丹宗昭信等编著：<现代经济法入门>, 谢次昌译, 50页, 北京, 群众出版社, 1985.

7) 参见梁慧星：<民法总论>, 251页, 北京, 法律出版社, 1996.

같은 구체적인 제도를 통해 지식재산권의 효력이 특정 조건에서 제한되도록 한다. 그 다음은 민법 기본원칙에 의한 제한으로 나타나는데 주로 민법상 신의성실의 원칙, 권리남용 금지원칙, 공서양속의 원칙에 의해 제한되는 것을 말한다. 민법의 기본 원칙은 각종 민법제도의 기본 원칙으로 민법이 조정하는 사회관계와 민법 관념의 종합적인 반영이다. 지식재산권은 민사법률제도의 일종으로 위의 기본원칙에 따라야 하며 평등주체 간의 지적재산관계를 조정할 때 민법 기본원칙의 정신을 반영하여야 한다. 지식재산권 남용행위에 대하여 민법 기본원칙의 법적 규제기능은 다음과 같은 두 가지로 나타난다. 하나는 구속기능으로 지식재산권의행사가 민법 기본원칙의 구속을 받고 상술한 기본 원칙에 위배되는 민사활동은 법의 보호를 받지 못한다. 다른 하나는 보완기능으로 성문법인 지식재산권법을 적용하기에 충분하지 않을 때 권리남용행위를 어느 정도 통제할 수 있어 법의 흠결을 보완하는 역할을 한다.[8)]

후자는 반독점법의 틀 내에서 지식재산권 남용 문제를 해결하는 일종의 외부 규제이다. 지식재산권법 자체 규범이든 민법 기본 원칙이든 지식재산 남용에 대한 규제는 모두 사법 자체의 성질과 수단에 국한되기에 이러한 경우 반드시 공법의 개입이필요하다. 반독점법은 국가의 시장경쟁개입의 산물로서 공법의 사회적 정체성을 반영하므로 지식재산권 남용행위를 규제하는 데 특별한 작용과 효과가 있다. 지식재산권은 사적 권리로 그 발생 초기부터 해당 법적 속성은 변함이 없다. 그러나 개인의 사익과 사회 공익의 관계를 조정하고 균형 있게 조정하기 위해 국가는 사권에 필요한 개입과 조정을 할 수 있으며 지식재산권도 다른 사적 재산권과 마찬가지로 예외가 될 수 없다. 1995년 미국의 가이드라인은 지식재산권의 권리 행사가 반독점법 검토에서 면제되는 특별한 혜택을 누려서는 안 되며 특별한 의심을 받아서도 안 된다고 주장했다. 이 관점은 바람직하다. 지식재산권 분야에 대한 반독점법의 개입은 두 가지 측면에서 파악해야 한다. 하나는 지식재산권을 다른 재산권과 동등하게 취급하고 동일한 반독점법 원칙을 적용해야 한다. 지식재산권은 다른 재산권과 구별되는 많은 특성을 가지고 있지만 법률을 적용하는 데 있어 특별히 반독점법의 심사가 면제되지 않는다. 즉, 모든 재산권은 통일된 기준과 법적 원칙을 적용해야 한다. 이러한 의미에서 지식재산권은 반독점법의 '제외영역'이 될 수 없다. 다른 하나는 지식재산권 남용에 대한 규제는 지식재산권의 '합법적 독점'을 부정하고 배제하는 것

8) 关于民法基本原则的功能作用, 可参见 魏振瀛主编 : <民法>, 22-23页, 北京, 北京大学出版社, 2000.

과 같지 않다. 지식재산권은 '독점권'으로 간주되지만 이에 대해서는 반독점법 규제의 시장지배력으로 가정할 수는 없다. 지식재산권을 기초로 형성된 시장지배력 자체가 당연히 불법이 되는 것은 아니고, 지식재산권의 행사가 법적 한계를 초과하여 타인의 이익과 사회 공익을 해치는 결과를 초래한 경우에만 반독점법에 규정된 '권리남용'으로 간주될 수 있다.

일반적으로 지식재산권법과 반독점법은 대립적이면서 통일적인 관계이다. 지식재산권은 본질적으로 어느 정도의 독점을 형성하는 반면, 반독점법의 규제 대상은 일정한 독점행위로 입법취지로 보면 상충되는 부분이 있는것으로 보인다. 그러나 한 국가의 법체계에서 지식재산권법과 반독점법은 혁신을 촉진하고 소비자 후생을 개선하기 위한 공동의 정책목표를 가질뿐만 아니라 지식재산권 남용 규제에 있어 상호작용 및 조정의 법적 기능을 가지고 있다. 반독점법은 '합법적 독점'의 속성을 지닌 지식재산권 자체가 아니라 시장지배력을 남용하는 것으로 나타나는 지식재산권 행사 행위에 초점을 맞추고 있다. 요약하면, 지식재산권 남용 문제는 지식재산권 보호와 반독점 심사 사이의 법적 연결점이다.

Ⅱ. 지식재산권 남용행위에 대한 반독점법의 인정

지식재산권 남용은 지식재산권의 정당한 행사에 비교하여 표현한 것으로, 권리자가 지식재산권을 행사할 때 법률이 허용하는 범위 또는 정당한 한계를 초과하여 타인의 이익과 사회공익을 해치는 상황을 말한다. 지식재산권 남용행위가 지식재산권 자체의 무효로 이어지지는 않는다. 이는 권리남용에 있어서의 권리 자체 즉 법률에 의해 인정되고 실현을 보장받는 이익으로서의 권리는 부적법한 '권리'나 부당하게 취득한 '권리'를 포함하지 않아야 하기 때문이다. 권리 자체가 남용에 의해 무효가 되는 것은 아니지만, 권리남용으로 인해 두 가지 법적 결과를 초래할 수 있다. 첫째, 지식재산권 규범을 위반하여 사법 규제의 결과를 낳는 것이다. 사법분야에서 지식재산권 남용행위 자체가 기소할 수 있는 권리침해 행위는 아니나 권리자는 이로 인해 권리사용료 또는 금전적 보상을 포함한 구제 청구 가능성을 상실하게 된다. 둘째, 반독점법 규범을 위반하여 공법 규제의 결과를 초래한다. 이러한 권리남용은 시장지배력을 남용하고 시장경쟁을 제한하는 행위로, 시장

경쟁의 공공정책과 관련되므로 반독점법에 따라 규제할 필요가 있다.

위의 상황은 지식재산권 남용행위가 사법 및 공법 분야에서 발생할 수 있으며 권리남용행위가 반드시 반독점법에 위배되어 그 규제를 받는 것은 아니지만 반독점법에 위배되어 권리를 행사하는 행위는 지식재산권을 남용하는 행위임에 틀림없음을 시사한다.[9] 여기서 판단기준은 시장지배력, 시장점유율, 시장진입의 난이도 등을 포함한 반독점법의 시장구조적 요인을 기반으로 한다. 미국법이나 유럽연합(EU)법은 대개 시장구조를 결합하여 지식재산권 남용 문제를 규제한다. 즉, 지식재산권 남용이 되려면 다음과 같은 요건을 갖춰야 한다. "지식재산권과 관련된 관련 시장 획정, 관련 시장에서 시장지배적 지위를 가질 것, 반경쟁적 방법을 채택하여 그 지위를 유지하거나 강화하여(남용행위) 경쟁을 제거하는 효과나 위험이 있을 것, 기타 정당한 사유로 정당성을 획득할 수 없을 것"이 있다.[10] 아래 나눠서 설명한다.

1. 관련 시장

관련 시장 획정은 시장지배력을 인정하기 위한 전제 조건이다. 이는 지식재산권으로 인한 시장지배적 지위를 인정할 때, 지식재산권에 의해 보호되는 기술이나 상품의 대체품이 아주 적어 권리자가 관련 시장에서 효과적인 경쟁을 제한할 능력이 있다는 사실을 입증해야 하기 때문이다. 여기서 관련 시장 범위에 대한 확정은 반독점법 위반 조사의 중요한 부분이다.

관련 시장은 특정 사건과 관련이 있는 시장 즉 구체적인 사건에서 경쟁관계 또는 경쟁제한행위가 발생한 해당 시장을 말한다. 관련 시장을 획정하려면 아래 두 가지 요소를 고려해야 한다. 하나는 관련상품시장 즉 구체적인 사건에서 피고의 상품 또는 서비스가 어떤 상품 또는 서비스와 경쟁관계에 있는지에 대한 것이다. 다른 하나는 관련 지역 시장 즉 피고가 상품 또는 서비스를 판매하는 지리적 범위이다. 다시 말하면 관련 상품이나 서비스가 해당 지역 내에서 경쟁관계에 있다는 것이다.[11]

---

9) 参见许春明：<阻止专利大棒－－浅谈专利权滥用的法律规制>, 载<中国发明与专利>, 2007(8).

10) 韩立余：<反垄断法规范知识产权滥用的特点和局限－－以欧美微软案为视角>, 载<暨南学报(哲学社会科学版)>, 2007(2).

11) 参见王曙光：<知识产权人拒绝交易的反垄断法分析>, 载<北京工商大学学报(社会科学版)>, 2007(1).

(1) 관련상품시장

지식재산권의 영향을 받는 시장은 "상품시장", "기술시장", "개발 및 혁신 시장"으로 나눌 수 있다. 「유럽공동체경쟁법 관련 시장 확정에 관한 고시」제7조에 따르면 관련상품시장은 상품의 성능, 용도 및 가격에 따라 소비자의 관점에서 교환 또는 대체할 수 있는 모든 상품 또는 서비스를 의미한다.[12] 여기서 관련상품시장 획정의 핵심은 해당 특정 상품에 대체품이 있는지 여부를 확인하는 것이다. 상품시장과 상품대체성의 관계에 대한 분석과 관련하여 미국 법원은 두 가지 요소를 제시하였다.[13] 하나는 합리교환성이다. 주로 상품 간의 구매 경로, 성능 및 가격 측면에서 상호대체 가능성이 있는지 여부에 따라 대체 관계에 있는 모든 상품이 동일한 시장을 구성한다. 1995년 미국의 "가이드라인"은 더 이상 지식재산권이 있다는 것으로 관련상품시장을 정의할 수 있다고 가정하지 않고, 시장지배력 판단에 있어 대체재의 중요성을 확인했다. 소비자의 구매의사 결정에서 대체재의 역할을 고려하여 관련상품시장의 범위를 확장하였고, 이로써 지식재산권 보유로 인해 시장지배력을 가지게 되는 가능성을 어느 정도 줄일 수 있었다. 다른 하나는 수요의 교차탄력성이다. 특정 상품의 가격 변화는 소비자가 상품을 선택할 수 있는 변화 가능성에 영향을 미친다. 경쟁관계에 있는 모든 상품은 동일한 시장에 속한다. 수요 교차탄력성은 다음과 같이 나타난다. 한 상품의 가격이 너무 오르거나 공급이 제한되면 소비자는 대체품을 구매하게 되는데, 이럴 경우 수요 교차탄력성이 높아 공급자가 시장지배력을 가지고 있다는 것을 나타내기 어렵다. 만약 해당 상품에 대해 보편적인 수요가 있어 소비자가 대체품을 구매할 수 없거나 구매하기를 원하지 않는다면, 이는 바로 수요 교차탄력성이 낮은 경우로 공급자가 대체품 제공자보다 더 큰 지배력을 가지고 있음을 나타낸다.[14]

(2) 관련지역시장

지식재산권의 영향을 받는 지역시장은 상품의 효과적인 경쟁이 존재하는 지리적 범위와 관련이 있다. 「유럽공동체경쟁법 관련 시장 확정에 관한 고시」제8조에 따르면 관련지

12) 参见王晓晔：<欧共体竞争法>, 77页, 北京, 中国法制出版社, 2001.
13) 美国最高法院在 "布朗鞋公司案" 判决中指出："一个产品市场的范围取决于对合理交换性的利用或者对产品本身和其替代产品之间的交叉弹性需求." 参见[英] 约翰 · 亚格纽：<竞争法>, 徐海等译, 56页, 南京, 南京大学出版社, 1992.
14) 参见王先林：<知识产权与反垄断法－－知识产权滥用的反垄断问题研究>, 198页, 北京, 法律出版社, 2001.

역시장은 관련 기업이 상품 또는 서비스를 공급 또는 구매하는 지역을 말하며 그 지역 내 경쟁조건은 기본적으로 동일하다.[15] 유럽 및 미국의 관행에 따르면 지역시장을 획정하는 것은 단지 상품의 합리교환성과 수요의 교차탄력성을 고려하여 이를 위해 적절한 지역범위를 확정하는 것이다. 관련지역시장의 범위는 국내 특정 지역, 특정 국가 또는 여러 국가로 구성된 경제구역(예: 유럽연합) 또는 전 세계(예: 마이크로소프트 독점사건 판결[16])일 수 있다. 지역시장을 결정하는 방법은 주로 상품의 판매범위(상품의 판매범위는 일반적으로 지역시장의 범위와 같다고 봄)를 조사하고 소비자가 경쟁 상품을 쉽게 선택할 수 있는지 여부(주요 요인은 상품 운송비용과 상품 특성임)를 보충으로 한다. 또한 이 외에도 소비자 선호도와 정부 규제의 영향을 받는다.

2. 시장지배적 지위

관련 시장에서 지배적지위를 가지는 것이 시장지배적 지위를 남용하는 불법행위에 대해 제재하는 기초이다. 유럽과 미국의 법원이나 중재기관은 더 이상 지식재산권의 보유를 시장지배력을 가지는 것으로 가정하지 않는다. 지식재산권법은 특정 지적 성과에 독점하는 권리를 부여하는 데, 이는 반독점법 의미에서 시장 독점과는 다르다. 1995년 미국의 가이드라인은 보호를 받는 지식재산권을 보유하는 것이 당연히 시장지배력을 갖는 것은 아니라고 보았다. 2007년 보고서에서는 일부 지식재산권이 이론적으로는 독점을 형성할 수 있지만, 일반적인 상황에서 지식재산권에 의해 보호되는 기술이나 상품은 늘 대체가능한 기술이나 상품이 존재하기 때문에 실제로 독점을 형성할 수 있는 지식재산권은 거의 없다고 강조했다. 따라서 지식재산권을 가지고 있다는 사실만으로는 시장지배력을 갖는다는 결론을 도출할 수 없다.[17] 지식재산권 자체가 시장지배적 지위에 해당하는 것이 아니기에 지식재산권을 보유한 기업이 시장지배력을 가지고 있는지 여부에 대한 분석은 시장지배적 지위를 획정하는 일반적인 기준을 따라야 한다.

시장지배적 지위는 시장우월적 지위 또는 시장통제적 지위라고도 하는데, 기업이 특정

---

15) 参见王晓晔：<欧共体竞争法>, 80页, 北京, 中国法制出版社, 2001.

16) 在微软垄断案中, 地区法院法官杰克逊即是以全球范围作为确定微软的英特尔兼容个人电脑操作系统许可证这种产品的相关地域市场的. 参见方兴东主译：<微软罪状－－美国法院政府诉微软一案事实认定>, 39页, 北京, 中国友谊出版公司, 2000.

17) 转引自王先林等：<反垄断执法与知识产权保护之间的平衡>, 载<知识产权>, 2007(6).

시장에서 가지고 있는 어느 정도의 통제력 즉 관련 상품시장과 지역시장에서 상품의 생산량과 가격 및 판매 등 각 측면을 결정할 수 있는 지배력을 가지는 것을 의미한다. 유럽연합 집행위원회는 EU 법원의 시장지배적 지위에 대한 정의를 인용했는데, 바로 기업이 누리고 있는 관련 시장에서 효과적인 경쟁을 저해할 수 있는 경제역량과 경제적 지위로, 이 지위는 기업으로 하여금 경쟁자, 고객 및 최종 소비자 행위로부터 상당한 정도에서 독립적인 힘을 가지게 한다.[18] 미국의 1995년 가이드라인은 시장지배적 지위를 "관련 시장에서 비교적 긴 시간 동안 가격을 경쟁 수준 이상으로 유지하거나 생산량을 경쟁 수준 이하로 유지하여도 여전히 이익을 낼 수 있는 능력"으로 해석했다. 시장지배적 지위의 인정은 주로 시장점유율과 시장 진입장벽 두 가지 측면에서 조사된다.

(1) 시장점유율

시장점유율은 특정 기업이 통제하는 특정 관련 시장의 백분율로 이는 시장지배력을 결정하는 가장 중요한 요소이다. 미국 법원과 유럽연합 집행위원회는 마이크로소프트사 사건에서 모두 그 시장점유율 분석, 즉 관련 시장에서 마이크로소프트 운영체제의 높은 시장점유율을 근거로 마이크로소프트사가 마이크로컴퓨터 운영체제 시장에서 시장지배적 지위를 차지하고 있다고 판단했다. 시장점유율을 결정하는 방법은 국가마다 다르다는 점에 유의해야 한다. 대륙법계 국가들은 대부분 시장점유율의 "경계선"을 성문법 형식으로 명확히 규정하고 있다. 예를 들어, 독일 「카르텔법」 제19조는 "한 기업이 시장점유율 1/3 이상을 차지하면 시장지배적 지위를 갖는 것으로 추정할 수 있다"고 규정하고 있다. 일본의 「사적독점금지 및 공정거래 확보에 관한 법률」 제2조는 "한 사업자의 시장점유율이 1/2을 넘거나 두 사업자의 시장점유율 합계가 3/4을 넘으면 독점 상태에 이른다"고 규정하고 있다. 전통적인 판례법 국가인 미국은 주로 사법 관행을 통해 시장점유율 기준을 조정하며 이미 일련의 체계적인 수학적 분석 모델을 형성했다.

(2) 시장 진입장벽

시장 진입장벽은 시장의 신규 진입자가 기존 시장 주체보다 비교적 큰 경제적 비용을

18) 转引自韩立余：<反垄断法规范知识产权滥用的特点和局限－－以欧美微软案为视角>, 载<暨南学报(哲学社会科学版)>, 2007(2).

지불해야 하는 것이다.[19] 이는 기업이 시장지배적 지위를 가지고 있는지 여부를 획정하는 중요한 요소 중 하나이다. 일반적으로 진입장벽이 높은 시장에서는 잠재적 경쟁자가 진입할 가능성이 적어 기존 점유율 우위를 차지한 기업은 시장지배적 지위로 간주되기 쉽다. 시장 진입장벽을 인정할 때 단일 상품시장은 종종 시장지배적 지위를 가진다고 인정될 위험이 있다.

지식재산권을 보유한 기업의 경우 관련 시장이 하나의 지식재산권으로 망라되는 한 가지 상품으로 축소될 때 지식재산권이 대체품을 배제한다는 사실 자체가 기업의 실제 독점 상태가 형성되었음을 의미한다. 후긴(Hugin) 사건에서 법원은 "후긴이 후긴 관련 예비부품의 유일한 공급자로 립톤(Lipton)과 다른 유사 기업의 생존이 해당 예비부품 공급에 의존하므로 해당 부품 속에 포함된 지식재산권이 하나의 진입장벽으로 후긴의 시장지배적 지위를 강화하는 하나의 요인이 되었다"고 판단했다.[20]

상술한 두 가지 요인을 분석한 의의는 시장점유율이 높을수록 시장지배적 지위를 형성할 가능성이 높고 시장진입 장벽이 높을수록 시장지배적 지위를 인정할 가능성이 높다는 것을 나타낸다.

3. 시장지배적 지위 남용

지식재산권을 가진 기업의 경우 시장지배적 지위 자체가 불법은 아니다. 미국 포즈너(波斯纳; Richard Allen Posner) 판사는 "적법한 수단을 통한 독점적 지위 차지는 반독점법 위반이 아니며, 이러한 합법적 수단에는 기술혁신과 지식재산권법을 통한 경쟁적 보호가 포함된다"고 지적했다.[21] 권리자인 기업은 이러한 시장지배적 지위를 남용하는 경우에만 반독점법에 의해 금지된다. 남용행위에 대한 인정이 지식재산권 권리자에 대한 반독점조사의 핵심이다.

시장지배적 지위의 존재는 합법과 불법의 구분에 있으나 그 사이에서 이를 명확히 구분하기는 어렵기 때문에 각국의 반독점법은 대부분 열거주의적 방법을 채택하고 있으며 시장지배적 지위의 남용을 자국의 상황에 따라 나열하거나 법원이 판례를 통해 권리남용

19) 参见孔祥俊：<反垄断法原理>, 533页, 北京, 中国法制出版社, 2001.

20) 参见王晓晔：<欧共体竞争法>, 北京, 中国法制出版社, 2001.

21) 引自王先林等：<反垄断执法与知识产权保护之间的平衡>, 载<知识产权>, 2007(6).

행위에 대해 일반적인 서술을 하고 있다. 후자의 해석은 시장지배적 지위를 남용하는 행위의 성질과 특징을 어느 정도 설명하였다.

EU법원은 남용행위의 정의에서 '경쟁 저해'란 개념을 강조했다. 법원은"지배적 지위 남용이란 개념은 시장지배적 지위를 가진 기업의 행위와 연결된 개념으로 유관기업이 가지고 있는 이러한 지위는 시장구조에 영향을 미칠 뿐만 아니라 상업 거래에서 상품 또는 서비스의 정상적인 경쟁과는 다른 수단을 채택함으로써 기존 시장에서 경쟁정도의 유지나 경쟁의 발전을 저해하는 역할을 한다"고 판시했다.[22] 마이크로소프트 사건에서 법원은 마이크로소프트사가 호환성 정보 제공을 거부해 경쟁을 제거할 위험이 있고 기술 혁신과 소비자 후생에 악영향을 미쳤다고 인정했다. EU법원의 판단방법은 시장지배적 지위를 가진 기업이 잠재적 경쟁자의 시장진입을 방해하거나 자신이 사업을 영위하는 시장에서 현행 기업을 배제하기 위한 방법을 사용했다면 「유럽경제공동체 설립 조약」(이하 「유럽공동체조약」이라 함)제82조 남용행위에 대한 규정 위반으로 본다는 것을 알 수 있다.[23] 미국 법원은 남용행위를 기술하기 위해 '배타적'이란 개념을 채택했다. 시장지배적 지위를 가진 기업이 배타적 행위를 통해 독점을 획득 또는 유지하거나 독점을 획득 또는 유지하려는 경우에만 불법이다. 이는 남용행위를 인정하는 일반원칙을 나타낸 것으로 첫째, 독점자의 행위는 반경쟁적 효과가 있어야한다. 즉, 반드시 경쟁 과정을 훼손하고 그로 인해 소비자의 복지에 손해를 입혔어야 한다. 둘째, 독점자의 행위가 실제로 일정한 정도의 반경쟁적 효과가 있음을 입증해야 하며 그 피해는 반독점법이 방지하고자 하는 그러한 손해여야 한다.[24]

유럽지역과 미국의 사법 관행은 남용행위에 대해서도 책임 면제의 경우가 있다. 시장지배적 지위 남용 혐의로 기소된 기업은 관련 혐의에 대해 항변할 수 있는데 그 중 기술혁신 촉진, 소비자 이익보호 등은 모두 남용행위에 대한 항변 사유가 될 수 있으나 피고는 지식재산권을 남용행위에 대한 항변 사유로 사용할 수 없다.

---

22) 阮方民：<欧盟竞争法>, 195页, 北京, 中国政法大学出版社, 1998.

23) <欧共体条约>第82条规定：一个或者多个在共同市场内或者其中的相当一部分地域内占有优势地位的企业滥用这种地位的任何行为, 可能影响成员国之间贸易的, 因与共同市场不相容而被禁止.

24) 参见韩立余：<反垄断法规范知识产权滥用的特点和局限－－以欧美微软案为视角>, 载<暨南学报 (哲学社会科学版)>, 2007(2).

Ⅲ. 지식재산권 남용행위의 구성과 유형

지식재산권의 남용은 지식재산권의 이용 및 행사 문제를 포함한다. 권리 주체는 일반적으로 일정한 이익을 얻기 위해 자신의 권리를 양도하거나사용을 허가하는 방식으로 자신의 권리를 양도한다. 지식재산권의 라이선스는 종종 라이선스계약 방식을 택한다. 라이선스계약의 대상이 지식재산권이고 피허가자(licensee)가 지정된 기술, 상표 또는 작품을 특정 기간 및 특정 지역에서만 사용할 수 있기에 이러한 계약은 대부분 몇 가지 제한 조항을 포함한다. 이러한 조항은 합리적인 범위 내에서 피허가자 또는 제3자의 지식재산권 침해를 효과적으로 방지하거나 지식재산권의 효과적인 사용을 촉진할 수 있다. 이와 반대로 이러한 조항은 경쟁을 제한하거나 방해하여 피허가자 및 타인의 정당한 이익을 해칠 수 있다.[25] 후자의 경우 지식재산권의 남용이 성립한다.

반독점법 의미에서의 지식재산권 남용행위는 지식재산권 주체가 부적절하게 그 권리를 행사하고 특정 시장에서 배타적 통제를 실시하여 타인의 정당한 이익이나 사회공익을 해치는 행위를 말한다. '배타적 통제'란 각종 시장지배적 지위 남용행위(독점행위)를 통해 실질적으로 경쟁을 제한하는 상태를 형성하는 것을 말한다. "부적절하게 그 권리를 행사한다"는 것은 두 가지 경우를 포함한다. 하나는 권리자의 행위가 법에서 정한 범위를 벗어난 경우이다. 권리행사는 법정 범위 내에서 해야 한다. 만약 그 행위가 법률이 설정한 한도를 초과하여 불합리하게 경쟁을 제한한다면 반독점법에 따라 금지할 수 있다. 다른 하나는 권리자의 행위가 시장경쟁을 방해하고 제한하는 결과를 초래한 경우이나. 비록 자신의 범위 내의 권리 행사라 하더라도 시장경쟁에서 허용되지 않는 제한을 가져오는 경우, 그 행위는 여전히 반독점 조사를 받게 된다.[26]

미국, 일본, 유럽연합 등 국가나 지역의 관행에 따르면 반독점 규제의 지식재산권 남용행위는 주로 다음과 같은 유형이 있다.

1. 가격고정

가격고정이란 경쟁관계에 있는 행위자가 협의를 통해 가격을 결정, 유지 또는 변경하

25) 参见王晓晔：<知识产权滥用行为的反垄断法规制>, 载<法学>, 2004(3).
26) 参见张瑞萍：<反垄断法应如何对待知识产权>, 载<清华大学学报 (哲学社会科学版)>, 2001(4).

는 행위이다. 지식재산권 자체가 일종의 법적 독점권으로 권리자가 가격 설정에 대한 법적 근거를 가지고 있으며, 피허가자에게 권리자의 가격 요구사항을 따를 것을 요구할 수 있다. 그러나 이러한 특수성에도 제한이 있다. 예를 들어, 권리자와 피허가자가 교차 라이선스계약을 체결하고 가격고정 조항을 두거나 또는 양 당사자가 특정 시장을 통제하고 경쟁을 제한하는 것을 통하여 보상을 기대하는 경우 모두 반독점법을 위반한 것으로 간주된다.

2. 시장분배

시장분배는 경쟁관계에 있는 당사자가 협의를 통해 시장(지역시장 또는 상품시장 포함)과 고객을 분할하는 행위이다. 1995년 미국 가이드라인은 시장 또는 고객을 나누는 행위에 "당연위법의 원칙"을 적용하도록 규정하고 있으며, EU연합 240/96호 규정은 과도한 지역 제한, 수출 제한 및 고객 분배 제한을 '블랙리스트' 조항으로 규정하여 반독점법의 금지 행렬에 귀속시켰다. 그 후의 772/2004호 규정은 시장 분배 행위에 대해 보다 상세한 규정을 만들면서 이와 동시에 "당연위법의 원칙"을 적용하지 않는 7가지 수평적 경쟁상대의 시장 분배 행위를 열거했다.[27)]

3. 교차 라이선스

교차 라이선스는 둘 또는 그 이상의 지식재산권자 사이에서 체결된 상호간에 상대방이 소유한 지식재산권의 사용을 허가하는 합의이다. 합리적인 교차 라이선스는 상호 보완적 기술의 통합배치를 통해 거래 비용을 줄일 수 있으며, 상품의 적시 시장 투입, 봉쇄된 지위 제거 및 고비용 침해 소송 회피 등에 유리하여 경쟁 촉진의 이점을 가져올 수 있다.[28)] 그러나 지식재산권자가 교차 라이선스계약을 사용하여 경쟁을 제한하고 특히 가격고정 또는 시장 분배에 사용할 경우 당연위법 행위로 인해 반독점 심사를 받게 된다.

---

27) 上述例外规定可参见郭德忠：<专利许可的反垄断规制>, 72-74页, 北京, 知识产权出版社, 2007.
28) 参见郭德忠：<专利许可的反垄断规制>, 74页, 北京, 知识产权出版社, 2007.

4. 특허풀

특허풀(Patent pool: 专利联营)은 둘 또는 그 이상의 특허권자가 그들의 특허권 또는 위탁대리권을 전문법인 또는 조직에 집중시켜 해당 법인 또는 조직을 통해 그 구성원 또는 타인에게 라이선스를 부여하는 것을 말한다. 특허풀은 교차 라이선스와 마찬가지로 긍정적인 평가와 부정적인 평가 두 가지 평가가 있다. 정당한 특허풀은 각 권리자가 보유한 특허의 호혜적인 사용을 허용함으로써 특허의 사용가치를 증가시키거나 특허권자 간의 기술교류를 촉진하여 경쟁을 촉진하는 효과가 있다.[29] 그러나 특허풀이 구성원에게 특허 경영에 있어서 각종 제한을 가하거나 특허풀에 다른 사람의 참여를 배제 또는 다른 특허풀의 형성을 제한하는 경우, 특정 상품시장에서의 경쟁을 실질적으로 제한하는 바 반독점법 의미에서의 권리남용이 될 수 있다.

5. 다중 라이선스

다중 라이선스는 한 특허권자가 여러 상대에게 특허기술 사용권을 부여하는 라이선스 계약이다. 특허권자가 제시한 공통조건이 여러 피허가자에게 비독점적으로 사용권을 부여하는 것인 경우 일반적으로 반독점법 위반 문제가 발생하지 않는다. 만약 허가자와 여러 피허가자 간에 특허상품의 가격, 생산량, 판매 등을 공동으로 제한하는 합의가 이루어져 시장경쟁을 제한한다면 반독점법 위반이 된다.

6. 끼워팔기

끼워팔기는 지식재산권자가 판매자로 매입 당사자로 하여금 지정된 상품(주된 상품: tying product, 结卖品)과 관련이 없는 다른 상품(종된 상품: tied product, 搭卖品)을 구매, 수락 또는 사용하도록 강제하는 상업적 행위이다. 상품의 성질과 거래 관습에 따라 위의 두 가지 상품이 필연적인 관련이 없음에도 불구하고 구매자가 원하는 상품을 얻기 위해 어쩔 수 없이 다른 상품도 구매하는 경우로 반독점법상 끼워팔기에 해당한다. 끼워

29) 参见王先林 : <知识产权与反垄断法－－知识产权滥用的反垄断问题研究>, 283页, 北京, 法律出版社, 2001.

팔기는 시장지배적 지위를 남용하는 중요한 형태이다. 이는 한편으로는 소비자의 선택의 자유를 제한하고 다른 한편으로는 다른 사업자의 경쟁 자유를 방해한다. 그러나 상업 거래에서 끼워팔기 행위가 기술의 정상적인 성능을 보장하고 상품 품질과 소비자 안전을 보장하는 목적이라면 허용 가능한 끼워팔기로 간주되어야 한다.

7. 배타적 거래

배타적 거래는 지식재산권자가 라이선스계약에서 피허가자가 라이선스양도, 유통 또는 허가 받은 기술에 대해 경쟁을 형성하는 다른 기술을 양도하거나 사용할 수 없도록 제한한다. 독점적 거래라고도 하는 배타적 거래는 특허 라이선스계약에서 비경쟁 의무이며 '합리적 원칙'에 따라 평가되어야 한다. 배타적적 거래가 관련된 상품이 시장지배력을 가지고 당사자 간의 공모가 형성되어 제3자 기술을 배제하는 결과가 발생할 때, 반독점 조사를 받게 된다. 배타적 거래에 대해 합리적 원칙에 입각한 평가를 할 때는 "해당 거래가 기술표준 소유자의 기술진보를 촉진하기 위한 것"인지, 아니면 "상호경쟁적 기술의 실시와 발전을 배제하거나 이런 기술 간의 경쟁을 금지하기 위한 것"인지를 중점적으로 분석해야 한다.[30]

8. 그랜트 백(grant-back：回授)

그랜트 백은 라이선스계약에서 피허가자가 허가 받은 기술에 대해 개선한 기술을 원래 특허권자에게 제공하여 사용하도록 하는데 동의하는 것을 말한다. 일반적으로 비배타적 그랜트 백은 피허가자 자신 뿐만 아니라 다른 사람에게도 허가할 수 있어 경쟁을 촉진하는 효과가 있다. 동시에 이러한 약정은 양 당사자에게 위험을 공동으로 부담하는 방법을 제공하고 특허권자로 하여금 보유한 기술을 기반으로 개선 및 혁신된 이점을 누릴 수 있도록 한다. 이런 경우에 그랜트 백의 존재는 허용된다. 그러나 배타적 그랜트 백은 피허가자가 타인에게 허가할 수 없이 오직 특허권자에게만 허가할 수 있어 이때 특허권자가 해당 시장의 지배력을 갖는 경우 반독점법상 제한적 상업행위에 해당한다.

30) 唐要家：<研发创新中的知识产权与反垄断>, 载<科学管理研究>, 2006(9).

9. 라이선스 거절

라이선스 거절은 지식재산권자가 법률이 부여한 독점권을 이용하여 경쟁자를 향한 합리적인 사용허가를 거부함으로써 경쟁을 배제하며 독점적 지위를 공고히 하고 강화하는 행위이다. 일반적으로 시장지배적 지위를 가진 사업자가 상품 공급거절 불가 의무를 위반하여 독점적 경영행위를 한 경우, 이러한 지배적 지위가 지식재산권과 관련이 있는지 여부와 관계없이 반독점법의 규제를 받을 수 있다. 반독점법은 라이선스 거절을 지식재산권남용행위로 인정하는 데 세 가지 제한조건이 있다. 첫째, 권리자가 특정 신상품을 생산하는 지식재산권을 보유하고 있으며, 동시에 시장에 실질적이거나 잠재적인 대체상품이 존재하지 않을 것 둘째, 권리자가 정당한 이유 없이 경쟁자가 해당 신상품 생산을 위한 지식재산권 사용을 거부할 것 셋째, 신상품에 대한 소비자의 수요가 있고 권리자가 생산한 신상품이 다른 사업자가 생산한 신상품과 경쟁관계에 있을 것이다.[31] 이럴 경우 라이선스 거절은 지식재산권 남용이 된다.

Ⅳ. 지식재산권 남용행위 규제에 대한 비교법적 분석

지식재산권 남용행위를 규제하는 것은 반독점법의 중요한 과제이다. 이를 위해 국제사회와 각국의 입법자들이 다양한 노력을 기울이고 있다. 「파리협약」에서 세계무역기구(WTO) 「지식재산권협정」에 이르기까지 모두 라이선스 사용을 촉진하고 권리 독점을 방지하기 위한 원칙적인 조항이 포함되어 있어, 여러 국가의 관련 입법에도 어느 정도의 가이드 역할을 하였다. 지식재산권 남용에 대한 규제 방식은 국가마다 다르다. 미국, 유럽연합 등과 같이 특별한 규정이 없는 나라도 있고, 일본과 같이 원칙적인 규정만 있는 나라도 있으나 이들의 공통적인 방법은 전문적인 법집행기관이 구체적인 가이드라인을 작성한다는 것이다. 그 중에서 미국 법무부와 연방거래위원회가 공동으로 발표한 "지식재산권 라이선스에 대한 반독점 가이드라인", 유럽공동체 위원회가 발표한 "기술 이전에

31) 欧盟法院在 1996年迈吉尔案终审判决与 2004年微软案初审判决中, 表述了拒绝许可的认定规则. 有关资料可参见王先林 : <知识产权与反垄断法－－－知识产权滥用的反垄断问题研究>, 226~231页, 北京, 法律出版社, 2001 ; 郭德忠 : <专利许可的反垄断规制>, 161~163页, 北京, 知识产权出版社, 2007.

관한 규정 제240/96호 및 제772/2004호", 일본 공정거래위원회가 발표한 "특허 및 노하우 라이선스 협정의 반독점법 가이드라인"등이 대표성을 가진다.

1. 국제지식재산권 협약의 남용행위에 대한 규제

지식재산권의 남용을 방지하기 위해 지식재산권 관련 국제협약은 두 가지 조치를 취하고 있다. 하나는 전체 지식재산권 국제 보호 제도에 보편적으로 적용되는 준칙으로 공공의 이익 원칙을 규정하였다. 각 체약국은 국내법을 제정할 때 이 원칙에 따라 지식재산권을 제한하는 몇 가지 예외를 규정할 수 있다. 다른 하나는 허가된 사용을 주요 내용으로 하는 지식재산권 제한 시스템을 규정하고 모든 체약국에 권리남용을 규제하기 위한 적절한 조치를 취할 수 있도록 권한을 부여하는 것이다. 대부분의 국제 지식재산권 협약은 권리남용 방지를 위한 일반적인 규정은 두고 있으나 엄격한 의미에서의 반독점 법률제도를 제공하고 있지는 않다고 할 수 있다.

(1) 공공이익 원칙의 규정 및 적용

공공이익 원칙은 지식재산권의 보호와 권리의 행사가 사회 공공이익을 위반하지 아니하고, 사적이익과 공공이익의 균형을 유지해야 하는 것을 말한다.[32) 「지식재산권협정」은'원칙'제8조에서 다음과 같이 규정하고 있다. 1) 체약국은 그 국내 법률 및 조례의 제정 또는 개정에서 국민의 건강과 영양을 보호하고, 사회 경제와 기술 진보에 중요한 부문의 공공이익을 촉진하기 위하여 필요한 조치를 취할 수 있으나, 해당 조치가 본 협정의 규정과 일치해야 한다. 2) 권리 보유자의 지식재산권 남용, 불합리한 무역제한 또는 국제기술이전에 부정적인 영향을 미치는 행위를 방지하기 위해 적절한 조치를 취할 수 있으나, 해당 조치는 본 협정의 규정과 일치해야 한다. 세계지식재산권기구 저작권조약(WIPO Copyright Treaty, "WCT")은 서언에서 「베른협약」의 정신에 따라 저작자의 권리와 일반 대중의 이익(특히 교육, 연구 및 정보 획득의 이익) 사이의 균형을 실현할 필요가 있다고 선언했다. 「실연 및 음반 조약(WPPT)」도 서문에서 실연자, 음반 제작자 및 대중 간의 이익균형에 대해서 동일하게 표현을 하고 있다. 지식재산권 국제협약에서 공공이익의 목표

---

32) 参见吴汉东主编：<知识产权国际保护制度研究>, 25页, 北京, 知识产权出版社, 2007.

는 공중보건, 사회 발전, 표현의 자유, 공교 등을 포함하며, 위의 목표의 실현은 지식재산권법 내에서 권리의 제한과 이용제도를 통해 보장된다. 공공이익 원칙은 사법분야에서 권리남용을 규제하기 위한 국제법적 준칙을 제공한다고 볼 수 있다.

(2) 권리제한 제도의 규정 및 적용

지식재산권 제한 제도는 지식재산권 국제협약의 일반 규정이자 각국 지식재산권법의 기본 제도이기도 하다. 이 제도는 권리남용을 방지하고 지식 보급 및 기술 활용을 촉진하며 공공이익을 보호하기 위해 설계되었다. 「파리협약」은 특허권자가 특허를 적극적으로 실시하지 않거나 불충분하게실시하는 것을 방지하기 위해, 각 체약국은 강제 라이선스를 발급할 권리가 있으며, 강제 라이선스 발급 후에도 특허권자의 특허남용을 방지하기에 충분하지 않은 경우, 특허 무효를 선언할 수 있다고 규정하고 있다. 「베른협약」은 개발도상국의 실정을 고려해 개발도상국의 경제적 부담을 크게 가중시키지 않고 외국 작품을 합법적으로 사용할 수 있도록 저작물을 번역하거나 복제하기 위한 강제 라이선스를 포함한 여러 우대 조항을 규정하고 있다.

「지식재산권협정」은 "라이선스계약에서 경쟁제한행위에 대한 통제"라는절에서 경쟁제한 남용행위를 특별히 규정하고 있다. 동 협정 제40조의 규정에 따르면 그 내용은 1) 배타적 그랜트 백 조건, 2) 지식재산권 유효성에대한 이의 제기 금지 조건, 3) 강제성을 띤 포괄적 라이선스를 포함한다. 이 규정은 경쟁제한행위를 규제하려는 전형적인 반독점 조항으로, 「지식재산권협정」은 이전의 국제협약과 달리 큰 돌파구를 마련했다. 국제적으로 총칭되는 경쟁법과 경쟁정책은 사실상 반독점법과 반독점정책으로, 사법 의미에서의 「부정경쟁방지법」은 포함하지 않는다.[33] 상술한 조항은 제한된 적용범위를 규정하고 있으며, 반독점법 규제의 내용을 직접적으로 다루고 있다. 지식재산권 남용행위의 인정과 관련하여 「지식재산권협정」은 체약국의 국내법에 "특정 상황"에 따라 구체적으로 규정할 수 있는 입법 권한을 부여하고, 예시주의 방법으로 "배타적 그랜트 백 조건", "지식재산권의 유효성에 대한 이의 제기 금지 조건", "강제성을 띤 포괄적 라이선스" 세 가지 남용행위를 열거했다. 「지식재산권협정」의 남용행위에 대한 반독점 규제는 비교적 포괄적이라는 점을 지적할 필요가 있다. 협정의 협상과 체결 과정에서 권리남용 금지에 관한 개

---

33) 参见孔祥俊 : <WTO知识产权协定及其国内适用>, 329页, 北京, 法律出版社, 2002.

발도상국의 권고문은 완전히 받아들여지지 않았고, 지식재산권 보호를 강화하자는 선진국의 주장은 충분히 실현되었다.

2. 지식재산권 남용에 대한 미국의 반독점 규제

미국은 반독점법을 반트러스트법(Antitrust Law)이라고 부르며 의회제정법 형식으로 반포되는데 법률원칙을 많이 규정하고 심사규칙은 거의 포함되지 않았다. 미국의 1890년 「셔먼 법」(Sherman Act)이 세계 최초의 반독점법으로 여겨지고 있으나, 처음으로 지식재산권 남용행위를 규제한 법률은 1914년 「클레이튼 법」(Clayton Act) 이다. 당해 법 제3조는 특정 조건으로 상품을 판매하는 것을 금지하며, 그 특정 조건이'특허 또는 비특허' 모두 상관없다고 규정하고 있다.

의회의 입법 외에 법원 판례도 미국 반독점법의 중요한 부분이다. 장기적인 재판 관행에서 미국 법원은 지식재산권 남용에 대한 두 가지 다른 원칙을 형성했다. 하나는 '당연위법 원칙'이다. 즉, 특정 행위의 성질과 필연적인 결과에 따라 구체적인 조사 없이 발생하기만 하면 불법으로 인정할 수 있다. 이러한 행위에는 끼워팔기, 가격고정, 보이콧, 시장분할 등이 포함된다. 다른 하나는 '합리의 원칙'이다. 즉, 특정 행위의 구체적인 상황에 따라 반독점 조사를 진행하여 위법성 여부를 결정하는 것이다. 이러한 행위에는 일반적으로 시장 통제를 목적으로 하는 지식재산권 거래, 비배타적 그랜트 백 규정, 라이선스 거절, 교차 라이선스 등이 있다.[34)]

미국 반독점법의 집행기관은 법무부와 연방거래위원회로 지식재산권 남용에 대한 사건 조사, 소송 제기 또는 처리를 담당한다. 해당 법집행기관은 종종 일부 법집행 가이드라인 또는 규칙을 개별적으로 또는 공동으로 발표한다. 그 중 1995년 가이드라인은 지식재산권과 반독점 관계에 대한 미국 정부의 최신 태도와 기본 법집행 정책을 반영하였다. 당해 가이드라인은 특허, 저작권, 영업비밀의 라이선스 행위에 적용되며, 그 기본이념은 지식재산권법과 반독점법이 "혁신 촉진과 소비자 후생 증진을 위한 공동의 목표가 있다"는 것을 확인한 것이다. 가이드라인은 또한 세가지 원칙을 확립했다. 1) 반독점 조사와 관련하여 법집행기관은 지식재산권을 다른 유형의 재산과 동일하게 취급한다. 2) 법집행기

34) 参见宁立志等：<美国反托拉斯法中的专利权行使>, 载<法学评论>2005(5)；孔祥俊：<WTO知识产权协定及其国内适用>, 334页, 北京, 法律出版社, 2002.

관은 지식재산권이 반독점법 의미에서의 시장지배력을 형성한다고 추정하지 않는다. 3) 법집행기관은 지식재산권의 라이선스 행위가 기업이 다양한 생산 요소를 결합하도록 촉진할 수 있으므로 통상적으로 경쟁에 유리하다는 것을 인정한다. 상술한 정책은 지식재산권 라이선스계약과 관련하여 반독점법 위반에 대한 법집행기관의 원칙을 설명하여 이전의 각기 다른 생각과 서로 다른 관행에 대해 공감대를 형성하는 토대를 마련하였고, 대중이 라이선스계약 행위가 반독점법 위반인지 여부를 판단하는 데 가이드라인을 제공했다.[35] 1995년 가이드라인을 발표하고 나서 12년이 지나 미국 법무부와 연방거래위원회는 2007년 보고서를 발표했다.

해당 보고서는 지식재산권 분야에서 반독점법을 시행하고 있는 미국 법집행기관의 가장 최근의 입장을 집중적으로 반영하였으며, 그 목적은 지식경제시대의 지식재산권 보호와 반독점 법집행 사이의 균형관계를 보다 잘 해결하여 위 법률의 '혁신, 근면, 경쟁'을 장려하는 공동목표의 실현을 보장하는 것이다. 2004년 미국 정부보고서는 "미국 건국의 기반 관점에서 지식재산권 보호는 언제나 혁신정책의 핵심이었다"라는 국가 기본정책의 입장을 강조했다.[36]

바로 혁신을 장려하는 특별한 관심에 기초하여, 2007년 보고서는 법집행기관이 합리의 원칙 방법을 사용하여 대부분의 지식재산권 행위를 분석하고, 특히 행위 결과에 대한 분석을 중시해야 한다고 주장했다. 과거에 비해 2007년 보고서는 지식재산권에 대해 어느 정도 편향적인 즉 지식재산권 소유자의 일부 '배타적' 행위에 대해 더 큰 관대함을 보여주었으며, 과거에는 반독점 조사를 받을 수 있었던 행위들이 현재 명확하게 조사 범위에서 배제되었다.[37] 미국 법집행기관과 법원의 지식재산권 남용행위에 대한 반독점 조사는 약화된 것으로 보이며, 이는 EU 법집행기관과 법원의 긍정적인 태도와 선명한 대조를 이룬다. 마이크로소프트사 독점 사건이 미국에서의 처리 결과가 EU와 다르다는 것은 보고서 정책 주장에 대한 사실적인 설명이다.

---

35) 参见王先林 : <知识产权与反垄断法－－知识产权滥用的反垄断问题研究>, 112页, 北京, 法律出版社, 2001.

36) Innovate America: Thriving in a World of Challenge and Change, National Innovation Initiative Interim Report, Council on Competitiveness, 2004, p.7. 转引自<世界高等教育 : 改革与发展趋势>, 第3辑, 北京, 国家教育行政学院印, 2006.

37) 参见王先林等 : <反垄断执法与知识产权保护之间的平衡>, 载<知识产权>, 2007(6).

3. 지식재산권 남용에 대한 EU의 반독점 규제

EU는 흔히 반독점법을 경쟁법이라고 부른다. EU경쟁법은 특정 국제법적 특성을 가진 하나의 법률체계로 회원국의 경쟁법에 우선하여 적용하는 효과가 있다. EU경쟁법의 이행을 보장하기 위해 EU는 유럽위원회와 유럽사법재판소를 포함한 일련의 법집행 및 사법 시스템을 구축했다. EU 경쟁법의 실체 규범은「유럽공동체조약」의 제3조, 제85조 및 제86조에 가장 집중적으로 반영되었다.[38] 이 중 제3조는 경쟁 보호 메커니즘을 구축하고 그것이 왜곡되지 않도록 원칙을 규정하고 있으며, 제85조는 반경쟁적인 계약을 금지하거나 특정 조건에서 면제하는 규정이고, 제86조는 시장지배적 지위의 남용을 금지하는 규정이다.

장기적인 실천 과정에서 EU경쟁법은 지식재산권의 "존재권"과 "사용권"이 구별되는 원칙을 확립했다. 유럽사법재판소는 판례에서 이 원칙의 기본 내용을 설명했다. 즉,「유럽공동체조약」이 보호하는 것은 지식재산권의 "존재"일 뿐이며 지식재산권의 "사용"에 대해서는 조약의 관련 금지 규범의 제약을 받아야 한다는 것이다. 이를 위해 유럽사법재판소는 EU경쟁법과 지식재산권법 사이에 세 가지 법률 범주를 구분하였다. 첫째, 지식재산권의 "존재" 형식 즉 회원국 당국이 지식재산권 부여를 결정하는 조건이다. 이는「유럽공동체조약」제85조, 제86조에서 다루지 않는 영역이다. 둘째, 허용된 지식재산권의 행사 형식이다. 이는 지식재산권법에 의해 부여된 권리와「유럽공동체조약」제85조 및 제86조에 의해 부과된 제한을 결합하여 결정해야 한다. 셋째, 금지된 지식재산권 행사 형식으로「유럽공동체조약」제85조 및 제86조의 금지 조항에 의해 결정되어야 한다.[39]

「유럽공동체조약」의 경쟁규범을 적용하고 지식재산권 라이선스계약 조항을 규제하기 위해 유럽위원회는 여러 조례 및 규정을 발표했는데 이 중 1996년「기술이전 계약에 대해 조약 제85조 제3항의 제240호 규정 적용」(이하 규정 제240/96호)과 2004년「기술이전 계약에 대해 조약 제81조 제3항의 제772호 규정 적용」(이하 규정 제772/2004호) 이 비교적 중요하다. 규정 제240/96호는「지식재산권협정」발효 후 경쟁법과 지식재산권법 간의 충돌에 균형을 이루어 가고자 하는 EU의 정책 경향을 반영했으며, 그 입법 배경은

---

38) <欧共体条约>第85、86条, 后修订为第81、82条.

39) 参见阮方民 : <欧盟竞争法>, 282-283页, 北京, 中国政法大学出版社, 1998 ; 王先林 : <知识产权与反垄断法－－知识产权滥用的反垄断问题研究>, 126页, 北京, 法律出版社, 2001.

1995년 미국의 가이드라인 시행 배경과 동일하다. 당해 규정은 1996년에 발효되어 10년간 유효하였으며, 이는 1984년 「특허 라이선스계약 일괄면제 규정」과 1988년 「노하우계약 일괄면제 규정」에 대해 합병 및 전면 개정한 것으로 특허, 노하우 및 기타 지식재산권 라이선스계약에 적용된다. 당해 규정의 주요 내용은 다음과 같다.

(1) "기본 면제" 조항

규정된 조건을 충족하고 면제 범위 내에 있는 모든 기술 라이선스계약은 「유럽공동체 조약」 제85조의 금지를 받지 않는다.

(2) "화이트 리스트" 조항

이런 유형의 조항에 나열된 모든 기술 라이선스계약은 특정 상황에서 경쟁을 제한할 수 있더라도 면제될 수 있다. 해당 조항은 모두 18가지가 있다.

(3) "블랙 리스트" 조항

이런 유형의 조항에 열거된 모든 기술 라이선스계약은 면제되지 않는다. 또는 그 어떤 제한성 조항을 포함하는 라이선스계약은 면제되지 않는다고 말할 수 있다. 여기서는 계약 무효의 가분성 원칙을 원용할 수 없다. 해당 조항은 모두 7가지가 있다.

(4) "그레이 리스트" 조항

'기본 면제' 범위와 '화이트 리스트'에 포함되지 않고 "블랙 리스트"에 나열된 라이선스계약 조항(예: 계약 체결 시 피허가자에게 특정 상품 또는 서비스를 구매하도록 강요하거나 피허가자가 특허 이전 유효성에 대해 이의를 제기하도록 규정하는 등)이 아닌 경우, 당사자는 라이선스계약 사항을 유럽위원회에 통지할 수 있으며, 후자가 지정된 기한 내에 이의를 제기하지 않으면 면제를 받은 것으로 간주된다.

규정 제772/2004호는 지식재산권 분야에서 EU의 최신 반독점정책을 반영하였으며, 기술 라이선스계약의 합법성을 결정하는 EU의 최신 표준이 되었다. 규정 제240/96호에 비해 이 규정은 특허 및 노하우 외에도 저작권, 디자인권, 상표권 등 기타 지식재산권을 포함시켜 적용 범위를 확대했으며, '화이트 리스트' 및 '그레이 리스트'를 제거하고 '블랙 리스트'의 핵심 제한 조항만 유지하여 이 조항이 있는 모든 계약은 면제되지 않게 규범의 구조를 변화시켰다. 또한 라이선스계약에 포함될 수 없는 제한 조항을 열거하여 법률의 예견가능성과 실시의 편의성을 향상시켰을 뿐만 아니라 기업이 스스로 인정할 수 있는 새로운 조치를 제공하여 기업이 시장행위를 조정하는 것을 돕고 불법 독점을 형성하는 것을 방지하였다.[40)]

4. 지식재산권 남용에 대한 일본의 반독점 규제

일본의 반독점 규제는 산업 지도적인 정책 성향이 강하다. 기술 라이선스계약의 통제 측면에서 반독점 법집행기관과 기업 간의 사전 협상과 사후 담판 제도를 채택하고 광범위하게 제외 규정을 적용하였다. 일본의 반독점 제도의 틀은 입법기관이 통과시킨 법률과 법집행기관이 공포한 "지도방침"으로 구성되었다.

일본의 「사적독점금지 및 공정거래확보에 관한 법률」(이하 「독점금지법」이라 함)은 1947년에 제정되었다. 동 법에는 지식재산권영역과 직접적으로 관련된 두개의 조항이 있다. 첫째, 적용 제외 조항이다. 동 법 제23조에 따르면 저작권법, 특허법, 실용신안법, 디자인법 또는 상표법에 규정된 권리를 행사하는 것으로 간주되는 행위에는 이 법이 적용되지 않는다. 즉, 법에 따라 지식재산권을 행사하는 행위는 「독점금지법」의 적용 제외 영역에 포함된다는 것이다. 둘째, 남용 금지 조항이다. 제6조는 사업자가 부당한 거래 제한과 불공정거래 방법에 관한 사항을 포함한 국제협정이나 국제계약을 체결할 수 없도록 규정하고 있다. 이 조항에 따라 일본 공정거래위원회는 1968년 「국제 라이선스계약의 반독점 지도방침」을 발표해 불공정한 국제 라이선스계약 규제 조항 9개와 국제 라이선스계약에서 부당한 규제로 간주되지 않는 조항 5개를 규정했다. 이 지도방침은 특허, 실용신안 및 노하우에 대한 국제 라이선스계약에 적용된다.

1989년 일본 공정거래위원회는 「특허 · 노하우 라이선스계약의 불공정거래 규제방법에 관한 지도방침」을 공포했다. 해당 지도방침은 라이선스계약 조항의 정당성을 분석하는 적용 기준을 제시하였는데, 이는 라이선스계약의 제한 조항을 '화이트 조항'(12개), '그레이 조항'(10개), '블랙 조항'(5개)으로 분류한 EU법의 방법을 참고하였고, 특정 유

40) 参见郑友德等：<欧盟知识产权滥用的反垄断问题研究>, 载<法学评论>, 2006(6).

형의 규제 필요성을 가늠하고 경쟁에 미치는 악영향의 가능성을 평가하는데 있어 '합리의 원칙'을 채택하여 분석하는 미국의 경험도 참고하였다.

1999년 일본 공정거래위원회는 지식재산권 분야의 반독점 문제에 대해 포괄적이고 체계적인 지도의견을 제시하기 위해 지도방침을 재차 개정했다. 개정된 지도방침의 주요 내용은 다음과 같다. (1) 지식재산권 분야에 <독점금지법>을 적용하는 기본적인 문제를 설명하였다. 대표적인 기술거래인 특허 · 노하우 라이선스계약에 대해 「독점금지법」을 적용함에 있어 남용에 해당되는지 확인할 수 있는'블랙 조항', 사건별 평가가 가능한 "그레이 조항", 면제가 가능한'화이트 조항', 이렇게 세 가지 주요 규제 유형을 정리했다. (2) 「독점금지법」제23조의 적용에 대해 해석하였다. 이 조항은 특허법에 따라 권리를 행사하는 행위는 「독점금지법」의 구속을 받지 않음을 확인하였다. 그러나 그 행위가 다른 측면에서 혁신을 장려하기 위한 지식재산권법의 목적에 위배되는 것으로 간주되는 경우 즉 더 이상 특허법에 따라 권리를 행사하는 것이 아닌 경우에는 「독점금지법」을 적용해야 한다. 「독점금지법」의 적용을 받는 행위에 대해 "지도방침"에 따라 평가하여 불합리한 무역 제한인지, 사적 독점 또는 불공정 거래에 속하는지 여부를 결정한다. (3) 라이선스계약 중의 불합리한 무역 및 민간 독점에 대해 설명하였다. 특허 라이선스계약에 지역 또는 사용 영역에 대한 제한이 포함되거나 양 당사자가 교차 라이선스 형식을 취하거나 여러 당사자가 특허풀 계약을 체결할 때 상호 상업 행위를 제한하고 반경쟁적 결과를 초래하는 수단으로 사용되는 경우, 이런 행위들은 「독점금지법」 위반이다. (4) 라이선스계약에서의 불공정 거래 방법에 대해 설명하였다. 라이선스계약에서의 세한이 특허법에 따라 권리를 행사하는 것으로 인정되지 않거나 「독점금지법」제23조의 심사를 거쳐 권리행사 행위임에도 「독점금지법」을 적용해야 한다고 판단되는 경우, 지도방침의 구체적인 규정에 따라 해당 행위가 불공정 거래 방법인지 여부를 평가할 수 있다.[41)]

V. 지식재산권 남용행위 규제에 대한 중국의 입법평가

중국의 지식재산권 남용행위에 대한 법적 규제는 지식재산권 보호 제도의 창설과 거

41) 参见王先林：<日本关于知识产权滥用的反垄断控制及其借鉴意义>, 载<知识产权>, 2002(2).

의 동시에 이루어졌다. 「민법통칙(民法通則)」(1986년)과 「상표법」 (1982년), 「특허법」(1984년), 「저작권법」(1990년) 등 법률에 포함된 사법 의미에서의 내부 규제 조항 외에도 관련 법률, 법규 및 사법해석에서지식재산권 남용행위에 대한 규제 문제를 다양한 각도에서 다루고 있다.

일찍이 1980년에 국무원은 「사회주의 경쟁의 전개와 보호에 관한 잠정 규정」을 발표하여 "경제 활동에서 국가가 지정한 관련 부서와 사업체(單位)가 전문적으로 경영하는 상품을 제외하고는 독점하거나 단독 경영(獨家經營)해서는 안 된다"고 명시했다. 1983년 국무원이 발표한 「중외합자기업법실시조례」(中外合資企業法實施條例) 제46조는 기술이전계약에 중국의 법률과 법규에 금지된 불합리한 제한성 조항이 포함되어서는 안 된다고 규정하고 있다. 1987년 제정된 「기술계약법」(이후 1999년 「계약법」으로 대체) 제21조는 불법적으로 기술을 독점하거나 기술진보를 방해, 또는 타인의 기술성과를 침해하는 기술계약은 무효라고 규정하고 있다. 1993년 제정된 「부정경쟁방지법」제2장에서는 금지해야 할 11가지 부정경쟁행위를 열거하고 있는데, 이 중 공공기업체의 독점적 지위 남용, 행정기관의 행정권력 남용, 덤핑, 끼워팔기, 입찰 담합 등 공정한 경쟁을 제한하는 5가지 행위는 일반적으로 독점행위로 간주된다. 1997년 통과된 「가격법」제14조에 규정된 "시장가격 담합 · 조작", "경쟁자를 배제하거나 시장을 독점하기 위해 원가보다 낮은 가격으로 덤핑", "동일한 상품이나 서비스를 제공하고 동등한 거래조건을 가진 다른 사업자에 대한 가격차별" 등 부당한 가격행위도 사실상 독점행위에 해당한다. 1999년 반포된 「입찰공고 · 입찰 법」제6조, 제18조, 제31조는 "입찰공고 및 입찰 활동에 대한 불법적인 간섭", "잠재입찰자에 대한 차별적 대우", "입찰자 간의 경쟁 제한" 등 행위를 금지한다고 명시하고 있어 반독점 법적 의미가 있다.

「대외무역법」2004년 개정안은 "대외무역과 관련된 지식재산권 보호"라는 특별장을 추가해 "대외무역과 관련된 지식재산권의 보호"를 강조하면서 동시에 "지식재산권 권리자가 라이선스계약서에 지식재산권의 유효성에 대한 피허가자의 질의를 제지, 포괄적 라이선스 강제, 라이선스계약서상 배타적 그랜트 백(返授) 조건을 규정하는 등의 행위 중 하나에 해당하고, 대외무역의 공정한 경쟁절차를 해치는 경우, 국무원 대외무역주관부서는 위해를 제거하기 위해 필요한 조치를 취할 수 있다"고 규정했다. 이 규정은 지식재산권 남용을 규제하는 내용을 담고 있어 대외무역 분야의 공정한 경쟁질서를 유지하고 지식재산권의 정당한 행사를 보장하는 데 큰 의미가 있다. 총체적으로 위에서 언급한 반독점 내용을 포함하는 법률 규범은 다양한 입법 문서에 산재해 있어 체계성이 결여되어 있고 원칙성이 강한 반면 활용성이 부족하며, 독점행위에 대해 구체적인 정의가 없어 규범성이 부족하다.

2007년에 통과된 「중화인민공화국 반독점법」은 중국의 기본적인 반독점 법률제도다. 이 법은 "독점 계약", "시장지배적 지위 남용", "경영자 집중"이란 3가지 독점행위에 대해 정의를 설명하고 구성 방법을 제시했다. 또한 "부칙" 장에서는 "경영자가 지식재산권에 관한 법률 · 행정법규의 규정에 따라 지식재산권을 행사하는 행위는 본 법을 적용하지 아니한다. 다만, 경영자가 지식재산권을 남용하여 경쟁을 배제 · 제한하는 행위는 본 법을 적용한다"고 특별 규정하고 있다. 이 조항은 지식재산권을 행사하는 정당한 행위는 반독점법에 의해 면제된다는 것이다.

즉, 지식재산권 자체는 허용되고 보호되는 "합법적 독점"이며, 앞서 언급한 조항은 반독점법 규제의 제외 조항이라는 것이다. 이와 동시에 경쟁을 배제하고 제한하기 위해 지식재산권을 남용하는 행위는 반독점법 의미에서의 불법행위를 구성하는 것이며, 여기서 "단서"는 반독점 심사의 적용 조항임을 나타낸다. 이 법은 일본의 <독점금지법>과 대만 지역의 <공정거래법>과는 다소 달리 법에 따른 지식재산권 행사 행위의 면제를 강조할 뿐만 아니라 지식재산권 남용행위도 반독점법에 의해 검토되어야 한다고 명시하고 있어 입법기술적 측면에서 더욱 바람직하다고 본다.

중국 「반독점법」이 지식재산권 분야의 권리남용 문제에 대한 규정은 원칙적인 것으로 지식재산권과 반독점 사이의 복잡한 관계를 구체적으로 설명할 수 없으며, 이 법은 독점행위의 정의 및 인정에 있어서도 일반적인 언급을 했을 뿐, 지식재산권 분야의 불법독점 문제에 대해 구체적인 설명을 하지 않았다. 따라서 향후 두 가지 측면에서 보완입법과 개선을 할 필요가 있다. 하나는 현행 지식재산권법을 개정해 지식재산권 남용행위를 규제하는 전문제도를 신설하는 것 즉 지식재산권 남용에 관한 규정을 명확히 하고 세분화하여 지식재산권 행사의 '금지조항'으로 권리자가 지식재산을 정확하게 이용하고 지배할 수 있도록 법률준칙을 제공하는 동시에 침해소송에서 기소된 침해자의 항변 사유로 지식재산권 남용의 악의적 소송에 대항할 수 있도록 하는 것이다.

다른 하나는 전문적으로 지식재산권 남용행위에 적용되는 반독점 심사에 관한 지침 또는 규칙을 제정하는 것으로, 미국, 유럽연합, 일본 등의 입법예를 참고하여 국무원이 설립한 반독점위원회에서 지식재산권 분야의 반독점 규제 문제에 대해 특별지침 또는 규칙을 제정하고 반독점 심사의 대상, 방법, 절차 등 구체적인 규칙을 상세하게 규정하여 법 집행기관이 업무에 적용할 수 있도록 하며, 시장 주체가 자신의 행위를 결정하고 규범화하기 위한 법적 지침을 제공하도록 한다.

제19장

지식재산권 제도와 민사법

지식재산권법의 지위란 전체 법체계 전반에서 차지하는 지위 즉 독자적인 법률 인지 또는 어떤 법률의 분야에 속하는지를 말한다. 이에 대해 중국학자들은 다음과 같은 다양한 견해를 갖고 있다.

일부 학자들은 지식재산권법은 민법, 경제법, 행정법, 국제법에 모두 광범위하게 연계된 종합적인 법률제도이므로 이를 단순히 어떤 한 법률부문에만 속할 수 없다고 주장한다. 필자는 지식재산권법의 조정대상이란 평등한 주체가 지식제품의 창조 또는 사용에 의해 발생하는 재산관계와 인적관계이다. 그 조정방법과 적용원칙은 주로 민법의 수단과 원칙이라고 여긴다. 조정대상과 그 방법은 부문의 속성을 식별하고 판단하는 주요 기준이며 행정법, 형법, 기타 속성의 법률규범은 지식재산권법에 차지하는 비율이 매우 적어 해당법의 성질에 영향을 미치기에 부족하다. 현행 입법예를 보면, 형법전과 민법전 같은 기본법을 제외한 일반법률 또는 전문법률제도는 일반적으로 다양한 조정수단을 채택하고 있으니 조정대상에 근거하여 하나의 주요 조정수단을 채택한다. 따라서 지식재산권법을 부문법으로 분류하지 않고 종합적인 법제도라고 강조하기에는 명분이 부족하다.

일부 학자들은 지식재산권법이 독자적인 법률부문이라고 주장하는데, 이는 지식재산권 제도가 비교적 완전한 혈통을 구성했기 때문이며, 프랑스지식재산권 법전의 등장으로 향후 지식재산권법이 민법과 일반적으로 분리될 것이라고 본다. 필자는 지식재산권이란 민법의 지식형태로 무체재산을 법률화 및 권리화한 결과로 사물의 소유권에서 분리한 새롭고 독립적인 재산권 형태라고 생각한다. 객체의 비물질성은 지식재산권의 본질적 특성이지만, 그 민사권이나 사권의 속성은 물권, 채권 등과 실질적인 차이가 없다. 지식재산법은 독립적이고 고유한 조정대상과 조정수단이 없으므로 독립적인 법률부문이 될 수 있는 요건을 갖추지 못하였다.

대다수 학자들은 지식재산권법이 민법의 범주에 속한다고 생각한다. 지식재산권 제도와 미래 민법전의 관계에 대해서는 견해가 다르다. 일부 학자들은 민법전의 틀 안에서 지식재산권을 포함하여 재산권 체계를 통합해야 한다고 주장한다. 그 이유는 지식재산권의 보호수단은 기본적으로 민사적 성격으로 이 권리를 다른 재산권과 동등하게 취급하여 민법전에 포함시켜 규범화해야 한다는 것이다. 외국에서는 이미 민법전에 지식재산권을 규정하는 입법예가 있고, 중국「민법통칙」은 '민사권리'에서도 각종 지식재산권을 특별히 규정하기 때문에 이 제도는 민법전의 일부가 되었다.[1] 필자는 이에 대해 다른 견해를 가지고 있으며 다음에서 간략히 분석한다.

Ⅰ. 근대 민법전 편찬과 지식재산권 제도의 발생

영국에서 1623년「독점규제」, 1709년「안나법령」, 프랑스에서 1857년「상표법」이 등장한 이후, 서구에 자본주의 체제가 확립되면서 주요 자본주의 국가들은 18, 19세기 이후 지식재산권 입법 활동을 시작했다. 가장 대표적인 입법예로는, 미국의 1790년「연방저작권법」, 프랑스의 1793년「저작권법」, 독일의 1837년「과학 및 예술작품 보호를 위한 복제 반대에 관한 법」, 일본 1899년「저작권법」이 있다. 미국은 1790년, 프랑스는 1791년, 독일은 1877년, 일본은 1885년 차례로 특허법을 제정하였다. 영국은 1875년, 미국은 1870년, 독일은 1874년, 일본은 1884년에 차례로 상표법을 제정하였다. 위에서 언급한 지석재산권 입법과 근대 민법전 편찬은 모두 직접적인 연관성은 없다. 영미법계 국가는 형식적 의미의 민법 즉 민법전이 없는 국가 고유의 법적 전통을 갖고 있다. 영미학자는 학문적으로 사법을 계약법, 침해행위법, 재산법, 신탁법, 가족법 등으로 구분하고 있으며, 위의 규범은 법률형식상 판례법 또는 제정법의 형식으로 존재한다. 영국 또는 미국에서의 지식재산권법은 제정법의 형태로 나타나며, 예로부터 독립적인 재산법 제도이며 민법전 편찬의 문제를 다루지 않았다. 대륙법계 국가는 고대 로마법전의 전통을 계승했다. 근대적 패러다임인「프랑스민법전」과「독일민법전」의 편찬 활동은 각각 19세기 초와 말에 완성되었고, 그 민법전 체계는 로마법의 "법학단계" 또는 "학설집"에서 발췌한 것이다.

---

1) 有关观点参见翟云岭等：<中国法学会民法经济法研究会1999年年会综述>, 载<中国法学>, 1999(6)；赵中孚等：<1999年民商法研究的回顾与展望>, 载<法学家>, 2000(1).

지식재산권 입법은 민법전 편찬 이전에 대체로 준비되었으며, 이러한 신흥 재산제도는 대부분 영국의 '수입품'이다. 근대 유럽 대륙의 패러다임인 민법전은 지식재산권 제도를 그 체계에 포함시키지 못했다.

II. 현대 민법전 체계에 지식재산권 제도의 수용

20세기 이후 대륙법계의 일부국가들은 지식재산권 제도를 자국의 민법전에 편입하려고 시도했고, 1990년대에 시작된 제2차 민법전 편찬운동에서 절정을 이루었다. 그 대표적인 법전은 다음과 같다.

1. 이탈리아 민법전

이탈리아 민법전은 대륙법계의 법전 역사에서 중요한 위치를 차지하고 있다. 1865년 이탈리아 민법전은 주로 프랑스 법전의 형태를 따랐고, 1942년 민법전은 원래 법전의 체계를 부분적으로 따르면서 일부 개정을 통하여 발전을 이루었다.[2] 지식재산권은 새로운 문제, 새로운 관계, 새로운 제도로서 민법전의 '노동'편에 규정되어 있다. 이 법전 제6편은 '노동'으로 불리는데, 실제로 노동관계, 회사(합작), 협력, 기업, 지식재산권, 경쟁과 독점 등 규범이 혼재되어 있다. 이탈리아 민법전과 관련된 지식재산권은 주로 저작권, 특허권, 상표권, 상호권이다. 그 중에서 상징적인 권리는 '기업'으로 제8장에 규정되어 있다. 창조적 권리 규정은 '지식작품권과 산업발명권'이라는 제목으로 제9장에 있다. 이탈리아 민법전의 지식재산권에 관한 규정은 두 가지 문제점이 있다. 첫째, 이러한 규범은 지식재산권에 관한 원칙적 규정이며, 민법전은 권리의 취득, 행사 및 존속기간을 특별법에 의해 규정한다고 강조한다. 실제로 민법전의 관련 규정 외에도 각종 지식재산권 전문법은 여전히 존재한다. 민법전의 지식재산권 규정은 실제 적용에 있어서 미흡한 점이 있다. 둘째, 민법전에서 지식재산권 제도의 분류는 '기업'과 '작품권과 발명권'의 두 장으로 구성되며, 이는 의심할 여지없이 지식재산권의 체계를 완전하게 나누었다. 동시에, 현대

---

2) 参见桑德罗·斯奇巴尼为意大利民法典中译本所作的前言, 引自<意大利民法典>, 费安玲、丁玫译, 北京, 中国政法大学出版社, 1997.

지식재산권법은 이미 범주가 많고 권리항목도 복잡한 규범체계로 되어 있는데, 민법전은 네 가지 종류의 지식재산권만을 규정하고 있어 그 체계의 포용성이 부족함을 알 수 있다.

2. 네덜란드 민법전

네덜란드는 신민법전 편찬운동의 대표적인 나라이다. 그것은 '법학적 계단 체계'와 '판덱텐 체계(潘德克顿体系)'를 혼합을 기반으로 한 특유한 형식의 네덜란드 민법전 구조를 형성하였다. 1992년 네덜란드 민법전은 제10편으로 구성되어 있으며, 제9편이 '지적 성과권'이다. 입법계획에 따르면 '지적 성과권' 즉 지식재산권에는 당시 제안된 특허, 상표, 저작권, 상호 등이 포함된다. 이 중 사법적 성격을 가진 조문은 제9편에 포함되고, 행정, 절차법, 형법적 성격을 가진 조문들은 다른 편에 규정하였다. 민법전의 지식재산권 편찬에 관한 계획은 입법기술의 어려움으로 인하여 나중에 취소되었다.[3] 다른 중요한 원인은 「마스트리히트 조약」이 체결된 이후, 유럽연합(EU)이 모든 회원국에 적용되는 '유럽공동체법'을 제정하기 위해 노력했다는 점이다. 네덜란드 민법전이 제정된 이후 유럽공동체는 통합상표법, 특허법 및 기타 지식재산권 규정을 제정했으며, 모든 회원국들은 이를 보완하거나 수정할 수 없고 이를 따라야 한다.[4] 네덜란드 학자들은 이 같은 법률을 신민법전 제9편으로 옮기는 것은 적절하지 않다고 주장한다.[5]

3. 러시아 민법전

소련 민법은 옛 사회주의 국가에 광범위한 영향을 미친 바 있다. 1922년 소련 민법전의 재산권에 관한 각 편은 각각 소유권, 채권, 상속권이었고 지식재산권은 다루지 않았다. 1961년 소련 민사입법강령과 이후 러시아연맹공화국 민법전이 크게 개정되어 제4편, 제5편, 제6편에 각각 저작권, 발견권, 발명권이 규정되었지만, 이 세 편은 '지식재산권'편으로 총괄되지 않았으며 동시에 특허권, 상표권을 포함한 산업재산권을 제외시켰다. 1991년 소련 민사입법강령은 제7편으로 편찬되었다. 그 중 지식재산권과 관련된 것은 저작권

---

3) 参见徐国栋：<民法典草案的基本结构>, 载<法学研究>, 2000(1).

4) 参见吴汉东等：<西方诸国著作权制度研究>, 333～335页, 北京, 中国政法大学出版社, 1998.

5) 参见[荷兰] 亚瑟 · S · 哈特坎普：<荷兰民法典的修订：1947－1992>, 载<外国法译评>, 1998(1).

과 '창작성과권리'이다. 후자에는 특허권, 디자인권, 상표권, 상호권, 합리화 권고권, 영업비밀권, 식물 신품종권 등이 포함된다.[6] 1994년 러시아 연방 민법전[7]은 이 요강이 설계한 모델을 불완전하게 재현하였으며, 제안된 지식재산권을 제5편으로 엮어 저작권과 발명권이라는 이름을 구성되었다. 실제로 러시아는 1992년 9월 이미 특별법 형태로「특허법」과「영업표지법」을 제정했다. 독립국가연합의 이 '시범민법전'은 아직 전세계가 주목하는 '지식재산권편'을 완성하지 못했으며, 초안작성에 이 편 지식재산권 제도의 일부만을 포괄하여 체계의 완전성이 결여되어 있다.

4. 베트남 민법전

1995년 베트남 민법전은 포스트 사회주의국가 민법전 편찬 운동의 산물이다. 이 법전은 지식재산권 전편을 체계적으로 규정하고 있으며, 법전이1996년 발효될 때, 1989년「산업소유권보호법」, 1994년「저작권보호법」,1988년「외국기술도입법」이 폐지되었다. 베트남이 이탈리아, 러시아처럼 기본법과 특별법을 병행하는 방법으로 지식재산권을 규정하지 않은 것은 세계 입법예에서 흔치 않은 일이다. 베트남 민법전 제6편의 이름은 '지식재산권 및 기술이전권'으로 '저작권', '산업소유권', '기술이전' 3장을 포함한다. 그 중제1장 '저작권'은 저작권과 이웃권, 제2장 '산업소유권'은 특허권, 상표권, 지리적 표시권, 제3장 '기술이전'은 기술이전대상, 기술이전 권리 및 기술이전 계약을 규정한다. 지식재산권 입법사례에서 베트남 민법전은 지금까지 지식재산권에 관한 규정이 가장 집중적이고 완전한 대표적인 민법전이지만 그 실제 역할은 제한적이다. 이 법전은 전통적인 주요 지식재산권 유형을 규정했을 뿐 새로운 유형의 지식재산권 제도에 대한 대응이 없다. 또한 이법전은 다른 민법전처럼 실체법과 절차법의 관계 문제를 해소하기 어렵고, 지식재산권에 관한 절차적 규범, 행정법, 형법규점은 일반적인 조례 또는 기타 다른 법률부문을 통해서 문제해결이 가능하다.[8]

입법기술면에서 볼 때 위에서 언급한 민법전의 초안자들은 두 가지 방식을 채택했다.

6) 参见余先予主编：<俄罗斯民商法与冲突法>, 124页, 北京, 世界图书出版公司, 1995.

7) 俄罗斯联邦民法典第一部分于1994年通过, 1995年生效；第二部分于1996年通过, 同年生效；第三部分涉及知识产权, 正在起草之中.

8) 有关越南民法典的规范及越南立法概况, 可参见米良译：<越南民法典>, 昆明, 云南大学出版社, 1998；徐中起主编：<越南法研究>, 昆明, 云南大学出版社, 1997 .

첫째, 지식재산권의 관련 규칙을 모두 민법전에 통합하는 것인데 이는 법률규범의 위치를 이동시키는 것이다. 많은 공법규범의 처리로 인하여 산업재산권 제도에 적용하기 어렵다(예: 베트남법). 둘째, 각종 지식재산권에서 공통으로 적용되는 규칙과 몇 가지 중요한 제도를 추상적으로 민법에 규정하되 각 특별법을 동시에 유지하는 것이다. 이러한 방식은 사권 입법의 순수성과 형식성을 어느 정도 유지하지만, 그 본질적인 의미는 크지 않으며 적용에 불편함이 많다(예: 이탈리아법). 일반적으로 현대 민법전의 지식재산권 제도 수용은 역사적으로 의미가 있으나 충분히 효과적이지 않다.

Ⅲ. 지식재산권 입법의 현대적 관행

단행입법은 전세계 대다수 국가의 지식재산권 입법의 일반적인 관행으로 이 체계는 영미법계 국가에서 특별법 제도의 형태로 나타나고, 대륙법계 국가에서는 민사기본법에 따른 민사특별법으로 나타난다.

20세기 말 단행입법의 전통을 채택한 프랑스는 지식재산권과 관련된 23개의 단행법률을 통일된 법전으로 정리하고 편찬하였는데, 이것이 1992「프랑스 지식재산권 법전」이다. 이 법전은 지식재산권 보호 분야의 세계최초의 법전으로, 21세기 지식재산권법과 민법의 일반적인 분리의 전형이 될 수 있다는 보는 학자들도 있다.[9] 프랑스 지식재산권의 입법적 성과는 주목할 가치가 있으나, 이 법전은 민사특별법으로서의 기본적 지위와 본질적속성은 변함이 없다. 우선, 프랑스에서는 지식재산권법과 민법, 상법이 여전히 특별법과 기본법의 관계이다. 프랑스는 지식재산권에 대해 별도의 개별법률을 채택하기로 결정한 후 민법, 상법 등 일반법과의 관계 문제를 처리하는데 많은 관심을 기울여 효과적인 결과를 거두었다. 예를 들어, 지식재산권은 일종의 무체재산권으로 민법전에서 유체재산권에 관한 많은 규정을 지식재산권에 직접 적용할 수 없다. 저작자의 권익을 보호하기 위해 계약의 자유를 많이 제한하고 있다. 지적 창작에 관한 근로계약은 저작자의 정신적, 사상적 권리에 영향을 미치지 않으며, 저작권과 혼인 및 상속관계에 관하여도 일반법과 다른 특별규정이 존재한다. 위와 같은 예외규정 이 외에도 민법전의 기본법으로 규정된

9) 参见郑成思为法国知识产权法典中译本所著的“序”, 载<法国知识产权法典>(法律部分), 北京, 商务印书馆, 1999.

보편적 원칙은 여전히 적용된다.[10] 이는 「프랑스 지식재산권 법전」과 「프랑스 민법전」이 체계가 다른 두 법전이지만 서로 무관한 법전이 아니며 여전히 특별법과 기본법의 관계임을 보여준다. 지식재산권 법전은 법전으로 명명되었지만 민사특별법의 기본적 지위는 바뀌지 않았다. 둘째, 「프랑스 지식재산권 법전」은 전문 법규가 체계화된 특수한 형식이다. 일반적인 의미의 법전은, 이미 규범적인 문서의 단순 요약이 아니라 원리 법률규범에 기초하여 만들어지고 정리된 체계적인 법률문서이다. 프랑스 입법자들은 지식재산권에 대한 각종 단행입법을 통합, 수정하여 법전 편찬의 기본적인 요건을 충족했다. 「프랑스 지식재산권 법전」은 입법기술에 두 가지 장점이 있다. 첫째, 체계가 완전하다는 것이다.이 법전은 문학 및 예술 재산권(저작권, 접근권, 데이터베이스 저작권 포함)과 산업재산권(외형 디자인권, 발명 특허권, 기술 비밀권, 집적회로 레이아웃 설계권, 식물 신품종권, 상표권 및 기타 표시권 포함)을 규정한다. 둘째, 내용의 조화이다. 이 법전은 각 항 지식재산권 제도의 내부관계를 비교적 잘 구성하고 단행입법에서 발생하는 다양한 법적문제를 예방한다. 그러나 「프랑스 지식재산권 법전」은 법전 편찬의 한 요소, 즉 각종 지식재산권 제도에 공통적으로 적용되는 원칙과 규칙이 부족하다는 점은 분명하다.

법전 형태에서 나타난 프랑스 지식재산권 제도는 관련 입법체계에서 크게 벗어나지 않았으며, 세계적으로 민사특별법은 대륙법계 국가의 지식재산권 입법모델로 선호한다. 필자는 주로 다음과 같은 몇 가지 이유 때문이라고 생각한다. 첫째, 현대 지식재산권법은 종합적인 법규범 체계이다. 지식재산권 제도는 그 생성 초기부터 종합적인 법률규범, 다양한 법적제재조치를 그 주요특징으로 하는 특별법이며, 민법전으로서의 민사기본법과는 현저한 차이가 있다. 지식재산권 제도는 본래 창작자의 권리를 보호하는 실체법이지만, 입법에서 일반적으로 권리취득절차, 권리변동절차, 권리관리절차, 권리구제절차 등이 있다. 즉 실체법에는 절차법의 내용이 규정되어 있고, 절차법은 실체법에 따라 존재한다. 지식재산권 제도는 본래 개인의 지식재산권리를 규범화하는 사법이지만 입법에 행정관리, 행정처벌 및 형사제재 등 공법규범[11]을 두고 있어, 입법기술적으로는 사법과 공법규범을 결합된 특징이 있다. 물론, 지식재산권 법률규범의 특수성은 민법체계의 구성요소로서의 본질적 속성에 영향을 미치지는 않지만, 지식재산권 규범의 특수성에서 출발하

---

10) 参见黄晖为法国知识产权法典中译本所著的 "译者序", 载 <法国知识产权法典>(法律部分), 北京, 商务印书馆, 1999.

11) 参见刘春茂主编 : <知识产权>, 13页, 北京, 中国人民公安大学出版社, 1997.

여 민법전 외에 이러한 종합적 법률에 대한 별도 입법이 필요하다. 둘째, 현대 지식재산법은 개방형 법규범 체계이다. 현대 지식재산권은 근대법이 다루는 저작권, 특허권, 상표권에 비해 매우 방대한 법률체계로, 「세계지식재산권기구 설립에 관한 협약」의 규정을 차용하여 표현한다. 그것은 산업, 과학, 문학 또는 예술분야에서 지식 활동으로 인해 발생하는 모든 권리 제도의 총합이다.[12] 신기술 혁명이 시작된 20세기 중반부터 지식경제는 '지식=부(富)'라는 새로운 재산관을 낳았을 뿐만 아니라 새로운 지식재산제도를 탄생시켰다. 이는 주로 두 가지 측면에서 나타난다. 첫째, '경계보호법' 즉 특허권과 저작권의 몇 가지 규칙을 채택하여 새로운 독점권 제도를 만들었고, 직접회로 설계의 독점권이 바로 그것이다. 둘째, '단독보호법' 즉 특수지식제품에 대한 '준특허' 또는 기타 지식재산권 보호, 식물 신품종권, 도메인권 등을 설정한다. 새로운 지식재산권 제도가 잇따라 등장하면서 오래된 관련 제도는 새롭게 변화되고 발전되는 바, 그 중 가장 의미 있는 것이 영업비밀과 부정경쟁행위다. 위의 상황은 현대 지식재산권법이 발전과 변화의 과정에 있고, 이러한 빈번한 변동의 법률을 비교적 안정적인 민법전에 두는 것은 적합하지 않음을 보여준다. 셋째, 현대 지식재산권은 끊임없이 혁신하는 법률규범체계이다. 현대화와 통합은 지식재산권 입법의 양대 축으로 전자는 현대과학기술의 발전과 관련 있고, 후자는 새로운 국제경제질서의 형성에 의해 제한된다. 바로 이러한 상황을 바탕으로 1970년대 이후 지식재산권법이 빈번하게 개정되고 있다. 자료에 따르면, 선진국의 저작권법은 평균 10년도 안 되어 개정된다.[13] 「프랑스 지식재산권 법전」공포된 후 6년간 12차례에 걸쳐 수정 보완되었다.[14] 중국 「상표법」, 「특허법」은 제정 이후 1990년대 초와 2000년 초에 두 차례 주요개정을 거쳤다. 중국에서 이러한 법률 개정은 모두 특별법의 형태로 이루어지며, 체계적이고 안정성이 특징을 가진 민법전은 위의 특징을 갖지 않는다는 점을 유의해야 한다.

---

12) 几个主要国际公约对知识产权的范围有不同表述. 概括起来, 可以分为两类：一是创造性成果权, 包括著作权、邻接权、数据库作者权、专利权、外观设计权、集成电路布图设计权、商业秘密权、植物新品种权；二是经营性标志权, 包括商标权、商号权、地理标志权、域名权. 此外, 反不正当竞争、商誉权、商品化形象权也被归类于广泛意义上的知识产权范畴. 至于发明权、发现权是否属于知识产权, 我国学术界尚有争议.

13) 参见吴汉东等：<西方诸国著作权制度研究>, 27页, 北京, 中国政法大学出版社, 1998.

14) 参见黄晖为法国知识产权法典中译本所著的 "译者序", 载<法国知识产权法典>(法律部分), 北京, 商务印书馆, 1999.

Ⅳ. 중국 지식재산권 제도의 입법적 선택

중국 민법전의 지식재산권 제도의 수용 여부와 관련하여 학자들의 의견이 반대파와 찬성파로 나뉜다. 그 중 반대파는 두 가지 관점을 가지고 있다. 첫째, 현재 단행법의 체계를 유지하는 것이고 둘째, 지식재산권 법전을 별도 편찬하는 것이다. 어떤 형태이든 민법전의 특별법이 되어야 한다(견해는 앞 글 참조). 찬성파도 두 가지 관점이 있는데, 하나는 민법전에 지식재산권을 체계적으로 규정하는 것인데, 이 제도를 민법전에 평행하게 두어 '지식재산권편'이 되고 다른 하나는 민법전에서만 일반규정을 두는 것 동시에 민사특별법의 체계를 유지하는 것이다. 필자는 한때 지식재산권 제도를 법전으로 편입하는 것을 반대했고, 이후에 입장을 바꿔 지식재산권 '입전(入典)'을 두번째 주장을 하였다.[15)]

필자가 입장을 변경한 것은 주로 다음과 같은 고려에서 비롯된 것이다. 첫째, 지식재산권은 사권이라는 것이다. 이에 대해 세계무역기구(WTO)의 「지식재산권협정」은 그 서문에 분명하게 명시되었다. 지식재산권은 무체재산의 권리 형태이지만 그 기본적 속성은 재산소유권과 다를 바 없으며 모두 민사권리 범주에 분류되어야 한다. 무체재산권을 민법전에 반영하면 유체재산권과 같이 완전하고 풍부한 재산권리체계를 형성하는데 도움이 된다. 둘째, 지식재산권은 민법전의 보호를 받을 권리이다. 지식재산권법은 여러 절차법, 공법성의 규정을 포함하고 있지만 여전히 실체법에 기초한 사법제도로 민법이라는 법률부문에 속해 있다. 민법전은 민사기본법으로서 법적 분류에서 더 높은 위계와 권위를 갖고 있다. 민법전에서 지식재산권에 대한 명확한 지위를 정하는 것은 이 권리의 신성불가침성을 유지하는데 도움이 된다. 셋째, 지식재산권은 이미 중국 민사기본법에 원칙적으로 규정되어 있다. 1986년 「민법통칙」 제5장 제3절은 지식재산권을 전문적으로 규정하고 있으나 저작권, 상표권, 특허권 및 기타 과학기술성과권에 대한 열거적, 선언적 조항에 불과하며 다른 실체적 규정은 없다. 「민법통칙」은 지식재산권 기본제도를 집중적이고 개괄적으로 기술하고 이를 다른 재산권 및 인격권과 결합하여 '민사권리'의 특별장으로 두었으며 당시 민사입법의 창시로 불렸다. 입법체계의 계승성을 고려할 때, 향후 중국 민법전은 지식재산권에 대한 일반적 규정을 만들 필요가 없다. 넷째, 지식새산권 국제기

15) 参见吴汉东主编：<知识产权法>, 北京, 中国政法大学出版社, 2002；吴汉东：<知识产权制度不宜编入我国民法典>, 载<法制日报>, 2002-09-29；吴汉东：<知识产权立法体例与民法典编纂>, 载<中国法学>, 2003(1).

구의 제안이다. 2000년 말, 상하이에서 열린 중국지식재산권포럼에서 세계지식재산권기구(WIPO) 출신 권위자들은 다음과 같이 말했다. WIPO는 민법전에 지식재산권 문제를 상세히 규정하는 데 찬성하지 않는다면서 이런 입법예를 한 국가는 이탈리아, 러시아, 베트남 등도 이 문제를 성찰하고 있다고 하였다. WIPO는 민법전에서 지식재산권과 관련하여 일반적인 규정을 두는 것은 유익하다고 하였다.

민법전의 '지식재산권편'은 일반적인 규정일 뿐이며, 그 관련 조항의 규정은 다음과 같은 규칙을 따라야 한다. 첫째, 민법전에 규정된 기본 원칙과 일반 제도는 지식재산권 제도를 포함한 모든 권리 제도에 적용되어야 한다. 위에서 언급한 규범의 보편적 적합성에 근거하여, '지식재산권편'은 별도로 규정하지 않는다. 둘째, '지식재산권편'이 규정한 일반조항은 각 지식재산권 제도에 공통적으로 적용되어 관련 민사특별법의 독립적 존재에 영향을 미치지 아니한다. 마지막으로, '지식재산권편'은 이러한 체계와 다른 민사권리 제도와 다른 점, 즉 지식재산권의 특성에 기초해 구현된 일반적 규범이어야 한다. 구체적으로는 지식재산권의 성격, 범위, 효력, 이용, 보호 등을 포함할 수 있어야 한다.[16)]

결어

지식재산권 제도는 근대 과학기술과 상품경제발전의 산물이자 사법분야제도혁신의 결과이다. 20세기에 들어서면서 지식재산권법은 초창기에서 성숙기로 발전하여 지속적으로 개선되었다. 신기술 혁명으로 인한 현대화, 신국제무역시스템이 가져온 통합은 현대 지식재산권법 변화의 주요 추세이다. 지식재산권 제도는 자체적인 학문적 토대를 갖고 있다. 로마인들이 만든 '무체물'과 그 관련 학설은 지식재산권 체계에 핵심적인 개념도구와 유익한 사상 자료를 제공하였다. 경제학자들은 지식가치 이론을 바탕으로 지식재산권 제도의 경제적 합리성에 대해 다양한 설명과 해석을 내놓았다. 철학자들은 형이상학을 분석도구로 삼아 지식재산권 제도의 일반적 질문에'사회적 공의', '자유의지', '재산인격' 등의 이론으로 답하였다. 지식재산권 문화는 개인의 정체성, 자유정신, 이성 추구를 지닌 사법문화로 지식재산권 제도 구축을 위한 사상적 기반이다. 중국 지식재산권

16) 笔者草拟的知识产权条款共8条. 具体内容参见吴汉东：<知识产权立法体例与民法典编纂>, 载<中国法学>, 2003(1).

문화는 서양 법문화의 선진적 이념을 이식하고 중국 전통문화의 합리성을 통합하여 다문화의 상호작용과 영향속에서 변형과 재구성을 실현해야 한다. 지식재산권의 법적 가치는 일반법으로서의 보편적 가치와 정의적 가치, 효율성적 가치, 혁신적 가치 등 부문법으로서의 특별한 가치가 있다. 이를 통해 '사권신성'과 '이익균형'은 지식재산권 제도의 기본 법률개념을 구성한다. 지식재산권의 제반 기본제도는 법적 가치 목표를 둘러싸고 권리를 보호하고 이익의 균형을 유지하며 과학기술의 진보와 경제성장을 촉진하는 사회적 기능을 발휘하고 있다. 문화적 위험, 생태적 위험, 유전자기술 위험, 네트워크 위험 등과 같은 위험사회의 맥락에서 볼 때, 이것은 지식재산권 제도 '내생적' 위험이다. 우리는 '가치이성과 도구이성의 통일', '권리개념과 책임개념의 통일', '법적통제와 기술통제의 통일'과 같은 위험 법률 이념을 견지하고 지식재산권 제도에 대한 보완 및 대체적인 위험에 대응조치를 취해야 한다. 정책과학적의 관점에서 지식재산권 제도는 정부공공정책의 중요한 구성부분이며, 그 정책기능은 바로 지식재산권의 정의로운 질서를 유지하고 효과적으로 지식보급의 목표를 실현하는데 있다. 지식재산권법과 「부정경쟁방지법」과는 다른 제도로 설계되었지만 둘의 입법목표는 동일하다. 후자 상품복제행위, 허위광고행위, 영업비방행위, 영업비밀침해행위 등 지식재산권 보호에 대한 보완기능을 하며, 모두 「부정경쟁방지법」규제의 대상이다. 지식재산권법과 반독점법은 정책목표를 공유하고 상호 조정기능을 보완한다. 지식재산권의 '존재' 자체는 반독점법의 예외 영역지만 지식재산권을 남용하는 행위는 반독점법의 규제를 받는다. 지식재산권법은 민법의 범주에 속하며, 그입법예로는 단행법체계, 단행법 및 민법적회귀체계가 있다. 중국 지식재산권법은 민법전에서 일반규정을 두는 동시에 민사특별법을 유지하는 것이 바람직하다.

제3편

국제보호의 연구

(국제 보호 연구)

제20장

지식재산권 국제 보호 제도의 개요

지식재산권 국제보호는 현대의 지식재산권 제도의 당연한 내용이라 할 수 있다. 지식재산권 국제 보호 제도는 1980년대부터 나타났으며 현재는 국제경제, 문화, 과학기술, 무역 분야에서 하나의 법질서로 자리잡고 있다. 이는 「파리협약」·「베른협약」·「지식재산권협정」등 대표적인 국제협약을 바탕으로 세계지식재산권기구(WIPO), 세계무역기구(WTO) 등과 관련된 국제기구를 조정기구로 삼아 각국의 지식재산제도를 조정함으로써 지식재산 분야에서 국제적인 법칙과 법질서를 형성시키고 있다. 이러한 현상은 각국에서 독자적으로 만든 지식재산권법이 지식재산권 국제보호의 틀 안에서 일체화되고 국제화되는 새로운 단계로 진입했음을 의미하기도 한다.

Ⅰ. 지식재산권 국제 보호 제도의 성립요인

일반적 의미에서 지식재산권 국제 보호 제도란 각종 국제협약을 바탕으로 국제기구를 조정기구로 삼아 각국의 상이한 지식재산권 제도를 법적인 차원에서 조정하여 일정 수준의 통일된 국제법제도를 형성하는 것을 말한다. 지식재산권 국제 보호 제도의 형성은 지식재산권 입법이 새로운 역사적 단계에 들어섰음을 의미한다. 즉, 각국의 독자적인 지식재산권 제도가 지식재산권 국제보호라는 틀 아래에서 점진적으로 일체화, 국제화의 길을 걸어가고 있음을 뜻하는 것이다. 제도사적 관점으로 볼 때, 지식재산권 국제보호는 지식재산권 제도의 발전으로 출발한 것이 아니라 국제경제무역 관계의 발전과 함께 형성된 산물이다. 동시에 지식재산권제도 자체가 변화의 결과물이기도 하다. 지식재산권 국제 보호 제도의 성립에는 다음 두 가지 요인이 주요하게 작용했다.

1. 국제경제무역의 발전과 지식재산권의 지역적 한계 극복

지식재산권의 기본적인 특징은 지역성이다. 지역성은 크게 두 가지 측면에서 나타난다. 하나는 한 국가의 법률에 의해 보장되는 지식재산권은 해당 국가 내에서만 효력을 가진다. 지역성의 제한을 벗어날 경우, 해당 국가에서 보호 대상인 지식재산권이라도 국제적 차원에서는 공적인 지적자원으로 간주된다. 다른 하나는 한 국가의 법률에 의하여 확인을 받거나 보호를 받는 지식재산권은 타국의 국내법 절차를 거치지 않고는 해당 국가의 보호를 받을 수 없다. 이는 한 국가의 지식재산권 권리자가 타국에서 자국법을 근거로 자신의 지식재산권 이익을 지킬 수 없음을 의미하고, 타국의 입장에서는 다른 국가에서 부여한 지식재산권에 대한 보호를 이행할 의무가 없음을 의미한다. 그러므로 지식재산권 분야에서 국제협약이 나오기 이전에는 누구라도 타국에서 지식재산권 보호를 받는 것이 매우 어려웠다. 이러한 지식재산권의 지역적 특성은 '시장을 분할하고 국제무역의 발전을 방해하는 특성을 내재하고 있다.'[1] 나날이 발전하는 과학기술과 급속하게 발전하는 상공업으로 인하여 국제무역은 부단히 확장되었고, 그와 동시에 지식재산권의 무역시장 또한 형성되기 시작하였다. 수많은 지식제품은 국가 간의 경계를 뚫고 타국에 유입되기 시작하였고 이러한 현상은 각국 간의 과학 및 문화 교류를 촉진시키고 있다. 이와 같이, 지식재산권은 지역적 제약과 지적산물에 대한 국제적 수요 사이에서 큰 갈등을 빚고 있다. 이러한 상황에서 국제사회는 지식재산권 보호를 위해 다각적 국제협약을 기반으로 한 지식재산권 국제보호 제도를 형성하여, 지식재산권의 지역적 특성이 국제무역질서의 방해를 최소화하는 방법을 모색해야 하는 과제를 안고 있다.

2. 지식재산권 보호의 국제협약 및 국내법 단독체계 대한 변화

지식재산권 보호는 처음 국내법적 차원에서 규정되었고 현재까지도 국내법에 관한 문제로 귀결되고 있다. 이는 지식재산권 국제 보호 제도에서 나타내는 국제협약은 최종적으로 국내법 절차를 거쳐야만 그 국가 내에서 법적 효력이 발생되기 때문이다.[2] 지식재산권 제도가 국내법의 단독보호 체계에서 국제법적 차원의 통일된 보호 체계로 나아가는

1) 万鄂湘主编 : <国际知识产权法>, 13页, 武汉, 湖北人民出版社, 2001.
2) 参见张乃根 : <国际贸易的知识产权法>, 53～54页, 上海, 复旦大学出版社, 1999.

것은 국제사회가 지식재산권 보호를 위해 상호 조율한 결과라고 할 수 있다. 전통이론에서는 지식재산권 국제보호와 관련하여 네 가지의 경로가 있다고 주장한다. 첫째, 일방적 보호이다. 즉, 한 국가가 그 나라의 국내 입법을 통해 외국의 지식재산권을 일방적으로 보호하는 것이다. 둘째, 호혜적인 보호이다. 즉, 호혜원칙에 의해 외국에 자국의 지식재산권을 보호하는 것을 조건으로 제시하여 해당 국가의 지식재산권을 대등하게 보호하는 것이다. 셋째, 양자조약에 의한 보호이다. 즉, 양국 정부 간의 양자 협상을 통하여 양국이 받아들일 수 있는 지식재산권 보호 제도를 달성하는 것이다. 넷째, 다자조약에 의한 보호이다. 즉, 각국 정부 간의 다자 협상을 통하여 지식재산권의 실질적인 국제표준과 국제적인 절차규정을 포함한 다각적 국제조약을 체결하고, 각 당사국들 간의 국내법을 통해 추진되는 지식재산권 국제 보호 제도다.[3)]

엄밀히 말하자면, 전자의 두 가지 방법은 단지 일반적인 의미상으로 외국과 관련된 지식재산권을 보호하는 차원이고 국내법의 기초하에 세워진 것이다. 예를 들어, 일방적 보호 방식 중에서 프랑스는 1852년에 발표한 저작권 법령에서는 모든 작품을 보호할 것을 선언했다. 그리고 호혜적 보호 방식 중에서는 미국, 스페인, 스웨덴 등 국가들의 저작권 보호법에서는 호혜원칙을 규정하고 있다. 위 두 가지 방식은 모두 국내법의 일방적인 보호시스템이라고 볼 수 있다. 따라서 필자는 후자의 두 가지 방식이 진정한 의미의 지식재산권 국제 보호 제도에 해당한다고 본다. 이처럼 국제적 조정을 통하여 생성된 국제 보호 제도는 국가들의 주권에 기초한 지역적 제한에 따른 지식재산권의 지역규제를 극복하여 양자 간 또는 국제적으로 통합된 보호 제도를 마련하는 데 그 목적이 있다. 이에 따른 주요 경로는 정부간의 양자 또는 다자간 협상을 통한 국제협정 또는 국제조약을 체결하여 비교적 통일된 지식재산권에 대한 보호표준과 규칙을 형성하고 당사국들의 국내법을 통해 널리 시행하는 것이다.

II. 지식재산권 국제 보호 제도의 기본 원칙

일반적으로 법률원칙은 법률제도가 지향하는 가치를 담고 있고 이는 해당 제도의 세부

---

3) 参见郑成思：<知识产权法>, 118页, 北京, 法律出版社, 1997；刘文华主编：<WTO与中国知识产权制度的冲突与规避>, 43~44页, 北京, 中国城市出版社, 2001.

규칙의 근원이자 근거가 된다. 이와 동시에 법률원칙은 앞서 언급한 제도의 가치와 규칙을 추상화하고 요약한다. 법률원칙의 보편적적용성과 계급성에 의하면 지식재산권 국제보호 제도 원칙은 다음과 같이 두 가지 유형으로 나눈다. 첫째, 해당 법률제도를 구축하는데 있어 기초적 의미를 가진 준칙이다. 둘째, 해당 법률제도 속에서도 존재 가능하며 자체적으로도 직접 적용가능한 원칙이다. 전자의 경우, 일부 학자들에 의하여 국가 주권원칙, 호혜평등원칙, 공동발전원칙, 국제협력원칙으로 요약한다.[4] 또 다른 학자들은 이를 국가 주권 원칙, 국제 협조 및 협력 원칙, 공평정의원칙으로 설명하고 있다.[5] 후자의 경우, 대부분의 학자들은 이를 내국민대우원칙, 최소보호 수준원칙, 독립원칙(산업재산권), 독립보호 원칙(저작권),발명특허 강제실시 제도(특허권), 우선권제도(산업재산권)등으로 요약한다.[6]

따라서 본 논문에서 필자는 후자의 의미에서 지식재산권 국제 보호 제도의 원칙을 설명하고자 한다. 이러한 원칙들은 그 자체로도 직접적 적용성을 갖추었으므로 국제협약에 규정되는 것이 마땅하다. 하지만 하나의 전문제도에 특정되는 것이 아닌 지식재산권 국제 보호 제도 전반에 적용가능한 보편적 적용성을 갖춰야 한다. 위와 같은 근거로, 본 논문에서는 지식재산권 국제 보호 제도의 기본 원칙에는 당연히 내국민대우원칙, 최소보호 수준원칙, 공익원칙이 포함되어야 한다고 본다.

1. 지식재산권 국제 보호 제도의 기본 원칙 내용

국제보호 제도의 기본원칙에는 내국민대우원칙, 최소보호 수준원칙, 공익원칙이 있다.

(1) 내국민대우원칙

내국민대우원칙은 대부분의 지식재산권 조약에서 확인되는 첫 번째 원칙이다. 즉, 지식재산권보호 측면에서 각 체약국의 국민 간에 서로 평등하게 대우하도록 하여 체약국의 국민대우와 내국민대우가 동등한 대우를 받을 수 있도록 하는 것이다. 따라서 내국민 대

4) 参见唐青阳：<知识产权国际保护的理论与实践>, 42页, 重庆, 西南师范大学出版社, 1998.

5) 参见万鄂湘主编：<国际知识产权法>, 42页, 武汉, 湖北人民出版社, 2001.

6) 参见刘文华主编：<WTO与中国知识产权制度的冲突与规避>, 45、48页, 北京, 中国城市出版社, 2001；张玉敏主编：<知识产权法教程>, 49～51页, 重庆, 西南政法大学出版社, 2001.

우는 두 가지 내용을 담고 있다.

첫째, 각 체약국은 국내법에 따라 즉시 또는 향후에 해당국 국민에게 내국민대우를 부여할 수 있다는 것이다. 둘째, 내국민대우는 지식재산권 조약에서 규정되는 특별한 권리의 최소보호 기준이 된다는 것이다. 체약국 국민과 내국민이 동등한 대우를 받는 것에 대하여 개별 국제조약에서는 이에 대해 서로 다른 입장을 표명하고 있고, 이를 다른 말로 '보다 낮지 않은', '차별하지 않는' 또는 '상대적으로 불리해서는 아니 된다'로 표현하고 있다. 하지만 결론적으로 이는 기타 체약국 국민에게 내국민과 동일하게 대우한다는 의미로만 이해할 수 없다. 다시 말해, 체약국은 자국의 경제발전 상황에 따라 다른 체약국 국민에게 내국민보다 높은 대우를 할 수도 있다는 것이다. 내국민대우원칙은 사회경제제도와 발전수준이 다른 국가들의 경우에도 수용할 수 있는 원칙이다. 이 원칙은 각국의 법률의 일관성을(지식재산권 보호 수준에 대한 문제가 언급되지 않음) 요구하지도 않을 뿐만 아니라 외국법의 규정에 대한 적용(국가주권에서 지역제한에 관한 문제가 언급되지 않음)을 요구하지도 않는다. 단지 국가들은 자국의 영토범위 안에서 국내법을 독립적으로 적용하여 내, 외국인을 구분하지 않고 평등하게 보호하도록 요구될 뿐이다. 「지식재산권협정」제3조에서는 내국민대우원칙을 규정하고 있다.

즉, 각 구성원은 다른 구성원에게 내국민보다 더 낮은 대우를 할 수 없다. 협정 규정에 따르면, 외국인 즉 타국의 국민이 받는 내국민 대우의 범위는 지식재산권의 유형에 따라 다르게 적용되어야 한다. 예를 들어, 「파리협약」·「베른협약」·「공연예술가, 녹음물이나 영상물 제작자 및 방송조직 보호협약」(이하 「로마협약」이라 함), 「집적회로에 관한 지식재산권보호조약」(IPIC 조약, 이하 "워싱턴조약"이라 함) 등의 조약에서 규정한 자격기준을 보면 다음과 같다. 산업재산권 분야에서 「파리협약」제2, 3조에 의하면, 체약국의 국민은 내국민에게 해당하는 조건 및 절차에 따를 것을 조건으로 내국민과 동일한 보호를 받으며 또한 권리침해에 대하여 내국민과 동일한 법률상의 구제를 받을 수 있다. 비체약국의 국민으로서 어느 체약국의 영역 내에 주소가 있거나 실질적인 공업상 또는 상업상의 영업소를 가진 자는 체약국의 국민과 같이 취급된다. 저작권 분야에서 「베른협약」은 '이중국적 내국민대우원칙'을 실행하고 있다. 즉, 작품의 '국적' 또는 제작자의 국적은 물론이고, 규정에 부합된다면 모두 체약국의 국민으로 대우한다. 협약 제5조의 규정에 의하면, 체약국은 아래와 같은 세 가지의 경우에 제작자의 작품에 대해 내국민의 대우와 동일한 저작권의 보호를 받는다.

다른 체약국의 국민, 어떠한 체약국에 상거주지가 있는 자, 최초로 어느 체약국에서 저작물을 발행한 자(어떠한 체약국에서 아무런 국적 또는 상거주지가 없다 할지라도)이다. 저작인접권 분야에서 「로마협약」은 공연자, 음반제작자, 방송조직에 대해 각각 다르게 규정하였다. 우선, 공연자가 내국민의 대우를 받는 요건은 다음과 같다. 1) 출연은 다른 체약국 국경에서 해야 한다. 2) 출연물은 해당 협약에서 규정한 보호 범위에 있는 음반제품으로 제작되어야 한다. 3) 출연물은 음반제작물에 고정될 필요는 없지만 해당 협약에서 규정한 보호받는 매체를 통해 전송되어야 한다. 다음으로, 음반제작자가 내국민 대우를 받을 수 있는 요건은 다음과 같다. 1) 음반제작자는 다른 체약국의 국민(국민 기준)이어야 한다. 2) 음반의 최초 제작은기타 체약국에서 이루어져야 한다(제작 기준). 3) 음반제작물은 최초로 다른 체약국에서 출시되어야 한다(출시 기준). 마지막으로, 방송조직에 대한 내국민대우의 향유 조건은 방송조직의 본부는 다른 체약국에 설치되어야 하고, 방송은 타 체약국에 위치한 송신장치에서 송출한다. 집적회로 배치설계 독점권 분야에서 「워싱턴조약」은 체약국에서 내국민 대우를 받는 자에 대해 다음과 같이 두 가지 요건을 규정하였다. 1) 모든 체약국의 국민 또는 다른 체약국 영토에 거주지를 보유하고 있는 자연인이다. 2) 모든 체약국 영토 내에서 회로배치 설계 또는 집적회로를 생산하기 위해 진실하고 유효한 실체를 둔 법인 또는 자연인이다.

요컨대, 다른 체약국의 국민이 향유하는 내국민대우의 문제에 관하여 국제협약에서는 주로 아래의 세 가지 기준을 채택하고 있다. 첫째, 국적기준이다. 즉, 체약국의 국민은 조약에서 규정한 하나 또는 수 개의 지식재산권에 관하여 다른 체약국에서 내국민과 같은 대우를 받을 수 있다. 「지식재산권협정」 및 「파리협약」·「베른협약」·「로마협약」·「워싱턴조약」에서 모두 이러한 기준을 규정하였다. 둘째, 거주지 기준이다. 즉, 모든 체약국 국민의 '거주지'와 '상거주지'를 기준으로 하여 내국민대우를 받을 수 있는 자격을 부여한다. 「파리협약」·「워싱턴조약」에서 '거주지'기준을 채택하고 있으나 「베른협약」에서는 '상거주지'를 기준으로 규정하였다. 셋째, 실질적 관련성 기준이다. 즉, 특정 외국인 또는 행위가 특정 체약국 간에 발생한 어떠한 연관성을 기준으로 내국민대우의 자격을 부여한다. 예를 들어 「로마협약」은 음반제작자의 내국민대우를 확인하는 데 있어 '녹화기준', '발행기준'을 규정하고, 「베른협약」은 영화제작, 건축물 제작자에 대한 내국민대우의 여부를 확인하는 기준들은 모두 이 유형의 기준에 속한다.

(2) 최소보호 원칙

이 원칙은 각 체약국의 국내법에 근거한 내국민에 대한 지식재산권 보호 수준이 국제협약에 규정된 최소한의 기준보다 낮을 수 없다는 원칙을 의미한다. 위 원칙의 적용대상이 되는 기준에는 권리보호 대상, 권리취득방식, 권리내용 및 제한, 권리보호 기간 등이 포함된다. 「베른협약」제6조 내지 제18조에서는 저작자가 향유하는 각종 정신적 권리와 경제적 권리, 그리고 권리보호 기간, 보호 방식 등을 열거하고 있는데 제19조, 제20조에서는 이에 대한 최소보호 원칙을 규정하고 있다. 위 조항에 따르면, 체약국은 입법으로 보다 광범위한 보호를 부여하는데 따른 혜택을 주장하거나 체약국 간특별 협정을 통해 협약보다 광범위한 권리를 부여할 수는 있다. 이는 「베른협약」에서 체약국이 규정한 저작권 보호 수준을 초과하는 보호조치는 가능하더라도, 협약의 규정보다 낮은 수준으로 보호해서는 안 된다는 의미를 포함하고 있다. 한편, 「지식재산권협정」제1조에서는 체약국이 반드시 이행해야 할 의무에 대해 규정하고 있는데, 이에 따르면 "모든 체약국은 본 협정의 규정을 발효시킬 의무"를 부담한다. 여기서 말하는 '규정'에는 '지식재산권의 효력 · 범위 및 이용에 관한 기준', '지식재산권 법집행', '지식재산권의 취득 · 유지 및 관련 당사자들 간의 절차', '분쟁에 대한 방지 및 해결' 등의 규정이 포함된다. 이러한 전제 하에 각 체약국은 국내법에 협정에서 요구되는 정도보다 광범위한 보호를 규정하고 있고, 그 보호의 내용이 협정을 위반하지만 않으면 된다. 정리하자면, 「지식재산권협정」규정에 따라 지식재산권을 보호하고 해당 협정 규정이 자국 내에서 효력을 가지도록 하는 것은 체약국의 의무이다.

최소보호 원칙은 내국민대우원칙을 보완하는 중요한 원칙이라 할 수 있다. 전자는 각국 간 경제, 과학기술, 문화발전의 불균형한 현실에 기반하여 각국의 지식재산권의 차이를 인정하고, 이로 하여금 지식재산권의 국제협조에 대한 광범위성과 보편성을 보장한다. 그러나 이러한 국제협조는 보편성 뿐만 아니라 실효성을 요구하기도 한다. 만약, 내국민대우원칙을 극단적으로 몰아붙인다면, 각국의 지식재산권보호 수준에 있어 큰 차이가 생겨날 수 있으며, 더불어 체약국가들 간의 권리 및 의무의 불평등을 조성하여 국제조약의 효과적인 실행을 불가능하게 만드는 상황이 발생할 수 있다.[7] 따라서 지식재산권 제도의 국제적 조화는 내국민대우원칙만으로는 실현하기 어렵다. 그래서 국제협약에서

---

7) 参见罗文正、古祖雪 ：<试析国际知识产权法的基本原则>, 载 <湖南社会科学>, 2002(4).

는 제도적 차이로 인해 초래될 수 있는 불이익의 문제를 해결하기 위해 최소보호 원칙을 함께 규정한 것이다.

지식재산권 제도의 국제조화 시스템에서 최소보호 원칙과 내국민대우원칙은 분명한 차이점과 공통된 지향점이 공존한다. 양자의 차이는 다음과 같다. 내국민대우원칙은 협약을 맺은 각 체약국의 지식재산권에 있어 입법자주권을 존중하는 것인 반면, 최소보호 원칙은 이러한 입법자주권에 제한을 두는 것이다. 양자의 통일성은 다음과 같이 나타난다. 즉, 지식재산권 보호에 대한 최소수준을 받아들이는 것은 각국가들이 지식재산권에 대한 입법자주권을 행사하고 있다는 강력한 표현이기도 하다.[8] 상술한 두 원칙을 준수하는 것은 지식재산권 국제협약을 맺은 체약국들이 필히 이행해야 할 기본적인 의무이다. 다시 말해, 이 원칙들은 협약을 맺은 체약국에서 바로 적용가능한 효력을 가져야 하는 것이지 체약국이 성명으로 보류할 수 있는 사항에 속하지 않는다.

최소보호원칙은 지식재산권 보호 수준에 있어 체약국들 간의 기준을 통일하도록 하는 것에 그 목적이 있다. 체약국들은 입법의 형식으로 지식재산권 국제조약(국제법)에 관련한 규정을 해당 국가의 지식재산권 제도(국내법)의 구체적 규범으로 전환한다. 여기에서 요구되는 것이 바로 최소보호 원칙이다. 최소보호 원칙의 적용으로 각국의 지식재산권 제도에 통일된 보호 기준이 생겨날 수 있게 되었는데, 학자들은 이러한 경향성을 지식재산권 입법의 '통합' 또는 '국제화'라고 칭한다. 지식재산권 보호 수준의 문제에 있어, 국제조약에서는 '높은 기준에 맞추더라도 낮은 기준에 맞추지 않는' 방법을 취하고 있다. 여기서 '낮은 기준에 맞추지 않는' 것은 '최소보호 수준'을 재택한 것이고, 체약국들은 이를 필히 준수해야 한다. 반면, '높은 기준에 맞춘다'는 것은 최소 기준을 어느 정도로 초과하여 지식재산권을 보호할지 여부는 각 체약국에서 자체적으로 선택 가능하다는 것이다. 국제보호 수준을 초과하는 것에는 두 가지의 경로가 있다. 하나는 체약국의 국내법에 의해 자체적으로 결정하는 방식으로서 일방적인 보호 모델이다. 다른 하나는 체약국 간에 협상을 진행하는 것으로서 양자 간 조약보호이다.[9] 이와 같은 초국가적 예외규정은 최소보호 원칙에 대한 중요한 보완이다.

---

8) 参见罗文正、古祖雪 ：<试析国际知识产权法的基本原则>, 载 <湖南社会科学>, 2002 (4).

9) 关于知识产权国际保护的四种途径, 可参见刘文华主编： <WTO与中国知识产权制度的冲突与规避>, 43～44页, 北京, 中国城市出版社, 2001.

(3) 공익원칙

이 원칙은 지식재산권의 보호와 권리행사가 사회 전체의 공익에 반해서는 안 되며, 공익과 권리자의 이익 양자 간에 균형이 유지되어야 한다는 원칙을 의미한다. 공익원칙은 한편으로는 한 국가의 지식재산권 제도가 지향하는 입법적 가치이며, 이와 동시에 지식재산권 국제 보호 제도의 기본 원칙이기도 하다. 공익원칙은 두 가지 측면의 내용을 담고 있다. 첫째, 이익균형의 법적관념이다. 즉, 당사자 간, 권리 주체와 의무주체간, 개인과 사회 간의 이익은 모두 공평의 가치 이념에 부합되어야 하고, 이를 토대로 공공이익의 목표를 실현되어야 한다는 것이다. 둘째, 권리제한과 이용을 위한 법률제도이다. 즉, 공익적인 관점에서 권리자의 배타적 권리에 대하여 필요한 제한을 가함으로써 사회 전체의 지식제품에 대한 합리적인 이용을 보장하는 것이다. 「지식재산권협정」중 '원칙'편, 제8조에서는 다음과 같이 규정하였다. 1) 회원국은 자국의 법 및 규정을 제정 또는 개정함에 있어서 본 협정의 규정과 일치하는 범위 내에서 공중보건 및 영양상태를 보호하고, 자국의 사회경제, 기술적인 발전에 중요한 분야의 공공이익을 증진시키기 위하여 필요한 조치를 취할 수 있다. 2) 이 협정의 규정과 일치하는 범위 내에서 권리자에 의한 지식재산권의 남용 또는 불합리하게 무역을 제한하거나 국가 간 기술이전에 부정적 영향을 미치는 관행을 방지하기 위하여 적절한 조치를 취할 수 있다." 세계지식재산권기구의 「저작권조약」은 서문에서 "베른협약에서 반영된 저작자의 권리와 대중의 이익 특히, 교육, 연구그리고 취득 정보에 대한 이익 간의 균형을 유지할 필요가 있다"고 인정한 바 있다. 세계지식재산권기구 「공연 · 음반 조약」서문에서는 공연예술가, 음반제작자와 대중 간의 이익의 균형에 관하여 「저작권조약」과 같은 주장을 하고 있다. 위에서 언급한 국제협약과 달리, 기존의 지식재산권 국제협약은 대부분 지식재산권 규제 제도를 통해 공익원칙을 구현해 왔다. 예를 들어, 「파리협약」제5조에서 규정한 강제 허가제도, 「베른협약」제10조에서 규정한 합리적사용제도 등이다.

공익원칙의 실현은 권리자 개인의 이익과 대중 전체의 이익 간의 균형에 달려 있다. 이는 지식재산권 보호 제도 설계와 관련하여 지식재산권의 보호 및 규제와 직결되는 문제이다. 지식재산권 국제협약에서는 공공이익의 목표를 '공중보건, 사회 발전, 표현의 자유, 공교육' 등으로 표현한다. 이러한 목표는 지식재산권 제도 내에서 권리의 제한과 이용에 관한 규정을 통해 달성된다.

물론, 이러한 권리의 제한 및 이용은 필요하고 합리적인 범위 내의 것이어야 한다. 미국의 학자들이 지적한 바와 같이 지식재산권의 존재는 공공이익이 우선시되어야 하고, 그 다음으로 권리자 개인에게 돌아가는 이익이어야 한다.10) 공익원칙은 지식재산권 국제 보호 제도의 중요한 원칙 중 하나이다. 이는 앞서 설명한 내국민대우원칙, 최소보호원칙과 밀접한 관련이 있다. 최소보호 원칙이 이미 확정된 범위 내에서 체약국의 국내입법을 통일하여 내국민대우원칙의 입법자주권에 대한 제한을 가하는 것이라면, 공익원칙은 체약국의 국내 입법의 범위를 한정하고 예외규정을 두는 방식으로 최소보호 원칙에 대한 역제한을 양산하고 있다. 이는 달리 해석하자면, 체약국이 지식재산권 입법에 최소보호 수준을 적용하게 된다면, 이와 관련된 국제협약에서 규정한 공익원칙을 근거로 지식재산권 제한에 대한 몇 가지 예외적 상황을 규정할 수 있다는 것이다.11)

2. 지식재산권 국제 보호 제도의 기본 원칙 및 관련 원칙 간의 관계

지식재산권 국제보호 제도의 기본 원칙은 전체 법률제도가 지향하는 가치를 구현한 것이다. 한편, 기본 원칙은 국제법의 최고 준칙을 반영하여 국제 지식재산법을 구축하는 원칙의 기반으로 삼아야 한다. 다른 한편, 위 기본 원칙은 각종 지식재산권 제도에 적용될 규칙을 추상화하여 이와 관련된 구체적인 제도 운영의 기본 근거가 된다. 다음에서 그 내용을 나누어 설명한다.

국제법 원칙과의 관계이다. 국제법 원칙은 국가들의 공인을 받고, 국제법의 모든 영역에 적용될 수 있는 국제법의 기초원리를 구현한 기본 준칙이다. 현대 국제법에서는 「국제연합헌장」 및 UN총회에서 채택한 일련의 문서들이 하나의 체계화된 원칙체계를 형성하고 있는데, 위 국제법 원칙은 그 속에서 경제, 문화, 과학, 무역 등의 영역에서 국제적 질서를 수립하는 법적 토대를 마련했다.12) 지식재산권 국제 보호 제도는 실제로 지식재산권 영역에서는 비교적 완전하고 상대적으로 독립적인 국제법률체계로 국제법 또는 국제경제법의 구성부분으로 볼 수 있다. 그러므로 해당 제도의 구축은 국제법의 초석과 분리할 수 없다. 구체적으로 볼 때, 국제지식재산권법의 기본 원칙은 아래 국제법 원칙과의

10) 参见 [美] 奥德丽·R·查普曼 ：<将知识产权视为人权：与第15条第1款第3项有关的义务>, 载 <版权公报>, 2001 (3).

11) 参见 <知识产权协定>第8条第1项的规定.

12) 参见杨泽伟 ：<新国际经济秩序研究>, 43～44页, 武汉, 武汉大学出版社, 1998.

연계가 중요하다.

(1) 주권원칙이다. 주권원칙은 전통적인 국제법 원칙이다. 이 원칙은 국제법 체계의 근간이며, 그 핵심은 '주권국가 간의 평등'이다. 주권원칙은 국가주권의 상호존중을 바탕으로 각국은 자국의 정치, 사회, 경제와 문화제도를 결정할 권리가 있다는 것을 그 내용으로 한다. 지식재산권 국제보호의 측면에서, 주권원칙은 다음의 두 가지 측면에서 적용된다. 우선, 이 원칙은 각국이 자국의 실정에 맞는 지식재산권 법제도를 선택하고, 자국의 경제 · 과학기술 수준에 상응하는 지식재산권 보호를 제공하도록 한다. 내국민대우원칙의 적용은 바로 이 주권원칙의 정신을 반영한 것이라 볼 수 있다. 주권원칙은 단지 체약국 주권의 지역적 제한(즉, 외국법규정의 적용을 요구하지 않음)에 그치지 않고, 체약국이 자국의 영토 범위 내에서는 독립적인 자국 법률을 적용하여 외국인과 자국인을 막론하고 평등하게 보호할 것을 요구한다. 다음으로, 국가주권의 자기 규제는 국제협약의 구속력에서 비롯되지만 개별 국가에 대해 강권적으로 탄압해서는 안 된다. 이는 지식재산권의 보호를 하는데 있어 국제적 조율을 진행하기 위한 중요한 전제이기도하다. 최소보호 원칙의 적용은 국제협약(국제법)의 지식재산권 관련 규정을 체약국 지식재산권(국내법)의 구체적 규범으로 전환시켰다. 이로써, 각국가들은 주권의 필수적 제한으로 국제경제의 이익을 실현하였다. 그러나 문제는 특히 개발도상국의 경우, 현행 지식재산권 국제보호 제도는 개별 국가의 주권을 충분히 보장하고 있지 못하다는 점이다. 본질적으로 보았을 때, '지식재산권 국제 보호 제도는 지식재산권 이익 분배의 국제 메커니즘이다.'[13] 오늘날 글로벌 경제화 시대에 지식재산권 보호는 개발도상국이 국제무역에 참여하기 위한 전제조건인 동시에 선진국이 무역 우위를 유지하기 위한 법적 도구이다. 이처럼 국가 간의 심각한 이익의 불균형은 사실상 체약국의 주권에 대한 심각한 훼손으로 이어지기 때문에 국제사회의 각별한 주목이 필요하다.

(2) 발전권원칙이다. 발전권원칙은 '새로운 국제경제질서에 대한 국제법 원칙'이라 할 수 있다.[14] 발전권은 제3세대 인권 즉 단체 인권의 중요한 내용이다. 국제인권 협약에 따르면, 발전권은 모든 시민이 '자유롭게 그들의 경제, 사회와 문화의 발전을 추구할 수 있는' 권리이다.[15] 이는 제3세계 민족주의의 출현으로 대두된 전세계적 차원의 권력, 부,

13) 万鄂湘主编 ：<国际知识产权法>, 44页, 武汉, 湖北人民出版社, 2001.
14) 杨泽伟 ：<新国际经济秩序研究>, 65页, 武汉, 武汉大学出版社, 1998.
15) 参见1966年 <公民权利和政治权利国际公约>和1966年 <经济、社会和文化权利国际公约>.

그리고 다른 중요한 자원들의 분배에 대한 요구가 반영된 것이다.[16] 1974년 "각국 경제 권리와 의무헌장"은 발전권에 대해 명확하게 규정한 바 있다. 발전권은 보편적인 권리이다. 위 헌장에서는 '나라 마다 과학기술의 진보와 발전의 이익을 공유할 권리를 가지며 국가 경제와 사회의 발전을 가속할 권리를 가진다'고 규정한다. 발전권은 개발도상국에 있어 매우 절박하고 중요한 권리라 할 수 있는데, 위 헌장은 '모든 국가는 개발도상국의 현대 과학의 기술 발전을 촉진해야 하며', '개발도상국의 경제 발전을 도와야 한다'고 요구한다. 그러나 개발도상국의 발전권은 현대의 지식재산권 국제보호 체계에 충분히 반영되지 못하였다. 1978년 제네바에서 「기술양도에 관한 국제수칙」제정에 관한 국제회의가 열렸다. 지식재산권의 이익에 대한 의견 불일치 등 문제로 인하여 선진국과 개발도상국은 원만한 합의를 이루어 내지 못했다. 반면, 1994년에 발효된 「지식재산권협정」을 통해, 선진국이 지향하는 강력한 지식재산권 제도 구축이라는 전략적 목표가 달성되면서, 선진국은 국제무역에서 기술적 우위-지식재산권을 배경으로 둔 기술적 우위를 더욱 공고히 했다. 발전권원칙은 지식재산권 국제 보호 제도에서의 공익 목표 달성에 있어 중요한 지도 원칙이 된다. 개별 국가 차원에서 지식재산권에 대한 보호와 제한을 통해 각국은 지식재산에 관한 이해관계를 조정한다. 개별 국가의 지식재산권 보호 제도들이 국제협약에 따른 최소보호기준을 위반하지 않는 선에서 구축되는 것은 그다지 어려운 과제가 아니다. 그러나 문제는 지식재산권 국제 보호 제도가 선진국과 개발도상국과의 사이에서 발생하는 권리와 의무의 균형을 적절하게 고려했는지 되돌아볼 필요가 있다는 것이다. 현재 국제무역 시스템에서 "지식재산권은 선진국이 그들의 기술 독점적 지위를 유지하고, 무역 관련 이익을 보호하며, 국가 간 경쟁에서의 우위를 강화하는 강력한 무기가 되었다."[17] 이러한 상황을 고려할 때, 국제협약에서의 발전권원칙의 의미가 있고 동시에 공익원칙의 실현을 위해 실효성 있는 조치를 취하는 것은 매우 필요하다.

세계무역조직 총원칙과의 관계이다. 최혜국대우원칙은 「지식재산권협정」을 포함한 모든 관세무역 일반협정 및 세계무역기구협정의 공통적인 기본 원칙이다. 이는 무역의 공정한 경쟁을 보장함으로써 전체 국제무역체제의 기반을 구성하는 것에 취지를 두고 있다.[18] 유엔 국제법위원회에서 작성한 '최혜국 조항 초안'에 따르면 최혜국대우란, 어느

16) 参见夏旭东等主编 ：<世界人权纵横>, 116页, 北京, 时事出版社, 1993.

17) 袁泳：<知识产权法与技术、文化创新>, 载 <北京大学学报(哲学社会科学版)>,1997 (5).

18) 参见汤宗舜：<知识产权的国际保护>, 177页, 北京, 人民法院出版社, 1999；张乃根 ：<国际贸易的知识产权>, 115页, 上海, 复旦大学出版社, 1999.

한 국가 내에서 수혜국 또는 수혜국과 확실한 관계를 맺고 있는 사람 또는 물건에 대한 혜택, 면제 등의 대우를 상대 교류국가에게 부여하고자 할 때, 그 국가에 진입한 제3국가에게 부여한 혜택, 면제 등에 비하여 불리하지 않도록 대우하는 원칙을 의미한다. 전통적인 지식재산권 협약에서 보통 국제무역에서의 최혜국 대우 문제는 언급되지 않는다.「지식재산권협정」에서 이 원칙을 지식재산권 분야에 직접 이식한 것은 지식재산권 국제 보호 제도에 있어 중요한 변화이다. 해당 협정 제4조에서는 다음과 같이 규정하고 있다. 지식재산권 보호차원에서 한 구성원이 다른 구성원 국민에게 주는 어떠한 이익, 혜택, 특권 또는 면제는 당연히 즉각적이고 필수적으로 모든 회원국 국민에게 줘야 한다. 이것을 달리 해석한다면, 한 특정한 국가의 국민을 우대함으로써 다른 국가의 국민을 차별해서는 안 된다는 것이다.「지식재산권협정」에서 규정한 최혜국 대우의 적용을 즉각적이고 필수적으로 규정하고 있지만, 동시에 이러한 의무를 면제하는 일련의 예외를 규정하고 있다. 1) 일반적 사법협조 및 법률시행의 국제협정으로 도입된 지식재산권을 특정하게 보호하기 위함이 아닐 것. 2) 1971년「베른협약」> 또는「로마협약」에서 허가한 내국민대우를 따르지 아니하고 호혜원칙에 따라 제공된 것. 3) 본 협정에서 규정되지 아니한 공연예술가, 녹음물이나 영상물 제작자 그리고 방송단체. 4)「세계지식재산권기구협약」이 발효되기 전 이미 발효된 지식재산권 보호를 위한 국제협의 속에서 발생한 것. 그리고 해당 협의를 '무역관련 지식재산권 이사회'에 통보 및 기타 회원국의 국민에게 자의적 또는 불공정한 차별이 형성되지 않는 것 등이 있다. 지식재산권 국제보호 차원에서 내국민대우원칙과 최혜국대우원칙은 모두 외국인을 주체 자격으로 하여 설정된 규칙이다. 그러나 이 두 원칙은 서로 다르다. 전자의 경우, 외국인에게 내국민과 동등한 대우를 부여함으로써 '내·외가 다른' 불평등대우 등의 문제를해결함에 취지를 두고 있다. 반면에 후자의 경우, 기타 외국인과 특정 외국인에 동등한 대우를 부여함으로써 '외외유별'의 차별대우에 대한 문제를 해결함에 의미를 두고 있다.「지식재산권협정」에서는 내국민대우원칙은 핵심원칙이 되고, 최혜국대우원칙은 이를 보충하는 역할을 하고 있다. 후자는 무차별의 평등대우에 의미를 두고 있고 한 회원국에서 다른 회원국 국민의 지식재산권을 보호함과 동시에 다른 구성원인 모든 회원국 국민에게 차별없이 평등하게 대우한다는 취지이다. 최혜국대우원칙을 시행하는 것은 대략 90년대 후반 지식재산권 국제보호의 실제 관행과 연관성이 있다. 당시의 양자 조약 보호는 한쪽이 어떤 특혜를 주는 경우가 종종 발생하였다. 예를 들어, 80년대 중반 한-미 양자협의에서 한국은 자국법에서는 보호하지 않는 미국 의약품과 농화학제품의 특허를 보호하기로 약속한 바 있다. 그러나 이러한 약속은 유럽연합국가에 관련한 특허에 대해 차별로 이어졌다. 90년대 초반 중-미 지식재산권 양해각서(Memorandum of Understanding, MOU)에서 중국은 미국의 의약품 및 농화학제품의 특허에 대해 행정보호를 약속하였고 이는 유럽연합국가들이 일본에 같은 요구를 하게 하였다. 「지식재산권협정」에서 최혜국대우원칙에 관련된 규정은 이러한 문제의 발생을 방지함에 취지를 두고 있다. 여기서 집중해야 할 것은 현재 일부 선진국은 다자조약(Multilateral Treaty) 보호시스템 외에 양자협의의 통로를 통해 「지식재산권협정」의 보호 수준보다 더 높은 수준의 이익과 혜택을 모색하고 있다는 것이다. 예를 들어, 미국과 유럽, 일본, 호주 사이의 회담은 「지식재산권협정」을 초월하는 높은 수준의 보호를 즉각 발생시키거나 발생 가능하게 할 수 있다. 최혜국대우원칙에 근거하여 해당 혜택 또는 이익은 모든 체약국에게 보급되어야 한다. 하지만 개발도상국의 경우 이에 대해 신중한 태도를 유지할 필요가 있다. 그것은 높은 수준의 보호가 한편으로는 이득이 될 수도 있지만, 더 많은 경우 일종의 의무로 작용하기 때문이다. 경제기술이 낙후된 국가들은 지식재산권의 보호에 있어 최소보호 수준 외에 높은 수준의 보호를 추구하는 것은 그다지 바람직하지 않다.

지식재산권 국제보호 제도 구체적 원칙과의 관계이다. 지식재산권 보호영역에서 체약국들은 모두 내국민대우원칙, 최소보호 수준원칙, 공익원칙을 준수해야 한다. 이 밖에도 관련 공약에서 규정하고 있는 몇 가지 구체적인 원칙을 따라야 한다. 산업재산권 보호 분야에는 주로 다음과 같은 원칙이 있다. 첫째, 독립원칙이다. 이는 체약국 국민이 한 가지 발명 또는 상표로 여러 나라(체약국과 비체약국 포함)에서 취득한 특허권 또는 상표권에 관하여 상호 독립하여 서로 간섭하지 않는 것을 말한다. 이러한 독립성은 지식재산권 보호의 지역성에서 비롯되었다. 한 체약국에서 특허 또는 취득한 상표 등록은 다른 체약국의 관련된 권리의 존폐에 아무런 구속력이 없다. 독립성원칙은 내국민대우원칙의 요지와 일치한다. 즉, 각 체약국들은 자신의 영토범위 내에서 독립적으로 국내법을 적용하고, 외국인이 취득한 한 체약국의 특허권이나 상표권과는 독립적이다. 그러나 이는 해당 체약국 국민이 향유하는 이익과는 평등해야 한다. 둘째, 상세이행원칙이다. 해당 원칙은 한 체약국에서 특허권을 받은 자가 일정 기간 내에 해당 체약국 국경내에서 특허 받은 발명을 필히 실행해야 하며 그렇지 않을 경우 강제 허가를 취하거나 특허를 철회하는 조치가 가능하다. 이 원칙은 특허기술의 응용을 독려해 특허의 불법 독점을 방지하고자 하는 취지에 있다. 강제이행원칙은 최초로 「파리협약」에서 확인되었고 「지식재산권협정」은 공익의 목표를 실현하기 위하여 이를 중요한 조치로 여기고 있다. 세계무역기구 「도하 선언(Doha Declaration)」의 정신에 의하면, 공중보건을 위한 수요로 체약국은 '강제 허가'를 이행할 권리를 갖고 뿐만 아니라 그 사유를 결정할 권리가 있다. 따라서 강제이행원칙은 특허기술의 이용과 밀접한 관련이 있고 조정대상은 특허권자(허가자)와 특허사용자(피허가자) 간의 사적법률관계에서 개발도상국과 선진국 간의 국제적 법률관계로 발전되었다. 이러한 상황에서 강제이행원칙을 실행하는데 있어 공익원칙의 입법 의도를 충분히 드러낼 필요가 있다고 본다. 뿐만 아니라 저작권보호 영역에는 다음과 같은 원칙이 준용된다. 첫째, 자동보호 원칙이다. 이는 저작권을 향유하거나 행사할 때 어떠한 절차를 이행할 필요가 없다는 것이다. 다시 말해, 내국민대우를 누리는 작품은 특허, 상표와 같이 일정한 출원이나 등록절차를 밟지 않고도 작품의 출시 또는 최초 발표에 따라 자동으로 모든 체약국에서 보호를 받을 수 있다는 것이다. 자동보호 원칙은 저작권의 취득방식과 연관되어 있다. 「베른협약」과 「지식재산권협정」에서는 최소보호 수준의 기본요건에 따라 규정되어 있고 각 체약국은 필히 이를 준수해야 한다. 여기서 짚어야 할 것은 미국에는 저작권등록제도가 규정되어 있으나 "이러한 등록은 저작권보호의 조건이 아닌", "저작권 침해 소송 제기의 필수요건"이다.[19] 물론, 이 규정은 기원국이 미국이 아닌 「베른협약」의 작품에는 적합하지 않다. 저작권 등록에 있어 「베른협약」을 체약한 국가의 국민들은 미국 국민들 보다 높은 대우를 받고 있다고 볼 수 있다. 그러나 이것은 국제협약에서 규정한 최소보호 수준에 준하는 최소한의 대우이다. 둘째, 독립보호 원칙이다. 이는 각 체약국이 관련 협약에서 규정된 최소한의 보호 수준을 준수한다는 전제 하에, 자국의 저작권 보호 대상, 범위, 기한, 권리내용 및 제한, 침해행위 및 구제방법 등을 자체적으로 정할 수 있다. 산업재산권 제도의 독립원칙과 마찬가지로 저작권의 독립보호 원칙은 내국민대우원칙 정신에 부합된다고 볼 수 있으므로 여기서 더 이상 설명하지 않겠다.

3. 지식재산권 국제 보호 제도의 기본 원칙 실행

지식재산권 국제 보호 제도의 기본 원칙에 내재되어 있는 가치 이념 속에 풍부한 제도

---

19) 张乃根 : <国际贸易的知识产权>, 89页, 上海, 复旦大学出版社, 1999.

내용이 내포되어 있어 각 측면에서 제도운영을 이끌고 있다. 구체적으로 말해, 기본 원칙의 실현은 국제사회가 이익협정을 진행하는 과정을 반영하여 국제 지식재산권 제도발전의 과정을 보여주고 있다.

내국민대우원칙과 관련하여, 이 원칙은 지식재산권보호에 대해 국제협정을 진행하는데 있어 첫 번째 원칙으로 적용된다. 해당 기능은 각국가들의 주권에 기초한 지역제한으로 인한 지식재산권의 지역제한을 극복하여 양자 또는 국제간 일체화된 보호 제도를 구축하여 지역제한이라는 국제경제무역 질서에 방해되는 요소를 없애고자 한다. 외국인 주체 자격의 경우 각국의 법은 일반적으로 내국민대우원칙을 인정하는 바이다. 그러나 외국인이 누리는 권리범위에는 다소 제한이 잇따른다. 예를 들어, 외국인은 토지취득권, 광산 채굴권, 어업권 등을 취득할 수 없다. 이것이 바로 제한적인 내국민대우이다. 일반 민사권리 제도와 달리, 지식재산권법은 조건부 내국민대우원칙을 채택하였다. 외국인은 앞서 언급한 국적 기준, 거주지 기준 또는 실제 연락 기준만 구비되어 있다면, 내국인과 동등한 대우를 받을 수 있으며 권리의 범위와 내용에는 제한을 받지 않는다. 국제협약에서 확인된 내국민대우원칙은 "모든 국민은 법 앞에 평등하다"는 사상이 국제법상으로 구현된 것이다. 이 원칙은 외국인과 내국인을 국민으로 동일시하여 전자가 보호를 받으려고 선택한 국가에서 해당 국가 국민들과 동등한 권리를 누리게 하는 것이다. 즉, 모든 주체의 자격은 자국 내에서만 지식재산권을 누리는 것이 아닌 모든 체약국에서도 상응되는 동일한 권리를 누릴 수 있다. 19세기 후반 「파리협약」과 「베른협약」이 체결된 이래, 내국민대우원칙은 이미 각국 입법부에서 일반적으로 받아들여져 왔다. 오늘날에 이르러 해당 원칙은 실제 운영 속에서 많은 변화가 나타나고 있다. 하나는 내국민대우의 확장이다. 한 체약국의 국민이 다른 체약국에서 누리는 권리와 자국에서 누리는 권리가 완전하게 일치하지 않기 때문에 권리향유에 있어 불균형의 문제가 발생하게 된다. 따라서 국제협약에서는 각 체약국의 관련 입법에 있어 반드시 협약에서 요구되는 최소보호 수준을 충족시켜야 한다. 그 결과, 내국인과 외국인이 누리는 대우는 '내외적 차별' 즉 외국작품에 대해 국제협약의 최소보호 요건을 충족하도록 특별 보호한다는 것이다. 예를 들어, 중국 정부에서 「저작권법」을 개정하기 앞서 「국제저작권조약 실행규칭」을 공포하였다. 이에 따라 외국인이 개발한 컴퓨터 소프트웨어, 실용 예술작품 등은 내국인이 제작한 관련 작품보다 더 높은 수준의 보호를 받게 된다. 또한 미국 「저작권법」에서 저작물 등록을 침해소송의 조건으로 하는 규정은 「베른협약」체약국의 작품에는 적용되기 어렵다.

이상 모두 내국민대우원칙의 적용에 있어 예외적인 사례들이다. 둘째, 내국민대우원칙의 제한이다. 이러한 제한은 우선 호혜원칙에서 초래된다. 즉, 체약국간의 보호 수준의 현격한 차이에 대하여 '이익균형대등'을 실시하므로 어떤 측면에서는 내국민대우원칙을 적용하지 않는 것이다.[20] 예를 들어, 작품의 연장권 보호에는 현재로서 프랑스, 독일, 이탈리아 등 소수의 유럽 국가에서만 명문으로 규정되어 있다. 호혜원칙에 따라 기타 다른 국가의 작품은 해당 이익을 누릴 수 없다. 어떤 경우에는 지식재산권은 권리청원국의 보호상태에서 권리기원국의 관련 규정의 제한을 받을 수 있으므로 내국민대우원칙이 호혜원칙의 일정한 제한을 받을 수 있다. 다음으로, 유보조항의 등장으로 인해 내국민대우원칙의 적용에 영향을 주고 있다. 과거의 국제협약의 체결 또는 가입에 있어 체약국은 협약에 규정된 하나 또는 여러 항의 권리에 대하여 보류를 공표할 수 있으나 이러한 보류는 사실상 내국민대우원칙에 대한 일종의 제한으로 작용된다. 그러나 「지식재산권협정」에서는 이러한 제한을 없앴다. 해당 협정 제72조에서 규정한 바, 기타 체약국의 동의 없이 해당 협정의 모든 조항에 대해 보류할 수 없다. 이것의 잠재적 의미는 체약국이 국내법에 의해 해당 협정을 보류하려면 반드시 기타 체약국의 동의를 얻어야 한다는 것이다. 어떤 의미에서 볼 때, 이 협정의 유보 조항은 사실상 유보 금지 조항이라 할 수 있다. 셋째, 내국민대우원칙의 충돌이다. 특별한 입법형식으로 내국민대우원칙의 적용을 회피하는 것이다. 이러한 예외규정은 국제협정에서 요구한 것이 아닌 한 체약국의 국내 입법의 제정이다. 실질적으로는 관련 국가가 국제보호의무를 회피하기 위해 사용된 실용주의 성질을 가진 보호 방식이므로 어느 정도는 내국민대우원칙에 대한 도전이라고도 볼 수 있다.[21] 예를 들어, 일부 서구 국가들은 현대 전파기술의 급속한 발전이라는 특수한 상황을 감안하여, 저작권법을 개정하거나 이 법 외에 새로운 권리를 창설하였다. 이 중에서 제일 대표적인 것으로는 '공공대출권' 과 '복제권'을 꼽을 수 있다. 전자의 경우는 국제협약의 승인을 받지 못하였기 때문에 내국민대우원칙을 적용하지 못하는 것은 당연하다. 후자의 경우는 국제협약에서 인정하는 기본 권리이지만, 관련 일부국가들은 공공자금 또는 세금으로 보상을 복제하는 방식을 택하여 이는 사실상 외국작품들이 내국민대우를 받을 수 없게 만들었다.

---

20) 参见曹新明 ：<试析国际著作权公约中的国民待遇原则>, 载 <法商研究>, 1995 (1).

21) See S. M. Stewart, International Copyrights and Neighboring Rights, Butterworth and Copub- lishers l.td.,1983.

최소보호수준의 원칙과 관련하여, 최소보호의 기준은 체약국에 지식재산권 보호에 대해 일관된 기준을 제공한다. 그 기능은 체약국들 간의 권리, 의무의 불균형을 극복하여 지식재산권 국제협정의 유효성을 보장하는 데 있다. 국제협약에서 규정한 최소보호 수준의 원칙이란, 지식재산권 제도의 국제화, 통합을 위한 기초이다. 여기서 국제화, 일체화란 사실상 지식재산권 보호의 기본 기준이 전세계적으로 보편적인 적용성을 가졌음을 의미한다. 19세기 후반 「파리협약」, 「베른협약」에 거쳐 20세기 후반 「지식재산권협정」, 「인터넷조약」[22]은 모두 각 체약국에게 보편적으로 적용가능한 최소보호의 기준을 제공해 준 셈이다. 이로써 지식재산권의 제도 통합의 현상을 초래하였다. 하지만 현대법적 통합의 흐름에는 현저한 자기만의 특징을 가지고 있다. 첫째, 국제법은 국내법보다 높은 위치에 있는 것은 최소보호 기준을 적용하는 데 있어 기본적인 요구라고 할 수 있다. 19세기 후반에 체결한 「지식재산권국제협약」에서 지식재산권의 보호에 대한 기본 기준을 확립하였고 내국민대우원칙을 강조하는 기초하에 국내법으로 지식재산권에 관련된 사항을 보호함에 있어 우선적인 지위를 승인하였다. 이 시기에는 법의 통합은 주로 국가 간 법(국제법)의 형성과 국제법과 국내법의 상호적인 영향에서 나타났다. 현대에 이르러 국제협약에서는 특히 <지식재산권협정>에서 새로운 지식재산권 보호에 대한 국제기준을 제정하였고, 이를 토대로 각 체약국들이 국내법의 입법원칙과 근거가 되었다. 이 시기의 법의 통합은 국내법이 국제법을 따르는 것과 국내법 사이의 일관성으로 나타났다. 둘째, 최소보호 수준의 기준에 대해 실체적 규칙에서 절차적 규칙으로 나아가는 것이 현재로서 가장 새로운 내용이다. 세계지식재산권기구에서 관리하는 「파리협약」, 「베른협약」은 주로 지식재산권 국제보호에 대한 실체적 내용을 규정하였다. 그러나 지식재산권 실행절차에 관한 규정은 비교적 적게 언급되어 있고 특히 필요한 법 집행 조치와 분쟁을 해결하는 메커니즘이 부족하여 일부 조약은 충분한 법적 구속력을 잃은 '무능한 법'이 되고 말았다. 지식재산권 실행차원에서 앞서 설명한 협약을 따를 만한 통합된 국제적 규칙이 없다. 주로 각 체약국들이 국내 입법을 통하여 서로 다른 조치를 취하여 침해행위를 제재한다. 따라서 지식재산권은 대부분 완전히 효과적인 보호를 받지 못하고, 국가에 따라 조치가 서로 다르게 적용되므로 일체적 보호를 찾아보기 어렵다. 그러나 상술한 상황과 달리, 세계무역기구는 '경제연합'의 성격을 가진 국제기구로서 각국 입법자의 주권 관할을 초월

22) 国际知识产权界将世界知识产权组织 <版权公约> 和世界知识产权组织 <表演与录音制品条约> 合称为 <因特网条约>.

하여 지식재산권 보호규정의 새로운 주도자이자 제정자로 부상하였다. 해당 기구가 관할하는 「지식재산권협정」은 기존 국제협약에서 중시해오던 조화의 전통을 변화시켜 실체에서부터 절차까지 지식재산권 보호규정의 통합을 모두 실현하였다. 실체적 규범의 경우 「지식재산권협정」은 지식재산권 보호를 위한 제도의 기준을 규정하였다. 그것은 주로 다음과 같이 나타나고 있다. 1) 권리범위의 확장 2) 보호 기간의 연장 3) 권리제한의 제한이다. 절차적 규범의 경우 「지식재산권협정」은 지식재산권의 법집행절차와 보호조치를 강화하였다. 주요 내용은 다음과 같다. 1) 사법 재심제도 2) 민사절차 3) 손해배상 4) 임시조치 5) 국경조치이다.[23] 요컨대, 「지식재산권협정」은 처음으로 국내입법에 속했던 지식재산권보호의 실행절차를 협약에서 규정한 국제적 규칙으로 전환하여, 이들은 실체규범과 함께 각 체약국들이 엄격히 준수해야 하는 국제표준이 되었다. 셋째, 높은 수준의 지식재산권의 보호는 현대의 최소보호 수준에서 나타나는 현저한 특징이다. 국제협약에서 규정한 최소보호 수준은 각 체약국들이 보호 수준상의 일관성에 실질적 의미를 두고 있다. 이는 지식재산권 보호 수준의 높낮이와 절대적인 연관성은 없다. 국제협약은 유형이 다 다르고 각자의 역사적 배경도 서로 다른 관계로, 일관성을 기준으로 어떤 보호 수준은 조금 낮은 것으로 어떤 보호 수준은 매우 높은 것으로 되어있다. 예를 들어, 1886년 유럽국가에서 발의한 「베른협약」과 1952년 미국에서 주도한 「세계저작권협약」은 모두 최소보호 기준을 규정하였다. 하지만 저작권 보호 수준은 전자가 후자보다 훨씬 높다는 것을 알 수 있다. 지식재산권 국제 보호 제도의 초창기와 달리 「지식재산권협정」을 대표로 한 현대 국제협약에서 확인되는 최소보호의 기준에서 권리범위를 넓히고 높은 수준의 권리내용으로 보호하고 있다. 이는 선진국의 요구와 관행을 더 고려하고 참조하였다. 다시 말해,현재의 최소보호 수준 즉, 일관성의 기준은 결코 낮은 수준은 아니며, 이는여러 측면에서 이미 개발도상국의 경제, 과학, 사회 발전단계를 넘어섰다. 국제보호영역에서 본다면, 현대 지식재산권 제도의 통합 즉, 최소보호 수준의 제도설계는 실제로 선진국들이 적극적으로 주도하고 개발도상국들이 수동적으로 제도를 수용하는 구도이다.

공공원칙과 관련하여, 공익원칙은 지식재산권 국제 보호 제도에 있어 필수 불가결한 중요한 원칙이며, 이는 지식재산권 제도의 최고 가치이다. 해당 원칙의 실현은 현대 지식재산권 국제 보호 제도의 개혁을 추진하는 직접적인 동기이기도 하다. 공공이익의 목표

23) 参见吴汉东 : <知识产权国际保护制度的变革与发展>, 载 <法学研究>, 2005 (3).

를 실현하기 위해 개인권리와 사회이익의 균형상태를 구축하고 각국은 사법영역에서 권리남용 금지원칙을 채택하였다. 해당 원칙의 정신과 맞물려 지식재산권 제도 역시 자신의 공익적 목표를 세웠다. 미국 헌법에는 지식재산권 보호에 대한 세 가지 정책적 조항이 포함되었다. 즉, 지식전파에 대한 촉진, 공공영역의 보존, 창작자 보호라고 할 수 있다.[24) 미 하원은 1988년「베른협약시행령」에 대한 보고에서 이와 같이 선언하였다. "저작권 입법은 반드시 다음과 같은 고려를 해야 한다. 작품창작 및 점유권의 보호 기간 외에, 국회는 대중이 개별 권익의 보호로 인하여 지불해야 하는 대가와 취득하는 이익을 따져봐야 한다. 헌법이 규정한 저작권을 세우는 목적은 사상을 전파하고 지식을 널리 보급하는데 있다."[25) 위에서 설명한 바와 같이, 창작자의 이익을 보호하고 지식전파의 촉진은 지식재산권 입법에 있어 두 가지 목표라고 본다. 이러한 목표를 시작으로 지식재산권 국제 보호 제도는 공익원칙을 세우고 이에 대한 실행가능성을 보장하는 것이 매우 중요하다. 이 장에서 설명하는 세 가지 기본 원칙은 그 실행 효과와 처한 상황이 모두 다르다는 점에 주목할 필요가 있다. 따라서 본 논문에서는 차별 없는 내국민대우원칙과 높은 수준의 최소보호 수준원칙은 현대 국제협약의 실행과정에서 강력하게 관철된 반면, 공익원칙은 상대적으로 소홀하게 취급을 받아 안타까운 상황이다. 오늘날의 지식재산권 국제 보호 제도 개혁이라는 중요한 화제 즉, 지식재산권과 인권 사이의 관계를 조정하고 선진국과 개발도상국 사이의 이익균형을 맞춰 가는 것이다. 결론적으로 이는 공익원칙의 효율적인 실행여부의 문제이다.

Ⅲ. 지식재산권 국제 보호 제도의 역사시대적 구분

지식재산권 국제 보호 제도는 이미 100여 년의 역사를 거쳐왔다. 세계 각국과 국제기구는 30여개의 국제적, 지역적, 종합적, 전문적 국제지식재산권의 조약 및 시범법을 차례로 체결하고 공식화하였다. 앞서 설명한 국제협약 및 관련 국제기구를 토대로 지식재산권 국제 보호 제도는 다음과 같이 3단계로 구분할 수 있다.

---

24) See L. Ray Patterson, Stanley W Lindberg, The Nature of Copyright: A Law of Users Right, The University of Georgia Press, 1991, pp.49~55.

25) Berne Convention Implementation of 1988, H. R. Rep, No.60, P100, Cong, 2dsess, 23(1988).

1. 파리연맹 및 베른연맹 시기 : 지식재산권 국제 보호 제도의 형성

지식재산권 국제 보호 제도의 구축은 1883년 「파리협약」 및 1886년 「베른협약」에서 시작되었다. 양대 협약이 발효된 이후 「파리협약」을 체결한 체약국들은 파리연맹을 「베른협약」을 체결한 체약국들은 베른연맹을 구성하였다. 두 연맹은 각기 자신들의 집행기관을 설립하였고 이를 '국제사무국(International Bureau)'으로 칭하였다. 두 개의 국제사무국은 각자 상술한 국제협약을 관리하고 스위스 연방정부의 감독을 받고 있다.

1893년, 스위스 연방정부는 양대 국제사무국을 병합하기로 결정하였고, 이를 '산업재산권과 문화예술재산권 보호 국제연합사무국'으로 부르기로 하였다. 이후 해당 기관의 명칭에 대해서 몇 차례의 변화를 겪었고 최종적으로 '지식재산권 보호 국제연합사무국(BIRPI)'으로 명명하였다. 국제사무국에서는 「파리협약」과 「베른협약」만을 관리하는 것이 아닌 「파리협약」에서 체결한 '전문협정' 또한 관리하고 있다. 지식재산권을 보호하는 국제기구로서 국제사무국의 주요 임무는 각국가들이 지식재산권에 대한 보호를 이행하게 하고 협약에 대한 수정 및 개선 등의 준비를 하는 것이다. 제2차 세계대전 이후 유엔은 1945년에 성립하였다. 유엔 전문기구인 유네스코는 중요한 국제협약의 체결 및 관리 등을 주관하며 지식재산권 국제보호를 추진하는 기관으로 자리잡았다.

파리연맹과 베른연맹 시기는 지식재산권 국제 보호 제도의 생성 및 형성단계이다. 이 단계의 주요 특징은 다음과 같다. 첫째, 국제사무국은 집중적으로 각국 정부간의 국제적이고 지역적인 다자 협상에 힘써왔고 이로써 지식재산권의 국제협정을 보호하는 차원에서 시종일관 전체적이고 전면적인 방향으로 나아가는 것을 추진해왔다.[26] 연맹내에서는 「파리협약」 및 「베른협약」의 효율적 운영을 통해 상대적으로 통일된 지식재산권 보호 제도를 실현하게 되었다. 둘째, 국제사회가 체결한 일련의 산업재산권협약은 대체로 파리협약에 의해 주도된다. 또는 실체적인 보호조약을 제정하되 파리연맹 회원국에게만 개방하는 것이다. 예를 들어, 1891년 「출처 허위·기만표시금지에 관한 마드리드 협정(마드리드 협정)」이 있다. 또는 1891년 「국제등록에 관한 마드리드 협정」, 1925년 「산업디자인의 국제등록에 관한 헤이그 협정」과 같이 「파리협약」에 예속된 절차적 조약을 제정하는 것이다. 또는 「파리협약」의 시행에 필요한 국제분류에 대한 전문협정을 제정하는 것이

26) 参见张乃根：<国际贸易的知识产权法>, 54页, 上海, 复旦大学出版社, 1999.

다. 예를 들어, 1957년 「상표등록을 위한 상품 및 서비스의 국제분류에 관한 니스협정」, 1958년 「원산지명칭의 보호와 국제등록에 관한 리스본협정」등이다. 셋째, 유네스코는 지식재산권 국제보호를 추진하는 데에 적극적인 역할을 했다. 이에 대한 활동들은 주로 저작권 영역에서 나타나고 있다. 예를 들어, 1952년 「세계저작권협약」과 1961년 「로마협약」을 차례로 주관하여 체결하였다. 이로써 전자에 근거하여 「베른협약」과 함께 또 다른 저작권 보호체계가 생겨났고, 후자에 근거하여 인접권에 대한 국제보호 제도가 창설되기 시작하였다.

2. 세계지식재산권기구 시기 : 지식재산권 국제 보호 제도의 발전

세계지식재산권기구의 설립은 지식재산권 국제 보호 제도가 새로운 발전 단계로 진입한 것을 의미한다. 1967년 「파리협약」과 「베른협약」의 회원국들은 스웨덴 스톡홀름에서 「세계지식소유권기구설립협약」을 체결했다.1970년 세계지식재산권기구가 설립되면서, 기존 양대 연맹의 국제연합국을 대체하는 '지식재산권 국제사무국'이 설립되었다. 1974년 스위스 제네바에 본부를 둔 세계지식재산권기구는 유엔 조직체계의 특별기구 중 하나가 되었다.

세계지식재산권기구의 설립으로 파리연맹과 베른연맹에 의해 설립된 국제연합국은 스위스 연방정부로부터 독립하여 '지식재산국제사무국'으로 개명하고 유엔의 전문기구로 거듭나게 되었다. 설립자는 이에 대해 두 가지 장점을 주장하였다. 첫째, 세계지식재산권기구의 특권과 임무에 지식재산권이 포함한다는 사실을 전세계가 인정하게 된 것이다. 둘째, 세계지식재산권기구는 유엔과 비슷한 회원국들을 보유한다는 것이다. 특히 많은 개발도상국들이 해당 기구에 참여하게 될 것이다(기존에는 지식재산권을 보호하는 국제연합국에 참여하는 개발도상국들은 매우 적음).[27)]

세계지식재산권기구의 설립은 지식재산권의 입법 통합의 절차과정을 추진하였다. 1967년부터 세계지식재산권기구 및 그 전신인 지식재산권보호 국제연합국의 주도하에 20여개의 국제조약을 차례로 체결되었다. 그 중에는 실효싱이 있는 권리보호를 제공하는 조약, 그리고 많은 나라가 더 용이하게 지식재산권의 보호를 받을 수 있는 조약, 국제

27) 汤宗舜 : <知识产权的国际保护>, 27页, 北京, 人民法院出版社, 1999.

적 분류를 수립하는 조약 등이 포함되어 있다. 이러한 조약들은 체약국의 국내 입법을 통해 시행됨으로써 국제적으로 비교적 통일된 지식재산권 보호 제도를 형성하였다. 이와 동시에 세계지식재산권기구의 효율적인 운영 및 영향으로 더욱 많은 나라들이 「파리협약」과 「베른협약」을 받아들였다. 1967년 즈음 위의 두 가지 협약에 참여한 국가는 각 78개국과 60개국에 이르렀고, 2013년에는 양대 협약의 체약국은 각 175개국과 166개국에 이르렀다. 이로 인해, 지식재산권의 국제보호 체계의 범위를 대대적으로 확장되었다.

세계지식재산권기구의 설립 이후, 개발도상국에 제공한 지원에 대해 살펴볼 필요가 있다. 지원에는 주로 컨설팅 의견 및 훈련을 제공하고 이에 따른 자료 및 장비도 함께 제공해준다. 구체적으로 예를 들면 다음과 같다. 개발도상국을 도와 지식재산권법의 제정 또는 이에 관련된 법안을 현대화하는 것이다. 단체적 또는 개별적 훈련을 제공함으로써 정부, 산업 및 법집행기관이 더 많은 전문가들을 보유하게 하는 것이다. 특허 정보 서비스를 제공하는 것 등이 포함된다. 여기서 면밀히 살펴볼 수 있는 것은 세계지식재산권기구는 전문가위원회 또는 이와 관련성이 있는 국가정부를 통해 「개발도상국을 위한 튀니지 모델 저작권법」(1967년)을 제정하고, 「개발도상국을 위한 발명에 관한 모델법」(1974년)을 개정하였다. 앞서 유엔 국제기구에서 작성한 「개발도상국 상표·상호 및 부정경쟁행위 시범법」, 「개발도상국 외관디자인 시범법」등과 더불어 개발도상국의 관련된 입법 수준을 개선 및 향상시켰고, 이는 지식재산권 국제 보호 제도의 추진에 중요한 역할을 했다.

세계지식재산권기구의 설립은 개발도상국을 위해 지식재산권 이익을 쟁취하기 위한 국제적인 무대를 제공했다. 1960년대 이래, 개발도상국들은 세계지식재산권기구라는 이 강단을 통해 지식재산권 국제공약의 관련 규정을 개정하여 새로운 지식재산권 국제 보호 제도를 설립하고 이로써 해당 국가의 경제적 이익 보호, 자국 문화 및 과학기술의 발전을 호소하고 있다. 산업재산권 측면에서 이들은 「파리협약」에서 국민대우의 규정을 개정하는 것을 주장하고 있다. 예를 들어, 선진국의 특허권자는 내국인보다 더 높은 로열티를 지급할 것을 요구하고, 외국인은 내국인보다 더 짧은 보호 기간을 부여할 것을 요구하고, 외국인은 더욱 엄격한 발명특허에 대한 의무를 실행할 것을 요구하고, 개발도상국 특허출원의 우선권 기한을 연장 등을 요구한다. 저작권 측면에서는 이들은 개발도상국이 외국작품의 접근에 대한 장벽을 허물고, 이들에 대한 우대조항을 늘려줄 것을 요구하였다. 예를 들어, 선진국의 작품에 대해 비교적 낮은 수준의 보호를 제공할 것, 개발도상국이 교육과 과학연구의 목적을 위해 강제 허가를 하는 방식으로 저작권작품을 마음껏 사용할 것 등을 주장하였다.

3. 세계무역기구 시기 : 지식재산권 국제 보호 제도의 개혁

세계무역기구의 설립과 「지식재산권협정」의 형성은 지식재산권 국제 보호 제도가 보다 높은 보호 수준, 통합보호의 새로운 역사적 시기로 진입했음을 상징한다. 1994년 4월 15일, 관세 및 무역에 관한 일반협정에서 개시한 '우루과이 라운드 협상'에서의 최종문서는 모로코의 말라케시에서 서명하였다. '우루과이 라운드 협상'의 일련의 협정은 두 가지 주요 성과가 있다. 첫째, 세계무역기구의 설립을 선포하므로 관세 및 무역에 관한 일반협정이라는 임시적용 상태를 매듭지었다. 둘째, 「지식재산권협정」을 포함한 일련의 협정들을 성사시키고 세계무역기구의 관할에 둔 것이다.

세계무역기구는 새로운 지식재산권 국제보호 체계에서 주도적 역할을 했다. '우루과이 라운드 협상' 이전에 지식재산권 보호 체계는 이미 국내적, 국제적으로 어느 정도 보편화되어 있었으나 전체적으로 보았을 때 미흡한 부분들이 여전히 많이 존재하였다. 첫째, 많은 나라들 특히, 개발도상국들의 지식재산권 제도는 그다지 완전하지 않았고 보호 수준 또한 낮았다. 둘째, 많은 지식재산권 국제협약 체결국가의 수는 너무 적고 관련 조약들의 이행을 보장할 효과적인 기구가 결여되어 실행을 보장하는 것이 어려웠고 각 협약 간에는 조정 메커니즘이 부족했다. 이전에 관세무역 일반협정(GATT)은 지식재산권 국제보호 영역에서 제대로 기능하지 못하였다. 「지식재산권협정」이 형성되고 해당 협정을 세계무역기구의 관할에 두게 됨에 따라, 앞서 언급한 문제점들은 크게 개선이 되었다. 높은 보호 수준의 「지식재산권협정」을 규정한 것은 세계무역기구 법적 틀의 중요한 구성요소이다. 세계무역기구 구성원은 광범위하고 「지식재산권협정」을 준수하는 것은 세계에 진출하는 필수조건이 됨에 따라, 지식재산권 국제 보호 제도의 적용범위가 더욱 확대되었다. 세계무역기구는 비교적 강력한 감독· 집행의 메커니즘을 구축하여 「지식재산권협정」에 속한 각 체약국들의 이행을 보장했다. 이러한 상황은 21세기에 이르러 새로운 국제무역 체제와 지식재산권 국제 보호 제도에 지대한 영향을 미칠 것을 예상한다.

세계지식재산권기구는 지식재산권을 보호하는 국제협정 속에서 세계무역기구와의 협력을 중요시한다. 1995년 12월 22일, 상술한 두 국제기구의 사무총장은 제네바에서 「세계지식재산권기구와 세계무역기구 간의 협정」에서 명하였다. 협정에서는 이 두 국제기구 간에 법률과 규약의 교류 및 활용에 대한 협력을 규정하였다. 「파리협약」에서 엠블럼과 공식도장을 상표로 등록할 수 없도록 하는 규정을 마련하여 확정하였다. 또한 개발도상국의 법률기술 지원과 기술 협력, 국제사무국과 세계무역기구 비서실 간의 협력, 정보의 교류 등에 관한 대안을 마련했다. 협력을 추구하는 동시에 두국제기구는 지식재산권 국제보호에 대해 각자 다양한 작업을 수행했다. 세계지식재산권기구는 전면적으로 지식재산권 보호의 국제수준을 높이는데 힘쓰고, 차례로 「상표법 조약」, 「저작권조약」, 「공연자 및 음반제작 조약」등을 포함한 일련의 조약들을 주관하고 제정하여 「파리협약」과 「베른협약」에서 언급되지 못한 일부의 문제점을 해결하였다. 세계무역기구는 체약국이 「지식재산권협정」을 제대로 이행하도록 힘써왔다. 개발도상국과 선진국 사이의 지식재산권 이익의 공유를 조정하고, 지리적표시, 전통지식, 생물다양성에 관한 지식재산권 보호의 다자 협상을 마련하는 등 많은 노력을 기울였다.

제21장

세계지식재산권기구 관리 하의 지식재산권 국제협약

세계지식재산권기구는 체약국 간에 주권과 평등에 대한 상호존중을 기반으로 공통의 이익을 추구하며, 이해 및 협력을 증진하고, 국제보호를 강화하고자 설립한 UN산하 전문기관이자 국제기구이다. 즉, 세계지식재산권기구는 전세계의 지식재산권의 보호를 맡고 있는 정부 간의 조직이다. 지식재산권조직의 체계에서 구축된 지식재산권 국제 보호제도는 체계적, 전면적, 권위적 등 중요한 특징을 가지고 있다. 첫째, 지식재산권 국제보호의 원칙체계의 확립이다. 내국민대우원칙, 최소보호기준 원칙, 공익원칙은 각 지식재산권국제공약에서 공통적으로 고수하고 있는 기본 원칙이다. 세계지식재산권기구 외에서 체결한 지역적, 국제적 협의 또는 조약일지라도 상위 원칙을 부정하거나 위반할 수는 없다. 둘째, 지식재산권 국제보호의 시스템 제도 구축이다. 「파리협약」은 산업재산권의 보호, 「베른협약」은 저작권의 보호, 「세계지식재산권기구협약」은 현재까지 사람들이 통상적으로 이해하는 지식재산권의 범위를 포괄하고 있다. 즉, 세계지식재산권기구로 인하여 완전한 내용 및 제도시스템을 갖춘 국제조정 메커니즘을 구축했다고 말해도 과언이 아니다. 셋째, 세계적 지식재산권 국제보호 연맹의 형성이다. 세계지식재산권기구의 회원국은 국가로 제한되어 있으나 광범위적, 포괄적이므로 현재의 회원국은 세계 국가수의 90%이상을 차지하고 있다.

세계지식재산권기구는 UN산하의 16개 전문기구 중 하나로 전세계 지식재산권의 사무를 전적으로 관리하고 있다. 여기서 관리하고 있는 국제협약은 지식재산권 국제 보호제도의 주요 내용으로 구성되었다.

Ⅰ. 세계지식재산권기구 관할 연맹 및 해당 국제협약

세계지식재산권기구에서 관리하고 있는 국제 연맹은 다음과 같다. 산업재산권 측면에서는 주로 파리동맹, 마드리드 동맹, 특허협력연합이 있고, 저작권에서는 베른연맹이 있다. 해당 기구가 국제사무국을 통해 관리하고 있는 협약은 아래 표와 같다.

순서	협약명칭	체결일자 및 장소	효력여부
1	「산업재산권 보호 파리협약」(약칭「파리협약」)	1883년 파리에서 채택 1996년 최종 개정 1979년 개정 완료	있음
2	「허위 또는 기만적인 원산지표시 방지를 위한 마드리드 협정」	1891년 마드리드에서 채택 1958년 최종 개정 1967년 보완	있음
3	「국제 상표등록에 관한 마드리드협정」(약칭「마드리드 협정」)	1891년 마드리드에서 채택 1967년 최종 개정 1979년 일부 개정 1989년 의정서 추가	있음
4	「산업디자인의 국제등록에 관한 헤이그 협정」	1925년 헤이그에서 채택 1967년 최종 개정 1979년 의정서 추가 1979년 일부 개정	있음
5	「상표 등록을 위한 상품 및 서비스의 국제분류에 관한 니스협정」(약칭「니스협정」)	1957년 니스에서 채택 1977년 최종 개정 1974년 일부 개정	있음
6	「원산지 명칭 보호와 국제 등록을 위한 협정」(약칭「리스본 협정」)	1958년 리스본에서 채택 1967년 최종 개정 1979년 일부 개정	있음
7	「산업디자인의 국제 분류 제정에 관한 로카르노 협정」(약칭「로카르노 협정」)	1968년 로카르노에서 채택 1979년 일부 개정	있음
8	「특허협력조약(PCT)」	1970년 워싱턴에서 채택 1979년, 1984년 일부 개정	있음
9		1971년 스트라스부르에서 채택 1979년 일부 개정	있음
10	「상표 도형요소의 국제분류 제정을 위한 비엔나 협정」(약칭「비엔나협정」)	1973년 비엔나에서 채택	있음
11	「특허절차상 미생물기탁의 국제적 승인에 관한 부다페스트조약」(약칭「부다페스트조약」)	1977년 부다페스트에서 채택 1980년 일부 개정	있음

순서	협약명칭	체결일자 및 장소	효력여부
12	「상표등록 출원 조약」	1980년 비엔나에서 채택	있음
13	「상표법조약」	1994년 제네바에서 채택	있음
14	「식물신품종보호를 위한 국제협약」	1961년 제네바에서 채택 1991년 최종 개정 현재 시행은 1978년 문헌	있음
15	「유라시아 특허 협약」 세계지식재산권기구 주관 하에 채택되었고, 국제사무국에서 총괄, 회원 국가들은 모두 구소련 공화국이다.	1994년 제네바에서 채택	있음
16	「문학 · 예술작품 보호를 위한 베른협약」(약칭 「베른협약」)	1886년 베른에서 채택 1971년 최종 개정 1979년 일부 개정	있음
17	「연기자, 음반제작자 및 방송사업자 보호를 위한 협약약칭」(약칭 「로마협약」)	1961년 로마에서 채택	있음
18	「음반의 무단 복제로부터 음반제작자를 보호하기 위한 협약」(약칭 「음반협약」)	1971년 제네바에서 채택	있음
19	「타이프페이스의 보호 및 국제 기탁에 관한 빈 협정」	1973년 비엔나에서 채택	있음
20	「위성에 의하여 송신되는 프로그램 전달 신호의 배포에 관한 협약」 (약칭 「브뤼셀 협약」)	1974년 브뤼셀에서 채택	있음
21	「저작권 사용료의 이중과세 방지를 위한 다자협약」	1979년 마드리드에서 채택	있음
22	「시청각 작품에 대한 국제등록조약」	1989년 제네바에서 채택	있음
23	「과학발견에 대한 국제등록 조약」	1978년 제네바에서 채택	없음
24	「올림픽 엠블럼 보호 조약」 (약칭 「나이로비 조약」)	1981년 나이로비에서 채택	있음
25	「집적회로에 관한 지식재산권 조약」	1989년 워싱턴에서 채택	없음
26	「세계지식재산권기구 저작권조약」	1996년 12월 20일 제네바에서 채택	있음
27	세계지식재산권기구 「공연 및 녹음 제품 조약」	1996년 12월 20일 제네바에서 채택	있음
28	「시청각공연 북경조약」	2012년 6월 북경에서 채택	없음
29	「 맹인, 시각장애인 또는 기타 작품 열람에 어려움이 있는 자를 위한 마라케시 조약 」(일명 「마라케시 조약」)	2013년 06월 27일 마라케쉬에서 채택	있음

이외, 유네스코에서 관리하는 협약으로는 「세계저작권협약」(1952년 9월 6일 제네바에서 체결 및 1971년 개정)이 있다.

앞서 언급한 국제협약들은 성질에 따라 3가지 범주로 분류할 수 있다. 첫째, 실용적인 지식재산권 보호조약이다. 예를 들어, 「파리협약」, 「베른협약」 「제네바협약」등이다. 둘째, 지식재산권보호를 여러 나라에서 용이하게 획득하기 위한 협약이다. 예를 들어, 「특허협력조약」, 「마드리드 협정」, 「부다페스트 조약」등이다. 셋째, 이와 관련된 국제적 분류를 구축하기 위한 협정이다. 예를 들어, 「니스협정」, 「빈협정」등이다.

Ⅱ. 파리협약

「파리협약」은 지식재산권 영역에 있어 첫번째로 국제적인 다자간 협약이다. 2013년 6월까지 「파리협약」에 가입된 회원국은 총 175개 국이며 중국은 1985년 3월에 공식적으로 해당 협약에 가입하였다.

「파리협약」에서는 체약국들의 산업재산권을 보호하기 위한 연맹을 구성하여 이를 '파리연맹'이라 지칭하였다. 그리고 해당 연맹기구 구성은 총회, 집행위원회와 국제사무국으로 규정하였다. 또한 연맹의 각 회원국들은 전문 산업재산권기구와 중앙 서비스 기관을 설립하도록 하였다. 「파리협약」에서는 산업재산권의 보호 범위를 지정하였다. 즉, 특허, 실용신안, 의장, 상표, 서비스마크, 원산지표시 또는 원산지 명칭 및 부당경쟁의 방지를 그 대상으로 한다.

「파리협약」에서는 다음과 같은 원칙을 규정하였다.

1. 내국민대우 원칙 : 파리연맹에 가입된 어떠한 회원국의 국민은 회원국에서 산업재산권 보호 보호에 관하여 각 회원국의 법령이 내국민에 대하여 현재 부여하고 있거나 또한 장래 부여할 이익을 향유한다. 비회원국 국민일 경우, 회원국 국내에 주소 또는 실제 유효한 상공업 영업소를 소유하고 있다면 회원국의 국민과 동등한 대우를 받을 수 있다.
2. 우선권 원칙 : 어떠한 동맹국에서 정식으로 최초로 정식 특허출원을 한 이후 일정 기간 내(특허 및 실용신안은 12개월, 의장 및 상표는 6개월)로 한다. 타 동맹국에서 보호를

신청할 수 있고 최초로 특허출원 시일을 향후 출원 시일의 기준으로 한다.

3. 공통 준수 규정 : 특허의 주요 내용으로 특허의 독립을 들 수 있다. 발명자로서 특허에 명시될 권리, 특허권을 부여하지 않는 조건, 일정한 조건 하의 강제실시권 부여, 선박, 항공기나 육상 운송체가 발명특허를 할 목적으로 일시적 또는 우발적으로 그 동맹국에 들어온 경우 특허권의 침해로 간주되지 아니하는 등 규정이 있다. 상표는 주로 상표권 보호의 독립과 예외, 상품의 성질로 인하여 상표의 등록 출원에 영향을 미쳐서는 아니 되고, 잘 알려진 상표에 대한 보호, 상표로서의 사용을 금지하는 표시 등 규정이 있다.

앞서 언급한 원칙 또는 규칙 외에 각 회원국은 산업소유권의 보호를 위한 차원에서 자유롭게 법을 제정할 수 있다. 일정 기술분야의 발명은 특허권을 취할 수 없는 결정, 특허권의 부여결정 전에 신규성 또는 기타 특허의 요건을 심사하여야 하는지 여부, 특허권 기한에 대한 확인, 상표권의 사용 또는 등록으로 취득가능 여부에 대한 결정, 상표 및 디자인 등록출원의 심사 여부 결정으로 해당 출원이 기존 출원과 상충 여부 판정, 외관디자인 보호기한에 대한 확인, 모든 절차와 세부적인 관리의 확인 등 내용들이 포함된다.

Ⅲ. 주요 특허 국제협약

특허 국제협약에는 「파리협약」 외에 주로 「특허협력조약」, 「산업디자인의 국제등록에 관한 헤이그 협정」(이하 「헤이그협정」이라 함), 「특허절차상 미생물기탁의 국제적 승인에 관한 부다페스트조약」(이하 「부다페스트조약」이라 함), 「국제특허 분류에 관한 스트라스부르그 협정」(이하 「스트라스부르협정」이라 함) 등이 있다.

「특허협력조약」은 오직 「파리협약」의 회원국에게 개방하였다. 2013년 7월까지 148개국의 회원국이 가입하였고 중국은 1994년 1월에 해당 조약의 회원국으로 가입하였다. 중국 특허청은 즉각 해당 협약의 수리기관, 국제검사기관 및 국제예비심사기관의 역할을 맡았다. 「특허협력조약」의 취지는 "국제 특허출원의 수속과 절차를 간소화하여 기술의 정보 전달 및 활용을 가속화하고 발명과 창작에 대한 법적 보호를 강화하므로 각 체약국의 과학기술의 진보와 경제발전을 촉진하는 것이다." 이 협약에서 규정하는 신청과 절차는 다음과 같다. 1) 통합 신청 : 국제 특허출원은 한 장소(즉, 수리기관)에서 하나의 언어와 양식을 사용하여 일종의 화폐로 비용을 지불하고 출원서를 제출하게 되면 바로 기타 회원국 국내에서도 수리기관 국가에서의 특허출원과 상당한 효력이 발생한다. 2) 2단계 : 국제 특허출원은 국제단계와 국내단계로 나뉜다. 국제단계에서는 특허출원에 대한 접수, 공표, 검색과 초기심사를 처리한다. 즉, 국제 검색기관에서 출원에 대해 검색이후 국제단계에서는 출원인에 의한 국제출원, 그 출원에 대한 수리기관의 방식심사 및 처리, 국제조사기관에 의한 국제조사보고서 및 견해서의 작성, 국제사무국에 의한 대외공개, 국제예비심사기관에 의한 국제예비심사보고서의 작성, 출원인의 보완 등이 행해진다. 국내단계는 실질심사와 권한부여 단계에 진입하는 것이다. 즉, 지정국가 특허청에서 국내 법에 의해 출원 심사를 승인하는 것이다. 신청인은 이에 따라 지정국가의 대리인에게 위임하고 해당 국가의 출원수수료를 납부하는 동시에 해당 국가가 요구하는 언어로 작성된 번역문의 제출과 국내단계 진입의사 표시를 위한 서면을 제출하여야 한다. 이러한 운영 메커니즘은 자료조사의 중복을 면할 수 있고 회원국이 특허 승인절차 이전에 진행되는 심사 작업의 협력 강화에 도움이 된다. 뿐 만 아니라 신청자가 단 한번의 출원으로 몇 개국 심지어 모든 회원국 내에서 특허권을 취득하는데 편의를 제공한다.

「헤이그협정」의 체결은 신청자가 여러 국가에서 외관 디자인의 보호를 편하게 받을 수 있도록 하는데 취지를 두고 있다. 이 협정의 핵심은 모든 공산품의 외관디자인이 여러 국가에서 보호받는 데 필수적인 절차를 규정하여 각 국가들의 특허청에 보존 및 출원등기 절차의 중복을 방지하고 동시에 출원인의 지출부담을 줄이는데 있다. 「헤이그협정」에서는 만약 출원인이 회원국 국내에서 공산품 외관디자인의 보호를 받고자 할 때, 세계지식재산권기구의 국제사무국에서 단 한번만의 보존을 실행할 것으로 규정한다. 이는 즉, 출원인이 국제사무국에 1부의 신청서와 관련서류들을 제출하고 필요시 샘플제출도 요구된다. 신청서에는 보호를 요청하는 국가를 필히 지정하고 해당 외관디자인이 어떤 종류의 공산품과 상호 결합하여 보호를 받을 지 지정해야 한다. 앞서 언급한 상황에서 해당 출원인이 제출한 국제보존은 각 지정국에서 각각 보존하는 것과 동일한 효력을 갖는다.

「부다페스트조약」은 미생물 샘플기탁의 문제를 해결하고 동시에 각 나라 특허기구에 복잡한 미생물 기탁절차의 중복을 방지하고 동시에 출원인의 지출부담을 줄이는데 취지를 둔다. 해당 조약이 발생하기 이전 특허출원에서 미생물발명에 연관될 때마다, 서면고지 외에 미생물 샘플을 필히 제출 받아야만 했다. 그러나 미생물을 기탁하려면 전문기관과 특수시설을 갖춰야만 했다. 이럴 경우, 만약 한 건의 미생물 특허출원을 위해 여러 국가를 상대로 동시에 출원을 해야 하고 각 접수 국가와 출원인에게 매우 많은 부담을 가하게 된다. 이 때문에 「부다페스트조약」에서는 단 한 개의 미생물 국제기탁 기구를 선정하여 여러 군데 기탁방식을 단일화 미생물기탁으로 대체했다. 따라서 미생물 영역내에서 특허의 국제협력을 실현하게 되었다.

「스트라스부르그협정」은 국제특허 분류에 적용된다. 해당 협정은 국제 특허 분류표(IPC분류표)를 제정하였다. 총 8개의 부, 20개의 부문, 118개의 상위 분류, 617개의 하위 분류, 55,000여개의 그룹으로 나뉜다. 특허청에서 출원서류와 특허 상에 표기하는 분류기호를 결정한다. 즉, 부문, 대분류, 소분류, 그룹 등을 대표하는 기호의 조합으로 구성된다. 국제특허 분류표는 선행기술을 검색할 때 특허문헌을 찾는 데 필요하다. 현재 전 세계 70개 이상의 국가와 지역에서 이 분류법을 사용하고 있다. 중국은 비록 해당 협정에 가입되어 있지는 않지만 특허문헌에는 이와 같은 분류법을 사용하고 있다.

Ⅳ. 주요 상표 국제협약

상표 국제협약에는 「파리협약」 외에도 주로 「상표 국제 출원 마드리드협정」 (약칭 「마드리드협정」), 「상표법조약」, 「표장 등록을 위한 상품 및 서비스업의 국제분류에 관한 니스 협정」(약칭 「니스협정」), 「표장 도형요소의 국제분류 제정을 위한 비엔나협정」(약칭 「비엔나협정」) 등이 있다.

「마드리드협정」은 오로지≪파리협약>의 회원국에게만 개방하고 있다. 2013년 5월까지 91개의 회원국이 가입되었고 중국은 1989년 10월 정식으로 해당 협정의 회원국으로 가입되었다. 「마드리드협정」은 「파리협약」의 상표국제보호에 대한 보완이고 상표에 대한 국제 출원 문제를 해결하는데 취지를 둔다. 해당 협정에서는 모든 회원국의 국민들은 우선 국내에서 상표출원을 한 이후 제네바에 위치한 세계지식재산권기구 국제사무국에 국제 출원 신청을 할 수 있도록 규정하였다. 등록이 승인되면 국제사무국에서 공포하고 출원인이 보호를 요청한 회원국들에게 통보한다. 통보를 받은 회원국은 1년 내에 해당 상표에 대한 보호를 실행하지 않을 의사를 밝힐 수 있으나 사유를 설명하도록 요구된다. 출원인은 이를 토대로 해당 국가의 관할 기관 또는 법원에 제소할 수 있고 만약 해당 국가가 1년 내에 아무런 성명을 발표하지 않는다면 이 국제 출원은 해당 국가에서 20년 기한으로 국내 출원 효력과 동등한 효력을 지니게 된다. 국제 출원 이후 5년이내 최초의 국내 출원이 취하된다면 즉시 국제 출원의 취하를 초래하게 된다. 이 협정은 또한 출원인이 소속 국가에서 한 상표의 출원 절차를 거친 이후 한 개의 언어만으로 국제사무국에 출원 신청과 일정비용을 지불하면 회원국에서 보호요청을 취할 수 있다고 규정하고 있다.

「상표법조약」의 주요 목표는 각국의 상표 출원제도를 더욱 간소화하고 조화롭게 하기 위함이다. 해당 조약에는 모두 25개의 조약이 있고 주로3단계로 구성된 상표 출원 절차에 대해 규정하고 있다. 1) 출원단계 : 조약에서는 체약당사자는 출원서에 다음과 같은 표시나 사항의 일부 또는 전부가 포함될 것을 요구할 수 있다. 가) 등록신청 나) 출원인의 성명 및 주소 다) 표장에 관한 각각 요소 라) 상품 또는 서비스의 분류 등이다. 각 체약국은 니스분류상의 유형에 따라 분류한 상품 또는 서비스의 등록출원을 허가해야 한다. 각 체약국이 규정한 상표 출원은 해당 조약에서 명시된 규정범위를 초과할 수 없다. 2) 상표 출원 이후의 변동 : 조약에서는 상표권자의 성명 또는 주소의 변경과 등록상표권의 명의 이전 등에 대해 명확히 규정하고 있다. 마찬가지로 각 체약국이 규정한 상표 출원은 해당 조약에서 명시된 규정범위를 초과할 수 없다. 3) 등록의 존속기간 : 등록의 최초 존속기간 및 각 갱신의 존속기간은 10년으로 한다. 현재까지 중국은 아직 해당 조약에 가입되어 있지 않다.

「니스협정」은 표장의 등록을 위한 상품 및 서비스의 공통분류(이하 "분류"라고 한다) 문제를 해결하는 데 취지를 둔다. 해당 협정에서는 상품 또는 서비스의 용도, 원재료 등 기준에 따라 상표출원 용 상품을 34개의 목록, 서비스 항목을 8개의 목록으로 분류하였다. 이러한 분류방법은 각 국에 국제 통용되는 분류기준을 제시하여 상표의 검색은 물론 상표의 사용관리 아울러 상표 국제교류협력에도 기여한다. 해당 협정은 「마드리드협정」의 회원국 및 「니스협정」비회원국에서 앞서 설명한 국제 분류기준을 채택하는 것을 허가하고 있다. 중국은 1989년 「니스협정」을 적용하기 시작하였다.

「비엔나협정」상표의 도형요소의 국제분류에는 29개의 대분류, 300여개의 소분류, 3000여 조항 항목으로 재편되었다. 모든 표장의 도형은 상위분류방법으로 구분하여 처리한다. 「마드리드협정」에서도 도형분류는 해당협정의 규정에 따를 것을 요구한다. 현재까지 중국에서도 해당 도형분류법을 사용하고 있다.

Ⅴ. 주요 저작권 국제협약

주요 저작권 국제협약에는 주로 「베른협약」, 「세계저작권협약」, 「공연자·음반제작자 및 방송사업자의 보호를 위한 국제협약」(약칭 「로마협약」), 「음반의 무단 복제로부터 음반제작자를 보호하기 위한 협약」 (약칭 「제네바협약」 또는 「음반협약」), 「위성을 통해 전달되는 프로그램 신호 배분에 관한 브뤼셀 협약」(약칭 「위성협약」)이 있다.

「베른협약」은 세계 최초의 저작권 국제협약이다. 2012년 12월까지 166개의 회원국을 보유하며 중국은 1992년 10월 해당 협약에 가입하였다. 「베른협약」의 주요 내용은 다음과 같다. 1) 기본 원칙 : 첫째, 내국민대우원칙이다. 모든 회원국 국민의 작품 또는 한 회원국에서 최초로 발표한 작품은 기타 아무 회원국 내부에서 해당국 국민과 동등한 보호를 받을 수 있는 것이다. 둘째, 자동보호 원칙이다. 내국민대우를 받는 저작자는 회원국에서 보호를 받는 데 있어 어떠한 절차도 이행할 필요가 없다. 셋째, 독립보호 원칙이다. 이는 작품이 자국에서의 보호 여부를 떠나 회원국의 저작권법으로 다른 회원국의 작품을 보호하는 것이다. 2) 최소보호 수준의 원칙에서는 다음과 같이 규정한다. 각 회원국에서 법을 제정할 때 저작권자에게 부여하는 보호 수준은 협약에서 규정한 기준보다 낮게 제정할 수 없다. 따라서 구체적 규정은 다음과 같다. 가) 보호받는 작품 : 협약에서 보호하는 문학, 과학, 예술영역의 모든 작품은 표현 형식이나 표현 방법에 관계없이 보호받는다. 나) 보호 권리 내용 : 협약에 규정된 재산권에는 번역권, 복제권, 공연권, 재편집권, 방송권, 공개 낭송권, 영화제작권 등이 포함된다. 인격권에는 저작자의 신분권, 작품완싱권이 포함된다. 다) 보호기한 : 인격권 보호는 재산권 보호기한이 만료될 때까지 저작자가 사망이후에도 여전히 유효하다. 재산권의 보호기한은 일반작품일 경우 저작자가 살아있는 동안과 사망 후까지 50년이고, 영화 작품일 경우 작품상영 또는 완성 후 50년이며, 실용예술 작품과 촬영작품은 창작완성 후 최소 25년 이상이어야 한다. 3) 개발도상국에 대한 특별 규정 : 개발도상국가에 과분한 경제부담을 증가시키지 않는 상황에서 외국작품을 합법적으로 사용하기 위해서 협약에서는 개발도상국에 특혜조항을 규정하였다. 즉, 번역과 복제의 강제 허가 사용 등이다.

「세계저작권협약」과 「베른협약」은 같은 맥락의 저작권 협약이다. 2007년 4월까지 이미 100개의 회원국이 가입되어 있고 중국은 1992년 10월에 협약에 가입하였다. 「세계저작권협약」의 주요 내용은 「베른협약」에 이미 기재되어 있고 보호 수준을 놓고 보았을 때 후자보다 조금 낮은 편이다. 그 차이는 다음과 같다. 1) 내국민대우원칙 : 「세계저작권협약」에서는 체약국은 국내법에 의해 국내에 상주하는 주거지가 있는 모든 사람을 내국민으로 간주할 수 있다. 「베른협약」과 달리, 체약국 국내에 주거지가 있는 외국인에게 내국민의 대우를 하는지 여부는 해당 협약의 체약국이 선택할 권리가 있다. 2) 권리의 주체와 객체 : 「세계저작권협약」에서는 저작권 주체를 "저작자 및 기타 저작권을 소유하고 있는 자"로 규정되어 있으나 「베른협약」은 주체를 저작자만으로 한정하는 점이 현저하게 다르다. 동시에 「세계저작권협약」은 「베른협약」과 달리 자세한 보호작품의 종류에 대해서 언급되어 있지 않고 객체 범위에 대한 규정도 명확하지 않다. 3) 권리내용과 기한 : 「세계저작권협약」은 작자의 인격권에 대해 명확하게 규정한 바 없다. 인격권을 보호할 지 여부는 각국의 입법에 의하여 결정이 된다. 그리고 재산권에 대해서도 자세히 열거하지 않았다. 단순히 복제권, 공연권, 방송권, 번역권 등을 강조하고 있다. 이 외에도 「세계저작권협약」에서 규정한 보호 기간은 비교적 짧고 일반작품의 작자가 살아 있는 동안과 사망 이후를 포함하여 25년, 실용예술작품과 촬영작품의 보호 기간은 10년 이상이어야 한다. 4) 저작권 표기 : 「세계저작권협약」에서 작품을 최초로 발표할 때 각 사본에 저작권의 표시(" ")를 반드시 할 것, 저작권자 이름 및 최초 출판 시간을 표시할 것을 요구한다. 이 외, 「세계저작권협약」은 이에 소급할 수 없다고 규정한 뿐만 아니라 회원국이 협약 규정에 대해 유보를 선언할 수 없다.

「로마협약」은 세계 최초로 인접권 보호를 위한 국제협약으로 「베른협약」과 「세계저작권협약」회원국에게만 개방되어 있다. 2013년 4월까지 이미 91개 회원국이 가입되어 있으며 중국은 「로마협약」에 가입되어 있지 않다. 해당 협약은 인접권 보호에 관한 국제협약으로 내용은 다음과 같다. 1) 인접권과 저작권 보호와의 관계 : 이 조약상의 보호는 문학 · 예술 작품에 대한 저작권 보호에 변경을 가하지 아니하며 어떠한 경우에도 영향을 미치지 아니한다. 저작권법에 따라 작품을 사용하기 위해 저작자의 허가를 받아야 하는 경우 이 허가는 「로마협약」에 의해 영향을 받지 않는다. 2) 공연자 권리에 대한 보호 : "공연자"란 배우, 가수, 연주자, 무용가 및 기타 문학 · 예술 작품이나 민간전승물의 표현을 연기, 가창, 구연, 낭독, 연주, 연출하거나 기타 연기하는 사람을 말한다. 공연자의 권리는 주로 다음과 같다. 가) 공연자의 동의 없이 공연을 방송하고 대중에 전달해서는 안된다. 나) 공연자의 동의 없이 공연을 녹화해서는 안된다. 다) 공연자의 동의 없이 녹화한 원본을 복제해서는 아니되고 복제물이 공연자의 허가 범위를 초과해서도 아니된다. 3)

음반제작자의 권리 : 음반물은 연기의 소리 또는 기타의 소리 또는 소리의 표현을 고정한 것으로서, 영상 작품이나 기타 시청각 작품에 수록된 형태 이 외에 고정물을 말한다. 음반제작자란 공연의 소리 또는 그 밖의 소리를 최초로 고정적으로 녹음한 자연인 또는 법인을 말한다. 음반제작자는 어떠한 방법이나 형태로든 음반의 직접적이거나 간접적인 복제를 허락하거나 금지할 권리를 향유한다. 4) 방송조직 권리에 대한 보호 : 방송이란 공중이 수신하도록 무선의 방법에 의하여 소리, 영상과 소리 또는 그 표현을 송신하는 것을 말한다. 라디오와 텔레비전 방송을 포함하지만 케이블 방송은 여기에 포함되지 않는다. 방송조직은 방송의 중계, 방송 녹화, 허가 받지 않은 방송에 대한 복제 또는 불법적인 목적을 위하여 적법하게 제작된 방송 녹화물을 복제하는 것과 공중에게 유료인 장소에 방송을 전송하는 것에 대해서 중계하거나 금지할 권리가 있다. 5) 인접권 보호 기간: 앞서 설명한 3가지 권리의 보호 기간은 20년 보다 적어서는 안된다.

「제네바협약」은 녹음 작품 보호에 관한 인접권 협약이다. 2013년 2월까지 이미 78개의 회원국이 가입되어 있고 중국은 1993년 4월에 정식으로 해당 협약에 가입하였다. 협약에서는 저작자의 허가 없이 대중에게 배포할 목적으로 복제 또는 제작자의 녹음 작품을 수입해서는 안된다고 규정한다. 녹음 작품이란 청각을 사용하는 녹화물에 한정되고 여기에는 영화나 동영상은 포함되지 않는다. 이 협약의 시행방법은 회원국의 국내법에 의해 결정되며 녹음 작품에 저작권 또는 인접권을 부여하거나 「부정경쟁방지법」 및 형법을 적용하여 보호할 수 있다. 협약에서 규정한 녹음제작물의 최소 보호기한은 「로마협약」의 관련 규정과 동일하다.

「위성협약」은 방송 보호에 관한 인접권 협약이다. 중국은 아직 해당 협약에 가입하지 않았다. 협약 규정에 의하면, 각 체약국은 위성으로 송출되거나 위성을 통과하는 프로그램 전송신호가 향하도록 예정되지 않은 배포자에 의하여 그 영역에서 또는 그 영역으로부터 배포되는 것을 방지하기 위하여 적절한 조치를 취할 의무를 가지고 있다. 이 협약은 직접 원송신기관 또는 원송신기관으로 향하는 송출된 신호를 일반 대중이 위성으로부터 직접 수신하는 경우에는 적용되지 않는다. 다만 지상파 방송사가 위성신호를 수신하고 나서 다시 송출한 간접신호의 경우는 적용된다. 협약은 각 회원국이 위에서 언급한 침해행위를 방지하기 위해 어떤 법적 형식을 채택할 것인지에 대해 자체 결정하도록 규정하고 있다.

Ⅵ. 저작권조약과 공연 · 음반조약

1996년 12월, 세계지식재산권기구는 제네바에서「저작권조약」과「공연·음반조약」(합쳐서「인터넷조약」이라 함)을 통과시켰다.「저작권조약」은 총 25개의 조항으로 구성되었고, 이 중 실질 조항은 14개, 절차 조항은 11개이다.「공연·음반조약」은 총 33개의 조항으로 이 중 실질 조항은 23개, 절차 조항은 10개이다. 두 협약의 절차 조항은 기본적으로 동일하다. 이 두 협약의 제정은 주로 새로운 전파기술, 특히 디지털 기술과 인터넷 환경에서 작품을 사용함으로 야기되는 저작권과 인접권 문제를 해결하기 위한 것이다. 이 두 조약의 통과는 최근 20년 동안 국제저작권과 인접권 분야에서 가장 중요한 사건이라 할 수 있다. 첫째, 정보전달기술 발전의 수요에 부응하여 저작권과 인접권의 보호 수준을 높였다. 둘째, 개발도상국가들은 나날이 저작권 보호의 중요성을 부각시켜 국제저작권 보호 부분에서 점점 더 중요한 작용을 일으키고 있다.

세계지식재산권기구의「저작권조약」과「공연·음반조약」은 합하여 <인터넷조약>으로 칭한다. 이는 각각 2002년 3월과 2002년 5월에 공식 발효되었다.

「저작권조약」의 실질 조항은 주로 다음과 같은 내용을 포함한다.

1. 서언: 서언은 이 조약의 공포 목적은 가능한 한 효과적이고 일관된 방식으로 문학 및 예술 작품에 대한 저작자의 권리를 발전 및 유지하고 새로운 경제, 사회, 문화 및 기술 발전으로 인한 새로운 문제를 해결하기 위한 적절한 방법을 제공하기 위해 새로운 국제 규칙의 필요성을 인정하고, 문학 및 예술 작품의 창작 및 사용에 대한 정보통신 기술의 발전과 교류가 미치는 심각한 영향을 인정하고, 문학 및 예술 창작 촉진 요소로서 저작권 보호의 중요성을 강조하고, 저작자의 권리와 일반 대중의 이익, 특히 교육, 연구 및 정보 획득의 이익 사이의 균형을 유지할 필요성을 인식하는 것이라고 한다.
2. 「베른협약」과의 관계: 이 조약은「베른협약」에 따른 특별 협약으로「베른협약」이 외에 조약과 관련이 없으며 다른 조약에 따라 발생하는 권리와 의무를 침해해서는 안 된다.
3. 저작권의 보호 범위: 저작권 보호는 사상, 과정, 운영 방법 또는 수학적 개념에는 영향을 미치지 않으며, 보호에 관하여는「베른협약」제2조 내지 제6조의 규정을 준용한다. 컴퓨터 프로그램은 어문저작물로서 보호된다. 데이터베이스의 형태에 관계없이 콘텐츠의 선택 또는 배열이 지적 창작물을 구성하는 한 보호된다.

4. 경제권리: 조약 제6조에는 배포권을 규정하고 있다. 문학 · 예술 저작물의 저작자는 판매 또는 기타 소유권의 이전을 통하여 저작물의 원본이나 복제물을 공중이 이용할 수 있도록 제공하는 것을 허락할 배타적인 권리를 향유한다. 배포권과 복제권을 구분하여 규정하는 것은 권리에 대해 세분화하여 보호 수준을 높여준다. 제7조에는 대여권을 규정하고 있다. 컴퓨터 프로그램, 영상저작물 및 음반저작물의 저작자는 저작물의 원본이나 복제물을 공중에 상업적으로 대여하는 것을 허락할 배타적인 권리를 향유한다. 다만, 프로그램 그 자체가 대여의 본질적 대상이 아닌 컴퓨터 프로그램은 적용되지 않는다. 이 외에, 상업적 대여가 배타적인 복제권을 실질적으로 침해하는 경우 영상저작물에 대여권이 적용되지 않는다. 제9조는 대중전파권에 대해 규정한다. 저작자는 유선 또는 무선 수단에 의하여 저작물을 공중에 전달하는 것을 허락할 배타적인 권리를 향유한다. 이 조항은 기존의 「베른협약」에서 규정한 음악작품의 전달권을 모든 저작물에 확대 적용하여 인터넷 환경에서의 전파권을 확인했다.
5. 촬영작품에 대한 보호 기한: 촬영작품의 보호기한은 일반작품과 동일하다.
6. 권리의 제한과 예외: 특정 조건하에 체약측은 권리에 대한 제한과 예외를 규정할 수 있다. 다만, 작품의 정상적 사용에 저촉되어서는 아니되고 저작자의 정당한 이익을 부당하게 손해를 가할 수 없다.
7. 기술조치에 관한 의무: 조약은 권리자 보호 조치에 대해 다른 사람이 행한 '비밀번호 해제 행위'는 불법이며 계약 당사자는 효과적인 구제 조치를 취해야 한다고 규정한다.
8. 권리자의 정보관리에 관한 의무: 조약에서는 작품의 디지털정보는 임의로 변경할 수 없도록 규정하고 이러한 행위를 위법으로 확인한다. 해당 규정은 온라인상의 정보의 진실성과 정확성을 보증하기 위함이다.
9. 기타 규정: 조약은 적용기한에 대해서 「베른협약」제18조 규정을 적용한다. 조약은 계약 당사자에게 조약의 적용을 보장하기 위해 필요한 조치를 취할 것을 요구한다.

「공연 · 음반 조약」의 실제조항에는 주로 아래와 같은 내용을 포함한다.

1. 서언: 서언은 기본적으로 「저작권조약」과 동일하나.
2. 기타 협약과의 관계: 해당 협약의 모든 내용은 체약국이 이미 「로마협약」에 의해 다한 의무를 손상시키지 않으며 저작권에 대한 보호를 저촉하지 못하고 동시에 다른 조약과 관련이 없다.

3. 정의: 해당협약은 '녹화', '음반', '전파' 등의 개념의 해석을 통해 녹화를 영상이 아닌 소리에 대한 녹화로 한정하였고 전파를 영상이 아닌 소리에 대한 전파로 한정하였다. 이는 사실상 공연자의 권리를 소리에 대한 연출로만 한정한 채 공연자의 영상에 대한 권리를 배제한 것과 마찬가지이다. 따라서 회의에서는 공연자의 영상에 대한 권리를 해결하고자 별도로 문서를 작성하기로 결정하였다.
4. 본 협약의 수혜자: 해당 조약의 수혜자는 공연자와 음반제작자이다. 이 조약은 내국민대우원칙을 적용한다.
5. 공연자의 권리: 공연자가 향유하는 정신적 권리에는 공연자의 신분을 표시하는 권리와 공연자의 이미지가 왜곡, 변조되지 않도록 보호받을 수 있는 권리를 포함한다. 공연자가 받는 경제적 권리에는 아직 녹화되지 않은 연출에 대한 방송권과 녹화권 그리고 이미 녹화를 마친 연출에 대한 복제권, 연출을 녹화한 음반의 발행권, 임대권, 전파권과 방송 및 전파에 의해 발생한 출연료의 일차적 보상권 등이 포함된다. 전파권 규정은 네트워크 전송의 인접권 문제를 해결하는 데 도움이 된다.
6. 음반제작자의 권리: 음반 제작자는 음반에 대한 복제권, 발행권, 임대권, 음반을 제공할 권리와 음반이 방송과 전파에 의해 발생한 일차적 보수를 받을 권리를 누린다.
7. 보호기한: 공연자 권리의 보호기한과 음반제작자 권리의 보호기한은 최소한 50년으로 두어야 한다.
8. 권리의 제한과 예외: 이 조항은 특정 조건하에 체약측은 권리에 대한 제한과 예외를 규정할 수 있다. 다만, 음반의 정상적 사용에 서로 저촉해서는 아니되고 비합리적으로 공연자와 음반제작자의 합법이익에 손해를 가할 수 없다.
9. 기술조치에 관한 의무: 조약은 권리자 보호 조치에 대해 다른 사람이 행한 '비밀번호 해제 행위'는 불법이며 계약 당사자는 효과적인 구제 조치를 취해야 한다고 규정한다.
10. 권리자의 정보관리에 관한 의무: 조약에서는 연기 또는 음반 디지털정보는 임의로 변경할 수 없도록 규정하고 이러한 행위를 위법으로 확인한다. 해당 규정은 온라인 상의 정보의 진실성과 정확성을 보증하기 위함이다.
11. 기타 규정: 조약에서는 권리의 향유 및 사용에 있어 별도로 절차를 이행할 필요가 없다고 규정하고 있으며, 적용기한은 「베른협약」 제18조 규정을 적용한다. 조약은 계약 당사자에게 조약의 적용을 보장하기 위해 필요한 조치를 취할 것을 요구한다. 해당 조약에서 제15조 제3항의 규정 외에 조약에 대한 어떠한 유보도 허용하지 않는다고

규정하고 있다.

Ⅶ. 시청각공연조약

2012년 6월, 세계지식재산권기구는 베이징에서 외교회의를 개최해 「시청각공연조약」(「베이징조약」이라고도 함)을 통과시켰다. 공연자 권리보호에 관한 국제 입법은 20세기 하반기에 시작되어 1961년 「로마협약」은 공연자 권리를 보호하기 위한 최초의 국제협약이었으나 해당 협약에서 규정한 권리 항목들은 비교적 한계가 있었다. 즉, 공연자의 동의를 거치지 아니하고 연기를 방송하거나 공중에 전파할 수 없다(연기 방송의 권리), 공연자가 녹화하지 않은 연기를 녹화할 수 없다(연기녹화의 권리), 연기의 녹음을 복제할 수 없다(공연자 녹음제작물 복제 권리). 1996년에 통과한 세계지식재산권기구 「연기음반조약」(WPPT)에서 보호하는 연기에는 주로 공연자의 현장 연기, 녹음제작물에 녹화된 연기, 그리고 다루지 않은 시청각제작물에 녹화된 연기이다. 2012년 「시청각공연조약」의 통과는 기존협약이 공연자 보호 권리 항목의 부족함을 보완하여 「로마협약」, WPPT와 함께 공연자 권리에 대한 국제 보호 시스템을 구축했다.

「시청각공연조약」은 서언을 비롯한 실질 조항을 포함하여 총 30개의 조항으로 규정되어 있고, 대체로 다음과 같이 4개 부분으로 나눌 수 있다.

1. 서언: 서언의 주요 내용은 해당 조약의 목적과 취지를 강조하는 데 있다. 내용은 "공연자의 시청각 공연에 대한 그들의 권리보호를 가능한 효과적이고 일관된 방식으로 신장하고 유지하기를 희망하고", "사회, 경제, 문화 및 기술의 발전에 의하여 제기된 문제에 대한 충분한 해결책을 제시하기 위하여 새로운 국제적 규칙을 도입해야 할 필요성을 인식하며", "정보통신기술의 발전 및 융합이 시청각 공연의 산출과 이용에 미치는 중대한 파급효과를 인식하고", "공연자의 시청각 연기에 대한 그들의 권리와 더 큰 공익, 특히 교육, 연구 및 정보 접근과의 균형을 유지할 필요성을 인식하며", "1996년 12월 20일 제네바에서 채택된 세계지식재산권기구 「연기 · 음반조약」(WPPT)의 보호가 시청각 작품에 고정된 연기와 관련하여 그 공연자들에게 미치지 않음을 인식하고"...이다. 서언의 내용에는 체결된 배경 즉 새로운 전파 기술의 영향을 대응하여 공연

자의 권리를 보호하는 것, 체결 원칙 즉 공연자 권리와 공공이익과의 평행을 유지하는 것, 체약 목적 즉 WPPT와 시청각 자작물과 녹음제작물의 공연자 권리시스템을 공동 구축하는 것에 대해 규정하였다.

2. 총칙 규정: 해당 조약의 제1조부터 제4조까지는 총칙에 대해 규정한다. 내용은 다음과 같다. 1) 조약: "다른 협약 및 조약과의 관계"이다. WPPT 이외, 해당 조약은 「로마협약」등 다른 협약과는 실질적 연관성이 없는 독립된 국제조약이다. 따라서 해당 조약의 이행에 있어 기타 조약에서 규정한 권리 및 의무에 대해 침해할 수 없다. 2) 정의 : 공연자, 시청각 작품, 방송과 대중전파 등 정의는 WPPT의 제2조의 정의에 따른다. 다만, 다른 점은 보호 대상자를 단순히 청각 공연자가 아닌 시청각 공연자로 규정한 것이다. 3) 조약의 보호 대상: 공연자의 국적과 거주지의 이중원칙을 채택하여 이 중 하나에 해당하는 자는 조약의 보호를 받을 수 있는 수혜자이다. 4) 내국민 대우: 해당 조약은 WPPT의 규정과 동일하다. 내국민대우를 조약에서 부여한 독점권과 정당한 보상청구권에 제한하였다. 다만, 다른 점은 해당 조약에서는 호혜성 보류를 한 것이다. 즉, 체약국은 "다른 체약 당사자의 국민에게 부여하는 보호의 범위와 기간을 자국민이 그 체약 당사자에서 향유하는 권리들로 제한할 수 있다."

3. 공연자 권리: 조약 제5조부터 제11조까지는 공연자가 시청각 연기에서 갖는 다양한 권리에 관한 규정이다. 내용은 다음과 같다. 1) 정서적 권리 : 조항에서는 두 가지 권리를 규정한다. 첫째, "연기의 이용 방법상 생략이 요구되는 경우를 제외하고는 그의 연기의 공연자로 표시될 것을 주장할 권리"(즉, 공연자 신분권)이다. 둘째, "시청각 작품의 성격을 정당하게 고려하여, 자신의 명성을 해칠 수 있는 연기의 왜곡, 훼손, 그 밖의 변경에 대하여 반대할 권리"(즉, 연기 이미지 완성권)이다. 2) 경제권리 : 조약에서는 두 가지 측면의 권리를 규정하였다. 첫째, 연기가 이미 방송 연기인 경우를 제외하고 고정되지 아니한 연기를 방송하고 공중에게 전달하는 것과 자신의 고정되지 아니한 연기를 고정하는 권리이다. 둘째, 공연자가 시청각 작품에 고정된 경우 향유하는 권리이다. 여기에는 복제권, 배포권, 대여권, 고정된 연기에 대한 이용제공권 그리고 방송권과 대중전파권이다. 위에서 설명한 권리 항목은 WPPT의 공연자가 청각연기 중에서 향유하는 권리 항목과 유사하다. 여기서 짚어야 할 점은 해당 조약에서 규정한 방송권과 대중전파권이다. 권한을 부여 받은 방송과 전파 그리고 이로부터 보수를 받을 권리도 포함된다. 반면, WPPT에서 규정한 공연자는 오로지 방송 또는 대중전파로 인한 보수를 받

을 권리 밖에 향유할 수 없다. 하지만 「시청각공연조약」 체결국은 해당 항목에서 규정한 권리에 대해 유보하고 WPPT와 유사한 규정을 선택할 수도 있다.

4. 공연자의 권리 이전: 권리 이전에 관한 규정은 각계에서 가장 치열하고 난해한 사안으로 막판에 최종 타결되었다. 해당 조약 제12조 규정에 의하면, 공연자가 시청각 작품 녹화를 동의하는 경우 이는 각 종의 경제권리를 향유할 수 있다. 이에 3가지 방식으로 처리 가능하다. 체약국은 시청각 작품의 제작자가 보유, 행사 또는 그에게 양도되도록 국내법으로 규정할 수 있다. 위에 언급된 상황에서 공연자와 국내법으로 정해지는 시청각 작품의 제작자 사이의 계약에 따라 어떠한 상반된 계약 약정이 있는 경우는 제외된다. 이 외에, 조약에서는 보수조항에 대해 규정하였다. 즉, 위에 언급된 배타적인 권리 이전과 독립적으로 국내법 또는 개별적, 단체적 또는 그 밖에 합의로 공연자에게 이 조약에 따라 규정된 대로 연기의 어떠한 이용에 대해서도 사용료 또는 정당한 보상금을 받을 권리를 부여할 수 있다.

5. 기타규정 : 해당 조약 제13조부터 제30조에서는 제한과 예외, 보호 기간, 기술조치에 관한 의무, 권리관리정보에 관한 의무, 수속, 보류와 통고, 시간상의 적용범위, 권리 행사에 관한 조항 그리고 조약에 참여, 관리, 퇴출 등에 관한 사항을 규정하였다. 이 중 제한과 예외 조항은 WPPT 관련 규정과 유사하다. 즉, 체약당사자는 공연자의 보호와 관련하여, 문학 · 예술 저작물에 대한 저작권 보호와 관련하여 국내법으로 규정한 바와 같은 종류의 제한이나 예외를 국내법으로 규정할 수 있다. 다만, 이 조약에서 규정한 권리에 대한 제한이나 예외를 연기의 통상적인 이용과 충돌하지 아니하고 공연자의 합법적인 이익을 부당하게 저해하지 아니하는 특별한 경우로 한정하여야 한다. 이 조약에 따라 공연자에게 부여되는 보호 기간은 연기가 녹화된 연도의 말로부터 기산하여 적어도 50년이 되는 연도의 말까지 존속하여야 한다. 이 조약의 보호 기간은 WPPT와의 보호 기간의 일치하다. 다만, 「로마협약」에서 규정한 수준 보다는 높은 편이다. 인터넷 환경에서의 시청각 공연의 전파 특징, 시청각 연기 기술조치와 권리관리정보에 관련하여 해당 조약은 WPPT의 규정을 참조하여 체약국에게 적당한 법적 보호와 유효한 법적 구제방법을 제공할 것을 요구한다.

제22장

세계무역기구(WTO)체제 하의 지식재산권협정

경제 글로벌화와 새로운 국제무역 체제의 형성은 21세기 후반 세계 경제 발전의 중요한 트렌드이다. 이 트렌드는 21세기의 판도에 중대한 영향을 미쳤다.[1] 관세 및 무역에 관한 일반협정(GATT) 및 그 후속 조직인 세계무역기구(WTO)는 경제 글로벌화를 추진하는 과정에서 중요한 역할을 한다. 기존 국제기구나 국제협정과 달리 세계무역기구 및 그 「지식재산권협정」은 지식재산권의 보호를 국제무역 체제에 편입시킴으로써 지식재산권 제도 일체화 · 국제화에 새로운 발전 추세가 나타나기 시작했다.

「지식재산권협정」은 「파리협약」이 지식재산권의 국제적인 협조(協調)체제를 설립한 이래 포괄범위가 제일 넓고 가장 구속력을 가진 종합적인 지식재산권 조약이다. 첫째, 「지식재산권협정」은 거의 모든 지식재산권 관련 주제를 섭렵하고 있다. 그의 지식재산권 보호 대상은 전통적인 특허, 상표와 저작권 외에도 디자인, 지리적 표시, 집적회로의 배치설계, 영업비밀 등이 있다. 둘째, 「지식재산권협정」은 체약측의 국제 의무를 규범화하고 확장하였다. "준수해야 하고", "감소시켜서는 안 된다"는 의무 규정을 채택하고, 「파리협약」, 「베른협약」, 「로마협약」, 「워싱턴협약」등 많은 실체 의무를 체약국의 의무 범위에 포함시켰다. 셋째, 「지식재산권협정」은 지식재산권의 집행 체제와 분쟁해결 체제를 강화하였다. 해당 협약은 세계무역기구 "일괄식" 협정의 일부로, 국제무역 체제와 국제 지식재산권 보호 체제를 연결시키고 지식재산권 보호의 실체규범과 질서규범을 결합시켜 협정의 국제적 구속력을 강화하였다.

「지식재산권협정」의 발효를 시작으로 지식재산권 제도는 수준 높은 보호, 효율적인 시

1) 参见许明主编：<当代中国亟待解决的27个问题>, 11页, 北京, 今日中国出版社, 1997.

행의 새로운 단계에 진입하였다. 해당 협정은 현대 국제지식재산권 체계에 엄청난 패러다임의 변화를 가져왔고 논쟁을 일으키는 체제의 폐단도 드러나기 시작했다.

Ⅰ. 지식재산권협정과 세계무역기구 기타 협정 간의 관계

「지식재산권협정」과 「상품무역협정」, 「서비스무역협정」은 세계무역기구 체제 하의 3대 주요 제도이다. 세계무역기구법은 조직법, 상품무역법, 서비스무역법, 다자간 무역협정으로 구성된 방대한 법률체계이다. 「지식재산권협정」은 세계무역기구와 관련된 일련의 협정 중 하나로 해당 법률 체계의 중요한 구성 부분이며 다른 관련 협정과도 밀접한 관련이 있다.

1. 「지식재산권협정」과 기타 관련 협정 간의 통일

「지식재산권협정」은 무역과 관련된 지식재산권 보호 사항을 규제한다. 이는 WTO협정이라는 기본법과도 일치해야 하고 같은 부문법(部門法)인 다른 다자간 무역협정과도 조화를 이루어야 한다. 그 구체적인 표현은 다음과 같다. 우선, 세계무역기구 회원 자격과 다자간 협정의 체결 자격이 일치한다는 것이다. 「세계무역기구 설립을 위한 마라케쉬 협정」의 규정에 따르면, 해당 협정과 그 부속서 1, 2, 3의 다자간 무역협정을 동시에 수락하는 것을 포함하여, 「관세와 무역에 관한 일반협정(GATT)」의 기본문서를 명시적으로 수락해야만 세계무역기구의 원서명국이 될 수 있다. 해당 협정과 그 부속서 1, 2, 3의 다자간 무역협정을 동시에 수락해야만 세계무역기구의 회원자격을 가진다.[2] 이 말은 한 국가가 "일괄식(一揽子) 협정"의 당사국만 될 수 있고 「관세 및 무역에 관한 일반협정 우루과이라운드 협상결과 최종 의정서」(이하 「최종의정서」라 함)의 부속서 1인 다자간 무역협정을 수락하지 않고는 세계무역기구의 헌장만 받아들일 수 없다는 뜻으로 그 반대의 경우도 마찬가지다. 또한 한 국가는 세계무역기구 회원국이자 동시에 다자간 협정의 당사자가 될 수 있다. 만약 다자간 협정의 당사국 자격을 갖추지 못하거나 탈퇴하게 되면

---

2) 参见 <建立世界贸易组织协定> 第11条、第12条的规定.

세계무역기구의 회원 자격도 상실하게 된다는 것을 의미한다. 그 반대의 경우도 마찬가지다. 둘째, 지식재산권 이사회와 세계무역기구 일반이사회 간의 조정이다. 「지식재산권협정」의 규정에 따라 설립된 "무역관련 지식재산권 이사회"는 세계무역기구 일반이사회 산하에 있는 기관으로 「지식재산권협정」의 운영과 실시를 감독할 책임이 있다. 이는 지식재산권 보호를 위한 관리 메커니즘이 상대적으로 독립적이나 세계무역기구의 관리 메커니즘과 여전히 일치함을 유지하고 있다는 것을 보여준다. 마지막으로, 「지식재산권협정」은 세계무역기구의 기본 원칙과 분쟁 해결 메커니즘을 적용한다. 기본 원칙 측면에서 「지식재산권협정」은 차별금지원칙, 최혜국대우원칙, 투명성원칙 등 세계무역기구에서 정한 공동의 기본 원칙을 따른다. 차별금지원칙은 사실상 내국민대우원칙의 범주에 속하며, 이는 세계무역기구의 기본 원칙이자 「지식재산권협정」의 첫 번째 원칙이다. 최혜국대우원칙은 세계무역기구가 선진국과 개발도상국 간의 관계를 처리하는 기본 준칙이며, 「지식재산권협정」은 이에 대해서도 원칙적인 규정을 하였다. 투명성 원칙은 세계무역기구 분쟁해결 메커니즘 중의 기본 원칙으로 「지식재산권협정」에도 상응하는 구체적인 규정이 있다.[3] 또한 「지식재산권협정」의 규정에 따라 세계무역기구 분쟁해결 메커니즘의 구체적인 방법이 이 협정에 따른 분쟁 협상과 해결 메커니즘에도 예외 없이 적용된다.

2. 「지식재산권협정」과 기타 관련 협정 간의 충돌

세계무역기구 체제 하에서 지식재산권을 규범화 하는 것은 필연적으로 일반협정에 의해 형성된 규칙과 다자간 무역시스템과 관련된다. 「세계무역기구 설립협정」제16조는 이에 대해 "본 협정의 특정 규정과 다자간 무역협정의 특정 규정이 충돌하는 경우, 본 협정의 규정이 충돌의 범위 내에서 우선한다"고 규정하고 있다. 위에서 볼 수 있듯이 관련 충돌 및 그 처리 규칙은 다음과 같다. 첫째, 「지식재산권협정」과 「세계무역기구 설립협정」. 세계무역기구의 법률체계에서 「세계무역기구 설립협정」은 기본법으로 다른 부문법보다 우위에 있다. 즉, 「지식재산권협정」을 포함한 기타 다자간 무역협정은 모두 부문법에 속하기에 세계무역기구의 설립 규정인 기본법과 저촉되어서는 안 되며 세계무역기구 설립협정과 저촉되는 경우 세계무역기구 설립협정의 해당 규정에 따라야 한다. 둘째, 「지식

3) 有关国民待遇原则、优惠待遇原则、透明度原则之规定, 参见 <知识产权协定> 第3条, 第65～67条, 第63条.

재산권협정」과 1994년 「관세 및 무역에 관한 일반협정」이다. 1994년 일반협정의 기본 내용은 1947년 일반협정과 크게 다르지 않으며 지식재산권 문제도 다루지 않았다. 「지식재산권협정」은 무역과 관련된 새로운 법률제도를 확립한 것으로 이 협정에 따른 분쟁 해결은 「관세 및 무역에 관한 일반협정」의 분쟁해결 규칙과 절차를 적용하지만 그 외에는 「관세 및 무역에 관한 일반협정」과 일절 관련이 없다. 셋째, 「지식재산권협정」과 기타 무역협정이다. 「지식재산권협정」을 포함한 세계무역기구협정 하의 각 다자간 무역협정은 해당 법률체계에서 수평적인 관계로 충돌 발생시 우열을 가릴 수 없다.[4]

II. 지식재산권협정과 기타 지식재산권 국제협약 간의 관계

「지식재산권협정」은 세계무역기구 제도 하에서 다자간 무역 규칙의 유기적 구성요소이자 현재 국제지식재산권 보호 체계에서의 중요한 법률문건이다. 「지식재산권협정」은 전통적인 지식재산권 국제협약과 많은 차이가 있다. 이를 위해 협정 제정자는 해당 협정과 기존 국제협약 간의 충돌을 방지하고 해결하기 위해 해당 협정과 기존 국제협약의 적용 문제에 대한 상응 규칙과 원칙을 제정하였다.[5] 여기서 말하는 "기존 국제협약"은 세계지식재산권기구가 관리하는 4개 협약 즉, 「파리협약」, 「베른협약」, 「로마협약」, 「집적회로에 관한 지식재산권협약」(약칭 「워싱턴협약」) 을 말한다. 「지식재산권협정」과 기존 국제협약 간의 관계는 다음과 같은 측면에서 나타난다.

1. 기존 협약에 대한 「지식재산권협정」의 계승과 유보

「지식재산권협정」은 협정이 반드시 세계지식재산권기구가 관리하는 4개 협약에서 확인된 기존 의무와 일치해야 한다고 강조한다. 이 규정은 기존 협약에 대한 협정의 계승과 유보를 반영한다. 이는 협정의 체결자는 이러한 협약의 성원국인지 여부에 관계없이 이러한 협약의 실질적인 규정을 준수해야 함을 의미한다. 다시 말해, 지식재산권의 효력·

4) 有关<知识产权协定>与其他相关协定的统一与冲突, 相关资料可详见曾令良：<世界贸易组织法>, 武汉, 武汉大学出版社, 1996；古祖雪：<国际知识产权法>, 北京, 法律出版社, 2002.

5) 参见<知识产权协定>第2条、第9条、第35条的规定.

범위 · 취득 · 보호 등의 문제를 다룰 때, 협정의 규정은 상술한 협약의 실질적 규정에서 비롯된 현존 의무를 기점(起點)으로 기존 협약의 관련 내용에 대한 일종의 긍정으로 표현된다. 또한 「파리협약」의 "자(子)협약"과 같이 세계지식재산권기구가 관리하는 기타 협약의 경우 「지식재산권협정」의 조항 자체는 그 효력 문제를 정확하게 명시하지 않았지만, 협정 제2조 제1항은 협정 제2, 제3, 제4부분의 범위 내에서 모든 구성원은 「파리협약」 제19조의 규정에 부합해야 한다고 강조하였다. 협정과 「파리협약」의 "자협약" 간의 효력에 대해 학계에서는 서로 다른 견해가 있다. 하나는 협정이 이러한 "자협약"의 유효성을 인정하기에 그 구성원은 "자협약"에 의한 현존 의무를 준수해야 한다는 견해이다.[6] 다른 하나는 협정이 인정하는 것은 "자협약"의 유효성이 아니라 「파리협약」 제19조의 유효성이므로 구성원은 "자협약"을 준수할 의무가 없다는 견해이다.[7] 필자는 협정 제2조 제1항은 회원국이 「파리협약」 제19조의 규정을 준수할 것을 요구한다고 생각한다. 이 규정은 「파리협약」과 상충되지 않는 한 체약국이 산업재산권 보호를 위한 일련의 전문 보호조약을 체결할 수 있음을 의미한다. 실제로 세계지식재산권기구가 주관하는 산업재산권협약에서 「식물의 신품종 보호에 관한 국제조약(UPOV)」을 제외하면 기본적으로 「특허협력조약(PCT)」, 「상표의 국제등록에 관한 마드리드협정」, 「원산지명칭 보호와 국제등록을 위한 리스본협정」 등을 포함하여 거의 모두 「파리협약」 제19조에 의해 생긴 특별조약이다. 「지식재산권협정」은 회원국이 반드시 「파리협약」의 "자협약"을 준수해야 한다는 점을 강조하는 것이 아니라 회원국이 가장 기본적인 의무와 지식재산권 보호를 위한 최저 기준을 위반하지 않는 범위 내에서 산업재산권 보호에 관한 특별 조약을 체결할 수 있도록 허용한 것이다.

2. 「지식재산권협정」이 기존 협약에 대한 수정과 보완

「지식재산권협정」은 기존 협약의 "합리적인 알맹이"는 계승하고 보류한 기초에서 지식재산권의 국제적 보호를 위한 제도적 설계 및 규범 제정에 있어 새로운 돌파구를 마련했다. 이는 협정이 기존 협약과 구별되는 가장 중요한 부분이다. 구체적으로 두 가지 측

---

6) 参见郑成思 : <关贸总协定与世界贸易组织中的知识产权 : TRIPs详解>, 44页, 北京, 北京 出版社, 1994.

7) 参见张汉林、黄玮 : <智慧财产的卫士－－知识产权国际保护的比较研究>, 60页, 北京, 中国经济出版社, 1997.

면에서 나타나는데 하나는 동일한 사안에 대해 기존 협약의 관련 규정을 수정한 것이다. 이 경우 협정의 체결국은 반드시 「지식재산권협정」의 새로운 규정을 적용해야 한다. 다른 하나는 기존 협약이 다루지 못한 특정 사항에 대해 보충 규정을 한 것이다. 이 경우 체결국은 의심할 여지없이 협정의 규정을 적용해야 한다. 기존 협약에 대한 「지식재산권협정」의 돌파구와 발전은 다양한 측면에서 나타나는데 기본 원칙, 실질적인 의무, 보호조치 및 법 집행 절차, 개발도상국과 최빈국에 대한 혜택 등이 포함된다.[8] 「지식재산권협정」은 새로운 지식재산권 보호 제도로서 그 특징은 다음에서 설명한다.

3. 「지식재산권협정」이 기존 협약에 대한 회피와 부정

「지식재산권협정」은 기존 협약의 규정에 대해 주로 계승과 발전을 하고 개별 내용에 대해서만 인정하지 않았다. 구체적으로 두 가지 측면에서 나타난다. 첫째, 「베른협약」제6조 제2항에 규정된 저작자의 정신적 권리를 부정한 것이다. 그 입법배경에 대해 제정자는 설명을 하지 않았다. 학자들은 두 가지 원인이 있을 것이라고 본다. 하나는 세계무역기구 제도에서 지식재산권 보호는 모두 무역과 관련된 지식재산권이다. 「지식재산권협정」은 글로벌 시장이라는 사상을 강화하였다. 즉, 글로벌 시장에서 지식재산권의 보호를 받는 무체물을 상품과 서비스와 공동으로 고려 범위에 포함시켰다. 그 결과 협정은 저작권의 상업적 · 경제적 내용은 강조하면서 저작자의 정신적 권리는 뒷전에 두었다. 다른 하나는 영미법계 국가가 저작자의 정신적 권리에 대한 보호 시스템은 대륙법계 국가의 관련 법률과 분명한 차이가 있다. 저작권법 입법 전통의 차이로 인해 영국, 미국 등 국가에서는 오랫동안 저작자의 정신적 권리를 보호하지 않다가 「베른협약」가입의 필요로 국내법에 해당 제도를 추가했으나 보호 수준이 상대적으로 낮다.[9] 「지식재산권협정」의 이러한 규정은 미국의 전통적인 관행에 더 적합하다고 할 수 있다. 둘째, 「로마협약」제20조의 "소급효 없음"에 관한 규정을 부정한 것이다. 「로마협약」제20조에 따르면, 「로마협

8) 参见孔祥俊：<WTO知识产权协定及其国内适用>, 101页, 北京, 法律出版社, 2002.

9) 英国1956年 <版权法>已有了反假冒署名的规定. 1988年 <版权法>虽专章规定了精神权利, 但对此设置了诸多限制, 例如署名权的行使须以事先申明为前提；擅自修改作品只有在造成作者声誉损害时才构成对作品完整权的侵害；精神权利可以放弃. 美国1990年颁布的 <视觉艺术家权利法>, 严格限制精神权利的保护范围, 诸如文学、戏剧、音乐作品、视听作品以及电子出版物均被排除在外；精神权利保护仅仅及于作品原件和200件以内签名编号的复制品.

약」은 회원국이 협약에 가입하기 전에 보호받은 권리에 대해 영향을 미치지 않으며, 회원국이 협약에 가입하기 전에 발생한 공연, 방송 또는 음반에 대해 보호할 것을 요구하지 않는다. 「지식재산권협정」은 기본적으로 「로마협약」의 효력을 긍정하면서, 동시에 1971년 원본 「베른협약」제18조 "소급효"에 관한 규정이 공연권 및 음반 제작자의 권리에 적용에 된다고 규정하였다. 「베른협약」에서 규정한 "소급효"는 회원국이 협약에 가입한 후 다른 회원국의 보호받는 작품 뿐만 아니라 협약 가입 전에 이미 다른 회원국에 존재했으나 발생국에서 아직 공유(公有)영역에 진입하지 않은 작품도 보호해야 하는 것을 의미한다. 그렇다는 것은 「지식재산권협정」의 회원국이 더 이상 「로마협약」의 "소급효 없음" 조항을 원용할 수 없고 공연, 방송, 음반이 발생국에서 독점(专有)영역에 있는 한, 협정에 새로 가입하는 회원국은 소급하여 보호해야 한다는 뜻이다.[10)]

Ⅲ. 지식재산권협정의 기본 특징

「지식재산권협정」은 우루과이라운드 협상에서 형성된 최종 문서 중 하나이자 세계무역기구의 기본 문서이다. 역사적으로 이 협정은 확실하게 국제무역과 관련이 있는 최초의 지식재산권 협약일 뿐만 아니라 저작권, 특허권, 상표권 등 각종 지식재산권 제도를 하나로 통합한 최초의 국제협약이기도 하다. 「지식재산권협정」의 내용에 따라 그 기본 특징을 다음과 같이 요약할 수 있다.

1. 국제무역체제와의 긴밀한 결합

이 협정의 정식 명칭은 「무역 관련 지식재산권협정」으로 이름에서 알 수 있듯이 협정은 국제무역과 관련이 있다. 해당 협정의 기본조항은 모두 지식재산권 보호에 관한 내용으로 직접적으로 무역문제를 언급하지 않는다. 어느 정도 의미에서 「무역 관련 지식재산권협정」이라고 하기엔 유명무실하다.[11)] 그럼에도 불구하고 학자들은 보편적으로 「지식재산권협정」그 자체가 신 국제무역체제의 중요한 구성 부분이고 경제 글로벌화의 추진

10) 参见<知识产权协定>第70条第2款.

11) 参见孔祥俊：<WTO知识产权协定及其国内适用>, 2页, 北京, 法律出版社, 2002.

과 입법 일체화를 주요목표로 하고 있기에 전통적인 지식재산권 협약과 다르다고 본다. 첫째, 해당 협정은 국제무역에서 발생하는 왜곡과 저항을 줄이고 지식재산권에 대해 충분하고 효과적인 보호를 촉진하며 지식재산권법의 집행 조치와 절차가 합법적인 무역의 장애가 되지 않도록 보장하는데 그 목적이 있다.[12] 이는 지식재산권의 보호 수준을 높이고 지식재산권 보호 제도를 통일하기 위한 이 협정의 주요 의도는 세계무역기구 체제 하에서 지식재산권의 통합적 보호를 추진함으로써 모든 회원국의 보호 수준이 선진국만이 갖고 있던 표준에 달성하게 하려는 것이다. 이렇게 세계무역기구 체제의 효과적인 운영을 통해 지식재산권 보호는 국제무역제도의 일부가 될 수 있었다. 둘째, 협정은 관세 및 무역에 관한 일반협정과 상품무역에 관한세계무역기구의 원칙과 메커니즘을 지식재산권의 보호로 확장하였다. 예를들어, 최혜국대우 원칙은 국제무역 분야의 제1원칙으로서 처음 지식재산권 협약에 도입되어 협정 각 회원국이 반드시 이행해야 하는 기본 의무가 되었다. 투명성 원칙은 원래 관세 및 무역에 관한 일반협정이 무역행위의 형평성을 실현하기 위해 체약국에게 실시를 약속하도록 요구하는 기본 규칙인데 협정에서 이를 인용한 것은 각 구성원의 사법체계 및 제도를 공개하여 법률 설명과 충돌을 피하는 데 있다. 세계무역기구 체제 하의 분쟁해결메커니즘은 일반 무역분쟁에 직접 적용될 뿐만 아니라 지식재산권분쟁까지 적용이 연장된다. 이런 제도화된 다자간 분쟁해결체제는 미국 제301조항과 같은 일방적인 보복행위를 방지하는데 도움이 된다.[13]

2. 새로운 지식재산권 보호 체계의 구축

「지식재산권협정」은 어느 특정 지식재산권의 보호로 체결된 국제협약이 아니라 저작권, 상표권, 지리적표시권, 디자인권, 특허권, 집적회로 배치설계권, 영업비밀권 등 지식재산권 각 분야를 포함한다. 해당 협정에 이르기까지 모든 지식재산권 국제협약은 특수 또는 일부 유형의 지식재산권보호만 언급하였다. 예를 들어, 「파리협약」은 산업재산권과 관련된 규정만 하고 저작권이나 저작인접권에 대한 언급은 없다. 「베른협약」은 문학, 예술작품의 저작권 보호 문제만 다루고, 「로마협약」은 오직 저작인접권 보호를 전문으로 하는 협약이다. 협정이 구축하고 있는 지식재산권 체계를 보면 저작권, 특허권, 상표권

12) 参见 <知识产权协定> 序言.

13) 参见孔祥俊 : <WTO知识产权协定及其国内适用>, 8页, 北京, 法律出版社, 2002.

등 전통적인 지식재산권 제도 뿐만 아니라 식물 신품종권,[14] 집적회로 배치설계권 등 신흥 지식재산권 제도도 망라하고 있으며, 심지어 전문적인 국제협약에서 한 번도 인정되지 않은 영업비밀까지 지식재산권 체계에 포함되어 있다. 주의할 점은 협정이 「세계지식재산권기구협약」에서 인정하는 발명권 및 발견권을 규정하지 않았으며, 「파리협약」에서 보호하는 상호권도 규정하지 않았다는 점이다. 필자는 전자는 사적 재산권의 형식을 가지지 않고 후자는 무역과 관련이 적기 때문에 협정에서 고려하지 않은 것은 아닌지 생각한다. 그럼에도 불구하고 「지식재산권협정」은 지금까지 구축된 지식재산권 체계에서 가장 건전하고 완비된 국제협약이다.

3. 지식재산권 보호 수준의 제고

「지식재산권협정」의 내용을 보면 보호기준이나 보호기한 모두 기본적으로 선진국의 요구와 관행을 고려하고 참고하였다. 그 구체적인 표현으로는 1) 권리범위의 확장이다. 저작권과 저작인접권 분야에서 컴퓨터 소프트웨어와 데이터베이스를 문자 작품으로 보호하고 컴퓨터 소프트웨어, 영화작품, 음반의 대여권을 신설하였다. 상표권 분야에서는 "식별성"을 가진 어떤 표시나 그 조합은 일반적인 상황에서 모두 상표 등록을 할 수 있다고 규정하고, 유명상표에 대해 특별 보호를 가할 것과 유명상표의 적용범위를 서비스상표로 확대할 것을 규정하였다. 지리적 표시권 분야에서는 구성원에게 지리적 표시(특히, 주류와 알코올 류의 상품) 혼동을 금지할 의무가 있다고 요구하였고, 디자인권과 특허권 분야에서는 권리자에게 수입권을 부여하였다. 집적회로 배치설계권 분야에서 규정된 보호 범위는 배치설계와 배치설계로 구성된 회로 자체를 넘어 배치설계를 사용하는 물품까지 확장되었다. 영업비밀권 분야에서는 이러한 지식재산권 보호가 의약품 및 농업용 화학제품까지 확장되어야 한다고 규정하였다. 2) 보호 기간의 연장이다. 컴퓨터 소프트웨어를 포함한 저작권 보호기한은 최소 50년, 특허권 보호기한은 20년 이상, 디자인권 보호기한은 10년 이상, 집적회로 배치설계권 보호기한 역시 10년 이상이어야 한다. 3) 유보조항은 유명무실하다. 협정의 제72조는 다른 회원국의 동의 없이 협정의 어떤 조항도 유보할 수 없다고 규정하고 있다. 이 규정은 기존 국제협약의 유보조항과 달리 회원국이 국내

---

14) 根据 <知识产权协定>第27条的规定, 成员对植物新品种可采取专利保护或专有权保护, 或两者的组合保护模式.

법에 이 협정을 유보하려면 다른 회원국의 동의를 얻어야 한다는 잠재적 의미가 있다. 어느 정도 의미에서 협정에 규정된 유보조항은 사실상 유보금지 조항이나 다름이 없다. 4) 권리제한에 대해 제한하였다. 협정은 회원국이 사회공익, 권리남용 방지 등을 고려하여 지식재산권을 제한하는 것을 허용하지만 동시에 이러한 권리제한에 대해 역(反)제한을 하였다. 즉, 권리제한이 권리의 정상적인 행사와 충돌하지 않아야 하고 권리자의 이익을 비합리적으로 손상시키지 말아야 하며 제3자의 합법적인 이익을 손상시키지 않아야 한다고 명시하였다.

4. 지식재산권의 법 집행 절차와 보호조치 강화

각 회원국이 지식재산권 보호 제도의 실시를 강화하도록 하기 위하여 「지식재산권협정」은 행정과 사법 절차에 관한 구체적인 의무, 임시조치, 국경조치 등을 상세히 규정하고 있는데, 이는 협정의 주요 특색이자 중요한 혁신으로 세계지식재산권기구가 관장하는 각 국제협약에 없는 것들이다. 구체적으로 다음과 같은 내용이 있다. 1) 사법심사 제도이다. 소송 당사자는 행정적 종국결정과 사건의 원심 사법판결의 법률문제에 대하여 사법심사를 요청할 권리가 있다. 2) 민사 절차이다. 공평하고 공정한 민사 절차를 실행하고 피고의 소송 권리를 보장하며, 당사자가 변호사를 고용하여 소송에 참여할 수 있도록 허용하고 당사자의 증명권을 보장하며 비밀 정보를 식별하고 보호할 것을 요구한다. 3) 손해배상이다. 사법당국은 침해자에게 지식재산권자의 손해를 보상하기에 충분한 손해배상금을 지급하도록 명령할 권리가 있다. 4) 임시조치이다. 사법당국 또는 행정당국은 "임박한 침해(imminent infringement : 即发侵权)"와 같이 예견 가능하고 근거 없이 주론한 것이 아닌 침해 준비활동에 대해, 소송 전 금지명령, 재산 보전 및 증거 보전을 위한 "임시조치"를 취한다. 5) 국경 조치이다. 사법당국 또는 행정당국은 세관에서 수출입 침해 제품에 대해 반출 중지 조치를 취한다.

제23장

지식재산권의 국제보호와 국제인권보호

「지식재산권협정」은 세계무역기구의 기본법률문서로서 지식재산권의 국제보호를 위한 새로운 제도적 장치를 마련하였으며, 현재까지 지식재산권 보호 범위가 가장 넓고 보호기준이 가장 높은 국제협약으로 "지식재산권보호법전"이라 할 수 있다.[1] 이와 동시에 「지식재산권협정」은 현대 지식재산권의 국제적 보호를 위한 핵심 법률제도로서 시행과정에서 여러가지 단점도 드러나고 있다. 도하회의에서 통과된 「무역관련지식재산권(TRIPs)협정과 공중보건에 관한 도하선언」(이하 「도하선언」이라 함)부터 칸쿤회의를 앞두고 이뤄진 이 선언문 제6항의 이행결정은 「지식재산권협정」의 법적틀이 지속적으로 발전하고 개선되고 있음을 보여주는데 그 추진력은 주로 지식재산권과 인권 간의 충돌과 균형이다.[2]

Ⅰ. 국제지식재산권과 국제인권의 충돌

포스트 「지식재산권협정」시대에 접어들면서 국제사회는 지식재산권과 기본 인권의 관계에 큰 관심을 기울이고 있다. 사실 국제무역 분야의 지식재산권 문제와 국제정치 분야의 인권 문제는 현대 국제관계의 양대 이슈로 꼽힌다. 유엔 인권증진보호소위원회는 2000년에 「지식재산권협정」이란 보고서를 발표하여 「지식재산권협정」이 국제인권에 미치는 영향을 심사하였는데, 보고서에서는 "지식재산권협정의 이행이 모든 사람이 과

1) 曹建明等 : <世界贸易组织>, 312页, 北京, 法律出版社, 1999.
2) 参见张乃根 : <论TRIPs协议框架下知识产权与人权的关系>, 载<法学家>, 2004(4).

학 발전과 그 이익을 누릴 권리, 건강을 유지할 권리, 음식을 즐길 권리, 자기결정권을 포함한 모든 인권의 기본성질과 정체성(整體性)을 충분히 반영하지 못했기에 지식재산권 제도인 지식재산권협정과 다른 한 쪽인 국제인권법 사이에는 명백한 충돌이 존재한다"고 밝혔다.[3] 국제지식재산권협약의 이행은 국제인권 협약에 규정된 의무를 종합적으로 고려해야 하고 각국이 지식재산권 보호를 위해 제정한 법률은 그 사회적 역할에 있어 국제인권 의무에 부합해야 한다고 볼 수 있다.

1. 정신적 권리와 저작자 대한 권리보호의 결여

창작자가 지적 노동을 통해 정신적 이익과 물질적 이익을 얻을 권리를 가진다는 것을 인정하는 것은 지식재산권을 인권으로 간주하는 데 있어 중요한 고려 기준이다. 「베른협약」은 저작자의 경제적 권리와 정신적 권리 즉 "한 물체의 두 가지 권리(一體兩權)"를 동등하게 보호하며 저작자의 신분권과 작품 완전성의 보호 기간이 경제적 권리의 보호 기간보다 짧아서는 안 된다고 규정하고 있다. 세계지식재산권기구는 1994년 개최한 "저작권 및 저작인접권의 미래에 관한 심포지엄"에서 「베른협약」은 저작자의 정신적 권리보호와 경제적 권리보호를 모두 "인권"으로 보호한다는 점에서 「세계인권선언」과 일치하다고 밝혔다.[4]

「지식재산권협정」은 「베른협약」등 주요 국제지식재산권 협약의 실체 조항을 포함시켜 해당 협정의 기본 조항으로 삼았으나, "베른협약 제6조의 2에 규정된 권리 또는 이 조항으로부터 파생된 권리는 본 협정의 보호를 받지 않으며, 각 체약국은 그 권리와 의무를 면제해야 한다"고 명시하였다.[5] 이는 「베른협약」에 의해 보호되는 정신적 권리를 명시적으로 배제한 것이다. 「지식재산권협정」은 미국 저작권 제도의 고유한 전통은 배려하였으나 국제인권법의 일관된 주장과는 배치된다고 할 수 있다. 이 규정은 두 가지 결과를 초래했다. 첫째, 권한 시스템의 불균형이다. 「지식재산권협정」은 '무역'과 관련된 지식재산권 보호를 강조하고 "비무역"적인 것 특히 경제적 가치로 측정할 수 없는 지식재산권의 존재는 무시하였다. 둘째, 권리 의무의 불평등이다. 「지식재산권협정」과 「베른협약」

---

3) UN Commission in Human Right: Intellectual Property and Human Rights, 2000, E/CN1.4/Sub.2/2000/7.
4) 转引自郑成思：<世界贸易组织与贸易有关的知识产权>, 96页, 北京, 中国人民大学出版社, 1996.
5) <知识产权协定>第9条第1款.

의 체약국은 정신적 권리를 보호할 의무가 있지만, 「지식재산권협정」만 가입한 체약국은 「베른협약」에 가입하지 않음으로 인해 해당 의무에서 면제된다. 그 결과는 후자의 정신적 권리가 손해를 입은 경우, 해당 사건은 세계무역기구의 분쟁해결 제도를 적용할 수 없다.

2. 표현의 자유와 독점적 권리에 대한 제한

표현의 자유는 세계 각국이 보편적으로 인정하는 헌법적 권리로 사상과 견해를 표현할 자유를 뜻한다. 이는 국제인권 협약이 인정하는 시민이 누려야 할 정치적 권리이다. 표현의 자유는 저작권과 밀접한 관련이 있는데, 이는 뉴스, 지식, 자료, 데이터, 개념, 의견 등을 포함한 표현의 자유가 언급하는 정보로 저작권법에서 독점권을 가진 작품으로 표현되는 경우가 많기 때문이다. 두 가지 법익이 충돌할 때 그 우선 보호의 위계를 어떻게 결정할 것인가? 일반적으로 표현의 자유가 기본 인권 체계에서 현저히 중요한 위치를 차지한다고 본다. 표현의 자유는 경제적 자유와 같은 권리에 비해'우월한 지위'를 가져야 한다. 즉, 우선적 법적 가치를 갖는 것으로 간주되어야 한다.[6] 표현의 자유가 경제적 자유보다 우월하다는 원칙은 각국의 헌법 이론과 실천에서 모두 인정되고 있다. 결국 저작권의 독점적 속성이 사상 표현 및 정보 교류의 장애물이 되어서는 안 된다는 것이다. 이에 대해 학자들은 "저작권이 제공하는 보호는 불법 경쟁자에 대항할 수 있지만 대중이 작품을 합리적으로 사용하는 것을 방해해서는 안 되고", "정보의 공개 전파는 매우 중요하기 때문에 자유와 민주사회라는 공익을 전통적인 저작권 관념에 따른 개인 독점권에 굴복시켜서는 안 된다"고 본다.[7] 합리적 사용은 각국 저작권법의 보편적인 제도지만 국제사회는 이러한 독점권리의 제한에 대해 엄격하게 반(反)규제하는 추세다. 「지식재산권협정」은 합리적인 사용에 관한 「베른협약」의 관련 규정을 반복하지 않았을 뿐만 아니라 독점적 권리의 제한 및 예외의 엄격한 조건을 재확인하고 강조하였다.

이러한 제한 또는 예외는 (1) 일부 특수 상황에 국한되어야 하고 (2) 작품의 정상적인 이용과 상충되지 않아야 하며 (3) 권리 소유자의 합법적인 이익을 부당하게 침해해서는

6) 参见杜钢建：<论表现自由的保障原则>, 载<中外法学>, 1995(2).

7) Harry N.Rosenfieid: The American Constitution, Free Inquiry, and the Law, Fair Use and Free Inquiry, Ablex Publishing Co., 1980, p.320;[日] 古泽博：<关于利用他人的著作权问题>, 载日本<独协法学>, 1977-10-22.

안 된다. 1996년 세계지식재산권기구의 「인터넷조약」은 합리적 사용을 제한하는 원칙을 사이버 공간까지 적용했다. 위에서 언급한 조약의 규정은 매우 엄격한 반면, 비교적 포괄적이어서 어떤 제한이나 예외가 합리적이고, 어떤 제한이나 예외가 허용되지 않는지는 체약 당사자마다 다른 이해를 가지고 있다. 전반적으로 선진국은 인쇄작품, 전자작품, 디지털작품의 합리적인 사용을 엄격히 제한하는 반면, 개발도상국은 대중이 네트워크 기술을 통해 더 많은 정보를 얻을 수 있도록 하는데 초점을 둔다.

3. 프라이버시권 및 정보 · 데이터베이스권의 확장

프라이버시권은 불법적으로 침해, 인지, 수집, 이용 및 공개되지 않고 사생활의 안녕과 사적정보에 대한 시민의 권리이다. 민법상 인격권이자 국제인권법이 인정하는 기본적 인권이다. 「세계인권선언」 제12조는 "누구든지 사생활 · 가정 · 주거 · 통신에 간섭해서는 안 된다."고 규정하고 있다. 「시민 · 정치적 권리에 관한 국제규약」 제17조는 "누구든지 사생활, 가정, 주거 또는 통신에 임의적 또는 불법적으로 간섭하여서는 안 된다."고 규정하고 있다. 프라이버시 보호의 입법 이유에 대해 유엔 사무총장은 1973년 「개인 사생활 존중」이라는 보고서에서 "대량의 사생활 침해는 사람들의 자유를 저해하는데 종종 의도적이기도 하다"고 설명했다. 이러한 행동은 "사람들로 하여금 보편적인 불안감을 느끼게 하고 사람들을 억압하여 책임감을 상실하게 만들며 슬픔과 두려움으로 인한 동질성을 갖게한다." 8) 학자들은 주로 위의 입법 문서와 유사하게 프라이버시권의 의미를 세 가지 측면으로 요약한다. (1) 헌법에 기초한 통신비밀의 자유 및 기타 이 규정을 근거로 법률에 의해 보호되는 프라이버시 이익 (2) 안정되고 쾌적한 삶을 목적으로 방해받지 않는 프라이버시 이익 (3) 현대 자동화 정보처리의 발달과 보편성에 기초하여 자신에 관한 자료의 프라이버시 이익을 통제한다.9)

19세기 미국인 워렌과 브랜다이스(S. Warren & L. Brandeis)가 사적인 편지의 법적 보호를 근거로 프라이버시권이란 개념을 제안한 이래, 프라이버시권은 전통적인 "개인 사생활의 안녕을 침해 받지 않는" 소극적 권리에서 현대의 적극적 권리인 '정보 프라이버시권', '뉴스(資訊) 프라이버시권'으로 진화했다. 그러나 이와 동시에 "사회가 시민의 사

8) 转引自王利明等主编 : <人格权与新闻侵权>, 405-406页, 北京, 中国方正出版社, 1995.
9) 参见许文义 : <个人资料保护法论>, 54页, 台北, 三民书局, 2001.

생활 보호를 위해 유리한 방향으로 발전하는 것이 아니라 오히려 현대 과학기술, 특히 전자정보 기술의 발전과 대중 미디어가 시민의 삶에 미치는 심각하고 광범위한 영향 때문에 국민의 사생활 보호는 더욱 시급해졌다."[10] 사생활의 도덕적 기초는 자신에 대한 정보를 통제할 수 있는 권리가 관건인데, 해당 권리는 디지털 기술이 발전하는 과정에서 현재 위험한 상황에 처해 있다. 그 주된 이유는 정보사회에서 정보가 하나의 상품이 되었기 때문이다. 개인의 선호, 통신기록, 질병기록, 성격경향, 신용기록, 위법기록, 고용자료 등은 디지털화 해서 데이터베이스에 저장할 수 있다.

위의 정보를 효과적으로 통제하지 않으면 개인 프라이버시는 정보의 상품화 앞에서 투명해진다. 지식재산권 분야에서 정보의 상품화는 데이터베이스의 문제다. 국제 저작권 업계에서는 데이터베이스에 대해 편집저작물의 보호를 제공하는 것은 "약한 보호"라고 생각하는데, 이는 누구나 원 편집저작물의 자료를 자유롭게 사용하여 그와 경쟁하는 데이터베이스를 만들 수 있기 때문이다. 이런 상황에서 일부 선진국들은 데이터베이스의 투자자 이익 보호를 목적으로 데이터베이스의 특수한 권리보호 즉 저작권과는 독립적인 전문적인 권리 제도의 구축에 힘쓰고 있다.[11] 저작권업계가 데이터베이스 투자자와 이용자 간의 이익 조율을 중시함과 동시에 '인권' 차원에서 데이터베이스 출처(来源)자(즉, 타인에 의해 정보로 수집된 데이터 주체)와 소유자 간의 권리 충돌을 고려해야 한다. 한마디로 이는 프라이버시권과 저작권의 충돌이다. 이 문제를 해결하는 관건은 개인정보의 법적 보호를 강화하는 것 즉 프라이버시권의 내용을 확대하여 시민에게 정보통제권이나 정보자기결정권을 부여하는 것이다. 구체적으로 말하면, 개인 데이터 수집의 제한, 데이터의 정확성, 조회 및 수정의 권리, 데이터 수집 통지를 받을 권리 및 데이터의 존재를 확인할 권리는 타인의 간섭을 받지 않을 뿐만 아니라 모든 데이터를 통제하고 지배할 수 있어야 한다.[12] 요컨대, 데이터베이스 권리 체계를 구축하고 정보 산업의 발전을 촉진할 때 입법자는 반드시 데이터 주체 즉 프라이버시권 주체의 이익에 더 많은 관심을 기울여야 한다.

---

10) 张新宝：<隐私权的法律保护>, 26页, 北京, 群众出版社, 1997.

11) 目前, 数据库特别权利保护正在三个层次上推进, 即美国试图建立的国内保护、欧盟已经建立的区域保护、世界知识产权组织拟议的国际保护. 参见薛虹：<网络时代的知识产权法>, 94页, 北京, 法律出版社, 2000.

12) 参见刘江彬：<资讯法论>, 214页, 台北, 三民书局, 1989.

4. 건강권과 의약품 특허 이용의 장애

건강권은 생명이 있는 주체가 법에 따라 건강을 향유할 권리를 말한다. 이는 보편적으로 받아들여지는 인권으로서 많은 국제인권협약에서 인정받고 있다. 1948년 「세계인권선언」 제25조는 모든 사람이 본인과 가족의 건강과 복지를 위해 음식, 옷, 주택, 의료, 필요한 사회서비스를 포함한 필요한 생활수준을 누릴 권리를 갖고 있다고 규정하고 있다. 1966년 「경제적, 사회적 및 문화권리에 관한 국제규약」 제12조는 모든 사람이 달성할 수 있는 최고 수준의 신체적, 정신적 건강을 향유할 권리를 인정함과 동시에 체약 당사자가 이를 완전히 실현하기 위해 취해야 할 단계적 목표를 규정하고 있다. 국제인권 협약의 인권기준에 따르면, 현재 지식재산권 제도는 이미 건강권 실현에 부정적인 영향을 미치고 있다.[13] 그 주요 표현들로는 첫째, 특허권의 독점성으로 인해 권리 보유자가 의약품의 생산과 판매를 통제할 수 있다는 것이다. 특허의약품의 비싼 가격은 통상적으로 가난한 환자의 부담 가능한 한도를 초과하여 개발도상국 거주자의 치료에 영향을 미치게 된다. 둘째, 특허 실시의 제한 조건으로 인해 권리 보유자는 타인이 의약품특허기술을 취득하는 것을 방지하거나 심지어 정부의 지원 하에 빈곤 국가 및 그 국민의 특허 강제실시권 취득을 제한할 수 있다. 셋째, 특허권의 이익에 힘입어 제약업계의 R&D 투자자들은 가난한 나라의 수요는 당연히 고려하지 않게 되고 시장에서 가장 수익성이 좋은 질병에 먼저 투자하게 된다. 넷째, 특허권은 기존의 특허 의약품과 효능은 유사하나 신규성이 있는 유사한 제품에 부여되기 때문에 특정유형의 특허 의약품의 생산 및 유통이 점점 소수 기업에 집중된다. 위의 상황은 신약 개발자의 특허권과 해당의약품 소비자의 건강권 사이에 명백한 충돌이 있음을 보여준다. 유엔 인권 전문가들은 두 권리 모두 각자 그 배경으로부터의 가치가 있고 모두 국제사회가 인정하는 인권임을 인정한다. 그러나 인권 우선성의 잣대에 따라 특정 상황에서 어떤 인권이 다른 인권보다 우선할 수 있다. 구체적으로 "인생의 생사와 직결되는 제품은 일단 생산되면 전세계의 재산이 되고 창작자는 그에 따라 보상을 받을 권리가 있다"는 것이다.[14]

이러한 예외적인 상황에서 건강권은 특허권을 포함한 지식재산권보다 우위에 있어야

---

13) 参见[美] 奥德丽 · R · 查普曼 : <将知识产权视为人权 : 与第15条第1款第3项有关的义务>, 载<版权公报>, 2001(3).

14) [斯里兰卡] 威拉曼德里主编 : <人权与科学技术发展>, 209～210页, 北京, 知识出版社, 1997.

한다. 특허권과 공중보건 문제를 둘러싼 분쟁은 제3세계 국가의 노력으로 세계무역기구 각료회의는 2001년 1월 도하회의에서 「무역 관련 지식재산권협정과 공중보건에 관한 선언」을 통과시켰다. 도하회의에서 남아프리카공화국을 대표로 하는 개발도상국들의 인간 생명권, 건강권의 존중 및 공익보호의 호소가 지식재산권 분야에서 선진국으로부터 호의적인 반응을 얻었다. 「도하선언」은 많은 개발도상국과 최빈국을 고통스럽게 하는 공중보건 문제의 심각성을 확인하고, 지식재산권 보호가 신약개발에 미치는 중요성을 강조하며 이러한 보호가 가격에 미치는 영향도 인정하였다. 또한 「지식재산권협정」이 체약 당사자들이 공중보건을 보호하기 위한 행동을 취하는 데 장애가 되어서는 안 된다는 데 동의하였다. 공중보건을 유지하고 보호하기 위한 '행동'은 「지식재산권협정」의 공공이익에 관한 유연성 조항을 해석함으로써 실현된다. (1) 체약 당사자는 특허를 "강제실시"할 권리가 있고, '강제실시'의 이유를 결정할 권리가 있다. (2) 체약 당사자는 어떤 경우가 "국가비상사태 및 기타 극단적인 비상사태"에 해당하는지를 설정할 권리가 있다. 예들 들어, 에이즈, 결핵, 말라리아와 같은 전염병으로 인한 공중보건 위기가 이러한 '비상상황'에 해당한다고 할 수 있다. (3) 체약 당사자는 최혜국대우와 국민대우 조항을 준수하는 것을 전제로 자신의 '권리소진' 제도를 구축할 권리가 있다. (4) 선진국은 자국 기업조직이 최빈국에 기술 이전하는 것을 촉진하고 장려해야 한다. 최빈국은 의약품에 대해 특허 보호를 제공하는 것을 2016년까지 연기할 수 있다. 「도하선언」의 탄생은 국제지식재산권 분야에서 발생한 중대한 사건이다. 선언문은 공공이익의 원칙을 고수하며 인권 우선성의 척도로 의약품 특허권과 건강권 간의 충돌을 조율하는데, 이 선택은 포스트 「지식재산권협정」 시대의 지식재산권 제도에 대한 중요한 조정임에 의문의 여지없다.

5. 발전권과 독점기술 이전의 지체

발전권은 제3대 인권 즉 집단인권의 중요한 내용으로 국제인권 협약에 따르면 모든 인간이 "자유롭게 그들의 경제, 사회, 문화의 발전을 도모"하는 권리로서,[15] 제3세계 민족주의의 출현 및 그가 권력, 부, 기타 중요한 자원의 세계적인 범위에서의 분배에 대한 요구를 반영하였다.[16] 1974년의 「국가의 경제적 권리의무헌장」은 발전권에 대해 명확하게

15) 参见1966年<公民权利和政治权利国际公约>和1966年 <经济、社会和文化权利国际公约>.
16) 参见夏旭东等主编 : <世界人权纵横>, 116页, 北京, 时事出版社, 1993.

해석했다. 발전권은 보편적인 권리로 "모든 국가는 과학기술의 진보와 발전의 이익을 공유하여 그 경제와 사회 발전을 가속화할 권리가 있다." 발전권은 개발도상국에 특히 시급하고 중요하다. 해당 헌장은 "모든 국가는 개발도상국이 현대 과학 및 기술 성과를 취득하도록 촉진해야 하고", "개발도상국의 경제 발전과 경제 개조를 도울 것"을 요구한다. 그러나 지식재산권의 국제 보호 체계 하에서 개발도상국의 발전권은 충분히 실현되지 못했다. 1978년 제네바에서 「기술이전 국제수칙」제정에 관한 국제회의가 열렸는데, 지식재산권의 이해관계가 엇갈리는 등의 문제로 선진국과 개발도상국이 합의에 이르지 못하였다. 이와 반대로, 1994년 「지식재산권협정」의 발효는 선진국의 비교적 높은 수준과 유력한 보장을 갖춘 지식재산권 제도를 구축하려는 전략적 목표를 실현하였고 이로써 국제무역에서 선진국의 기술 우세 및 지식재산권을 배경으로 하는 기술우위가 계속 유지되었다. 통계에 따르면, 세계경제에서 산업화된 국가가 전체 특허의 97%를 현재 보유하고 있고, 저작권과 라이센스수입의 70%는 선진국의 다국적 기업이 차지하고 있는 것으로 드러났다.[17] 「지식재산권협정」은 기술 이전과 지식의 전파를 촉진하는 원칙적인 규정을 두고 있고 선진국은 자국의 기업과 기관이 최빈국에 기술을 이전하도록 장려해야 한다고 강조하고 있으나, 「지식재산권협정」실시 후의 사실들이 이러한 원칙과 규정이 실제로 구현되지 않았음을 보여준다. 국제 인권 전문가들은 높은 수준의 지식재산권 보호 조건이 반드시 현지의 연구와 혁신을 자극하는 것은 아니며 그 주요 수혜자는 외국의 다국적 기업이 될 것이라고 했다. 또한 개발도상국들은 선진 기술을 활용할 수 있는 시설과 역량이 부족해 과학기술 진보의 이익을 충분히 공유하지 못해 사회 발전 문제에서 늘 불리한 위치에 놓이게 된다.[18]

Ⅱ. 국제지식재산권과 국제인권의 협조

국제정치 분야의 인권 문제와 국제무역 영역의 지식재산권 문제는 현대 국제사회의 양

17) 联合国开发计划署：<1999年人类发展报告>. 转引自[美] 奥德丽 · R · 查普曼：<将知识产权视为人权：与第15条第1款第3项有关的义务>, 载<版权公报>, 2001(3).

18) 参见[美] 奥德丽 · R · 查普曼：<将知识产权视为人权：与第15条第1款第3项有关的义务>, 载<版权公报>, 2001(3).

대 이슈이다. 현존 지식재산권 국제보호 제도와 국제인권제도 사이에 현저한 충돌이 존재하므로 반드시 국제적 법률의 규제를 통해 충돌이 균형을 이루도록 "인권목표에 부합하는 지식재산권 체제를 설립"해야 한다.19)

지식재산권과 인권의 관계를 다룸에 있어 반드시 다음 두 가지 기본 원칙을 지켜야 한다.

1. 법익우선보호의 원칙

법익우선보호 원칙이라 함은 권리 또는 권익 체계에서 서로 다른 법익이 충돌할 때 중요한 위치에 있거나 기본가치의 법익이 타 법익에 비해 우선 보호되어야 한다는 것을 말한다. 앞서 언급한 인권 또는 인간이 주체적인 존재로 없어서는 안 될 자유 또는 인간의 생존과 발전을 위한 필수조건과 같은 이러한 기본인권은 지식재산권과 같은 재산적 권리에 비해 권리체계의 최상위층에 속해야 한다. 2000년 유엔 인권촉진보호소위원회가 통과시킨 "지식재산권과 인권 문제" 결의안에는 "각국 정부의 인권 의무가 경제 정책과 합의보다 우선되어야 함을 상기시킨다"는 내용이 있다.20) 이는 인권의무가 지식재산권 의무보다 우선한다는 것을 보여주는 규정이다. 구체적으로 말하면, 지식재산권은 사적 재산권 또는 정부 경제정책의 하나로서, 인권과 충돌할 때 법적 구속력을 가지지 않으며 반드시 이행해야 할 인권 의무에 양보해야 한다. 위의 원칙은 국제법률에 명확하게 규정되어 있다. 「유엔헌장」제103조는 이 헌장에 대한 체약국의 의무가 다른 국제조약에 따른 의무보다 우선한다고 강조하고 있다. 이는 국제인권법률이 다른 국제법률보다 위계적으로 높다는 것을 의미한다. 따라서 현대 지식재산권법은 국제지식재산권 협약의 규정을 준수해야 할 뿐만 아니라 국제인권 협약과 충돌하지 않아야 한다.

2. 이익균형의 원칙

이익균형의 원칙이라 함은 권리 또는 권익 체계에서 충돌하는 법익 간의 균형을 찾아 각 법익 간의 균형을 추구하여 조화로운 발전 즉 권리의 균형(衡平)을 실현해야 한다는

---

19) 郑万青：<全球化条件下的知识产权与人权>, 218页, 北京, 知识产权出版社, 2006.

20) UN Commission in Human Rights: Intellectual Property and Human Rights, 2000, E/CN1.4/Sub.2/2000/7.

것이다. 「경제적, 사회적 및 문화권리에 관한국제규약」제15조는 체약국이 반드시 인정해야 할 세가지 권리 즉 누구나 문화생활에 참가할 수 있는 권리, 과학의 진보 및 그 응용으로 인해 발생되는 이익을 누릴 권리, 본인의 과학 문학 예술작품으로 인해 발생하는 정신적 · 물질적 이익에 대해 보호할 권리를 규정하였다. 국제인권 협약은 창작자의 권리를 인정하면서도 대중이 문화생활에 참여하고 지식 창조를 통해 이익을 얻을 수 있는 권리를 강조하고 있음을 알 수 있다. 저작자는 전통적인 인권체계에서 지식재산권 그 자체도 인권의 하나이며, 나아가 지식재산권을 포함한 사적재산은 인권 실현의 기초적인 권리라고 생각한다. 이는 우리가 권리의 협조(協調)를 추구하는 중요한 조건이다. 이익균형 원칙의 요구에 따라 지식재산권 제도는 개인 독점의 합리적인 범위를 결정해야하며, 그 목표는 지식혁신에 종사하는 창작자의 열정을 자극할 뿐만 아니라 대중에게도 그 지식 진보의 결과를 공유할 수 있도록 하는 것이다. 따라서 지식제품의 측면에 있어 당사자간 및 개인과 사회 간의 이익 분배는 공평한 가치 이념에 부합해야 한다. "지식재산권은 인권의 실현에 도움이 돼야 하고 인권과 조화롭게 발전해야 한다.[21]" 제도적 측면에서 이는 사실상특정 형식의 권리 제한 및 권리 활용 제도와 관련이 있다. 즉, 공공의 이익을 목표로 기본 인권에 대한 존중에 기인하여 특정 상황에서 지식재산권에 필요한 제한을 가함으로 대중의 합리적인 지식제품의 이용을 보장해야 한다는 것이다.

지식재산권과 인권의 충돌은 국제기구의 큰 관심을 불러일으켰고, 동시에 대부분의 국가에서 「지식재산권협정」의 부족한 부분에 대해 깊은 반성과 더불어 지식재산권 국제 보호 제도 개선에 대한 강한 열망을 불러일으켰다. "법익 우선보호의 원칙"과 "이익균형의 원칙"을 준수하고 지식재산권과 인권의 관계를 조정하며 선진국과 개발도상국의 이익균형을 맞춰 나가는 것이 현대 지식재산권 국제 보호 제도 개혁의 중요한 수제가 될 것이다. 세계무역기구 각료회의에서 통과된 「도하선언」의 내용 중 하나는 공중보건 및 지식재산권 이용 문제를 해결하는 데 있으며, 이는 중요한 상징인 것과 동시에 좋은 시작일 뿐 포스트 「지식재산권협정」시대의 제도 개혁은 아직 갈 길이 멀다.

현재 지식재산권 국제보호체제와 국제인권보호체제 사이의 충돌을 해결하기 위해 각국의 정치인과 학자들은 많은 제안과 아이디어를 제시했다. 필자는 국제사회가 다음과 같은 문제에 관심을 가져야 한다고 본다.

---

21) Paul L. G. Torremans, Copyright and Human Right, Kluwer International, 2004.

1. 인권규칙의 개선을 촉진하기 위한 법률 조치를 취해야 한다. 국제인권 협약은 실시규칙과 보장 조치가 없는 현행 "소프트법"의 현재 상태 바꿔야 한다. 지식재산권 국제협약의 법적 구속력도 실제 발전과정이 있었다. 「지식재산권협정」이전 시대 관련 국제협약은 주로 지식재산권 국제보호의 실체적인 내용을 규정하고 시행절차에 대한 규정을 비교적 적게 다루었으며, 특히 필요한 법집행조치와 분쟁해결 메커니즘이 부족하여 일부 조약은 충분한 법적 구속력이 없는 "소프트법"이 되었다.[22) 세계무역기구의 「지식재산권협정」은 처음으로 국내법에 속하는 지식재산권 보호의 시행절차를 협약에 규정된 국제규칙으로 전환시켜 실체 규범과 함께 각 체약국이 엄격히 이행해야 하는 국제 의무가 되게 하였다. 이로써 전통적인 "소프트법"은 강력한 법적 구속력을 갖게 되었다. 이에 비해 인권 협약은 대부분 선서적인 것으로 대체로 유연성 조항들(TRIPs flexibilities, 柔性条款)로 여러 유연한 메커니즘을 포함하고 있다. 국제인권제도의 개혁은 다음 두 가지 방향으로 발전해야 한다. 첫째, 사회, 경제, 문화 권리의 법리화 과정을 가속화해야 한다. "지식재산권이 인권에 미치는 영향으로 인해 인권기구는 틀림없이 「지식재산권협정」에 명시된 정확하고 자세한 규칙에 대항하기 위해국제인권문서의 틀 내에서 분명하고 명확하게 해석할 수 있는 권리규칙의 개발을 촉진할 것이다."[23) 둘째, 국제인권이행의무를 위반한 체약국의 법적 책임을 강화하는 것이다. 국제인권 협약의 틀 내에서 기존의 "권장, 추진, 제안 작성"과 같은 강제성 없는 인권 책임을 집행 가능한 강제성 있는 인권조치로 대체하여, 체약국이 지식재산권 보호에 대한 국제의무를 이행하는 것처럼 국내 입법을 통해 인권의 실현을 보장하도록 요구해야 한다. 동시에 인권 의무 위반으로 인한 법적 결과 즉 지식재산권 남용행위가 인권을 침해할 경우 국제 인권 기구가 피해자에게 "형평적 구제"를 제공할 수 있도록 규정해야 한다.[24)]

2. 대중들이 지식제품을 이용할 수 있는 권리의 실현을 보호해야 한다. 지식제품에 대한 대중의 이용은 기본 인권의 행사일 뿐만 아니라 타인의 지식재산권에 대한 제한이기도 하다. 지식재산권 국제협약에서 공중보건, 경제발전, 표현의 자유, 공교육과 같은 기

22) 孙皓琛：<WTO 与 WIPO：TRIPs 协议框架中的冲突性因素与合作契机之探讨>, 载 <比较法研究>, 2002(2).

23) 郑万青：<全球化条件下的知识产权与人权>, 245页, 北京, 知识产权出版社, 2006.

24) 国际人权学者认为, 有关人权损害的 "衡平救济"措施包括侵害调查、赔偿或其他赔偿、终止 侵害、阻止后续侵害、侵害国法律修订等. See Lauren E. Godshall, "Making Space for Indigenous Intellectual Property Rights Under Current International Environment Law", Geo. Int' L Envtl. L. Rev., 2003,15, p.497. 转引自严永和：<论传统知识的知识产权保护>, 82页, 北京, 法律出版社, 2006.

본 인권은 모두 공공이익의 목표와 관련이 있다. 공공이익의 원칙을 실현하기 위한 기본 경로는 권리자의 이익과 사회 공중의 이익 간의 균형을 맞추는 것이다. 양자의 관계에 대해 미국 학자들은 지식재산권의 존재가 우선 공공이익에 유리해야 하고, 그 다음에는 권리자 본인에게 이익이 되어야 한다고 지적한 바 있다.[25)] 「지식재산권협정」의 시행 과정에서 무분별한 "국민대우의 원칙"과 높은 수준의 "최소보호기준의 원칙"이 각국에서 강력하게 관철되는 반면, 공공이익 원칙이 무시되어서는 안 된다. 이를 위해 국제사회는 두 가지 측면에서 개선되어야 한다. 첫째, 지식재산권의 제한과 이용에 대한 행위규범을 보완해사권화(私權化)된 지식재산권에 필요한 제한을 가하고 합리적 사용을 허용한다. 둘째, 대중이 지식제품을 사용하는 권리 규칙을 세분화하여 일반 의미상의 "참여권(參入權)", "공유권" 등 기본 인권을 사권(私權) 의미의 "사용자권"으로 바꾸는 것이다.[26)]

3. 국제지식재산권 제도의 개혁을 추진한다. 지식재산권 국제 보호 제도의 미래 발전 방향은 개혁과 혁신이어야 한다. 포스트 「지식재산권협정」시대에 국제사회는 다음과 같은 문제해결에 착수해야 한다. 첫째, 권리 제한 제도의 결함을 수정해야 한다. 앞서 언급한 공중보건 문제, 기술이전 및 활용 문제, 대중이 정보를 충분히 활용하는 문제 등은 국제협약의 개정을 통해 해결해야 한다. 둘째, 권리 제도의 확장을 반드시 억제해야 한다. 일부 선진국은 양자 협상을 통해 이른바 "TRIPs-plus" 협정을 형성하여 「지식재산권협정」보다 높은 보호 수준에서 비롯되는 더 많은 이익이나 혜택을 추구하려고 한다. 지식재산권 보호 기준을 높이는 이런 관행은 국제지식재산권 분야의 이익 불균형을 악화시킬 수 있기에 국제 사회와 국제 인권 기구는 반드시 이를 억제해야 한다. 셋째, 새로운 재산 제도가 돌파구에 직면해 있다. 전통지식 및 유전자원과 같은 새로운 재산권 제도가 이미 일부 국제기구의 큰 관심을 끌기 시작했다. 세계지식재산권기구가 특별기구를 설립하여 연구에 착수하고 세계무역기구의 특별회의에서 언급한 것 외에도 인권, 문화, 무역, 량식, 토착민 권리, 노동 기준, 지속가능한 개발, 토지, 환경과 생물다양성 등 문제와 관련된 국제포럼에서는 유네스코(UNESCO), 유엔환경계획(UNEP), 유엔 식량농업기구(FAO), 유

---

25) 参见[美] 奥德丽 · R · 查普曼 : <将知识产权视为人权 : 与第15条第1款第3项有关的义务>, 载<版权公报>, 2001(3).

26) 美国学者将依法利用他人享有独占权利的知识产品之利益, 称为使用者权利, 以此与创造者权利、传播者权利并称. 代表性著述有 : Paul Goldstein, Copyright Principles: Law and Practice, Little, Brun and Company(Canada) Limited, 1989, p. 182; L. Ray Paterson, Stanley W. Lindberg, The Nature of Copyright: A Law of Users' Right, The University of Georgia Press, 1991, pp.2, 4, 193.

엔 무역개발회의(UNCTAD), 유엔 개발계획(UNDP), 세계보건기구(WHO) 등 국제기구도 전통지식과 유전자원의 보호 문제에 대해 폭넓게 논의하였다. 그러나 제기된 이 문제는 일부 선진국의 긍정적인 반응을 얻지 못했다. 관련 보호조치가 각국이 공동으로 준수하는 국제규칙이 되기 위해서는 국제사회의 더 많은 노력이 필요하다.

제24장

지식재산권의 보호와 생물다양성협약

생명공학 특허와 유전자원 사이에 다국적 생명공학기업의 타국 유전자원에 대한 약탈과 불공정, 불공정, 무례한 사용을 방지하기 위한 이익공유제도를 확립하는 것은 국제사회의 현대 지식재산권 국제 보호 제도를 개선하고 수정하기 위한 주요 조치이며, 「생물다양성협약」(The Convention on Biological Diversity, 약칭 CBD) 이 생기게 된 계기이기도 하다. 일찍이 1984년에 세계자연보전연맹(IUCN) 총회(WCC)는 지구 생물다양성 보호에 관한 협약의 제정 가능성을 논의하여 1988년에는 "국제생물다양성 현지 보전 및기금 메커니즘에 관한 법률문서(초안)"이라는 문서를 발표했다. 1992년 세계자연보전연맹이 「생물다양성협약」초안을 작성하여 같은 해 5월 22일, 나이로비에서 각국 대표들이 그 최종 협약안에 합의하였다.

그리고 1992년 6월 5일 리우데자네이루에서 개최된 유엔환경개발회의(UNCED)에서 공개 서명하여 1993년 12월 29일에 정식으로 발효되었다. 「생물다양성협약」은 "유전자원에 대한 국가수권 원칙"을 확립하여 개발도상국의 이익을 어느 정도 존중함으로 여러 개발도상국의 지지를 받고 있다. 현재 해당 협약의 서명국은 190개 나라이며, 168개 나라가 해당 협약을 비준했다.[1)]

1) 参见 <生物多样性公约> 国际网站, https://www.cbd.int/default.shtml. , 2007.10.21日访问.

Ⅰ. 생물다양성협약의 개요

1. 「생물다양성협약」의 주요내용

「생물다양성협약」은 다음과 같은 세 가지 목표를 설정했다.

(1) 생물다양성을 보호한다. 협약은 생물다양성이 내포하고 있는 생태, 유전, 사회, 경제, 문화 등 가치를 인식하고 이에 대한 보호가 인류복지와 관련되어 있음을 인정하며, 생물다양성 보전을 더 높은 차원인 인류문명의 진보와 생명체계 유지를 위한 것으로 정의하면서 이에 대한 보호가 인류의 공동 관심사가 되어야 한다고 호소한다. (2) 생물다양성 구성 요소의 지속가능한 활용이다. 「생물다양성협약」은 생물다양성과 유전자원의 소극적인 보호에만 치중하는 것이 아니라 적극적인 개발과 이용도 중시하고 있다. 「생물다양성협약」은 전통적인 보호하려는 노력을 생물자원을 지속적으로 이용할 수 있는 경제적 목표와 연결시켰다. (3) 유전자원의 상업적 이익과 기타 형식의 이용을 공평하고 합리적인 방식으로 공유한다. 「생물다양성협약」은 이익 분배와 관련된 협약으로 개발도상국에게 "유전자원의 상업적 이익을 공평하고 합리적으로 공유한다"고 명시하여 개발도상국의 이익과 요구를 반영했다.

「생물다양성협약」은 아래와 같은 세 가지 원칙을 확립했다.

(1) 국가주권 원칙이다. 「생물다양성협약」은 "유전자원에 대한 국가주권" 원칙을 확립한 최초의 국제협약으로 서문에서 "생물다양성 보전은 전 인류의 공통 관심사이며 각국은 자신의 생물자원에 대한 주권적 권리를 가진다"고 명확히 제시하였다. "유전자원에 대한 국가주권" 원칙의 확정은 「생물다양성협약」의 초석일 뿐만 아니라 "사전통보승인" 및 "이익공유" 등 제도가 확립될 수 있는 기초이기도 하다. (2) 호혜 및 협력의 원칙이다. 「생물다양성협약」 제15조는 "각 체약국은 다른 체약국이 환경적으로 건전한 이용을 위하여 유전자원에 대한 접근을 촉진하는 여건을 조성하기 위해 노력해야 한다"고 규정하고 있는데, 이 규정은 유전자원에 대한 선진국의 접근을 용이하게 하였다. 「생물다양성협약」은 유전자원 개발과 이용에 있어 국제협력에 특별한 주의를 기울이고 있으며, 제18조는 "기술과 과학 협력"에 관한 사항을 규정하고 있다. 호혜 및 협력 원칙은 선진국과 개발도상국의 이익을 배려한 것으로, 이는 「생물다양성협약」을 체결하고 채택할 수 있었던 전제조건이다. 호혜를 기반으로 하는 협력과 협력이익의 공평한 공유는 「생물다양성

협약」의 주요 특징이다. (3) 차별대우 원칙이다. 「생물다양성협약」은 개발도상국과 최빈국의 이익 보호에 중점을 두고 있으며 서문에 "개발도상국의 요구를 충족시키기 위해 특별 조항을 제정할 필요가 있다"고 명확히 규정하고 있다. 협약은 체약국이 유전자원 보호, 교육 및 훈련, 기술이전, 정보교환, 이익공유 등과 관련하여 개발도상국의 특수한 요구도 함께 고려할 것을 요구하고 있다. 차별대우 원칙은 「생물다양성협약」에 활력을 불어넣어 많은 개발도상국의 지지를 받았다.

「생물다양성협약」은 총 42개 조문과 두개의 부속문서로 구성되어 있는데 그 중 제1조부터 제5조는 "일반규정"으로서 주로 보호목표, 원칙, 용어, 관할, 협력 등의 내용을 규정하고 있다. 제6조부터 제26조는 "실질규정"으로서 이 부분에서는 협약의 주요의제를 포함하고 있다. 제22조부터 제42조까지는 "절차규정"으로서 제23조, 제24조, 제25조는 협약의 구성과 운영기구를 규정하고 있으며, 기타 각 조에서는 체약국의 협약 가입, 유보, 퇴출의 절차적인 내용을 규정하고 있다.

협약은 다음과 같은 의제를 다루고 있다. (1) 생물다양성의 보전과 지속가능한 이용 조치 및 격려 수단 (2) 유전자원의 접근 (3) 생명공학을 포함한 기술의 취득과 양도 (4) 기술과 과학에 있어서의 협력 (5) 영향 평가 (6) 교육과 대중의 의식 (7) 자금의 출처 (8) 협약 의무 이행에 대한 국가보고이다.

2. 「생물다양성협약」의 운영과 발전

「생물다양성협약」의 최고 의사결정기구는 협약 당사국총회(COP)이다. 협약을 비준한 각국의 정부로 구성되어 협약의 진행 상황을 점검하고 회원국을 위해 새로운 우선보호 중점을 확정하며, 사업을 위한 계획을 수립하고 협약으로부터 설립한 기구의 지원을 받을 수 있다. 당사국총회 산하에 과학, 기술과 공학적 자문 보조기구(SBSTTA)와 같은 전문기구가 있다. 해당기구는 전문가 집단으로 주로 COP에 기술자문과 의견을 제공한다. 당사국총회는 회의 개최, 초안 작성, 정보 제공 등의 기능을 담당하는 사무국도 두고 있다. 또한 COP는 적절하다고 판단될 때 전문위원회나 메커니즘을 구성할 수 있는데, 1996년부터 1999년까지 생물안전 워킹그룹을 설립하고 현지의 지식 및 지역사회 워킹그룹을 설립하였다.2)

COP의 역대 결의안은 「생물다양성협약」에 부속된 규범 문서가 되었다. 1994년, 1995

년, 1996년 3년 동안 COP는 매년 일반회의를 개최했으며 그 이후에는 2년마다 한 번 개최했다. 현재 COP는 8차 일반회의와 1차 특별 회의를 개최했으며 그 중 생물다양성 및 지식재산권 의제, 특히 유전자원의 취득 및 이익 공유에 대해 여러 차례 논의하였다. 특별히 언급할 부분은 1999년 콜롬비아 카르타헤나에서 열린 제1차 특별회의(ExCOP1)[3]에서 생물안전 보호를 취지로 하는 「생물안전성에 관한 카르타헤나 의정서」가 채택되었다는 점이다. 동시에 「생물다양성협약」의 유전자원의 접근 및 이익공유 규정을 이행하기 위해 협약 사무국은 세차례 정부간 회의를 개최하여 유전자원의 접근 및 이익공유에 관한 국제기준 수립 계획을 논의하고, 독일 본에서 「유전자원에 대한 접근 및 그 이용으로부터 발생하는 이익의 공정하고 공평한 공유에 관한 본 가이드라인」(약칭 「본 가이드라인」)을 채택했다. 「본 가이드라인」은 체약당사자와 이해관계자에게 유전자원에 대한 접근을 촉진하기 위한 투명한 프레임워크 제공하기 위해 노력하고 있다. 「본 가이드라인」은 또한 "사전통보승인 메커니즘" 및 "이익공유 메커니즘"에 대한 명확하고 구체적인 규정을 가지고 있다.

3. 「생물다양성협약」에 대한 평가

「생물다양성협약」은 지속가능한 발전을 취지로 하는 생태와 환경 보호, 유전자원 보존과 개발이 일체화된 글로벌 협약으로 생물다양성 보호 과정에서 획기적인 의미가 있는 협약이다. 또한 이는 처음으로 생물다양성을 전면적으로 논의한 글로벌 협의로 세계 각국이 생물다양성을 보호하고 생물자원의 지속가능한 이용 및 그 이익의 공평한 공유에 대한 약속이다.[4]

전체적으로 보면 「생물다양성협약」은 다음과 같은 특징이 있다. 첫째, 이는 유기적이고 독립적인 협약으로 자체 조직과 운영기구가 있으며 끊임없이 발전하고 변화하며 개선된다는 특징이 있다. 둘째, 보호 범위가 광범위한 조약으로 국제 생물다양성에 대한 보호는 이미 단순한 종 보호에서 유전자원의 보호, 지역적 보호에서 글로벌 보호로 확장되었

---

2) 参见中国国家生物多样性信息交换所网站, http://www.biodiv.gov.cn/dyxgy/200402/t20040226_88571.htm., 2007年 10月 21日访问.

3) 第一次特别会议分为两个部分, 分别于1999年和2000年在哥伦比亚卡塔赫纳和加拿大蒙特利尔举行.

4) 资料来源 http://www.zhb.gov.cn/natu/swdyx/jianbao/200305/t20030531_62365.htm., 2007年 10月 21日访问.

다. 셋째, 해당 협약은 개발도상국의 이익을 적절히 존중한 조약으로, 이로부터 확립된 "국가주권 원칙"과 "차별대우 원칙"은 국제사회의 큰 환영과 지지를 받고 있다.

그러나 「생물다양성협약」이 완벽하지는 않다. 첫째, 이는 틀에 박힌 협약으로 원칙적인 규정이 많다. 둘째, 비록 「생물다양성협약」이 개발도상국에 어느 정도 기울어진 부분이 있으나 개발도상국의 이익에 대한 관심이 충분하지 않다. 또한 선진국과 개발도상국의 이익균형을 맞추기 위해 노력을 다하고 있지만 실제적으로는 개발도상국이 여전히 불리한 위치에 있다. 셋째, 협약은 소급효가 없어 그 효력이 발생하기 전에 이미 선진국에 유입된 유전자원들에 대해서는 속수무책이다.

「생물다양성협약」은 어디까지나 선진국과 개발도상국 간의 협상과 타협의 산물이기 때문에 이를 순조롭게 통과시키기 위해서는 양자 간의 이해관계를 평가해야 한다. 필자는 「생물다양성협약」의 선언적 의미가 그 규범적 의미만큼 중요하다고 본다. 한편으로 이는 개발도상국들이 한 마음 한 뜻으로 연대하고 협력한 결과이자 지식재산권 보호문제의 규칙 제정권을 쟁취하기 위한 중요한 승리이다. 다른 한편으로, 이는 많은 개발도상국들이 지식재산권 보호에 있어서의 외원성(外源性) 입법에서 자주적인 입법으로의 전환을 보여주는 대목이기도 하다. 많은 국가들이 이미 유전자원과전통지식의 보호에 대한 특별법을 제정하기 시작했다.[5] 유전자원에 대한 보호는 이미 많은 국제기구와 기관의 중요한 의제가 되었다.

Ⅱ. 생물다양성협약과 지식재산권협정 간의 충돌과 조율

「지식재산권협정」은 우루과이라운드 협상 결과 중 하나로 지식재산권에 대한 최저보호기준을 설정함으로 지식재산권 입법의 "일체화"와 "국제화"를 이끌어 내고 대대적으로 촉진시켰다. 그러나 「지식재산권협정」의 제정은 1970년대 후반에 시작된 보호무역주의 억제를 배경으로 선진국의 지식재산권 국제적 보호와 기술 비교우위를 발휘하는 것을 주요 동력으로 삼아 진행된 개발도상국과 선진국 간의 힘겨루기와 타협의 결과이다. 「지식재산권협정」은 정신적 권리, 전통지식, 공공이익 등에 대한 배려가 부족하고, 생물다

5) 例如印度、哥斯达黎加等国家.

양성과 유전자원의 보호에 대해서도 전혀 언급이 없었다.

「생물다양성협약」은 "생물다양성을 보존하고 생물다양성을 지속가능하게 이용하며, 공평하고 합리적으로 다양성 자원의 이익을 공유 · 사용할 것"을 목표로 주장한다. 이에 비해 「지식재산권협정」은 그 자체의 부당한 점을 부각시키고 있다.

1. 「생물다양성협약」과 「지식재산권협정」 간의 충돌

조약의 구체적인 조문에서 볼 때 「생물다양성협약」과 「지식재산권협정」은 네 가지 점에서 충돌한다.

(1) 「생물다양성협약」 서문, 제15조 제1항과 「지식재산권협정」 제27조의 충돌된다. 「생물다양성협약」은 서문과 제15조에서 영토 내 유전자원에 대한국가의 "국가주권 원칙"을 확립하여 천연자원에 대한 각국의 주권을 확인함으로 유전자원 획득 여부에 대한 결정권은 국가 정부에 있다. 한 국가가 다른 국가의 유전자원을 사용하려면 반드시 주권국의 승인을 거쳐야 한다.그러나 「지식재산권협정」 제27조 제1항은 "3가지 요건"을 충족하는 한 모든 기술 분야의 어떠한 발명에 대해서도 특허를 부여할 수 있다고 규정하고 있다. 「지식재산권협정」 제27조 제3항은 각국이 동물과 식물에 대한 특허 부여 여부를 자유롭게 결정할 수 있지만 미생물을 특허에서 제외할 수 없다고 규정하고 있다.

「지식재산권협정」은 유전자원 주권국의 동의 없이 자원을 취득하고 다른 국가에서 특허를 출원하는 경우 '생물해적'의 편의를 크게 보장한다. 「지식재산권협정」 제27조의 규정은 "생물다양성협약"에 의해 확립된 "국가주권의 원칙"과 실질적으로 충돌한다.

(2) 「생물다양성협약」의 서론, 제18조 제4항, 제8(j)조와 「지식재산권협정」 제27조 제1항의 충돌된다. 「생물다양성협약」은 유전자원 수익의 "이익공유" 원칙을 확립했다. 즉, "전통적인 생활방식을 구현하는 많은 토착민과 지역공동체가 생물자원과 밀접한 전통적 의존관계를 가지고 있기에 생물자원의 이용과 보호 및 생물자원의 구성 요소와 관련된 전통지식의 지속적인이용과 혁신 및 실천에서 발생하는 이익을 공평하게 공유해야 한다고 인식하였다." 그러나 협정은 지식재산권자의 이익 보호를 취지로 하기에 이런 이념하에서 유전자원의 소유자와 양수인이 공평하고 합리적으로 이익을 나눠 가지는 일은 발생하지 않을 것이다.

(3) 「생물다양성협약」 서언과 제16조는 「지식재산권협정」 제27조, 제31조와 저촉된다.

「생물다양성협약」의 서언과 제16조는 회원국이 적절한 입법, 행정, 정책적 조치를 취하여 기술을 획득할 권리를 부여하는데 이 중에는 특허 강제실시권을 취하는 것도 포함된다. 즉, "각 체약국은 반드시 각자의 사정에 따라 입법, 행정 또는 정책적 조치를 취하여 공동으로 합의한 조건에 따라 유전자원을 제공하는 체약국에게, 특히 그 중 개발도상국에게 이런 유전자원을 이용하는 기술을 제공하고 기술을 양도해야 한다. 이 중에는 특허 및 기타 지식재산권에 의해 보호되는 기술이 포함된다." 반면, 「지식재산권협정」제31조는 특허 강제실시에 "비상상태", "공공이익" 등과 같은 조건의 제한을 두고 있다.

(4) 「생물다양성협약」서언과 제16조 제5항은 「지식재산권협정」제27조 제2항과 저촉된다. 「생물다양성협약」은 인류의 생존에 주목하고 환경과 유전자원에 대한 보호와 이용을 지속가능한 발전과 연결시켜 생물다양성 보호를 인간의 생존권과 직결된 수준으로 끌어올렸다. 협약은 서언에서 "생물다양성을 보호하는 것은 전 인류의 공통 관심사임을 확인한다"고 명시하면서 동시에 제16조 제5항에서는 "체약국은 특허 및 기타 지식재산권이본 협약의 시행에 영향을 미칠 수 있다는 것을 인식하여 이러한 권리가 본협약의 목표에 위배되지 않고 도움이 될 수 있도록 이와 관련하여 국내 입법과 국제법을 따르고 협력한다"고 규정하였다. 이로부터 협약은 공중보건, 인간의 생존, 발전과 같은 기본 인권을 지식재산권보다 우선시하며 지식재산권 및 기타 권리의 행사가 인권의 실현을 방해해서는 안 된다는 입장을 알 수 있다. 반면 공중보건 등에 대한 협정 제27조 제2항의 관심은 지식재산권 보호의 예외 규정 또는 "심각한 환경파괴를 피하기 위해 필요한" 범위로 한정하고 있을 뿐이다.

한마디로 「생물다양성협약」과 「지식재산권협정」은 목표지향성, 권리설계, 제도의 배치 등이 크게 다르고 특정의 충돌도 존재한다. 국제사회 특히 개발도상국들은 양자 간 대화를 촉진하기 위해 부단한 노력을 기울였지만 효과는 미미했다.

2. 「생물다양성협약」과 「지식재산권협정」 간의 대화와 조율

세계무역기구 조직 구성의 권한 설정에 따라 「지식재산권협정」이사회는 협정의 운영을 모니터링하고 그 조항을 심사할 책임이 있다. 협정 제23조 및 그와 유전자원의 보호 및 지속가능한 이용은 역대 심사의 초점이 되었다. 2001년 카타르에서 열린 세계무역기구 제4차 장관급회의에서 「장관선언」을 통과시켰는데, 이중 제19조는 「생물다양성협약」

과「지식재산권협정」의 관계를 심사한다고 선포했다. 양자의 관계에 대한 논의에서 개발도상국과 선진국은 서로 다른 주장으로 첨예하게 대립했다. 각국의 발언을 종합해보면 협약과 협정의 관계에 대해 크게 세 개 진영의 세 가지 주장이 있다. 즉, 개발도상국의 "다자주의" 방안, 미국을 비롯한 "양자주의" 방안, 유럽연합(EU)을 비롯한 "중도주의" 방안이다. 개발도상국들은 대부분 세계무역기구 체제 내에서 협약과 협정의 충돌 문제를 해결하고 협정을 개정하여 유전자원 권리화를 위한 "사전통보승인", "출처표시", "이익공유" 메커니즘을 늘려야 한다고 주장한다. 미국 등 선진국은「지식재산권협정」을 개정하고 유전자원의 특허 수권 요건을 높이면 특허 출원인의 부담을 가중시켜 협정제27조에 규정된 "기술분야별 차별 대우 금지의 원칙"에 부합하지 않는다고 보고 있다. 이들은 유전자원의 이용 및 획득은 소유자와 사용자 간의 양자간 협의를 통해 해결되어야 하고 계약법, 라이센스 제도 등 기타 국내법을 사용하여 규제해야 한다고 본다. 스위스와 유럽연합 등은 제3의 길을 주장하고 있는데, 이들은 "사전통보승인" 및 "이익공유" 메커니즘에는 관심이 없으나 "출처 표시"에 대한 애정이 남달라, 개발도상국과 선진국이 이 문제에 대해 심각한 이견이 있으므로 협상이 교착상태에 빠지지 않도록 세계지식재산권기구 체제로 전환하여 해결해야 한다고 보고 있다.[6)]

사실 각국의 입장은 자국의 유전자원 소유 및 사용 상황과 일치한다. 개발도상국의 생물유전자원 양은 약 전 세계의 80%를 차지하는데, 광적인 '생물해적행위'에 대처하기 위해서는 세계무역기구 체제 범위 내에서「지식재산권협정」을 개정하는 방법으로「생물다양성협약」의 목표와 임무를 실현하는 것이 좋은 선택이다. 이는 협정이 자체의 법집행조치와 분쟁해결 메커니즘이 있어 세계지식재산권기구 보다 생물자원 보호에 대한 책임을 더 잘 수행할 수 있기 때문이다. 선진국이 자원국과 양자협의를 통해 생물자원의 이용을 규범화 하더라도 그 협약은 반드시「지식재산권협정」의 규정에 부합해야 한다. 보다시피 다자간 체제가 양자간 체제보다 우수한 생물자원 보호 전략임을 알 수 있다. 그러나 유감스럽게도 지금까지 세계무역기구의 다자간 체제에서 협약과 협정의 조율은 실질적인 진전을 이루지 못하고 있다. 2002년 도하회의에서 통과된 두 선언은 의견 차이를 잘 해결할 수 있을 것이라는 희망을 주기도 했지만 2004년 칸쿤 장관급회의에서 이 희망은 거의 무산되다시피 했다. 2006년 홍콩회의에서는 생물다양성 보전에 대한 인도 등 국가의 제안

---

6) 其中欧盟和瑞士观点不尽相同, 参见张小勇 : <WTO关于 <与贸易有关的知识产权协议> 和 <生物多样性公约> 的关系的审查进展和观点综述>, 载 <世界贸易组织动态与研究>, 2007(1).

이 미국, 캐나다 등 국가에 의해 또 한 번 거절당했다.

사실 지식재산권 문제에서 미국은 자신이 예정한 “TRIPs-plus” 목적을 달성하기 위해 양자주의를 추진하는 것을 지향해 왔다.[7] 미국은 협약과 협정의 충돌을 「지식재산권협정」이 외에 양자체제로 해결하자고 주장하는데 그 목적은 아주 분명하다. 양자협정은 협정의 선택조항과 예외규정을 회피할 수 있기 때문이다. 미국은 경제력이 탄탄하여 양자협정 협상에서 더 강한 협상력과 흥정의 자유가 있기 때문에 미국의 양자주의 전략은 종종 매우 효과적이었다. 국제유전자원행동기구(GRAIN)의 통계에 따르면, 2001년까지 국제적으로 23개의 생명 유전물질에 대한 양자협정이 존재하는데, 이러한 협정들은 모두 「지식재산권협정」의 보호 기준을 초과하여. 바이오 기술에 대해 높은 수준의 보호를 요구하거나, 상대방이 특허법으로 식물, 동물 등의 발명을 보호할 것을 요구한다. 생물유전자원의 획득과 이익의 공유에 있어서 양자협정도 크게 유행하고 있다.[8]

선진국 양자협정의 성공은 협정과 협약의 충돌을 다자체제로 해결하려는 개발도상국 진영의 축소와 협상력 저하를 의미한다. 일부 학자들은 다자체제 하에서 개발도상국의 협상력을 우려해 개발도상국 동맹을 맺어야 한다고 주장하며 그렇지 않으면 선진국에 의해 하나씩 몰락(pick off)할 것이라고 한다.[9]

상황이 매우 긴박한 형세이긴 하나 개발도상국이 생물다양성과 유전자원을 위한 다자간 보호체제 구축에 대한 희망과 추구를 쉽게 포기해서는 안 된다. 현재 아래와 같은 두 가지 부분을 잘 해야 한다. 첫째, 「지식재산권협정」제8조, 제27조, 제31조, 제71조 및 「생물다양성협약」제1조, 제3조, 제15조, 제16조와 같은 협정과 협약의 유연성 조항과 개방성 조항에 대한 연구에 중점을 두어, 양자 간의 원활한 연결과 조율 가능성 및 그 구체적인 방법을 모색해야 한다. 둘째, 유전자원의 객체 속성과 권리 형태에 대해 연구하고 범위를 확정하여 최적의 보호 메커니즘을 탐구한다. 2003년 세계지식재산권기구는 회의를 열어 「유전자원 및 전통지식과 관련된 공개요구에 관한 기술연구보고서 초안」을 제시하

7) 对美国双边主义政策的论述, 参见 Peter Drahos, “Bilateralism in Intellectual Property,” htptp://www.oxfam.org.uk/what_we_do/issues/trade/downloads/biltateralism_ip.rtf. , 2007年10月21日访问.

8) GRAIN, “TRIPs-plus” Through the Back Door: How Bilateral Treaties Impose Much Stronger Rules for IPRs on Life than the WTO, GRAIN PUBLICATIONS, July 2001, http://www.grain.org/briefings/?id=6, 2007年10月21日访问.

9) See Peter Drahos, “Bilateralism in Intellectual Property”, http://www.oxfam.org.uk/waht_we_do/issues/trade/downloads/biltateralism_ip.rtf, 2007年10月21日访问. 美国密歇根州立大学法学院教授、中南财经政法大学知识产权中心兼职研究员 Peter K. Yu 也赞同此主张. 参见[美] Peter K. Yu: <TRIPs协议：欠发达国家的不满及应对>, 载<知识产权年刊>(2006年号), 60页, 北京, 北京大学出版社, 2007.

였고 "바이오 기술이 점점 더 중요해지고 있으며 바이오 기술과 관련된 발명과 특허권이 부여된 수가 끊임없이 증가하고 있다"고 명시했다. 이로써 유전자원 및 관련 전통지식은 원재료로서 특정 바이오 기술의 발명에 잠재적인 가치가 있음을 알 수 있다.[10]" 1992년「생물다양성협약」과 2001년「식량 및 농업을 위한 식물 유전자원에 관한 국제조약」은 "유전자원권"과 "농민권"이란 두 가지 보호형태를 제시하였는데, 유전자원의 법적 체계 구축에 약간의 진전이 있음을 보여준다. 그러나 상술한 권리가 어떤 속성을 가지며 어떤 제도적 체계로 분류되어야하는지에 대한 국제적 공감대는 형성되지 않았다.

Ⅲ. 유전자원 권리 주체의 유형

권리 주체는 법률관계에서 이익의 부담자이다. 권리 주체의 확정은 법률과 사회 환경의 제약을 받는다. 법의 규율 대상이 "인신"에서 "계약"으로 변화되면서 "주체"는 억압받던 데서 해방 상태로, 의제(擬制)된 주체의 출현에서 주체의 다원화로 이어지는 과정을 거쳤다.

고대 로마에서 노예는 사실상 인간이지만 법률상 사람도 주체도 아닌 권리행사의 대상이 될 수밖에 없었다. 르네상스 이후 인간의 해방운동이 일어났고 인간의 주체성이 충분히 발굴됨에 따라 의지는 주체가 되기 위한 유일한 요건이 되었다. 헤겔은 인간의 본질은 인격이고 인격은 곧 자유의지라고 지적했다. 권력은 의지의 발현이자 의지의 발전이다.[11] 법률상의 사람은 내적 특질을 가진 사람 즉, 이성적 의지를 가진 사람이다. 근대 민법은 헤겔의 주체론적 입장을 견지하며 개인을 유일한 주체로 보았다.「생 오스트리아 민법전」초안자인 차일러(Zeiller)는 "이성적인 존재는 자신의 목적을 결정하고 자발적으로 이를 실현할 수 있는 능력을 가질 때 비로소 법적인격을 가진다"고 했다.[12] 사회가 발전함에 따라 다양한 조직과 회사들이 양산되었는데, 이들은 사실상 권리를 누리고 의무를 지지만 법률상의 주체는 아니었다. 이러한 조직을 규제하기 위해 법은 그들을 주체로

10) 世界知识产权组织秘书处：<关于遗传资源和传统知识有关公开要求问题>, 载国家知识产权局专利法研究所编：<专利法研究>(2004), 北京, 知识产权出版社, 2005.

11) 参见[德] 黑格尔：<法哲学原理>, 范扬、张企泰译, 45、50-59页, 北京, 商务印书馆, 1961.

12) [日] 星野英一：<私法中的人－－以民法财产法为中心>, 载梁慧星主编：<民商法论丛>, 第8卷, 北京, 法律出版社, 1997.

의제하였다. 의제된 주체의 출현은 "육체"를 조직체로, "이성적 의지"를 의지기관으로 바꿔 놓는 데 큰 의미가 있다.

현대사회는 경제 글로벌화의 발전과 더불어 이익 다원화와 이익주체의 다원화가 나타났다. 국제적으로 세계화는 국가 공동체 의식의 분산과 하락을 초래했고 지방, 인종집단, 구역조직의 공동체 의식은 강화되는 현상이 나타나게 되었다.[13] 이는 국내법에 반영되어 많은 국가에서 이미 "지역 사회"와 "집단"을 전통지식과 유전자원의 주체로 간주하기 시작했다. 「생물다양성협약」의 규정에 따라 유전자원권의 주체는 국가, 지역사회와 개인을 포함한다.

1. 국가

국가는 유전자원의 주권 또는 소유권을 가지고,[14] 이로부터 파생되는 규칙의 제정권, 사전통보승인권 등을 가진다. 1966년 「경제적 · 사회적 및 문화권리에 관한 국제규약」은 일찍이 국가가 그의 천연자원에 대해 통제권을 가진다고 규정했다. 이 규약 제1조는 "모든 민족은 자신의 목적을 위해 천연자원과 부를 자유롭게 처분할 수 있다"는 민족자결권을 규정하고 있다. 1974년 4월, 유엔총회 제6차 특별회의는 "77국 그룹"이 작성한 「새로운 국제경제질서 수립에 관한 선언」초안을 통과시켰다. 이 중에는 각국이 자국의 천연자원과 모든 경제활동에 대해 완전하고 영구적인 주권을 갖는다는 것을 명확히 했다. 이 선언은 천연자원에 대한 통제권, 손해배상권, 이용권, 관리권을 포함한 국가의 주권적 지위를 명확히 규정하였다.[15]

천연자원의 범위는 광범위한데 유엔에서 발간한 문헌은 그 정의에 대해 "인간이 자연환경에서 발견한 여러가지 성분이 인간에게 어떤 방식으로든 복리를 제공할 수 있는 한 천연자원에 속한다"고 해석하고 있다.[16] 유전자원은 의심할 여지없이 천연자원의 범위에 속한다. 「생물다양성협약」에서 확정한 "국가주권"의 원칙은 「경제적 · 사회적 및 문화권리에 관한 국제규약」과 「새로운 국제경제질서 확립에 관한 선언」에 대한 견지하고

---

13) 参见俞可平：<全球化与国家主权>, 97-98页, 北京, 社会科学文献出版社, 2004.

14) 其中不同国家间的规定有所不同, 具体可参见 <巴西保护生物多样性和遗传资源暂行条例> 与 <印度生物多样性法> 的区别.

15) 参见杨泽伟：<主权论>, 95-99页, 北京, 北京大学出版社, 2006.

16) 资料来源：http://jspxdj.83.dmscnc.com/Readnews.asp?newsID=1762, 2007年10月20日访问.

발전시키는데 중요한 의의를 갖는다. 우선, 규약이 확립한 유전자원에 대한 "국가주권" 원칙은 획기적이다. 오랫동안 유전자원은 "전인류의 재산"으로 여겨져 모든 국가와 개인이 무제한으로 접근하고 이용할 수 있다고 여겨져 왔다. 이러한 인식은 1983년 이탈리아 로마에서 체결한 「식물유전자원에 관한 국제협약」에서 집중적으로 반영된다. 이러한 견해는 선진국의 입장을 반영해 많은 개발도상국과 유전자원 보유국의 이익을 무시한 것으로 종(种)을 풍부하게 하는 것과 지속 가능한 발전에 도움이 되지 않는다. 협약에 의해 확립된 주권원칙은 공정 · 정의 이념을 반영했을 뿐만 아니라 유전자원국의 보호, 지속 가능한 개발 및 재창조를 장려할 수 있다. 둘째, 협약은 "국가주권" 원칙을 발전시키고 세분화했다. 협약은 "유전자원의 취득은 이러한 자원을 제공하는 체약국의 사전통보승인 얻어야 한다"고 규정하고 있으며, 각국은 "입법이나 행정, 또는 정책적 조치를 취하여" 자국자원을 보호할 수 있다고 규정함으로써 자원국의 사전통보승인(prior informed consent)권, 입법권 및 관리권을 확립하였다.[17] 중국 국내법도 "사전통보승인(知情同意)"에 대해 규정하고 있는데 예를 들어, 「인류 유전자원 관리 잠정조치」 제17조는 "중요한 유전 가계와 특정 지역의 유전자원 및 그 데이터 · 자료 · 샘플 등을 포함한 중국 국경 내에 있는 인류유전자원 정보는 중국 연구개발기구가전속사용권(專屬持有權)을 가지며, 허가 없이 다른 기관에 양도할 수 없다. 상술한 정보를 획득한 외국 협력 업체나 개인은 허가 없이 공개, 발표, 특허 출원 또는 기타 형식으로 타인에게 공개할 수 없다."고 규정하고 있다. 이 조항은 유전자원의 사전동의권(知情同意權)을 규정하고 있으며 국가를 사전동의권의 주체로 규정하고 있다.

여기서 사전동의권은 매우 중요한 의미를 가지며, 실제로 유전자원에 대한 국가의 주권과 소유권을 하나의 선행권리, 적극적인 방어수단, 효과적인 보호수단으로 자리매김하고 있다.[18]

2. 지역사회

"지역사회(社區)[19]"라는 개념은 일반적으로 사회학자인 퇴니스가 그의 유명한 저서

---

17) 参见<生物多样性公约>第15条.

18) <生物多样性公约>确立的事先知情同意权实际上否定了欧盟国家提出的事后赔偿权.

19) 德文为 "Gesellschaft"有时译为"共同体"、"公社"等.

『커뮤니티와 사회』에서 제안한 것으로 간주된다. 퇴니스는 공동체가 협력 관계에 기초한 유기적인 조직 형태를 나타낸다고 믿으며 구성원 간의 말, 서로 의지하는 감정이 유기적이고 긴밀한 연관성을 강조한다.[20] 사실 혈연, 감정, 윤리를 연결고리로 하는 이 유기적인 공동체는 고대 로마와 게르만법에서 이미 법인격을 얻었다. 고대 로마에서는 여러 사람이 동일한 합법적인 목적을 위해 연합하려는 의도가 있는 것으로 법인격을 가진 주체를 만들 수 있었고, "도시인", "이민지(移民區)의 사람" 등 특정 집단에 기반한 특정 권리 주체가 있었으며, 그 중 "로마 인민(populus romanus)"은 예로부터 권리 주체로 인정받았다. 마르쿠스 아우렐리우스는 또한 단체에 노예를 해방시킬 권리를 부여하기도 했다.[21] 게르만에서는 가정과 씨족이사실상의 주체가 되었고 씨족끼리 평등함과 동시에 "가정은 게르만 사회 내부의 기본적인 법적 단위로 동업자 관계이자 신뢰 관계의 공동체였다.[22]" 근대 이후 개인주의가 한창 성행하면서 사람들은 중세 종교단체에 대한 혐오감 때문에 대부분 불신과 거부감이 컸다. 이러한 현상은 법률에도 반영되었다(예: 1804년 「프랑스민법전」에서는 개인을 유일한 법적 주체로 규정함).

유전자원 권리 주체 문제에서도 "집단권(group rights)"이나 "지역사회권(社區權)"은 개인주의의 비난을 받았다.[23] 그러나 지역사회권을 지지하는 학자들은 이러한 비난이 합리적 논증을 근거로 하는 것이 아니라 오히려 입증되지 않은 편견에 바탕을 두고 있다고 주장한다.[24] 유전자원의 보호로 놓고 말하면 지역사회는 주체로서 개인에 비해 비교할 수 없는 장점이 있다. 외국 바이오 기업은 자금력이 풍부하여 개발도상국에서 은밀하고 기만적 유전자 탐측 수단을 취하는데 개인으로서는 식별해 내기 어렵다.[25] 지역사회를 유전자원의 주체 중 하나로 인정하고 법에 따라 관리주체를 설치하여 유전자원에 대한 감독을 강화함으로써 유전자원 부당한 탈취를 방지할 수 있다.

이론적으로 지역사회는 유전자원에 대한 권리 주체로서 합리적이고 실현 가능하다.

---

20) 参见贾春增主编：<外国社会学史>, 64-66页, 北京, 中国人民大学出版社, 2000.

21) 参见[意] 彼德罗·彭梵得：<罗马法教科书>, 黄风译, 51-53页, 北京, 中国政法大学出版社, 1992.

22)[美] 伯尔曼：<法律与革命>, 贺卫方等译, 75页, 北京, 中国政法大学出版社, 1993.

23) See Joan L. McGregor, "Genome Justice: Genetics and Group Rights," 35 J. L. Med. &Ethics 352, Fall, 2007.

24) See Laura S. Underkuffle, "Human Genetics Studies: The Case For Group Rights", 35 J. L. Med.& Ethics 383, Fall, 2007.

25) 国外公司多采用 "免费体检"、"有偿献血"等形式骗取发展中国家的基因资源, 我国的 "长寿基因"与 "哮喘病基因" 被盗案即是如此.

첫째, 유전자원과 지식재산권의 관계에서 놓고 보면 지역사회를 유전자원의 주체 중 하나로 정한 것은 공평하고 정의로운 이념을 구현한 것이다. 현재 선진국과 개발도상국은 각각 생물자원의 양극화 상태에 처해 있다. 전 세계 생물자원의 80%가 개발도상국에 있다. 지역사회와 집단(群體)이 그 생물자원을 유지하고 번식시키기 위해 많은 일을 하고 있음에도 많은 선진국의 과학 연구기관이나 회사들은 생물 탐측 수단을 통해 '생물해적행위'를 하여 지역사회의 공헌에 대한 성명(聲名) 없이 지역사회로부터 유전정보를 빼내 특허출원을 하고 있다. 이 외에 지역사회 구성원이 해당 특허를 사용하려면 여전히 특허권자에게 비용을 지불해야 하는데 이는 극도로 불합리하다. 지역사회를 유전자원권의 주체로 설정하면 그들도 법률과 소송 수단을 통해 자신의 권익을 지킬 수 있다.

둘째, 국제 및 국내 입법의 관점에서 볼 때, 집단 또는 지역사회는 권리 주체 또는 자원 주체로서 이미 매우 보편화 됐다. 1998년 아프리카 국가에서 제정한 「지역공동체, 농민, 육종가의 권리보호 및 생물자원 접근 규제를 위한 모델법」은 생물유전자원 및 그 파생물에 대한 지역사회의 권리를 규정하였다. 2002년 페루가 공포한 「원주민생물자원 집단지식재산권 보호 제도 도입법」은 "원주민 집단"을 권리 주체로 규정하고 있다. 2001년 브라질은 「생물다양성 및 유전자원 보호에 관한 브라질 잠정 조례」를 통과시켜 지역공동체의 유전자원 소유자 지위를 인정하였다.

셋째, 지역사회의 구조 및 기능 관점에서 볼 때, 이는 법률이 의제한 주체로서 그 요건을 완전히 갖추었다. 근대에 들어서 개인의 이성과 의지는 개인이 주체가 되기 위한 주요 요건이 되었는데, 이는 개인이 주체적이고 자발적으로 의사를 표현할 수 있기 때문이다. 이후 법인도 법적 주체로 의제 되었는데, 그 이유는 법인의 집단의지가 발굴됐기 때문이다. 법인은 정관을 통해 개인을 집단으로 연결시키고 "다수결 절차"를 통해 개인의 의지 위에 군림하는 집단의지를 형성한다. 이러한 형태는 "지역사회권(社區權)"론 학자들에게 큰 영감을 주어, 적지 않은 사람들이 신분에 대한 동일 정체성이나 집단의 지성을 지역사회 요건 중 하나로 삼았다.[26] 지역사회는 전통, 감정, 혈연, 윤리 등의 요인으로 인해 공동의지를 가진 집단으로 연결된다.

퇴니스는 지역사회의 공동의지와 집단의지에 대해 더 깊이 인식하고 있었다. 그는 "지역사회"와 "사회"라는 두 가지 생활양식이 다른 것은 사람들을 연결하려는 공동의

---

26) See Joan L. McGregor, "Population Genomics and Research Ethics with Socially Identifiable Groups", 35 J. L. Med. & Ethics 356, Fall, 2007.

지가 다르기 때문이라고 보았다. 그는 공동의지를 본질의지(Wesenswille)와 선택의지(Kürwille)로 구분했는데, 전자는 감정적 동기를 일컫는 것으로 사람들의 전통적이고 자연적인 감정적 유대를 기반으로 하는 일치성과 융합성이다. 후자는 주로 사상적 동기 즉 감정적 요소를 배제한 이성적 사고, 개인의 목적성과 이기성을 뜻한다. 마지막으로 "지역사회"는 본질의지에서, "사회"는 선택의지에서 나온다고 퇴니스는 지적한다. "공사(公社)"의 유기적 통일성은 본질의지의 표현이며, 개인의지는 전체(지역사회)의지에 뿌리를 두고 있다. "사회"의 기계적 통일성은 선택의지의 표현이며, 개인목적과 개인의지는 그 출발점이다.[27)]

이로써 지역사회는 공동의지와 집단의 영예를 강조하고 지역사회 안의개인과 집단은 공존공영하는 관계임을 알 수 있다. 유전자원의 보호와 관련하여 지역사회를 유전자원권의 주체 중 하나로 간주하는 목적은 그 공동의지와 집단 영예감에 대한 존중이다. 이는 주로 지역사회가 출처표시 권한을 행사하는 데서 나타난다.

협약은 유전자원권의 출처표시 권능을 규정하지 않았다. 출처표시권은 「생물다양성협약」과 「지식재산권협정」의 충돌을 조율하려는 국제사회의 노력에서 비롯된 것이다. 초기 단계의 "출처표시"는 특허 출원인이 생명공학특허를 출원할 때 사용하는 유전자원의 출처에 대한 정보 공개로 출처를 표시하도록 요구하는 절차적 규정이었다. 이후 "출처표시"는 점차 유전자원권의 한 가지 권능으로 발전했다. "출처표시"는 전통적 지역사회의 주체적 지위를 인정하는 것이고 전통적 지역사회와 그 구성원들이 생물유전자원을 보존하고 유지하기 위한 노동에 대한 존중이다.

3. 개인

「생물다양성협약」에 따르면 유전자원은 실질적이거나 잠재적인 가치를 지닌 유전물질로 식물, 동물, 미생물 또는 기타 출처의 유전적 기능단위를 포함한다. 예를 들어, 식물유전자원, 동물유전자원, 인류유전자원 등이다. 인류유전자원의 경우 개인은 해당 자원을 "누리고" 있기 때문에 당연 주체가 되는 것이고 국가는 자국 내 인간유전자원에 대해 주권과 관리권을 가진다. 예를 들어, 중국 「인류유전자원 관리 잠정조치」제6조 "국가는

27) 参见贾春增主编：<外国社会学史>, 67-68页, 北京, 中国人民大学出版社, 2000.

인간유전자원에 대해 등급별 관리와 통일된 승인 제도를 실시한다"고 규정하고 있다. 기타 유전자원의 경우 개인은 "보존"하고 있음으로 인해 주체가 되고, 이러한 자원은 국가 주권의 관할 하에 있는 천연자원의 범주에 속하여 국가가 소유권과 관리권을 가지고 개인은 유전자원의 보존 및 유지에서의 두드러진 지위로 인해 사용권의 주체가 되어야 한다.

「본(Bonn)협약」은 개인을 "이해관계자(stake holder)"의 지위로 규정하고 유전자원 이익의 공유에 참여시키고 있다.[28] 현재 유전자원 획득과 이익 공유는 주로 양자간 무역협정의 방식으로 확정한다. 예를 들어, 2006년 4월 미국과 페루가 체결한 자유무역협정에 "양 당사자는 유전자원 또는 전통지식의 획득 및 해당 자원이나 지식을 이용하여 얻은 이익의 공평한 공유는 사용자와 제공자가 상호 합의한 조건을 반영한 계약으로 충분히 처리할 수 있다"고 인정하는 내용의 "유전자원" 조항이 포함돼 있다.[29] 개인이 유전자원 사용권과 이익분배권에 대한 설정은 유전자원 보호 및 보존 노동에 대한 보상일 뿐만 아니라 생물다양성 유지를 위한 노력에 대한 인센티브이다.

요컨대, 유전자원 권리 주체의 결정은 불합리에서 합리적인 것으로, 형식적 정의에서 실질적인 정의로 바뀌어 가는 과정이다. 유전자원 권리 주체는 "전인류의 유산", "국가", "지역사회"에서 "개인"에 이르는 4단계를 거쳤다. 이 중 "전인류의 유산" 관점은 국제사회, 특히 「생물다양성협약」에서 버림받은 반면, "국가", "지역사회", "개인"은 유전자원권의 서로 다른 권능을 행사하기 때문에 협약에 의해 주체로 인정받고 있으며, 주권은 "국가"에, 소유권은 "땅(地)"에, 사용권은 "사람"에게 있다. 유전자원 획득에 대한 국가의 사정동의권(知情同義權)은 유전자원권의 기본 전제이고 유전자원 이용에 대한 지역사회의 출처표시권은 유전자원권의 중요한 내용이며, 유전자원의 상업적 이익에 대한 개인의 공유는 유전자원권의 실질적인 요소이다.

---

28) 以约瑟夫 · 斯蒂格利茨为代表的新经济发展理论提出了 "利益相关者理论"(stake holder theory)该理论的重要思想即是"利益应由创造者与贡献者共享".

29) 资料来源: http://www.sipo.gov.cn/sipo/ztxx/yczyhctzsbh/zlk/gglf/200705/t20070531_173769.htm, 2007年10月21日访问.

Ⅳ. 유전자원 권리 객체의 속성

민법학 이론의 범주에서 민사적 권리의 분류는 권리에 의해 구현된 이익을 기준으로 한다. 또는 객체의 차이는 민사적 권리 분류의 기초가 된다. 독일학자 칼 라렌츠(Karl Larenz)는 권리 객체를 두 가지로 분류했는데, 하나는 지배권 또는 이용권의 대상물로 제1순위의 권리 객체라 하고, 다른 하나는 주체가 법적 행위를 통해 처분할 수 있는 대상물을 가리키는 것으로 제2순위 권리 객체라 한다.[30] 라렌츠의 견해에 따르면 제1순위 권리 객체는 법률 규정에 따른 것이 아니라 실제로 존재하는 대상물이며, 유기물과 무체의 정신적 산물을 포함한다. 전자는 동산 및 부동산과 같은 정신적인 산물, 후자는 작품 및 발명과 같은 것이다.

유전자원은 분명히 제1순위의 권리 객체에 속하나 그것이 유체인지 무체의 정신적 산물인지 아니면 다른 가치가 있는 물체인지가 의문이다. 객체 유형의 분석은 유전자원 권리 형태를 결정하기 위한 기본 전제이다. 「생물다양성협약」에 따르면 유전자원은 식물유전자원, 동물유전자원, 인간유전자원 등 식물, 동물, 미생물 또는 기타 출처에서 유래한 유전적 기능단위를 포함하는 모든 재료를 포함하여 실제적 또는 잠재적 가치가 있는 유전물질을 말한다.[31] 유전자원은 유체물과 어떤 연관성을 가지며 이는 일종의 "인류자연유산"으로서 전통부족에만 있는 희소성을 지닌 물질자원이다. 유전물질이라는 개념 자체가 생명체 또는 생물체를 운반체로 하는 특수 물질이며 객체의 특정 속성을 가지고 있음을 보여준다. 동시에 유전자원과 정신적 산물도 약간의 유사성을 가지고 있다. 그의 "실제적 또는 잠재적 가치"는 그것이 유전적 기능을 가지고 있고 유전정보를 포함하고 있다는 것이다. 이 같은 "유전법칙에 의해 생성된 유전자의 다양성, 종의 다양성 및 군집의 다양성이 환경과 함께 작용해 결정되는 유전암호 정보"는 "자연정보자산의 특징을 가지고 있다.[32]" 미국 학자 마이클 버클랜드(Michael Buckland)는 정보에 "과정으로서의 정보(information as process)", "지식으로서의 정보(information as knowledge)", "사물로서의 정보(information as thing)"라는 세 가지 표현을 썼다.[33] 이러한 분류에 따르면

---

30) 参见[德] 卡尔·拉伦茨 : <德国民法通论>, 王晓晔等译, 377-378页, 北京, 法律出版社, 2003.
31) 参见<生物多样性公约>第2条.
32) 徐海根等 : <外来物种入侵·生物安全·遗传资源>, 342-343页, 北京, 科学出版社, 2004.
33) 转引自周庆山等 : <信息法>, 2-3页, 北京, 中国人民大学出版社, 2003.

지식재산권의 객체 즉 지적 성과는 지적정보로 분류될 수 있으며 유전정보는 "데이터 및 문헌과 같은 물체"로서 일종의 "사물정보"에 속해야 한다. 양자는 유형은 다르지만 동일한 요소, 즉 "정보의 형식-부호, 정보의 내용-의미, 정보의 운반체-매체"를 가지고 있다.

유전자원은 전통적인 소유권 의미에서의 "유체물"도 아니고 현대 지식재산권 의미에서의 "지적 성과"에도 속하지 않는 특수한 성질의 객체라는 점에 유의해야 한다.

첫째, 유전자원 존재 형식의 실물성이다. 유전정보는 유전물질 안에 존재하고 유전물질은 또 생물자원 운반체에 존재한다. 유전자원은 원래 인간이 필요로 하는 식품, 연료, 건축자재, 의약품으로 사용되는 일반적인 종류물로 이용되었지만, 유전자원의 현대적 이용은 유전암호를 해독하고 유전기능을 파악하여 그 "실제적 또는 잠재적 가치"를 발휘하는 데 있다. "유전자원(재료)은 일반적인 물질이 아니라 생물학적 유전정보를 모두 담고 있는 특수물질"이라는 점은 분명하다. 동시에 유전물질은 "생명체나 유기체로부터 독립하여 존재할 수 없고 생명체나 유기체에 의존하여 존재하며 기능을 발휘하고 역할을 한다.[34)]" 즉, 유전자원이라는 특수한 객체에서 운반체로서의 유전물질은 유일성을 가지며 유전정보는 이런 운반체와 분리될 수 없다. 지식재산권의 객체 즉 지적 성과는 그 객관적인 존재 형식이 다양하다. 예를 들어 작품은 문학작품, 무대공연, 회화(繪畵), 조각, 음향 · 영상제품 등으로 표현되고, 발명과 창조는 문자서술, 디자인, 형상 · 구조 등으로 표현된다. 또한 지적 성과의 비물질성은 지식 형태의 정신제품이 내재적 가치와 사용가치는 있지만 외재적인 형태는 없음을 나타낸다. 법에 의해 보호되는 지적 성과는 비물질성을 가지고 있으나 이것은 항상 일정한 객관적인 형식으로 표현되어야 하는데, 이러한 객관적인 표현형식은 지적 성과가 지식재산권의 객체가 되는 조건 중 하나이다. 그러나 지적 성과의 객관적인 형식은 저장장치로서 지적 성과 자체는 아니며 객관적인 표현형식은 보호의 조건이지 존재의 요건이 아니다. 지적 성과 자체와 객관적인 표현형식은 상대적으로 분리될 수 있다. 이 특점은 유전자원과 분명히 다르다.

둘째, 유전자원 가치 실현의 정보성이다. 유전자원의 가치는 특수 정보, 형질(性狀), 기능과 작용을 통해 직간접적으로 또는 미래 활용의 형식으로 나타난다. 유전자원인 유전물질(DNA 또는 RNA)은 생명체나 유기체의 유전정보를 기록하여 다음 세대(子代)에 전달함으로써 다음 세대가 부모세대(親代)와 유사한 유전적 형질을 나타내도록 한다. 인간

34) 徐海根等 : <外来物种入侵 · 生物安全 · 遗传资源>, 317页, 北京, 科学出版社, 2004.

이 생명체나 유기체의 유전정보를 이용하는 것은 유전자원의 가치를 실현하는데 그 목적이 있다. 다시 말하면, 유전자원의 가치는 유전물질 자체를 제공하는 데 있는 것이 아니라 유전물질에 포함된 유전정보를 제공하는데 있으며, 이러한 유전정보는 언제든지 생명공학으로 전환되어 경제적 이익을 가져올 수 있다. 유전자원의 가치는 인간의 노동으로 창출하는 가치가 아니라 자연적으로 존재하는 가치이다. 생태경제학 이론의 관점에서 이것은 자연생물의 일종 자기조직계의 본질적 특성으로 자기조직계가 진화과정에서 자손을 "목적적으로" 번식시켜 안정적인 구조에 정착시킨 성과이자 더 높은 수준으로 진화하는 초월적 표현이다.[35] 정보학 이론의 관점에서 유전정보는 자연적으로 존재하는 "자원형 정보"이며 그 자체에 인간의 지적 노동이 개입된 것은 아니다. 지적 노동은 유체물에 기재된 정보에 대한 일련의 분석, 종합, 비교 등의 가공 활동을 거쳐 또 다른 결론적 또는 성과적 정보를 생성하고, 또 이를 특정 유체물 저장장치에 고정하는 과정이다.[36] 지적 노동의 산물은 "창조성 정보"로 이러한 유형의 정보가 바로 지식재산권의 보호 대상으로 자연적으로 존재하는 유전정보와 구별된다. 경제학자 왕딩딩(汪丁丁)은 이에 대해 다른 주장을 하고 있는데 큰 깨달음을 주는 부분이 있다. 그는 "지식은 이해한 정보"라면서 "그러므로 정보는 당신이 그것이 지식을 담고 있다는 것은 알지만 그것을 이해하지 못한다면 그것은 정보일 뿐이지 지식은 아니다"고 한다.[37]

셋째, 유전자원은 생명공학의 근본이다. 현대 생명공학의 특징 중 하나는 자원에 대한 의존성과 자원의 정보화이다. 일부 학자들의 주장처럼 생명공학 시대에 지구상의 제한된 유전자원을 가진 사람이 바이오 경제 발전에 주도권을 가진 새로운 부의 소유자가 될 수 있다.[38] 유전자원과 생명공학의 관계에 관한 한, 그것들은 본연성과 의존성의 필연적인 대응 관계이다. 유전자원은 재생 불가능한(또는 희소성이 있는) 생명의 징후에 관한 유전정보의 집합으로 생물학적 개체군이 수억 년의 유전적 변이를 거쳐 진화한 것이다. 현대 생명공학은 유전정보 해독에서 비롯된 것인데, 유전정보 해독의 핵심은 유전물질을 연구하여 유전자 서열을 그래프로 그리는 것이다. 연구자들이 유전물질이 발현하는 유전정보를 발견하고 이를 활용하는 방법을 찾아냈는데, 이것이 바로 현대 생명공학 즉 유전자기

35) 参见薛达元：<生物多样性经济价值评估>, 北京, 中国环境科学出版社, 1997.

36) 参见冷福海：<市场信息资源与市场信息行为>, 北京, 北京图书馆出版社, 2000.

37) 汪丁丁：<制度分析基础讲义Ⅱ>, 178-179页, 上海, 上海人民出版社, 2005.

38) 参见朱雪忠等：<基于遗传资源所产生的知识产权利益分享机制与中国的选择>, 载<科技与法律>, 2003(3).

술이다. 유전자기술의 성과는 유기체의 특정 단편적인 유전정보와 특정 생물학적 징후 사이의 대응 관계에 근거하여 추출된 매개체(載體)이다. 유전자기술은 인간의 지적 노동을 포함하므로 그 성과가 지식재산권에 의해 보호된다는 것은 부인할 수 없다. 그러나 이런 지적 성과는 유전자원을 물질적 기반으로 해야 가능하다. 사람들은 유전자원이 제공하는 유전정보를 떠나서 유전자 서열을 그릴 수도 없고 해당 유전자 서열에 해당하는 유전적 형질을 이해할 수도 없다. 간단히 말해서, 유전자원의 해독과 유전기술의 획득은 유전자원의 점유에 달려 있다.

요컨대, "현지내 상태(原地條件)" 하의[39] 유전자원은 유전정보와 생물재료의 결합체로서 일반 의미에서의 유체물(전통적 소유권의 객체)도 특수한 의미에서의 지적 성과(현대적 지식재산권의 객체)도 아니므로 현행 재산권 제도는 유전자원을 효과적으로 보호할 수 없다.

V. 유전자원권의 권리 형태

유전자원 권리의 법적 속성과 관련하여 이를 지식재산권 체계에서 배제시키자는 것이 국제적으로 더 일반적인 견해인데, 일부에서는 새로운 유형의 지식재산권으로 전환해야 한다는 주장도 있다.[40] 전자의 경우 유전자원권리가 어떤 재산권인지에 대해서는 아직 확정된 바가 없고, 후자의 경우 법학계에서는 대체로 받아들이기 어렵다는 의견이 많다.

유전자원은 전통적인 소유권 보호가 적용되지 않는다. 그 이유는 주로다음과 같다. 첫째, 유전자원 객체의 속성 때문이다. 앞서 언급한 바와 같이 유전자원은 일종의 유전물질로 생물자원의 매개체와 관련 있으나 유전자원의 핵심 의의는 그 안에 포함된 유전정보에 있다. 다시 말해서, 법적 보호의 대상인 권리의 대상물이 지향하는 이익은 유전정보에 부착된 유전정보이지, 유전정보를 떠나서 유전물질 자체가 아니다. 둘째, 유전자원의 점유와 수익방식에 관한 것이다. 일반적으로 유전자원에 대한 직접적인 점유는 그에 부착된 유전정보도 동시에 점유하게 되는데, 이는 연구자가 부착된 유전정보를 얻기 위해는

39) "原地条件"是 <生物多样性公约>规定的专门术语, 是指遗传资源生存于生态系统和自然环境之内的条件.

40) 有关观点可参见詹映等 : <国际法视野下的农民权问题初探>, 载<法学>, 2003(8).

반드시 유전물질에 접근해야 함을 의미한다. 그러나 유전정보는 해독되는 즉시 "창조적 정보" 속성을 가진 생명공학기술이 되어 기존 유전물질에 의존하지 않고도 활용할 수 있게 된다. 이때 유전물질은 더 이상 유전자원의 본질적 특성을 가지고 있지 않기에 정보재산으로서의 잠재적 가치를 상실하게 되므로 일반 종류로 볼 수밖에 없다. 소유권 모델에서는 비록 물건을 점유하지만 정보에 대한 통제는 잃은 것으로 유전자원 소유자에게 아무런 이익도 없다. 셋째, 유전자원 소유자의 권리 실현 모델에 관한 것이다. 생명공학은 유전자원을 기초로 발전되었으나 그 활용 과정은 더 이상 유전자원을 요건으로 하지 않는다. 따라서 유전자원을 일반적인 유체물로 간주하여 소유권 보호의 방법을 적용하면, 유전자원 권리의 실현이 유전자원 자체에 국한되어 유전자원에서 파생된 지식재산권 이익까지 확장되기는 어려울 수 있다. 여기서 유전자원의 이익 공유는 생명공학 지식재산권의 가치 실현에 달려 있다는 점을 지적할 필요가 있다. 실생활에서 유전자원의 소유권과 생명공학의 지식재산권, 이 두 주체는 정보가 아주 비대칭적인 경우가 많고, 유전자원과 생명공학의 객관적인연결, 즉 필연적인 대응관계는 인위적으로 쉽게 떼어 놓을 수 있다. 즉, 유전자원 소유자는 본인이 점유한 유전자원과 타인이 소유한 생명공학 간의 필연적인 대응관계를 입증하기 어려워 타인의 생명공학 지식재산권에 대한 이익 공유를 주장하기 어렵다. 위의 상황은 생물공학 분야에서 유전자원과 생명공학은 원천(源)과 흐름(流)의 관계라는 것을 설명한다. 재산권의 연계측면에서 유전자원 권리는 생명공학 지식재산권의 선행 권리이다. 어떤 경우에도 유전자원 권리에 대해 소유권으로 분류한다는 간단한 해석은 적절하지 않다.

유전자원은 현대 지식재산권의 보호 대상이 될 수 없다. 그 이유는 첫째, 객체의 성질에 관한 것이다. 지식재산권 객체에 대해 국내외 학자들은 각기 다른 견해를 가지고 있다. 독일 철학자 헤겔은 정신적 기능(技能), 과학적 지식, 기술 및 발명과 같은 것을 "내부의 정신적인 것"이라고 한다.41) 일본 법학자 기타가와 젠타로(北川 善太郎)는 "지식재산"이라는 명칭을 제시한 바 있다.42) 중국 학자들이 이에 대한 명칭은 달랐는데 초기 저술들은 "지적 성과", "지식제품", "정신제품"으로 칭했고,43) 최근에는 일부 학자들이 지식재산권의 대상을 "형식"을 존재방식으로 하는 지식 또는 지식재산과 관련된 정신적 권익으

41) [德] 黑格尔：<法哲学原理>, 范扬、张企泰译, 第43节附译, 北京, 商务印书馆, 1961.
42) 参见[日] 北川善太郎：<技术革新与知识产权法制>, 国家科委政策法规与体制司译, 1998.
43) 郑成思：<信息、新型技术与知识产权>, 北京, 中国人民大学出版社, 1986；吴汉东等：<知识产权法概论>, 北京, 中国政法大学出版社, 1987.

로 묘사하고 있다.[44] 표현은 다르지만 지식, 기술, 정보 등이 인간의 지적(智力) 활동과 관련되어 지식이나 정신 분야에서 발생한다는 공통점이 있다. 그러나 유전자원은 다르다. 유전 물질은 주관적인 세계의 정신적 산물이 아니라 객관적인 실재성을 띠고 있다. 유전정보는 자연 생존을 위한 "자원형(資源型)정보"로 인간의 지적 노동의 직접적인 개입이 없기 때문에 유전자원을 지식재산권 객체의 범주에 귀속시킬 수 없다. 둘째, 권력의 본질에 관한 것이다. 지식재산권은 지배권의 절대적이고 배타적인 기본 특징을 가지고 있다. 외래어로서 지식재산권의 원래 뜻은 "지식(재산)소유권"으로 물의 소유권과는 구별된다. 프랑스 학자는 지식재산권의 객체와 내용의 특성에 따라 해당 권리를 일종의 "농단(壟斷)권" 또는 "독점권"이라고 불렀다.[45] 이런 의미에서 지식재산권은 소유권과 동일한 속성을 가지고 있다. 그러나 지식재산권의 독점성은 동일한 지적 성과에 대해 둘 이상의 동일한 지식재산권이 공존하는 것을 허용하지 않는 자신의 표현 형태를 가지고 있다. 쉽게 말해 이러한 특성은 "합법적 농단, 승자독식"이다. 유전자원보호제도를 설계한 본의는 "독점"과 "농단"에 있지 않다. 「생물다양성협약」의 목표는 "생물다양성 보호, 그 구성 요소의 지속적인 이용, 유전자원 이용에 따른 이익의 공정하고 합리적인 공유에 종사하고, 그 시행수단에는 유전자원의 적절한 획득 및 관련 기술의 적절한 이전이 포함되지만 이러한 자원과 기술의 일부 권리를 고려해야 하며 적당한 보상제공을 고려해야 한다.[46]" 이로부터 유전자원 권리 제도의 요지는 생명공학의 지식재산권 보호로 인한 이익의 공유에 있음을 알 수 있다. 이것은 유전자원의 이용자와 제공자가 공동으로 협의한 조건에 따라 해당 자원의 연구 및 개발 결과와 상업적 및 기타 측면에서 해당 자원을 사용하여 얻은 이익을 공평하게 공유할 수 있는 권리이다. 천연자원의 국가주권 원칙에 따르면,[47] 유전자원은 국가의 주권에 귀속되며 사회집단이나 개인은 유전자원을 사용할 권리가 있고 유전자원 관련 이익의 공유에 참여할 권리가 있다. 관련 이익 공유라 함은 지식재산권의 공유, 지식재산권 이익에 대한 물질적 또는 비물질적 보상 등을 포함한다. 이는 유전자원 권리가 지식재산권과 관련이 있지만 독점적 속성을 가진 지식재산권 자체는 결코 아니라는 것을 보여준다. 셋째, 제도적 기능에 관한 것이다. 현대 지식재산권 제

44) 参见蒋志培：<论知识产权的概念、历史发展及其法律保护的含义>, 见www.civillaw.com.cn.

45) 尹田：<法国物权法>, 56-58页, 北京, 法律出版社, 1998.

46) <生物多样性公约>第1条.

47) 1962年联合国 <自然资源永久主权宣言>规定："确认各国对其自然资源拥有的主权权利." 这即是自然资源国家主权原则的国际法规定.

도의 목적은 지식재산권자의 사적이익을 보호하고 "합리적인 농단(壟斷)"과 이익 보상의 법적 메커니즘으로 과학기술의 혁신과 지식 보급을 자극하고 장려하는 것이다. 지식재산권 제도의 기능은 "개인이 창조하고 타인이 전파하며 사회가 사용"하는 과정에서 개인의 이익과 사회복지의 균형점을 찾아 지적 성과를 활용해 사회 발전을 도모하는 데 있다. 지식재산권 제도는 지적 혁신을 장려할 수는 있어도 지적 원천을 함양할 수는 없다는 것은 분명하다. 제도적 기능에 얽매여 유전자원 소유자는 지식재산권 제도에 따른 어떠한 물질적 보상이나 정신적 존경을 받을 수 없다. 물론 지식재산권 제도가 "발명자 또는 발명을 자본화 한 기업에 인센티브를 제공할 수는 있지만, 지식재산권 등록 이전에 최초로 해당 제품을 육성한 다른 사람의 기여는 인식하지 못한다.[48]" 유전자원 보호 제도는 지식재산권 제도에 기능적 보완 역할을 한다. 「생물다양성협약」은 유전자원 보호조치에 대해 다음과 같이 설명하고 있다. "토착 및 지역 사회는 생물다양성의 보호 및 지속적 이용과 관련된 지식, 혁신 및 실천에 중점을 두고 보존 및 유지하며, 이러한 지식, 혁신 및 실천의 소유자는 이 지식, 혁신 및 관행에 대한 인식 및 참여를 통해 혜택을 공평하게 공유하도록 권장한다.[49]" 이 조문에 따라 유전자원 보호 제도의 기능을 유전자원에 대한 보호(protection), 보존(conservation), 이용(utilization)으로 요약할 수 있다.[50] 요컨대, 유전자원 권리는 일종의 새로운 제도적 도구로 그 보호대상은 지적 혁신성과의 지적 원천과는 구별되며, 이러한 권리의 핵심은 독점과 농단보다는 이익의 공유이다. 유전자원 권리를 새로운유형의 지식재산권으로 표현하는 것은 이론적으로는 지식재산권 제도의 근간을 무너뜨릴 것이며 실무적으로는 국제사회에서 경쟁과 협력 관계를 형성하기 어렵다.

유전자원의 보호와 관련하여 새로운 유형의 전문 독점권(專有權) 제도를 구축할 필요가 있다. 앞서 언급한 바와 같이 유전자원은 객관적 실재성이 있지만 이에 포함된 유전자 정보는 소유권에 의해 보호될 수 없으며 동시에 유전자원은 전형적인 의미에서의 지적 성과가 아닌지라 지적 노동의 개입이 없는 자원형 정보는 지식재산권의 대상이 될 수 없다. 필자는 이런 독점권이 새로운 유형의 재산권이며 생명공학기술 지식재산권의 선행

---

48) Graham Dutfield, "TRIPS-Related Aspects of Traditional Knowledge", 33 Case Western Reserve Journal of International Law, 2001, p. 233. 转引自[美] Bryan Bachner: <法律与生物多样性： 重新思考全球化时代的知识产权>, 武汉大学 2003年博士学位论文.

49) <生物多样性公约>第8条.

50) 唐广良：<遗传资源、传统知识及民间文学艺术表达国际保护概述>, 载<知识产权文丛>, 第8卷, 北京, 中国方正出版社, 2002.

권리이자 유기체의 소유권과 유사한 권리라고 생각한다.

유전자원 독점권은 재산권 체계에서 자리를 잡아야 한다. 재산권 체계는 사유재산제도의 내부 구조를 표현한 것이다. 재산상 이익의 동일한 기본 속성은 다양한 재산권의 공동 지향성을 결정하는데, 이는 재산권 제도 간의 연결고리일 뿐만 아니라 재산법 일체화 구축을 위한 기초이기도 하다. 동시에 재산 이익 표현의 형태 차이점은 바로 다양한 재산권 유형의 구분 기준이자 새로운 재산권 제도 구축의 기초이다. 일부 학자들의 주장처럼 재산 이익의 형태는 물질적 실체, 지식 본체 및 기타 가치의 실체로 나눌 수 있다.[51] 로마법 이래 사권(私權)제도의 발전과 변화를 감안하여 필자는 개방적인 재산권 체계를 구축할 것을 주장하는데, 이는 세 가지 부분을 포함한다. 첫째, 소유권을 핵심으로 하는 유체재산권 제도, 둘째, 지식재산권을 주체로 하는 무체재산권 제도, 셋째, 채권, 상속권 등을 내용으로 하는 기타 재산권 제도다.[52] 이중에서 유전자원 독점권은 무체재산권으로 분류되어야 한다. 그 이유는 재산가치가 있는 대상이 유전물질에 포함된 유전정보이기 때문이다. 정보법 이론에서 관련 법률관계의 객체는 "정보 및 물질 매개체로 구성된다." 이로부터 일종의 전형적인 "무체재산권"인 "정보권리(또는 정보재산권)"가 생성된다.[53]

어떤 의미에서 지식재산권도 일종의 정보재산권이다. 현대 정보사회에서 지식재산권의 범위는 "정보재산권"으로 확장되는 경향이 있다. 마이크로 컴퓨터 혁명, 네트워크 혁명, 통신 혁명이 주류인 신기술 혁명은 인류 사회를 정보화 시대로 발전시켰고 정보 자체가 경제, 기술 및 사회 발전을 촉진하는 중요한 자원이 되었으며 사람들에게 없어서는 안 될 무체재산이 되었다. 지식재산권의 적용을 받는 대상을 비물질적 형태의 지식정보로 볼 수 있다. 특허권이 보호하는 "신기술" 방안은 특정 분야의 최신 기술에 대한정보를 제공하고, 상표권이 보호하는 "식별성 표기" 자체는 다른 상품이나 서비스를 구별하는 정보이며, 저작권이 보호하는 "독창적 표현"은 신문, 서적, TV방송, 컴퓨터 네트워크 등 다양한 매체를 통해 전파되어 사람들의 가장 중요하고 광범위한 정보원(情報源)이 된다. 이런 의미에서 지식재산권법은 정보보호법이 될 수 있다.[54] 그러나 지식재산권을 간단하게 정보재산권과 동일시할 수는 없다. 일반적으로 정보재산에는 첫째, 지적 노동에 의해 창조된 지식정보, 둘째, 원래 비독점 영역에 있던 공공정보, 셋째, 자연에서 생존을 위

51) 参见徐瑄：<知识产权与财产权一体化构建>, 载<暨南学报(哲学社会科学版)>, 2002(6).
52) 参见吴汉东：<论财产权体系>, 载<中国法学>, 2005(2).
53) 周庆山等：<信息法>, 10-11页, 北京, 中国人民大学出版社, 2003.
54) 参见[日] 中山信弘：<多媒体与著作权(一)>, 载<电子知识产权>, 1997(5).

한 자원정보, 이 세 가지 유형이 있다. 첫 번째 유형의 정보는 지적 성과로 전통적인 지식재산권에 의해 보호되고, 두 번째 유형의 정보는 독창성이 부족하지만 인력과 자본이 투자되어 데이터베이스 이름으로 특별법의 보호를 받을 수 있다.[55] 세 번째 유형의 정보는 인간의 노동이 개입되지 않고 유기체 자기조직화의 본질적 특징을 가지고 있어, 이를 보호하기 위한 새로운 권리 제도를 만들어야 하는데 이것이 바로 유전자원 독점권이다.

논리적 개념의 관점에서 볼 때, 정보재산권 또는 무체재산권은 모두 지식재산권의 상위 개념이어야 한다. 무형(非物質性)재산권은 주로 지식재산권이 있지만 지식재산권에 국한되지 않는다. 영업권(商譽權), 신용권, 퍼블리시티권(形象權, right of publicity) 등은 무체재산권 체계에서 모두 비물질적 속성을 가지고 있으나 지식재산권의 범주에 분류될 수 없는 재산권이다. 정보재산권 체계에서 유전자원 권리는 창조적인 성과권(成果權)에 속하지 않으면서 무체재산의 특징을 가진 특별한 권리이다. 여기서 정보재산권,무체재산권, 지식재산권 세 가지 개념에서 "정보", "무체", "지식"이 지칭하는 것은 권리의 객체이자 권리내용에 대한 제한이다. 바로 이런 의미에서 우리는 유전자원 독점권을 일종의 정보재산권 또는 무체재산권이라고 한다.

유전자원 위에 어떤 권리를 설정할 것인지에 대해 국제사회에서 논란에도 불구하고 일부국가와 국제기구에서는 제도 구축을 위한 시도를 멈추지 않고 있다. 최근 몇 년 이들은 소위 "지역사회권", "지역사회 소유권", "전통자원권" 제도를 통해 현지의 유전자원과 전통지식을 보호하려고 노력했다. 아프리카연합기구가 제정한 「지역공동체, 농민, 육종가의 권리보호 및 생물자원 접근 규제를 위한 모델법」이 바로 그 예이다. 필리핀, 에콰도르, 브라질, 베네수엘라 등 국가의 헌법과 법률에는 모두 "지역사회권"과 관련된 제도가 있다.[56] 이러한 보호 제도는 국제적으로 주목을 받고 있으나 실제 시행 효과는 미미한 편이다. 필자는 이러한 권리가 헌법상 선언하는 작용이 클 뿐이지 이에 상응하는 공법적 관리와 사권(私權) 보호에 관한 제도적 뒷받침이 부족하다고 본다. 필자는 「생물다양성협약」의 관련 규정을 참고하여 공법과 사법의 관련 규칙을 융합한 일종의 급별(多級) 권리체계를 확립할 것을 주장한다.

---

55) 参见1996年 <欧盟关于数据库保护指令>.

56) 参见[阿根廷] Carlos M.Correa : <传统知识与知识产权>, 国家知识产权局译, 见 www.biodivip.gov.cn.

1. 국가 주권과 사전통보승인권의 행사

각국은 자국의 천연자원에 대한 주권을 가지며, 그 의미는 각국이 국가의 주권에 기초하여 그 영토(영토, 영해, 영공, 연안국의 대륙붕 및 배타적 경제수역 포함) 내에서 천연자원에 대한 개발, 이용, 관리, 유지 등의 권리를 가지며, 국제법을 위반하지 않는 한 다른 국가의 간섭을 받지 않는다. 국가는 외국기관이 자국 유전자원에 대한 접근 · 이용 신청을 검토하고 그 승인 여부를 결정하기 위해 전담 중앙행정기관을 설치할 수 있다. 해당 접근 및 이용 행위는 지방의 기관, 지역사회 및 개인의 승인이 필요하지 않지만 지방의 문화 관습과 유전자원 보호 및 이용에 대한 지역사회 또는 거주민의 기여를 존중해야 한다. 또한 국가는 유전자원의 제공 및 양도를 위한 활용 범위와 용도의 성질을 규정할 권리가 있고 유전자원 양도를 위한 구체적인 조건을 창설할 권리가 있으며, 유전자원의 양도와 사용 과정에서 발생하는 다양한 권익의 정의 및 이익분배 방안을 결정할 권리가 있다.

2. 국가 또는 지역공동체 소유권 및 출처표시 권한의 행사

유전자원의 소유권 귀속은 그 소재 토지의 소유권 귀속과 동일해야 한다. 유전자원의 장소가 다름에 따라 국가 또는 지역공동체가 유전자원의 소유권을 향유한다. 유전자원의 장소가 불분명하거나 상실된 경우, 해당 유전자원의 원산지 또는 발원지가 유전자원의 소유권 부착지(附着地)로 간주되어야 한다. 해당 지역의 범위가 너무 커서 소유권의 귀속을 명확하게 정의할 수 없는 경우, 원래 유전자원의 장소가 위치한 국가가 소유권을 취득한다. 현지 외 보전(Ex-situ Conservation)국가는 일반적인 경우 유전자원의 소유권을 보유하지 않으며, 유전자원 보호에 기여한 현지 외 보전 국가는 이익 분배에 참여할 수 있다. 국가 또는 지역공동체는 다른 사람이 유전자원을 사용할 때 출처표시권 즉 유전자 특허 또는 식물 신품종 심사를 받을 권리가 있으며 유전자원의 제공 국가를 표시하고 획득 행위가 제공국의 승인을 얻었음을 증명해야 한다.

3. 집단 또는 개인의 사용권 및 이익분배 권능의 행사

사용권과 소유권의 분리 메커니즘은 지역사회의 집단(群體)이나 개인이 유전자원을 사용할 권리가 있고 유전자원과 관련된 이익 공유에 참여할 수 있도록 한다. 유전자원 및 관련 지식재산권의 이익분배 방안은 주로 계약 방식을 통해 결정되고 계약의 내용은 국가가 법률을 통해 관련 조항을 규정하거나 국제협약 또는 국제기구가 제공하는 계약 모델을 참조할 수 있다. 유전자원 이익공유 계약의 체결은 지식재산권 공유, 지식재산권 이익에 대한 물질적 또는 비물질적 보상 방식 등을 포함하여 공평하고 합리적인 이익 공유를 보장하기 위하여 반드시 관련 국가 부서의 심사를 거쳐야 한다. 국가는 단체나 개인이 유전자원의 보호 및 이용에 특별한 기여를 한 경우 포상해야 한다.

Ⅵ. 중국의 생물다양성 보호와 전망

전통자원 보호 제도에 대한 선택은 자국 이익을 고려해야 할 뿐만 아니라 국제협조(協調) 체제의 운영과도 관련이 있다. 이는 국제영역에서 새로운 관계의 형성을 반영할 뿐만 아니라 포스트 TRIPs 시대의 지식재산권 제도의 발전 방향을 보여준다. 중국은 1992년 리우데자네이루에서 「생물다양성협약」을 체결하여 생물다양성을 보호할 의무가 있다. 중국의 생물유전자원에 대한 보호는 전략적 선택, 국제 협조 및 국내법 제정 세 가지 측면을 포함한다.

1. 합리적인 생물유전자원 보호 전략의 확정

중국은 인구가 많고 지리적으로 넓은 범위의 위도에 걸쳐 있어 종의 유전자원이 풍부하지만 보호가 취약하다. 중국의 생명공학기술은 이미 높은 수준을 자랑하고 있다. 벼 재배기술에 있어서도 중국은 세계적 선두주자이며 동시에 인간게놈프로젝트에 참여하는 국가 중 하나이다. 그러나 기술의 산업화 정도가 높지 않고, 강력한 기술력을 가진 규모가 비교적 크고 광범위한 영향을 가진 생명공학기업을 양성하지는 못했다. 요컨대 중국은 생물종자원과 유전자원은 풍부하지만 보호가 취약하고 생명공학 수준은 높지만 산업화가 정도가 낮다.

기본적인 국가 상황의 관점에서 중국은 일부국가들처럼 생명공학기술의 보호에만 초점을 두고 생물다양성 보호를 부정해서는 아니 된다. 그렇지 않으면 중국은 생물종자원의 심각한 손실과 고갈될 위험에 놓이게 된다. 동시에 자원이 풍부하지만 기술이 낙후한 국가처럼 생명공학에 대해 완전히 부정적인 태도를 취해서는 아니 된다. 중국은 유전자원과 생명공학의 조화로운 발전과 긍정적인 상호작용에 힘써야 한다. 첫째, 생물다양성의 보호를 강화하여 생물종의 유전자원 총량을 축적하고 생명공학의 원천을 보호하여 지속 가능한 발전을 실현한다. 둘째, 중국의 생명공학기술과 식물 품종 보호 제도를 개선하여 경쟁력을 갖춘 생명공학기업을 양성함과 동시에 성과로 이어지게 하는데 주목한다. 셋째, 국내에서는 생물다양성 보전을 생명공학기술의 보호와 접목시키고, 국제적으로는 「생물다양성협약」과 「생물다양성협약」의 합리적인 대화를 유도하기 위한 노력을 기울인다.

2. 「생물다양성협약」과 「지식재산권협정」의 충돌 해결을 위한 국제적 노력

현재 많은 개발도상국의 노력과 비정부기구의 조정을 거쳐 협약과 협정의 충돌에 대한 두 가지 협조 방식을 고안해냈다. 하나는 세계무역기구 체제하의 「지식재산권협정」 내에서 양자 간의 "공존과 화합"을 실현하는 "직접 방식"이다. 주요 방법은 「지식재산권협정」 제27조를 개정하여 특허 출원인의 "사전통보승인", "출처표시" 및 "이익공유" 의무를 증가시키는 것이다. 이 방식의 장점은 문제를 완전히 해결할 수 있다는 것이다. 만약 세계무역기구 회원국이 협정 개정에 합의할 수 있다면 생물다양성 보전은 협정의 분쟁해결제도와 영향력을 통해 글로벌 기준을 형성할 수 있다. 그러나 이런 직접방식에 대해서는 현재 도하회의가 어느 정도의 단계적 성과를 이룬것 외에는 별다른 진전이 없다. 특히 칸쿤회의의 결렬은 이미 이런 직접적인 방식의 적용 전망에 먹구름을 드리웠다. 다른 하나는 세계지식재산권기구 체제하에서 세계지식재산권기구의 조정을 통해 "정보공개" 제도를 그 관리하에 있는 「특허협력조약」에 통합시켜 자원국이나 지역사회의 기여에 대한 존중을 표하는 "간접 방식"이다. 이 방식의 장점은 세계지식재산권기구가전문적인 지식재산권기구로서 생물다양성 보전의 기술적인 문제(용어 해석 등)를 원만하게 해결할 수 있고 국제행동을 잘 조율할 수 있으며 지금까지 개발도상국의 이익을 수호하는 것과 입법적 도움을 제공하는 일을 중시해 왔다는 점이다. 그러나 이 방식에도 단점이 있다. 우선, 세계지식재산권기구가 세계무역기구만큼의 영향력이 없고, 세계무역기구의 분쟁해결기구와 같은 집행기구가 없다는 것이다. 둘째, 세계지식재산권기구가 「생물다양성협약」과 「지식재산권협정」에 대한 조정은 대부분 "소프트 로(soft law)"형식으로 그 효력에 한계가 있다.

필자는 협약과 협정의 충돌을 해결하는 가장 이상적인 장은 여전히 세계무역기구 체제하의 다자간 메커니즘이라고 생각한다. 비록 현재 지식재산권협정>의 개정 협상이 교착상태에 빠졌으나 국제적 조율을 통해 양자대화를 실현할 수 있다고 생각한다. 우선, "간접 방식"을 겨냥해 세계지식재산권기구와 세계무역기구 간의 소통을 강화한다. 국제사회가 세계무역기구체제의 틀 안에서 세계지식재산권기구의 규칙이 일정한 절차를 거쳐 승인될 수 있는 방법과 수단을 모색한다면 협약과 협정은 잘 조율될 수 있다. 둘째, "직접 방식"에 있어서는 「생물다양성협약」과 「문화다양성협약」의 조율을 강화한다. 「문화다양성협약」은 프랑스, 유럽연합, 캐나다 등 다수의 국가와 국제기구로부터 지지를 받고 있어, 국제사회가 「문화다양성협약」제20조 "관계 조항"의 개정 및 해석을 통해 「생물다양성협약」과 「문화다양성협약」을 "연동시켜(捆绑)" 양자간 상호 승인이 되게 한다면, 세계무역기구 체제에서의 「생물다양성협약」과 「지식재산권협정」의 조율도 문제가 되지 않는다. 이는 「문화다양성협약」이 세계무역기구 회원국 중에서 절대적인 영향력을 행사하기 때문이다.[57)]

중국은 세계에서 제일 큰 개발도상국으로 상술한 조약의 제정작업에 적극적으로 참여하였다. 「생물다양성협약」과 「지식재산권협정」의 조율 작업에도 적극적으로 참여하여 유전자원에 대한 국제규칙 제정권을 쟁취해야 한다.

3. 중국의 유전자원 보호에 대한 국내법 마련

유전자원 다자간 보호체제의 실현은 단기간에 완성될 수 있는 것이 아니다. 많은 국가에서 국내 특별 입법을 통해 「지식재산권협정」이 확정한 "사전통보승인" "출처표시" 및 "이익공유" 제도를 규정하고 있다. 중국에도 이런 규정이 있다. 예를 들어, 「종자법」제8조와 「인간유전자원관리를 위한 잠정조치」제6조, 제17조는 각각 "국가의 사전통보승인" 제도를 규정하고 있으며, 「야생동물보호법」 제3조와 「야생식물보호 조례」제16조, 제20조, 제21조는 "국가주권" 원칙을 규정하고 있다. 하지만 이 같은 규정은 아주 미비하다.

57) <文化多样性公约>得到世界贸易组织150个成员国中的148个国家的支持.

우선 입법 위계가 너무 낮다. 한 국가의 유전자원은 경제적, 문화적, 윤리적 가치가 매우 높고 국가 주권사항의 내용을 포함하고 있어, 「입법법」에 따라 전국인민대표대회가 특별법을 제정하여 보호해야 한다. 둘째, 현행 입법 규정이 통일되어 있지 않다. 상술 규정 중 유전자원만을 위한 법률이 아닌 것도 많고 관리기관과 제도도 다르다. 마지막으로, 현행 입법 규정이 불완전하다. 위의 입법에는 "출처표시" 및 "이익공유" 제도에 대한 규정이 없다.

위에서 언급했듯이 유전자원권은 자신의 특징이 있다. 권리 주체에 있어 주권은 "국가"에 있고, 소유권은 "땅(地)"에 속하며, 사용권은 "사람"에게 귀속되어, 유전자원 제도는 전문적인 관리와 권리보호를 결합하는 방식을 채택해야 함을 보여준다. 권리 객체에 있어 유전자원 존재 형식의 실물(實物)성, 가치실현의 정보성, 사용개발의 윤리성 등 특징은 그에 대한 법적 조율방법의 특수성을 나타낸다. 즉, 보호와 보존의 공존, 개발과 유지를 동일하게 중시하는 것이다. 권리 형태에 있어 유전자원권은 일종의 자원정보권, 이익공유권으로서 그 권리가 지식재산권 외에 무체재산권에 있어야 함을 명시하고 있다. 중국도 브라질과 코스타리카 등 국가의 방법을 참고하여 생물다양성과 유전자원 보호를 위한 특별법을 제정하고, 전문관리(공법)와 권리보호(사법)를 결합한 법률모델을 채택함으로 유전자원에 대한 국가주권 원칙을 명확히 선언할 수 있지 않을가 생각된다. 상술한 유전자원권의 주체유형과 권리 형태를 참조하여 국가주권과 사전통보승인권, 국가 또는 지역공동체의 소유권과 출처표시권 및 집단 또는 개인의 사용권과 이익분배권을 구체화하고, 유전자원의 독립적인 주관기구를 통일한다. 또한 주관기구의 이익공유 비율과 이익공유 방식 등에 대해 규정할 수 있다.

한마디로 말하자면, 생물다양성협약(CBD)의 통과는 개발도상국의 큰 기회이며, 이 협약을 연구하고 활용하여 자국의 생물다양성 보전을 실현하는 것이 최우선 과제이다. 중국은 생물유전자원 대국으로서 두 가지 측면에서 노력해야 한다. 국제적으로는 국제규칙의 제정권과 국제협상에서의 발언권을 쟁취하는 것이고, 국내에서는 유전자원에 대한 국가주권을 충분히 행사하고, 사전통보승인권과 출처표시권 및 이익분배권을 실현시키는 것이다.

제25장
지식재산권 보호와 문화다양성협약

2005년 10월 19일 프랑스 파리에서 열린 제33차 국제연합교육과학 문화기구(이하 "유네스코"라 함) 총회에서 「문화적 표현의 다양성 보호와 증진에 관한 협약」(이하 「문화다양성협약」이라 함)이 절대 다수로 통과되었다. 유네스코는 「문화다양성협약」이 「세계유산협약」, 「무형문화유산보호협약」과 함께 국제사회의 문화다양성 보전을 위한 강력한 실행 틀을 제공한다고 보고 있다.[1] 1년 만에 미주 의회연합(COPA: Parliamentary Confederation of the Americas), 유럽연합(EU)이 차례로 해당 협약을 비준하였고 회원국들에 지지를 호소했다. 중국은 2006년 12월 「문화다양성협약」을 비준했다. 이 협약은 2007년 1월 정식으로 발효되었다.

Ⅰ. 문화다양성협약의 개요

1. 「문화다양성협약」의 제정 – "경제적 속성"과 "문화적 속성"의 대결

「문화다양성협약」의 개요의 제정 배경은 1990년대까지 거슬러 올라간다. 그동안 캐나다와 유럽공동체(특히 프랑스)는 미국 블록버스터로 대표되는 시청각 작품도 세계무역기구(WTO)의 법적 규제 대상으로 삼는 것에 강력히 반발하며 문화 콘텐츠를 일종의 "문화적 예외" 조항으로 협정에 추가할 것을 주장해왔다. 하지만 "문화적 예외"는 적극

1) 参见联合国新闻服务中心：<保护文化多样性公约>, 见http://www/un.org/chinese/News/fullstorynews.asp?newsID=6987 , 2006年12月21日访问.

적인 정책이 아닌 소극적 예외일 뿐으로, 일부국가로부터 보호무역주의로 인정받고 있다. 「세계무역기구 설립을 위한 마라케시 협약」이 통과되면서 "문화적 예외"는 실패를 선언했다.

"문화적 예외"의 실패는 관련 국가들로 하여금 문화 상품과 서비스의 "경제적" 속성을 부정하는 것은 바람직하지 않다는 것을 인식하게 했다. 이어서 그들은 "문화적" 속성을 "경제적" 속성과 함께 중요시하기 시작했고 이 목표를 실현함에 있어서 유네스코의 중요한 역할을 인식하게 되었다. 1991년 유네스코는 세계문화발전위원회를 설립했고, 1995년 "우리의 창조적 다양성" 보고서를 발간했다. 이 건의에 따라 1998년 스톡홀름 문화정책발전회의가 열렸으며, 이 회의에서는 "문화상품과 서비스를 다른 상품처럼 똑같이 취급해서는 안 된다"는 내용의 행동강령을 채택했다. 2001년 유네스코는 박수의 방식으로 「세계문화다양성선언」과 「행동강령」을 통과시키며 "문화다양성 문제와 관련한 심도 있는 토론을 진행하고, 특히 문화다양성에 관한 국제법 문서의 제정을 추진하는 것이 가능한지 고민해야 한다"고 제안했다. 2003년 유네스코는 파리에서 제32차 총회를 개최하여 "문화다양성에 관한 국제 규범문서 작성의 타당성"을 채택하고, 집행기관의 문화다양성 관련 준칙성 문서 제정의 실행가능성과 관련하여 기술 및 법률문제에 대한 예비 연구를 의뢰하였다.[2] 이후 세 차례의 전문가회의를 개최하여 사무총장에게 건의 및 조약 초안을 제공하였으며, 2004년부터 2005년까지 세 차례의 정부간 전문가회의를 개최하여 초안을 심의 · 개정하였다. 2004년 3월 30일부터 4월 3일까지 개최된 제2차 전문가회의에서 "문화재산과 문화서비스업의 문화적 가치가 그 상업적 가치보다 우선한다"는 논의가 제기되었다.[3] 그 후, 「문화 콘텐츠와 예술적 표현의 다양성 보호에 관한 협약 초안」(기초위원회의 개정을 거친 초안) 제10조는 "문화상품과 서비스는 경제와 문화의 이중 성격을 가지고 있다고 확신하지만 이들이 특성과 가치관, 의미를 전달하고 있기 때문에 일반적인 상품이나 소비재로 간주해서는 안 된다"고 규정하였다.[4] 마지막으로 제3차 정부간회의에서 최종문건을 사무총장에게 제출하고 2005년 「문화다양성협약」을 통해 "경제적 속성"과 "문화적 속성"이 병렬적이고 상호 보완적인 것임을 확인했다.

---

2) UNESCO, 23C/52.

3) UNESCO, CLT/CPD/2004/CONF. 201/1.

4) UNESCO, CLT/CPD/2004/CONF. 607/6.

2. 「문화다양성협약」의 내용 – "문화패권"과 "문화평등"의 게임

「문화다양성협약」은 서문, 본문, 부록으로 구성된다. 본문은 7장으로 각각 목적과 지침, 적용범위, 용어의 정의, 체약 당사자의 권리와 의무, 다른 문서와의 관계, 관련 기관 및 최종 조항이 있다.

우선 「문화다양성협약」의 적용범위에 관하여 협약 제3조는 체약 당사자가 문화적 표현의 다양성을 보호하기 위해 취할 수 있는 정책과 조치를 포함하여 협약의 적용범위를 규정하였다. 협약은 각국이 문화활동, 문화 콘텐츠, 문화상품과 서비스의 특수성을 인식할 것을 요구했다. 이 중에서 개발도상국에서 지식재산권으로 보호받지 못하는 전통문화를 "문화활동"에 포함시켰다. 이러한 광범위한 보호 범위에 대해 세계무역기구 일부 회원국들이 우려를 표했지만 결국 이 규정은 대다수 국가의 지지로 유지되었다.

둘째, 국가주권의 원칙에 관한 것이다. 협약 제5조는 "당사국은 본 협약의 목적을 달성하기 위해 문화정책을 제정하고 시행하며, 문화적 표현의 다양성을 보호하고 촉진하기 위한 조치를 취하며, 국제협력을 강화할 수 있는 주권을 가진다"고 규정하고 있다. 그러나 협약이 채택한 최종 문건은 초안 문건과 크게 다르다. 초안은 "동시에 국내 및 전세계적으로 이러한 다양성을 보호하고 촉진할 의무를 인정한다"고 규정하였다. 이런 국가의무에 관한 규정은 「문화다양성협약」의 법적 지위를 크게 높일 수 있다고 볼 수 있다. 2004년 12월 14일부터 17일까지 "기초위원회"에서 논의될 때까지 이 규정이 대다수 국가의 지지를 받았으나,[5] 안타깝게도 최종적으로 협약 최종 문건 제5조로 대체되었다.

셋째, 「문화다양성협약」과 다른 국제문서와의 관계에 대한 부분이다. 미국은 「문화다양성협약」과 다른 협약, 특히 무역에 관한 국제협약과의 관계가 애매모호하고 불분명하다고 보아 협약을 다시 제정할 것을 요구했다.[6] 협약초안 심의 시 줄곧 두 가지 방안이 있었다. 하나는 협약 조항에 "당사국이 다른 현행 국제문서로부터 파생되는 권리를 누리고 의무를 부담하는 것이 문화적 표현의 다양성을 심각하게 훼손시키거나 위태롭게 할 수 있는 경우를 제외하고는 이러한 권리를 행사하고 의무를 부담하는 것에 영향을 주어서는 안 된다"고 요구한다. 다른 하나는 "본 협약의 어떤 내용도 당사국이 서명한 다른

5) UNESCO, CLT/CPD/2004/CONF. 607/6.

6) See John R. Crook, United States Supports New UNESCO Instruments on Doping in Sports and on Bioethics; Votes Against New Convention on Cultural Diversity, 100 Am. J. Int'l L. 229, January, 2006.

현행 국제문서에서 누리는 권리와 의무에 영향을 주어서는 안 된다"는 것이다.7) 회원국들이 이 같은 방안에 합의하지 못하자 의장은 또 다른 대안을 제시했다. 이 방안은 국제문서 간의 우열을 가리는 것은 피하고 오히려 상호 보완하는데 도움이 되는 것이다.8)

협상 과정에서 문화다양성의 각 영역에 대해, 프랑스 · 캐나다 · 중국 아프리카 및 라틴 아메리카 국가들로 구성된 동맹은 미국 · 일본 · 인도로 대표되는 또 다른 동맹과 첨예하게 대립했다. 미국은 2005년 유네스코 총회 개최 전까지 4개월 동안 28건의 조약 개정안을 제기했으나 모두 거부당했다.9) 협약이 통과될 때는 미국과 이스라엘만 반대표를 던졌다. 이는 한편으로 협약의 영향력을 엿볼 수 있는 대목이었고, 다른 한편으로는 협약이 국가 간 힘겨루기의 결과였음을 보여준다.

3. 「문화다양성협약」의 정체성 – "고립적 관점"과 "조화적 관점"의 대립

「문화다양성협약」은 이미 발효되었고 그 제정과정도 이미 역사가 되었으나, 이를 어떻게 이해하고 해석할 것인지가 급선무다.

첫째, 문화다양성과 관련하여 협약은 고립과 폐쇄가 아닌 서로 다른 문화 간의 협력과 교류를 제창한다. 이는 주로 "국가주권 원칙"에 대한 이해에서 드러난다. "국가주권 원칙"이 「문화다양성협약」에서의 체현은 문화 패권 반대를 위한 일종의 수요이기도 하나, 문화적 폐쇄와 "문화 부족주의"의 빌미가 되기도 쉽다. 우리는 국가의 문화정책과 문화적 조치가 자국의 문화주권을 수호하고 취약한 문화를 보호할 뿐만 아니라 국제문화교류 및 전 세계적인 문화다양성의 지속 가능한 발전에 도움이 되도록 "국가 문화주권"과 문화다양성의 관계를 합리적으로 해석해야 한다.

둘째, 「문화다양성협약」의 경우 다른 협약과의 "상호지지 · 보완하며 서로 예속되지 않는" 관계에 주의를 기울여야 한다. 이는 주로 문화권리 등 인권의 개념에 대한 이해에서 나타난다. 집행이사회가 문화다양성에 관한 국제문서 제정의 타당성을 논증할 때, 유네스코가 제정할 수 있는 새로운 문서가 언급할 만한 범위로 네 가지 방안을 제시했다. 이 네 가지 방안은 (1) 문화권리에 관한 새로운 종합문서 (2) 예술가의 지위에 관한 문서

7) UNESCO, CLT/CPD/2005/CONF. 203/6.

8) UNESCO, CLT/CPD/2005/CONF. 203/6.

9) See Eireann Brooks, "Cultural Imperialism VS. Cultural Protectionism: Hollywood's Response to UNESCO Efforts to Promote Cultural Diversity", 5 J. Int'l Bus. & L. 112, Spring, 2006.

(3) 피렌체협정의 새 의정서 (4) 문화 콘텐츠 및 예술적 표현의 보호이다.[10] 총회는 최종적으로 마지막 방안을 선정하고 제32C/34호 결의를 통과시켜 "문화 콘텐츠 및 예술적 표현의 다양성을 협약 초안의 핵심 내용으로 하고, 동시에 「세계선언」에 포함된 모든 적용범위를 상기시키는 것을 염두에 두었다.[11]" 보다시피 "문화권리"는 한때 유네스코의 최우선 선택이었고, 초안과 최종문건에서 모두 문화권리를 비롯한 인권을 문화다양성 보호의 한 측면으로 간주하고 있음을 알 수 있다.

셋째, 지식재산권의 경우, 「문화다양성협약」과 지식재산권 보호 사이의 관계를 인식해야 한다. 동시에 「문화다양성협약」은 지식재산권 보호에 대해 새로운 요구와 기대를 제시하였다. 이는 주로 전통지식의 보호에 반영되었다.

우선, 지식 창조를 보호하고 격려하는 것을 사명으로 하는 지식재산권은 문화다양성을 풍부하게 하였다. 협약 초안은 "문화적 표현을 촉진하고 혁신하는 창조행위의 핵심 역할과 예술가 및 기타 창작자의 핵심 역할을 강조하며, 그 작품은 충분한 지식재산권을 가져야 한다"고 규정하였다.[12] 「문화다양성협약」도 "지식재산권은 문화창조의 참여자를 지지하는 데 큰 의미가 있다"는 것을 인식하였다. 둘째, 현행 지식재산권 제도는 전통문화에 대한 보호를 소홀히 하고 있는데, 「문화다양성협약」은 이에 대해 새로운 요구와 기대를 제시하였다. 그 중 「문화 콘텐츠 및 예술적 표현의 다양성 보호에 관한 협약 초안」(기초위원회의 개정을 거친 문건)은 제4조 "문화상품 및 서비스"의 정의에서 "기존 지식재산권법에 의해 보호되는지 여부에 관계없이 이들은 지식재산권을 생성하거나 생성할 수 있다"고 명시하였다. 해당조항은 세 가지 대체 가능한 실행방안이 있다. 첫째, 이들은 지식재산권을 생성함에 있어 이러한 지식재산권은 관련 지식재산권의 기존 또는 미래의 법적 표준에 수용될 수 있어야 한다. 둘째, 이들은 기존 지식재산권법의 보호를 받는지 여부와 관계없이 지식재산권을 구성할 수 있다. 셋째, 이들은 기존 지식재산권법의 보호를 받을 자격이 있는지 여부에 관계없이 개인 또는 집단적 권리를 생성하거나 생성할 수 있다.[13] 「문화다양성협약」 서문에서도 "비물질적 및 물질적 부의 원천으로서 전통지식의 중요성, 특히 토착지식체계의 중요성을 인정하였다." 이는 협약의 초안 과정에서 전통문화의 보호 문제가 어느 정도 중시되었음을 알 수 있다.

10) UNESCO, 32 C/ 52.

11) UNESCO, CLT/CPD/2004/CONF. 201/1.

12) UNESCO, CLT/CPD/2004/CONF. 201/2.

13) UNESCO, CLT/CPD/2004/CONF. 607/6.

한마디로 말하자면, 문화다양성 보호와 지식재산권 보호에 대해서는 대립이 아닌 상호 보완적 관점을 견지해야 한다. 일부 학자들은 “문화다양성협약은 그 해 세계인권 협약처럼 ‘주권보다 인권’이라는 보편적 윤리를 확립해야 하고”, “문화다양성의 중요성을 지식재산권 보호보다 우선해야 한다”고 제안했다.[14] 필자는 중국이 세계무역기구 가입 후 「지식재산권협정」의 체계 안에서 지식재산권의 ‘약한 보호’를 지나치게 강조하는 것은 의미가 거의 없으며, 조정 메커니즘(Coordination Mechanisms, 國際協調機制)을 사용하여 협정 기준을 넘어서는 선진국의 지식재산권의 강력한 보호 요구에 어떻게 대응하는 것과 전통문화와 자원 대국의 장점을 살려 국제규칙 제정의 발언권을 쟁취하는 것이 관건이라고 생각한다.[15] “문화다양성협약은 중국의 전통문화를 보호하는 데 도움은 되지만, 단기적으로 중국의 문화적 약세지위를 바꿀 수는 없다. “문화다양성협약은 이미 발효되었고 중국도 그 당사국 중 하나로 현재 우리의 최우선 과제는 이 협약에 반대하는 것이 아니라 협약을 합리적으로 해석하고 활용하여 중국 문화를 보존하고 발전시킬 수 있는 여건을 조성하는 것이다. 이는 필연적으로 문화다양성의 보호와 주권 범위 내의 문화정책, 인권 범위 내의 문화권리, 사권(私權) 범위 내의 지식재산권, 이들 서로 간의 관계와 관련된다.

Ⅱ. 문화다양성과 국가의 문화주권

국가의 문화주권은 「문화다양성협약」에서 제시한 중요한 법적 문제이며, 각 당사국의 문화 표현의 다양성 보호 및 촉진을 위한 정책목표와 지도원칙과 관련된다. 협약 제1조 “목표” 제8항(아항)은 “자국 영토 내에서 문화적 표현의 다양성을 보호하고 증진하기 위한 적절한 정책과 조치를 유지, 채택 및 실행하는 데 있어서 국가의 주권적 권리 재확인한다”고 규정하고 있다. 제2조 “지도원칙” 제2항 “주권원칙”은 “국가는 국제연합헌장과 국제법의 원칙에 따라 자국 영토 내에서 문화적 표현의 다양성을 보호하고 증진하기 위한 조치와 정책을 채택하는 주권적 권리를 가진다”고 규정하고 있다. 여기서 말하는 “주권”은 각 당사국이 갖는 문화적 주권이다.

14) 傅谨：<<文化多样性公约> 与中国的国家立场>, 载<博览群书>, 2004(10).

15) 参见吴汉东：<后TRIPs时代知识产权的制度变革与中国的应对方略>, 载<法商研究>, 2005(5).

문화주권을 포함한 주권 원칙은 국제사회가 공통적으로 받아들이는 국제관계 준칙이다. 근원적으로 권력은 국가와 함께 생긴 개념으로 국가가 있으면 그에 상응하는 국가권력이 있다. 주권은 국가권력의 한 가지 표현이지만 타고난 것이 아니라 역사적 개념이다. 고대 사회부터 중세 시대까지 국가와 국가 간의 관계는 약육강식의 법칙을 따랐던 터라 국가 주권이 탄생할 수 있는 기반과 조건이 없었다. 근대에 이르러서야 민족국가 생기면서 국가는 점차 주권 관념이 형성되었다. 17, 18세기부터 서유럽에서 주권 원칙이 먼저 확립되면서 주권은 국가최고권력의 구현이 되었다.[16] 제2차 세계대전 이후 주권의 개념과 원칙은 종래의 제한된 지역에서 세계 전체로 확대되어 각국이 유엔을 수립할 때 중요한 주장이 되었다. 1946년 「유엔헌장」은 유엔의 기본 원칙에 관한 규정 제1조에 "이 기구는 각 회원국의 주권평등의 원칙에 근거한다"고 명시했다. 인류 사회가 경제 세계화로 나아가는 현시점에 국가 주권은 여전히 현대 국제 관계를 유지하는 기본 출발점이다. 국가 주권을 수호하는 기본 취지는 주권평등을 실현하는 것이며, 그 요지는 각국이 서로 주권을 존중해야 하며, 각국은 그 정치 · 사회 · 경제 · 문화제도를 결정할 권리를 갖는다는 것이다. 「문화다양성협약」은 "주권원칙"(principle of sovereignty)을 제기하였는데 그 내용이 문화주권 원칙이다. 이는 주권의 원칙이 전통적인 국제법 원칙으로서 시대에 뒤떨어진 것이 아니라 여전히 현대 국제 관계의 법적 기초임을 보여준다.

문화주권과 경제주권은 현대 국가주권 원칙에 새로 내포된 의미이다. 근대적 국가주권 원칙이 제시된 이래, 지역 적용범위가 전세계로 확대되었을 뿐만 아니라 내용 구성에서도 정치 영역에서 경제 · 문화 · 사회생활 등 영역으로 변화하였다. 주권 구성에서 국가주권은 원래 주로 정치적 · 안보적 독립권과 평등권을 가리킨다. 「유엔헌장」은 "각 회원국은 국제관계에서 위협이나 무력을 사용하거나 유엔의 취지와 달리 그 어떤 방법을 사용하여 다른 회원국이나 국가의 영토 완전과 정치적 독립을 침해해서는 안 된다"고 규정하고 있다. 1960년대 이후 개발도상국은 민족경제 발전의 필요에 따라 경제주권을 수호해야 한다는 주장을 펼쳤다. 1962년 유엔총회는 「천연자원에 대한 영구주권선언」을 채택하여 "각 민족과 각 국가는 천연적 부와 자원에 대한 영구주권을 행사한다"고 선언하였다. 1966년 유엔총회는 "모든 국민은 자신의 목적을 위해 그들의 천연적 부와 자원을 자유롭게 처분해야 한다"고 규정한 「경제적·사회적 및 문화권리에 관한 국제규약」을 채

16) 参见刘杰 : <秩序重构 : 经济全球化时代的国际机制>, 190页, 北京, 高等教育出版社, 1999.

택했다. 이것이 바로 천연자원의 영구주권을 주요 내용으로 하는 경제주권 원칙이다. 주권 개념은 1990년대부터 문화분야로 확대되어 왔다. 비록 이 시기에 문화주권에 대한 정확한 정의를 내리는 공식적인 국제문서는 없었지만 이미 많은 나라에서 빈번하게 사용되는 개념이 되어, 국가의 전통적 가치관과 생활방식을 수호하는 최고권력을 지칭하는 말이 되었다.[17] 유네스코는 60년 가까운 기간 동안 "다채로운 문화다양성의 보호와 촉진" 및 "필요한 국제협정을 제정하여 문자와 이미지를 활용한 사상의 자유로운 유통을 촉진하기 위한 일"에 힘써 왔다.[18] 해당 기구는 2001년 「세계문화다양성선언」 및 그 「행동강령」을 채택했다. 해당 선언은 유네스코가 발간한 국제문서의 문화다양성과 문화권리에 관한 조항을 참고해 전문 챕터로 문화권리와 인권의 관계를 논의했지만 문화주권 문제는 다루지 않았다. 유네스코는 2005년 10월 「문화다양성협약」을 공식적으로 채택하여 문화적 표현을 보호하고 촉진한다는 입장에 따라 문화주권 원칙을 처음으로 국제협약에서 확인하였다.[19] 바로 경제주권과 문화주권의 형성으로 인하여 주권 관념이 정치, 안전, 경제, 사회생활, 문화전통과 가치관념 등 측면에 관한 원칙 규범체계로 발전하였다고 할 수 있다.

문화전통 보호와 문화발전을 위한 선택은 문화주권 원칙의 기본 내용이다. 일반적으로 문화주권 원칙은 "한 국가의 문화주권은 신성 불가침하며 국가의 문화입법권, 문화관리권, 문화제도 및 이데올로기적 선택권, 문화전파 및 문화교류의 독립적 자주권 등을 포함하여 국가의 문화전통과 문화발전을 위한 선택은 존중되어야 한다"는 것을 말한다.[20] 문화주권 원칙은 협약에서 문화적 표현의 다양성을 보호하고 촉진하기 위한 정책과 조치를 취하는 당사국의 주권으로 표현된다. 협약의 해석에 따르면 "문화 정책과 조치"는 지방, 국가, 지역 또는 국제적 차원에서 문화 자체 또는 개인, 그룹이나 사회의 문화적 표현형식에 직접적인 영향을 미치는 다양한 정책과 조치를 말하며, 여기에는 문화 생활이나 상품 또는 서비스를 창작, 생산, 전파, 판매하고 누리는 것과 관련된 정책과 조치가 포함된

---

17) 参见刘杰：<秩序重构：经济全球化时代的国际机制>, 235页, 北京, 高等教育出版社, 1999.

18) 转引自<总干事关于制定〈保护文化内容和艺术表现形式多样性公约草案〉所取得的进展情况的报告·附件三>, 见 http://unesdoc.unesco.org/images/0013/001388/138884C.pdf, 2006年3月1日访问.

19) 2005年1月31日至2月11日举行关于公约草案初稿的第二次政府间会议, 会议在"国家层面的权利和义务"这一条款中"增加了一项关于国家主权的新原则". 参见2005年8月4日 <总干事关于应该制定一项规章的情况和该规章可能涉及的范围的初步报告>, 及 <保护文化内容和艺术表现形式多样性公约>(草案初稿), 见 http://www.sipo.gov.cn/sipo/ztxx/yczyhctzsbh/zlk/gjhywj/200510/P020060403598672034715.pdf, 2006年8月4日访问.

20) 胡惠林：<文化产业学>, 149页, 北京, 高等教育出版社, 2006.

다. 당사국이 협약 제6조의 규정에 따라 문화정책을 제정하고 문화조치를 시행할 수 있는 주권행위로는 (1) 문화적 표현의 다양성 보호와 증진을 위한 규제 조치, (2) 언어 사용 측면의 규정을 포함하여 적절한 방식으로 자국 영토 내에서 국내 문화활동, 문화상품 및 문화서비스의 창작, 생산, 보급, 배포 및 향유를 위한 기회 제공 관련 조치 (3) 비공식 부문에서 이루어지는 국내 독립 문화산업과 활동이 문화활동, 문화상품 및 문화서비스의 생산, 보급 및 배포 수단에 효과적으로 접근할 수 있도록 하는 조치 (4) 공공 재정지원 제공을 위한 조치 (5) 비영리 조직, 공공기관, 민간단체 그리고 예술가와 그 밖에 문화전문가들이 사상, 문화적 표현, 문화활동, 문화상품 및 문화서비스를 자유롭게 교환하고 유통시킬 수 있도록 돕고, 이러한 활동에서 창의적이고 진취적인 정신을 격려하기 위한 조치, (6) 공공기관을 설립 및 적절한 지원 조치 (7) 예술가 및 그 밖에 문화적 표현의 창작 활동에 종사하는 인원들을 양성하고 지원하기 위한 조치, (8) 공영방송 활용을 포함한 매체의 다양성 증진을 위한 조치가 있다. 위의 조치는 문화관리 조치, 문화시설건설 조치, 문화지원 조치, 문화장려 조치, 문화산업기관의 설립 및 지원 조치, 문화인력의 양성 및 지원 조치 등을 포함하며 이러한 정책적 조치는 당사국 자체의 특수한 상황과 필요에 따라 그 영토 내에서 채택될 수 있지만, 협약에 규정된 문화적 표현의 다양성을 보호하고 증진한다는 목표와 일치해야 한다. 이에 대해 캐나다 문화정책고문이자 캐나다 문화다양성 국제교류위원장인 개리 닐(Garry Neil)은 조약이 당사국의 권리와 의무에 관한 규정이 협약의 핵심 내용이라고 평가했다. 그러나 협약 제4장 즉 "권리와 의무"에서는 의무보다는 권리에 중점을 두고 규정하고 있으며, 가장 중요한 점은 문화다양성의 보호와 증진의 목적으로 당사국이 그 영토 내에서 적절한 문화정책과 조치를 취할 수 있다는 점이다.[21] 협약은 또한 당사국이 "문화적 표현이 취약하다"는 것을 결정하고 적절한 보호조치를 취할 수 있는 권리를 규정하고 있다."문화적 표현이 취약하다"는 것은 "문화적 표현이 소멸할 위기나 심각한 위험에 처해 있거나 또는 긴급한 보호조치가 필요한 특수한 상황"이란 뜻이다. 당사국은 긴급 보호를 받는 특수한 상황을 결정할 권리가 있지만 이러한 상황에 대처하기 위해 취한 관련 조치를 정부간 위원회에 보고해야 하며, 후자는 이에 대해 적절한 권고를 할 수 있다.

문화다양성의 보호와 발전은 본질적으로 국가의 특수한 문화주권의 형태이다. 문화의

---

21) See Garry Neil, Assessing the Effectiveness of UNESCO's New Convention on Cultural Diversity, Global Media and Communication [1742-7665(2006)2:2] volume2 (2): 257-262.

다양성과 문화주권은 내적 관계를 가지고 있다. 우선, 문화다양성에 대한 존중은 국가의 문화주권에 대한 존중이다. 경제세계화와 함께 발생한 문화 세계화는 문화의 민족성과 다양성을 해소하지 못했다. 오늘날 세계의 상황은 1만여개의 다양한 사회 집단이 200여개의 국가에서 살고 있다. 국가 내부적으로는 다문화 다민족으로 구성되어, 문화의 다양성을 유지하는 것은 주로 소수인구의 권리를 존중하는 데 있다. 국제 사회에서 문화의 다양성은 언어, 종교 및 생활방식의 차이를 의미하며, 이러한 문화의 다양성을 인정하는 것은 서로 다른 국가의 문화주권의 독립성과 자주성을 인정하는 것이다. "다른 문화의 평등한 지위를 존중하고 다른 문화의 다양성과 그들의 풍요로운 활력을 존중하며 발전을 이루어가는 다른 경로를 존중"하며,[22] 이는 문화의 다양성을 실현하기 위한 윤리적 기반이자[23] 국가문화주권 원칙의 법적 요구이기도 하다. 둘째, 문화주권의 독립성과 자주성을 지켜야만 문화의 다양성을 효과적으로 보호하고 발전시킬 수 있다. 국가가 크든 작든, 민족이 강하든 약하든 자신의 문화 전통을 수호하고 문화발전경로를 선택할 권리가 있어야 한다. "전통적이고 고전적인 소수자만의 엘리트 문화가 발언권에 대한 독점 및 대중문화에 대한 일종의 패권이 현대 국제관계에서 소수문화 생산국이 다른 나라에 대한 문화패권으로 변모했다"는 점에 유념해야 한다.[24] 문화산업의 세계화와 문화패권의 형성은 민족국가의 문화주권을 약화시키고 전통문화를 소외시키고 있다고 할 수 있다. 문화다양성과 문화주권의 상관관계는 한편으로, 문화다양성을 보호하고 발전시키는 것이 민족의 문화적 정체성과 민족의 정신적 결속력 형성하는데 도움이 되어, 국가의 문화안전(국가문화주권)을 유지하게 한다. 이러한 의미에서 문화다양성을 보호하고 증진하는 것이 국가의 문화주권과 문화안보를 효과적으로 수호하기 위한 정책적 선택이다. 다른 한편으로, 국가 문화주권의 평등을 존중하고 각국 문화발전의 독립성과 자율성을 인정해야만 서로 다른 민족문화와 종족문화의 존재를 유지하고 국제 문화의 생태 균형을 실현하며, 경제글로벌화와 세계문화 다양화 간의 모순과 충돌을 해결할 수 있다.

문화다양성을 보호하고 발전시키는 문화주권의 원칙과 세계무역기구의 규칙은 근본

---

22) 前联合国秘书长、世界文化与发展委员会主席佩雷斯·德奎利亚尔语. 引自联合国教科文组织、世界文化与发展委员会：<文化多样性与人类全面发展>, 3页, 广州, 广东人民出版社, 2006.

23) 世界文化与发展委员会认为, 多元化 (pluralism)是全球伦理的基本原则, 其意思是指 "文化多元化是人类社会的基本特征, 而且无处不在、无时不在. 民族认同是对抗全球化压力的一个正常的健康有益的反映". 联合国教科文组织、世界文化与发展委员会：<文化多样性与人类全面发展>,3页, 广州, 广东人民出版社, 2006.

24) 胡惠林：<文化产业学>, 151页, 北京, 高等教育出版社, 2006.

적으로 모순되거나 상충되지 않는다. 협약 제20조는 협약과 다른 조약 간의 관계를 "상호지지·보완하며 서로 예속되지 않는" 관계로 규정하고 있다. 협약은 "이 협약의 어떠한 규정도 자신들이 당사국인 다른 조약상의 권리 및 의무를 변경하는 것으로 해석되지 아니한다"고 강조한다. 이는「문화다양성협약」과 세계무역체제가 본질적으로 일치해야 함을 보여준다. 미국은 협약이 이미 확립된 국제무역체제에 잠재적인 파괴 위험성을 가진다고 협약에 대해 중요한 반대 의견을 제시했다. "미국 정부는 당사국이 협약을 잘못 해석하여 무역, 서비스, 농산물의 일부를 문화적 표현과 연관시켜 보호함으로써 새로운 무역장벽을 형성할 수 있다고 우려하였다."[25] 사실 협약 제4조의 "정의"에 따르면 "문화활동, 문화상품 및 문화서비스란 이것이 지니고 있는 특성, 용도 또는 목적으로부터 고려하여 그 상업적 가치에 관계없이 문화적 표현을 구체화하거나 전달하는 활동, 상품 및 서비스를 말한다." 유네스코 "독립전문가회의"는 협약의 보호 대상이 문화활동, 문화상품 및 문화서비스를 매개체로 하는 문화적 표현이며, 문화활동, 문화상품 및 문화서비스는 상품속성과 문화속성이란 이중성을 가지고 있다고 본다.[26] 이러한 해석이 의미가 있는 것은 국제무역협정(세계무역기구「상품무역협정」,「서비스무역협정」,「무역관련 지식재산권협정」포함)에서 문화활동, 문화상품 및 문화서비스 거래는 문화의 재산 속성과 지식재산권 문제를 다루고 있고, 협약은 문화다양성의 보호를 강조하는 것으로서 국가가 보호와 관련된 정책적 조치를 취하는 것은 문화주권 행위의 표현이다. "독립전문가회의"는 여기서 "보호"라는 단어가 어떤 경우에도 당사국들의 쇄국 정책을 실시하는 핑계가 될 수 없다는 입장이다. 문화적 표현의 교류와 관련하여 전문가들은 시장의 힘을 강조할 뿐만 아니라 시장의 부재도 지적하였다. 제한이 없는 문화시장과 절대적으로 자유로운 문화무역은 문화 생태계의 불균형을 초래할 수 있다. 일부 문화적 표현이 약한 상황에서 국가의 개입은 문화의 다양성을 보호하기 위해 필요하다.[27] 세계무역기구의 관련 정책 해석에서도 동일한 결론을 도출할 수 있다. 세계무역기구가 성취한 많은 협정은 문화의 각

---

25) "The Convention on the Protection and Promotion of the Diversity of Culture Expressions", http://geneva.usmission.gov/Press2005/1011/Unesco.htm., 2006年10月11日访问.

26) 参见 2005年3月31日 "总干事关于制定 <保护文化内容和艺术表现形式多样性公约草案> 所取得的进展情况报告", 附件三, 见 http://unesdoc.unesco.org/images/0013/001388/138884c.pdf., 2006年12月9日访问.

27) 参见2005年3月3日"关于总干事的初步报告, 其中附有两份<保护文化内容和艺术表现形式多样性 公约>草案初稿 ", 见 http://portal.unesco.org/culture/fr/file_download.php/b1d0ee4fd7fb9be2157db6455d1736203_6_reportch.pdf., 2007年2月1日访问.

분야와 광범위하게 관련되어 있다. 세계무역기구가 확립한 국제 문화무역 원칙(國際文化貿易原則)은 본질적으로 오늘날 국제 사회의 새로운 국제 문화관계의 준칙이자 국가 간의 문화무역 관계와 분쟁을 처리하는 규범이 되었다. 세계무역기구는 정책 시스템에서 "시장 진입", "투명도", "비차별"과 "최혜국 대우" 등 원칙 뿐만 아니라 "전통문화 보존과 관련된 예술품과 문화", "예외 및 보호조치 허용", "국가안보 수호" 등 원칙과 규칙을 규정하고 있다. 이는 세계무역기구 회원국, 특히 개발도상국이 문화주권을 행사하고 문화다양성을 보호하고 발전시키는데 필요한 제도적 여지를 남겼다. 또한 어느 국가나 세계무역기구의 체계 안에서 문화상품의 무역장벽을 허물고 자체적으로 대외 문화교역을 할 수 있으며, 동시에 예외조항에 따라 자국의 문화전통과 문화이익을 보호할 수 있다는 것을 의미한다. 여기서 문화시장의 대외 개방은 무역의 자유에 의해 이루어지며, 동시에 문화시장도 쌍방향 개방으로 문화다양성의 존재를 기반으로 해야 한다.세계무역기구의 문화상품 무역은 문화다양성 플랫폼을 기반으로 평등하게 진행되는 국제 문화무역이어야 한다. 어떤 학자가 지적했듯이 "세계무역기구의 원칙은 자국 문화의 개성을 보호하고, 각국 문화의 다양성이 병존하도록 지원하며, 세계 문화의 풍부함과 다양성을 지키는 것[28]"이다. 세계무역기구가 주장하는 문화무역의 자유는 문화다양성을 보호하는 문화주권을 부인해서는 안 된다.

Ⅲ. 문화다양성과 문화권리

인권과 기본적 자유는 「문화다양성협약」에서 제기하는 핵심적인 법적 문제이며, 문화적 표현의 다양성 보호라는 국제문서의 체계가 형성될 수 있었던 기초이다. 협약은 서문에서 "문화다양성을 앞에 내세우는 것은 「세계인권선언」과 기타 공인된 문서들이 주장하는 인권과 기본적 자유를 충분히 실현하는 데 중요한 의미가 있다"고 지적했다. 협약 제2조 제1항은 "인권은물론 표현, 정보통신의 자유 등 기본적 자유를 보장하고 개인이 문화적 표현을 선택할 수 있도록 해야 문화다양성을 보호하고 촉진할 수 있다"면서 "인권 및 기본적 자유에 대한 존중 원칙"을 최우선 지침으로 규정했다. 협약은 기본 인

28) 胡惠林 : <文化产业学>, 166页, 北京, 高等教育出版社, 2006.

권과 문화다양성의 본질적인 연결을 강조했다. 여기서 기본 인권은 주로 문화권리와 관련된다.

문화다양성에 기반한 문화권리는 일종의 국제 인권이다. 인권에 관한 국제문서는 문화권리에 대한 명확한 정의를 두고 있지 않지만, 관련 국제인권 협약이 해당 분류의 권리에 대한 열거 규정에 따라 문화권리를 대중이 문화활동에 참여하고 그로부터 이익을 누릴 수 있는 권리로 해석할 수 있다. 20세기 이전에는 인권 문제가 한 국가의 권리선언이나 헌법 문서에 의해 확인되었다. 문화적 자유와 지식의 전파에 대한 권리 문제는 종종 국가 정치, 경제, 문화 및 기타 제도의 구체적인 상황에 따라 헌법 문서로 규정되며 국내 인권을 위한 것이었다. 1789년 프랑스 「인권선언」은 "사상과 의사(意思)의 문화적 교류는 가장 소중한 인권 중 하나"라고 선언했다. 미국헌법제정자들은 유명한 "3P" 문화정책을 제시했는데, 여기에는 "지식을 증진하는(the promotion of learning)정책"이 포함되어 있다.[29] 캐나다 「권리법안」에는 문화권리와 관련된 두 가지 규정이 있다. 하나는 모든 사람이 자유롭게 사회문화생활에 참여할 권리가 있어 예술을 누리고 과학기술 진보의 이익을 공유할 수 있는 것이고, 다른 하나는 모든 저작자가 자신의 과학, 문학 및 예술작품이 창출하는 정신적 이익과 물질적 이익을 보호할 권리를 가진다는 것이다.[30] 20세기에 들어 「유엔헌장」을 시작으로 일련의 국제적·지역적 인권헌장이 생겨 인권이 국제법의 조정(調整) 대상 중 하나가 되었다. 1948년 「세계인권선언」제27조는 두 가지 권리를 선포했다. (1) 모든 사람은 사회문화생활에 자유롭게 참여하고 예술을 향유하며 과학적 진보와 그로 인한 복지를 공유할 권리가 있고 (2) 모든 사람은 그가 창작한 모든 과학, 문학 또는 미술 작품으로 인해 발생하는 정신적, 물질적 이익을 보호할 권리가 있다. 「세계인권선언」의 "권리"는 1966년 「경제적·사회적 및 문화권리에 관한 국제규약」에서 더욱 발전되었는데, 해당 규약 제15조는 문화권리를 (1) 사회문화생활에 참여할 권리 (2) 과학적 진보와 그로 인해 발생하는 이익을 누릴 권리 (3) 자신의 지적 성과에 따른 정신적·물질적 이익을 보호할 권리로 확인하였다. 이 같은 인권문서를 보면 문화적 자유는 문화다양성의 필수 조건이며, 문화권리는 문화다양성의 법적 보장임을 알 수 있다. 유네스코의 한

---

29) 其他两项政策分别是 "公共领域保留"的政策(the preservation of public domain)、"保护作者"的政策(the protection of the author). See L. Ray Patterson, Stanley W. Lindberg, The Nature of Copyright: A Law of User's Right, The University of Georgia Press, 1991, pp.49~55.

30) See A. A. Reyes, Copyright and Fair Dealing in Canada: Fair Use and Free Inquiry, Ablex Publishing Co., 1980, p.213.

문서에서 지적했듯이 "언론의 자유, 미디어의 다원화, 언어의 다원화, 모든 문화는 예술적 표현과 과학기술적 지식을 평등하게 향유하고, 모든 문화는 표현과 전파수단을 이용할 수 있는 기회 등을 가지며" 이러한 것들이 모두 문화다양성 실현의 경로이자[31] 문화권리 보장을 위한 법적 요구이기도 하다.

문화다양성의 권리와 자유는 집단적 인권의 범주에 속한다. 현대 인권주체 관념의 중요한 변화는 과거의 단순한 개인 인권에서 "종족과 민족을 구성 내용으로 하는 집단 인권"으로 발전했다는 점이다.[32] 이는 "집단의 권리즉 집단 또는 시민의 권리"이다.[33] 민족(또는 인민)의 자결권은 가장 먼저 널리 받아들여진 집단 인권이다. 서로 다른 생활 공동체로서 각 민족은 자유롭고 상대적으로 안정적인 생활 지역을 가지고 있으며, 역사의 발전 과정에서 자신만의 독특한 언어 문자, 종교적 신념, 풍속 문화를 형성하였다.[34] 이를 바탕으로 이런 특정 사회 집단은 내부적으로는 자신의 문화 정체성과 민족 정체성을 형성하였고, 외부적으로는 사회의 이해와 인정을 쟁취하기 위한 정치적 법적 요구가 생겼다. 1966년「시민적 및 정치적 권리에 관한 국제규약」과「경제적·사회적 및 문화권리에 관한 국제규약」은 동일한 표현 즉 "모든 사람은 자결권을 가진다. 이 권리에 기초하여 모든 사람은 그들의 정치적 지위를 자유로이 결정하고 또한 그들의 경제적 사회적 및 문화적 발전을 자유로이 추구한다"로 민족 자결권을 확인하였다. 민족자결권은 문화다양성 보호의 권리 실현에 근본적인 역할을 한다. 1952년 유엔총회에서 채택된「국민과 민족의 자결권에 관한 결의」는 "인민과 민족은 자결권을 향유한 후에야 모든 기본적 인권을 충분히 누릴 수 있다"고 지적했다. 1955년 비동맹국 아시아-아프리카회의에서 채택된「반둥선언」은 "자결(自決)은 모든 인권을 충분히 누리기 위한 선결조건"이라는 점을 재확인했다. 위에서 언급한 국제인권문서는 민족자결권이 우선 정치적 자결이지만 경제·사회·문화적 발전의 자결도 포함하고 있음을 보여준다. 문화다양성의 문제는 실질적으로 문화 전승 및 문화 발전의 자유로운 선택과 관련이 있다. 이러한 문화권리의 행사는 자결권의 존재를 전제로 해야 한다. 민족자결권은 집단적 인권으로 문화생활방식 자결의

31) 引自联合国教科文组织执行局：<指定一份文化多样性准则性文件的可能性：对相关的技术与法律问题的初步研究> (2003年3月12日), 见 http://unesdoc.unesco.org/images/0012/001297/129718c.pdf, 2006年3月1日访问.

32) 徐显明：<人权主体之争引出的几个理论问题>, 载<中国法学>, 1992(5).

33) 英国国际法学者斯塔克(J.G. Starke)语. 转引自李泽锐：<国际人权法论>, 载<人权论集>, 318页, 北京, 首都师范大学出版社, 1992.

34) 参见曲相霏：<人权主体论>, 载徐显明主编：<人权研究>, 第1卷, 31-32页, 济南, 山东人民出版社, 2001.

내용을 담고 있다. 문화권리와 자유는 발전권처럼 개인의 인권이자 집단적 인권이지만, 문화다양성 보전에 있어 문화권리와 자유는 주로 집단적 인권이다. 여기서 문화권리는 집단적 인권으로서 해당 집단에 속한 개인의 인권과 대립되는 것은 아니다. 집단적 인권은 개인의 인권을 보장하기 위해 그로부터 도출되는 권리이며, 집단적 인권과 개인의 인권은 동일한 도덕적 가치가 있다. 세계문화발전위원회의 「문화다양성과 인류의 전면적 발전」에 관한 보고는 문화권리와 자유의 기본 의미를 깊이 있게 설명하고 있다. 첫째, "문화적 자유는 집단적 자유로 인간 집단이 자유롭게 삶의 방식을 선택할 권리를 말한다." 둘째, "진정한 문화적 자유는 전체 자유의 보증이다. 집단의 이익 뿐만아니라 집단내 개개인의 권리도 보호한다." 셋째, "다양한 삶의 방식을 보호함으로써 문화적 자유는 창조성을 비롯한 시도와 다양성을 장려한다", "바로 다문화 사회가 만들어내는 다양성과 다양성이 의존하는 창조성은 이러한 사회를 더 혁신적이고 역동적이며 더 오래 생존하고 번영할 수 있게 한다." 넷째, "문화의 핵심은 자유인데, 특히 무엇이 가치 있는 것인지 결정하고 우리가 바라는 삶의 방식을 추구하는 자유이다.[35)]" 문화다양성은 본질적으로 문화 방식과 문화 발전을 자유롭게 선택한 결과이며, 이러한 문화적 자유는 문화적 정체성에 기반한 집단의 권리라고 할 수 있다.

문화보호와 인권보호는 "유사성"이 있는데 "이들은 교착되어 있어 분리할 수 없다.[36)]" 미국 학자가 말하는 "유사성"은 특정 문화활동 및 문화행위로문화다양성 보호를 위한 필요 조치이자 문화권리를 보장하기 위한 기본요구이다. 「문화다양성협약」과 인권 관련 협약은 서로 다른 표현 방식으로 같은 견해를 밝히고 있다. 국제인권문서는 "문화생활에 참여할 권리", "과학기술진보의 이익을 향유할 권리", "저작자의 권익을 보호할 권리"를 제기하였는데, 이는 일반적인 의미에서의 문화권리다. 문화다양성 분야에서 관련 문화권리는 구체적으로 다음과 같은 측면이 있다. (1) 자체의 문화적 존엄성과 문화적 자유를 향유한다. 2001년 「세계문화다양성선언」은 문화다양성의 보호와 인간 존엄성의 존중은 불가분의 관계라고 보았다. "이는 사람들이 인권과 기본적 자유, 특히 소수집단과 토착민의 다양한 권리를 존중할 것을 요구하였다." 인권과 기본적 자유를 존중하는 것은 타인의 문화적 존엄성을 존중하고 타인의 문화적 선택의 자유를 존중을 요구하는 것이다.

---

35) 联合国教科文组织、世界文化与发展委员会：<文化多样性与人类全面发展>,5页, 广州, 广东人民出版社, 2006.

36) Eiream Brooks, "Cultural Imperialism vs. Cultural Protectionism: Hollywood's Response to UNESCO Efforts to Promote Cultural Diversity", The Journal of International Business & Law, Spring, 2006.

이것은 문화다양성 보호를 위한 기본 요구이다. 「문화다양성협약」은 소수집단(토착민 포함)의 권리문제를 특히 강조하고 있다. 국제적으로 이런 집단은 사회의 변두리에 있는 비교적 취약한 집단으로, 이들은 다수의 집단 및 그들이 지배적 지위에 있는 문화 이데올로기의 영향 아래 살고 있다.[37] 「문화다양성과 인류의 전면적 발전」보고서의 구분에 따르면, 소수집단에는 토착민, 지역형 소수집단, 비지역형 소수집단이나 유목민, 이민, 이렇게 네 가지로 분류된다.[38] 1992년 유엔 「민족적 또는 인종적, 종교적 및 언어적 소수집단의 권리에 관한 선언」에 열거된 권리 항목은 문화적 자유, 종교적 자유, 언어적 자유와 문화, 종교, 사회, 경제, 공공생활에 참여할 권리이다. 이러한 권리와 자유는 필수적이고 중요하다. 소수자집단(少数人群體)의 이질적인 문화의 위상을 높이고 민족 동화 추세의 출현을 막는 것이 문화다양성의 확실한 보증이라고 볼 수 있다. (2) 문화생활에 참여할 권리와 선택의 자유이다. 「세계문화다양성선언」은 "모든 사람은 자신이 선택한 언어, 특히 모국어로 자신의 사상을 표현하고 작품을 창작·전파할 수 있어야 하며, 문화적 특성을 충분히 존중하는 양질의 교육과 훈련을 받을 수 있어야하며, 모든 사람은 자신이 선택한 문화생활과 고유한 문화활동에 참여할 수 있어야 한다"고 규정하고 있다. 여기에 열거된 권리는 주로 언어 다양성의 권리, 문화 교육의 권리, 문화 활동의 선택과 참가의 자유이다. 해당 선언에 따르면, 상술한 권리는 문화다양성에 유리한 여건을 제공한다. (3) 문화적 표현과 전파의 평등한 권리이다. 문화다양성은 모든 사람의 문화다양성이자 인간사회 모든 문화의 다양성이다. 「세계문화다양성선언」은 "문자와 이미지로 된 생각의 자유로운 흐름을 보장하는 동시에, 모든 문화가 자신을 표현하고 알릴 수 있도록 하는 조치를 마련해야 한다. 표현의 자유, 매체 다원주의, 다언어주의, 디지털 형식을 포함한 예술과 과학적·기술적 지식에 대한 동등한 접근 및 모든 문화에 표현과 보급의 수단에 대한 접근을 보장하는 것 등은 문화다양성을 지키기 위한 방책이다"고 규정하고 있다. 「문화다양성협약」의 임무는 다양성의 문화가 서로 다른 표현과 보급 수단을 활용할 기회를 갖도록 보장하는 것이다. 서로 다른 문화가 평등하게 이러한 권리를 누린다는 것은 문화다양성의 실현 가능성을 의미한다.

---

37) 根据人种学家的研究, 在构成国际社会的180个主权国家中, 生活着3000个～5000个在人种、种族、宗教、语言或文化方面不同于所在国多数人的所谓少数人群体. 参见[奥] 曼弗雷德 · 诺瓦克 : <民权公约评注>, 毕小青等译, 475页, 北京, 三联书店, 2003.

38) 参见联合国教科文组织世界文化与发展委员会 : <文化多样性与人类全面发展>, 18页, 广州, 广东人民出版社, 2006.

기본적 인권을 바탕으로 하는 문화다양성은 인류의 전면적 발전에 기여한다. 문화다양성과 경제 및 사회 발전의 관계는 문화권리와 개발 권리라는 두 가지 기본 인권 간의 조정 및 상호작용과 관련된다. 개발권 원칙은 일종의 "새로운 국제경제질서에 관한 국제법 원칙[39]"이며, 개발권은 제3세대 인권의 중요한 부분이다. 1974년「국가별 경제적 권리와 의무 헌장」은 개발권을 명확하게 설명했다. 개발권은 보편적 권리, 즉 "모든 국가는 과학기술의 진보와 발전의 이익을 공유하여 경제 및 사회 발전을 가속화할 권리가 있다"는 것이다. 개발권은 개발도상국에 특히 시급하고 중요하다. 해당 헌장은 "모든 국가는 개발도상국이 현대 과학기술적 성과를 취득하도록 촉진해야 한다"며 "개발도상국의 경제 발전과 개조를 도와주어야 한다"고 요구했다. 이 요구는 제3세계 민족주의의 출현과 권력, 부, 기타 중요한 자원을 전 세계적으로 배분하려는 그들의 열망을 반영한다.[40] 발전권의 실현은사회질서와 국제질서의 구축에 달려 있다. 1986년「개발권리선언」은 개발권을 명확하게 설명했다. 개발권은 보편적 권리, 즉 "모든 국가는 사회질서와 관련하여 모든 사람에게 기본자원, 교육, 보건서비스, 식량, 주택, 고용, 소득의 공정한 배분 등 측면의 기회를 균등하게 가질 수 있도록 각국이 자국에 필요한 모든 조치를 취하도록 요구한다. 국제질서와 관련하여, 각국은 발전을 보장하고 발전의 장벽을 제거하기 위해 협력을 강화해야 하며, 발전권을 충분히 실현하기 위해 단독으로 또는 공동으로 조치를 취하여 국제발전정책을 수립해야 한다.[41] 위의 국제인권문서는 발전의 기본 의미와 문화와 발전의 관계에 대해서는 답변하지 않았다. 세계문화발전위원회는 "인문학적 배경이 없는 개발은 영혼없는 경제 성장일 뿐이며, 경제적 번영은 그자체로 인류문화 발전의 일부"라 주장한다. 이들이 주장하는 개발관은 "인간의 전면적인 발전" 사상이다. "성장에만 치중하는 개발관과 달리 경제성장과 사회진보를 문화적 여건에서 바라본다." 개발은 빈곤을 없애기 위한 것이다. 그러나 빈곤은 물질적 생활이 빈약한 것 뿐만 아니라 교육을 받고 지식을 얻을 기회, 정치적 · 사회적 자유, 문화 활동에 참여할 권리 등 사회생활에서 선택할 권리가 부족하다는 것도 의미한다. "인간의 전면적인 발전"의 개념은 "물질적 생활 여건의 풍족함"을 강조할 뿐만 아니라 "인간의 성장하는 선택능력과 선택범위"도 중시한다. 해당 위원회의 결론적 의견은 "문화는 인류의 진보와 창의력의 원천이며", "문화개

39) 杨泽伟 : <新国际经济秩序研究>, 65页, 武汉, 武汉大学出版社, 1998.

40) 参见夏旭东等 : <世界人权纵横>, 16页, 北京, 时事出版社, 1993.

41) 参见 [挪威] A. 艾德 : <人权对社会和经济发展的要求>. 转引自曲相霏 : <人权主体论>, 载徐显明主编 : <人权研究>, 第1卷, 36页, 济南, 山东人民出版社, 2001.

발을 개발 개념 전체에 통합시켜야 한다[42]”는 것이다. 문화와 개발의 관계는 기본 인권 체계에서 문화권리와 개발적 권리가 서로 고립되거나 단절되어서는 안 된다는 것을 보여준다. 한편, 문화권리를 보장하고, 문화생활방식 선택의 자유를 존중하며, 문화다양성의 개발을 증진하는 것은 곧 개발권이 “인간의 전면적인 발전”이라는 목표를 실현하는 중요한 내용이다. 다른 한편, 개발권을 보장하고 새로운 사회질서와 국제질서를 구축하며 경제사회 발전을 가속화하고 각국 특히 개발도상국의 문화발전에 중요한 물질적 기초와 사회환경을 제공하여 문화다양성 분야의 인권목표를 실현할 수 있다. 현대 세계에서 문화국력은 종합 국력의 중요한 지표체계 중 하나가 되었다. 문화경제는 하드파워, 문화영향은 소프트파워다. 소수 선진국의 발전 전략 중 하나는 전 세계적으로 문화적 영향력과 문화 수출 무역을 지속적으로 확대하는 것이다. 이러한 합법적인 형식의 문화적 독점 하에, 개발도상국의 다양성 문화는 생존과 개발에 전례 없는 어려움을 겪고 있다. 개발의 본질은 개발도상국의 개발에 있고, 개발권의 핵심은 “인간의 전면적인 발전”을 촉진하는 개발도상국의 개발권이라는 점을 인식해야 한다. 개발도상국의 경우, 문화권리와 개발 권리를 법적 무기로 하여 문화 발전과 경제 발전 또는 문화와 경제의 종합적인 발전을 촉진하는 것이 특별히 중요한 전략적 의미가 있다.

Ⅳ. 문화다양성과 지식재산권

「문화다양성협약」은 지식재산권에 대한 별도 규정을 두지 않고 서문에서 “지식재산권은 문화창조의 참여자를 지원하는 데 매우 중요한 의미를 지닌다”고 확인했다. 문화주권과 문화권리의 형식으로 문화다양성 보호 문제를 해결하는 것이 해당 협약이 취하는 기본 조치다. 그러나 협약이 언급한 “문화적 표현” 즉 “문화활동, 문화상품과 문화서비스”, 「세계문화다양성선언」이 강조하는 저작자와 예술가의 권리 등은 모두 지식재산권과 무관하지 않다.

문화적 표현을 반영하거나 전달하는 활동, 상품 및 서비스는 지식재산권의 보호를 받을 수 있다. 문화다양성 보호는 문화적 표현의 독특하고 다원적인 문화 특징을 강조하고,

42) 联合国教科文组织、世界文化与发展委员会：<文化多样性与人类全面发展>, 1~4页, 广州, 广东人民出版社, 2006.

지식재산권 보호는 특성이 다른 문화적 표현 자체와 그 운반체(載體)에 중점을 둔다. 협약은 "문화적 표현"을 "개인과 집단, 사회가 만들어 낸 문화적 내용을 담은 표현"으로 해석했다. 어떤 학자는 문화다양성은 인류의 오랜 발전 과정에서 형성된 삶의 방식이라고 생각한다. 그 표현형식은 촌락, 사원, 건축, 음식, 무용, 전통가공활동(요리, 뜨개질, 방아[舂米], 조각 등), 실물(의복, 가구, 농기구, 생활기구, 민속공예품 등), 의례활동 등 유형적인 것일 수도 있고 또는 언어, 문자, 음악, 연극, 무용, 신앙의식 등 무형적인 것일 수도 있다.[43] 상기 표현형식은 보호조건에 부합하는 경우 지식재산권의 객체로 볼 수 있다. 이외에도 협약은 다양한문화적 표현이 영화, 텔레비전, 케이블 TV, 라디오, 촬영, 시각 예술, 인터넷, 출판, 통신, 오락 게임 등 다양한 방송 수단을 평등하게 향유할 수 있어야 한다고 규정하고 있다. 이러한 전파 수단은 모두 지식재산권 보호 문제와 관련이 있다. 유네스코 집행이사회는 상술한 문화적 표현에 대하여 해당 국제기구가 1952년 「세계저작권협약」과 1961년 「로마협약」이라는 두 가지 저작권 협약을 공포했다고 보고 있다. 또한 세계무역기구가 비준한 「지식재산권협정」(1994년)과 세계지식재산권기구가 채택한 「인터넷조약」(1996년)으로 인해 협약의 적용범위가 최근 갱신되었다. 이를 근거로 유네스코는 저작권 측면에서 새로운 준칙성(準則性) 행동을 고려할 필요가 없다고 판단했다.[44] 이는 조건에 부합하는 문화적 표현이 현대 지식재산권법의 보호를 받을 수는 있지만 이러한 보호가 제한적이라는 것을 보여준다.

「문화다양성협약」은 예술가와 창작활동에 참여하는 기타 사람들을 격려하고 지원하기 위해 지식재산권을 포함한 문화정책과 조치를 취할 것을 강조한다. 「세계문화다양성선언」은 제일 먼저 "창작의사의 다양성에 각별히 주의를 기울여 저작자와 예술가의 권리를 공정하게 고려해야 한다"는 원칙적인 선언을 했다. 협약의 여러 조항이 상술한 문제를 다루고 있으며, 당사국이 예술가 및 창작활동에 참여하는 기타 인원의 문화다양성 육성에 있어 핵심적인 역할을 위해 노력하고 문화정책과 조치를 취하여 "사상문화의 표현이나 문화활동, 문화상품, 문화서비스의 자유로운 교류와 유통"을 장려하고 지원할 것을 요구하고 있다.[45] 유네스코 집행이사회는 예술가 및 창작 활동에 참여하는 기타 인원들의 권리가 유네스코, 세계지식재산권기구, 세계무역기구가 제정한 일련의 국제협약에 체

43) 参见刘冬雪：<文化全球化与文化多样性>, 载<社会科学辑刊>, 2003(1).

44) 参见联合国教科文组织执行局：<指定一份文化多样性准则性文件的可能性：对相关的技术与法律问题的初步研究>, 见http://unesdoc.unesco.org/images/0012/001297/129718c.pdf., 2003年3月12日访问.

45) <文化多样性公约> 第6条 第5款、第7款, 第7条 第2款.

계적으로 규정되어 있다고 본다. 이런 상황에서 유네스코는 예술가를 보호하고 지원하는 다른 문제를 고려해야 한다. 이러한 문제들은 "예술에 대한 자금후원(資助), 창조 활동에 대한 보조금, 예술 교육, 예술과 신기술, 예술가의 근로 조건, 예술가의 세금과 건강, 단체협상의 권리와 예술가의 유동(流動)"에 관한 것이 있다. 1980년 유네스코"예술가의 지위에 관한 권고"에서 상술한 문제에 대해 원칙적인 언급을 하였으나, 이는 비강제성 문서로 당사국의 문화 정책에 구속력이 없다. 1997년 파리에서 열린 "예술가의 지위에 관한 세계 대회"는 협력하여 일치한 조치를 취할 것과 강제성 국제문서의 채택을 권고했다. 이는 예술가를 장려하고 지원하기 위한 협약의 효과적인 조치가 실은 여전히 다른 국제문서에 의한 협력과 보완이 필요하다는 것을 의미한다. 예술가의 지위에 관한 관련 규정은 지식재산권 보호를 포함하지만 이에 국한되지는 않으며, 그 내용은 한 국가의 전반적인 문화정책과 관련된다. 여기서 예술가 및 창작 활동에 참여하는 다른 사람들의 권리는 인권으로서의 문화권리일 뿐만 아니라 동시에 사권(私權)으로서의 지식재산권이기도 하다. 세계문화발전위원회의 보고서는 문화다양성 측면에서 "예술가의 권리보호가 지극히 중요하다"고 밝혔다. 그 이유는 두 가지가 있는데, 하나는 새로운 전파(傳播) 기술의 출현이다. "기술 발전은 예술가의 창조 활동을 위해 새로운 영역을 확장하였으나 이와 동시에 그들의 권리에 위협을 가하기도 한다.[46]" 디지털 압축, 가상 영상, 각종 멀티미디어 제품이 쏟아지는 상황에서 지식재산권 제도의 임무는 예술가의 권리를 더 잘 보호하고 더 많은 사람들이 예술 상품에 접근할 수 있도록 하는 것이어야 한다. 다른 하나는 새로운 국제무역체제의 형성이다. 지식재산권의 국제적 보호는 현대 국제경제, 문화 및 과학기술 무역 분야에서 중요한 법률질서가 되었다. 「지식재산권협정」을 핵심으로 하는 국제 지식재산권 제도는 저작권 보호가 저작자가 아닌 무역 중심으로 방향이 바뀌면서 예술가의 정신적 이익이 효과적으로 보호받지 못하고 저작자의 권리가 결여된 상황을 만들었을 뿐만 아니라 문화상품 수출입 무역의 불균형으로 인해 개발도상국 예술가의 창조 열정과 이들 국가의 문화산업 발전을 저해하였다. 문화다양성의 보호와 발전과정에서 다양한 문화창조 활동을 장려하는 것은 지식재산권 보호와 불가분적이다. 동시에 문화적 자유와 예술창조 사이의 연결은 지식재산권 문제를초월하여 결코 사권 보호 자체에 국한되지 않는다. 이러한 관점에서 세계문화발전위원회의 보고서는 예술가의 정당한 권익을 효과

46) 联合国教科文组织、世界文化与发展委员会：<文化多样性与人类全面发展>, 165页, 广州, 广东人民出版社, 2006.

적으로 보호하기 위한 새로운 지식재산권 법률 체계의 구축을 모색하고 예술가의 특별한 지위를 유지하기 위한 특수한 사회적, 법적, 재정적 및 제도적 조치를 취할 것을 제안한다.[47]

전통문화 표현이나 전통지식의 보호는 현대 지식재산권 제도가 아직 해결하지 못한 어려운 문제이다. 협약은 서문에서 "비물질적 · 물질적 부의 원천으로서 전통지식의 중요성, 특히 토착민 지식체계의 중요성을 인정한다"고 선언하며 "전통지식 표현의 다양성을 포함한 문화적 표현"을 사상의 표현과 정보 공유의 중요한 가치로 강조하였다. 협약은 "지침"에서 "소수집단과 토착민의 문화 존중을 강조하고", "촉진조치"에서 "소수집단과 토착민의 특수한 상황과 요구에 적절한 주의를 기울일 것"을 주장했지만, 협약에서 효과적인 제도적 방안을 제시하지는 않았다. 문화적 관점에서 "전통지식은 문화적 요소이자 문화다양성의 유기적인 구성 요소이다.[48]" 법적 관점에서 전통지식은 지식재산권 대상의 지적창조 원천이다. 전통지식은 수천 년 동안 전통 부족이 생산 및 생활 실천에서 창출한 지식, 기술 및 경험의 총칭이다. 세계지식재산권기구에 따르면, 전통지식은 전통에 기초하여 발생하는 문학, 예술 또는 과학작품, 공연, 발명, 과학적 발견, 디자인, 표기, 명칭 및 기호, 미공개정보 그리고 산업, 과학, 문학예술분야에서 발생하는 모든 지적활동에서 발생하는 전통에 기초한 혁신 또는 창조를 말한다.[49] 전통지식의구체적인 유형은 「세계지식재산권기구협약」에 규정된 거의 모든 지식재산의 형태를 포괄하지만, 현대 지식재산권 객체와 뚜렷한 구별이 있다. 즉, 전통지식이라는 이 개념은 이런 유형의 지식 본원성(새로운 지적창조가 아닌 전통에 근거한)과 지식의 문화성(특정 민족이나 개인의 지적 성과에 부속되어 있는)을 뚜렷하게 드러내고 있다. 오랫동안 전통지식은 단순히 공유영역에 귀속되어 타인이 자유롭게 획득하고 무료로 이용하도록 내버려져 왔다. 최근 몇 년 동안 국제사회는 전통지식의 보호를 매우 중시하면서 이러한 제도적 배치에 대해 유익한 논의를 진행했다. (1) 현행 제도를 통한 보호이다. 세계지식재산권기구가 일부국가에 대한 조사에 따르면 북미, 서유럽을 포함한 많은 선진국들은 현행 지식재산권 제도가 원칙적으로 전통지식 보호에 적용될 수 있다고 본다.[50] 지식재산권의 기존 보호 방식은

---

47) 参见联合国教科文组织、世界文化与发展委员会：<文化权利与人类全面发展>, 165页, 广州, 广东人民出版社, 2006.

48) 严永和：<论传统知识的知识产权保护>, 49页, 北京, 法律出版社, 2006.

49) See WIPO Intergovernmental Committee on IP and GR, TK and F, Sixth Session (Geneva, March 15 to19, 2004), Revised Version of TK Policy and Legal Options, p.6.

저작권 및 인접권(민간문학 예술 표현 위주의 전통지식을 보호 대상으로 함)[51], 특허권(유전자원의 이용 · 개발과 관련된 상품과 방법을 보호 대상으로 함), 식물품종권(원래 상태 종[原生狀態種]을 개선한 식물 신품종을 보호 대상으로 함), 디자인권(전통적인 수공예 상품을 보호 대상으로 함), 상표권(전통지식을 포함한 상품 또는 서비스에 사용되는 개체 또는 단체 표시(標記)를 보호 대상으로 함), 지리적표시권(각종 천연, 전통 및 공예품에 사용되는 지역 마크(標誌)를 보호 대상으로 함), 부정경쟁행위(미공개 전통지식을 보호 대상으로 함)를 포함한다.[52] 현행 지식재산권 제도는 모든 형태의 전통지식을 보호할 수 없으며, 시행과정에서 주체 확인, 객체 보호 조건, 권리보호기간, 이익 분배 등에 많은 어려움이 있음을 유의해야 한다. 따라서 현행 제도를 적용하는 것은 비상대책일 뿐 장기적인 대책이 될 수는 없다. (2)전문적인 제도 도입을 통한 보호이다. 일부 학자와 비정부기구가 강력히 권장하는 방법은 전통지식의 본질과 특징에 적응하기 위해 전문적인 제도를 구축하는 것이다. 특별법을 제정하는 방법에는 두 가지 제도 옵션이 있다. 첫째, 단일 보호 제도 즉 전통지식 보호의 각 측면을 포괄하는 종합적인 제도를 구축하는 것이다. 일부국가와 특정 지역의 정부간 조직과 기구는 이른바 "지역사회권", "지역사회지식권", "전통자원권" 제도를 구축하여 토착 문화지역의 전통지식을 보호하고자 했다. 예를 들어, 안데스 공동체가 기초하고 있는 "전통지식 보호를 위한 공동제도", 태평양 섬나라가 발의한 "전통지식 및 문화표현의 모델법", 필리핀 · 에콰도르 · 브라질 · 베네수엘라 등의 헌법과 법률에 기재된 "지역사회권" 관련 제도 등이다. 이런 보호 제도는 국제사회의 주목을 받고 있지만 그 실제 시행 효과는 미미하다. 이러한 점에서 일부 개발도상국들은 전통지식을 전체적으로 특수 데이터베이스로 보호하는 전문적인 "데이터베이스 보호 제도"를 구축할 것을 주장한다. 이러한 특수 데이터베이스에는 일반 데이터베이스의 저작자권리를 비롯하여 데이터베이스에 실제로 기록된 지식 자체에 대한 권리, 등록된 지식 표현의 복제 및 특정 콘텐츠의 활용에 대한 권리를 가지게 된다.[53] 이런 보호 제도는 저

---

50) 参见朱雪忠 : <传统知识的法律保护初探>, 载 <华中师范大学学报人文社会科学版>, 2004.

51) 联合国教科文组织与世界知识产权组织合作, 为非洲国家制定了 <突尼斯著作权示范法>, 着力保护一些民间风俗和原始工艺品, 而不考虑民间风俗是否能够被固定于有形物质之上. <突尼斯著作权示范法> 在法律实践中对非洲一些国家如布隆迪、喀麦隆、加纳、几内亚、马里、刚果等产生了重大影响. See Eiream Brooks, "Cultural Imperialism vs. Cultural Protectionism: Holly woods Response to UNESCO Efforts to Promote Cultural Diversity", "The Journal of International Business & Law, Spring, 2006.

52) 参见[阿根廷] Carlos M. Correa : <传统知识与知识产权>, 国家知识产权局译, 见www.biodivip.gov.cn.

53) 参见宋红松 : <传统知识与知识产权>, 载<电子知识产权>, 2003(3).

작권과 미공개 정보 보호 제도가 결합한 산물로, 사상의 표현 뿐만 아니라 사상의 내용도 보호할 수 있어 그 합리성이 있다. 둘째, 다종(多種) 보호제도다. 단일 보호 제도는 전통지식의 다양한 주제(예: 작품, 기술 또는 로고 등)를 다루어야 한다는 점을 고려할 때, 공통 규칙을 제정하기 어렵고 일부 국제기구와 일부국가에서는 전통지식 중 쉽게 정의할 수 있는 부분(특히 민간예술창작, 전통의학 등)에 대해 먼저 전문적인 보호를 제공할 것을 제안한다. 예를 들어, 1996년 세계지식재산권기구는 「공연 및 음반조약(WPPT)」에서 민간 문예를 보호받는 공연의 범주에 포함시켰으며, 2000년 유럽위원회는 「지식재산권법에 따른 민간문화 표현에 관한 국제보호 보고서」를 발간했다. 이 외에도 태국이 제정한 「태국 전통의약지식의 진흥 및 보호를 위한 법률」, 중국이 제정한 「전통공예미술보호조례(保護傳統工藝美術條例)」등이 있다. 이런 제도는 보호 대상과 권리가 명확하게 정의되어 있어 입법에 참고할 수 있다. 전문적인 제도의 법적 속성 즉 지식재산권 보호 메커니즘의 범주에 속하는지 여부에 대하여 국제적으로 다양한 이해가 있다. 어떤 사람들은 이것이 학리(學理) 기초 및 규범적 방법이 전형적인 지식재산권 제도와 큰 차이가 있음에도 불구하고 일종의 "전문적인 지식재산권 제도"로 본다. 일부는 이러한 제도가 "현행 지식재산권 제도의 보호 밖에 있으며, 실제적으로는 국제사회에서 논의되고 있는 보다 광범위한 권리시스템인 전통자원권(傳統資源權)에 귀속된다"고 본다. "현행 지식재산권 제도가 지적 혁신에 대한 동기부여라면, 전통자원권은 지적 원천의 함양이다.[54]" 전통지식의 보호는 현대 지식재산권 국제 보호 제도의 발전과정에 나타난 새로운 문제이자 문화다양성 보호가 직면해야 하는 중요한 법적문제라고 볼 수 있다.

문화다양성을 지식재산권의 형식으로 보호하는 것이 필요하나 현대 국제 지식재산권 제도는 이 측면이 현저하게 부족하다. 「지식재산권협정」은 서문에서 "지식재산권은 사권"이라고 선언했다. 여러 지식재산권 협약 중에서 「지식재산권협정」이 처음으로 지식재산권의 본질적 속성 즉 사권 명의로 지식재산 사유의 법적 형식을 강조하였다. 서구 국가에서 사권의 신성함은 기본적인 법률 원칙이다. 지식재산권을 사권으로 인정하는 것은 다른 재산권과 마찬가지로 지식재산권이 동일한 사권적 지위가 있음을 의미하며 이념과 제도적으로 지식재산권을 위한 유력한 법적 보장을 제공할 수 있다.국내법과 국제법 영역에서 지식재산 사권화의 확장에 따른 결과를 중시해야 한다. 한편으로, 국내법 영역에

54) 龙文 : <论传统知识产权权利的实现形式>, 载国家知识产权局条法司编 : <专利法研究>(2004), 北京, 知识产权出版社, 2005.

서 지식재산 사권화의 확장으로 인하여 원래 사람들이 공유하던 생산, 기술, 시장 지식과 기능이 사적 영역으로 귀속되기 시작하고 지식재산의 공유영역이 상대적으로 축소되어 지식창작자의 개인이익과 지식이용자의 공중 이익 사이의 충돌을 초래한다.[55] 다른 한편으로, 국제법 분야에서 지식재산권의 강화는 경제, 기술, 문화가 낙후된 개발도상국들로 하여금 어쩔 수 없이 사권 보호의 범위를 확대하고 사권 보호 수준을 높이는 방향으로 국제 지식재산 보호의 새로운 체제를 받아들이도록 강요하여 필연적으로 선진국과 지식재산 이익 측면에서의 불균형을 초래한다. 지식재산권의 이념과 제도는 신성한 사권을 내세우는 것으로 보편적 인권, 집단적 인권으로서의 문화권리와는 다르다. 「문화다양성협약」의 취지와 달리 「지식재산권협정」을 핵심으로 하는 지식재산권 국제 보호 제도는 문화적 표현의 독창성과 참신성을 최대한 보호하는 반면에, 문화적 표현의 다양성을 무시한다. 현대 유럽과 미국의 문화 유형은 그 "현대성"을 특징으로 세계적 우위에 있음을 보여준다. 문화적 관점에서 각지의 토착문화, 전통문화에 대한 유럽과 미국 문화의 동화는 갈수록 세계문화의 다양성을 잠식해 가고 있다. 법률적 관점에서 서구 국가들이 주장하는 법 정신과 그 제도적 규범은 이미 국제사회의 생활지침이 되었다.[56] 지식재산권 분야에서 유럽과 미국의 문화 유형은 지식제품의 생산 현대화에서 각종 "지적 혁신"의 형태로 유럽과 미국이 주도하는 국제지식재산권 제도에 주연(周延)으로 보호받고 있다. 이에 반해, 지식재산권 제도는 다양한 문화유형 즉"지적 원천"에 대해서는 필요한 법적 함양(涵養)이 부족하여 이러한 제도는"지식재산상의 재산적 이익만 보호할 뿐 함께 존재하는 문화적 이익은 보호하기 어렵다.[57]" 국제사회에서 지식재산권의 이름으로 행해지는 문화창작, 생산, 보급행위가 다른 유형의 문화표현과 지식형태 등에 대한 부당 점유와 이용은 문화다양성, 특히 비주류문화, 전통부족문화, 소수자집단문화의 존재와 발전을 해치는 경우가 많다. 자주 보이는 형식으로는 (1) 다른 유형의 문화에 다른 의미를 부여함으로 다른 유형의 문화에 병합시켜 특정 문화의 생존 독립성을 훼손하는 것이다. (2) 문학, 예술 작품 형식으로 다른 유형의 문화 생활을 왜곡 편성하여, 전통부족 문화 표현의

55) 参见袁泳：<知识产权法与技术、文化创新>, 载<北京大学学报(哲学社会科学版)>, 1997(5).

56) 参见严永和：<论传统知识的知识产权保护>, 61-62页, 北京, 法律出版社, 2006.

57) 有学者认为, 知识产权不能充分保护文化多样性. 对于文化类型之间占有和利用中引起的财产损害, 知识产权法作出了回应；而所造成的文化损害, 知识产权法则没有相应补偿机制. See Rebecca Tsosie, "Reclaiming Native Story: An Essay on Cultural Appropriation and Cultural Rights", Spring, 2002, 34 Ariz. St. L. J. 299.

진실성을 훼손하는 것이다. (3) 노래, 무용, 연극, 의약 등 다른 유형의 문화 표현을 점유하고 이용하면서 출처표시도 하지 않고 보수를 지불하지도 않아 전통문화자원의 합법적인 권익을 훼손하는 것이다. (4) 텔레비전, 영화, 인터넷, 영상, 방송, 출판 등의 기술을 이용하여 문화 전파 수단을 통제하고, 단일 문화의전파공간과 시간을 확장하여 약한 문화가 평등하게 표현할 수 있는 기회를 해치는 것이다. 중국은 개발도상국이 수천년의 실천을 통해 축적한 전통지식과 전통문화의 표현이 일부 선진국에 의해 무료로 사용되고 있으며, 심지어 이들 국가의 지식재산권이 되어 있음을 볼 수 있다. 지식재산권을 뒷받침하는 서구의 주류문화가 끊임없이 확산되는 반면, 문화권리로 상징되는 문화다양성은 갈수록 약화되고 있음을 보여준다. 「지식재산권협정」은 지식재산권의 사권 속성에 입각하여 무역과 관련된 지식재산권 보호에 중점을 두고 있어, 문화창작의 원천인 문화다양성 문제를 고려하지 못하고 있는데, 이는 실질적으로 문화권리라는 기본인권을 무시하는 것이다. 지식재산권으로 보호되는 작품과 문화다양성 간의 관계에 대해 「세계문화다양성선언」은 명확하게 설명한다. 제1조는 "문화다양성은 교류와 혁신, 창작의 원천으로 인류에게 있어서 생물다양성이 생태 균형을 유지하는 것처럼 필수적이다"고 강조했다. 제7조는 "창조는 문화적 전통에 의존하는 동시에 다른 문화와의 교류를 통해서 충분히 발전한다. 이러한 이유에서 우리는 인간의 경험과 염원의 기록인 모든 형태의 유산을 보존 및 강화하고 미래 세대에게 전달함으로써, 다양성을 지닌 창의성을 고양하고 진정한 문화간 대화를 유지할 수 있다"고 한다. 이에 따라 「문화다양성협약」은 서문에서 "문화다양성은 인류의 공동유산"이라고 선언하고 "지침"에서 문화다양성을 기본적 인권으로 보호한다는 의미를 부여하였다. 상술한 규정은 지적인 창작성과에 대한 문화 전통의 본원적 의미를 설명하고 창작의사 선택에 있어 문화다양성의 실존적 가치를 표현했다. 문화적 전통의 다양성이 없으면 문화 창작은 원천이 없는 물처럼 문화 창작의 자유는 실현될 수 없다. 문화 영역에서 「문화다양성협약」은 「지식재산권협정」에 대한 유익한 보완으로 지적 성과를 보호하고 지적원천을 소홀히 하는 현행 지식재산권 제도의 단점을 극복하기 위해 노력하며 문화권리와 지식재산권 간의 균형과 조화를 실현할 수 있는 가능성을 제공했다고 볼 수 있다.

V. 문화다양성의 권리 협조와 제도적 설계

문화다양성 분야의 다원적 권리 형태는 각자의 제도적 기능을 발휘하고 공동의 계약목표에 기여하며, 서로 고립되거나 단절되지 않으며 서로 충돌하거나 대립되어서도 안 된다. 다원적 권리 형태가 어떻게 계약목표를 달성하는 지와 다원적 권리 형태 간의 관계는 어떻게 처리하는지 등 법률 원칙의 준수와 법제도적 설계와 관련된 많은 문제를 포함한다.

1. 문화주권의 정당한 행사와 자동제한 및 문화다양성의 체약목표

전통문화의 보호 및 문화발전의 선택은 「문화다양성협약」의 체약목표이자 국가 문화주권의 기본 내용이다. 자국 영토 내에서 문화다양성을 보호하기 위해 조치를 취하는 것은 국가가 마땅히 가지는 문화주권이다. 이와 동시에 문화다양성 발전에 힘쓰는 양자간 및 다자간 협력은 국가가 이행해야 할 국제적 의무이다. 「문화다양성협약」 체약목표의 실현은 문화주권의 행사와 밀접한 관련이 있다. 여기서 최우선 과제는 문화주권을 지키는 것이다. 문화가 세계화되고 문화산업이 글로벌화 되고 있는 지금, 우리는 "위험문화의 시대"를 맞고 있다. 영국 학자 스콧 러시(Scott Lash)는 "예상치 못한 리스크는 더 이상 산업사회의 물질적 생산과정에서 발생하는 리스크가 아니라 정보분야, 생명공학분야, 통신과 소프트웨어분야에서 발생하는 새로운 리스크가 될 것"이라고 경고했다.[58] 현 시대의 "문화적 위험"은 민족국가의 문화주권의 약화와 전통문화의 소외화로 나타난다. 전세계적으로 많은 민족과 부족의 전통문화와 소위 주류문화, 강력한 문화 사이에는 항상 모종의 긴장 상태가 존재했으며, 이 상황은 동서(東西)문화 사이 뿐만 아니라 유럽과 미국문화 내부에서도 나타났다. "할리우드 영화가 전 세계적으로 통용되는 것에 대해 불편함과 두려움을 느낀 프랑스는 미국 엔터테인먼트 산업의 침입을 억제하기 위하여 유럽공동체 내에서 유럽 및 국가 정액관리제도를 모색했다. 호주의 문화산업위원회 역시 불안을 느끼며 정부가 세계무역기구 규칙을 준수하는 전제에서 '문화방화벽' 제도를 설립을 제안했다. 캐나다는 세계무역기구가 미국 잡지에 대한 캐나다 제한조치가 자유무역 원칙에 어긋난다고 결정을 내린 뒤, '포럼 응변(form shifting)' 조치를 취해 다문화 네트워크를

58) [英] 斯科特 · 拉什 : <风险社会与风险文化>, 载<马克思主义与现实>, 2002(4).

구축했다.”[59] 「문화다양성협약」발효 후, 민족국가는 협약에 따라 필요하고 적절한 문화관리조치, 문화지원조치, 문화장려 및 지원조치 등을 취하는 것을 일종의 문화주권행위로 간주해야 한다. 이러한 문화주권은 문화다양성의 존재와 발전을 위한 법적 기반이다. 상술한 바가바로 주권의 정당한 행사이다. 이와 관련한 또 다른 문제는 문화주권의 자동규제이다. 세계무역기구의 틀 안에서 문화상품 무역과 문화서비스 무역은 국제무역의 중요한 부분이다. 국제무역체제에 참여하는 것 자체가 국가가 온전히 자신의 이익과 바람에 따라 경제 · 문화정책 등을 수립할 수 없으며 대외경제 · 문화교류에 있어서 관련 국제규칙의 제약을 받을 수 있음을 의미한다. 또한 국제적 문화패권의 출현으로 인해 많은 국가들이 객관적으로 민족문화를 보호하고 발전시킬 수 있는 주권 능력이 다소 떨어지게되었다.[60] 전자는 국가가 주권에 필요한 제한을 가하는 것으로 국제적인 경제이익의 교환하는 것을 나타내고, 후자는 타국 문화주권에 대한 문화패권의 침식을 의미한다. 필자는 국가 문화주권 자유에 대한 제한이 개별 국가의 정치적 강권, 경제적 강세와 강력한 기술이 아닌 국제협약의 구속력에서 비롯되어야 한다고 생각한다. 이는 문화다양성 보전에 대한 국제적 협조를 위한 중요한 전제 조건이다. 물론 국가의 문화주권 행위는 합리적인 경계가 있어야 한다. 즉, 문화다양화의 체약목표에 부합해야 하고 국제법상보장되는 인권과 기본자유를 침해해서는 안 되며, 다른 협약에서 당사국이부담하는 국제적 의무에 영향을 미쳐서는 안 된다. 위에서 언급한 것이 바로 주권의 자동 제한이며 그 출발점은 모두 문화다양성을 보호하는 체약목표가 되어야 한다.

2. 문화권리 기본내용의 실현경로 및 문화주권에 대한 영향

「문화다양성협약」은 “문화다양성”을 “집단과 사회의 문화가 표현되는 다양한 방식”

59) 薛晓源 : <全球化与文化产业研究>, 载林拓主编 : <世界文化产业发展前沿报告>(2003-2004), 9-10页, 北京, 社会科学文献出版社, 2004.

60) 以政治、经济、科技优势为后盾所形成的“文化霸权主义”, 危及多样性文化的进程. 有学者认为, 信息交往首先需要确定双方都能够解码的信息代码. 目前网络上通行的是英义, 首先是“ASCII”(American Standard Code for Information Interchange), 即 “美国信息交换标准代码”, 它虽冠名“美国”但实际上是国际交换标准代码. 这种以某种语言为主导的跨国信息交流有可能压抑他种语言形式从而限制文化的多样性发展. 更为严重的是, 信息的流向远非对等, 多由发达国家流向发展中国家, 随着经济、科技信息的流入, 同时也会发生意识形态、价值观念、宗教信仰等文化的 “整体移入”, 以致使其他国家的原有文化受到压抑. 参见乐黛云 : <全球化时代的多元文化发展问题>. 转引自中华孔子学会、云南民族学院编 : <经济全球化与民族文化多元发展>, 87页, 北京, 社会科学文献出 版社, 2003.

으로 정의한다. "문화적 표현"이란 개인, 집단, 사회가 창조한 "문화적 특징에서 유래하거나 문화적 특징을 나타내는 상징적 의미, 예술적 특색과 문화적 가치" 등 문화 콘텐츠의 표현형식을 말한다. 협약의 목표는 "문화적 표현"의 다양성을 보호하는 것이다. 여기서 "보호"는 문화적 표현의 다양성을 "보존"(preservation), "유지"(safeguarding), "강화"(enhancement)하기 위한 조치를 의미한다. 관련 국제협약과 일부국가의 관행에 따라 문화다양성 보호 조치는 주로 (1) 유형문화재산의 물리적 보호와 무형문화재산의 고착화 보호를 포함한다. 국제협약은 문화재(고대 인류 유적지, 무덤, 신성물 등) 및 기타 문화재의 물리적 표현에 대한 국가, 민족 또는 부족의 소유권을 인정하고, 무형문화재(민속, 민요, 민속무용, 구전)에 대한 통솔(管领)과 통제권을 확인하였다. 상술한 것은 자기 문화향유권이다. 당사국은 "문화다양성의 다양한 유 · 무형 표현을 수집·정리하여 적절한 방식으로 보존함으로써 장차 발생할 수 있는 문화 수요를 충족시키는 것"을 지원할 의무가 있다.[61] (2) 문화적 신분 인증 권리를 보호하고 문화적 표현 선택의 자유를 보호한다. 국제협약은 모든 민족, 부족 및 소수집단이 자신의 문화적 정체성과 문화적 존엄성을 유지하고 언어, 종교, 전통, 관습(국가 법률과 국제 표준을 위반하는 관습은 제외)을 표현하고 믿을 권리가 있음을 확인하였다. 이것이 바로 문화적 표현의 선택권이다. 당사국은 다양한 민족과 부족의 문화적 특징을 유지하기 위한 필요한 여건을 제공하기 위한 입법 조치를 취할 의무가 있다. 여기서 소수집단이 모국어를 배우거나 모국어로 교육을 받을 수 있는 여건을 조성하고 소수집단의 역사, 언어, 문화에 대한이해를 장려하는 데 특별한 주의를 기울여야 한다.[62] (3) 전통문화의 생존과 강화에 대한 권리보호이다. 국제협약은 다른 민족과 부족이 문화적 전통에 대한 모든 경제적 이익을 향유하고 문화의 다양한 표현과 다양한 전파 수단을 평등하게 향유하여, 자신의 문화적 존재를 유지하고 문화다양성을 촉진하며 전통문화의 번영을 촉진할 권리가 있음을 확인하였다. 이것이 바로 문화의 생존과 지속을 위한 발전권이다. 당사국은 민족문화산업의 발전을 촉진하기 위해 적절한 사회 여건을 제공하고 창조할 의무가 있으며, 필요한 정책과 법적 조치를 취하여 문화주체가 문화적 가치를 충분히 실현하고 경제적 이익을 얻을 수 있도록 보장하며, 문화다양성의 존재 및 발전에 필요한 물질적 기반과 경제적 자원을 육성한다. 문화적 표현의 다양성을 보호하는 것은 개인, 집단 또는 사회가 향유하는 문화권리이자 국가의 정당한 문화

---

61) 严永和 : <论传统知识的知识产权保护>, 80~81页, 北京, 法律出版社, 2006.

62) 参见1992年联合国大会<关于民族或种族、宗教和语言上属于少数的人的权利宣言>.

주권 행사에 대한 법적 요구이기도 하다. 문화주권과 문화권리의 관계는 지속적인 발전과 변화의 과정을 거치며 실제로 국제인권 메커니즘은 국가 주권행위에 미치는 영향 내지 개입으로 나타난다. “국제인권 메커니즘은 제2차 세계대전 이후 형성되어 점차 실현이 되었고 그 모든 단계는초국가성이 부단히 증강(增强)되었다.”[63)] 「유엔헌장」은 인권을 국제 규범에 포함시킬 때 유엔의 인권 책임을 단지 “격려·추진·건의 작성”과 같은 비강제성 권리로 규정하였다. 「세계인권선언」은 “가르침과 교육을 통해 권리와 자유에 대한 존중을 증진하도록 노력할 것”을 요구하는 데 그쳤다. 그러나 「시민적 및 정치적 권리에 관한 국제 규약」에서는 당사국의 인권에 대한 요구가 높아져 “각 당사국은 최대한의 능력으로 절차를 채택하거나 국제적 원조와 협력을 통할 것”을 규정하고 있으며, 특히 권리 실현을 촉진하기 위해 입법의 방법도 포함하고 있다. 이 규약은 또한 “인권위원회(HumanRights Committee)”를 설치하여 “당사국이 다른 당사국을 향한 본 협약에 따른 의무를 이행하지 않았다는 고발을 수락하고 심의할 수 있도록” 권한을 부여하였다. 「경제적·사회적 및 문화권리에 관한 국제 규약」은 더 나아가 당사국이 인권보호를 위해 취한 조치와 진행 상황을 유엔 사무총장에게 보고해야 하고, 이를 유엔 경제사회이사회에 전달해 심의를 받도록 규정하고 있으며, 해당 위원회는 각자의 권한 내에서 협약 이행에 도움이 되는 국제적 조치를 취할 것인지 여부를 결정하기 위하여 다른 유엔 기구(보조기구, 전문기구 포함)에 인권 관한 사항에 주의를 기울일 것을 요청할 수 있다. 당사국이 국제 인권 의무를 위반하고 어떤 법적 결과를 감수해야 하는지는 관련 인권 협약에 구체적으로 명시되지 않았다. 그러나 일부 학자들의 연구에 따르면, 인권위원회는 당해 국가가 피해자(개인 또는 집단 포함)의 권리를 침해할 경우, 피해자에게 “형평구제”(equitable remedies) 및 기타 보호조치를 제공할 수 있으며 침해 조사, 배상, 침해 중지, 후속 침해 차단, 침해국의 법률 개정 등 기타 보호 조치를 제공할 수 있다.[64)] 이러한 것들은 국제 인권 메커니즘의 영향으로 당사국의 문화주권 행위가 기본 인권 실현을 목표로 해야 하고 문화권리적 측면에서 주권의 배타적 효력을 자동으로 제한해야 함을 보여준다.

---

63) 刘杰 : <秩序重构 : 经济全球化时代的国际机制>, 217页, 北京, 高等教育出版社, 1999.

64) See Lauren E. Godshall, "Making Space for Indigenous Intellectual Property Rights under Current International Environmental Law", 2003, 15 Geo. Int' L Envtl. L. Rev., p.497., 转引自严永和 : <论传统知识的知识产权保护>, 82页, 北京, 法律出版社, 2006.

3. 지식재산권과 문화권리의 가치목표 지향 및 권리충돌 완화

지식재산권 제도는 사인(私人)의 창작 성과를 보호하고 정보의 자유로운 전파를 촉진하는 것을 그 입법취지로 한다. 이에 대해 국제인권 협약은 문화다양성 보호와 상술 목표와의 연관성을 강조했다. 「세계문화다양성선언」은 "문화다양성은 교류와 혁신, 창작의 원천"이라며 "각 창작물은 관련된 문화전통에서 나오지만 다른 문화전통과의 교류에서도 충분히 발전하고 있다"고 주장했다. 여기서 선언문은 작품의 창조성과 문화다양성 간의 관계를 묘사한다. 문화다양성은 작품의 창조성에 필요한 지적 원천과 문화적 토양을 제공한다고 할 수 있으며, 동시에 문화의 창작과 전파는 다양성 문화 간의 교류와 발전에 기여한다. 「문화다양성협약」은 "개방과 형평의 원칙"에서 "문화표현의 다양성을 유지하기 위한 조치를 취할 때, 각국은 적절한 방식으로 세계 다른 문화를 향한 개방을 촉진하고, 이러한 조치가 본 협약의 목표에 부합하도록 해야 한다"고 덧붙였다. 협약은 "표현 · 정보 · 교류 등 기본적인 자유를 중시하고, 문화적 표현을 개인이 선택할 수 있도록 보장"하며, 동시에 이를 문화다양성의 인권 보호와 증진의 기초로 삼았다. 문화다양성은 "문화 패권주의"에 대한 일종의 반발이다. 그러나 무조건적으로 "문화 고립주의"를 인정한다는 것은 아니다. "문화 고립주의" 또는 "문화 부족주의"는 문화교류와 소통을 반대하며 폐쇄적인 환경에서 자신의 "문화원형(文化原貌)"을 허구(虛構)로 만들어 배타적이고 폐쇄적인 토착문화를 고수한다.[65] 이것들은 협약이 옹호하는 문화다양성 보전이 아니다. 필자는 지식재산권과 문화권리가 문화적 창조와 교류를 장려하는 데 있어 상호 연결되고 융합(共融)되지만 두 가지 권리 형태는 구별된다고 생각한다. 지식재산권은 일종의 사권으로 사인의 지적 성과를 보호하는데 착안한다. 국제적 범위에서 볼 때, 지식재산권 자원은 모든 사람에 의해 실제로 향유되거나 각국이 균형 있게 통제하는 것도 아니다. 오늘날 문화 산업과 저작권 산업이 확장되는 동안 이 권리는 대부분 선진국의 문화 전파실력을 가진 거대한 출판계, 미디어계, 영화계에 의해 지배된다. 그러나 문화권리는 문화다양성을 유지하기 위해 노력하는 일종의 집단 인권이다. 개발도상국은 전통지식과 문화자원이 풍부하지만 그 민족과 부족의 문화권리를 효과적으로 실현하기는 어렵다. 지식재산권을 뒷받침하는 문화 세계화와 세계화된 문화산업은 다양성문화의 생존공간을 압박하고 있

65) 参见乐黛云：<全球化时代的多元文化发展问题>. 转引自中华孔子学会、云南民族学院编：<经济全球化与民族文化多元发展>, 82-83页, 北京, 社会科学文献出版社, 2003.

으며, 이것이 바로 지식재산권과 기본인권의 충돌이다. 포스트 「지식재산권협정」시대에 접어든 이래 국제사회는 지식재산권과 기본인권의 관계에 큰 관심을 기울이고 있다. 국제무역 분야의 지식재산권 문제와 국제정치 분야의 인권 문제는 현대 국제관계의 두 가지 주요 이슈로 언급된다. 2000년 유엔 인권촉진보호 소위원회는 「지식재산권과 인권」 보고서를 발표하고 「지식재산권협정」이 국제인권에 미치는 영향을 심사해 "지식재산권협정의 이행은 모든 사람이 과학의 진보와 그로 인한 이익을 향유할 권리, 위생 보건을 향유할 권리, 식품을 누릴 권리와 자기결정권을 포함한 모든 인권의 기본 성질과 정체성을 충분히 반영하지 못했기에 「지식재산권협정」의 지식재산권 제도는 다른 한쪽인 국제인권과 명백히 충돌한다"고 선언했다.66)

이에 대해 전임 GATT/WTO 법률고문인 Patesmann 교수는 「지식재산권협정」이 인권법을 참조하지 않은 것은 "무역정책을 입안하는 정치인이 차라리 인권 대화를 피함으로써 정치화된 무역관계에 민주적인 색채가 띄지 않게 만드는 데 뿌리를 두고 있다"고 신랄하게 비판했다.67) 국제사회는 지식재산권과 문화권리의 관계를 중시하고 기존의 국제 지식재산권 제도를 개혁하여 국제 인권 기준에 부합하도록 노력하고 있다. 「문화다양성협약」의 체결이 바로 좋은 예이다. 국제협약의 원칙 규정과 국제인권의 일반 이론에 따르면 지식재산권과 문화권리 간의 관계를 다루는 일반적인 결론을 도출할 수 있다. 첫째, 권리의 충돌에 관하여, "법익 우선의 보호" 원칙을 실천하는 것이다. 문화다양성의 문화권리를 보호하는 것은 국제협약에서 인정하는 기본 인권이며, 위의 권리는 민족, 부족 또는 기타 사회집단이 문화적 정체성과 문화적 존엄성을 유지하기 위해 없어서는 안 될 중요한 권리이자 개인, 집단 및 사회가 문화적 표현을 선택할 수 있는 기본적인 자유이다. 지식재산권이라는 재산적권리에 비해 위 권리는 우월한 지위 즉 우선적인 법 가치가 있는 것으로 간주되어야 한다. "법익 우선의 보호" 원칙을 구현한다는 것은 현대 지식재산권 체계가 국제지식재산권협약의 규정을 준수해야 할 뿐만 아니라 국제 인권 표준과 충돌해서도 안 된다는 것을 의미한다. 입법자가 지식재산권에 대한 법적보호를 제공할 때 반드시 그가 준수해야 하는 국제 인권 의무를 준수해야 한다. 둘째, 권리의 조정에 관한 것 즉 "이익 균형"의 원칙을 시행하는 것이다. 사실 지식재산권과 문화권리는 본질적으

66) UN Commission in Human Rights, Intellectual Property and Human Right. E/CN1.4/ sub.2/2000/7.

67) E. U. Patesmann, "The WTO Constitution and Human Rights", Journal of International Economic Law, Vol.3, 2000. 转引自孙皓琛：<WTO与WIPO：TRIPs协议框架中的冲突性因素与合作契机之探讨>, 载 <比较法研究>, 2002(2).

로 일치할 수 있다. 지식재산권을 포함한 사인의 재산권은 기본적인 인권 실현의 기초가 된다. 이는 우리가 권리 조정을 실현하기 위한 중요한 조건이다. "이익 균형"은 민법정신과 사회 공덕(公德)의 요구이며 "인권 사상과 공공이익 원칙"의 반영이기도 하다.[68] 이는 당사자간, 권리와 의무주체간, 개인과 사회 간의이익이 공정한 가치 이념에 부합할 것을 요구한다. 지식재산권법에서 강조하는 이익의 균형은 실제로 특정 형태의 권리제한 및 권리이용 제도와 관련이 있다. 다시 말해, 문화다양성 보호라는 공익적 목표에 입각하고 문화권 등 기본적 인권에 대한 존중에서 출발하여 특정 상황에서 지식재산권을 규제해야 한다는 것이다.

68) 参见[美] 奥德丽 · R · 查普曼 : <将知识产权视为人权 : 与第15条第1款第3项有关的义务>, 载<版权公报>, 2001(3).

제26장

지식재산권 국제 보호 제도의 비현대성 문제

지식재산권 국제 보호 제도는 현재 새로운 지식경제시대에 처해 있다. 지식경제는 과학기술을 첫 번째 생산요소로 하는 지적(智力)경제로, 그 출현은 과거 자원경제시대에 형성된 가치관, 분배원칙, 생활방식, 관리체제, 정부의 정책 등에 영향을 줄 뿐만 아니라 법규범이라는 "게임 규칙"을 국제적으로 재구성한다. 현대 지식재산권의 국제보호는 기존 제도의 개혁(예: 새로운 유전자특허, 온라인저작권, 온라인상표)을 강조할 뿐만 아니라 새로운 제도의 돌파에 직면해 있다(예: 전통지식, 유전자원 보호분야)이다.

세계지식재산권기구는 지식재산권 국제 보호 제도의 발전과 혁신에 적극적인 역할을 해왔다. 1996년, 세계지식재산권기구는 「저작권조약」과 「공연 및 음반조약」(두 조약을 아울러 「인터넷조약」이라 한다)을 주관하여 제정하였는데, 정보네트워크 전파권을 중심으로 한 「인터넷조약」은 각국의 입법에 직접적인 영향을 미쳤다. 1999년, 세계지식재산권기구는 국제인터넷도메인 문제에 관한 최종 연구보고서를 발표하여 글로벌 도메인 시스템의 총체적 개혁에 대한 일련의 조치를 제시하였고, 2000년에는 「지식재산권과유전자원, 전통지식과 민간문학 예술」의 정부간 전문위원회를 설립하여 현대 지식재산권과는 다른 전통지식의 보호문제를 모색하였다. 세계무역기구도 이 문제를 매우 중시하고 있으며, 2001년 도하 회의의 "장관성명" 제18조, 제19조는 전통지식 문제를 다음 다자간 협상에서 고려할 의제로 지정했다. 또한 인권, 문화, 무역, 곡물재배 농민(糧農), 토착권리, 노동기준, 지속가능한 발전, 토지, 환경, 생물다양성 등의 문제에 관한 국제포럼에서 유네스코, 유엔환경계획(UNEP), 유엔식량농업기구, 유엔무역개발회의, 유엔개발계획, 세계보건기구, 세계식량계획 등 국제기구도 전통지식과 유전자원의 보호 문제에 대해 폭넓게 논의하였다.

지식재산권 국제보호의 법적 틀에서 지리적 표시에 관한 지식재산권 보호 제도는 「파리협약」부터 「지식재산권협정」에 이르기까지 설립된 지 120년 이상의 역사를 가지고 있지만, 별다른 진전이 없고 오히려 국제사회에서 논쟁만 존재해 왔다. 이와 달리 전통지식, 유전자원의 보호와 관련하여 제도적 공백인 상태를 어떻게 보호해야 할지, 어떤 권리를 보호해야 할지, 어떻게 보호할지에 대해 국제적으로 일치된 합의에 이르지 못하였다. 위의세 가지 유형은 모두 최신 지식형태와는 구별되는 비현대적이고 "전통"과 관련된 특수재산이다. 이러한 문제에 대한 국제포럼의 논쟁은 새로운 이해관계의 형성을 반영할 뿐만 아니라 국제지식재산권 제도의 미래 발전 방향을 보여준다. 이에 따라 나누어 서술하도록 한다.

Ⅰ. 전통지식 형태의 문제 1 : 전통지식의 보호

전통지식은 수천년 동안 전통부족이 생산하고 생활에서 창출한 지식, 기술 및 경험의 총칭이다. 세계지식재산권기구에 따르면 전통지식은 전통에 기초한 문학, 예술 또는 과학작품, 공연, 발명, 과학적 발견, 디자인, 표기, 명칭 및 기호, 미공개정보, 그리고 산업, 과학, 문학예술분야의 지적활동에서 발생하는 모든 전통에 기초한 혁신과 창조를 말한다.[1] 전통에 기초한다는 것은 위의 지식체계, 창조, 혁신, 문화표현이 일반적으로 특정 민족이나 지역에 종속되어 대대로 전해지고 환경에 적응하기 위해 끊임없이 발전하였음을 의미한다. 전통지식의 구체적인 유형에는 농업지식, 과학지식, 기술지식, 생태지식, 의학지식, 생물다양성에 관한 지식, 민간문학 및 예술표현, 명칭, 표기 및 기호, 기타 고정되지 않은 문화재가 포함된다.[2] 그 범위로 볼 때 「세계지식재산권기구 조성협약」에 규정된 거의 모든 지식재산형태로 지식재산권법이 보호하는 작품, 기술, 표기 등 다양한 유형을 포함한다. 양자의 차이점은 전통지식의 개념은 그러한 지식의 본원(本源)성(새로운 지적 창조가 아닌 전통에 기반함)과 지식 자체의 문화적 특성(개인의지적성과가 아닌 특

---

1) See WIPO Intergovernmental Committee on IP and GR, TK and F, Sixth Session (Geneva, March 15 to 19, 2004), Revised version of TK policy and Legal Options, p.6.

2) See WIPO, Intellectual Property Needs Expectations of Traditional Knowledge and Holders, WIPO Report on Fact Finding Missions on Intellectual Property and Traditional Knowledge (1998-199), Geneva, April 2001, p.25.

정 부족 또는 지역에 종속됨)을 극명하게 드러낸다는 것이다.

오랜 기간 동안 전통지식은 단순히 공유(公有)영역으로 귀속되어 타인이 자유롭게 획득하고 무료로 이용할 수 있었다. 현행 지식재산권 제도의 보호 대상은 최신 지식 즉 지적창조 성과 자체에 국한되며 전통지식 즉 지적창조의 원천은 포함되지 않는다. 이런 보호체제는 문화와 지식의 다양성보호원칙을 무시하여, 일부국가나 지역, 일부 민족 또는 인종에 대한 권리를 상실하게 한다. 최근 몇 년 동안, 국제사회는 전통지식의 보호를 매우 중시하며 이러한 제도적에 대해 유익한 논의를 진행하였다.

첫째, 현행 제도를 채택하여 보호하는 것이다. 전통지식의 지식재산권 이익을 어떻게 보호하냐는 것은 현재 법률과 정책 분야에서 가장 복잡하고 논란이 많은 문제 중 하나다.[3] 이를 위해 해외 학계에서는 전통지식 지식재산권 보호 제도에 대한 아이디어를 제안했다. 카를로스(Carlos M. Correa)는 현행 지식재산권 체제, 특별 지식재산권 제도, 관습법, 부당점유방지(反不當占有) 체제 등이 이러한 구조의 체계를 구성한다고 본다.[4] 데럴(Darrel A. Posey)과 그라함 덧필드(Graham Dutfield)가 논의한 구조는 서구의 전통적 인재산권체계, 합동(合同)과 계약(契約), 현행 지식재산체계, 법적 구속력을 가진 국제협약(예: 「생물다양성협약」), 국제적인 "소프트 로"(예: 「세계인권선언」), 전통지역사회의 관습법 및 그들이 제기한 전통자원권 체계를 포함한다.[5] 전통지식의 지식재산권 보호는 현행 지식재산권 제도의 운영, 전통지식재산권 제도에 대한 수정과 확장, 특별 지식재산 재산권 제도의 설립을 포함한 세 가지 방법이 있다.[6] 필자는 전통지식의 지식재산권 보호 제도의 구조가 현행 지식재산권 제도와 지식재산권 제도혁신의 두 가지 측면을 포함하고 있다고 생각한다. 현행 지식재산권 제도의 보호 방식은 저작권, 특허권, 상표권, 지리적표시권 등 각 분야에 관한 것이다(본서 제25장의 "4" 참조). 지식재산권 제도혁신의 주요내용은 전통지식의 전유(專有)권리인 특별보호 제도, 특허출원에서의 전통지식공개 제도 등을 포함한다.

---

3) See Rosemary J. Coombe, Steven Schnoor & Mohsen Ahmed, "Distributive Justice and Intellectual Property: Bearing Cultural Distinction: Informational Capitalism and New Expectation for Intellectual Property", 40 U. C. Davis L. Rev. 891, March, 2007.

4) 参见[美] 卡路斯 · M. 科瑞：<传统知识与知识产权：与传统知识保护有关的问题与意见>, 载国家知识产权局条法司编：<专利法研究>, 456页以下, 北京, 知识产权出版社, 2003.

5) 参见[美] 达里尔 · A. 波塞、格雷厄姆 · 杜特费尔德：<超越知识产权－－为原住民和当地社区争取传统资源权利>, 许建初等译, 46页以下, 昆明, 云南科技出版社, 2003.

6) See document WIPO/GRTKF/IC/6/4 Rev, at paragraph p.34.

둘째, 보호를 위한 전문적인 제도를 도입하는 것이다. 일부 학자와 비정부기구에서 강력히 권장하는 방법은 지식재산권과 차별화된 전문 제도를구축하는 것이다. 즉, 전통지식의 본질과 특성에 적응하기 위해, 독립적인 특별법 제도를 구축하는 것이다. 대니얼 절베이스(Daniel J. Gervais)는 현행지식재산권 체제 외에 특별보호 체제, 공유재산권(communal property), 불공정 이득(unjust enrichment), 불합리한 점유와 이용(misappropriation), 계약 등을 채택할 수 있다고 제안했다.[7] 슈바 고시(Shubha Ghosh)는 전통지식 보호에 공공분야 모델, 상업이용 모델, 신탁 모델, 소유권 모델, 4가지를 꼽았다.[8] 세계지식재산권기구 지식재산권과 유전자원, 전통자원, 민간전승물 정부간 위원회(WIPO-IGC)는 전통지식 법률 보호의 제도적 틀에 배타적 재산권, 사전통보승인(PIC)제도, 보상책임제도(compensatory liability), 부정경쟁행위제도, 전통지역사회 관습법 등을 포함한다. 요약하면 특별법을 제정하는 방법에는 두 가지 옵션이 있다. 다양한 전통지식의 보호를 포괄하는 종합적인 법률(예: “지역사회권”, “지역사회지식재산권”, “전통자원권”제도 등)을 구축하거나 또는 특정 전통지식을 단일 입법으로 보호하는 방법(예: 민간전승(民間文學藝術) 보호, 전통의약 보호 등 제도)이다.

전통지식에 대해 법적 보호를 제공하는 것은 개발도상국 위주로 세계 각국이 우려하는 중요한 문제이다. 각국은 자국 내 전통지식을 보호할 의무가 있다. 즉, 전통지식은 해당 국가의 범위 내에서 자국법의 보호를 받아야 하므로 전통지식 보호는 우선 국내에서 보호되어야 한다. 그러나 19세기 말 20세기 초, 특히 「지식재산권협정」이 발효된 이후, 국제보호가 지식재산권 및 관련 권리보호의 근본적인 특징이 되었다. 현재의 현실에서 전통지식의 이용자와 수혜자는 주로 선진국의 상업기구(商業機構)와 상업성 연구자(商業性研究者)들이다. 따라서 전통지식의 보호가 오로지 국내법에 의해 규정되고 국내법에 의해 보호된다면 전통지식에 대한 다국적기업과 다국적 상업연구개발기관의 불합리한 이용을 방지하기 어렵고 전통지식을 위한 진정한 법적 보호를 제공하기 어렵게 된다. 따라서 입법자는 지식재산권의 국제보호 경험을 살려, 각국의 가입과 승인을 위해 전통지식 보호를 위한 국제 체제를 도입하여 해당 체제를 국내법으로 전환하고 전통지식에 대한 국제보호를 제공해야 한다.

---

7) See Daniel J. Gervais, "The Internationalization of Intellectual Property: New Challenges from the Very Old and the Very New", 12 Fordham Intell. Prop. Media & Ent. L. J. 929, Spring, 2002.

8) See Shubha Ghosh, “Traditional Knowledge, Patents and the New Mercantilism” (Part II), 85 J. Pat. & Trademark Off. Soc’y 885, November, 2003.

Ⅱ. 전통지식의 형태 문제2: 유전자원의 보호

국제협약의 관련 문서에서 유전자원은 전통지식과 관련이 있으며 자주 등장하는 전문용어이다. 「생물다양성협약」에 따르면 유전자원은 식물유전자원, 동물유전자원, 인간유전자원 등 식물, 동물, 미생물 또는 기타 출처의 유전기능단위를 포함하는 물질을 가진 실질적이거나 잠재적인 가치를 지닌 유전물질을 말한다. 세계지식재산권기구 사무국은 그 문서에 "유전자원 및 관련 전통지식"이라는 표현을 사용하는데, 이 둘의 의미가 다르다는 것을 알 수 있다. 전통지식은 전통에 기초하여 생산되고 발전된 지식 또는 전통과 관련된 지식체계로 구성되어 전통부족이 창조한 가치 있는 문화자원이다. 유전자원은 유전기능을 가지고 유전정보를 포함하는 물질재료로 일종의 "인류자연유산"으로서 전통부족만의 고유한 희소성을 지닌 물질자원이다. 전통자원이라는 이름 하에 전통지식과 유전자원은 밀접한 관련이 있는데, 유전자원 특히 인공적으로 배양된 동식물종 자원은 종종 일부 전통지식의 물리화학적 운반체로 후자를 이용하여 발생한 결과이다. 전통지식, 특히 전통의약지식, 농업지식, 생태지식 등은 특정 유전자원의 가치를 나타내는 것으로 전자의 존재 또는 발전의 조건일 수 있다. 전통지식과 유전자원을 포함한 전통자원은 사회적 부의 중요한 구성 부분이라고 할 수 있다.

유전자원의 보호와 관련이 깊은 국제적 배경이 있다. 2003년 세계지식재산권기구는 회의를 개최하여 "유전자원 및 전통지식과 관련된 공개요구 문제에 관한 기술연구보고서 초안"을 제시하며 "생명공학이 점점 더 중요해지고 생명공학 관련 발명에 대한 특허권 수가 끊임없이 증가하고 있다"고 지적했다. 유전자원 및 관련 전통지식은 특정 생명공학 발명을 위한 원재료로서 잠재적인 가치가 있음을 알 수 있다. 그러나 유전자원을 투입물로 활용하고 전통지식을 활용하는 기술이 많아 그 중요성과 가치는 생명공학 그 자체에만 국한되지는 않는다.[9] 생명공학의 특징 중 하나는 자원 의존성과 자원 정보화이다. 어떤 학자의 말처럼, 생명공학 시대에 지구상의 제한된 유전자원을 가진 사람이 생물경제 발전의 주도권을 가지고 새로운 부의소유자가 될 수 있다.[10] 유전자원을 보호하고

---

9) 世界知识产权组织秘书处：<关于与遗传资源和传统知识有关公开要求问题>, 载国家知识产权局条法司编：<专利法研究>(2004), 北京, 知识产权出版社, 2005.

10) 参见朱雪忠等：<基于遗传资源所产生的知识产权利益分享机制与中国的选择>, 载 <科技与法律>, 2003(3).

“생물학적 표절” 행위를 제재하기 위해 국제사회는 중대한 노력을 기울였다. 1992년 「생물다양성협약」의 시행과 2001년 「식량 농업 식물유전자원 국제조약(ITPGRFA)」의 통과는 유전자원 보호를 위한 법적 틀 구축에 약간의 진전이 있음을 보여준다. 상술한 협약을 바탕으로 보호 체제와 재산권 설정은 주로 다음 두 가지 형식이 있다.

첫째, 국가 주권과 “사전통보승인 보호체제”이다. 「생물다양성협약」은 1962년 유엔 「천연자원에 대한 영구주권」 정신을 계승하여, “천연자원(유전자원 포함)에 대한 각국의 주권적 권리를 확인”하였다.11) 이는 유전자원이 국가 주권에 의해 통제되며, 그 처분, 개발 및 이용에 대한 결정권은 국가의 정부에 있고 국가 법률에 따라 행사됨을 의미한다. 국가 주권은 사권 성격을 가지지 않으므로 일부국가의 관련 법률은 이 원칙을 사법(私法) 분야까지 확장한다. 필리핀과 같이 일부국가에서는 생물자원 및 관련 전통지식에 대한 “국가소유권”을 규정하였다. 일부국가에서는 주권 통제 하에 있는 국가, 개인토지소유자 또는 전통부족(예: 코스타리카)의 “별도 소유권(分別所有權)”을 규정하고 있다. 「생물다양성협약」에서는 유전자원이 귀속되는 국가주권제도와 관련하여, 유전자원 획득을 위한 국가보호 체제 즉 “사전통보승인 보호 체제”가 있으며, 이는 세가지 측면의 내용을 포함한다. (1) 사전통보승인: 「생물다양성협약」은 “유전자원의 취득은 체약당사자가 달리 명시하지 않는 한 해당 자원을 제공하는 체약당사자의 사전통보승인을 받아야 한다”고 규정하고 있다.12) 비권리자는 유전자원을 취득하고 유전자원을 상업적 이용에 사용하기 전에 관련 국가 및 전통부족사회(傳統部族社區)에 사전 통보하여 이러한 이용에 대해 알 수 있도록 해야 하며, 해당 국가의 법률에 따라 결정된 관련 정부 부처 또는 부족공동체의 동의를 얻어야 한다. 신청 및 승인 허가는 서면 형식으로 해야 한다. (2) 출처 표시: 「생물다양성협약」 당사국총회(COP)는 “출원의 주제가 유전자원의 사용과 관련되거나 개발에 사용되는 경우, 지식재산권 출원에서 유전자원의 원산지 공개를 장려한다”고 결정하였다. 세계지식재산권기구 사무국이 작성한 관련 문서는 이에 대해 “특허 출원인은 특허청에 제출하는 발명설명서에 발명을 촉진한 생물샘플의 국가 출처를 공개한다”는 요구사항을 두고 있다.13) 위의 규정은 비권리자가 유전자원을 이용한 발명에 대해 특허출원을 할 때 사용된 유전자원의 출처 또는 지역사회의 명칭을 관련 문서에 표시해야 함을 나

11) <生物多样性公约>第15条第1款, 着重号为笔者加注.

12) <生物多样性公约>第15条第5款.

13) 世界知识产权组织秘书处：<关于与遗传资源和传统知识有关公开要求问题>, 载国家知识产权局条法司编：<专利法研究>(2004), 北京, 知识产权出版社, 2005.

타낸다. (3) 이익 공유: 「생물다양성협약」은 유전자원의 이용자와 제공자가 공동으로 합의한 조건에 따라 "연구개발의 성과와 상업적 및 기타 측면에서 자원을 이용하여 얻은 이익을 공평하게 공유한다"는 이익공유약정제도를 제안했다.14) 유전자원의 상업적 이용에 참여하는 전통부족공동체가 그 과정의 이익을 나누는 것이 이 협약의 취지 중 하나이다. "국가주권의 원칙"은 이러한 이익 공유에 대한 권리 기초를 설정하고 "사전통보승인 원칙"은 이익 공유에 대한 제도적 보장을 제공한다. 이익 공유의 구체적인 방법과 비율은 협약에 규정되어 있지 않고 체약당사자의 국내법에 맡겨 해결한다.

둘째, 농민권과 식량농업식물유전자원 보호 체제이다. 「식량과 농업식물 유전자원 국제조약(ITPGRFA)」에 따르면, 농민권이란 농민, 특히 원산지 및 식량농업식물다양성센터의 농민들이 과거, 현재, 미래에 식물유전자원의 보존, 개량 및 제공에 기여함으로써 발생하는 권리를 말한다. 권리는 체약당사국 정부가 그 국내법에 따라 조치를 취하여 보호하는데 아래와 같은 것을 포함한다. (1) 전통지식보호권: 농민의 식물유전자원과 관련된 전통지식을 향유할 권리를 보호하는 것이다. (2) 이익공유권: 식물유전자원 이용에 따른 이익의 공유에 평등하게 참여할 수 있는 권리이다. (3) 의사결정참여권: 국가차원에서 식물유전자원의 보호와 지속가능한 이용에 관한 사항에 대하여 의사결정에 참여할 수 있는 권리이다.15) 이러한 규정은 농민권 내용의 전부가 아닌 것으로 보이며, 이를 위해 일부 체약당사자와 학자들은 상기 권리 외에도 "사전통보승인권", "출처표시권" 및 협약에 규정된 농민의 특권(주로 종자 또는 번식 재료를 저장, 이용, 교환 및 판매할 권리)을 포함해야 한다고 제안한다.16)

유전자원권이나 농민권의 법적 속성에 대해서는 지식재산권 체계에서 배제시키는 것이 국제적으로 유행하고 있는 관점이며, 일각에서는 이를 새로운 형태의 지식재산권으로 개조하자는 주장도 있다.17) 유전자원을 정신적 산물로 간주하고 그에 따라 지식재산권 체계로 분류하는 것은 이론적으로 여전히 납득하기 어렵다는 것을 인정해야 한다. 이는 유전자원이 포함된 생물체는 일반 유기체의 법적 속성이나 다르지 않고, 유전자원에 포함된 유전정보는 분해 후 생명공학기술 형태의 지식이 될 수 있기 때문이다. "현지내 상

14) <生物多样性公约> 第15条第7款.

15) 参见 <粮食和农业植物遗传资源国际公约>第9条第2款.

16) 参见[阿根廷] Carlos M. Correa：<传统知识与知识产权>, 国家知识产权局译, 见 http: www.biodiv-ip.gov.cn.

17) 有关观点可参见詹映等：<国际法视野下的农民问题初探>, 载<法学>, 2003(8).

태(In-situ conditions)[18]에 있는 유전자원은 유전정보와 생체 재료(biological material)의 결합체로서, 이는 일반적인 의미에서의 물(物)이 아니고 특별한 의미에서의 지식도 아니므로 현행 물권과 지식재산권 제도로는 보호를 제공할 수 없다. 그러나 상술한 권리를 지식재산권으로부터 완전히 차단하는 것도 부적절하다. 필자는 적어도 두 가지 점을 고려할 필요가 있다고 생각한다. 첫째, 유전자원 및 관련된 전통지식이 보호 요건에 충족되면 특허권, 식물 신품종권과 같은 지식재산권을 취득할 수 있다. 둘째, 유전자원 및 관련 전통지식이 생명공학 발명이나 신품종 재배에 중요한 가치를 가지며, 재산권 사슬에서 유전자원권이나 농민권은 종종 특정 지식재산권의 선행권리가 된다. 따라서 우리는 물권, 지식재산권 및 기타 전유(專有)권에 대한 관련 법률구조 내에서 이러한 권리에 대한 학리 연구와 제도 구축을 진행할 수 있다.

Ⅲ. 전통지식의 형태 문제 3 : 지리적표시의 보호

지리적표시는 제품의 출처를 표시하는 상품표시이다. 「지식재산권협정」에 따르면, 지리적표시는 상품이 특정 체약당사자의 지역 또는 해당 지역의 특정 지역 또는 위치에서 유래했음을 나타내는 표시이며 상품의 특정 품질, 평판 또는 기타 특징은 지리적 출처와 실질적인 관련이 있다. 지리적표시의 핵심 구성요소는 객관적으로 존재하는 "지리적 명칭"이다. 이러한 "지리적 명칭"은 그 존속기간으로 볼 때 "전통적"인 것이고, 그 존속상태로 볼 때 추측하여 지어낸 것(臆造)이 아닌 객관적인 것이다. 어떤 의미에서 지리적 표시는 현대 지식과는 구별된 "전통자원"이기도 하다. 일반적으로 지리적표시의 구성은 크게 두 가지 형태가 있다. 하나는 "스위스 시계", "베이징 오리구이" 등과 같은 특정 지리적 명칭과 상품명을 조합한 것이고, 다른 하나는 특정 지리적 명칭을 직접 지리적표시로 사용하는 것이다. 예를 들어, 샴페인(champagne)은 프랑스의 한 행정구역의 이름일 뿐만 아니라 현지에서 생산되는 스파클링 화이트 와인의 지리적표시이기도 하다. 따라서 지리적표시는 지연(地緣)성, 객관성 및 영구성의 특징이 있다.

지리적표시는 각국 지식재산권의 공동 보호 대상이지만 역사, 경제, 문화 등 요인으로

18) <生物多样性公约>规定的"原地条件", 意指遗传资源生存于生态系统和自然环境之内的条件.

인해 각국은 입법 모델의 선택에 있어 각기 다르다.

첫째, 특별법 보호이다. 지리적표시를 특수 산업재산권으로 취급하여 전문적으로 입법하는 방식으로 보호하며, 그 대표적인 법률로 「프랑스 원산지명칭통제법」이 있다.[19] 특별법 보호 모델에서 지리적표시권은 일종의 "집단재산권리"로 간주되며,[20] 국가가 법령에 따라 지리적표시의 검사 방법과 절차를 규정한다. 지리적표시는 통용성이 있다고 간주되지 않으며, 해당 표시 및 이와 관련되는 이해를 갖게 하는 기타 설명 모두 그 어떤 유사 상품에도 사용할 수 없다. 지리적표시권은 공공재산(公産)으로 간주되지 않으며 시효의 제한을 받지 않는다.

둘째, 상표법 보호이다. 즉, 지리적표시를 인증마크(證明商標), 집단상표(集體商標: Collective Mark)로 상표법 체계에 포함시키는 것이다. 미국 및 일부 보통법 체계의 국가들이 이 방식을 채택한다. 상표법 보호모델에서 지리적표시는 일반상표로 등록할 수 없지만 인증마크, 집단상표로 등록하여 독점권 보호를 받을 수 있다. 주관기관은 지리적표시 즉 인증마크, 집단상표의 주체에 대한 명확한 자격제한을 가지고 있어 일반적으로 상품 특유의 품질에 대한 검사와 감독능력이 있는 법인 조직이어야 한다. 인증마크권과 집단상표권은 등록인이 소유한다. 이 중 인증마크 등록인은 자신이 경영하는 상품에 해당 상표를 사용할 수 있으나, 집단상표는 등록인이 사용조건에 부합하는 사업자에게 수권해야만 사용할 수 있다.

지리적표시 보호 제도의 역사적 발전 과정에서 국가 간의 전통산업, 전통기술 및 전통제품의 차이로 인해 지리적표시 보호에도 강약 구분이 있다. 일부 학자들은 유럽국가 및 일부 전통상품이 유명한 국가와 같이 오랜 역사를 가진 국가에 세계적으로 유명한 제품이 많이 존재하므로 지리적표시에 대한 엄격한 보호를 통해 고유한 경제적 이익을 보호하는 경향이 일찍부터 있었다고 본다. 반면에, 미국 · 캐나 · 호주 등 신흥국의 경제발전에는 전통적인 지리적 · 인문적 요소가 많지 않아 지리적표시의 경제적 이익도 크지 않으므로 이런 국가들은 지리적표시에 대한 보호를 특별히 강화하지 않고, 소비자가 사기를 당하는 것을 방지하기 위한 동인(動因)만을 규정하고 있다.[21] 지리적표시 보호에 대한

19) 该法于1919年颁布, 1990年、1996年先后两次修改. 该法规定了原产地名称的概念、主管机构设置、认定程序以及法律诉讼程序等. 参见马晓莉 : <地理标志立法模式之比较分析－－兼论我国地理标志的立法模式>, 载<研究与探讨>, 2003(1).

20) 董炳和 : <地理标志知识产权制度研究>, 中南财经政法大学2004年博士学位论文.

21) See Lee Bendekgey, Caroline H. Mead, "International Property of Appellation of Origin and Other

세계 각국의 다양한 태도를 고려하여, 국제적으로 일찍부터 조정(協調) 작업이 시작되었다. 1883년「파리협약」은 산업재산권 보호 범위에 지리적표시를 포함시키는 데 앞장섰고, 지리적표시의 위조 방지를 위한 몇 가지 실질적인 규정을 두었다. 1891년「상품의 허위 또는 기만표시 억제를 위한 마드리드협정」과 1958년「원산지 명칭의 보호 및 국제등록에 관한 협정」은 각각 위조 지리적표시를 이용한 부정경쟁금지 및 지리적표시의 국제등록 절차와 요구 사항에 대해 구체적인 규정을 하였다. 세계무역기구의「지식재산권협정」의 틀 안에서 지리적표시는 "무역과 관련된 지식재산권" 중 하나이다.「지식재산권협정」의 협상 과정에서 선진국의 입장과 목표는 기본적으로 동일하여 이들이 연합하여 개발도상국에 압력을 가하였으나 지리적표시 보호에 대해 심각한 이견 차이가 생겨 EU와 스위스는 미국과 다른 주장을 하고 있다.「지식재산권협정」이 지리적표시에 관한 보호조치, 특히 와인 및 증류주에 대한 특별 보호는 EU 및 기타 유럽국가의 기본 요구를 충족시키는[22] 동시에 미국 등 국가의 지리적표시 장기 현황도 고려하여 지리적표시 보호에 대한 여러 예외 사항을규정했다.[23] 이러한 규정은 사실상 선진국의 양대 이익집단이 타협한 결과이다.

「지식재산권협정」의 형성은 지리적표시 보호 문제에 대한 다양한 국가의 모순을 완전히 해결하지는 못했다. 이를 위해 협정은 관련 협상과 심의체제를 가동했으며, 특정 체약당사자 간의 "단일(單個) 지리적표시" 협상을 위한 법적 기반을 마련했다. 구체적인 시행 상황으로 볼 때, "단일 지리적표시" 문제는 사실상 일부 체약당국에서 일반적으로 통용명칭으로 사용되고 있는 와인과 증류주의 지리적표시 보호 문제를 해결하는 것으로, 이는 보다시피 미래의 보호 문제가 아닌 역사가 남긴 문제이다. 이러한 상황에서 지리적표시는 2001년 11월 제4차 세계무역기구 각료급회의(도하회의)의 중요한 의제가 되었다. 도하회의의 관련 협상 의제가 세 가지이다. 첫째, 와인 및 증류주 지리적표시에 대한 다자간 등록 시스템 구축이다. 둘째, 와인 및 증류주 지리적표시에 대한 특별 보호의 적용 확대, 셋째,「지식재산권협정」이사회에 의한 지리적표시 규정의 시행에 대한 심사이다.[24]

Geographic Indications", TMR., vol. 82, p. 765., 转引自方彬彬 : <产地标记之保护>, 29页, 台北, 三民书局, 1995.

22) 参见<知识产权协定>第22、23条.

23) 参见<知识产权协定>第24条.

24) See DOHA WTO Ministerial 2001: Ministerial Declaration, http://www.wto.org/thewto/ministerial/doha/index.htm., 2003-06-28.

앞서 언급한 두 가지 문제에 대해 미국과 EU는 의견 차이를 보이고 있다. EU는 「리스본 협정」에 규정된 것과 유사한 법적 효력이 있는 국제 등록제도를 구축할 것을 주장하고, 미국은 다자간 등록제도 구축을 찬성하지 않으며, 이러한 제도를 구축하더라도 정보 통보 기능만 있어야 한다고 주장한다. 즉, 등록 시스템이 아닌 지리적표시 데이터베이스를 구축해야 한다고 주장하고 있다. 알코올류의 상품 지리적표시의 특별 보호조치에 관하여, EU는그 적용범위를 확대할 것을 주장하고 미국은 반대한다. 미국과 EU 간의 심각한 이견으로 인해, 세계무역기구 제5차 각료회의(칸쿤회의) 이전까지 지리적표시 문제에 대한 각 체약당국의 협상은 여전히 실질적인 진전을 이루지 못했으며 이는 2003년 9월 칸쿤회의가 성과 없이 끝난 중요한 이유 중 하나가 되었다.

국제사회는 도하회의부터 칸쿤회의까지 개발도상국이 지리적표시 협상에서의 입장과 관점이 "분화" 된 점에 주목하였다. 과거 지식재산권 문제에서는 개발도상국과 선진국이 각각 하나의 완전체로 어느 정도의 대립 상태였으나, 지리적표시 문제에서는 많은 개발도상국들이 자신들의 이익에 따라 각자 다른 진영에 서게 되었다. 일부는 미국(주로 중미 및 남미 국가), 다른 일부는 유럽연합(주로 중 · 동유럽 및 아시아 국가) 편에 서게 되었다. 이는 지리적표시의 지식재산권 보호가 각국의 경제 수준의 발달과 관련없이 산업 또는 상품의 "전통"과 관련 있음을 보여준다.

요컨대, 지리적표시의 보호는 과거의 남북 국가 간 갈등이 아니라 이른바 "신세계" 국가와 "구세계" 국가 간의 갈등이다. 신(新)구(舊) 세계에는 선진국도 있고 개도국도 있다.[25] 미국과 유럽 간의 갈등과 이견 그리고 개도국의 분화는 국제 지식재산권 분야에 더 복잡한 새로운 이해 구도를 만들어냈다. 지리적표시 보호 제도는 100년 이상의 역사를 가지고 있으며, 서로 다른 보호개념과 다른 보호모델이 항상 양대 법계의 다른 국가에서 공존해왔다. 오늘날 이 오래된 제도에 새로운 문제가 나타났는데 이는 「지식재산권협정」의 체약당사자 국내의 시행에 영향을 미칠 뿐만 아니라 포스트 「지식재산권협정」시대의 국제 지식재산권 제도의 발전에도 변수가 되었다.

25) 参见董炳和：<地理标志知识产权制度研究>, 中南财经政法大学2004年博士学位论文.

Ⅳ. 지식재산권 제도의 비현대성문제 : 전통자원권

현대 지식재산권 제도의 보호 대상은 신지식, 신기술로 이는 지적 성과의 사권화에 대해 공들여 법규범을 설계하였다. 이 제도는 지적 혁신은 장려하고 보장할 수 있지만 지적 원천을 자양(滋養)하고 보호할 수는 없다는 점을 지적해야 한다. 현대화 맥락에서 현대지식이 주류를 차지하여 지식재산권의 보호 대상이 되고 전통지식 즉 지적 성과의 원천은 현대화 제도에 의해 공공영역에 방치되었다. 이것이 바로 지식재산권 제도의 비현대성 문제이다. 앞서 언급한 세 가지 문제는 지식재산권 국제포럼의 주요 주제이다. 이 세 가지 주제가 다루는 대상은 모두 "전통"과 관련이 있다. 일부학자들이 인식하는 바와 같이 그들의 주체가 모두 특정 자연인이 아니라는 점과 보호받는 대상이 기존 지식재산권의 객체와는 상당히 다르다는 점에서 유사하다. 따라서 이들 특히 전통지식과 유전자원을 지식재산권의 "새로운 객체"로 삼을 수 있다.[26] 논란의 여지는 있지만 지리적표시의 보호는 일찍이 지식재산권 제도 체계에 포함되었다. 그러나 전통지식, 유전자원은 오히려 어떤 의미에서의 "공동유산(common heritage)"에 속한다는 점을 지적할 필요가 있다. 현존하는 법률이념에서 이러한 "공동유산"의 핵심 요소인 "무형요소는 모두 이미 공유영역에 있어 누구나 자유롭게 사용할 수 있는 대상"이라고 할 수 있다.[27] 그 주된 이유는 전통지식은 현대지식의 신규성(新颖性) 기준을 갖추지 못했고, 유전자원은 창조성이 결여된 객관 물질재료에 속한다. 이 외에도 주체를 확정하기 어렵거나 서면문헌에 기재할 권리가 없거나 아니면 존속기간이 너무 길어서 모두 개인의 혁신을 보호하는 지식재산권의 기존 기본이념에 부합하지 않는다. 현행 지식재산권제도의 단점은 지적 혁신을 효과적으로 보호하지만 이러한 혁신의 지적 원천 보호를 소홀히 한다는 것이다. 이를 위해, 국제사회는 새로운 권리 체계인 "전통자원권"을 논의하고 있다. 이 권리 제도는 새로운 유형의 "전통" 재산을 보호하게 된다. 즉, "누구나 특정 집단이 보유한 지식, 발명과 실천, 토지 및 영토에 보존된 생물자원의 추가 사용 및 개발에 있어서 협상을 통해 공정한 이익을 공유해야 한다[28]

---

26) 郑成思 : <传统知识与两类知识产权的保护>, 载<知识产权>, 2002(4).

27) 唐广良 : <遗传资源 · 传统知识及民间文学艺术表达国际保护概述>, 载<知识产权文丛>, 第8卷, 北京, 中国方正出版社, 2002.

28) 龙文 : <论传统知识财产权利的实现形式>, 载国家知识产权局条法司编 : <专利法研究(2004)>, 北京, 知识产权出版社, 2005.

전통자원권은 “전통”을 보호하는(즉, 문화와 생물의 다양성을 유지) “새로운 제도”이다. 이러한 제도는 기존의 지식재산권과 관련이 있지만 구별되며, 전문적인 관리(공법)와 권리보호(사법)를 결합한 법률모델을 채택할 수 있다. 전자의 경우, 국가 또는 지역사회의 전통자원관리위원회를 설치하는 것이며 그 관리책임은 주로 전통자원의 “보호”(protection), “보존”(conservation), 이용(utilization)이다. 후자의 경우 “지역사회권” 또는 국가, 지역사회 및 부족의 “별도소유권”을 설정하는 것이며 해당 권리의 주요 내용은 전통자원의 이용에 대한 “사전통보승인”, “출처표시” 및 “이익공유”로 나타난다.

전통자원 보호 제도의 선택은 한 국가의 자국 이익에 대한 고려 뿐만 아니라 국제조정체제의 운영과도 관련이 있다. 중국으로서는 세계무역기구가입 이후 「지식재산권협정」의 틀 아래서 지식재산권의 약한 보호를 지나치게 강조하는 것은 큰 의미가 없고, 관건은 중국이 어떻게 국제조정체제를 이용하여 협정기준을 뛰어넘는 선진국의 지식재산권 강한 보호요구에 대항하는지에 달려 있다. 즉, 전통문화와 유전자원 대국으로서 그 강점을 발휘하고 국제규칙 제정의 발언권을 쟁취하여 전통자원의 보존과 발전을 위해 유리한 조건을 쟁취하느냐는 것이다. 국제적으로 중국은 개발도상국과 함께 제도적 혁신에 힘쓰고, 전통자원에 대해 현행 지식재산권 제도와 구별된 보호체제를 채택하며, 지식재산권 제도의 근간을 무너뜨리는 법적 변화는 피해야 한다. 동시에 중국은 지리적표시 보호에 의해 형성된 이익 구조를 차용하여 더 많은 국가의 이해와 지지를 얻고, 합의를 이룬 기초에서 전통자원의 지식재산권 이용과 보호를 위한 법률 체계를 점진적으로 구축해 나가야 한다.

제27장

포스트 TRIPs시대 지식재산권의 국제적 입법의 동향

지식재산권은 오늘날 국제사회가 주목하는 이슈이자 지식경제시대의 주요 제도적 기반이기도 하다. 국제적으로 국가 간 경제, 과학기술 및 문화분야의 광범위한 교류로 지식재산권 보호 제도는 보편적 구속력이 있는 게임규칙이 되었다. 세계무역기구(WTO) 「지식재산권협정(TRIPs)」의 발효는 지식재산권을 전통적인 지적 창조 영역에서 직접 국제경제무역질서에 편입시켰으며, 이는 지식재산권 제도가 높은 수준의 보호로 새로운 단계에 진입했음을 나타낸다. 「지식재산권협정」이 효과적으로 시행되면서 "20세기의 가장 중요한 지식재산권조약"으로 간주되긴 하나, 이와 동시에 "가장 논란이 많은 국제협약"이기도 하다.[1] "포스트 TRIPs 시대"에 접어들면서 선진국과 후진국들은 각자의 입장에 따라 지식재산권 이익의 조정(協調)과 공유에 대한 새로운 요구를 제시하였다. 「지식재산권협정」을 둘러싼 국제협상의 개시와 「지식재산권협정」을 회피하여 나타난 양자, 다자간 보호 메커니즘으로 국제 지식재산권 제도에 새로운 변화를 가져왔다. 전반적이고 전략적이며 미래지향적인 사고방식으로 지식재산권 국제입법의 중요한 문제를 해석하고 지식재산권 정책 시행을 위한 중국의 기본 전략을 모색하는 것은 중요한 실제적 의의가 있다.

---

1) Peter Drahos, John Braithwaite, "Economic Politics Law and Health: Intellectual Property, Corporate Strategy, Globalization: TRIPs in Context", 20 Wis. Int'l L. J. 452.

Ⅰ. 다극화와 파편화된 지식재산권 국제적 입법

포스트 TRIPs 시대, 특히 21세기에 들어서면서 「지식재산권협정」의 시행을 둘러싸고 선진국과 후진국들은 서로 다른 입장과 태도를 가지고 있다. 개발도상국들은 「지식재산권협정」시행 과정에서의 합리성과 적절성에 의문을 제기하였다. 2003년 유엔개발계획(UNDP)은 세계무역체계에 관한 보고서를 발표하여 "대부분의 개발도상국에게 있어 「지식재산권협정」의 적정성은 매우 의심스럽다"고 밝히며, 개발도상국들이 "대체적 지식재산권 패러다임을 채택하여 「지식재산권협정」을 대신하기 위한 대화를 시작하고, 과도기 내에 「지식재산권협정」의 해석 및 이행 방법을 개정할 것"을 제안하였다.[2] 이에 비해, 선진국들은 「지식재산권협정」의 실효성을 비판하며 보호수준에 불만을 표시하였다. 이들은 더 높은 수준의 보호와 더 엄격한 법집행을 위한 새로운 국제협약의 수립을 모색하며, 「지식재산권협정」을 회피하여 지역협정이나 양자협정을 이용하는 방식으로 새로운 지식재산권 보호의 국제표준을 추진하길 원했다. 구체적으로, 포스트 TRIPs 시대의 지식재산권 국제 입법은 다음과 같은 특징을 가지고 있다.

1. 새로운 국제조약협상

21세기 초부터 세계무역기구, 세계지식재산권기구, 국제식물신품종보호연맹(UPOV), 아시아태평양경제협력체(APEC), 아시아유럽정상회의(ASEM) 등 국제기구는 지식재산권 제도 개혁에 대한 일련의 국제협의와 담판을 조직했다. 이 중에서, WTO 도하라운드의 새로운 협의로 공중보건, 지리적표시, 유전자원, 전통지식 등에 대한 합의는 이뤄지지 않았다. WIPO는 기존 저작권 체제에서 시청각 공연자를 보호할 것을 발의하여 50여개국의 지지를 받아 2012년 6월 「시청각 공연에 관한 베이징 조약」을 체결했다. 요컨대, 지식재산권의 국제 입법에 있어 기존 국제기구의 다자간 협의체제는 새로운 돌파구를 마련하지 못하고 있다.

이런 상황에서 선진국들은 "체제 전환" 방식을 통해 선진국 간의 지식재산권 조약을 위한 협상을 조직하여 지식재산권 보호 기준을 재차 높이려 시도하였다. 2011년 유럽의

2) Laurence R. Helfer, "Mediating Interactions in an Expanding International Intellectual Property Regime", 36 Case W. Res. J. Int'l L. 4.

회가 채택한 「위조품의 거래방지에 관한 협정(ACTA)」은 미국의 주도로 유럽연합, 일본, 캐나다, 호주, 스위스, 한국 등이 적극 참여한 새로운 지식재산권 조약이다. 해당 협정의 목적은 "저작권 및 상표 도용 행위의 감소"시키는 것이다. 유엔 경제협력개발기구의 추정에 따르면, 위조 및 불법 복제 상품의 전세계 교역액은 2000년 약 1000억 달러에서 2007년의 약 2500억 달러로 증가했다. 해당 협정은 민사법집행, 형사법집행, 국경법집행, 정보 공유, 국제 협력 및 법집행 감독 등 6가지 측면에서 지식재산권 보호에 대한 보다 엄격하고 상세하며 명확한 규정을 하고 있다. 요컨대, 이는 지식재산권의 '강한 보호' 색채를 띤 새로운 국제조약이다. 해당 협정은 논의에서 시작해 원칙으로 채택될 때까지 개발도상국의 광범위한 참여가 부족했다. 「위조품의 거래방지에 관한 협정」을 포스트 TRIPs 시대 지식재산권의 국제적 보호를 촉진하기 위한 협약이라고 보기보다는 선진국이 개발도상국을 제재하기 위한 무역 무기라고 보는 것이 더 적절하다. 「위조품의 거래방지에 관한 협정」의 옹호자들은 개발도상국 특히 중국, 러시아와 같은 발전 중에 있는 대국들이 협정에 참여할 수 있도록 설득하여 지식재산권 보호의 새로운 기준을 다자화에서 국제화로, 그 법집행 기준을 「지식재산권협정」과 같은 국제기준으로 만들려는 의도였다. 비록 유럽연합의 주된 원인으로 인해 「위조품의 거래방지에 관한 협정」이 발효되지 못했지만, 지식재산권 국제입법에 있어 선진국들의 중요한 경향을 보였다. 바로 세계무역기구, 세계지식재산권기구 등 다자체제를 회피하여 이해관계가 같은 국가들이 지역 또는 양자 협상을 개시하여 <지식재산권협정>이상의 새로운 규칙을 모색하는 것이다.

2. 지역협정과 양자협정의 재현

세계무역기구 체제 밖의 지식재산권 국제법 제정(國際造法)은 주로 자유무역협정을 매개체로 하고 지역 · 양자 협의를 메커니즘으로 하여 실현된다. 자유무역협정은 양자간 및 지역간 무역을 배정하는 주요 형태로 세계무역기구의 전신인 「관세 및 무역에 관한 일반협정(GATT)」이 형성되기 전부터 오랫동안 존재해왔다. 자유무역협정은 국제무역 규칙의 특례로서 정부간 협의를 통해 부분 시장의 자유무역을 실현한다. 자유무역협정의 "대내적 자유, 대외적 보호" 입장은 다자체제의 "최혜국대우 원칙"과 배치되는 경우가 많다.[3] 그럼에도 불구하고 자유무역협정은 일정한 범위내의 역내 자유무역을 촉진하는 일반적인 기능을 가지고 있으며 다자체제 및 글로벌 자유화 과정에서 보충 역할을 한다.

이를 위해 "관세 및 무역협정" 체제의 설계자는 자유무역지대의 합법성을 조건부로 승인하였다.[4)]

2000년대 들어 세계무역기구는 다자체제와 글로벌 자유무역을 주축으로 많은 노력을 기울였지만 성과가 미미하여 역내 · 양자 자유무역협정의 부활은 세계경제 영역의 새로운 주역으로 떠올랐다. 「2011년 세계무역보고서」에 따르면 세계무역기구 회원국들은 WTO 체제 밖에서 총 300여 개의 양자 및 지역 자유무역협정에 서명했다. 역내 무역 일체화 과정에서 미국과 유럽연합은 항상 중요하거나 주도적인 역할을 해 왔다. 미국은 "자국 이익 우선"이라는 원칙에 따라 다자체제 협상, 지역체제 협상, 양자체제 협상의 다중무역정책을 채택하고 있으며, 양자간 무역협정과 지역 무역협정의 체결을 통해 지역경제가 통합된 "미국 모델"을 확정하고 나아가 국제무역규칙(지식재산권 국제보호규칙 포함) 제정의 주도권을 장악하고 있다. 유럽연합은 오늘날 세계에서 규모가 가장 크고 통합도가 가장 높은 지역성 경제무역기구이다. 다자체제가 지지부진한 상황에서 유럽연합은 무역정책을 대대적으로 조정하고 유럽연합의 글로벌 경쟁력 강화를 지향하는 자유무역협정 전략을 제시하며, EU 이 외에 50여 개 파트너국과 자유무역협정을 체결해 지역경제 통합 과정에서 엄청난 시범적 효과를 창출했다. 위에서 언급한 지역 무역협정과 양자간 무역협정은 대부분 무역규칙, 투자규칙, 지식재산권 보호규칙을 포함한 "포괄적 협의"로, 현재 거의 국제지식재산권법 제정의 풍향계가 되어 미래 지식재산권 국제 보호제도의 개혁에 영향을 미칠 수 있게 되었다. 아래서는 주요 지역협정을 선택하여 설명하고자 한다.

(1) NAFTA와 USMCA: 미국, 멕시코, 캐나다는 1992년 8월 「북미자유무역협정(NAFTA)」에 서명하여 당시 세계 최대의 지역적 자유무역기구의 설립을 선언하고 최초로 무역협정에 투자, 무역을 지식재산권과 연결시키는 선례를 만들었다.[5)] 2018년 11월, 미국은 멕시코, 캐나다와 새로운 무역협정을 체결하여 「미국 멕시코 캐나다협정(USMCA)」으로 명명하였다. 새로운 협정문에는 시장진입, 농업, 무역구제, 투자, 디지털 무역, 분쟁해결, 지식재산권 등 30여 개의 챕터를 포함하고 있다.

(2) TPP와 CPTPP: "경제 영역에서의 북대서양조약기구"로 불리는 「환태평양경제동

---

3) 参见杨静：<自由贸易协定知识产权条款研究>, 9页, 北京, 法律出版社, 2013.

4) 关于自由贸易区合法性条件的规定, 参见<关税与贸易协定>(1947)第24条规定以及(1994)对24条的解释.

5) 参见詹映：<国际贸易体制区域化背景下知识产权国际立法新动向>, 载<国际经贸探索>, 2016 (4).

반자협정(TPP)」은 현재 중요한 아시아태평양 자유무역기구이다. 2015년 10월 5일 미국, 일본 등 12개 범태평양 국가들이 협정에 합의하여 2016년 2월에 4일 정식 서명했다. 2018년 3월, 트럼프가 집권 중이던 미국의 탈퇴로 해당 협정은 일본이 주도하게 되었다. 2018년 12월 30일, 기존 협정에 대한 개정을 기초로「포괄적 · 점진적 환태평양경제동반자협정(CPTPP)」이 공식적으로 발효되었다. 미국 주도의 "TPP"는「지식재산권협정」의 보호 수준을 초월한 "TRIPs-Plus" 조항을 포함하고 있다. 예를 들어, 상표등록은 가시성을 조건으로 하지 않을 것, 유명상표(驰名商标) 보호는 등록 여부를 전제로 하지 않을 것, 상표허가는 등록을 효력기준으로 하지 않을 것 등이 있다. 특허허가 범위는 기존 제품의 새로운 용도, 제품의 새로운 방법 또는 새로운 공정 사용, 실험 데이터에 대한 특별 보호, 의약품 특허에 대한 추가 보호 기간등까지 확장하였다. 저작권 보호 기간연장, 저작자 · 공연자 · 음반제작자의 임시 복제권 규정, 공연자 · 음반제작자의 공중송신권(向公衆傳播權: Right of Communication to the Public) 등과 국경 법집행, 권리침해 정보 공개, 권리침해 물품의 처리와 형사처벌 등이 있다. 이러한 조항은 미국으로 대표되는 선진국의 지식재산권 국제입법에 대한 새로운 요구를 반영한다. 이후 비록 "CPTPP"가 지식재산권 조항을 수정했지만, 각 체약국들은 미국이 TPP에 복귀하면 지식재산권 보호도 당초 합의한 TPP 기준을 회복할 것이라고 밝혔다.

(3) RCEP:「역내 포괄적 경제동반자 협정(RCEP)」은 2012년 아세안(ASEAN)이 발의하고 아세안 10개국, 중국, 일본, 한국, 인도, 호주, 뉴질랜드 등 16개국이 참여하여 만든 협정으로 관세 및 비관세 장벽을 삭감하여 시장을 통일하는 자유무역지대를 만들자는 취지이다. 이 협정문에는 상품, 서비스, 투자의 3대 시장접근 문제 외에도 지식재산권, 전자상거래, 법률 메커니즘 등의 문제도 포함된다. 중국은 RCEP협상에 적극 참여하고 협상을 추진시키며 경제 세계화와 지역경제 통합 및 지식재산권 국제보호 규칙의 변화를 촉진하기 위해 노력했다.

3. 개발도상국 "남남협력"의 대두

개발도상국은 "남남협력"을 개시하고 다양한 경로를 통해 적극적으로 유전자원, 전통지식, 지식 공유와 같은 유리한 분야에서 자신의 이익에 부합하는 국제적 지식재산권 보호전략을 적극적으로 모색했다.

개발도상국은 인권 관점에서 지식재산권을 보고 해석하며 경제, 사회와문화의 조화를 이루는 조화로운 발전 경로의 확립을 추구한다. 최근 몇 년 동안 개발도상국의 자체 발전 공간 확보하기 위한 노력 덕분에, 협조하며 조화롭게 발전하는 이념과 조치가 점진적으로 국제사회의 인정과 관심을 받고 있다. 유엔경제사회이사회는 <경제적·사회적 및 문화권리에 관한 국제규약>의 추진자이자 해석자로서 2001년 처음으로 지식재산권을 인권의 시각으로 해석할 것을 제안하면서 「인권과 지식재산 보고서」를 발간했다. 이 보고서는 지식재산권에 대한 협약의 의의를 초보적으로 분석하며 지식재산권을 경제권리와 사회권리라는 전체적인 틀에서 봐야 한다고 주장했다.2006년 해당 이사회는 지식재산권과 인권 문제에 대해 다시 논평을 발표하고, <경제적·사회적 및 문화권리에 관한 국제규약>에 규정된 권리와 기타 인권이 지식재산권 제도 내에서 인정되는 다수 권리와의 차이를 지적하였다. 그러면서 인권은 기본적인 것이고 인간이 타고나는 것임을 강조하였다. 이에 비해 지식재산권은 국가가 발명창조를 장려하고 지식의 보급을 격려하는 도구이다.[6] 위의 문서와 보고서에는 「지식재산권협정」및 지식재산권 확장에 대한 중국을 비판하는 내용도 포함되어 있지만, 인권과 지식재산권 두 가지 국제규칙 간의 공동 목표와 기타 상통하는 부분도 인정하고 있다.

개발도상국은 유네스코를 통해 "문화다양성" 문제에 대한 관심을 호소하였다. 2005년 10월 유네스코는 「문화다양성협약」을 채택했다. 프랑스어권의 선진국과 개발도상국이 주로 제안한 이 협약은 원래 프랑스어권 국가들을 연합하여 자체의 고유한 문화적 전통을 유지하기 위해 고안된 것이다. 협약은 문화다양성을 보호하는 것은 표현의 자유, 정보 및 커뮤니케이션의 자유와 같은 인권에 대한 존중이며 개방성과 균형 원칙에 대한 존중으로, 이런 개방성과 균형은 자국 문화에 대한 보호와 외래 문화에 대한 수용에서 나타난다. 다양한 국가 간의 문화 상품과 서비스의 유통을 강화하면 한 국가의 문화다양성과 국내 문화 산업의 발전을 촉진할 수 있다. 협약 제정 과정에서의 핵심 쟁점은 문화다양성을 어떻게 제대로 정의할 것 인가였다. 이는 미국이 이 협약을 강력하게 반대한 이유기도 하다. 미국은 「문화다양성협약」으로 인해 일부국가에서 그 개념이 남용될 수 있으므로 유네스코의 취지에 어긋난다고 보았다. 이 협약은 자유무역을 주장하는 「지식재산권협정」과 "모순"되는 부분이 있다. 바로 협약은 체약국이 자국 문화 콘텐츠의 생산, 유통, 보

6) See Committee on Economic, Social and Cultural Rights Thirty-fifth Session Geneva, 7-25 November 2005 General Comment No.17 (2005) E/C. 12/GC/17, 12 January 2006.

급, 소비에 차별적인 대우를 제공할 수 있도록 허용한다는 점이다. 「문화다양성협약」은 개발도상국이 자국의 문화산업을 보호하기 위해 자신의 발전단계에 입각하여 자국의 지식재산권 제도를 구축하려는 시도로 볼 수 있다.

개발도상국은 비정부기구의 힘을 빌려 자신의 "공중 보건" 문제를 해결하려고 하였다. 2005년 국제 비정부기구, 공중보건 전문가, 경제학자, 법학자들이 세계보건기구(WHO) 총회에서 제안한 「의학연구개발조약(초안)」(The Medical Research and Development Treaty, draft)은 새로운 법적 틀을 마련하여 기존 의약품 특허와 독점에서 벗어나 의약업계의 연구와 발전을 촉진하고, 각국 정부 사이에서 의약품 개발 비용을 합리적으로 분담하며 개발도상국과 의약품 연구개발 성과를 공유하는 것을 목표로 한다. 지식재산권 보호와 관련하여 조약 초안은 체약국이 의약품 연구와 관련된 특허에 대해 최소한의 예외를 설정할 것을 요구하고 있으며, 체약국은 공공 영역의 소재를 기반으로 한 발명에 대해 일정 기간 동안 특허를 출원하지 않을 것을 약속해야 한다고 주장한다. 동시에, 조약 초안의 원활한 채택과 시행을 보장하기 위하여 조약 초안은 다른 국제협약과의 연계(銜接) 문제를 규정하고 지식재산권 문제의 분쟁해결 메커니즘에 있어 「지식재산권협정」을 존중한다고 밝혔다. 조약 초안이 채택되고 시행될 수 있을지는 아직 미지수이지만, 이는 의약품 및 공중 보건에 있어서의 지식재산권 측면의 수요와 관련하여 개발도상국이 투여한 노력을 반영한 것이다.

개발도상국은 세계지식재산권기구를 플랫폼으로 사용하여 "지식재산의 보호 촉진"에서 "비재산권 방식으로 창조 촉진"으로의 지식재산권 국제입법의 전환을 적극적으로 실현하고 있다. 「지식재산권협정」의 부정적인 영향을 고려하여, 개발도상국은 국제 지식재산권 입법에 대한 주장을 실현하기 위해 세계지식재산권기구를 더 많이 활용한다. 2004년 10월 세계지식재산권기구 총회는 아르헨티나와 브라질의 제안을 채택하고 개발도상국으로 구성된 "개발의 친구(發展之友)" 조직과 기타 비정부기구의 관점을 반영한 새로운 "개발 의제"를 수립했으며, 그 최종성과는 「제네바 선언(Geneva Declaration)」에 반영되었다. 선언은 인류가 전세계적으로 지식, 기술 및 문화의 관리 위기에 직면해 있다고 보았다. 따라서 세계지식재산권기구는 지식재산권 분야에서 독점권(壟斷特權)의 확대를 피하기 위해 노력해야 하며 다음과 같은 몇 가지 문제에 중점을 두어야 한다고 했다. 첫째, 지식재산권 보호에 따른 경제적, 사회적 비용의 문제이다. 둘째, 기존 지식재산권 규칙을 어떻게 수정해야 하는지의 문제이다. 셋째, "위키피디아", 지식공유, 자유소프트웨어 및 원격 교육 도구와 같은 비재산권화(非産權化) 된 혁신 메커니즘의 문제이다. 동시에 위의 "개발 의제"에는 개발도상국의 지식재산권에 대한 또 다른 의제 즉 일부 비정부기구 대표들이 제창한 <지식에 대한 접근 조약>이 있다. 「지식에 대한 접근 조약」은 "지식 확산 운동"(Access to knowledge Movement)의 중요한 성과이다. 기존 지식재산권 국제협약이 추앙하는 "최저보호기준"과 달리, 위의 조약 초안은 지식재산권 확장에 대한 제한을 설정하는 것을 목표로 하는 "최고보호기준"의 수립을 주장한다. 이러한 규제는 결국 문화·교육 등 공공사업이 지식재산을 나눠 가질 수 있도록 하는데 그 목적이 있다.

Ⅱ. 지식재산권 입법의 국제적 동향과 중국의 입장

지식재산권 국제 보호 제도의 형성은 일정한 역사적 필연성을 가지고 있다. 「지식재산권협정」은 선진국과 그 산업 이익집단이 추진하는 산물이지만, 이와 동시에 선진국과 개발도상국간의 게임의 협력 결과이기도 하다. 객관적으로 이는 글로벌 지식경제 발전의 내재적 요구를 어느 정도 반영하고 있다. 현재 지식재산권 국제입법 플랫폼은 세계지식재산권기구와 세계무역기구, 양대 중심 체제와 지역 · 양자간 무역협정의 다원적 입법 메커니즘을 모두 가지고 있다. 발언권을 확보하고 주도권을 장악하는 것은 개발도상국이 국제입법 활동에 참여하는 기본 입장이다.

지역 · 양자간 무역협정을 통한 국제지식재산권법 제정 활동은 "포스트 TRIPs" 시대의 국제지식재산권 개혁을 위한 큰 그림이다. 새로운 체제 전환, 새로운 문제 영역, 새로운 동력 메커니즘 등은 WTO 입법 메커니즘과TRIPs 국제규칙에 대한 중요한 보완일 뿐만 아니라 기존 중심 체제와 표준규칙에 대한 특정 도전을 가져다 준다. (1) 다원화의 참여 주체: 전통적인 국제 입법 체제에서 지식재산권 입법은 대개 주권 국가들이며, 입법 중심에는 WTO와 WIPO가 있다. 포스트 TRIPs 시대에 양대 국제 기구는 여전히 주도적인 위치를 차지하고 있으며 분업 및 협력 메커니즘을 구축했다.[7] 이와 동시에, 다른 많은 국제기구와 국제입법기관도 지식재산권 문제에 큰 관심을 기울이고 있다. 이로부터 "중심화"에서 "다원성"으로 전환하는 입법 메커니즘이 등장했다. 이런 현상의 중요한 원인

7)1995年世界贸易组织与世界知识产权组织, 就知识产权问题的一系列合作事宜达成共识, 并形成协议.

은 연맹단체, 민간단체(私人集團), 다국적 네트워크 조직, 비정부 기구[8] 등을 포함한 비국가단체의 출현으로, 이들이 지식재산권 국제 입법의 중요한 주체가 되었다. (2) 확장적인보호 객체: TRIPs는 보호 수준이 가장 높고 보호 범위가 가장 광범위하며, 효력이 가장 강력한 지식재산권 국제조약이지만, 여전히 입법이 현실에 뒤쳐지는 부분(滯後性)이 있다. 구체적으로 협정은 그후의 신기술, 신지식 및 새로운 비즈니스 형태의 많은 변화를 반영하지 못했다. 여러 지역무역협정과 양자간 무역협정의 지식재산권 조항들이 유전자, 영업방법, 실험 데이터, 네트워크 도메인, 캐릭터 이미지, 데이터 프로그래밍과 같은 신흥 객체에 대해 입법하는 선택했으며, 이는「지식재산권협정」에 대한 의미 있는 보완이다. (3) 교환식의 제도적 장치 : 자유무역협정의 협상과 담판은 종종 의제 연계와 의제 교환을 통해 각 당사자들의 이익을 실현하고 궁극적인 지식재산권의 제도적 장치를 형성한다.[9] 제도 선택에 있어서의 실용주의적 입장과 공리(功利)적인 성향이 다양한 "초 TRIPs 조항 (TRIPs-Plus)"을 만든다. 이 중에서 선진국은 객체의 수권범위, 권리사항(權項) 내용의 증가, 보호 기간의 연장, 법집행 수준의 향상, 권리제한 및 예외범위의 축소 등 지식재산권의 높은 수준의 보호를 주장하는 여러 규정도 있고, 개발도상국이 제창하는 전통지식, 유전자원, 민간전승, 필수 의약품 획득, 대체가능한 혁신 모델 등과 관련된 지식재산권의 추가 보호에 관한 일부 조항도 있다.

중국은 세계 최대의 개발도상국이자 세계무역기구의 중요한 회원국으로 세계에서 가장 빠르게 발전하고 있는 규모가 비교적 큰 국내 시장을 보유하고 있다. 또한 많은 지식재산권 전문 인력과 비교적 강력한 국제 협상능력을 보유하고 있어 지식재산권 국제규칙 제정에 적극적으로 참여해야 한다. 이는 책임있는 대국으로서의 국제적 책임이며 세계무대에서 소프트파워를 과시하는 국제적 이미지와도 직결된다. 필자는 중국이 지식재산권 국제입법에서 다음과 같은 전략을 고수해야 한다고 생각한다.

1. 개발도상국의 기본 입장을 견지해야 한다. 중국이 세계무역기구 가입 협상 과정에서 중국이 개발도상국인지 선진국인지의 지위 문제를 놓고 국제사회의 논쟁이 있었다. 중국이 개발도상국 자격으로 세계무역기구에 가입한 것은 중국의 정치적 선택이자 당시 경제수준을 반영한 것이다.[10] 물론 세계무역기구에 가입한지 10여 년이 지난 중국 경제

---

8) See Peter K. Yu, The Global Intellectual Property Order and Its Undetermined Future, The WIPO Journal, Vol. 1, 2009.

9) 参见杨静著 : <自由贸易协定知识产权条款研究>, 法律出版社2013年版, 第17页.

는 장족의 발전을 이룩했다. 그러나 1인당 GDP와 경제사회 발전 종합지표는 여전히 높지 않아 개도국 대열에 있다. 이는 개발도상국의 입장을 견지하고 개발도상국의 이익과 의지를 대변하는 것이 지식재산권에 관한 국제규칙 제정에 참여하는 중국의 불가피한 선택임을 보여준다.

2. 세계 강대국이 가져야 할 자신감을 가져야 한다. 오늘날 중국은 이미 세계 정치, 경제, 과학기술, 문화, 교육 등 측면에서 중요한 위치를 차지하고 있다. 21세기의 두 번째 10년은 중국이 세계 대국에서 세계 강대국으로 가는 중요한 발전기이다. 중국은 국제 지식재산권 무대에서 강대국의 이미지를 수립하고 협상력을 최대한 활용하여 자신의 합법적인 이익을 수호하고, 많은 개발도상국들을 위해 보다 공정하고 합리적인 국제 지식재산권 법질서의 구축을 도모해야 한다.

3. 개발도상국의 리더가 되어야 한다. 국제 지식재산권 업무에서 브라질, 인도 등 국가는 개발도상국이 선진국의 지식재산권 "침입"에 대항하는 "선봉장"으로 활약하고 있다. 「지식재산권협정」의 협상 중에서나 「지식재산권협정」의 이사회 후속 회의에서나 위의 개발도상 대국들은 자신의 지식재산권 입장을 견지하고 지식재산권 제도 개혁에 대한 다양한 주장을 적극적으로 표현하기 위해 노력해 왔다. 개발도상국 중에서도 중국은 국제적 위상이 높고 국제적 영향력이 더 크므로 개발도상국의 리더십으로서 개발도상국을 단결시키고 연합하여 국제 지식재산권 문제에서 더 큰 역할을 해야 한다.

4. 국제체제의 적절한 전환을 추진해야 한다. 국제체제 개념은 1982년 국제관계 학자가 제안한 것으로, 참여자가 주어진 문제 영역에 집중할 것으로 예상되는 원칙, 표준, 규칙 및 의사결정 절차를 이미한다.[11] 국제관계 이론에서 체제 전환은 권력 제약이 기정사실화된 상황에서 국가와 비국가 참여자가 채용한 국제체제로 하여금 그 이익을 보다 정확하게 반영하도록 진화하게 하는 전략 즉 조약 협상, 입법 동의(動議) 또는 표준 제정 등의 활동을 통해 한 국제무대에서 다른 국제무대로의 변화를 위한 노력이다. 체제 전환은 국가와 비국가 참여자들에게 "반체제적인 기준"을 만들어 낼 기회를 제공한 셈이다.[12]

---

10) 参见梁业倩、陆大生：<龙永图：以发展中国家加入世界贸易是中国的政治选择>, 见 http://news.sina.com.cn/c/293551.html, 2012年11月3日访问.

11) See Stephen D. Krasner, Structural Cause and Regime Consequences: Regime as Intervening Variable, International organization, 36 (3), p.186, 1982.

12) See Laurence R. Helfer, "Regime Shifting: The TRIPs Agreement and New Dynamics of International Intellectual Property Law making", 29 Yale J. Int' L.10-17.

체제 전환은 국제 지식재산권 입법에 있어 흔히 볼 수 있다. 1950년대 미국은 체제 전환을 통해 유네스코 체제 하에서 「세계저작권협약」을 제정하면서 오랫동안 세계지식재산권기구가 관할하는 「베른협약」에 가입하는 것을 거부했고, 1980년대 이후 미국을 비롯한 선진국은 지식재산권 국제입법의 중심을 세계지식재산권기구에서 관세 및 무역에 관한 일반 협정으로 전환해 「지식재산권협정」을 핵심으로 하는 새로운 질서를 수립했으며, 현 단계에서 중국을 포함한 개발도상국은 세계무역기구, 세계지식재산권기구 등의 전통적인 체제에 비해 생물다양성, 문화다양성, 공중보건, 국제인권과 발전 등 여러 국제포럼을 활용하여 국제지식재산권 보호 제도의 개혁을 추진할 수 있는 도의적 우위를 가진 새로운 체제를 만들 수 있다.

Ⅲ. 국제지식재산권 입법에 대응하는 중국의 주요 조치

중국은 전통적인 개발도상국일 뿐만 아니라 신흥산업국가이다. 지식재산권 제도의 국제화 과정에서 중국의 다양한 발전 단계에 대하여 다른 전략적 조치를 취해야 한다. 현 단계의 현실적인 이익도 고려해야 하고 선진적인 안목도 가져야 한다. 국제협약의 규정을 준수하여 외국의 첨단 기술을 보호해야 할 뿐만 아니라 자국 입장에서 출발하여 지리적으로 유리한(本土優勢) 지식재산권 자원을 보호해야 한다. 다시 말해, 중국은 지식재산권 제도의 국제화 측면에서 다음과 같은 문제에 주의해야 한다.

1. 국내규범과 국제 규범의 접목

관련 국제협약의 체결 및 개정을 통해 각국의 지식재산권 보호 기본 원칙, 최소요구 및 일반요구사항을 확립하고 규범화 하는 것이 지식재산권 제도의 국제화를 위한 전제 조건이다. 1980년 「세계지식재산권기구협약」에 공식적으로 가입하고 나서 중국은 여러 지식재산권 국제보호협약(아래 표 참조)에 연속으로 가입했다.

중국이 가입한 주요 지식재산권 국제협약

가입연도	협약 명칭
1980	「세계지식재산권기구협약」
1985	「산업재산권 보호에 관한 파리 협약」
1989	「상표 국제등록 마드리드 협정」, 「집적회로에 대한 지식재산권에 관한 조약」
1992	「문학 및 예술 저작물의 보호를 위한 베른협약」, 「세계저작권협약」
1993	「음반의 무단 복제로부터 음반제작자를 보호하기 위한 제네바 음반협약」, 「공연자, 녹음 음반제작자 및 방송기관의 보호에 관한 국제협약」, 「특허협력조약」
1994	「표장 등록을 위한 상품 및 서비스업의 국제분류에 관한 니스 협정」
1995	「특허절차상 미생물기탁의 국제적승인에 관한 부다페스트조약」
1996	「산업디자인의 국제분류 제정을 위한 로카르노 협정」
1997	「국제특허분류에 관한 스트라스부르 협정」
1999	「식물신품종보호에 관한 국제조약」
2001	「무역 관련 지식재산권협정」
2007	「세계지식재산권기구 저작권조약」, 「세계지식재산권기구 실연 음반 조약」
2012	「시청각 공연에 관한 베이징 조약」

정보기술과 통신기술의 발전에 부응하고 인터넷 분야의 저작권자의 이익을 보호하기 위하여 중국 정부는 2007년 3월 6일 세계지식재산권기구에정식으로 「세계지식재산권기구 저작권조약(WCT)」과 「세계지식재산권기구 공연 음반 조약(WPPT)」에 관한 가입서를 제출하였으며, 이 두 조약은 2007년 6월 9일 중국에서 발효되었다. 2012년 6월 26일 중국 정부는 "시청각 공연 조약"에 서명했다. 위의 상황은 중국의 지식재산권 보호가 더 높은 단계에 진입했음을 나타낸다.

중국은 자국 국정과 국제 발전 추세에 따라 관련 국제협약을 근거로 다양한 지식재산권 법률 및 규정을 제정하고 개선했으며, 지금까지 자체의 발전요구에 부합하고 국제표준에 부합하는 지식재산권보호 법률체계를 형성했다. 중국의 지식재산권 보호 범위와 보호 수준은 기본적으로 국제협약의 규정을 준수하며 일부는 중국의 지식재산권 보호 수준이 국제협약의 요구기준을 초과하기도 한다.

필자는 국내규범과 국제규범의 접목을 실현하기 위하여 현재 지식재산권 국제협약의 탄력성 조항과 개방성 조항에 대한 연구에 중점을 두어야 한다고 생각한다. 예를 들어, 「무역 관련 지식재산권협정」제8조(공중보건 문제와 지식재산권 남용 제한), 제27조(관련 회원국은 특허 인정이 가능한 주제를 설정할 때 "공서양속"을 고려할 수 있다), 제31

조(강제실시권), 제71조("무역관련 지식재산권위원회"는 지식재산권협정의 이행을 검토한다) 등의 규정을 이용하여, 국내규범과 국제규범의 원활한 연계(對接)와 조율 가능성 및 그 구체적인 방법을 모색할 수 있다. 중국은 자국의 경제, 과학기술, 문화 발전수준을 고려하여 국제협약이 규정한 최저보호 수준에 도달하면족하고, 현 단계 입법을 지나치게 높게 제정해서는 안 되며, 법률의 현지화와 국제화 간의 조율을 최대한도까지 실현해야 한다.

2. 다원적 입법기구의 참여와 양자협정 메커니즘의 대응

현재 선진국이 통제하는 세계무역기구와 세계지식재산권기구는 지식재산권 국제입법에서 계속 주도적인 역할을 하고 있으며 양대 국제기구는 분업하고 협력하고 있다. 이들은 오늘날은 물론 미래에도 지식재산권의 국제규칙 제정에 있어 여전히 가장 중요한 역할을 할 것이다. 이런 주도체제의 보완으로, 다른 많은 국제기구와 국제입법기구도 지식재산권 문제에 큰 관심을 기울이고 있다. 이로 인해 다원화의 입법 메커니즘이 생겨났다. 즉, 지식재산권 국제입법에서 "두 개 중심, 여러가지 경로, 선진국과 후진국의 모순(南北對弈), 균형 추세"의 국면이다. 이런 국면은 주권국가, 비국가실체, 지식재산권 소유자 및 사회 대중이 지식재산권 분야에 있어서의 다양한 입장, 관점 및 이해관계를 다각도로 반영할 수 있다. 중국은 국제지식재산권 입법 과정에서의 목소리를 높이기 위해 다원화의 입법 메커니즘을 최대한 활용해야 한다.

이와 동시에 중국은 양자협정 메커니즘에 합리적으로 대응해 지식재산권의 과잉보호를 방지해야 한다. 포스트 TRIPs 시대에 들어서면서 개발도상국이 세계무역기구와 같은 다자 협상 메커니즘에서 연합하여 힘을 모으는 것과 다원화 입법분야에서의 공동노력에 비추어, 특히 2001년 WTO 시애틀장관회의와 2003년 칸쿤 다자무역회의에서 개발도상국의 반대로 협상이 실패함에 따라 미국과 유럽연합 회원국으로 대표되는 선진국들은 양자 메커니즘을 통해 「지식재산권협정」보다 더 높은 기준, 더 넓은 범위, 더 강한효력의 지식재산권 보호를 모색하기 시작했다. 이런 양자 메커니즘은 주로개발도상국을 대상으로 함과 동시에 다른 선진국과도 관련이 있다. 예를 들어, 미국은 칠레(2003년), 싱가포르(2003년), 호주(2004년), 중앙아메리카5개국(2004년), 모로코(2004년), 바레인(2004년)과 한국(2007년) 등 국가와 자유무역협정을 체결했다. 유럽연합 및 그 회원국들도 스리

랑카(1995년), 파키스탄(1997년), 튀니지(1998년), 남아프리카공화국(1999년), 멕시코(2000년), 요르단(2002년), 시리아(2004년) 등 국가와 양자조약을 체결했다. 지식재산권과 관련된 이런 양자협정은 「지식재산권협정」의 최소보호 기간을 연장하거나 지식재산권 보호의 새로운 영역을 확장하거나 새로운 지식재산권 법집행 수단을 추가하거나 공중보건, 생물다양성 및 전통지식의 법적보호를 무시하고 공공이익의 원칙과 지식재산권의 제한 및 예외 조항을 배척하였다. 중국은 선진국이 주도하는 양자간 자유무역 협상 메커니즘에 직면하고, 그로 인한 지식재산권 위험을 경계하고 양자협정으로 인한 자국 지식재산권 보호 수준이 부당하게 향상되는 것을 방지해야 한다.

3. 국내기구와 국제기구의 교류

지식재산권의 국제교류와 협력을 진행하는 목적은 첫째, 지식재산권 국제 보호 제도의 개혁을 추진하여 현재 남북국가의 지식재산권 이익이 균형을 잃은 국면을 변화시키는 데 있다. 둘째, 국제적 인력양성 훈련, 정보교환, 협동(協同) 등 방식을 통해 중국이 얻게 될 지식재산권 법제 경험으로 지식재산권 사업의 건전한 발전을 촉진하는데 있다.

중국은 국제기구와 지식재산권 분야에서의 교류와 협력을 매우 중시하여 이미 지식재산권 분야에서 세계무역기구, 세계지식재산권기구, 아시아태평양경제협력체 등 국제기구의 각종 활동에 참여하였고 양방향의 교류와 협력을 강화하였다. 동시에 "중국-유럽연합 지식재산권 대화체제", "중 · 미 지식재산권 워킹그룹", "한 · 중 · 일 지식재산권 양자 및 삼자 간 대화와 협력체제"를 설립하였고 홍콩, 마카오 및 브라질, 멕시코, 아세안 등의 국가와 지역과 다양한 형태의 지식재산권 보호를 위한 교류와 협력을 전개하고 있다. 2002년 중국 국가지식재산권국(國家知識財産權局, CNIPA)과 세계지식재산권기구는 베이징에서 「협력 프레임워크」를 체결하였다.[13] 2008년에는 세계지식재산권기구와 공동으로 「2008 국제저작권포럼」을, 독일과 공동으로 "중 · 독 지식재산권법 심포지엄", 유럽연합 위원회와 공동으로 "중 · EU 지리적표시 보호 고위급 포럼" 등 활동을 개최하였다.[14]

국제지식재산권 교류와 협력을 통해 중국은 지식재산권 보호의 결의와 조치를 표명할

13) 参见中华人民共和国国家知识产权局：<2002年中国知识产权保护状况>.

14) 参见国家保护知识产权工作组办公室：<2008年中国保护知识产权行动计划>.

수 있고 일부 선진국의 지식재산권 보호 측면에서 날로 높아가는 요구에 적절하게 대응할 수 있다. 지식재산권보호 측면에서 국제사회와의 상호 신뢰와 인정을 증가시킬 수 있어 국제지식재산권 보호체제에 적극적으로 융합될 수 있다. 또한 국제지식재산권 보호 및 관리 경험을 참고하고 지식재산권 국제규칙을 이용하여 국내 규범의 발전과 개선을 추진할 수 있다.

4. 국제입법에 대한 국내 인원의 참여

현대 국제지식재산권 보호를 위한 게임규칙은 주로 선진국에 의해 제정된 것으로, 중국은 적극적인 참여와 심도 있는 이해를 기초로 관련 국제입법 활동에 참여해야 한다. 새로운 중국의 지식재산권 입법이 시작되었을 때는 주요 국제지식재산권 제도가 벌써 확립되고 완성되어 있었다. 100년 이상의 지식재산권 입법 발전과정에서 중국은 적극적인 참여보다 지식재산권 국제입법을 수동적으로 수용할 때가 많았다.

1990년대 이후 국제경제관계와 환경은 크게 달라졌다. 1990년 11월 관세 및 무역에 관한 일반협정(우루과이 라운드) 다자간 무역협상에서 「지식재산권협정」초안이 채택되어 지식재산권 보호를 위한 새로운 국제표준의 형성을 알렸다. 중국 정부는 해당 협상에 적극 참여했고, 협정 체결을 추진하기 위해 많은 노력을 기울였다.

21세기 초에 들어서면서 중국은 보다 적극적인 자세로 국제법 규칙 제정에 참여하기 시작했다. 유네스코 「문화다양성협약」을 제정하는 과정에서 중국의 문화부(文化部), 언론출판총서(言論出版總署), 국가지식재산권국 등 여러 부처로 구성된 "문화다양성협약 제정 참여 지도그룹"은 「문화다양성협약」협상에 적극 참여해 중국에 유리한 성과를 거두었다. 이번 협상은 문화다양성의 "주권 원칙"을 공고히 하는데 성공했고, 「문화다양성협약」은 다른 국제협약과 서로 예속되지 않는 독립적 지위를 획득했다. 중국은 협상에 참여하는 노력을 통해 「문화다양성협약」중에 중국의 관련 정책, 법률 규정과 일치하지 않는 조항을 약화시키거나 삭제하였다.[15] 주목할 부분은 세계지식재산권기구가 주관하여 제정한 「시청각 공연에 관한 베이징 조약」(일명 「베이징조약」)이 2012년 6월 베이징에서 열린 외교회의에서 채택되었다는 점이다. 세계지식재산권기구 사무총장 프랜시스

15) 主要是其中的"媒体多元化"等可能涉及资本结构多元化的条款. 参见范帆、杨颖：< 〈保护和促进文化表现形式多样性公约〉 谈判通过始末>, 载<中国出版>, 2006(2).

거리(Francis Gurry)는 국제저작권 입법의 또 하나의 이정표라며 국제저작권체제에서의 시청각 공연자 보호에 대한 공백을 메웠고 다자간 프로세스의 협력적 성격을 보여준다고 평가했다. 이로써 국제저작권체제 하에서 공연자에 대한 보호가 미흡하지 않게 되었다.[16] 베이징조약은 중국의 도시 이름을 딴 최초의 지식재산권 국제협약으로 국제기구가 중국과 다른 회원국과 함께 노력한 결과이다.

현재「지식재산권협정」의 개정과 지리적표시 보호에 관한 국제 담판이 여전히 세계무역기구의 틀 안에서 진행 중에 있다. 이와 동시에 세계무역기구도 지식재산권에 관한 새로운 협의를 시작하여, "생물다양화"와 "전통지식"을 지식재산권 범위에 포함시키는 문제를 논의하고 있다. 개발도상국에 도움이 되는 내용을 제도적으로 늘릴 수 있도록 관련 협상과 입법에 적극 나서야 한다.

5. 국내제도 혁신과 국제제도 개혁의 상호작용

현대 국제지식재산권 보호의 변화는 현행 제도의 개혁(예: 유전자 특허, 디지털 저작권, 온라인 상표)을 부각시킬 뿐만 아니라 새로운 제도(예: 전통지식, 유전자원)의 돌파에 직면해 있다. 이 중 전통지식, 유전자원 등 새로운 형태의 재산권 제도의 출현은 국제지식재산권 제도의 발전을 촉진하는 데 중요한 역할을 하며 개발도상국이 지식재산권 자원의 국제 경쟁에서 유리한 위치를 차지하는 것을 가능하게 하였다.

전통자원 보호를 위한 제도의 선택은 국가가 자국 이익을 고려하는 것은 물론, 국제조정 메커니즘의 운영과도 관련이 있다. 국제 영역에서, 이는 새로운 이해구도의 형성을 반영할 뿐만 아니라 포스트 TRIPs 시대의 지식재산권 제도의 발전 방향을 보여준다. 외부의 압력에 대응하기 위하여 중국은 국제조정 메커니즘을 이용하여 자국 국정에서 벗어나고 협정기준 초과하는 선진국의 지식재산권의 강력한 보호요구에 대항하고, 전통문화와 자원대국의 우위를 발휘하여, 국제규칙 제정의 발언권을 쟁취하고 전통자원의 보존과 개발을 위해 유리한 조건을 쟁취하여야 한다.[17] 다양한 국제 행사에서 중국과 개발도상국은 제도혁신에 힘써야 하고, 전통자원에 대해서는 현행 지식재산권 제도와 별도의 보호

16) See WIPO, WIPO Beijing Treaty on Audiovisual Performance is Concluded, http://www.wipo.int/pressroom/en/articles/2012/, 2012-06-28.

17) 参见吴汉东：<后 TRIPs 时代知识产权的制度变革与中国的应对方略>, 载<法商研究>, 2005(5).

체제를 채택하여 지식재산권 제도의 근간을 흔드는 법률 변화를 피해야 한다. 또한 중국은 세계 대다수 국가의 이해와 지지를 얻어 공감대를 바탕으로 전통자원의 이용과 보호를 위한 법률체계를 점진적으로 수립하여 개발도상국에 우위가 있는 지식재산권 자원이 국제법률제도의 유력한 보호를 받을 수 있게 해야 한다.

중국의 현행 지식재산권법은 대체적으로 국정(國情)에 부합하고 국제규칙의 요구를 충족시키나 일부 불완전한 부분도 있다. 중국은 국제입법의 동향에 주의를 기울이고 본토의 현실적 필요에 따라 상표법, 저작권법, 부정경쟁방지법(反不正當競爭法)을 조속히 개정하며 영업비밀보호법 등 단행법을 제정해야 한다. 이와 동시에, 다른 영역에서도 입법 보호를 추진해야 한다. 예를 들어, 세계지식재산권기구는 2000년 전통문화 보호를 위한 국가 정책적 목표, 구체적인 지식재산권 모델의 선택, 비지식재산권 보호 방식의 타당성 등을 담은「전통문화표현물의 보호/전통문화의 핵심목표와 원칙(WIPO/GRTKF/IC/7/3)」초안을 제정했다. 유네스코가 2005년 채택한「문화다양성협약」은 문화다양성은 인류의 기본특성으로 전인류의 이익을 위해 이를 귀중히 여기고 보호해야 한다고 강조했다. 또한 문화다양성 보호의 관점에서 현대 지식재산권의 보호를 받지 못하는 전통문화를 하나의 문화활동, 문화콘텐츠, 문화상품과 서비스로서 협약의 규율범위에 포함시켜야 한다고 강조했다. 중국은 세계적인 문명 고국으로 다양한 전통문화자원을 보유하고 있어 민간문학예술 보호조례와 같은 행정법규의 제정을 가속화하고 전통지식, 무형문화유산 등 우위가 있는 분야에서 국내입법을 통한 종합적인 보호를 실현해야 한다.

제28장

지식재산권 제도의 국제적 개혁과 글로벌 대응

21세기 2번째 10년부터 탈세계화 사조가 팽배한 가운데 세계무역기구(WTO)를 중심으로 한 다자체제와 「지식재산권협정」(TRIPs)을 중심으로 한 지식재산권 국제보호체제가 심각한 도전을 받고 있으며, 국제무역분쟁과 지식재산권 충돌은 국제사회의 높은 관심을 불러 일으키고 있다. 국제정세의 복잡한 변화와 중국 발전의 내재적 수요에 직면하여 우리는 반드시 지식재산권의 글로벌 거버넌스관, 발전관, 법치관을 실천하고 협력과 상생을 핵심으로 하는 새로운 국제관계 구축에 입각하여 지식재산권 보호의 국제 질서와 글로벌 거버넌스 체계를 공정하고 합리적인 방향으로 발전시켜 나가야 한다.

Ⅰ. 지식재산권 국제 법치규칙의 기본요구

지식재산권 보호는 국제사회 관심의 초점이다. 국제무역규칙, 국제투자규칙 및 국제지식재산권 보호규칙을 포함한 국제경제 및 무역규칙은 여러 국가의 과학기술, 문화 및 경제 교류의 법적 질서를 구성한다. 세계지식재산권기구, 세계무역기구 등 국제기구를 제도 운영 플랫폼으로 하여 지식재산권 분야에서 국제적인 법률규칙과 질서가 형성되었다.

지식재산권의 국제 보호 시스템에서 세계무역기구와 그 「지식재산권협정」은 주도적인 역할을 했다. 현대 지식재산권의 법률 통합 패턴은 다음과 같은 세 가지 특징이 있다. 우선, 국제법률체계와 국제무역체계의 통합이다. 지식재산권 보호는 국제경제와 무역체계의 중요한 구성 부분이며 WTO체계 내에서 체약당사자가 되기 위해 준수해야 하는

"무역규칙"이다. 즉, 어느 당사자나 국제무역체제 내에서 무차별적인 최혜국대우를 받는 것과 동시에 지식재산권에 대한 충분하고 효과적인 보호를 제공할 것을 약속해야 하고, 지식재산권 법집행 조치와 정도가 합법적인 무역에 방해가 되지 않도록 보장할 필요가 있다.[1) 이를 바탕으로 법적 보호 기준이 체약당사자 사이에서 통합을 실현한다. 국제협약의 "최소보호기준 원칙"에 따라, 각 체약당사자가 자국법에 근거하여 제공하는 지식재산권 보호는 해당 협약에서 규정한 최저 기준보다 낮아서는 안 된다. "최소보호기준" 즉 "일치성 기준"은 지식재산권의 대상, 취득, 내용, 심지어 보호까지 포함하는 기본 규범으로 각 체약당국 국내 입법의 준거규칙이다. 바로 이 원칙의 보편적 적용으로 지식재산권 법률의 일체화 국면이 형성되었다.

즉, 지식재산권 보호 분야에서 국제법이 국내법에 우위하고, 내국법은 내국법과 동일하며, 국내법은 국제법에 복종한다. 마지막으로, 국제 보호 제도의 실체적 규칙에서 절차적 규칙으로의 일체화이다. 과거의 국제협약은 주로 지식재산권에 대한국제적 보호의 실체 내용을 규정하여 구속력 있는 법집행 조치와 효과적인분쟁해결 메커니즘이 부족하여 "소프트 로(soft law)"로 불리고 있었다.[2) TRIPs 협정은 사법재심, 민사절차, 손해배상, 임시조치, 국경조치 등을 규정한 법집행 절차와 보호조치를 강화하고, 협상, 알선, 재정, 상소, 집행의 분쟁 조절처리 절차를 설계해 지식재산권 보호를 위해 "WTO 분쟁해결 메커니즘의 이빨을 달았다".[3) WTO 무역체계와 그 집행 메커니즘 및 분쟁해결 메커니즘의 제약 하에 지식재산권 보호는 높은 수준과 효율성을 모두 갖추고 있으며, 이것이 바로 지식재산권 법률 일체화의 실질적 의미이다.

상술한 특징에서 WTO 중심의 다자체제는 각 체약당사에 대한 기본요구를 내포하고 있음을 알 수 있다. 각 체약당사자가 국제무역체제 내에서 최혜국대우를 누리고 있지만, 지식재산권 보호를 조건으로 할 것을 요구한다. 각 체약당사자의 지식재산권 보호 약속은 "최소보호기준"을 준칙으로 해야 한다. 체약당사자 간의 지식재산권 분쟁은 분쟁해결 메커니즘에 소송을 제기해야 하며 일방주의를 채택하는 것을 허용하지 않는다.

---

1) 参见<知识产权协定>序言.

2) 古祖雪：<国际知识产权法>, 62-63页, 北京, 法律出版社, 2002.

3) Tuan N Samahon, "TRIPs Copyright Dispute Settlement After the Transition and Moratorium: Non-violation and Situation Complaints Against Developing Countries", 31 Law& Pol' y Int' l Bus. 1055.

Ⅱ. 지식재산권의 국제 법치영역의 중요한 변화

세계는 지금 거대한 발전과 개혁, 조정의 시기에 있다. 국제 법치영역에서 일련의 중요한 변화가 발생했는데, 그 중 가장 크고 강렬한 영향을 받은 것은 지식재산권으로 복잡하고 다국적으로 발전하는 기본 추세를 보여준다.

1. 지식재산권 보호를 위한 국제질서의 변화이다. 지식경제와 세계화 시대에 국제정치질서, 국제경제와 무역질서, 국제 지식재산권 질서는 국제질서의 3대 구성으로 상호 영향을 준다. 지식재산권은 국제 이익 배분의 중요한 메커니즘으로서 한 국가의 부의 창출과 축적을 결정한다. 일부 선진국은 TRIPs협정보다 더 높은 수준, 더 높은 효율의 지식재산권 보호를 주장하며 자신에게 유리한 지식재산권 국제질서를 수립하여 자국 정치 경제의 우월적 지위를 수호하고자 한다. 이에 반해, 중국을 포함한 대다수 국가는 TRIPs 협정의 지식재산권 기준을 수용하는 기초에서 일부 조항의 수정과 조정을 실시하여 보다 합리적이고 공평한 것을 목표로 적당한 국제지식재산권규칙을 수립할 것을 주장한다. 여기에서 지식재산권 보호에 대한 다양한 수요는 그 대항이든 타협이든 모두 국제 질서의 재편으로 이어질 것이다.

2. 지식재산권 입법의 국제 메커니즘이 변화한다. 세계무역기구와 세계지식재산권기구는 지식재산권 입법에서 계속하여 주도적인 역할을 하고 있다. 주도적인 메커니즘 외에도 많은 국제 인권기구와 국제 입법기구가 등장하여 중요한 역할을 하기 시작했다. 또 이미 국제 인권 기구, 경제협력개발기구, 유네스코, 국제연합 식량농업기구, 세계보건기구 등의 입법 활동을 포함한 다양한 입법 메커니즘이 있으며 많은 부분이 지식재산권 보호와 관련되어 있다. 이 다원화된 입법 메커니즘이 바로 지식재산권 국제 입법의 “두개의 중심, 다중경로, 선진과 후진국의 모순, 균형 추이”의 구도이다.[4] 또한 이러한 구도는 건전하고 유익하며, 지식재산권 분야에서 각 주권 국가, 각 비국가적 실체, 지식재산권 소유자 및 사회 대중의 서로 다른 입장과 관점 및 이익요구를 다각도로 반영할 수 있다는 것을 인정해야 한다. 국제지식재산권 제도의 발전 과정에서 일부 선진국과 그 지식재산권 소유자의 이익에만 서고 지식재산권 보호가 공권력, 사회공익, 국제인권 등에 부정적인 영향을 미치는 것을 간과하지 않아야 해야 한다. 개발도상국의 경우 세계무역기구와

4) 参见刘筝：<知识产权国际造法新趋势>, 载<法学研究>, 2006(3).

세계지식재산권기구와 같은 주도적인 메커니즘에서 발언권을 추구해야 할 뿐만 아니라 다양한 입법 메커니즘과 행사에서도 주도권을 장악해야 한다.

3. 지식재산권 분쟁의 국제적 해결 메커니즘이 변하고 있다. 세계무역기구는 "고도의 통일성"과 "어느 정도의 강제성"을 갖춘 효과적인 다자간 분쟁해결 메커니즘을 구축했다.[5] 그러나 해당 기구 출범 이래 그 체약당사자는 300여 개의 양자간 · 다자간 자유무역협정을 체결하였다. 이러한 협정들은 세계무역기구 규칙에 대한 중요한 보완인 동시에 세계무역기구 규칙의 권위적 지위를 동요시켰다. 그동안 발생했던 지식재산권 분쟁의 대부분을 양자 및 다자간 자유무역협정을 통해 해결하였던 것이다. 더욱 주목할 점은 일방적 제재 방법을 통해 양자간 지식재산권 갈등을 다루는 "일방주의"의 부활이다. 예를 들어, 미국이 그 국내법에 따라 "301 조사"와 "특별 301 조사"(무역 상대국 대상), "377 조사"(미국시장 진출 기업 대상), "악명시장조사"(외국 전자상거래 및 오프라인시장 대상)를 시작한 것이다. 이런 "일방주의"가 최근 몇 년 새 다시 강조되고 있는 것은 "역세계화"의 보호무역주의로 제재 대상 국가와 국제사회 전체의 높은 관심을 끌었다.

4. 지식재산권 세력의 국제 구도에 변화가 생겼다. 국제 역량과 비교하여 심각한 변화가 생기고 있다. 신흥시장 경제의 부상과 많은 개발도상국의 전반적인 힘의 강화는 지식재산권의 글로벌 판도를 재구성하는 중요한 역량이 되었다. 이들은 자국의 가치 이념과 국가전략을 기존 국제제도에 융합되게 하고 자국에 유리한 새로운 제도적 장치를 마련하고자 모색하고 있다.[6] 중국·인도·브라질 등으로 대표되는 신흥경제국은 과학기술·경제수준이 급속히 향상되고, 앞다투어 지식재산권을 혁신과 발전의 기본전략으로 삼아 지식재산권 국제질서의 동력구조를 변화시켰다.

지식재산권의 국제 법치분야에서의 심각한 변화는 지식재산권 제도의 국제화가 세계화의 파생물(伴生物)로 지식재산권 보호 규칙의 보편적 적용을 실현하고 제도적 리스크의 글로벌화 또한 초래하였음을 보여준다. 국제지식재산권 분야에서 국가 유형에 따라 권리에 대한 요구가 다르기 때문에 국가의 입장 대립, 주체 조직의 대립, 개체 가치이익의 대항 등 문제가 발생하며, 보호무역주의와 일방주의의 관행이 다자체제와 그 법률체계에 많은 위협을 가하고 있다. 지식재산권 보호에 있어서는 국제규칙을 기준으로하고, 지식재산권 문제에 있어서는 협력을 주제로 하며, 지식재산권 충돌에 있어서는 협상 메

5) 曾令良：<世界贸易组织法>, 166页, 武汉, 武汉大学出版社, 1996.

6) 参见吴志成、董柞壮：<国际制度转型与中国的应对>, 载<当代世界>, 2016(5).

커니즘으로 하는 것이 지식재산권 국제 법치가 지켜야 할 기본규칙이다.

Ⅲ. 지식재산권 글로벌 거버넌스에서 중국의 선택

심각하고 복잡한 세계 정세에 직면하면서 중국은 글로벌 거버넌스에 대한 시진핑의 법치사상을 이해하고 구현하는 방법을 배워야 한다. 그 중 "인류운명공동체 구축" "평화적 발전의 길 걷기" "협력과 상생을 핵심으로 하는 새로운 국제관계 구축", "국제질서와 글로벌 거버넌스 체계를 보다 공정하고 합리적인 방향으로 발전" 등의 중요한 사상은 중국이 대외 교류와 글로벌 거버넌스에 참여하는 선진적인 지도이념이자, 중국이 지식재산권 글로벌 거버넌스 체계 구축에 참여하고 지식재산권 국제제도 개혁에 대응하는 올바른 방향성을 제시한다. 포스트 TRIPs 시대에 우리는 "TRIPs협정의 기준"을 준수하고 TRIPs 협정을 이행할 뿐만 아니라 지식재산권의 글로벌 거버넌스에 참여하는 데 앞장서야 하며, 지식재산권의 법률 일체화 국면의 변화를 재인식하고 이에 상응하는 경로를 선택해야 한다.

1. "TRIPs협정의 기준"을 유지하고 "체제 전환" 추진하는 일관된 입장을 유지해야 한다. WTO가 주도하는 국제 무역체계와 TRIPs협정을 중심으로 하는 국제지식재산권 보호 체계는 경제 세계화를 촉진하고 지식재산권의 국제 질서를 유지하는 데 중요한 역할을 했다. "TRIPs협정의 기준"은 지식재산권 법률 일체화에 가장 중요한 기초를 제공하였다. 오늘날 신흥 경제국은 일반적으로 "TRIPs협정의 기준"을 수용하여 이 기준을 국내 입법의 근거로 사용할 뿐만 아니라 지역 및 양자간 지식재산권 협력에 참여하는 기준으로 사용하고 있다. 이와 동시에 신흥 경제국가들은 "국제체제의 적절한 전환"을 추진하고 있다. 앞서 언급한 바와 같이 국제관계이론에서 "체제 전환"은 권리의 제약이 기정사실화 된 상황에서 국가와 비국가 참여자가 국제체제가 자신의 이익을 보다 정확하게 반영하도록 채용한 진화된 전략 즉조약 협상, 입법 동의(動議), 규칙 제정 등의 활동을 통해 한 국제무대에서 다른 무대로 전향하기 위해 현상태를 변화시키려는 노력으로 "체제 전환"은지식재산권 국제질서 구축에서 흔히 볼 수 있는 일이다. 현 단계에서 놓고 말하면 WTO, WIPO 등과 같은 전통 체제에 비해 중국을 포함한 개발도상국은 생물다양성, 문화다양성, 공중보건, 국제인권과 발전 등 여러 국제포럼을 활용해 도의적 우위가 있는 새

로운 체제를 만들어 지식재산권 국제 보호 제도의 개혁을 추진할 수 있다. 이 밖에 지역과 양자간 자유무역협정의 지식재산권 조항 설계를 통해 "TRIPs협정의 기준"이란 제도적 한계를 극복하고 핵심·신흥기술 객체에 대한 보호와 전통지식, 유전자원 보호 등의 문제를 해결할 수 있다. 중국은 세계무역기구 체계 내에서나 "체제 전환"인 지역 또는 양자 간의 경우에서나 모두 "인류운명공동체"를 구축한다는 기본이념에서 출발하여 "평등한 대우와 상호협의, 상호이해를 바탕으로 파트너십을 구축"하고 "공정하고 정의로우며 공동으로 구축하고 공유하는 안전적인 국면을 조성"하고 "개방적이고 혁신적이며 포용적이고 호혜의 발전 전망을 도모"하며, "서로 다르나 화합하고 다르지만 포용적인 문명한 교류의 촉진"에 주력해야 한다.[7] 다시 말해, 제도적 강요와 규칙 주도의 패권 행위에는 반대하고 지식재산권 국제 보호 체계를 함께 상의하고 구축하여 공유하자는 것이다.

2. 개발도상 대국과 지식재산권 대국의 공동 역할을 수행한다. 중국은 개발도상국이자 대국이다. 중국이 WTO 가입 협상 과정에 국제사회에서는 중국이 개발도상국인지 선진국인지 그 지위에 대한 논란이 있었다. 중국이개발도상국 자격으로 WTO에 가입한 것은 중국의 올바른 정치적 선택이자 당시 중국의 경제적 수준을 반영한 것이다. WTO 가입 이래, 근 20년 동안중국 경제는 상당한 발전을 이루었고 세계 혁신 체계에서 중요한 지위를 차지하게 되었지만, 1인당 소득과 경제 및 사회 발전의 종합 지표는 여전히 높지 않고 대체적으로 여전히 개발도상국의 대열에 있다. 이는 개발도상국의 입장을 견지하고 개발도상국의 이익과 의지를 반영하는 것이 지식재산권의 글로벌 거버넌스에 참여하는 중국의 기본 역할임을 보여준다. 동시에 중국은 발전하고 있는 신흥대국으로서 세계정치, 경제, 과학기술, 문화, 교육 등 측면에서 중요한 지위를 차지하고 있어 명실상부한 지식재산권 대국이 되어가고 있다. "책임 있는 대국"의 외교정책은 "빛을 감추고 어둠 속에서 힘을 기르며(韜光養晦), 꼭 해야 할 일이 있는 경우에만 나서라(有所作爲)"에서 "분발하여 무언가를 이루어 내라(奮發有爲)", "적극적으로 무언가를 이루어 내라(積極有爲)"로 바뀌고 있다. 지식재산권 외교 측면에서, 중국은 협력하고 대립을 피하는 원칙을 견지하여 미국 및 유럽 선진국과는 "일치하는 부분은 취하고, 서로 다른 부분은 보류"하며, 신흥 경제국과는 "협력과 상생"하며, 저개발국과는 "보편적인 혜택을 베풀고 포용"해야 한다. 지식재산권 보호 분야에서 중국은 국제규칙의 준수자, 추종자에서 참여자, 건설자,

7) 习近平：<携手构建合作共赢新伙伴　同心打造人类命运共同体－－在第七十届联合国大会一般性辩论时的讲话>, 载<人民日报>, 2015-09-29, 2版.

수호자로 바뀌어야 하며, 그 중대한 조치로는 지식재산권 글로벌 거버넌스 체계 개혁을 추진하고, 국제사무에서 개발도상국의 대표성과 발언권을 확대하며, 지식재산권 국제규칙 제정에서 더 많은 중국 방안, 중국 지혜를 제시하고 기여하며, 남북대화와 남남협력을 촉진하여 지식재산권 국제분쟁을 적절하게 해결하는 것을 포함한다.

3. 중국 FTZ와 국제 FTA, WTO/WIPO의 상호작용 메커니즘이다. 포스트 TRIPs시대에 WTO와 WIPO는 다자주의 협력 플랫폼을 제공하였고, TRIPs 협정과 기타 지식재산권 관련 국제협약은 지식재산권 보호에 대한 각 체약당사자의 최소기준을 이끌어 가고 있다. 지역 및 양자간 자유무역협정도그 중 하나로 지식재산권 조항을 핵심 의제로 간주하고 있다. 따라서 지식재산권 법률의 일체화 국면은 양자간, 지역주의와 다자주의 사이에서 반복순환하는 동태적인 과정을 보여준다. 이러한 상황에서 중국의 지식재산권 글로벌 거버넌스 참여는 일종의 상호작용성과 관련성의 운영 메커니즘을 형성하였다. 즉, 국내 자유무역지대(FTZ) → 국제자유무역지대(FTA) → 세계무역기구(WTO) · 세계지식재산권기구의 입체적 네트워크를 형성했다. 그 중FTZ는 국내 지식재산권 제도와 국제제도를 연계하는 시험단지이자 중요한 연결고리이다. 자유무역시범구는 먼저 시범적으로 국제무역규칙과 적극적으로 통합하며, 진입하기 전에 국민 대우 및 네거티브 목록을 구현하여 국제화, 시장화 및 법치화된 비즈니스 환경을 조성하는 것을 목표로 한다. FTA는 중국이 지식재산권 정책의 주장, 법률 방안을 실현하기 위한 협상 장이자 중요한 플랫폼이다. 양자간 및 지역 메커니즘은 협력과 상생을 주제로 하며, 국제 대화 메커니즘을 통해 지식재산권의 국제보호를 위한 시스템 혁신을 촉진한다. WTO와 WIPO의 다자간 메커니즘은 중국이 지식재산권 글로벌 거버넌스에 참여하고 지식재산권 국제문제에 대응하는 최종 무대이자 권위있는 기관이다. 경제학자들은 일반적으로 다자간 무역체제가 양자 또는 지역 자유무역협정보다 우수하다고 생각한다.[8)] 지식재산권 제도의 경우에도 마찬가지이며, WTO와 WIPO가 인정한 지식재산권 보호 기준만이 전 세계적으로 적용되는 보편성을 가진다. 중국이 적용하고 참여하는 위의 메커니즘은 서로 고립된 것이 아니라 상당한 연관성을 가지고 있으며, 이는 중국이 지식재산권의 글로벌 거버넌스에 참여하는 전반적인 전략에 공동으로 기여하는 상호작용 메커니즘이다.

---

8) 参见世界银行 : <全球经济展望>(2005), 125页, 北京, 中国财政经济出版社, 2005.

결 어

지식재산권 국제 보호 제도는 100년 이상의 역사를 가지고 있으며 "파리연맹과 베른연맹 시기", "세계지식재산권기구 시기", "세계무역기구 시기"를 거쳤다. 이는 국제경제 및 무역관계의 지속적인 발전의 산물이며 지식재산권 제도 자체의 변화 결과이기도 하다. 지식재산권 국제 보호 제도의 원칙은 직접적 적용가능성과 보편적 적용가능성이 있으며, 주로 내국민대우 원칙, 최소보호기준 원칙, 공익원칙이다. 세계지식재산권기구는 지식재산권 국제보호를 담당하는 정부간 조직으로 파리연맹, 베른연맹, 마드리드연맹, 특허협력연맹 등 국제기구를 관리하고 있으며, 국제기구를 통해 「파리협약」, 「베른협약」 등 30개에 가까운 국제협약을 관리하고 있다.

세계무역기구의 틀에 따른 「지식재산권협정」은 「상품무역협정」 및 「서비스무역협정」과 함께 해당 기구의 3대 주요 제도를 구성하며 현시점에서 가장 중요한 국제 지식재산권협약이기도 하다. 「지식재산권협정」은 지식재산권 보호를 국제무역 체계와 긴밀히 결합시켜 새로운 지식재산권 체계를 구축하였고 지식재산권 보호 수준을 향상시켜 각국의 지식재산권 입법에 지대한 영향을 미쳤다. 현재 국제 지식재산권 제도는 국제인권제도와 충돌하고 있으며, 다른 국제 지식재산권협약과도 이견이 있어 새로운 개혁과 지속적인 개선이 필요하다. 또한 국제지식포럼에서 전통지식, 유전자원, 지리적표시 보호 문제 등의 논란은 국제지식재산권 분야에서 새로운 이해구조의 형성을 촉진하여 국제지식재산권 보호 제도의 혁신과 발전을 일으켰다. 1992년에 체결된 「생물다양성협약」과 2005년 채택된 「문화다양성협약」은 현대 지식재산권의 국제 보호 제도를 개선하고 개혁하기 위한 국제사회의 중요한 조치이다. 국제 정세의 복잡한 변화에 직면하여 우리는 "인류운명공동체"를 건설한다는 목표에서 출발하여 글로벌 지식재산권 거버넌스 체계를 공동으로 구축하고 공유해야 한다.

지식재산권 제도의 국제화 과정에서 중국은 개발도상국의 입장을 견지하고 국제 및 국내 차원에서 대응해야 하며, 개발도상국과 단합하여 국제체제의 적절한 전환과 국제지식재산권 제도의 개혁을 추진해야 할 뿐만 아니라 자체의 현실적 수요에 입각하여 관련 국내 입법을 보완하고 지식재산권 보호 수준을 향상해야 할 것이다.

주요참고문헌

1. [奥] 曼弗雷德·诺瓦克. 民权公约评注. 毕小青等译. 北京：三联书店, 2003
2. [澳] 彼得·达沃豪斯, 约翰·布雷斯韦特. 信息封建主义. 刘雪涛译. 北京：知识产权出版社, 2005
3. [德] 阿道夫·迪茨. 欧洲共同版权是幻想吗. 法学译丛, 1986(4)
4. [德] 迪特尔·梅迪库斯. 德国民法总论. 北京：法律出版社, 2000
5. [德] 黑格尔. 法哲学原理. 范扬, 张企泰译. 北京：商务印书馆, 1961
6. [德] 卡尔· 拉伦茨. 德国民法通论. 王晓晔等译. 北京：法律出版社, 2003
7. [德] 康德. 法的形而上学原理－权利的科学. 沈叔平译. 林荣远 校. 北京：商务印书馆, 1991
8. [德] 马克斯·韦伯. 新教伦理与资本主义精神. 于晓, 陈维纲等译. 北京：三联书店, 1987
9. [德] 米·科斯特. 私法自治及其限制. 见：中德经济法研究所年刊. 南京：南京大学出版社, 1994
10. [德] 乌尔里希·贝克 "9·11" 事件后全球风险社会. 王武龙编译. 马克思主义与现实, 2004(2)
11. [德] 乌尔里希· 贝克. 从工业社会到风险社会－关于人类生存、 社会结构和生态启蒙等问题的思考(上篇). 王武龙编译. 马克思主义与现实, 2003(3)
12. [德] 乌尔里希· 贝克. 风险社会. 何博闻译. 南京： 译林出版社, 2004
13. [德] 乌尔里希·贝克. 世界风险社会. 吴英姿译. 南京： 南京大学出版社, 2004
14. [法] 卢梭. 社会契约论. 何兆武译. 北京：商务印书馆, 1980
15. [法] 孟德斯鸠. 论法的精神(上册). 张雁深译. 北京：商务印书馆, 1982
16. [法] 茹利欧·莫兰杰尔. 法国民法教程. 见：外国民法资料选编. 北京：法律出版社, 1983

17. [法] 萨伊. 政治经济学概论. 陈福生等译. 北京：商务印书馆, 1963
18. [荷兰] 亚瑟·S·哈特坎普. 荷兰民法典的修订：1947– 1992. 外国法译评, 1998(1)
19. [美] 道格拉斯·诺思, 罗伯斯·托马斯. 西方世界的兴起. 厉以平, 蔡磊译, 北京：华夏出版社, 1999
20. [美] E. W. 鲍曼, L. 克拉克·汉密尔顿. 现代版权概念和版权制度的比较分析. 外国法学研究, 1998(3)
21. [美] E. 博登海默. 法理学：法律哲学与法律方法. 邓正来译. 北 京：中国政法大学出版社, 2004
22. [美] R. H. 科斯等. 财产权利与制度变迁：产权学派与新制度学派 译文集. 陈剑波等译. 上海：上海三联出版社, 1994
23. [美] 奥德丽·R·查普曼. 将知识产权视为人权：与第15条第1款 第3项有关的义务. 版权公报, 2001(3)
24. [美] 波斯纳. 法律之经济分析. 台北："商务印书馆", 1987
25. [美] 弗兰克· 费希尔. 公共政策评估. 北京：中国人民大学出版社, 2003
26. [美] 格雷. 论财产权的解体. 经济社会体制比较, 1994(5)
27. [美] 哈罗德·J· 伯尔曼. 法律与革命. 北京：中国政法大学出版社, 1993
28. [美] 吉利思·达维斯. 权利集体管理中的公共利益. 版权参考资料, 1990(2)
29. [美] 康芒斯. 制度经济学. 北京：商务印书馆, 1962
30. [美] 肯尼斯·万德威尔德. 19世纪的新财产：现代财产权概念的发展. 社会经济体制比较研究, 1995(1)
31. [美] 劳伦斯·弗里德曼. 法律制度. 李琼英等译. 北京：中国政法大学出版社, 1994
32. [美] 罗伯特·考特, 托马斯·尤伦. 法和经济学. 张军等译. 上海:上海三联书店, 上海人民出版社, 1994
33. [美] 罗伯特·默顿. 社会研究和社会政策. 林蒙仁译. 北京：三联书店, 2011
34. [美] 罗尔斯. 正义论. 何怀宏, 何包钢, 廖申白译. 北京：中国社会科学出版社, 1998
35. [美] 罗纳德· 波斯顿. 美国财产法的当前发展趋势. 外国法译评, 1994(3)
36. [美] 罗纳德·科斯. 社会成本问题. 见：财产权利与制度变迁. 上 海：上海三联书店, 1994
37. [美] 迈克尔·D·贝勒斯. 法律的原则—一个规范的分析. 北京：中国大百科全书出

版社, 1996

38. [美] 曼纽尔·卡斯特. 网络社会的崛起. 夏铸九等译. 北京：社会科学文献出版社, 2003
39. [美] 米勒. 戴维斯. 知识产权法概要. 周林等译. 北京：中国社会科学出版社, 1997
40. [日] 阿部浩二. 各国著作权法的异同及其原因. 法学译丛, 1992(1)
41. [日] 北川善太郎. 技术革新与知识产权法制. 国家科委政策法规与体制司译. 1998
42. [日] 丹宗昭信等编. 现代经济法入门. 谢次昌译. 北京：群众出版社, 1985
43. [日] 富田彻男. 市场竞争中的知识产权. 廖正衡等译. 北京：商务印书馆, 2000
44. [日] 吉藤幸朔. 专利法概论. 宋永林, 魏启学译. 北京：专利文献出版社, 1990
45. [日] 满田重昭. 知识财产法. 东京：青林书院, 1997
46. [日] 胜本正晃. 权利的合理使用. 独协法学, 1977(10)
47. [日] 我妻荣. 物权法. 东京：岩波书店, 1995
48. [日] 我妻荣. 债权在近代法中的优越地位. 北京：中国政法大学出版社, 1999
49. [日] 小岛庸和. 无形财产权. 东京：创文社, 1998
50. [日] 星野英一. 私法中的人－ 以民法财产法为中心. 见：梁慧星主编. 民商法论丛. 第8卷. 北京：法律出版社, 1997
51. [日] 中山信弘. 多媒体与著作权(一). 电子知识产权, 1997(5)
52. [斯里兰卡] C. G. 威拉曼德里主编. 人权与科学技术发展. 北京：知识出版社, 1997
53. [苏] B. Л. 格里巴诺夫等主编. 苏联民法(上). 北京：法律出版社, 1984
54. [苏] E. A. 鲍加特赫等. 资本主义国家和发展中国家的专利法. 见：国外专利法介绍. 第1册. 北京：知识出版社, 1980
55. [苏] T. M. 尚巴. 法律秩序与民主. 常玢等译. 法学译丛, 1987(4)
56. [意] 彼德罗·彭梵得. 罗马法教科书. 黄风译. 北京：中国政法大学出版社, 1992
57. [英] 斯科特·拉什. 风险社会与风险文化. 马克思主义与现实, 2002(4)
58. [英] F. H. 劳森, B. 拉登. 财产法. 北京：中国大百科全书出版社, 1998
59. [英] 安东尼·吉登斯, 克里斯多弗·皮尔森. 现代性－吉登斯语 谈录. 尹宏毅译. 北京：新华出版社, 2001
60. [英] 安东尼·吉登斯. 第三条道路及其批评. 北京：中共中央党校出版社, 2002
61. [英] 安东尼·吉登斯. 失控的世界：全球化如何重塑我们的生活. 周红云译. 南昌：

江西人民出版社, 2000
62. [英] 冯·哈耶克. 个人主义与经济秩序. 邓正来译. 北京：三联书 店, 2003
63. [英] 冯·哈耶克. 哈耶克文集. 邓正来译. 北京 首都经济贸易大学出版社, 2001
64. [英] 洛克. 政府论(下篇). 叶企芳等译. 北京：商务印书馆, 1964
65. [英] 梅因. 古代法. 沈景一译. 北京：商务印书馆, 1959
66. [英] 斯科特· 拉什. 经济全球化时代的风险文化与风险社会. 见：薛晓源等主编. 全球化与风险社会. 北京：社会科学文献出版社, 2005
67. [英] 亚当·斯密. 国民财富的性质和原因的研究(上册). 郭大力译. 北京：商务印书馆, 1972
68. [英] 约翰· 亚格纽. 竞争法. 徐海等译. 南京：南京大学出版社, 1992
69. [英] 安东尼·吉登斯, 斯科特·拉什. 自反性现代化. 赵文书译. 北京：商务印书馆, 2001
70. 蔡吉祥. 无形资产. 深圳：海天出版社, 1996
71. 曹建明等. 世界贸易组织. 北京：法律出版社, 1999
72. 曹士兵. 反垄断法研究. 北京：法律出版社, 1996
73. 曹新民. 试论“均衡原理”对著作权法律制度的作用. 著作权, 1996(2)
74. 曹新明. 试析国际著作权公约中的国民待遇原则. 法商研究, 1995(1)
75. 曾陈名汝. 专利商标法选论. 台北：自版, 1977
76. 曾令良. 世界贸易组织法. 武汉：武汉大学出版社, 1996
77. 曾世雄. 民法总则之现在与未来. 台北：三民书局, 1983
78. 曾世雄. 损害赔偿法原理. 台北：三民书局, 1996
79. 陈朝璧. 罗马法原理(上册). 北京：商务印书馆, 1936
80. 陈传夫. 论知识产权制度的政府策略. 科技与法律, 2000(1)
81. 陈传夫. 高新技术与知识产权法. 武汉：武汉大学出版社, 2000
82. 陈谊, 汪天亮. 试论知识产权法的价值定位－创新. 行政与法, 2004(9)
83. 陈允, 应时. 罗马法. 北京：商务印书馆, 1931
84. 陈志刚. 马克思的工具理性批判思想. 科学技术与辩证法, 2001(6)
85. 成伯清. “风险社会”视角下的社会问题. 南京大学学报(哲学社会 科学版), 2007(2)
86. 邓正来. 哈耶克方法论个人主义的研究. 见：[英] 冯·哈耶克. 个人主义与经济秩序.

邓正来译. 北京：三联书店, 2003
87. 董安生. 民事法律行为. 北京：中国人民大学出版社, 1994
88. 董炳和. 地理标志知识产权制度研究. 中南财经政法大学2004年博士学位论文
89. 董炳和. 论形象权. 法律科学, 1998(4)
90. 董炳和. 数据库法律保护在中国－兼评中国法院审理的两起涉及数据库的案件. 见：郑成思主编. 知识产权研究. 第8卷. 北京：中国方正出版社, 1999
91. 董开军. 所有权转换现象研究. 法律科学, 1991(1)
92. 杜钢建. 论表现自由的保障原则. 中外法学, 1995(2)
93. 杜颖. 论商品化权. 见：梁慧星主编. 民商法论丛. 第13卷. 北京：法律出版社, 2000
94. 段瑞林. 知识产权法概论. 北京：光明日报出版社, 1988
95. 范帆, 杨颖. <保护和促进文化表现形式多样性公约>谈判通过始末. 中国出版, 2006(2)
96. 方彬彬. 产地标记之保护. 台北：三民书局, 1995
97. 方兴东主译. 微软罪状－美国法院政府诉微软一案事实认定. 北京：中国友谊出版公司, 2000
98. 冯晓青. 知识产权法基础理论若干问题研究. 湘江法律评论, 2001(4)
99. 冯晓青. 著作权法中的公共领域理论. 湘潭大学学报(哲学社会科学版), 2006(1)
100. 冯晓青. 知识产权利益衡平理论. 北 京：中国政法大学出版社, 2006
101. 付静坤. 法律移植与法律文化－以民法修订为中心. 深圳大学学报(人文社会科学版), 2003(6)
102. 傅谨. <文化多样性公约>与中国的国家立场. 博览群书, 2004(10)
103. 高富平. 寻求数字时代的版权法生存法则. 知识产权, 2011(2)
104. 高建伟等. 论基因的专利法律保护. 政法论坛, 2000(4)
105. 高明亮. 论比较法学中的价值理性. 比较法研究, 2006(5)
106. 高胜. 正义是社会制度的首要价值. 中国对外贸易, 2002(4)
107. 公丕祥. 法制现代化的概念架构. 法律科学, 1998(4)
108. 公丕祥. 全球化与中国法制现代化. 法学研究, 2000(6)
109. 古祖雪. 国际知识产权法. 北京：法律出版社, 2002
110. 关令华. 精神损害的认定与赔偿. 北京：人民法院出版社, 1996

111. 郭德忠. 专利许可的反垄断规制. 北京：知识产权出版社, 2007
112. 郭庆存. 知识产权的属性、范围及有关问题的哲学思考. 北大知识产权评论. 第1卷. 北京：经济出版社, 2002
113. 国家工商行政管理总局商标局等编. 外国商标法. 北京：中国社会科学出版社, 1984
114. 韩立余. 反垄断法规范知识产权滥用的特点和局限－以欧美微软案为视角. 暨南学报(哲学社会科学版), 2007(2)
115. 何孝元. 工业所有权之研究. 台北：三民书局, 1997
116. 洪峰. 法的世界化与本土化之争及其超越. 福建法学, 2005(1)
117. 侯霞. 网络环境中新型不正当竞争行为的法律规制. 安徽工业大学学报(社会科学版), 2010(1)
118. 胡惠林. 文化产业学. 北京：高等教育出版社, 2006
119. 胡锦光, 韩大元 .当代人权保障制度. 北京：中国政法大学出版社, 1993
120. 黄勤南主编. 新编知识产权法教程. 北京：中国政法大学出版社, 1995
121. 黄文艺. 多元法律文化互动的多元透视.吉林大学社会科学学报, 2001 (1)
122. 黄亚钧等. 知识经济论. 太原：山西经济出版社, 1998
123. 季卫东. 中国法文化的蜕变与内在矛盾.见：李楯主编. 法律社会学.北京：中国政法大学出版社, 1999
124. 贾春增主编. 外国社会学史. 北京：中国人民大学出版社, 2000
125. 江平. 罗马法精神与当代中国立法. 中国法学, 1995(1)
126. 江平主编. 民法学. 北京：中国政法大学出版社, 2002
127. 蒋言斌, 蒋美仕. 论知识产权的权利体系. 知识产权, 1997(4)
128. 蒋志培. TRIPs肯定的知识产权侵权赔偿的归责原则和赔偿原则.法律适用(国家法官学院学报), 2000(10)
129. [美] 杰力恩·达维斯. 权利集体管理中的公共利益. 冯晓东译. 版权参考资料, 1990(2)
130. 金渝林. 论“同一作品的两种不同表现形式”. 见：中国版权研究会学术年会论文选编. 西安：西北大学出版社, 1993
131. 靳宝兰等主编. 民事法律制度比较研究. 北京：中国人民公安大学出版社, 2001

132. 孔祥俊. WTO 知识产权协定及其国内适用. 北京：法律出版社, 2002
133. 孔祥俊. 反垄断法原理. 北京：中国法制出版社, 2001
134. 冷福海. 市场信息资源与市场信息行为. 北京：北京图书馆出版社, 2000
135. 黎德扬等主编. 科学技术的进化. 武汉：湖北教育出版社, 1990
136. 李发耀. 多维视野下的传统知识保护机制实证研究(自序). 北京：知识产权出版社, 2008
137. 李京文. 迎接知识经济新时代. 上海：上海远东出版社, 1999
138. 李开国. 民法基本问题研究. 北京：法律出版社, 1997
139. 李龙主编. 良法论. 武汉：武汉大学出版社, 2001
140. 李明德. 美国反不正当竞争法研究. 北京：中国方正出版社, 2003
141. 李明德. 美国知识产权法. 北京：法律出版社, 2003
142. 李声炜. 中国传统法律文化现代化转型若干动因考察. 见：张文显 主编. 法学理论前言论坛. 第2卷. 北京：科学出版社, 2003
143. 李双元等. 中国国际私法. 北京：海洋出版社, 1991
144. 李顺德. 试论反不正当竞争法的客体和法律属性. 知识产权研究. 第8卷. 北京：中国方正出版社, 1999
145. 李锡鹤. 民法哲学论稿. 上海：复旦大学出版社, 2000
146. 李小伟. 知识产权国际保护体制的变化及其影响. 信报：财经月刊, 1996(3)
147. 李泽锐. 国际人权法论. 见：人权论集. 北京：首都师范大学出版社, 1992
148. 联合国教科文组织, 世界文化与发展委员会. 文化多样性与人类全面发展. 广州：广东人民出版社, 2006
149. 联合国教科文组织编. 版权基本知识. 北京：中国对外翻译出版公司, 1984
150. 梁慧星. 从近代民法到现代民法. 中外法学, 1997(2)
151. 梁慧星. 民法总论. 北京：法律出版社, 1996
152. 梁上上. 论商誉和商誉权. 法学研究, 1993(5)
153. 梁治平. 中国法的过去 、现在与未来. 见：李楯编. 法律社会学. 北京：中国政法大学出版社, 1999
154. 梁治平编. 法律的文化解释. 北京：三联书店, 1994
155. 林炳辉. 知识产权制度在国家创新体系中的地位和作用. 知识产权, 2001(3)

156. 林拓主编. 世界文化产业发展前沿报告 (2003-2004). 北京：社会科学文献出版社, 2004
157. 刘波林等. 侵害著作权的过错责任. 著作权, 1996(4)
158. 刘春田, 刘波林. 著作权的若干理论问题. 法律学习与研究, 1987(2)
159. 刘春田主编. 知识产权法. 北京：高等教育出版社, 2000
160. 刘春田主编. 知识产权法教程. 北京：中国人民大学出版社, 1995
161. 刘冬雪. 文化全球化与文化多样性. 社会科学季刊, 2003(1)
162. 刘海霞等. 开放存取研究进度述评. 图书与情报, 2006(1)
163. 刘华, 周莹. 我国知识产权建设的层次与目标. 知识产权, 2006(3)
164. 刘华等. 我国公民知识产权意识调查报告. 见：吴汉东主编. 中国知识产权蓝皮书. 北京：北京大学出版社, 2007
165. 刘华. 知识产权制度的理性与绩效分析. 北京：中国社会科学出版社, 2004
166. 刘家瑞等. 知识产权地域性冲突法评述. 中央政法管理干部学院学报, 1998(6)
167. 刘剑文主编. 现代中国知识产权法. 北京：中国政法大学出版社, 1993
168. 刘江彬. 资讯法论. 台北：三民书局, 1989
169. 刘杰. 秩序重构：经济全球化时代的国际机制. 北京：高等教育出版社, 1999
170. 刘茂林. 知识产权法的经济分析. 北京：法律出版社, 1996
171. 刘铁光. 风险社会中技术规制基础的范式转换. 现代法学, 2011(4)
172. 刘挺. 网络社会的法律控制. 宁夏大学学报(人文社会科学版), 2008(5)
173. 刘文华主编. WTO与中国知识产权制度的冲突与规避. 北京：中国城市出版社, 2001
174. 刘星. 重新理解法律移植. 中国社会科学, 2004(5)
175. 刘友华. 专利制度的未来模式：替代、革新抑或全球化. 华南师范大学学报(社会科学版), 2011(4)
176. 刘作翔. 法律文化理论. 北京：商务印书馆, 1999
177. 龙文. 论传统知识财产权利的实现形式. 见：专利法研究 (2004). 北京：知识产权出版社, 2005
178. 卢海君. 版权客体论. 北京：知识产权出版社, 2011
179. 罗文正, 古祖雪. 试析国际知识产权法的基本原则. 湖南社会科学, 2002(4)

180. 吕来明. 从归属到利用. 法学研究, 1991(6)
181. 吕世伦. 黑格尔法律思想研究. 北京：中国人民公安大学出版社, 1989
182. 吕忠梅等. 经济法的法学与经济学分析. 北京：中国检察出版社, 1998
183. 马文耀主编. 知识产权法评述和展望. 北 京：专利文献出版社, 1997
184. 马晓莉. 地理标志立法模式之比较分析－兼论我国地理标志的立法模式. 研究与探讨, 2003(1)
185. 梅雪芹. 关于约翰· 洛克 “财产 ”概念的 一 点看法. 世界历史, 1994(6)
186. 梅永红. 自主创新与国家利益. 求是, 2006(10)
187. 孟奇勋, 李昌钰. 知识产权文化建设探讨. 知识产权, 2006(3)
188. 孟祥娟. 论版权侵权的构成. 著作权, 2000(6)
189. 米良译. 越南民法典. 昆明：云南大学出版社, 1998
190. 聂卫东. 商业名称的法律保护. 法律科学, 1999(3)
191. 宁立志等. 美国反托拉斯法中的专利权行使. 法学评论, 2005(5)
192. 潘大松. 中国近代以来法律文化发展考察. 见：李楯编. 法律社会学. 北京：中国政法大学出版社, 1999
193. 彭万林主编. 民法学. 北京：中国政法大学出版社, 1994
194. 丕之, 汝信. 黑格尔范畴论批判. 上海：上海人民出版社, 1961
195. 钱俊生主编. 自主创新与建设创新型国家. 北京：中央党史出版社, 2006
196. 钱明星. 物权法原理. 北京：北京大学出版社, 1994
197. 乔克裕, 黎晓平. 法律价值论. 北京：中国政法大学出版, 1991
198. 丘汉平. 罗马法. 上海：上海会文堂新记书局, 1935
299. 屈茂辉. 中国民法典的基本理念. 求索, 2002(5)
200. 曲三强. 传统财产理论与知识产权观念. 见：知识产权研究. 西安：西安交通大学出版社, 2002
201. 曲相霏. 人权主体论. 见：徐显明主编. 人权研究. 第1卷. 济南：山东人民出版社, 2001
202. 阮方民. 欧盟竞争法. 北京：中国政法大学出版社, 1998
203. 王先林. 知识产权与反垄断法－知识产权滥用的反垄断问题研究. 北京：法律出版社, 2001

204. 阮方民. 欧盟竞争法. 北京：中国政法大学出版社, 1998
205. 邵建东编. 竞争法教程. 北京：知识产权出版社, 2004
206. 沈文庆. 科技发展与知识产权. 中国科学基金, 2005(3)
207. 沈宗灵. 法·正义·利益. 中外法学, 1993(5)
208. 史尚宽. 民法总论. 台北：正大印书馆, 1980
209. 世界知识产权组织编. 知识产权纵横谈. 北京：世界知识出版社, 1992
210. 世界知识产权组织秘书处. 关于遗传资源和传统知识有关公开要求问题. 见：国家知识产权局专利法研究所编. 专利法研究 (2004). 北京：知识产权出版社, 2004
211. 宋红松. 传统知识与知识产权. 电子知识产权, 2003(3)
212. 宋慧献等. 冲突与平衡：知识产权的人权视野. 知识产权, 2004(2)
213. 宋元放等. 中国出版史. 北京：中国书籍出版社, 1991
214. 宋志国. 我国知识产权法律移植中的递减效应原因探析. 政治与法 律, 2006(5)
215. 孙法洎. 论生物技术国际知识产权保护. 政法论丛, 2007(6)
216. 孙国华. 论法律上的利益选择. 法律科学, 1995(4)
217. 孙国华. 论法与利益之关系. 中国法学, 1994(4)
218. 孙皓琛. WTO与 WIPO: TRIPs协议框架中的冲突性因素与合作契机之探讨. 比较法研究, 2002(2)
219. 孙宪忠. 德国当代物权法. 北京：法律出版社, 1997
220. 孙颖. 论反不正当竞争法对知识产权的保护. 政法论坛, 2004(6)
221. 汤宗舜. 知识产权的国际保护. 北京：人民法院出版社, 1999 222. 汤宗舜. 专利法教程. 北京：法律出版社, 1996
223. 唐广良. 遗传资源 、传统知识及民间文学艺术表达国际保护概述. 见：知识产权文丛. 第8卷. 北京：中国方正出版社, 2002
224. 唐青阳. 知识产权国际保护的理论与实践. 重庆：西南师范大学出版社, 1998
225. 唐要家. 研发创新中的知识产权与反垄断. 科学管理研究, 2006(9)
226. 陶鑫良, 袁真富. 知识产权总论. 北京：知识产权出版社, 2005
227. 陶鑫良. 网络时代知识产权保护的利益平衡思考. 知识产权, 1999(6)
228. 佟柔主编. 民法总则. 北京：中国人民公安大学出版社, 1990
229. 万鄂湘主编. 国际知识产权法. 武汉：湖北人民出版社, 2001

230. 汪丁丁. 制度分析基础讲义Ⅱ. 上海：上海人民出版社, 2005
231. 王家福主编. 民法债权. 北京：法律出版社, 1991
232. 江平主编. 民法学. 北京：中国政法大学出版社, 2000
233. 王立君. 法律移植的界定. 法学论坛, 2004(2)
234. 王利明编. 侵权行为法. 北京：法律出版社, 1996
235. 王利明等主编. 人格权与新闻侵权. 北京：中国方正出版社, 1995
236. 王利明主编. 民法· 侵权行为 法. 北 京：中国人民大学出版社, 1993
237. 王利明. 民商法研究. 第3辑. 北京：法律出版社, 1999
238. 王利明. 物权法论. 北京：中国政法大学出版社, 1998
239. 王娜加. 论侵害商誉权及其法律救济. 内蒙古师大学报, 1999(1)
240. 王曙光. 知识产权人拒绝交易的反垄断法分. 北京工商大学学报(社会科学版), 2007(1)
241. 王太平. 知识产权制度的未来. 法学研究, 2011(3)
242. 王先林. 日本关于知识产权滥用的反垄断控制及其借鉴意义. 知识产权, 2002(2)
243. 王先林等. 反垄断执法与知识产权保护之间的平衡. 知识产权, 2007(6)
244. 王先林. 竞争法学. 北京：中国人民大学出版社, 2009
245. 王先林. 知识产权与反垄断法－知识产权滥用的反垄断问题研究. 北京：法律出版社, 2001
246. 王晓晔. 知识产权滥用行为的反垄断法规制. 法学, 2004(3)
247. 王晓晔. 欧共体竞争法. 北京：中国法制出版社, 2001
248. 王学忠. 技术社会风险的法律控制. 科技与法律, 2008(4)
249. 王源扩. 浅论与知识产权有关的反竞争行为及其法律控制. 政法论坛, 1996(4)
250. 王泽鉴. 民法学说与判例研究(2). 北京：中国政法大学出版社, 1997
251. 王泽鉴. 民法学说与判例研究(5). 北京：中国政法大学出版社, 1998
252. 王哲. 西方政治法律学说史. 北京：北京大学出版社, 1998
253. 韦之. 论不正当竞争法与知识产权法的关系. 北京大学学报(哲学社会科学版), 1999(6)
254. 魏振瀛主编. 民法. 北京：北京大学出版社, 2000
255. 文希凯. 制止不正当竞争与工业产权. 知识产权, 1991(3)

256. 郑成思. 关贸总协定与知识产权. 中国法学, 1993(3)
257. 吴峰. 知识产权 、人权 、发展. 上海理工大学学报(社会科学版), 2005(3)
258. 吴汉东, 王毅. 中国传统文化与著作权制度略论. 法学研究, 1994(1)
259. 吴汉东, 闵锋编. 知识产权法概论. 北京：中国政法大学出版社, 1987
260. 吴汉东. 财产的非物质化革命与革命的非物质财产法. 中国社会科学, 2003(4)
261. 吴汉东. 知识产权的多元属性及研究范式. 中国社会科学, 2011(5)
262. 吴汉东. 知识产权的制度风险与法律控制. 法学研究, 2012(4)
263. 吴汉东. 科技 、经济 、法律协调机制中的知识产权法. 法学研究, 2001(6)
264. 吴汉东. 论财产权体系. 中国法学, 2005(2)
265. 吴汉东. 论商誉权. 中国法学, 2001(3)
266. 吴汉东. 论网络服务提供者的著作权侵权责任. 中国法学, 2011(2)
267. 吴汉东. 论信用权. 法学, 2001(1)
268. 吴汉东. 无形财产权的若干理论问题. 法学研究, 1997(4)
269. 吴汉东. 无形财产权制度研究. 北京：法律出版社, 2001
270. 吴汉东. 知识产权保护论. 法学研究, 2000(1)
271. 吴汉东. 知识产权国际保护制度的变革与发展. 法学研究, 2005(3)
272. 吴汉东. 知识产权立法体例与民法典编纂. 中国法学, 2003(1)
273. 吴汉东等. 知识产权法概论. 北京：中国政法大学出版社, 1987
274. 吴汉东等. 西方诸国著作权制度研究. 北京：中国政法大学出版社, 1998
275. 吴汉东等. 走向知识经济时代的知识产权法. 北京：法律出版社, 2002
276. 吴汉东主编. 工业产权法的理论与实践. 北京：中国政法大学出版社, 1989
277. 吴汉东主编. 知识产权法学. 北京：北京大学出版社, 2000
278. 吴汉东主编. 知识产权国际保护制度研究. 北京：知识产权出版社, 2007
279. 吴鸣. 公共政策的经济学分析. 长沙：湖南人民出版社, 2004
280. 伍启元. 公共政策(上册). 台北："商务印书馆", 1985
281. 夏淑华. 商标法要论. 北京：中国政法大学出版社, 1989
282. 夏旭东等主编. 世界人权纵横. 北京：时事出版社, 1993
283. 肖庆. "风险社会" 理论视角下的国家文化安全问题. 文化艺术研究, 2011(4)
284. 肖尧辉. 法律移植及其本土化现象的关联考察. 见：何勤华主编. 法的移植与法的

本土化. 北京：法律出版社, 2001
285. 谢怀栻. 论民事权利体系. 法学研究, 1996(2)
286. 谢晖. 价值法律化与法律价值化. 法律科学, 1993(4)
287. 信春鹰. 法律移植的理论与实践. 北方法学, 2007(3)
288. 熊文聪. 后现代主义视角下版权正当性及其边界－从个体权利到基于商谈的共识. 政治与法律, 2010(6)
289. 徐爱国. 英美侵权行为法. 北京：法律出版社, 1999
290. 徐国栋. 民法典草案的基本结构. 法学研究, 2000(1)
291. 徐海根等. 外来物种入侵·生物安全·遗传资源. 北京：科学出版社, 2004
292. 徐孟洲, 孟雁北. 竞争法. 北京：中国人民大学出版社, 2008
293. 徐显明. 人权主体之争引出的几个理论问题. 中国法学, 1992(5)
294. 徐瑄. 知识产权与财产法一体化构建. 暨南学报(哲学社会科学版), 2002(6)
295. 徐玉玲. 营业秘密的保护. 台北：三民书局, 1993
296. 徐中起主编. 越南法研究. 昆明：云南大学出版社, 1997
297. 许春明. 阻止专利大棒－浅谈专利权滥用的法律规制. 中国发明与专利, 2007(8)
298. 许斗斗. 技术知识与风险社会. 中共福建省委党校学报, 2005(9)
299. 许明主编. 当代中国亟待解决的27个问题. 北京：今日中国出版社, 1997
300. 许文义. 个人资料保护法论. 台北：三民书局, 2001
301. 许志晋等. 论风险社会的科学技术发展. 中国科技论坛, 2007(2)
302. 薛达元. 生物多样性经济价值评估. 北京：中国环境科学出版社, 1997
303. 薛红. 网络时代的知识产权法. 北京：法律出版社, 2000
304. 薛晓源. 全球化与文化产业研究. 见：林拓主编. 世界文化产业发展前沿报告(2003-2004). 北京：社会科学文献出版社, 2004
305. 薛晓源等. 全球风险世界：现在与未来－德国名社会学家的风险社会理论创始人乌尔里希·贝克教授访谈录. 马克思主义与现实, 2005(1)
306. 严存生. 公平 、改革 、法律. 法律科学, 1990(2)
307. 严存生主编. 新编西方法律思想史. 西安：陕西人民教育出版社, 1999
308. 严存生. 法律的价值. 西安：陕西人民出版社, 1991
309. 严永和. 论传统知识的知识产权保护. 北京：法律出版社, 2006

310. 杨崇森. 著作权法论丛. 台北：华欣文化事业中心, 1983
311. 杨春福. 风险社会的法理解度. 法制与社会发展, 2011(6)
312. 杨红军. 版权许可制度论. 中南财经政法大学2007年博士学位论文
313. 杨立新. 人身权法论. 北京：中国检察出版社, 1996
314. 杨明. 试论反不正当竞争法对知识产权的兜底保护. 法商研究, 2003(3)
315. 蒋慧. 论竞争法对知识产权的兜底保护. 学术论坛, 2007(2)
316. 杨时展主编. 中华会计思想宝库. 第1辑. 北京：中国财政经济出版社, 1992
317. 杨雪冬. 风险社会理论述评. 国家行政学院学报, 2005(1)
318. 杨泽伟. 新国际经济秩序研究. 武汉：武汉大学出版社, 1998
319. 易继明. 财产权及其哲学基础. 政法论坛, 2000(3)
320. 易继明. 私法精神与制度选择. 北京：中国政法大学出版社, 2003
321. 易军. 个人主义方法论与私法. 法学研究, 2006(1)
322. 尹田. 德国物权法. 北京：法律出版社, 1998
323. 尹田. 法国物权法. 北京：法律出版社, 1998
324. 余能斌, 马俊驹主编. 现代民法学. 武汉：武汉大学出版社, 1995
325. 余先予主编. 俄罗斯民商法与冲突法. 北京：世界图书出版公司, 1995
326. 俞可平. 全球化与国家主权. 北京：社会科学文献出版社, 2004
327. 俞荣根. 对中国古代法文化的反思. 见：李楯编. 法律社会学. 北京：中国政法大学出版社, 1999
328. 俞荣根. 自然法学说献疑. 台湾研究, 1990(1)
329. 袁秀挺. 知识产权在财产权体系中的定位. 华中科技大学学报(社会科学版), 2003(2)
330. 袁泳. 知识产权法与技术文化创新. 北京大学学报(科学社会科学版), 1997(5)
331. 袁志刚. 论知识的生产与消费. 经济研究, 1999(6)
332. 翟云岭等. 中国法学会民法经济法研究会1999年年会综述. 中国法学, 1999(6)
333. 张汉林, 黄玮. 智慧财产的卫士－知识产权国际保护的比较研究. 北京：中国经济出版社, 1997
334. 张和生. 知识经济学. 沈阳：辽宁人民出版社, 1992
335. 张静. 著作权法评析. 台北：水牛图书出版事业有限公司, 1983

336. 张俊浩主编. 民法学原理. 北京：中国政法大学出版社, 1991
337. 张明楷. 市场经济下的经济犯罪与对策. 北京：中国检察出版社, 1995
338. 张乃根. 论 TRIPs协议框架下知识产权与人权的关系. 法学家, 2004(4)
339. 张乃根. 国际贸易中的知识产权法. 上海：复旦大学出版社, 1999
340. 张平. 网上知识产权及相关 法 律 问 题 透 析. 广 州：广州出版社, 2000
341. 张瑞萍. 反垄断法应如何对待知识产权. 清华大学学报(哲学社会 科学版), 2001(4)
342. 张文显主编. 马克思主义法理学. 北京：高等教育出版社, 2004
343. 张文显主编. 马克思主义法理学－理论、方法和前沿. 北京：高等教育出版社, 2003
344. 张文显. 法哲学范畴研究. 北京：中国政法大学出版社, 2001
345. 张新宝. 民事活动的基本原则. 北京：法律出版社, 1986
346. 张新宝. 名誉权的法律保护. 北京：中国政法大学出版社, 1997
347. 张新宝. 隐私权的法律保护. 北京：群众出版社, 1997
348. 张新宝. 中国侵权行为法. 北京：中国社会科学出版社, 1998
349. 张新红等. 聚焦第四差别：中欧数字鸿沟比较研究. 北京：商务印书馆, 2010
350. 张秀兰. 认识风险－社会科学的视角. 见：[英] 尼克·皮金等编著. 风险的社会放大. 北京：中国劳动社会保障出版社, 2010
351. 张艳梅. 国际知识产权条约体系下的国际公共领域研究. 当代法学, 2011(4)
352. 张玉敏主编. 知识产权法教程. 重庆：西南政法大学出版社, 2001 353. 张中秋. 中西法律文化比较研究. 南京：南京大学出版社, 1999
354. 赵秉志主编. 新刑法教程. 北京：中国人民大学出版社, 1998 355. 赵震江主编. 科技法学. 北京：北京大学出版社, 1998
356. 赵中孚等. 1999年民商法研究的回顾与展望. 法学家, 2000(1)
357. 郑成思. 传统知识与两类知识产权的保护. 知识产权, 2002(4)
358. 郑成思. 关贸总协定与世界贸易组织中的知识产权：TRIPs详解. 北京：北京出版社, 1994
359. 郑成思. 侵害知识产权的无过错责任. 中国法学, 1998(1)
360. 郑成思. 信息 、新型技术与知识产权. 北京：中国人民大学出版社, 1986
361. 郑成思主编. 知识产权法教程. 北京：法律出版社, 1993 362. 郑成思. 版权法. 北

京：中国人民大学出版社, 1990
363. 郑成思. 版权公约、版权保护与版权贸易. 北京：中国人民大学出版社, 1992
364. 郑成思. 世界贸易组织与贸易有关的知识产权. 北京：中国人民大学出版社, 1996
365. 郑成思. 信息、新型技术与知识产权. 北京：中国人民大学出版社, 1986
366. 郑成思. 知识产权法. 北京：法律出版社, 1997
367. 郑成思. 知识产权教程. 北京：法律出版社, 1990
368. 郑杭生等主编. 人权史话. 北京：北京出版社, 1994
369. 郑万青. 全球化条件下的知识产权与人权. 北京：知识产权出版社, 2006
370. 郑万青. 知识产权与人权的关联辨析. 法学家, 2007(5)
371. 郑新建. 试论商誉权的法律属性. 河北法学, 2000(1)
372. 郑友德, 万志前. 德国反不正当竞争法的发展与创新. 法商研究, 2007(1)
373.郑友德, 万志前. 论商标法和反不正当竞争法对商标权益的平行保护. 法商研究, 2009(6)
374. 郑友德等. 欧盟知识产权滥用的反垄断问题研究. 法学评论, 2006(6)
375. 中华孔子学会, 云南民族学院编. 经济全球化与民族文化多元发展.北京：社会科学文献出版社, 2003
376. 周庆山等. 信息法. 北京：中国人民大学出版社, 2003
377. 周一 良等主编. 世界通史. 北京：人民出版社, 1962
378. 周枏. 罗马法原论(上册). 北京：商务印书馆, 1994
379. 朱姝等. 论商誉权的法律保护. 现代法学, 1996(1)
380. 朱雪忠. 传统知识的法律保护初探. 华中师范大学学报(人文社会科学版), 2004(3)
381. 朱雪忠等. 基于遗传资源所产生的知识产权利益分享机制与中国的选择. 科技与法律, 2003(3)
382. 庄友刚. 网络时代与风险社会. 淮阳师范学院学报, 2004(4)
383. 庄友刚. 风险社会理论研究述评. 哲学动态, 2005(9)
384. [美] PeterK. Yu. TRIPs协议：欠发达国家的不满及应对. 见：知识产权年刊(2006年号). 北京：北京大学出版社, 2007
385.Reyes. Copyright and Fair Dealing in Canada: Fair Use and Free In- quiry. Ablex Publishing Co.,1980

386. Anupam Chander, Madhavi Sunder. The Romance o f the Public Domain. 92, Calif. L. Rev
387. Berne Convention Implementation of 1988. H.R.Rep. No.60.Cong. 2dsess.23 (1988)
388. Committee on Economic. Social and Cultural Rights Thirty-fifth Session Geneva. November 2005 General Comment No.17 (2005) E/C.12/GC/ 17.12January2006
389. E. U. Patesmann. The WTO Constitution and Human Rights. Journa of International Economic Law. Vol.3,2000
390. Edward W. Ploma. L. Clark Hamilton. Copyright : Intellectual Pro perty in the Information Age. Routledge and Kegan Paul Itd,1980
391. Eiream Brooks. Cultural Imperialism vs. Cultural Protectionism: Hollywood, sResponse to UNESCO Efforts to Promote Cultural Diversity. The Journal of International Business&Law, Spring, 2006
392. Garry Neil. Assessing the Effectiveness of UNESCOs' New Convention on Cultural Diversity. Global Media and Communication [1742-7665(2006)2:2] volume2(2)
393. Graham Dutfield. TRIPs-Related Aspects of Traditional Knowledges. 33 Case Western Reserve Journal of International Law, 2001
394. Grain. TRIPs-Plus Through the Back Door : How Bilateral Treaties Imp se Much Stronger Rules fo r IPRS on Life Than the WTO. Grain Publications, July, 2001
395. Harry N. Rosenfieid: the American Constitution. Free Inquiry. and the Law. Fair Use and Free Inquiry. Ablex publishing Co,1980
396. Henry C. Mitchell. The Intellectual Commons: Toward an Eco logy o f Intellectual Pro perty. Maryland Lexington Books, 2005
397. JeanL. Cohen. AndrewArato. Civil Society and Political Theory. Press of MIT, 1992
398. JoanL. McGregor. Genome Justice: Genetics and Gro up Rights.35 J. L. Med. & Ethics352, Fall, 2007
399. JoanL. McGrego r. Population Genomics and Research Ethics with Socially Identifiable Gro ups.35J. L. Med.& Ethics356, Fall, 2007
400. Joseph M. Reisman. Physicians and Surgeonsas Inrentors : Reconciling Medical Process Patent and Medical Ethics. Berkeyley Technology Law. California University

401. L. Ray Patterson, Stanley. W. Lindberg. The Nature of Copyright : A Law of Users' Right. The University of Georgia Press,1991
402. Laura S. Under kuffle. Human Genetics Studies: The Case For Group Rights. 35J. L. Med. & Ethics383, Fall, 2007
403. Laurence R. Helfer. Mediating Interactionsinan Expanding International Intellectual Property Regime. 36CaseW. Res.J.Int,lL. 4
404. Lee Bendekgey. Caro lineH. Mead. International Pro perty o f Appellation of Originand Other Geographic Indications. TMR. vo1. 82
405. Pierre N. Leval. Toward a Fair Use Standard. Harvard Law Re-view. Vol. 103, 1990
406. MelvinF.Jager. Trade Secrets Law. Clark Boardman Company. ltd, 1985
407. Paul Goldstein. Copyright principles: Law And Practice. Little Broun and Company (Canada) Limited,1989
408. PaulL. G. Torremans. Copyright and Human Right. Kluwer Law International, 2004
409. Peter Draho s. J ohn Braithwait. Economic Politics Law and Health: Intellectual Pro perty. Corporate Strategy. Globalisation: TRIPS in Con- text. 20Wis. Int, lL. J. 452
410. Peter Drahos. APhilosophy of Intellectual Property. Dartmouth Publishing Company Limited,1996
411. Rebecca Tsosie. Reclaiming Native Story: AnEssary on Cultural Appro priation and Cultural Rights. Spring.2002.34. Ariz. St.L.J.299
412. Russ Versteeg. The Roman Law Roots of Copyright. MarylandL aw Review,2000
413. S. M. Stewart. International Copyrights and Neighbouring Rights. Butter worth and Copublishers Ltd.,1983
414. S. M. Stewart. International Copyrights and Neighboring Rights. Butter worth And Copublishers Ltd.,1983
415. Basic Proposal for the Substantive Provisions of the Treaty on Intellectual Pro perty in Respect o f Databases. WIPO Doc. CRNR/DC/6 (Aug 30.1996). Article 1
416. Database Investment and Intellectual Pro perty Antipiracy Act of 1996. H. R. 3531. 104th Cong.2d Sess
417. StephenD. Krasner. Structural Cause and Regime Consequences: Regime as

Intervening Variable. International organization. 36(3) :186(1982)

418. W. R. Cornish. Intellectual Pro perty: Patent s. Copyoight. Trade Marks And Allied Rights. (fourthedition). London. Sweet& Maxwell, 1999

419. Willam F. Party. Fair Use Privilege in Copyright Law. The Bureau of National Affairs. Inc. Washington D.C,1986

420. WIPO Intergovernmental Committee on IP and GR,TK and F.Sixth Session (Geneva. March 15to19 .2004). Revised version of TK policy and Legal Optio